DIREITOS DA PERSONALIDADE

DIREITOS DA PERSONALIDADE

REFLEXOS NOS DIREITOS PÚBLICO E PRIVADO

Estudos em homenagem ao Professor
Rui Geraldo Camargo Viana

2023

Coordenadores

JOSÉ ANTONIO DIAS TOFFOLI

RENATO KIM BARBOSA

SILVANO ANDRADE DO BOMFIM

ALMEDINA

DIREITOS DA PERSONALIDADE
REFLEXOS NOS DIREITOS PÚBLICO E PRIVADO

COORDENADORES: José Antonio Dias Toffoli, Renato Kim Barbosa e Silvano Andrade do Bomfim

EDITORA-CHEFE: Manuella Santos de Castro
EDITOR PLENO: Aurélio Cesar Nogueira
EDITOR DE DESENVOLVIMENTO: Rafael Lima
PRODUTORA EDITORIAL: Erika Alonso
ASSISTENTES EDITORIAIS: Letícia Gabriella Batista e Tacila Souza
ESTAGIÁRIA DE PRODUÇÃO: Natasha Oliveira

DIAGRAMAÇÃO: Casa de Ideias
DESIGN DE CAPA: FBA

ISBN: 9788584936595
Novembro, 2023

DADOS INTERNACIONAIS DE CATALOGAÇÃO NA PUBLICAÇÃO (CIP)
(CÂMARA BRASILEIRA DO LIVRO, SP, BRASIL)

Direitos da personalidade : reflexos nos direitos público e privado / coordenação José Antonio Dias Toffoli, Renato Kim Barbosa, Silvano Andrade do Bomfim. -- São Paulo Almedina, 2023.

ISBN 978-85-8493-659-5

1. Direito civil - Brasil 2. Direitos 3. Direito privado 4. Direito público 5. Responsabilidade civil I. Toffoli, José Antonio Dias. II. Barbosa, Renato Kim. III. Bomfim, Silvano Andrade do.

23-178289 CDU-347.19(81)

Índices para catálogo sistemático:
1. Brasil : Direito de personalidade : Direito civil 347.19(81)
Eliane de Freitas Leite - Bibliotecária - CRB 8/8415

Este livro segue as regras do novo Acordo Ortográfico da Língua Portuguesa (1990).

EDITORA: Almedina Brasil
Rua José Maria Lisboa, 860, Conj.131 e 132, Jardim Paulista | 01423-001 São Paulo | Brasil
www.almedina.com.br

ALMEDINA | GRUPOALMEDINA

NOTA DOS COORDENADORES

No segundo trimestre de 2022, surgiu a ideia de elaborarmos uma obra em homenagem ao Professor Rui Geraldo Camargo Viana que viesse a público no ano em que o ilustre mestre completasse seus 85 anos de vida. Embora ele já tenha sido homenageado outrora em obra sobre *responsabilidade civil*, organizada por eminentes professores, pareceu-nos propício que lhe fosse consagrada uma coletânea de artigos jurídicos versando sobre um dos temas de sua predileção, sobre o qual tantas aulas e palestras ministrou: *os direitos da personalidade*.

Personalidade provém de *pessoa*, que advém do latim *persona*, originalmente, a *máscara* que os atores de teatro adaptavam em seus rostos, na Antiguidade, para melhor propagar a voz, a fim de que fossem ouvidos por toda a plateia. Com o passar do tempo a palavra *persona* passou a significar muito mais do que a máscara que fazia ecoar a voz daquele que a utilizava nos teatros, vindo a significar o próprio papel representado pelo ator. Daí porque a palavra *persona* passou a significar a atuação de cada indivíduo no cenário jurídico e, por fim, o próprio indivíduo em sua representação da vida social. No sentido jurídico, pessoa é todo sujeito a quem competem direitos. Guido Alpa nos informa que os direitos da pessoa são, segundo a terminologia usual, identificados com os direitos invioláveis e as liberdades fundamentais. Mas à pessoa física – e, na medida do possível, à pessoa jurídica – se reconhecem direitos adicionais, que são recolhidos na expressão *direitos da personalidade*.[1]

[1] Confira-se: CLAUDIO, Affonso. **Estudos de direito romano**. v. 1. Rio de Janeiro: Typ. do Jornal do Commercio, 1916. p. 165. LOPES, Miguel Maria de Serpa. **Curso de direito civil**. 8. ed. rev. e atualizada pelo Prof. José Serpa Santa Maria. Rio de Janeiro: Freitas Bastos, 1996. v. 1, p. 285. RIBAS, Antonio Joaquim. **Curso de direito civil brasileiro**. Rio de Janeiro: B. L. Garnier, 1880. v. 2. t. 2, p. 26-7. PACIFICI-MAZZONI, Emidio. **Istituzioni di diritto civile italiano**. Firenze: Tipografia e Litografia Pellas, 1867. v. 1. p. 117. CHAVES, Antônio. **Tratado de direito civil**. 3. ed. São Paulo: Editora Revista dos Tribunais, 1982. v. 1, p. 305. TAVARES, José Maria Joaquim. **Os princípios fundamentais do direito civil**. Coimbra: Coimbra Editora, 1922. v. 1, p. 61. BAUDRY-LACANTINERIE, Gabriel; HOUQUES-FOURCADE, Maurice. **Traité théorique et pratique de droit civil: des personnes**. 2. ed. Paris: Larose, 1902. v. 1, p. 259. MONTEIRO, Washington de Barros. **Curso de direito civil: parte geral**. 45. ed. rev. e atual. por Ana

A moderna concepção do direito civil, que exalta a posição da pessoa no ordenamento e implementa, em primeiro lugar, as normas constitucionais, permite unificar os argumentos de forma que as disposições contidas no Código Civil e nas leis especiais relativas à pessoa possam ser corretamente interpretadas *à luz dos ditames constitucionais*. Os direitos da personalidade não podem ser enumerados ou restritos em *numerus clausus*, pois existe apenas um *direito geral* de personalidade – uma espécie de cláusula geral –, de maneira que os direitos da pessoa disciplinados no Código Civil seriam alguns dos aspectos mais relevantes e comuns da pessoa, sem exaurir todo o quadro dos direitos da personalidade.[2]

Foi precisamente esse caráter dinâmico dos direitos da personalidade que nos levou à escolha do tema em homenagem ao Professor Rui Geraldo Camargo Viana: *os direitos da personalidade e seus reflexos nos direitos público e privado*.

A obra que ora vem à lume reúne artigos científicos de professores, magistrados, membros do Ministério Público, advogados, colegas de trabalho e ex-alunos do homenageado. Em razão do significativo número de coautores, o texto produzido por cada qual contém a essência do assunto eleito, sem comprometimento da qualidade jurídica, sendo essa sintetização uma caraterística marcante do homenageado, que sempre ensinou seus alunos a não se prenderem à quantidade de páginas produzidas, e sim ao enfrentamento do tema.

A elaboração de uma obra jurídica é, sob diversos aspectos, desafiadora. Reunir em livro uma plêiade de expoentes do Direito é, além de indizível homenagem ao Professor Rui Geraldo Camargo Viana, verdadeira deferência aos coordenadores, pelo que louvamos vivamente a participação dos coautores, pois eles permitiram que esta homenagem se materializasse.

Registramos, ainda, nossa gratidão a Roberta Maria Rangel, Daiane Nogueira de Lira, Ederlúcia Mendes de Oliveira Prado e Divina Edna Nobrega pelo valioso auxílio, sem o qual inexistiria o livro que ora é entregue ao público.

Finalmente, agradecemos à Editora Almedina por acreditar neste projeto desde seu nascedouro, trazendo ao público uma obra que, diante da importância do tema, da excelência dos textos produzidos e do elevado nível dos coautores, será, certamente, referência jurídica nacional.

Ao leitor desejamos que esta obra conduza a avivadas e profundas reflexões.

Brasília e São Paulo, Outono de 2023.

José Antonio Dias Toffoli
Renato Kim Barbosa
Silvano Andrade do Bomfim

Cristina de Barros Monteiro França Pinto. São Paulo: Saraiva, 2016. v. 1, p. 77. ROCHA, Manuel António Coelho da. **Instituições de direito civil portuguez**. 3. ed. Coimbra: Imprensa da Universidade, 1852. v. 1, p. 34. MOREIRA, Guilherme Alves. **Instituições de direito civil português**. 1907. v. 1, p. 152 et seq.

[2] ALPA, Guido. **Manuale di diritto privato**. 11. ed. Milano: Wolters Kluwer, 2020. p. 245-6.

APRESENTAÇÃO

Recebi com muita honra do eminente ministro do Supremo Tribunal Federal, José Antonio Dias Toffoli e dos professores Renato Kim Babosa e Silvano Andrade do Bomfim o convite para apresentar a obra que ora vem a público em homenagem ao nosso querido amigo Professor Rui Geraldo Camargo Viana.

A alegria para mim é dupla. Primeiro por ser este livro destinado a homenagear o Professor Rui Geraldo, civilista de escol e orador nato, com quem tenho tido o privilégio trabalhar, há muitos e muitos anos, na velha e sempre nova Academia, a nossa querida Faculdade de Direito do Largo São Francisco, bem como por se tratar de homenagem a pessoa que tanto contribuiu para a reflexão do Direito Civil brasileiro, seja como professor – em sala de aula ou fora dela –, seja em suas sentenças e votos no exercício de sua profícua magistratura no tribunal de justiça paulista, seja em sua atuação como advogado, em seus inúmeros pareceres, nas suas brilhantes palestras e sustentações orais nos tribunais estaduais, federais e nos tribunais superiores, notadamente no Superior Tribunal de Justiça (STJ) e no Supremo Tribunal Federal (STF). E em segundo lugar, fiquei igualmente feliz por ser a presente obra idealizada e coordenada por ex-alunos de nossa amada Faculdade, os quais, como que por mão invisível da Providência, representam aqui, respectivamente, a magistratura – em seu mais alto grau –, o ministério público, e a advocacia, trazendo por meio das páginas deste livro o debate acerca de temas atuais e de grande relevância para a comunidade jurídica e para a sociedade em geral, demonstrando a responsabilidade desta histórica Casa de Ensino e o comprometimento de seus alunos com o direito.

Com efeito, *direitos da personalidade e seus reflexos nos direitos público e privado: homenagem ao Professor Rui Geraldo Camargo Viana* compreende uma parcela dos mais intrigantes temas do Direito Civil, em estreita sintonia com as alterações legislativas, doutrinárias e jurisprudenciais havidas recentemente e que dizem respeito aos direitos da personalidade, tais como o nome da pessoa natural, os registros públicos, o direito à proteção de dados, a herança digital, a utilização abusiva das redes sociais, os transgêneros, a interrupção voluntária da gravidez, as formas de proteção dos direitos da personalidade, sua tutela processual, dentre outros igualmente instigantes.[3]

Outro aspecto que não se pode olvidar é o fato desta obra ter sido feliz em reunir, a um só tempo, queridos e prestigiados professores e doutrinadores, de diversas instituições de ensino, reconhecidos pela grandiosidade de suas obras, e, no particular, pelo elevado nível científico dos textos aqui expostos, bem como professores e doutrinadores da nova geração, cujos artigos são igualmente primorosos, o que demonstra a dimensão do desafio na elaboração de um livro em homenagem ao Professor Rui Geraldo.

Muito embora alguns ilustres e estimados professores, conquanto convidados, não puderam desta homenagem participar, infelizmente, como articulistas em decorrência de compromissos previamente assumidos, aqueles que aqui se fazem presente puderam também representá-los na contribuição, em elevada monta, ao debate jurídico pátrio, neste tema que é assaz importante diante da influência que irradia diária e diretamente na vida social.

E justamente em razão dos assuntos aqui expostos, bem como da seriedade acadêmica e profissional dos coordenadores e coautores, que podemos afirmar, com segurança, que esta obra mostra-se, desde já, de grande valia e de obrigatória consulta pelos estudantes de direito, pós-graduandos, magistrados, membros do ministério público, advogados, estudiosos e público em geral, pelo que também cumprimentamos a Editora Almedina por trazer à lume mais uma obra referencial.

GISELDA MARIA FERNANDES NOVAES HIRONAKA
Livre Docente e Doutora em Direito Civil pela USP
Professora Titular de Direito Civil da Faculdade de Direito da USP
Ex-Procuradora Federal

[3] Auxiliou-me na colheita de dados Silvano Andrade do Bomfim.

PREFÁCIO

Honra-me muito o convite que me fazem os coordenadores desta importante obra "Direitos da personalidade e seus reflexos nos direitos público e privado" em homenagem ao amigo de longa data, o destacado professor e jurista Rui Geraldo Camargo Viana.

Homenagear Rui Geraldo é homenagear a história de nossa própria amizade que se iniciou na década de 1960 quando ambos cursávamos o curso de Direito na Pontifícia Universidade Católica de São Paulo. Desde aquela época notava-se em Rui uma inteligência ímpar com rápido raciocínio e soluções inéditas para complexas questões do direito.

Logo, uma nova obra em sua homenagem era necessária para comemorar toda sua atuação na magistratura, advocacia e magistério.

Esta obra reúne grandes autores com temas instigantes que têm como base uma releitura dos direitos da personalidade na atualidade.

Os temas vão desde questões do mundo digital até os desafios na proteção dos transgêneros, passando por matérias clássicas como aceitação e renúncia da herança, alteração do nome, prescrição e decadência, registros públicos etc.

A obra que prefacio já nasce como verdadeiro destaque no mundo jurídico.

Não se poderia terminar este prefácio sem uma palavra de gratidão aos coordenadores da homenagem. Os professores Ministro Toffoli, Renato Kim Barbosa e Silvano Andrade do Bomfim. Parabenizo a editora Almedina que sempre se mostra aberta aos projetos de homenagem e que recebe em sua casa os autores que contribuíram com sua obra.

São Paulo, inverno de 2023.

TERESA ANCONA LOPEZ
Livre Docente e Doutora em Direito Civil pela USP
Professora Titular de Direito Civil da Faculdade de Direito da USP

SOBRE O HOMENAGEADO

As obras coletivas ou coletâneas jurídicas elaboradas em homenagem a grandes mestres do Direito, em que pese a importância dos artigos científicos levados a público, por vezes pouco ou nada trazem sobre a trajetória de vida do homenageado, ou mesmo nada relatam sobre aquele a quem é prestada a justa honraria. No mais das vezes, o conhecimento de quem se trata o homenageado fica restrito aos amigos e alunos do mestre.

Uma vez que a obra literária possui, em muitos casos, indizível alcance, pareceu-nos adequado apresentar ao leitor informações, conquanto perfunctórias, sobre aquele que é a razão de existência deste livro.

O Professor Rui Geraldo Camargo Viana nasceu no dia 08 de outubro de 1938, na cidade de Campinas, Estado de São Paulo, sendo o caçula de cinco irmãos. Em 1958 ingressou na Faculdade Paulista de Direito da Pontifícia Universidade Católica de São Paulo (PUC-SP), tendo nela se graduado em 1962.

O então jovem Rui Geraldo foi solicitador acadêmico no escritório dos advogados Raimundo Pascoal Barbosa e José Turcato, e, após formado, tornou-se advogado, obtendo sua inscrição na Ordem dos Advogados do Brasil, Secção São Paulo (OAB/SP) sob o nº 14.932.

Em 1964, Rui Geraldo Camargo Viana, à época com 26 anos de idade, foi aprovado no concurso público de ingresso na Magistratura do Estado de São Paulo, exercendo profícua judicatura durante sua vida. Em 1982, foi promovido ao cargo de Juiz do 2º Tribunal de Alçada Civil do Estado de São Paulo,[4] e, em 1984, foi promovido por merecimento ao

[4] Após a Constituição Federal de 1946 permitir a criação dos tribunais de alçada para atender ao crescente número de recursos, em 11.8.1951 foi criado o Tribunal de Alçada do Estado de São Paulo, sendo que nos anos de 1967 e 1972 o Tribunal de Alçada se desdobrou, dando surgimento ao 1º Tribunal de Alçada Civil (1º TAC) e ao Tribunal de Alçada Criminal (TACrim), instalados em 1967, e, posteriormente, ao 2º Tribunal de Alçada Civil (2º TAC), instalado em 1972. A Emenda Constitucional nº 45, de 30 de dezembro de 2004, por seu art. 4º, extinguiu os tribunais de alçada, passando os seus membros a integrar os respectivos Tribunais de Justiça dos Estados, respeitadas a antiguidade e a ordem de origem. Assim, após a EC nº 45/2004, as três cortes paulistas de alçada e o Tribunal de Justiça foram unificados.

cargo de Desembargador do Tribunal de Justiça do Estado de São Paulo, onde integrou a 9ª Câmara Cível, até aposentar-se em 1988.

Em 1989, o Professor Rui Geraldo Camargo Viana retornou ao exercício da advocacia, bem como atinou-se a proferir pareceres. Nessa época, fundou o escritório Camargo Viana Advogados, atualmente denominado Camargo Viana, Gomes, Daoud e Advogados Associados, com sede na Av. Angélica, nº 2.530, 1º andar, na cidade de São Paulo – SP, onde milita até a presente data.

Na seara acadêmica, o Professor Rui Geraldo Camargo Viana iniciou no magistério em 1964, construindo respeitável carreira na Pontifícia Universidade Católica de São Paulo (PUC-SP) e na Faculdade de Direito do Estado de São Paulo, além de ter lecionado em várias outras instituições de ensino. Foi ainda professor visitante da *École Nationale de la Magistrature*, sediada em Paris, França, no 1º semestre de 1984.

O Professor Rui Geraldo Camargo Viana obteve, ainda, diversos títulos ao longo de sua brilhante jornada acadêmica. Em 1977, obteve o título de Mestre em Direito Civil pela Pontifícia Universidade Católica de São Paulo (PUC-SP), tendo como orientador o saudoso Professor Agostinho Alvim. Em 1984, obteve o título de Doutor em Direito Civil pela histórica Faculdade de Direito do Largo São Francisco, da Universidade de São Paulo (USP), tendo como orientador o saudoso Professor Washington de Barros Monteiro. Em 1985, o Professor Rui Geraldo obteve o título de Livre-Docente em Direito Civil, também pela Faculdade de Direito da Universidade de São Paulo. No ano de 1987, foi aprovado em concurso público como Professor Adjunto de Direito Civil na Faculdade de Direito da Universidade de São Paulo (USP). Em 1992, foi aprovado em concurso público para o cargo de Professor de Direito Romano da Universidade Estadual Paulista (UNESP). Em 1996, o Professor Rui Geraldo foi aprovado em concurso público para o cargo de Professor Titular de Direito Civil da Faculdade de Direito da Universidade de São Paulo (USP).

O homenageado também foi Professor Titular dos cursos de pós-graduação da Fundação Estadual de Londrina (UEL), no Estado do Paraná, da Fundação Toledo de Ensino, na cidade de Bauru – SP, na Pontifícia Universidade Católica de Campinas (PUC-Campinas) e Santos (UNISANTOS), e ainda, na Universidade de Direito de Franca – SP.

Ao longo dos anos o Professor Rui Geraldo Camargo Viana ministrou aulas em nível de graduação, mestrado e doutorado, tendo inspirado até hoje considerável número de alunos e orientandos do curso de pós-graduação *stricto sensu*, vez que ainda leciona às quintas-feiras na velha e sempre nova Faculdade de Direito do Largo São Francisco.

O Professor Rui Geraldo Camargo Viana participou como examinador em diversas bancas de concursos públicos; orientou e ainda orienta mestrandos e doutorandos na Faculdade de Direito da Universidade de São Paulo (USP), além de ter participado e ainda participar de inúmeras bancas de mestrado e de doutorado. O homenageado é autor de várias obras publicadas, sendo também palestrante e conferencista sobre Direito Civil, Administrativo e Urbanístico.

SOBRE OS COORDENADORES

José Antonio Dias Toffoli

Ministro do Supremo Tribunal Federal. Ex-Presidente do Supremo Tribunal Federal e do Conselho Nacional de Justiça (2018-2020). Ex-Presidente do Tribunal Superior Eleitoral (2014-2016).

Renato Kim Barbosa

Doutor em Direito pela Universidade de São Paulo (USP). Promotor de Justiça do Ministério Público do Estado de São Paulo (MPSP). Professor de Direito da Pontifícia Universidade Católica de São Paulo (PUC-SP).

Silvano Andrade do Bomfim

Doutor e Mestre em Direito Civil pela Faculdade de Direito da Universidade de São Paulo (USP). Especialista em Direito Processual Civil pela Pontifícia Universidade Católica (PUC-SP). Advogado. Professor.

SOBRE OS AUTORES

Álvaro Villaça Azevedo

Doutor em Direito, Professor Titular de Direito Civil, Regente de Pós-Graduação e ex-Diretor da Faculdade de Direito da Universidade de São Paulo – USP. Professor Titular de Direito Romano, de Direito Civil e ex-Diretor da Faculdade de Direito da Universidade Presbiteriana Mackenzie, em São Paulo. Advogado e ex-Conselheiro Federal e Estadual da Ordem dos Advogados do Brasil. Parecerista e Consultor Jurídico.

Ana Cláudia Silva Scalquette

Doutora em Direito Civil pela Universidade de São Paulo (USP). Mestre em Direito Político e Econômico pela Universidade Presbiteriana Mackenzie (UPM). Professora de Direito Civil da Faculdade de Direito da Universidade Presbiteriana Mackenzie (UPM). Titular da cadeira nº 68 da Academia Paulista de Letras Jurídicas (APLJ). Titular da cadeira nº 33 da Academia Mackenzista de Letras (AML). Líder do Grupo de Pesquisa CNPq Gbio. Autora do Anteprojeto de Lei n. 115/2015 que institui o Estatuto da Reprodução Assistida que tramita na Câmara dos Deputados em Brasília/DF. Pequisadora Internacional do Osservatorio sui Diritti Umani, Bioetica, Salute, Ambiente, vinculado à Università Degli Studi di Salerno/Itália. Professora Visitante da Università Degli Studi di Salerno/Itália. Conselheira Estadual da OABSP e Presidente da Comissão Permanente de Estágios e Exame de Ordem da OABSP. Site: www.scalquette.com.br

Antonio Carlos Morato

Advogado. Professor Associado do Departamento de Direito Civil da Faculdade de Direito da Universidade de São Paulo (USP). Livre-Docente, Doutor e Mestre em Direito Civil pela Faculdade de Direito da Universidade de São Paulo (USP). Bacharel em Direito Civil pela Faculdade de Direito da Pontifícia Universidade Católica de São Paulo (PUC-SP).

Carlos Alberto Dabus Maluf
Mestre, Doutor e Livre Docente em Direito Civil pela Faculdade de Direito da Universidade de São Paulo (USP). Professor Titular de Direito Civil da Faculdade de Direito da Universidade de São Paulo (USP). Conselheiro do Instituto dos Advogados de São Paulo – IASP. Conselheiro Científico da ADFAS. Consultor Jurídico e Parecerista. Advogado em São Paulo – Dabus Maluf Advogados Associados.

Adriana Caldas do Rego Freitas Dabus Maluf
Mestre e Doutora em Direito Civil pela Faculdade de Direito da Universidade de São Paulo (USP). Membro do Instituto dos Advogados de São Paulo – IASP. Diretora Adjunta da Comissão de Bioética da ADFAS. Conselheira Cientifica de Bioética do IBDFAM. Membro da Comissão de Bioética do HCOR – SP. Professora fundadora do Curso de biodireito e bioética – www.adrianamaluf.com.br/jornada do biofuturo. Professora fundadora do Curso Especialista em Direito Médico – www.adrianamaluf.com.br/direitomedico. Nutricionista. Advogada em São Paulo – Dabus Maluf Advogados Associados.

Carlos Frederico Barbosa Bentivegna
Doutorando e Mestre em Direito Civil pela Faculdade de Direito da Universidade de São Paulo (USP). Professor de Direito Civil. Advogado. Autor, dentre outras obras, de "Liberdade de Expressão, Honra, Imagem e Privacidade", pela Editora Manole.

Cíntia Rosa Pereira de Lima
Professora Associada de Direito Civil da Faculdade de Direito da Universidade de São Paulo (USP) em Ribeirão Preto – FDRP. Doutora em Direito Civil pela Faculdade de Direito da Universidade de São Paulo (USP) com estágio na Universidade de Ottawa (Canadá) com bolsa CAPES – PDEE - Doutorado Sanduíche e livre-docente em Direito Civil Existencial e Patrimonial pela Faculdade de Direito de Ribeirão Preto (USP). Pós-Doutora em Direito Civil pela Università degli Studi di Camerino (Itália) com fomento FAPESP e CAPES. Líder e Coordenadora dos Grupos de Pesquisa "Tutela Jurídica dos Dados Pessoais dos Usuários da Internet" e "Observatório do Marco Civil da Internet", cadastrados no Diretório de Grupos de Pesquisa do CNPq e do Grupo de Pesquisa "Tech Law" do Instituto de Estudos Avançados (IEA/USP). Presidente do Instituto Avançado de Proteção de Dados – IAPD. Pesquisadora Ano Sabático do IEA/USP – Polo Ribeirão Preto (2020). Professora do Programa de Mestrado (em fase de implementação) da UNIMES. Advogada.

Daisy Gogliano
Professora associada aposentada e professora Sênior dos cursos de pós-graduação da Faculdade de Direito da Universidade de São Paulo (USP).

Eduardo Tomasevicius Filho
Doutor e Livre-docente em direito civil pela Faculdade de Direito da Universidade de São Paulo (USP). Professor associado do Departamento de Direito Civil da Faculdade de Direito Faculdade de Direito da Universidade de São Paulo (USP). Advogado.

Elisabete Aloia Amaro
Graduada em Direito (1988), Mestra em Direito Penal (1995) e Doutora em Direito Civil (2004) pela Faculdade de Direito da Universidade de São Paulo (USP). Pesquisadora voluntária junto à Universidade Presbiteriana Mackenzie (grupo de pesquisa "Direito agrário e do agronegócio: gestão, inovação e sustentabilidade"). Sócia do escritório Aloia Amaro e Almeida Advocacia e Consultoria Jurídica.

Euclides de Oliveira
Advogado. Foi Promotor de Justiça e magistrado, tendo-se aposentado como Desembargador do Tribunal de Justiça do Estado e São Paulo. Doutor em Direito Civil pela Faculdade de Direito da Universidade de São Paulo. Ex-Presidente e atual Conselheiro do Instituto Brasileiro de Direito de Família, seção São Paulo. Autor de obras jurídicas.

Flávio Tartuce
Pós-doutor e Doutor em Direito Civil pela da Universidade de São Paulo (USP). Coordenador e professor do programa de mestrado da Escola Paulista de Direito (EPD). Diretor Geral e Professor da Escola Superior da Advocacia da Ordem dos Advogados do Brasil de São Paulo (ESA-OAB/SP). Presidente do Instituto Brasileiro de Direito Contratual (IBDCONT) e do Instituto Brasileiro de Direito de Família, em São Paulo (IBDFAM/SP). Atua como advogado, árbitro e parecerista.

Fernando Campos Scaff
Advogado. Professor Titular da Faculdade de Direito da Universidade de São Paulo – Largo de São Francisco.

Gilmar Ferreira Mendes
Doutor em Direito pela Universidade de Münster, Alemanha. Professor de Direito Constitucional nos cursos de graduação e pós-graduação do Instituto Brasileiro de Ensino, Desenvolvimento e Pesquisa (IDP). Ministro do Supremo Tribunal Federal (STF).

João Ricardo Camargo
MBA na Universidade de São Paulo. Membro do Conselho de Revisão e Pesquisa da Editora Direito Contemporâneo. Associado do Instituto de Direito Privado. Graduado em Direito pela Universidade Federal do Paraná. Ex-pesquisador pelo CNPQ. Advogado.

José Antonio Dias Toffoli
Ministro do Supremo Tribunal Federal. Ex-Presidente do Supremo Tribunal Federal e do Conselho Nacional de Justiça (2018-2020). Ex-Presidente do Tribunal Superior Eleitoral (2014-2016).

José Fernando Simão
Professor Associado do Departamento de Direito Civil da Faculdade de Direito da USP.

José Luiz Gavião de Almeida
Desembargador do Tribunal de Justiça do Estado de São Paulo. Professor Titular do Departamento de Direito Civil da Universidade de São Paulo (USP).

José Pedro Makowski de Oliveira Gavião de Almeida
Mestre em Direito Civil e Professor de Direito Civil na Universidade Paulista, Campus de Jundiaí. Advogado.

José Renato Nalini
Reitor da UNIREGISTRAL. Docente da Pós-graduação da UNINOVE. Desembargador aposentado do Tribunal de Justiça do Estado de São Paulo, cuja Presidência exerceu entre 2014 e 2015.

Lígia Cristina de Araújo Bisogni
Desembargadora e Ouvidora Judicial do Tribunal de Justiça de São Paulo. Atual representante da Ouvidoria Nacional da Mulher – Região Sudeste.

Luiz Edson Fachin
Ministro do Supremo Tribunal Federal. *Alma Mater* Universidade Federal do Paraná. Professor do programa de pós-graduação do Centro Universitário de Brasília.

Luiz Rodrigues Wambier
Advogado com intensa atuação no Superior Tribunal de Justiça e Supremo Tribunal Federal. Sócio do escritório Wambier, Yamasaki, Bevervanço & Lobo Advogados. Professor no Programa de Mestrado e Doutorado em Direito do Instituto Brasileiro de Ensino, Desenvolvimento e Pesquisa (IDP). Doutor em Direito pela Pontifícia Universidade Católica de São Paulo (PUC-SP). Autor, entre outros livros, do Liquidação da Sentença Civil, do Curso Avançado de Processo Civil, e de diversos artigos publicados em revistas jurídicas, nacionais e estrangeiras.

Mágino Alves Barbosa Filho
Advogado. Ex-Secretário da Segurança Pública do Estado de São Paulo. Procurador de Justiça aposentado. Ex-Subprocurador-Geral de Justiça. Ex-Conselheiro do Conselho Nacional de Políticas Criminais e Penitenciárias.

Manuella Santos de Castro
Doutora em Direito pela USP. Mestre e Bacharel em Direito pela PUC-SP. Cursa Graduação em História na USP. Advogada e Editora Jurídica. Professora da Faculdade de Direito da PUC-SP.

Marco Fábio Morsello
Professor Associado de Direito Civil na Faculdade de Direito da Universidade de São Paulo. Doutor e Livre-Docente em Direito Civil pela Faculdade de Direito da Universidade de São Paulo. Desembargador do Tribunal de Justiça do Estado de São Paulo.

Maria Beatriz Bevilacqua Viana Gomes
Advogada. Graduada em Direito pela Faculdade de Direito da Universidade São Paulo (USP). Sócia fundadora do escritório Camargo Viana, Gomes, Daoud Advogados Associados.

Mário Luiz Delgado
Doutor em Direito Civil pela USP e Mestre em Direito Civil Comparado pela PUC-SP. Especialista em Direito Processual Civil pela Universidade Federal de Pernambuco. Professor de Direito Civil na Escolas da Magistratura e da Advocacia. Diretor do Instituto dos Advogados de São Paulo – IASP e Presidente da Comissão de Assuntos Legislativos do IBDFAM. É membro da Academia Brasileira de Direito Civil – ABDC. Foi assessor, na Câmara dos Deputados, da Relatoria-Geral do projeto de lei que deu origem ao novo Código Civil Brasileiro. Autor e coautor de livros e artigos jurídicos.

Mário Luiz Sarrubbo
Procurador-Geral de Justiça do Ministério Público do Estado de São Paulo (MPSP). Mestre em Direito pela Pontifícia Universidade Católica de São Paulo (PUC-SP). Professor de Direito da Fundação Armando Álvares Penteado (FAAP).

Maurício Bunazar
Pós-doutor, doutor e mestre pela Faculdade de Direito da Universidade de São Paulo. Professor da Faculdade de Direito Presbiteriana Mackenzie e do IBMEC.

Maurício Pessoa
Desembargador do Tribunal de Justiça do Estado de São Paulo. Professor da PUC-SP.

Nelson Nery Junior
Professor Titular da Faculdade de Direito da Pontifícia Universidade Católica de São Paulo (PUC-SP). Livre-Docente, Doutor e Mestre em Direito pela PUC-SP. Doutor em Direito Processual Civil pela *Friedrich-Alexander Universität Erlangen-Nürnberg*. Advogado, árbitro e parecerista. Fundador de Nery Advogados.

Paulo Dias de Moura Ribeiro
Ministro do Superior Tribunal de Justiça. Ouvidor do Superior Tribunal de Justiça. Pós-Doutor em Direito pela Universidade de Lisboa. Doutor em Direito Civil pela PUC-SP. Mestre em Direito Civil pela PUC-SP. Coordenador Científico do Curso de Direito da UNISA. Professor Titular da FDSBC. Professor do Curso de Direito da UDF. Professor do Curso de Pós-Graduação da UNINOVE.

Pedro Ferreira
Assessor de Ministro do Supremo Tribunal Federal e doutorando em Direito, Estado e Constituição pela Universidade de Brasília.

Priscila Domingues Mendes de Oliveira
Doutora em Direito Civil pela USP. Mestre em Direito. Especialista em Direito Notarial e Registral e Direito das Famílias e Sucessões. Graduada em Direito pela USP.

Renato Kim Barbosa
Doutor em Direito pela Universidade de São Paulo (USP). Promotor de Justiça do Ministério Público do Estado de São Paulo (MPSP). Professor de Direito da Pontifícia Universidade Católica de São Paulo (PUC-SP).

Renata Honório Ferreira Camargo Viana
Registradora Civil e Tabeliã de Notas de Bofete – SP. Doutora em Direito Civil, Mestre em Direito Empresarial e Graduada pela FDUSP. Especialista em Direito Notarial e Registral e em Direito de Família e Sucessões pela Rede de Ensino Luiz Flávio Gomes.

Rodrigo Arnoni Scalquette
Doutor em Filosofia do Direito e do Estado pela Pontifícia Universidade Católica de São Paulo (PUC-SP). Mestre em Direito Político e Econômico pela Universidade Presbiteriana Mackenzie (UPM). Professor de História do Direito na Faculdade de Direito da Universidade Presbiteriana Mackenzie. Professor Pesquisador do Grupo de Pesquisa CNPq GBio. Advogado e Líder do Polo São Paulo da Comissão de Está-

gios e Exame de Ordem da OABSP. Professor Visitante da Università Degli Studi di Salerno/Itália. Site: scalquette.com.br

Rogério Donnini

Advogado e parecerista. Professor Livre-docente do Mestrado e Doutorado da Faculdade de Direito da Pontifícia Universidade Católica de São Paulo (PUC-SP), da Escola Paulista da Magistratura (EPM) e da *Facoltà di Giurisprudenza della Università degli Studi della Campania 'Luigi Vanvitelli'*, Itália. Livre-docente, Doutor e Mestre em Direito Civil pela PUC-SP. Titular da Cadeira n. 73 (Vicente Ráo) da Academia Paulista de Direito (APD), da qual foi Presidente, e membro da *Association Henri Capitant des Amis de la Culture Juridique Française.*

Rômolo Russo Junior

Mestre e Doutor em Direito pela PUC-SP. Livre-Docente pela USP. Desembargador do Tribunal de Justiça do Estado de São Paulo.

Rosa Maria de Andrade Nery

Professora Associada (Livre-Docente) da Faculdade de Direito da PUC-SP. Livre--Docente, Doutora e Mestre em Direito pela PUC-SP. Advogada, árbitra e parecerista. Sócia de Nery Advogados. Desembargadora aposentada do Tribunal de Justiça do Estado de São Paulo.

Rui Gustavo Camargo Viana

Tabelião de Notas e Protestos em Monte Alto – SP. Doutor em Direito Civil pela USP. Mestre em Direitos Humanos pela UNIFIEO. Especialista em Direito Notarial Registral e Direito das Sucessões. Bacharel em Direito pela USP.

Silvano Andrade do Bomfim

Doutor e Mestre em Direito Civil pela Faculdade de Direito da Universidade de São Paulo (USP). Especialista em Direito Processual Civil pela Pontifícia Universidade Católica (PUC-SP). Advogado. Professor.

Teresa Arruda Alvim

Livre-docente, doutora e mestre em Direito pela PUC-SP. Professora Associada nos cursos de graduação, especialização, mestrado e doutorado da mesma instituição. Professora Visitante na Universidade de Cambridge – Inglaterra. Professora Visitante na Universidade de Lisboa. Coordenadora da Revista de Processo – RePro, publicação mensal da Editora Thomson Reuters Brasil/Revista dos Tribunais. Advogada.

Thereza Alvim
Doutora em Direito pela Pontifícia Universidade Católica de São Paulo. Professora nos cursos de Graduação e de Pós-graduação *stricto sensu* (Mestrado e Doutorado) da Pontifícia Universidade Católica de São Paulo. Advogada em São Paulo, Brasília, Porto Alegre e Rio de Janeiro.

Vitor Frederico Kümpel
1º Livre Docente em Direito Notarial e Registral do Brasil, pela Universidade de São Paulo. Doutor em Direito Civil e Graduado em Direito pela USP. Coautor da Coleção Tratado Notarial e Registral, entre outras obras. Juiz de Direito Substituto em Segundo Grau do Tribunal de Justiça do Estado de São Paulo.

Vitulia Ivone
Professore abilitato ordinario di Istituzioni di Diritto Privato presso il Dipartimento di Scienze giuridiche dell'Università degli Studi di Salerno. Titolare dell'insegnamento di Diritto civile e di Nozioni giuridiche fondamentali. Già docente incaricata dell'insegnamento in Diritto dell'impresa industriale (aa. aa. 2010-2011 e 2011-2012), Facoltà di Ingegneria, Università degli Studi di Salerno. Già membro del Collegio dei Docenti del Dottorato di ricerca in "Diritto internazionale e diritto interno in materia internazionale" presso l'Università degli Studi di Salerno. Già membro del Collegio dei Docenti del Dottorato Disciplina Libertà della Concorrenza (sede Perugia). Già membro del Collegio dei Docenti della "Scuola di specializzazione delle professioni legali" di Salerno. Già Direttore del Comitato Scientifico della Fondazione della Scuola Medica Salernitana. Membro commissione brevetti e spin off (Università Salerno) del Comitato Scientifico delle riviste "Biodiritto", "Cuadernos de Bioetica" (Argentina), Direito imobiliario (Brazil). Componente della Commissione per gli esami di abilitazione all'esercizio della professione di avvocato (dal 2005 al 2016). Membro della Juristen Vereinigung, dell'Institut fur Kunst und Recht (Germania) e della S.I.S.D.I.C. Membro dell'Academia das Letras della Universidade Presbiteriana Mackenzie.

Viviane Cristina de Souza Limongi
Doutora em Direito Civil pela USP. Mestre em Direito Civil pela PUC-SP. Advogada e Professora.

Wallace Paiva Martins Junior
Procurador de Justiça (MPSP). Bacharel em Direito, Mestre e Doutor em Direito do Estado pela USP. Professor de Direito (UNISANTOS).

Walter Godoy dos Santos Jr.
Juiz Auxiliar do Gabinete do Ministro Dias Toffoli. Juiz de Direito do Tribunal de Justiça de São Paulo. Professor do curso de Pós-Graduação *Stricto Sensu* em Direito da Universidade Nove de Julho. Doutor e Mestre em Direito pela USP.

Washington Carlos de Almeida
Pós-doutorado em Direito pela Universidade de Salamanca – USAL (2018). Doutor em Direito pela Pontifícia Universidade Católica de São Paulo (2008). Mestre em Direito pela Pontifícia Universidade Católica de São Paulo (2004). Especialista em Processo Civil pela Pontifícia Universidade Católica de Porto Alegre – RS (2002). Especialista em Docência do Ensino Superior da Universidade Federal do Rio Janeiro – RJ (2001). Graduado em Direito pela Universidade Presbiteriana Mackenzie, São Paulo – SP (1999). Professor Adjunto da Faculdade de Direito da Universidade Presbiteriana Mackenzie. Sócio do escritório Aloia Amaro e Almeida Advocacia e Consultoria Jurídica.

SUMÁRIO

1. TUTELA JURÍDICA DOS ANIMAIS

ÁLVARO VILLAÇA AZEVEDO

Generalidades

Os animais foram tratados como "coisa", "bens" móveis, que têm locomoção própria, sendo conhecidos como semoventes.

Como seres vivos sensíveis têm eles que merecer um tratamento mais humanitário, regulamentando-se mais apuradamente, com mais cuidados, seu direito à proteção e tratamento condigno. E isso, em todas as áreas do Direito principalmente, constitucional, penal e civil, e no âmbito da bioética e do biodireito.

Em 1983, arrematando seu entendimento, sobre as considerações, que se devem aos animais, o filósofo, Tom Regan (1938-2017) publicou seu Livro *The case for animal right*, em defesa da ética animal, ao invés de tão somente tratar os animais porque são sensíveis ou que sofrem dor, sustenta que os animais pertencem a uma categoria de direitos, devendo ser considerado como sujeito de uma vida com valor próprio[5].

Também concebe Alfredo Domingues Barbosa Migliore[6] que os grandes primatas têm personalidade jurídica, em trabalho aprovado com distinção.

Todavia, discordo, tão somente, quanto a esses citados autores terem, respectivamente, cuidado dos animais ou como "sujeitos" ou com "personalidade

[5] A tutela jurídica dos animais no Direito Civil contemporâneo, Parte 2, em 28 de maio de 2018, disponível em: https://zoek.officieledekendinakingen.nl/stb-2011-345.html. Aceso em: 3 jun. 2018.

[6] MIGLIORE, Alfredo Domingues Barbosa. **Personalidade jurídica dos grandes primatas**. Tese de Doutoramento apresentada à Faculdade de Direito da Universidade de São Paulo (USP). 2010. p. 82.

jurídica". Uma vez que a palavra sujeito designa-se à pessoa e personalidade é relativa à condição de pessoa.

A não ser que se refira a eles como titulares de direito, cujo exercício depende da atuação de seu dono, que lhe supre a capacidade de agir por si só.

Em geral, todos os elementos da natureza sofrem sejam animais ou outros.

A natureza em geral é viva, também os vegetais e os minerais. Todos merecem os cuidados do ser humano, que se diz digno.

Atualmente, como sempre foi necessário, é preciso que o ser humano e os outros animais se protejam e se preservem no meio ambiente, para que exista vida harmônica e digna. São cuidados recíprocos que se trocam e que se devem.

Tudo merece proteção, o ser humano e a natureza, obras de Deus que precisam ser respeitadas no mundo ecológico: as florestas, as águas, os peixes e as aves, a terra, o ar para que possam dar condições de coexistência de todos.

O direito, como vida humana em sociedade, é um somatório de cuidados que devem ser preservados, no interesse coletivo.

O ser humano tem de deixar de poluir para ter direito à vida, sendo o único responsável pelo cuidado dos demais da natureza e que tem consciência do que degrada e do que destrói, pisando em tudo e acumulando o lixo de sua atividade devastadora, em desrespeito a tudo.

1. Proteção dos animais

Tratando, agora, só dos animais não humanos, eles são titulares do direito à vida, que têm como seus representantes os seres humanos, que devem batalhar por seus direitos, assegurando-os como seres viventes.

Esses animais têm, portanto, capacidade de direito, podendo ser destinatários da proteção normativa, adquirindo direitos, mas sem poder exercê-los, por si, porque não têm capacidade de fato, de exercício por si.

Aos animais, cuidados se lhe devem, porque dedicam afeição e protegem os seres humanos, quando bem cuidados por eles.

2. Legislação estrangeira

Mencione-se, nesse passo, a evolução traçada por Fernando e Rafael Speck de Souza[7], da legislação sobre o tema.

Primeiramente, em 1988, a inclusão do parágrafo 285, no Código Civil austríaco (ABGB), prevendo que "os animais não são coisas, estão protegidos por leis especiais".

Dois anos após, em 1990, a modificação do parágrafo 90, incluído no Código Civil alemão (BGB), resolvendo-se que aos animais aplicam-se "as normas vigen-

[7] A tutela jurídica dos animais no Direito Contemporâneo, o. c., (Parte 3), em 4 de junho de 2018.

tes para coisas, no que couber, salvo disposição em contrário". E que eles não são coisas, aplicando-se-lhes o direito das coisas, quando essas normas não conflitarem com a legislação especial da proteção dos animais, já em sua Lei Fundamental de 1949, conhecida como Constituição de Bonn, em que a Alemanha garantiu a dignidade dos animais.

Pela Lei de 4 de outubro de 2002, a Suíça considerou, em seu Código Civil, no art. 641, inciso II, que os "animais não são coisas". Ressalta, em seu Código das Obrigações, que o dono do animal tem direito de indenização pelo "valor de afeição" em casos de morte, ou ferimento do animal de companhia.

Pela Lei de 19 de maio de 2011, que só teve vigência a partir de 1º de janeiro de 2013, a Holanda fez incluir o art. 2 a no Livro 3 de seu Código Civil, com objetivo de implementar obrigações relativas à saúde e bem-estar dos animais.

Em 2015, o Código Civil francês foi alterado pela Lei 2015-177, incluindo-se nele o art. 515-14, para constar que os animais são seres vivos dotados de sensibilidade, embora submetidos ao regime de bens.

Portugal, ao seu turno, criou, em 2016, uma figura jurídica, distinta das pessoas e das coisas, dizendo que os animais são "seres vivos dotados de sensibilidade."

E, em 29 de janeiro de 2017, a Constituição Política da cidade do México redefiniu o *status* jurídico dos animais "destinatários de tratamento digno e respeito à vida e à integridade física, sendo sujeitos de consideração moral" (art. 13, B, 1).

Destacam esses autores citados, que o próximo País a reformular o estatuto jurídico dos animais é a Espanha, informando que a Câmara Baixa do Parlamento espanhol aprovou, por unanimidade, mudanças no seu Código Civil, para que os animais sejam reconhecidos como seres vivos."

3. Legislação nacional

Em 27 de janeiro de 1978, o Brasil foi signatário da Declaração Universal dos Direitos dos Animais, da Unesco, embora não tenha sido ratificada pelo Congresso Nacional, daí não integrar-se em nosso ordenamento jurídico; entretanto vale como uma Carta de Princípios e de Recomendações. Assim, "todo o animal tem o direito de ser respeitado", não podendo o ser humano exterminar os outros animais ou explorá-los, violando direitos, devendo colocar seus conhecimentos a serviço dos animais, que têm "o direito à atenção, aos cuidados e à proteção".

Essa declaração protege o animal de maus-tratos e atos cruéis. Se tiver que morrer a morte deve ser instantânea, sem dor e sem angústia.

Condena, ainda, o abandono do animal como um ato cruel e degradante.

Entre outros dispositivos, essa Declaração assevera que os direitos dos animais devem ser defendidos por leis, como os direitos humanos.

Essa Declaração, proclamada por assembleia da UNESCO, em Bruxelas, Bélgica, em 1978, é um marco de referência que deve ser seguido pelo Brasil, também seu signatário, tendo sido aprovada por Resolução da ONU.

Nossa legislação, adiante examinada, acaba considerando esses princípios, quer no âmbito do direito civil, quer no do direito penal, ressaltando o seu cunho ético.

Nossa Constituição Federal de 1988, por seu art. 225, impõe ao Poder Público "proteger a fauna e a flora, vedadas, na forma da lei, as práticas que coloquem em risco sua função ecológica, provoquem a extinção de espécies ou submetam os animais a crueldade".

Também, o Decreto Federal nº 24.645, de 10 de julho de 1934, à época do Governo de Getúlio Vargas, é um instrumento de grande importância para a tutela dos animais, que, entendo, não chegou a ser revogado pelo Decreto nº 11, de 18 de janeiro de 1991, editado por Fernando Collor de Mello, mesmo porque aquele é equiparado a lei, não podendo ser revogado por este último mencionado decreto.

Mesmo com posição contrária a essa revogação, a polêmica deixou de existir, já que o Decreto 761 de 19 de fevereiro de 1993 revogou esse citado Decreto 11/1991.

Ainda assim, o artigo 3º desse último revogado Decreto considerava maus tratos contra qualquer animal o abuso ou crueldade, colocando-o em lugar insalubre ou que lhe impedissem de respirar, movimentar-se, descansar ou privá-lo de ar ou luz, e, ainda, trabalhar excessivamente contra suas forças.

A Lei das Contravenções Penais, Decreto nº 3.688, de 3 de outubro de 1941, sempre na mesma tônica de coibir os maus tratos aos animais, que foi revogada pela Lei 9.605, de 1998, que posteriormente tratou da matéria como crime e não como contravenção (a crueldade contra animais).

Essa, Lei de Crimes Ambientais citada, de 12 de fevereiro de 1998, veda a prática abusiva, os maus tratos, a agressão física ou mutilação de animais silvestres, domésticos ou domesticados, nativos ou exóticos (art. 32, punido esse crime com pena de detenção, de três meses a um ano, e multa).

Lembre-se, nesse passo, da proteção à fauna, pelo Decreto 5.197, de 3/01/1967; das normas reguladoras sobre o estabelecimento e funcionamento de jardins zoológicos, pela Lei 7.173, de 14/12/1983; da proibição da pesca de cetáceos nas águas territoriais brasileiras, de proteção às baleias, cominando pena de reclusão de dois a cinco anos e multa; da promulgação da Convenção Interamericana para proteção e a conservação das Tartarugas Marinhas, concluída em Caracas, em 1º de dezembro de 1996; da promoção e fiscalização da defesa sanitária animal, por ocasião de rodeio, pela Lei 10.519, de 17/07/2002, legislação que merece atualização; entre outras providências a destacar, sempre, o princípio humanitário em defesa dos animais.

A Lei *Arouca*, nº 11.794, de 8 de outubro de 2008, que regulamentou o inciso VII de § 1º do art. 225 da Constituição Federal, estabeleceu procedimentos par o uso científico dos animais, limitando seu sofrimento.

Muitas leis estaduais, do Estado de São Paulo, em proteção dos animais foram editadas: a Lei 11.977, de 25 de agosto de 2005 (instituiu o Código de Proteção aos Animais do Estado; a Lei 12.916, 16 de abril de 2008 (Lei Feliciano); a Lei 15.316, de 23 de janeiro de 2014; a Lei 15.566, de 28 de outubro de 2014; a Resolução CFMV nº 1.027, de 10 de maio de 2013; além de Projetos de Leis Federais, como o 6069, de 2013, o 5244, de 2013, o 3142, de 2012, o 2004, de 2011, o 7199, de 2010 (alterando a pena do art. 32 da Lei 9.605/1998); o 2833, de 2011; o 3676, de 2012 (instituindo o Estatuto dos Animais); o 1058, de 2011 (sobre guarda dos animais de estimação em casos de dissolução litigiosa de sociedade matrimonial; o 6602-A de 2013; bem como o Projeto de Lei do Senado 236 (objetivando a Reforma do Código Penal brasileiro).

Também, não são poucos os julgados de nossos Tribunais, partindo dos mais recentes.

O Tribunal de Justiça de São Paulo[8] julgou competente o juízo da 3º Vara de Família e Sucessões do Foro Regional do Jabaquara-SP, para decidir em ação de guarda de animal doméstico adquirido na constância de relacionamento amoroso, contra entendimento do juiz da 1ª Vara Cível do Foro Regional do Jabaquara, que suscitou esse incidente, quando recebeu dita ação, sob fundamento de que "não se trata de ação autônoma, mas sim ligada a ação de reconhecimento e dissolução de união estável (em Vara de Família).

Pautou esse Juízo que o CC de 2002 trata os animais como objetos destinados a circular riquezas (art. 445, § 2º), para garantir dívidas (art. 1.444) ou em caso de Responsabilidade Civil (art. 936), concluindo que a relação afetiva existente entre seres humanos e animais não foi regulada pelo mesmo diploma. Declara, ainda, que a notoriedade desse vínculo afetivo é tamanha que, em recente pesquisa do IBGE constatou-se que há mais cães de estimação do que crianças em lares brasileiros.

Essa ação foi, então, distribuída corretamente, por dependência, à aludida 3ª Vara da Família e Sucessões, que declinara sua competência do feito, sob alegação de que o mesmo se referia a propriedade e/ou posse de semovente. Essa Vara de Família foi, assim, julgada competente para julgar referida ação.

Decidiu-se, desse modo, que as visitas devem ser estabelecidas no interesse das partes, não do animal, pois o afeto tutelado é o das pessoas.

Levou-se em consideração nesse julgado o exposto em outro caso do mesmo Tribunal de São Paulo[9], com a ementa admitindo a regulamentação de visitas de animal de estimação, que havia sido negada em primeira Instância.

[8] Conflito de Competência 0026423-07.2017.8.26.0000-SP, Rel. Des. Issa Ahmed.

[9] Apel. Cív., 1000398-81. 2005. 8.26.0008, da 5ª Câm. de Dir. Priv., Rel. Des. J. L. Mônaco da Silva, j. em 20.04.2016, v.u.

Nesse acórdão[10] citou-se julgado do STJ reconhecendo que a impossibilidade jurídica do pedido só é reconhecida contra a proibição do pedido, não em caso de inexistência de norma que ampare a pretensão, relativa à proteção de animais.

Citou-se, mais, nesse julgado, decisão do Tribunal de Justiça do Rio de Janeiro[11], que, embora admitindo posicionamento não pacífico, fixou regime de visitas envolvendo animal de estimação.

No citado caso do TJSP, ingressou-se com Recurso Especial, que foi indeferido, daí o agravo[12] em REsp. a que foi dado provimento para conversão em Recurso Especial, versando também sobre proteção animal.

Foi, em seguida, julgado referido REsp 1713167-SP ao qual negou-se provimento, por maioria de votos.

Sobre, ainda, pedido de guarda de cão de estimação, julgou o Tribunal de Justiça de Minas Gerais[13], no sentido de ela continuar com o varão, dado que o cão era mais apegado a ele, sendo que a retirada do seu lugar poderia até levá-lo a adoecer.

Outro julgado importante, o do Superior Tribunal de Justiça[14], em ação penal, por cometimento de efetivo maus-tratos a animais ("Rinhas de Galo").

Por sua vez, o Supremo Tribunal Federal,[15] por seu Tribunal Pleno, declarou a inconstitucionalidade da Lei Estadual 7.380, de 1998, do Estado do Rio Grande do Norte, que cuidava de atividades esportivas com aves das raças combatentes – "Rinhas" ou "Brigas de Galo", inadmissível por tratamento cruel a aves.

Outro caso semelhante[16] em que foi declarada inconstitucional a Lei 11.366, de 2000, coibindo "brigas de galo."

Julgado significativo nesse sentido de proteção dos animais é do Supremo Tribunal Federal[17] que, com fundamento no inciso VII, do art. 225 da CF, veda a crueldade contra os animais. Esse processo foi contrário, diretamente, à "farra do boi".

[10] STJ, 11.513-DF, Terceira Seção, Rel. Ministra Laurita Vaz, j. em 28.03.2007, DJ 07.05.2007, p. 274.

[11] TJRJ, Apel. 0019757-79.2013.8.19.0208, 22ª C. Cív., Rel. Des. Marcelo Lima Buhatem, j. em 27.01.2015.

[12] Agr. em REsp nº 1.174.178-SP, Rel. Min. Luis Felipe Salomão, j. em 16.11.2017.

[13] TJMG, Proc. 1.0694.02.006976-1/001, Rel. Des. Manuel Saramago, j. em 13.04.2004.

[14] STJ, AP. 680-MT, Corte Especial, Rel. Min. Laurita Vaz, j. em16.10.2013, DJ de 29.10.2013.

[15] STF, ADI 3776, Rel. Min. Cezar Peluso, j. em 14.06.2007, DJe–047, Divulg. 28.06.2007, Public. em 29.06.2007, DJ de 29.06.2007: RTJ, 202-02, pp. 620; LEX-STF, 26, nº 343, 2007, pp. 104-109; RT 96/118-121, nº 865, 2007.

[16] STF, ADI 2514, Tribunal Pleno, Rel. Min. Eros Grau, j. em 28.06.2005, Dj de 09.12.2015; LEX STF 27/42 a 47, nº 324, 2005.

[17] STF, RE153531, Segunda Turma, Rel. Min. Francisco Rezek, Rel. p/ acórdão Min. Marco Aurélio, j. em 03.06.1997, DJ de 13.03.1998, PP 00013 EMENT. Vol. 01902-02, PP-00388.

Também, no mesmo sentido, contra a prática da "briga de galos," como manifestação cultural, salientou o STF[18] que essa prática foi caracterizada como criminosa, tipificada na legislação ambiental, sendo considerada "conduta atentatória à Constituição da República, que veda a submissão de animais a atos de crueldade, cuja natureza perversa, à semelhança da "farra do boi" (RE 153.531-SC), não permite sejam eles qualificados como inocente manifestação cultural, de caráter meramente folclórico. Precedentes."

Em destaque final, cito o acórdão do Tribunal de São Paulo[19], em que, por apelação do Ministério Público, foram condenadas duas pessoas, por roubar e por terem colocado animal doméstico dentro do congelador.

Conclusões

É preciso, cada vez mais, que se coíbam esses atos de crueldade, que merecem cuidados especiais, que malgrado a legislação, já existente, não consegue eliminar essas desumanidades.

Muitos juristas têm escrito em apoio à proteção dos animais, dos quais ressalta o saudoso amigo do Largo de São Francisco (FDUSP), Antonio Junqueira de Azevedo[20] que elogia os cuidados que se devem aos animais não humanos, asseverando que "A natureza como um todo é um bem. E a vida o seu valor [...]".

O ser humano é cruel e se diverte com o sofrimento dos animais e com a devastação da natureza.

Se Deus fez pensar e lhe deu a consciência para julgar a si próprio, é para que ele tenha o maior cuidado de cuidar de todos os seres menos racionais.

A alma é o sentido da vida, existe em todos os animais, humanos ou não humanos, que buscam cuidados e carinhos para salvarem-se da brutalidade das perversões, que marcam a existência.

Se é verdade que o ser humano deve depurar sua alma, seu espírito, vivendo, é mais ainda que a vivência e a convivência devem ser amorosas, consistentes e dignas.

O ser humano precisa sair da escuridão, ganhar a luz, que ilumina os bons, para ser um deles à imagem de Deus.

Purificar, cuidar e sanar é responsabilidade humana, é dever divino exercido em nome dos outros seres vivos, devendo todos cuidar da natureza, nossa morada neste mundo.

[18] STF, Adi 1856, Rel. Min. Celso de Mello, Tribunal Pleno, j. em 26.5.2011, DJE-198, divulg. 13.10.2011, public. em 14.10.2011, Ement. Vol. 02607-02, PP-00275; RTJ vol. 00220, PP-00018; RT 915/379-413,2012.

[19] TJSP, Apel. 0006440-46.2011.8.26.06.42-de Ubatuba, 16ª Câm. De Direito Criminal, Rel. Des. Guilherme de Souza Nucci; j. em 1º de setembro de 2015.P

[20] Caracterização jurídica da dignidade da pessoa humana, in Revista USP, São Paulo, nº 53, pp. 90 a 101, março/maio 2002.

2. PROTEÇÃO DOS DIREITOS DE PERSONALIDADE DO *HOMO DIGITALIS*

ANA CLÁUDIA SILVA SCALQUETTE
RODRIGO ARNONI SCALQUETTE
VITULIA IVONE

Introdução

Não é exagero afirmar que nas últimas décadas houve uma verdadeira revolução nas relações sociais. O mundo analógico do protocolo físico, do telefone fixo, das cartas enviadas pelo correio, das fotos reveladas do início da década de 90 sucumbiu rapidamente à modernidade dos celulares, dos correios eletrônicos, da *internet* e, mais recentemente, das redes sociais, dos bancos digitais e do *e-commerce*.

O que ainda não mudou é que o mundo continua habitado por seres humanos que agora exibem mais um atributo, uma identidade digital. Nova roupagem que se seguiu à conquista também recente da tutela positivada dos direitos da personalidade. Teria este arcabouço jurídico mais recente já se tornado obsoleto ou insuficiente diante das novas necessidades trazidas pelo mundo digital? O tema está em discussão.

1. Da identidade física à identidade digital

Nas reflexões dos juristas, a identidade da pessoa sempre se referiu à sua consistência física consubstanciada em alguns parâmetros precisos, necessários para individualizar uma pessoa em uma sociedade: o nome, a nacionalidade, o sexo, a altura, a cor dos olhos e dos cabelos, quaisquer sinais particulares, a cidade de nascimento, os nomes dos pais, o estado civil, a profissão exercida, a residência.

Assim, identidade e nome, e com o nome a capacidade jurídica, sempre foram considerados conceitos correlatos, entrelaçados, indissociáveis. Não por acaso que a Constituição italiana os coloca junto com a pessoa entre os direitos fundamentais.

Em um célebre acórdão, o Tribunal Constitucional italiano qualificou a identidade como o "direito de ser si mesmo, entendido como o respeito pela imagem de participação na vida social, com a aquisição de ideias e experiências, com as convicções ideológicas, religiosas, morais e aspectos sociais que diferenciam e ao mesmo tempo qualificam o indivíduo[21].

A doutrina italiana também suscitou um longo período de reflexões para qualificar uma identidade física ao lado da qual se coloca uma identidade ideal, que, em nosso ordenamento jurídico, tomou o nome técnico de direito à identidade pessoal[22].

Com o desenvolvimento da ciência, os temas de identidade aumentaram e tocaram em problemas importantes relacionados com origens biológicas, clonagem, adoções, transplantes, biotecnologias, procriação medicamente assistida, até novas tecnologias baseadas em inteligência artificial e robótica.

A evolução da lei acompanhou, e não antecipou, a evolução técnica. Diante das mudanças o Direito teve que corrigir as categorias tradicionais e adaptar outras para preparar as medidas de proteção adequadas e os remédios corretos em caso de violação de direitos.

A identidade pessoal deixou de ser apenas uma forma de ser e de representar a pessoa considerada individualmente, tornando-se um problema social e, no mundo conflituoso de hoje, um conceito líquido.

Com o advento das ferramentas digitais, a identidade entrou em novos mecanismos, tornando-se um conceito flutuante, fluido, quase evasivo[23].

[21] TRIBUNAL CONSTITUCIONAL, 3 de Fevereiro de 1994, n. 13, in Foro it., 1994, I, p.1668.

[22] Vide as obras de ALPA, Guido; RESTA, Giorgio. **Le persone fisiche e i diritti della personalità.** Torino: Utet Giuridica, 2006; BARDARO, Luca. **Andrea o non Andrea? Questo è il dilemma.** *In Famiglia e Diritto*, Anno 2011; BRECCIA, Umberto. **Delle persone fisiche.** *In* Comm. Scialoja, Branca. Bologna-Roma: Zanichelli e Roma Società Editrice del Foro Italiano, 1988; BUGETTI, Maria Novella. **Attribuzione del cognome ai figli.** *In* Famiglia e Diritto, Anno 2008, Fascicolo 12; GIUFFRIDA, Antonio. **Diritti della personalità.** Torino: Utet, 2000; PERLINGIERI, Pietro. **Il diritto civile nella legalità costituzionale.** Vol., III. 5° ed. Napoli: Edizione Scientifiche Italiane, 2020; VESTO, Aurora. **Uso strumentale del cognome.** *In Famiglia e Diritto*, Anno 2010.

[23] RODOTÀ, Stefano. **Il mondo nella rete. Quali i diritti, quali i vincoli.** Bari: Laterza, 2014, p.27 ss.; PACILEO, Piervincenzo. **Profilazione e diritto di opposizione.** *In* La nuova disciplina europea della privacy, a cura di Sica, D'Antonio, Riccio, Padova: CEDAM, 2016, p.177 e ss.; ALPA, Guido. **La "proprietà" dei dati personali.** *In* Persona e mercato dei dati. Riflessioni sul GDPR, a cura di Nadia Zorzi Galgano. Milano: CEDAM, 2019, p.17; FALLETTI, Elena. **Decisioni automatizzate e diritto alla spiegazione: alcune riflessioni comparatistiche.** *In Dir. Inf.*, 2020, p.169 e ss.; RICCIUTO, Vincenzo. **Il contratto ed i nuovi fenomeni patrimoniali: il caso della circolazione dei dati personali.** *In Riv. dir. civ.*, 2020, p. 642 ss.;

2. Noção de identidade digital

A identidade digital é o conjunto de dados e informações que, dentro de um determinado sistema informático, definem uma pessoa singular[24].

É, portanto, a representação virtual da identidade real que permite a interação eletrônica com outros indivíduos ou sistemas informáticos. Além disso, a identidade digital também permite o acesso a sistemas de informação e pode ser usada para assinar documentos digitais.

Com a identidade digital a pessoa torna-se, segundo a linguagem informática, um usuário e pode acessar sistemas por meio de credenciais únicas, ou seja, de um ID de usuário (ou identificação de usuário) e de uma palavra-passe (credencial de autenticação). As credenciais podem ser numérica e qualitativamente muito diferentes umas das outras.

O conceito de identidade digital pode ser assim explicado: é o conjunto de informações que, dentro de um determinado sistema, são referentes à uma determinada pessoa. Quanto maior for o nível de complexidade do sistema informático, mais detalhadas serão as informações relativas à pessoa.

Com a identidade digital, é possível estabelecer que uma determinada pessoa em um momento preciso teve acesso a um sistema de computador e está realizando determinadas ações. O acesso ao sistema informático realiza-se por meio de credenciais que identificam de forma única a pessoa e das quais apenas o titular deve estar na posse.

Ainda que o conceito possa parecer complexo ou muito vasto, na realidade, a identidade digital já é um conceito muito difundido e utilizado, praticamente, por todos. Embora, provavelmente, fosse muito mais correto falar de "identidades digitais", no plural, pois bastaria pensar nas diferentes contas sociais que uma única pessoa pode criar e que, tecnicamente, são todas identidades digitais, na medida em que se acessam sistemas, com a apresentação de credenciais de login, isto é, nome de usuário e senha.

[24] GIANNELLI, Nicolla. **Il cammino delle riforme della pubblica amministrazione nella svolta pragmatica.** *In* MARRA, Gabriele; POLIDORI, Paolo; ROSSI, Edoardo Alberto (a cura di) Il diritto della Resilienza. Legge società e politiche economiche nel PNRR. Urbino: Studi Vrbinati, 2021, p. 3-4. Vide, ainda, NATALINI, Alessandro. ***Come il passato influenza la digitalizzazione delle amministrazioni pubbliche.*** *In Rivista Trimestrale di Diritto Pubblico*, 1, 2022. MARCHETTI, Barbara. **Amministrazione digitale (voce).** *In* Enciclopedia del diritto. Funzioni amministrative. vol. III, Milano: Giuffrè, 2022. COMMISSIONE EUROPEA. **Indice di digitalizzazione dell'economia e della società (DESI)** *2022. Italia* (consultabile al seguente indirizzo web: https://digital-strategy.ec.europa.eu/it/policies/desi); MACRÌ, Indra. **Le strategie europee per la digitalizzazione e gli obiettivi italiani.** *In* Azienditalia, 4, 2022; MACRÌ, Indra. **Il PNRR italiano per la digitalizzazione e l'innovazione della Pubblica Amministrazione.** *In Azienditalia*, 1, 2022; MACRÌ, Indra. **Cybersicurezza per la Pubblica Amministrazione.** *In Azienditalia*, 12, 2021.

A identidade digital, no entanto, pode ter várias implicações que permitem simplificar ou tornar certos processos mais seguros. Aproveitando este estudo feito a seis mãos, destaca-se que, na Itália, três exemplos de variações de identidades digitais podem ser dados.

"Domicílio digital – SPID", ou seja, Sistema Público de Identidade Digital. Uma vez registrado no site gov.it, cria-se um SPID pessoal com o qual é possível, utilizando-se ferramentas digitais, gerenciar todas as comunicações com a administração pública.

"PEC", Endereço Eletrônico Certificado, identifica de maneira inequívoca o remetente ou o destinatário de uma mensagem e tornando-se, a partir de então, válido para todos os efeitos legais.

"Assinatura digital". A assinatura digital, seja ela considerada forte ou "fraca", tem o mesmo valor jurídico da assinatura manuscrita, por consequência, para todos os efeitos, é como se a pessoa tivesse assinado fisicamente aquele documento.

Estes são exemplos das "formas" que a identidade digital pode assumir e de como esta ferramenta pode melhorar e simplificar os processos e tarefas cotidianas.

Na Itália, o Decreto do Presidente do Conselho de Ministros, de 24 de outubro de 2014, também conhecido como Decreto SPID, define no art. 1, letra "o", a identidade digital como "a representação informática da correspondência biunívoca entre um usuário e os seus atributos identificativos, verificada através do conjunto de dados recolhidos e registrados em formato digital". Desta feita, de acordo com essa definição, a identidade digital seria constituída pelo conjunto de dados que permitem ao sujeito realizar suas atividades na rede, ou seja, técnicas de autenticação e identificação do usuário, como por exemplo, suas credenciais de acesso.

Conclui-se, destarte, que o conceito de "identidade digital" incluiria, por um lado, a projeção da identidade pessoal de um indivíduo na *web*, por outro, o conjunto de técnicas de identificação do sujeito que lhe permitem atuar em uma realidade virtual utilizando ferramentas tecnológicas.

Assim, a proteção legal da identidade digital inclui dois perfis distintos: a proteção da privacidade, que visa a proteger a identidade digital do usuário, especialmente para perfis reputacionais e de imagem; e a segurança informática, que protege a identidade do utilizador em termos de autenticação/identificação informática.

3. A identidade digital e os direitos de personalidade

Como se pode perceber, a identidade digital é a projeção da identidade pessoal – real, física e intelectual – que permite que o indivíduo acesse sistemas, a rede mundial de computadores e, atualmente, relacione-se no campo das redes sociais.

Para além do tema da proteção de dados e segurança na rede, sobre os quais, ainda pretende-se tecer algumas considerações, a questão que se busca explorar sem qualquer pretensão de apresentar mais do que questionamentos e indagações é a de saber se as duas identidades - a do mundo real e a do âmbito virtual - têm garantidos os direitos de Personalidade.

O maior desafio, até então, informático, tecnológico, tornou-se um desafio jurídico, pois ainda não se sabe ao certo se o avanço trazido pelo Código Civil brasileiro que tem pouco mais de três décadas de vigência, em termos de proteção dos direitos de personalidade[25], seria aproveitado para a tutela integral deste "desdobro da identidade pessoal e física" para a identidade digital.

Em retrospecto histórico,

> [...] os direitos da personalidade podem ser considerados uma categoria recente do pensamento jurídico ocidental. O primeiro movimento codificatório, no século XIX, do qual o Código Civil Brasileiro de 1916 foi um representante tardio, não os acolheu como uma classe autônoma e específica de direitos subjetivos. Seu surgimento no direito contemporâneo ocorreu gradativamente ao longo do século passado e consolidou-se tanto no direito positivo, através da inserção de direitos da personalidade nos códigos editados após a segunda guerra mundial, quanto na ciência jurídica, que passou a desenvolver uma teoria geral dos direitos da personalidade.[26]

No ordenamento brasileiro positivado, o Código Civil de 2002, expressamente ocupou-se de resguardar os direitos de personalidade[27] em onze artigos

[25] Caio Mario da Silva Pereira disserta sobre a sempre existente proteção dos direitos de personalidade: "A concepção dos *direitos da personalidade* sustenta que, a par dos direitos economicamente apreciáveis, ditos patrimoniais, outros há, não menos valiosos, merecedores de amparo e proteção da ordem jurídica. Admite a existência de um ideal de justiça, sobreposto à expressão caprichosa de um legislador eventual. Atinentes à própria natureza humana, ocupam eles posição supraestatal, já tendo encontrado nos sistemas jurídicos a objetividade que os ordena, como poder de ação, judicialmente exigíveis. É certo que em todos os tempos e em todas as fases da civilização romano-cristã, a proteção dos direitos da personalidade nunca em verdade faltou". PEREIRA, Caio Mário da Silva. **Instituições de Direito Civil**. 27. ed. Rio de Janeiro: Forense, 2014, p. 200-201.

[26] MELLO, Cláudio Ari. **Contribuição para uma teoria híbrida dos direitos da personalidade**. *In* O novo Código Civil e a Constituição. Cláudio Ari Mello (et al.); Organizador Ingo Wolfgang Sarlet. Porto Alegre: Livraria do Advogado, 2003, p. 69.

[27] Rosa Maria Nery e Nelson Nery Jr asseveram que "a expressão *direito de personalidade* tornou-se de todos conhecida. Ela não é a melhor porque confunde dois conceitos distintos: a) a pessoa (ente com personalidade); e b) natureza humana (essenciais e potenciais da humanidade do ser), mas é

(artigos de 11 a 21), citando, dentre outros, o direito ao corpo, à vida, ao nome, à vida privada e à imagem.

O que se pode depreender da opção feita pelo legislador quanto à ostensiva e expressa previsão de intransmissibilidade e irrevogabilidade dos direitos de personalidade, ressalvadas as exceções legais (artigo 11 do Código Civil Brasileiro), é a especial atenção à pessoa, mas aí nasce a pergunta, respondida por Capelo de Souza: Quem é e o que é ser pessoa para o direito?

> Dir-se-á que a pessoa é o homem, que este constitui necessariamente o fundo básico da emergência da tutela geral de personalidade e que, mesmo de um ponto de vista jurídico, é *dele* que deve partir o pensar jurídico da tutela geral de personalidade, é *nele* que se deverá basear a juridicidade e o sentido de uma tal tutela e será *para ele* que se preordenará a regulamentação jurídica da tutela geral de personalidade.[28]

Em suma, o ser humano, independentemente do gênero, é o "fundo básico" da necessidade de uma tutela especial, partindo dele, baseando-se nele, elaborando-se para ele, toda a regulamentação jurídica necessária.

Acrescenta Roxana Borges que os direitos de personalidade têm sua base no princípio da dignidade da pessoa humana,[29] confirmando que:

> As mais recentes decisões jurisprudenciais a respeito dos direitos de personalidade, assim como o desenvolvimento doutrinário, levam à interpretação de que, atual-

por todos adotada. Para o estudo que se pretende, do CC 11 a 21, correto seria a ciência utilizar-se da expressão *direito de humanidade*. Se preferido, entretanto, o termo consagrado, ou seja, *direito de personalidade*, mister enfatizar que a tratativa técnica desse aspecto do direito privado não é a de cuidar da pessoa, ente dotado de personalidade (como se faz por ocasião do CC 1º a 6º, em que se cuida efetivamente da pessoa, sujeito de direito), mas de referir-se a determinada teoria jurídica elaborada que se compraz em cuidar de certas situações jurídicas especialíssimas, que têm por objeto bens que compõem a natureza humana (ou seja, a *humanidade do ser*), como aqui se faz, do CC 11 a 21. Observe-se com atenção: o CC 11 a 21 cuida de certos bens jurídicos que o direito afirma ligarem-se à natureza do homem, vida, liberdade, essenciais, potências, atos de humanidade do ser. NERY JUNIOR, Nelson; NERY, Rosa Maria de Andrade. **Código Civil Comentado**. 12ª ed. São Paulo: Editora Revista dos Tribunais, 2017, p. 307.

[28] CAPELO DE SOUSA, Rabindranath Valentino. **O Direito Geral de Personalidade.** Coimbra: Coimbra Editora, 1995, p. 14-15.

[29] BORGES, Roxana Cardoso Brasileiro. **Direitos de Personalidade e Autonomia Privada.** 2ª ed. São Paulo: Saraiva, 2007, p. 13.

> mente, a personalidade jurídica é um valor do nosso ordenamento, um valor jurídico que informa não apenas o direito privado, mas também o direito público. Os direitos da personalidade são os considerados essenciais à pessoa humana, visando à proteção de sua dignidade. Diante disso, em nosso direito, cada vez mais o conceito "personalidade" se aproxima do valor "dignidade".[30]

Detalha Carlos Alberto Bittar que os bens jurídicos que compõem os direitos de personalidade podem ser divididos em três ordens, a saber: 1º - Físicos (a vida, o corpo - próprio e alheio, as partes do corpo, o físico, a efígie ou imagem, a voz, o cadáver e a locomoção); 2º - Psíquicos (as liberdades de expressão, de culto ou de credo, a higidez psíquica, a intimidade, os segredos pessoais e profissionais); 3º Morais (o nome e seus outros elementos de identificação, a reputação ou boa fama, a dignidade pessoal, o direito moral de autor ou de inventor, o sepulcro, as lembranças de família e outros).[31]

Em termos de identidade, pode-se afirmar que "é a própria individualidade do ser, tenho o nome um lugar proeminente, como meio geral de linguagem capaz de identificar ou particularizar um indivíduo na sociedade.[32]

Como destaca José Roberto Neves Amorim, "cada pessoa, ao nascer, recebe, por força de lei, um nome que identifica e a individualiza na sociedade, através de assento lavrado no Registro Civil"[33]. Em termos de identidade digital não se tem especificamente um nome assentado no Registro Civil, mas um ID de usuário. Este ID não necessariamente é o mesmo para todos os ambientes virtuais. Como proteger esta identidade virtual de eventuais ataques? Cibersegurança? Como identificar aqueles que usam a rede para "atingir' civilmente a imagem e a honra de pessoas aproveitando-se de uma "rede" de computadores em que a tal identificação é mais difícil e escamoteada.

Interessante também pensar na perpetuidade da identidade digital e de sua eventual correspondente lesão.

José Roberto Neves Amorim ressalta, ainda, há mais de duas décadas, que "muito embora se afirme que os direitos da personalidade são adquiridos com o nascimento com vida e terminam com a morte, no caso do nome há uma per-

[30] **Ibidem** , p. 14.

[31] BITTAR, Carlos Alberto. **Os direitos da personalidade**. 5ª ed. Atualizada por Eduardo Carlos Bianca Bittar. Rio de Janeiro: Forense Universitária, 2001, p. 60.

[32] Cf. AMORIM, José Roberto Neves. **Direito ao nome da pessoa física**. São Paulo: Saraiva, 2003, p. 91.

[33] **Idem**.

petuação, ou seja, o finado será sempre lembrado pelo nome que carregou pela sua existência, que estará automaticamente associado à sua imagem."[34] Transporte-se esta perpetuidade pela *web*... ninguém morre, a identidade digital, aliás, pode ter seu valor potencializado com a morte física que inaugura, por vezes, o aumento de vida da identidade digital às custas de seguidores em redes sociais.

Tudo novo e, como por vezes se ouve, "junto e misturado". Pior cenário para a garantia de uma proteção.

Rosa Maria Nery, alerta que "as estruturas de segurança estão em polvorosa".[35] Em reflexão sobre os desafios trazidos ao direito pelas novidades tecnológicas, a autora completa: "Quem pode impor o quê e para quem no espaço em que não se permanece; em um lugar que não tem dono; sob o domínio da inteligência de quem não é, manipulando o comportamento de quem não se conhece; pagando o preço com moeda que não existe e incluindo pessoas no mundo que já não importa."[36]

Esta é a sensação de alguns "humanos" quando enfrentam os problemas no âmbito digital. Funcionaria a proteção dos direitos de personalidade atualmente existente também neste espaço abstrato do mundo virtual?

3. O avanço da tutela legislativa em matéria de proteção de dados pessoais e os direitos de personalidade

Como proteger a identidade virtual, formada por dados e imagens[37]? Ambos os atributos, via de regra, são fornecidos pelo próprio usuário, por vezes, como parte das exigências da própria criação da sua identidade digital, conforme acima abordado.

A problemática envolvendo a proteção de dados que, nada mais é do que, em última análise, a proteção da própria pessoa, é quase que um problema universal. Novamente em função da análise plúrima feita pelos autores em seus

[34] **Ibidem**, p. 92-93.

[35] NERY, Rosa Maria de Andrade. **Prefácio.** *In What's Up*? Desafios ao Direito. Coordenadores: Ana Cláudia Scalquette; Patrícia Vanzolini; Renata da Rocha; Rodrigo Arnoni Scalquette. São Paulo: Almedina, 2022, p. 21.

[36] **Idem.**

[37] Sobre o Direito à Imagem, interessantes as lições de David de Oliveira Festas: "Na verdade, perante um vasto e diversificado mercado de exploração económica da imagem, parte significativa da literatura defende que o direito à imagem é, em virtude de sua natureza de direito de personalidade, um direito não patrimonial. Perante este antagonismo entre a realidade e a dogmática jurídica, multiplicam-se os autores que, invocando uma suposta crise dos direitos de personalidade e expondo o modelo norte-americano com paradigma de solução, defendem construções dualistas fundadas no reconhecimento de um direito ao aproveitamento económico da imagem autónomo do direito de personalidade à imagem". **Do Conteúdo Patrimonial do Direito à Imagem: contributo para um estudo do seu aproveitamento consentido e Inter Vivos**. Coimbra: Coimbra Editora, 2009, p. 18-19.

respectivos países de origem, destaca-se o sistema de proteção europeia do RGPD e o Código de Privacidade e também a LGPD – Lei Geral de Proteção de Dados, que visam, dentre os inúmeros objetivos, à proteção da identidade pessoal dos "interessados" procurando prevenir os riscos associados ao tratamento de dados pessoais[38].

A necessidade de emitir um Regulamento Europeu sobre a proteção de dados pessoais surge da evolução contínua dos mesmos conceitos de privacidade e proteção de dados pessoais e, portanto, da relativa tutela devida, principalmente, à difusão do progresso tecnológico.

Originalmente, a Diretiva 95/46/CE, pedra angular da atual legislação da UE sobre proteção de dados, foi adotada em 1995 com dois objetivos: salvaguardar o direito fundamental à proteção de dados e garantir a livre circulação de dados pessoais entre os Estados-Membros.

Já no Brasil, a denominada Lei Geral de Proteção de Dados - LGPD[39], lei 13.709/2018, foi sancionada pelo presidente da República Michel Temer, em 14 de agosto de 2018, como resultado de diversos debates que tiveram início no Ministério da Justiça no ano de 2011.

Neste cenário mundial de busca de tutela, o desenvolvimento tecnológico distanciou-se das fronteiras da proteção de dados pessoais e o compartilhamento e a coleta de dados dispararam.

A tecnologia atual permite que empresas privadas, bem como autoridades públicas, usem dados pessoais, como nunca, na realização de suas atividades e, cada vez mais, os próprios indivíduos tornam públicas, espontaneamente, as informações pessoais que lhes dizem respeito na rede global. Não é exagero afirmar, assim sendo, que as novas tecnologias não só transformaram a economia, mas também as relações sociais.

Assim, embora válido em termos de objetivos e princípios, os atuais quadros legais no Brasil e na Europa não impediram a fragmentação da proteção de dados pessoais, tampouco eliminaram a insegurança jurídica e a percepção generalizada do público de que as transações e as relações *online* envolvem riscos significativos.

Assim, torna-se necessário estabelecer um quadro jurídico mais robusto e coerente em matéria de proteção de dados, mas não só, este quadro jurídico deve

[38] FINOCCHIARO, Giuseppe. **sub art. 1**, *in Codice della privacy e data protection*, a cura di D'ORAZIO, Roberto; FINOCCHIARO, Giuseppe; POLLICINO, Oreste; RESTA, Giorgio. Milano: Giuffrè, 2021, p.113 e segg.; FINOCCHIARO, Giusella. **Il quadro d'insieme sul regolamento europeo e sulla protezione dei dati personali**, *in* La protezione dei dati personali in Italia. Bologna: Zanichelli, 2019, p. 1 e segg.

[39] Conforme redação dada pela Lei n. 13.853/2019.

vir acompanhado de medidas de execução eficazes que permitiram o desenvolvimento da economia digital no mercado interno, garantiram aos indivíduos o controle dos seus dados pessoais e aumentarem a segurança jurídica e operacional para os agentes económicos e as autoridades públicas.

O texto do Regulamento Europeu sobre a proteção de dados pessoais reafirma alguns conceitos fundamentais que estão na base da mesma Diretiva 95/46/CE e do Código sobre dados pessoais[40].

No que se refere à identidade digital, o RGPD e o Código de Privacidade preveem uma série de garantias e princípios para permitir que o usuário da realidade informática mantenha o controle sobre os dados introduzidos na rede, em particular sobre os dados a partir dos quais pode revelar a sua personalidade, suas preferências e, em geral, qualquer informação adequada para permitir que terceiros reconstruam sua identidade pessoal.

Nesse sentido, o art. 5 do RGPD prevê, sobretudo, que os dados pessoais sejam tratados de forma lícita, correta e transparente em relação ao interessado, desta feita, antes de qualquer tratamento ser efetuado, o interessado deve ser informado sobre as finalidades, métodos, base legal do tratamento, bem como o tempo de retenção dos dados. Assim, o interessado teria conhecimento dos tratamentos efetuados sobre os seus dados e, pelo menos, potencialmente, poderia controlar a sua difusão.

De particular importância é a regulamentação do consentimento como base legal do processamento. Com efeito, independentemente de algumas exceções previstas na legislação (artigo 6.º do RGPD), o consentimento do interessado para o tratamento dos dados é essencial, sobretudo quando pode resultar na reconstrução de um perfil de usuário que afete a sua livre determinação como indivíduo na sociedade. Particularmente delicados, neste sentido, são os dados relativos à saúde ou registos criminais, aos quais deve ser dada especial atenção.

A Lei Geral de Proteção de Dados brasileira, por sua vez, determina que o tratamento de Dados Pessoais somente pode ser realizado mediante o fornecimento de consentimento pelo titular, (Artigo 7º, inciso I), sendo que referido consentimento deverá ser fornecido por escrito ou por outro meio que demostre a manifestação de vontade do titular (Artigo 8º). Com relação aos dados pessoais sensíveis, o consentimento deverá ser feito de forma específica e destacada pelo titular ou seu responsável legal (Artigo 11, inciso I).

Uma das situações mais graves quanto à perda de controle da identidade digital se dá, sobretudo, quando ocorre o furto da identidade digital do perfil

[40] LUCCHINI GUASTALLA, Emanuele. **Il nuovo regolamento europeo sul trattamento dei dati personali: i principi ispiratori.** *In* Contratto e Impresa. La Rioja: Dialnet, 2018, p.106 e segg., spec. 115.

de autenticação/identificação, ou seja, a utilização criminosa de dados e informações relativos ao usuário com o objetivo de o substituir.

Esse furto pode ser realizado de várias formas, mas o objetivo geralmente consiste em adquirir os dados ou informações pessoais do usuário para cometer novos crimes ou substituir o usuário na realização de determinadas atividades na *web* obtendo vantagens indevidas.

As consequências para o usuário podem ser muito graves, tanto do ponto de vista reputacional quanto financeiro.

Nesse sentido, o art. 640, *comma* 3, do Código Penal Italiano prevê como criminalmente relevante a conduta de quem, por meio do furto ou uso indevido de identidade digital, praticar fraude informática em detrimento de um ou mais sujeitos. Já no Brasil foi a criminalizada a conduta de *Invasão de Dispositivo Informático*, tipificado como "Invadir dispositivo informático de uso alheio, conectado ou não à rede de computadores, com o fim de obter, adulterar ou destruir dados ou informações, sem autorização expressa ou tácita do usuário do dispositivo ou de instalar vulnerabilidades para obter vantagem ilícita" (Artigo 154-A do Código Penal Brasileiro).

Como se pode depreender, muitos países têm se organizado a fim de proteger civil e penalmente a identidade digital e todas as novas relações que acontecem com o uso da tecnologia, com especial atenção aos direitos da personalidade. Sabe-se, contudo, que a tutela jurídica está sempre em construção. Evolui a sociedade, deve evoluir o Direito, esperando-se, porém, que tal evolução ocorra com o menor descompasso possível.

Conclusões

O problema da proteção dos direitos de personalidade no âmbito digital é universal.

Os dados que identificam e individualizam pessoas devem ser protegidos como atributos de personalidade. Nome, imagem e quaisquer outras informações, disponibilizados pelos usuários no mundo virtual, formam sua identidade digital, merecedora - como a identidade pessoal - da tutela jurídica até então conferida.

A fluidez e a liquidez do meio virtual são obstáculos à proteção dos direitos de personalidade que podem ser lesionados em fração de segundos por agentes não tão facilmente identificáveis.

Esta é uma das razões pelas quais a prevenção é, mais do que nunca, a melhor saída e já foi idealizada tanto na União Europeia quanto no Brasil, com a RGPD e a LGPD.

O desafio atual é o mesmo de outrora, dar efetividade aos textos legais e, por mais paradoxal que possa parecer, a tecnologia que traz potencial perigo é, também, uma grande aliada na proteção dos direitos de personalidade.

REFERÊNCIAS

ALPA, Guido; RESTA, Giorgio. **Le persone fisiche e i diritti della personalità**. Torino: Utet Giuridica, 2006.

______. **La "proprietà" dei dati personali** *In* Persona e mercato dei dati. Riflessioni sul GDPR, a cura di Nadia Zorzi Galgano. Milano: CEDAM, 2019.

AMORIM, José Roberto Neves. **Direito ao nome da pessoa física**. São Paulo: Saraiva, 2003.

BARDARO, Luca. **Andrea o non Andrea? Questo è il dilemma** *In Famiglia e Diritto, Anno* 2011.

BITTAR, Carlos Alberto. **Os direitos da personalidade**. 5ª ed. Atualizada por Eduardo Carlos Bianca Bittar. Rio de Janeiro: Forense Universitária, 2001.

BORGES, Roxana Cardoso Brasileiro. **Direitos de Personalidade e Autonomia Privada.** 2ª ed. São Paulo: Saraiva, 2007.

BRECCIA, Umberto. **Delle persone fisiche** *In* Comm. Scialoja, Branca. Bologna-Roma: Zanichelli e Roma Società Editrice del Foro Italiano, 1988.

BUGETTI, Maria Novella. **Attribuzione del cognome ai figli** *In* Famiglia e Diritto, Anno 2008, Fascicolo 12.

CAPELO DE SOUSA, Rabindranath Valentino. **O Direito Geral de Personalidade.** Coimbra: Coimbra Editora, 1995.

COMMISSIONE EUROPEA. **Indice di digitalizzazione dell'economia e della società (DESI)** *2022. Italia* (consultabile al seguente indirizzo web: https://digital-strategy.ec.europa.eu/it/policies/desi).

FALLETTI, Elena. **Decisioni automatizzate e diritto alla spiegazione: alcune riflessioni comparatistiche** *In Dir. Inf.*, 2020.

FESTAS, David de Oliveira. **Do Conteúdo Patrimonial do Direito à Imagem: contributo para um estudo do seu aproveitamento consentido e Inter Vivos**. Coimbra: Coimbra Editora, 2009.

FINOCCHIARO, Giusella. **Il quadro d'insieme sul regolamento europeo e sulla protezione dei dati personali**, *in* La protezione dei dati personali in Italia. Bologna: Zanichelli. 2019.

FINOCCHIARO, Giuseppe. **sub art. 1**, *in Codice della privacy e data protection*, a cura di D'ORAZIO, Roberto; FINOCCHIARO, Giuseppe; POLLICINO, Oreste; RESTA, Giorgio. Milano: Giuffrè, 2021.

GIANNELLI, Nicolla. **Il cammino delle riforme della pubblica amministrazione nella svolta pragmatica** *In* MARRA, Gabriele; POLIDORI, Paolo; ROSSI, Edoardo Alberto (a cura di) Il diritto della Resilienza. Legge società e politiche economiche nel PNRR. Urbino: Studi Vrbinati, 2021.

GIUFFRIDA, Antonio. **Diritti della personalità**. Torino: Utet, 2000.

LUCCHINI GUASTALLA, Emanuele. **Il nuovo regolamento europeo sul trattamento dei dati personali: i principi ispiratori** *In* Contratto e Impresa. La Rioja: Dialnet, 2018.

MACRÌ, Indra. **Cybersicurezza per la Pubblica Amministrazione** *In Azienditalia*, 12, 2021.

______. **Il PNRR italiano per la digitalizzazione e l'innovazione della Pubblica Amministrazione** *In Azienditalia*, 1, 2022.

______. **Le strategie europee per la digitalizzazione e gli obiettivi italiani** *In* Azienditalia, 4, 2022.

MARCHETTI, Barbara. **Amministrazione digitale (voce)** *In* Enciclopedia del diritto. Funzioni amministrative. vol. III, Milano: Giuffrè, 2022.

MELLO, Cláudio Ari. **Contribuição para uma teoria híbrida dos direitos da personalidade.** *In* O novo Código Civil e a Constituição. Cláudio Ari Mello (et al.); Organizador Ingo Wolfgang Sarlet. Porto Alegre: Livraria do Advogado, 2003.

NATALINI, Alessandro. Come il passato influenza la digitalizzazione delle amministrazioni pubbliche *In Rivista Trimestrale di Diritto Pubblico*,1, 2022.

NERY, Rosa Maria de Andrade. **Prefácio** *In What's Up?* Desafios ao Direito. Coordenadores: Ana Cláudia Scalquette; Patrícia Vanzolini; Renata da Rocha; Rodrigo Arnoni Scalquette. São Paulo: Almedina, 2022.

NERY JUNIOR, Nelson; NERY, Rosa Maria de Andrade. **Código Civil Comentado**. 12ª ed. São Paulo: Editora Revista dos Tribunais, 2017.

PEREIRA, Caio Mário da Silva. **Instituições de Direito Civil**. 27ª ed. Rio de Janeiro: Forense, 2014.

PERLINGIERI, Pietro. **Il diritto civile nella legalità costituzionale.** Vol., III. 5° ed. Napoli: Edizione Scientifiche Italiane, 2020.

RICCIUTO, Vincenzo. **Il contratto ed i nuovi fenomeni patrimoniali: il caso della circolazione dei dati personali** *In Riv. dir. civ.*, 2020.

RODOTÀ, Stefano. **Il mondo nella rete. Quali i diritti, quali i vincoli.** Bari: Laterza, 2014.

VESTO, Aurora. **Uso strumentale del cognome** *In Famiglia e Diritto*, Anno 2010.

3. DIREITOS DA PERSONALIDADE E HONRA OBJETIVA DA PESSOA JURÍDICA

ANTONIO CARLOS MORATO

Introdução

Com muita satisfação recebemos o convite para homenagear Rui Geraldo Camargo Viana, professor titular da Faculdade de Direito da Universidade de São Paulo (USP), após vitoriosa carreira na instituição em que ingressou como docente em 1986, sendo oportuno assinalar que também chefiou o Departamento de Direito Civil que tenho a honra de integrar.

Lecionou – desde 1973 – na Faculdade de Direito da Pontifícia Universidade Católica de São Paulo (PUC-SP), na qual se formou em 1962, sendo este outro ponto convergente em nossa trajetória além da dedicação à docência e à advocacia.

O ilustre professor também foi magistrado de carreira e continua a atuar como advogado e professor no curso de pós-graduação da Faculdade de Direito da Universidade de São Paulo (USP), na qual tivemos a grata oportunidade de cursar – no segundo semestre de 2001 – a disciplina "*Direitos da Personalidade 2*", em que o homenageado teve como assistente a Professora Associada Daisy Gogliano.

Assim sendo, foi uma feliz coincidência a oportunidade de participar desta obra ("*Direitos da Personalidade e seus reflexos nos Direitos Público e Privado*") e escrever sobre tema diretamente ligada ao curso que ministrou e que bem dimensiona seu inestimável legado.

A dimensão mencionada pode ser bem ilustrada pelo fato de que o gentil convite que recebi – ao lado de muitos colegas que homenageiam o Professor Rui Geraldo –

partiu do Senhor Ministro do Supremo Tribunal Federal José Antonio Dias Toffoli e dos renomados Professores Renato Kim Barbosa e Silvano Andrade do Bomfim.

A conexão com o tema dos direitos da personalidade, bem representada pela lembrança do aprendizado que obtive não só formalmente como aluno do Professor Rui Geraldo naquele segundo semestre de 2001, mas por meio de diálogos frequentes com o professor na Faculdade de Direito da Universidade de São Paulo, que será aqui simbolizada pelo estudo que apresentarei sobre "*Direitos da Personalidade e honra objetiva da pessoa jurídica*".

O tema da honra objetiva da pessoa jurídica, em nosso sentir, conjuga a possibilidade de examinar tanto aspectos doutrinários como jurisprudenciais, o que, em nossa percepção, também homenageia o Professor Rui Geraldo tanto pelo período em que atuou na magistratura como pela produção doutrinária sobre diversos temas em direitos da personalidade difundidos em suas obras e palestras.

Apesar do tema escolhido versar sobre a pessoa jurídica (tema que permeou tanto nosso mestrado como o doutorado no período em que fomos alunos do professor) a centralidade do ser humano no ordenamento jurídico foi – como sempre – bem analisada pelo homenageado quando afirmou que "a Constituição federal de 1988 é um sistema aberto de normas que buscou na prática, efetivar e positivar a dignidade da pessoa humana".[41]

Esclareceu ainda que a conceituação da dignidade da pessoa humana é um princípio fundamental "cuja conceituação é bastante ampla e, ao mesmo tempo, desafiadora, tratando-se de verdadeiro valor soberano, do qual irradiam garantias e outros direitos fundamentais, como à vida, à privacidade, à intimidade e à autonomia" para concluir que "viver com dignidade é viver bem e em paz", "buscar felicidade interna e no convívio social", sendo a felicidade "um objetivo e uma finalidade" que, simultaneamente, "é um motor próprio do ser humano e de sua vida social".[42]

1. A pessoa jurídica como realidade técnica

Ensinou Augusto Teixeira de Freitas que as pessoas "são o primeiro nome da ciência jurídica, foco das representações, que ainda nenhum escritor bem percebeu, e soube definir" e que sua verdadeira definição seria de "todas as representações de direito, que não forem nem de coisas, nem de efeitos".[43]

[41] Em estudo que integrou a obra em homenagem à Silmara Juny de Abreu Chinellato, professora titular do Departamento de Direito Civil da Faculdade de Direito da Universidade de São Paulo (USP), que orientou tanto nossa dissertação de mestrado como nossa tese de doutorado (VIANA, Rui Geraldo Camargo. **Novos direitos da personalidade: direito à identidade sexual. Direitos da personalidade: a contribuição de Silmara J. A. Chinellato**. p. 87- 100. Barueri: Manole, 2019. p. 91).

[42] VIANA, Rui Geraldo Camargo. **Op. Cit.**. p. 91.

[43] FREITAS, Augusto Teixeira de. **Vocabulário Jurídico: com apêndices**. Tomo I. São Paulo: Saraiva, 1983. p. 262.

A pessoa jurídica surgiu de uma necessidade humana e ainda que, se afaste da pessoa física ou natural no início e no fim de sua existência,[44] prevaleceu o enfoque patrimonial quanto aos direitos que poderia exercer, limitando a possibilidade de atribuição de direitos da personalidade às pessoas jurídicas.

Assim, frequentemente se confundiu a abstração que caracteriza a pessoa jurídica com uma espécie de ficção, sendo a última concepção superada pelas teorias mais recentes, em especial a teoria da realidade técnica, teoria que adotamos em nossas obras[45] e que abordaremos nos próximos tópicos.

Antes, cumpre registrar que a teoria da ficção, adotada por Friedrich Karl von Savigny para justificar a natureza da pessoa jurídica, foi superada com o passar dos anos e atualmente prevalece a teoria da realidade técnica, pois o fundamento principal para contestar a teoria defendida por Savigny foi o fato de que o próprio Estado vem a ser uma pessoa jurídica e que as normas que dele emanam constituem uma realidade e não mera ficção.

Além disso, devemos registrar que Augusto Teixeira de Freitas, mesmo na época áurea da tese da ficção defendida por Savigny, criticou a essência da explicação da teoria da ficção para a pessoa jurídica ao alertar que "é falso que haja ficção alguma, e nem em outro qualquer caso o direito carece de ficções. Quando tratarmos das pessoas de existência ideal, ver-se-á que, só na posse das locuções até hoje admitidas, a ciência e a legislação laboram na deficiência de têrmos para distinguir as diferentes espécies de pessoas de existência ideal; e daí nasceram muitos erros, e a impossibilidade de uma classificação completa.".[46]

Afastou-se ainda, em nossa tradição, a terminologia francesa que adotou o termo "pessoas morais", inconveniente pelo fato de confundir as relações jurí-

[44] Como ensinou Antônio Chaves "o fim natural da pessoa física é fácil de determinar: corresponde à morte natural pela cessação das batidas do coração. Mas, ao contrário do que acontece com esta, não temos um evento certo a caracterizar o passamento da pessoa jurídica. Não o conceitua nem mesmo o desaparecimento da pessoa dos sócios" e "teremos que ir procurá-lo ou no vencimento do prazo, este sim correspondendo com exatidão pelo transcurso do último minuto à queda do último grão de areia na clepsidra da vida, ou em virtude de virem a faltar seus elementos de fato mais importantes: cumprimento da finalidade objetivada, ou extinção dos meios necessários à sobrevivência." (CHAVES, Antônio. Pessoa jurídica de direito privado. **Revista da Faculdade de Direito, Universidade de São Paulo**, v. 67, p. 277-313, 1972. p. 291-292).

[45] A respeito da natureza da pessoa jurídica analisamos outras teorias nas obras **Direito de Autor em Obra Coletiva** (São Paulo: Saraiva, 2007) e **Pessoa Jurídica Consumidora** (São Paulo: Revista dos Tribunais, 2008) que resultaram, respectivamente, de tese de doutorado (2004) e dissertação de mestrado (2000) defendidas na Faculdade de Direito da Universidade de São Paulo sob a orientação da Professora Titular Silmara Juny de Abreu Chinellato.

[46] Cf. BRASIL. **Esboço de Código Civil**. Augusto Teixeira de Freitas. República dos Estados Unidos do Brasil: Ministério da Justiça e Negócios Interiores: Serviço de Documentação, 1952. p. 20

dicas com as morais, como observou Teixeira de Freitas[47] no Brasil (que também discorreu sobre o termo "pessoas de existência ideal"[48], sendo contrário ao termo pessoas coletivas,[49] consagrado em Portugal, como sinônimo de pessoas jurídicas[50]), pois as pessoas jurídicas – como conceito oposto às pessoas naturais – não existem senão como um fim jurídico.

[47] De acordo com Augusto Teixeira de Freitas a expressão "pessoas morais, correspondente à usual do mundo moral por oposição ao mundo físico, patenteia por si a impropriedade do epíteto, pois que o elemento moral não absorve todo o elemento intelectual; e por isso a tem rejeitado Savigny, mesmo porque ela dá a entender que não há moralidade na outra classe das pessoas."

[48] Quanto à terminologia adotada por Augusto Teixeira de Freitas é relevante destacar que as pessoas de existência ideal constituíam uma "expressão também nova, e com a exatidão de que carecem as admitidas até hoje para significar esta classe de pessoas". Todavia, mesmo o termo "pessoas de existência ideal", ainda que as pessoas jurídicas pudessem ser incluídas em tal classificação, não seria suficientemente exato, uma vez que há pessoas jurídicas que não seriam consideradas como pessoas de existência ideal por Teixeira de Freitas, para quem "as pessoas de existência ideal são nada menos do que a idéia personificada. A de pessoas físicas desnatura o homem, que é um ente composto de corpo e espírito, e que fisicamente considerado é um animal, e só como tal não seria ente jurídico, porque não seria suscetível de adquirir direitos. A de pessoas individuais, porque há pessoas de existência ideal que também são pessoas individuais, por isso mesmo que não são pessoas coletivas. Estão nestes casos as fundações para fins pios, a herança jacente, e a representação necessária ou voluntária de pessoas de existência visível" (BRASIL. **Esboço de Código Civil**. Augusto Teixeira de Freitas. República dos Estados Unidos do Brasil: Ministério da Justiça e Negócios Interiores: Serviço de Documentação, 1952. p. 20).

[49] Art. 33º (pessoas colectivas) – 1. A pessoa colectiva tem como lei pessoal a lei do Estado onde se encontra situada a sede principal e efectiva da sua administração. 2. À lei pessoal compete especialmente regular: a capacidade da pessoa colectiva; a constituição, funcionamento e competência dos seus órgãos; os modos de aquisição e perda da qualidade de associado e os correspondentes direitos e deveres; a responsabilidade da pessoa colectiva, bem como a dos respectivos órgãos e membros, perante terceiros; a transformação, dissolução e extinção da pessoa colectiva. 3. A transferência, de um Estado para outro, da sede da pessoa colectiva não extingue a personalidade jurídica desta, se nisso convierem as leis de uma e outra sede. 4. A fusão de entidades com lei pessoal diferente é apreciada em face de ambas as leis pessoais. (PORTUGAL. *Código Civil*. DL n.º 47344/66, de 25 de Novembro. Disponível em: http://www.pgdlisboa.pt/leis/lei_mostra_articulado.php?nid=775&tabela=leis&so_miolo=. Acesso em: 14 abr. 2023.).

[50] Augusto Teixeira de Freitas, lastreado em Savigny ponderava, nos comentários ao art. 40 da Consolidação das Leis Civis, que haveria uma distinção entre pessoas jurídicas e coletivas ("Art. 40. As pessoas são singulares, ou collectivas. São pessoas collectivas as Cidades, Villas, Concelhos, Confrarias, Cabidos, Prior e Convento, marido e molher, irmãos em uma herança; e outras semelhantes, que se-considerão como uma pessoa") que "todas as pessôas collectivas são pessoas moraes ou juridicas, porém há pessoas juridicas, que não são collectivas, como os estabelecimentos de utilidade publica, que tem patrimônio seu— Savigny Dir. Rom. Tom. 2" pag. 237 not." (BRASIL. **Consolidação das Leis Civis.** Augusto Teixeira de Freitas. Obra fac-similar. 3ª ed. v. I. Brasília: Senado Federal, 2003 / Rio de Janeiro: B. L. Garnier, 1876. p. 32)

A teoria da realidade técnica constatou que a existência das pessoas jurídicas deriva de uma técnica empregada pelo legislador[51] e, igualmente, discordamos de visão mais extremada na qual as pessoas jurídicas seriam uma realidade orgânica[52] (como uma realidade paralela das pessoas naturais) assim como não endossamos a teoria de Hans Kelsen[53] que concebe as pessoas naturais como abstrações equivalentes às pessoas jurídicas.[54]

Como não é possível sustentar, em nosso sentir, a realidade orgânica das pessoas jurídicas, a teoria da realidade técnica ampararia a concepção de que as pessoas jurídicas titularizam direitos da personalidade, até porque tanto o texto constitucional (ao proteger as pessoas em sentido amplo no artigo 5º, X[55]) como

[51] Segundo Luiz Edson Fachin a teoria da realidade técnica defendeu que "a pessoa jurídica nada mais é do que um ente inicialmente moldado à semelhança das pessoas naturais, e que progressivamente foi se apartando da formulação das pessoas naturais para compor uma realidade técnica, dotada de uma certa vida jurídica própria, no intuito de contribuir, do ponto de vista das relações jurídicas, para o trânsito de bens, coisas e interesses. As pessoas jurídicas são divididas naquela tríplice noção clássica – sociedades, associações e fundações" (FACHIN, Luiz Edson. **Teoria Crítica do Direito Civil**. 2. ed. Rio de Janeiro: Renovar, 2003. p. 137.), mesmo que não esteja isenta de críticas, tal como relatou Francisco Amaral ("embora de grande aceitação nos meios jurídicos contemporâneos, pela segurança que oferece, pois permite conhecer os efeitos que o ordenamento jurídico atribui à personalidade jurídica, a teoria da realidade técnica é acusada de positivista e assim desvinculada de pressupostos materiais ou requisitos prévios para o reconhecimento do Estado das pessoas jurídicas" (AMARAL, Francisco. **Direito Civil: Introdução**. 7. ed., Rio de Janeiro: Renovar, 2008. p. 320-321)).

[52] A teoria da realidade objetiva ou orgânica foi defendida por Gierke e por Zitelmann considerando que as pessoas jurídicas seriam organismos sociais, com existência e vontade próprias, absolutamente distinta da de seus membros e com o escopo de realizar um objetivo social. A crítica a essa teoria vem no sentido de que essa concepção acabaria por recair na ficção, posto que afirma que a pessoa jurídica possui uma vontade própria, quando se sabe que esta só existe no ser humano e não no ente coletivo. (MORATO, Antonio Carlos Morato. **Pessoa jurídica consumidora**. São Paulo: Revista dos Tribunais, 2008. p. 91).

[53] Hans Kelsen defendeu que o ponto convergente entre a pessoa jurídica e a pessoa física estaria na norma jurídica e somente esta atribuiria existência à pessoa jurídica para o mundo do direito, assim como ocorre em relação à própria pessoa física, uma vez que não seria a titularidade de direitos (ou os deveres estabelecidos pela norma) o meio para estabelecer a distinção entre uma e outra, uma vez que "também a pessoa física não é o indivíduo que tem direitos e deveres mas uma unidade de deveres e direitos que têm por conteúdo a conduta de um indivíduo" e tal unidade é que realmente teria relevo (sendo a pessoa jurídica um problema "da unidade de um complexo de normas") (KELSEN, Hans. **Teoria Pura do Direito**. 6ª ed. Tradução de João Baptista Machado. Coimbra: Armênio Amado, 1984. p. 243-244).

[54] Para um detalhamento maior sobre as teorias que discutem a natureza das pessoas jurídicas indicamos obras de nossa autoria mencionadas na nota de rodapé n. 5, uma vez que a análise dos debates relativos à sua natureza excederia os limites propostos para este estudo.

[55] Artigo 5º (...) X - são invioláveis a intimidade, a vida privada, a honra e a imagem das pessoas, assegurado o direito a indenização pelo dano material ou moral decorrente de sua violação.

infraconstitucional (por meio do artigo 52 da Lei Federal n. 10.406/02 – Código Civil[56]) atribuíram à pessoa jurídica direitos da personalidade.[57]

2. Concepção de honra objetiva e danos morais à pessoa jurídica

No tópico anterior relacionamos o desenvolvimento da teoria da realidade técnica à possibilidade de atribuir direitos da personalidade à pessoa jurídica, o que já sustentamos em nossas obras, sendo oportuno enfatizar artigo específico publicado na Faculdade de Direito da Universidade de São Paulo intitulado "Quadro geral dos direitos da personalidade", no qual "definimos os direitos da personalidade como direitos que versam sobre a própria pessoa e seus reflexos e que são reconhecidos à pessoa humana e atribuídos à pessoa jurídica".[58]

No mesmo texto, citamos Antônio Chaves, que indagou se haveria a possibilidade de admitir a honra da pessoa jurídica e respondeu que "a opinião da generalidade dos escritores é afirmativa" citando, em especial, Adriano De Cupis que "faz ver que ainda que as pessoas jurídicas não possam ter o 'sentimento' da própria dignidade, esta pode sempre refletir-se na consideração de terceiros."[59]

De fato, tal entendimento foi consubstanciado na Súmula 227 do Superior Tribunal de Justiça que, editada em 1999, admitiu a possibilidade de a pessoa jurídica sofrer dano moral,[60] uma vez que seria atingida sua honra objetiva (mediante seu conceito perante a sociedade[61]), mas não a honra

[56] Art. 52. Aplica-se às pessoas jurídicas, no que couber, a proteção dos direitos da personalidade.

[57] Assim como as pessoas físicas, ensinou Carlos Alberto Bittar que "as jurídicas dispõem de direitos pessoais e de personalidade, e estes compatíveis com a sua condição de ente intelectual (e não corpóreo)", vez que "o reconhecimento estatal da personalidade importa na aceitação da existência de componentes essenciais em sua estruturação, e que, portanto, lhe outorgam substância como entidade jurídica". (BITTAR, Carlos Alberto. **Teoria Geral do Direito Civil**. Rio de Janeiro: Forense Universitária, 1991. p. 139).

[58] MORATO, Antonio Carlos. Quadro geral dos direitos da personalidade. **Revista da Faculdade de Direito, Universidade de São Paulo**, v. 106-107, p. 121-158, 2012. p. 124.

[59] CHAVES, Antônio Chaves. **Lições de Direito Civil: Parte Geral 3**. São Paulo: Bushatsky – Edusp, 1972. p. 174.

[60] A pessoa jurídica pode sofrer dano moral. (Súmula 227, Segunda Seção, julgado em 08/09/1999, DJ 08/10/1999, p. 126).

[61] Ementa: Apelação. Indenização. Dano Moral. Pessoa Jurídica. Súmula 227 do STJ. Arbitramento. A pessoa jurídica pode ser objeto de dano moral, sendo esse apurável diante do abalo à sua imagem, credibilidade e confiabilidade. Nesse sentido, o teor da Súmula 227/STJ: "a pessoa jurídica pode sofrer dano moral". O arbitramento do dano moral deve ser feito com moderação, em atenção à realidade da vida e às peculiaridades de cada caso, proporcionalmente, ao grau de culpa e ao porte econômico das partes. Ademais, não se pode olvidar, consoante parcela da jurisprudência pátria, acolhedora da tese punitiva acerca da responsabilidade civil, da necessidade de desestimular o ofensor a repetir o ato. (TJ-MG - AC: 10000204529515001 MG, Relator: Cláudia Maia, Data de Julgamento: 19/03/2021, Câmaras Cíveis / 14ª Câmara Cível, Data de Publicação: 19/03/2021).

subjetiva, pois é incapaz de sofrer, como diversos tribunais passaram a decidir.[62]

Tal súmula já evidenciaria a incorreção de quem sustenta que o artigo 52 da Lei Federal n. 10.406/02 (Código Civil) limitar-se-ia à proteção concedida e não aos direitos da personalidade em si, sendo evidente que a comissão responsável pela elaboração do Código Civil, presidida por Miguel Reale, inseriu no dispositivo a expressão "no que couber" porque não seria possível admitir direitos que resultam diretamente de uma estrutura corpórea como a da pessoa física como o direito à vida ou o direito à integridade física.

A jurisprudência estabeleceu outros limites como a impossibilidade de utilização da teoria do desvio produtivo que seria aplicável somente às pessoas físicas.[63]

Ressalte-se ainda que a Súmula 227 do Superior Tribunal de Justiça admitiu o ressarcimento do dano moral causado às pessoas jurídicas, mas também consagrou o dano moral puro e afastou o entendimento de que o dano moral, para ser considerado, deveria ter necessariamente repercussão patrimonial (dano moral impuro), entendimento que equivocadamente era aplicado também às pessoas físicas antes da edição da Constituição da República em 1988.

Julgados mais recentes continuam a demonstrar a dificuldade de separar as repercussões patrimoniais do dano em relação à pessoa jurídica do dano moral

[62] Ementa. Apelação Cível. Interrupção indevida do serviço de Internet. Indenização por dano moral e material. Pessoa Jurídica. Honra Objetiva x Honra Subjetiva. Não comprovação de ofensa ao nome ou à imagem da pessoa jurídica. Dano moral não comprovado. Admite-se que as pessoas jurídicas suportem danos morais quando o ilícito atinja sua honra objetiva, ou seja, sua imagem ou seu conceito frente aos consumidores, fornecedores ou o mercado em que atua. 2. Fatos que ofendam a dignidade da pessoa natural ou causem angústia e sofrimento não são aptos a causar abalo moral à pessoa jurídica, pela simples razão de que esta é desprovida de sentimentos. Recurso conhecido e parcialmente provido. (TJ-BA - APL: 00009687220098050172, Relatora: Joanice Maria Guimaraes de Jesus, Terceira Câmara Cível, Data de Publicação: 09/08/2017).

[63] Apelação. Danos Morais. Pessoa Jurídica. Inocorrência. Ausência de demonstração de ofensa à honra objetiva. Sentença mantida. 1. Diferentemente do que ocorre com as pessoas físicas, as pessoas jurídicas não possuem honra subjetiva, apenas honra objetiva, que é o juízo de terceiros sobre os atributos de outrem. 2. Para a configuração de dano moral indenizável à pessoa jurídica é imprescindível que se verifique a ocorrência de fatos que maculem a sua imagem perante os consumidores ou mesmo fornecedores, o que não ocorreu no caso dos autos. 3. Recurso improvido. (...) Assim, para a configuração de dano moral indenizável à pessoa jurídica é imprescindível que se verifique a ocorrência de fatos que maculem a sua imagem perante os consumidores ou mesmo fornecedores. A teoria do desvio produtivo, em que a parte perde tempo para resolver um problema ao qual não deu causa, não se aplica às pessoas jurídicas como a apelante, que não se confundem com as pessoas físicas de seus administradores ou funcionários, já que pessoa jurídica não sofre nem sente dor. (TJ-SP - AC: 10016992420208260126 SP 1001699-24.2020.8.26.0126, Relator: Ademir Modesto de Souza, Data de Julgamento: 08/06/2021, 16ª Câmara de Direito Privado, Data de Publicação: 11/06/2021).

em si e, à guisa de exemplo, citamos o voto do Desembargador Wilson Lisboa Ribeiro do Tribunal de Justiça do Estado de São Paulo, ao decidir que, respeitada "a posição do ilustre prolator da sentença, o fato é que o entendimento ali esposado merece reforma" e "isto se dá porque, como é sabido, o dano moral não se confunde com os reflexos patrimoniais que o ilícito suscita, id est, danos emergentes, lucros cessantes ou, no caso da apelante, doações que deixaria de receber", considerando que são "institutos diversos, cuja confusão deve ser afastada para a efetiva repressão aos ilícitos que, embora não alcancem a esfera econômico-patrimonial da vítima, firam seus direitos da personalidade, tanto de pessoas físicas, como jurídicas (art. 52, CC, e Súmula 227, STJ).".[64]

Logo, seja entre os doutrinadores ou em decisões isoladas, opiniões divergentes revelam que, apesar de sua presença em dispositivos constitucionais e infraconstitucionais e de ter sido consagrada na Constituição da República, a proteção da honra da pessoa jurídica, mesmo limitada ao seu aspecto objetivo, continua a ensejar resistência.

Conclusões

A possibilidade de ressarcimento de danos morais à pessoa jurídica teria sua base teórica na teoria da realidade técnica por meio da constatação de que pode ocorrer lesão à sua honra objetiva ainda que, mesmo consolidada na Súmula 227 do Superior Tribunal de Justiça e lastreada tanto no texto constitucional (artigo 5º, X) e infraconstitucional (artigo 52 do Código Civil), o ressarcimento de danos morais à pessoa jurídica continue a enfrentar opositores, o que demonstra que a permanente construção dos direitos da personalidade é uma tarefa que exige estudo e aperfeiçoamento, o que só é possível pela atuação de mestres como o Professor Rui Geraldo Camargo Viana.

[64] Dano Moral – Pessoa Jurídica - Honra Objetiva - Ocorrência – A pessoa jurídica é vítima de dano moral nas hipóteses em que tem sua reputação, seu bom nome ou sua imagem abaladas perante a sociedade, independentemente de tal circunstância gerar alguma repercussão direta e imediata sobre seu patrimônio – Acusações infundadas da prática de atos contrários ao direito (nepotismo, pagamento de polpudos salários a pessoas próximas da presidente, malversação de dinheiro da entidade autora etc.) mostram-se mais do que suficientes para a caracterização de dano moral à pessoa jurídica apelante, prestadora de relevantes serviços à população portadora de necessidades especiais, independentemente da existência de reflexos patrimoniais – Sentença de improcedência que merece reforma – Dano moral configurado – Indenização fixada em R$ 20.000,00 (vinte mil reais) - Recurso da autora a que se dá provimento – Recurso Adesivo - Deserção - Não Conhecimento. (TJ-SP - AC: 00073592920098260505 SP 0007359-29.2009.8.26.0505, Relator: Wilson Lisboa Ribeiro, Data de Julgamento: 01/06/2022, 10ª Câmara de Direito Privado, Data de Publicação: 01/06/2022).

REFERÊNCIAS

Livros

AMARAL, Francisco. **Direito Civil: Introdução**. 7. ed. Rio de Janeiro: Renovar, 2008.

BITTAR, Carlos Alberto. **Teoria Geral do Direito Civil**. Rio de Janeiro: Forense Universitária, 1991.

CHAVES, Antônio Chaves. **Lições de Direito Civil: Parte Geral 3**. São Paulo: Bushatsky – Edusp, 1972.

FACHIN, Luiz Edson. **Teoria Crítica do Direito Civil**. 2ª ed. Rio de Janeiro: Renovar, 2003.

FREITAS, Augusto Teixeira de. **Vocabulário Jurídico: com apêndices**. Tomo I. São Paulo: Saraiva, 1983.

KELSEN, Hans. **Teoria Pura do Direito**. 6ª ed. Tradução de João Baptista Machado. Coimbra: Armênio Amado, 1984.

MORATO, Antonio Carlos. **Direito de Autor em Obra Coletiva**. São Paulo: Saraiva, 2007.

______. **Pessoa Jurídica Consumidora**. São Paulo: Revista dos Tribunais, 2008.

Capítulos de Livros

VIANA, Rui Geraldo Camargo. Novos direitos da personalidade: direito à identidade sexual. **Direitos da personalidade: a contribuição de Silmara J. A. Chinellato**. p. 87- 100. Barueri: Manole, 2019.

Artigos

CHAVES, Antônio. Pessoa jurídica de direito privado. **Revista da Faculdade de Direito, Universidade de São Paulo**, v. 67, p. 277-313, 1972.

MORATO, Antonio Carlos. Quadro geral dos direitos da personalidade. **Revista da Faculdade de Direito, Universidade de São Paulo**, v. 106-107, p. 121-158, 2012.

Documentos legislativos

BRASIL. **Consolidação das Leis Civis**. Augusto Teixeira de Freitas. Obra fac-símilar. 3ª ed. v. I. Brasília: Senado Federal, 2003 / Rio de Janeiro: B. L. Garnier, 1876.

______. **Esboço de Código Civil**. Augusto Teixeira de Freitas. República dos Estados Unidos do Brasil: Ministério da Justiça e Negócios Interiores: Serviço de Documentação, 1952.

4. A RELAÇÃO DO DIREITO MÉDICO COM A BIOÉTICA E O BIODIREITO

CARLOS ALBERTO DABUS MALUF
ADRIANA CALDAS DO REGO FREITAS DABUS MALUF

Introdução

É sabido que nunca se valorizou tanto o ser humano, a natureza e o mundo animal como na contemporaneidade.

A historiografia mostrou o que funcionou e o que não funcionou através da análise dos fatos concretos e das suas consequências para o ser humano inserido no mundo em que vive.

Nesse diapasão emergiu a elaboração de um conceito de direitos da personalidade que se traduz na proteção do ser humano, suas emanações e prolongamentos protegidos numa esfera privada, da mesma forma que o construído ideológico dos direitos do homem fez emergir a doutrina dos direitos humanos, que protege o ser humano em sua esfera pública, e em ambos os casos protegem o homem contra as arbitrariedades o Estado.

1. Desenvolvimento do tema

1.1. Bioética, Biodireito e Biotecnologia – noções gerais

A evolução das ciências, da tecnologia, dos costumes fez imperioso o estudo da bioética e do biodireito, pois os diversos experimentos saíram da esfera da ficção científica e aportaram na realidade social, trazendo com isso riscos e benefícios à coletividade.

Enquanto a bioética se ocupa da discussão sobre questões sem consenso, o biodireito trata de temas essencialmente ligados à vida e às relações sociais e a biotecnologia ocupa-se da aplicação dos processos biológicos visando a produção de materiais e novas substâncias para uso industrial, medicinal, farmacológico, entre outros.

Podemos definir a bioética como o estudo transdisciplinar entre biologia, medicina, filosofia (ética) e direito (biodireito) que investiga as condições necessárias para uma administração responsável da vida humana, animal e responsabilidade ambiental, e que considera, acima de tudo, questões onde não existe consenso moral como a fertilização in vitro, o aborto, a clonagem, a eutanásia, os transgênicos e as pesquisas com células tronco, bem como a responsabilidade moral de cientistas em suas pesquisas e suas aplicações.[65]

Sintetiza Leo Pessini que " a bioética estuda a moralidade da conduta humana no campo das ciências da vida", estabelecendo padrões de conduta socialmente adequados.[66]

O termo "Bioética" surgiu na década de 1970 e tinha por objetivo deslocar a discussão acerca dos novos problemas impostos pelo desenvolvimento tecnológico, de um viés mais tecnicista para um caminho mais pautado pelo humanismo, superando a dicotomia entre os fatos explicáveis pela ciência e os valores estudáveis pela ética.

Utiliza um paradigma de referência antropológico moral: o valor supremo da pessoa humana, de sua vida, dignidade, liberdade e autonomia que impõe ao homem diretrizes morais diante dos dilemas levantados pela biomedicina.[67]

Envolve ainda um diálogo interdisciplinar que tem por finalidade a compreensão da realidade através de sua complexidade física, biológica,política e social.

Analisa os limites da interferência humana em questões que envolvem os seres vivos – como na biotecnologia- especialmente na engenharia genética e nas questões relacionadas diretamente com os seres humanos – tais como as questões envolvendo a terminalidade da vida, a experimentação cienifica, os riscos do tratamento médico, odontológico, a reprodução assistida, entre muitos outros.[68]

As diretrizes filosóficas dessa área começaram a consolidar-se após a Segunda Guerra Mundial, quando o mundo ocidental, chocado com as práticas abusivas de médicos nazistas em nome da ciência, cria um código para limitar os estudos. Formula-se a partir daí a ideia que a ciência não é mais importante que o

[65] MALUF, Adriana Caldas do Rego Freitas Dabus. **Curso de bioética e biodireito**. 4. ed. São Paulo, Almedina. p. 15.

[66] PESSINI, Leo; BARCHIFONTAINE, Christian de Paul. **Problemas atuais de bioética**. 2. ed. São Paulo: Loyola. 1994. p.11.

[67] SOARES, André Marcelo M.; PIÑEIRO, Walter Esteves. **Bioética e biodireito: uma introdução**. Coleção gestão em saúde. v. I, São Paulo, Edições Loyola/São Camilo. 2002. p. 7.

[68] MALUF, Adriana Caldas do Rego Freitas Dabus. **Curso de bioética e biodireito**. 4. ed. p. 15 e ss.

homem. O progresso técnico deve ser controlado para acompanhar a consciência da humanidade sobre os efeitos que eles podem ter no mundo e na sociedade para que as novas descobertas e suas aplicações não fiquem sujeitas a todo tipo de interesse.

Nesse sentido, foi durante a segunda metade do séc XX (entre 1960 e 1970), que os avanços científicos e tecnológicos no meio médico receberam forte incentivo por seus resultados positivos e começaram a produzir questionamentos na sociedade de então.

São desse tempo a criação das UTIs, a realização dos primeiros transplantes (cardíaco 3.12.67 – Christian Barnard;Brasil – Zerbini em 26.5.68 – transplante renal 1965 no HC pelo Prof. Geraldo Campos Freire),o diagnóstico da morte cerebral, as descobertas da psicofarmacologia, o diagnóstico pré-natal e alguns avanços no conhecimento dos mecanismos imunológicos de rejeição (ciclosporina 1978).[69]

O impacto do avanço dessas novas tecnologias levaram a comunidade médica e científica ao estabelecimento de parâmetros delineadores das práxis terapêuticas e de pesquisa.

Assim foram fundados os primeiros Grupos de debates que deram origem aos Comitês de bioética: Johns Hopkins Hospital em Baltimore; Hasting Center em NY; em Madison na Faculdade de medicina de Wiscosin. Analisava-se a viabilidade econômica dos procedimentos e o direitos dos pacientes.

A ampliação dos debates para além das áreas médicas para as humanidades e religiosas (importância do debate ecumênico), gerou o inicio dos diálogos interdisciplinares que norteiam esse meio.

O termo bioética foi mencionado pela primeira vez em 1971, no livro "Bioética: Ponte para o Futuro", do biólogo e oncologista americano Van Rensselaer Potter, cuja ideia inicial foi desenvolver uma ética das relações vitais, ou seja, dos seres humanos entre si e destes com o ecossistema, criando uma ponte entre a ciência e as humanidades – uma vez que o futuro não será edificado exclusivamente sob os ditames das ciências nem tampouco com o respeito exclusivo das humanidades. Pouco tempo depois, uma abordagem mais incisiva da disciplina foi feita pelo obstetra holandês Hellegers.[70]

De grande importância para o desenvolvimento da bioética foi também a obra de Tom L. Beauchamp e James Childress – chamada Princípios da ética biomédica – que, limitando o caráter global outorgada por Potter, restringiu-se aos meios cientificos como é utilizada hoje em dia, intraoduzindo os quatro principios básicos da bioética valorizado nas relações interpessoais.

[69]MALUF, Adriana Caldas do Rego Freitas Dabus. **Curso de bioética e biodireito**. p. 18

[70] MALUF, Adriana Caldas do Rego Freitas Dabus. **Curso de bioética e biodireito**. p. 19 e ss.

Nesse sentido, podemos concluir que a bioética corresponde a um movimento cultural de carater humanista que engloba conceitos entre o prático biodireito e o teórico biopoder, advindo de desenfreado avanço das ciências e da tecnologia.

E assim sendo, sua constante revisão e atualização se tornam características fundamentais para o tema, posto que novos problemas e questionamentos vem todos os dias se descortinando, bem como se aprimorando.

Quanto às fases da bioética, estas podem ser divididas em três:

1. 1960 a 1977 – periodo em que surgem os primeiros grupos de médicos e cientistas preocupados com os novos avanços científicos e tecnológicos. Formam-se os primeiros comitês debioética no mundo
2. 1978 a 1997 – periodo em que se publica o relatório Belmont, que provocagrande impacto na bioética clínica; realiza-se a 1º fertilização in vitro, progressos na engenharia genética, criam-se importantes grupos de estudo em bioética: Grupo internacional de Estudo em bioética, Associação européia de centros de ética médica, Convenio europeu de biomedicina e direitos humanos, entre outros
3. iniciada em 1998, ainda vigente, que teve o apogeu da descoberta do genoma humano, clonagem, além dos debates relativos à falência dos sistemas de saúdepública nos países em desenvolvimento.[71]

Quanto aos princípios básicos da bioética, estes são: Princípio da autonomia – valoriza a vontade do paciente, ou de seus representantes, levando em conta, em certa medida, seus valores morais e religiosos. Reconhece o domínio do pacientes obre a própria vida (corpo e mente) e o respeito à sua intimidade, restringindo com isso, a intromissão alheia no mundo daquele que está sendo submetido a um tratamento; princípio da beneficência – Refere-se ao atendimento do médico, e dos demais profissionais da área da saúde, em relação aos mais relevantes interesses do paciente, visando seu bem-estar, evitando-lhe quaisquer danos.Baseia-se na tradição hipocrática de que o profissional da saúde, em particular o médico, só pode usar o tratamento para o bem do enfermo, segundo sua capacidade e juízo, e nunca para fazer o mal ou praticar a injustiça. No que concerne às moléstias, deverá ele criar na práxis médica o hábito de auxiliar ou socorrer, sem prejudicar ou causar mal ou dano ao paciente. A regra de ouro do princípiopio da beneficência é não causar dano e maximizar os benefícios, minimizando os possíveis riscos; princípio da não-maleficência – Contém a obrigação de não acarretar dano intencional e por derivar da máxima da ética médica: *primum non nocere*; princípio da justiça – Requer a imparcialidade na distribuição dos riscos

[71] SOARES, André Marcelo M; PIÑERO, Walter Esteves. **Bioética e biodireito uma introdução**. p. 19; GRACIA, Diego. Para pensar a bioética metas e desafios. São Paulo: Paulinas/São Camilo. 2010. p. 121

e beneficios da prática médica, pelos profissionais da área da saúde, procurando evitar a discriminação.

Podemos concluir assim, que a bioética deverá ter tais princípios como parâmetros basilares de suas investigações e diretrizes.

Em outubro de 2005, a Conferência Geral da UNESCO adotou a Declaração Universal sobre Bioética e Direitos Humanos, que consolida os princípios fundamentais da bioética e visa definir e promover um quadro ético normativo comum que possa a ser utilizado para a formulação e implementação de legislações nacionais.[72]

Atualmente, encontramos em bioética, além do principialismo,outros paradigmas, tais como: o naturalismo – que reconhece, a partir do direito natural, a existência de alguns bens fundamentais,como a vida,a religiosidade,a racionalidade; o contratualismo – que defende uma relação entre médico, paciente e sociedade a partir de um contrato de ordem jurídica; o personalismo – que partindo de uma visão antropológica objetiva defender a dignidade humana com base em suas características essenciais.

Interrelacionam-se em bioética os conceitos de ética (do grego éthos, modo de ser), moral (do latim, mores, costumes/ normas de convívio) e deontologia (do grego déon, dever).

Na modernidade a autonomia das ciências e apassagem do teocentrismo ao antropocentrismo fez surgir o uma separação entre a idéia do bem (ideal), do que é bom (real); e entre o legal (jurídico) e o legítimo (justo).

A ética deve partir sempre da moral como uma realidade histórico-social, tentando explicar a diversidade e as mudanças das práticas morais; a deontologia regula a ção do profissional nos limites de sua prática, tornando-a boa e adequada.

A bioética abrange um conhecimento complexo que visa dar respostas em situações concretas visando sempre uma autonomia determinada. Tem natureza pragmática apoiada nos quatro princípios, aplicada aos questionamentos morais suscitados pelas decisões clínicas e pelos avanços científicos e tecnológicos, que por sua vez repercutem na esfera do direito e na proteção das partes envolvidas, a saber: individuo, familia, coletividade.

Implica sobretudo na capacidade de tomar decisões moral e legalmente aceitas em casos que envolvem conflitos de valores, sendo muitos destes apreciados pelo judiciario, na chamada judicialização da familia.

Em síntese, podemos aduzir que "o que na ética é estudado, na moral praticado e na deontologia obrigado, na bioética é problematizado".[73]

[72] MALUF, Adriana Caldas do Rego Freitas Dabus. Curso de bioética e biodireito. p. 22 e ss.

[73] MALUF, Adriana Caldas do Rego Freitas Dabus. **Curso de bioética e biodireito**. p. 22 e ss,

A peculiaridade da situação de um paciente deve ser sempre a base para se questionar à luz dos princípios bioéticos, o grau de humanidade, legitimidade e legalidade inerentes à conduta do profissional da saúde ou do pesquisador.[74]

Em síntese, podemos concluir que a Bioética é a disciplina que estuda os aspectos éticos das práticas médicas e biológicas, avaliando suas implicações na sociedade e as relações entre os homens e entre estes e outros seres vivos, indicando o rumo das condutas a serem adotadas visando o respeito à dignidade humana.

Em matéria de bioética, os temas mais debatidos abrangem, os fundamentos da bioética e a consequente valorização de seus princípios básicos; a bioética clínica, onde se aborda a delicada relação médico-paciente, debatendo-se sobre a origem e a terminalidade da vida: aborto, eutanásia, distanásia, transplantes, consentimento informado, emprego de técnicas específicas para a reprodução assistida; a bioética social, onde o núcleo do debate fixa-se nas políticas de saúde, na reforma dos sistemas de saúde, meio ambiente e formação de comissões nacionais de bioética e a bioética transcultural, cujos ditames são aplicados nas diversas áreas do mundo: bioética na América latina, na Europa, nos EUA, na Ásia, na Oceania.

São de grande relevância as decisões críticas ante pacientes, a interrupção do tratamento, a eutanásia, o suicídio assistido, a ética na pesquisa, a ética na legislação na saúde. Levar-se em conta os aspectos bioéticos que valorizem a justiça e a equidade, procurar priorizar a situações especiais/emergenciais criadas pelas novas enfermidades – tais como a AIDS, o Covid, ou procedimentos oriundos das novas práticas científicas como transplantes ou reprodução assistida.[75]

"Em algumas partes da América Latina, a simples existência de alta tecnologia e centros de cuidado médico ultra especializados levanta perguntas adicionais acerca da discriminação e injustiça na assistência médica. As indagações difíceis nesta região não são em torno de como se usa a tecnologia médica, mas quem tem acesso a ela".

Vemos assim, o grande teor social que permeia a bioética latino americana. Nas palavras de Leo Pessini "a solidariedade é um conceito que poderá ocupar, na bioética na América Latina, um lugar similar ao que é ocupado pela autonomia nos EUA".[76]

Nos EUA, a tecnologia médica impulsionou o desenvolvimento da bioética clínica, onde os maiores questionamentos tinham a ver com o uso humano das

[74] SOARES, André Marcelo M; PIÑERO, Walter Esteves. **Bioética e biodireito uma introdução**. pp. 21 a 29.

[75] MALUF, Adriana Caldas do Rego Freitas Dabus. **Curso de bioética e biodireito**. 4. ed. p. 26 e ss.

[76] PESSINI, Leo; BARCHIFONTAINE, Christian de Paul. **Problemas atuais de bioética**. 2. ed. p. 12 e ss.

novas tecnologias: abrangia o uso e a retirada dos aparelhos, a aceitação ou a recusa do consentimento.

Mais do que princípios bioéticos, considerados como simples máximas de atuação prudente, fala-se muito na realidade americana em procedimentos que envolvem os casos e as decisões. Existe nos EUA, até por herança anglo-saxã a utilização de um pragmatismo, que ungiu os avanços da ciência aos problemas da ética. Para a realidade americana, o que importam são os fatos, a concretude que cada caso apresenta. Uma vez estudado o caso, elabora-se um plano de ação baseado na prévia formulação de opções cuidadosamente pesadas em suas consequências.

No modelo europeu, tal como ensina Diego Gracia, a fundamentação ética dos procedimentos é vital para o sucesso do atendimento. Assim, a filosofia na Europa sempre se preocupou mais com os temas de fundamentação em contraposição ao pragmatismo americano.

De uma maneira geral, podemos concluir que a bioética busca oferecer decisões que impliquem na construção de uma vida digna para toda a coletividade, amparando-se para tanto na discussão dos problemas emergentes e mesmo nos problemas persistentes que permeiam a vida social, tendo em vista o alcance da sua possibilidade em face dos problemas que concretamente aparecem na escala regional.[77]

O biodireito pode ser definido como o novo ramo do estudo jurídico, resultado do encontro entre a bioética e o direito. É o ramo do Direito Público que se associa à bioética, estudando as relações jurídicas entre o direito e os avanços tecnológicos conectados à medicina e à biotecnologia; peculiaridades relacionadas ao corpo, à dignidade da pessoa humana.

Nesse sentido, podemos entender que biodireito "é a regulamentação jurídica da problemática da bioética", no sentido em que formula as relações peculiares entre ética e direito que se inter relacionam reciprocamente: ética como instância prática do direito e direito como expressão positiva da ética".[78]

Numa perspectiva mais ampla podemos visualizar dois planos de tutela, um macro e outro micro. No macro biodireito, o foco está nas relações ambientais, no patrimônio natural, artificial e cultural; já o micro biodireito, estuda as questões relacionadas à vida individualizada.

Ampara-se o biodireito nos seguintes princípios: princípio da autonomia - ligado ao autogoverno do homem, no que tange principalmente às decisões sobre os tratamentos médicos e experimentação cientifica aos quais será submetido. Assim, as decisões clínicas deverão ser tomadas em conjunto na relação médico-paciente; princípio da beneficência - ligado ao bem-estar do paciente em face ao

[77] MALUF, Adriana Caldas do Rego Freitas Dabus. **Curso de bioética e biodireito**. p. 28 e ss.
[78] GRACIA, Diego. **Fundamentos de bioética**. Madrid: Ed. Eudema. 1989. p. 576 e ss.

atendimento médico ou experimentação cientifica, sendo válido ressaltar que o cientista dirigirá sempre seu trabalho em prol da moral na pesquisa cientifica; princípio da sacralidade da vida – refere-se à importância fulcral da proteção da vida quando das atividades médico-cientificas. Vem elencado no art. 5º da Constituição Federal; princípio da dignidade humana – que visa a proteção da vida humana em sua magnitude; princípio da Justiça – Refere-se à imparcialidade da distribuição dos riscos e benefícios de todos os envolvidos na pesquisa cientifica e nas práticas médicas, seja no âmbito nacional quanto no internacional; princípio da cooperação entre os povos – Refere-se ao livre intercâmbio de experiências cientificas e de mútuo auxilio tecnológico e financeiro entre os países, tendo em vista a preservação ambiental e das espécies viventes. Sendo válido ressaltar que essa prática em nada alteraria a soberania do Estado ou abalaria o princípio da auto determinação dos povos, prevista o art. 4º da Constituição Federal; princípio da precaução – Este princípio sugere que se tomem cuidados antecipados às práticas médicas e biotecnológicas tendo em vista o caso concreto. Imporia, a seu turno, no caso de dúvidas sobre a possibilidade de certa atividade causar danos aos seres humanos, às espécies ou ao meio-ambiente, a proibição da autorização do exercício da referida atividade. Nesse sentido, podemos antever que toda vez que determinada prática fosse potencialmente causadora de um dano indesejável, deveria a parte interessada comprovar a sua segurança ou desaconselhar-se-ia a prática, sob pena de indeferimento da licença para o exercício da atividade desejada.

No âmbito do Biodireito, tal princípio implicaria na impossibilidade de se efetuar qualquer pesquisa científica até que se comprovem a inexistência de consequências maléficas – diretas ou indiretas – para o ser humano.

Não se trata de se provar o risco da atividade para, só depois, impedir-se a sua continuação. Trata-se, sim, de impor ao interessado na realização da atividade o dever de comprovar a inexistência de risco, sob pena de proibição da prática da atividade científica que se deseja praticar.

Este princípio, está ligado aos princípios da dignidade da pessoa humana, da sacralidade da vida e da ubiquidade, tendo em vista a preservação da higidez da espécie.

Por fim, o princípio da ubiquidade, retrata a onipresença do meio ambiente e da integridade genética. Tem por valor principal a proteção da espécie, do meio ambiente, da biodiversidade, do patrimônio genético. Deve ser levado em consideração cada vez que se intenciona a introdução de uma política legislativa sobre qualquer atividade nesse sentido. Visa a proteção constitucional da vida e da qualidade de vida.

Vemos assim, que existe uma relação intrínseca entre o direito médico, a bioética e o biodireito. Isso se dá não apenas por serem dois ramos novos do direito com um grande ápice na pós modernidade, mas sobretudo porque se ocupam de aspectos judiciais e extrajudiciais de questões ligadas à saúde e à vida em toda as suas dimensões e prolongamentos.

Na atualidade o aumento dos litígios entre médicos e pacientes, faz imperativo o conhecimento e a aplicação do biodireito, tendo em vista a melhor administração dos conflitos existentes entre as partes, o respeito aos princípios fundamentais envolvidos, ao direito da personalidade e direitos humanos, o respeito aos princípios contratuais que regem essa relação; os direitos e deveres dos pacientes envolvidos, a presença de requisitos da responsabilidade civil, criminal e administrativa muitas vezes envolvidos nos casos, ou não.

Liga-se intrinsecamente à bioética da mesma forma, posto que as tomadas de decisão na seara do direito médico, obedece aos princípios bioéticos de autonomia, beneficência, não maleficência e justiça.

No que tange à esfera da biotecnologia, enorme é a sua velocidade de desenvolvimento e consequentemente bastante intenso é o impacto sobre as decisões bioéticas e muito destacada vem a aplicação do biodireito.

A título exemplificativo podemos apontar: o desenvolvimento e aplicação de OGMs – regulados pela lei de biossegurança – Lei 11.105/2005; a criação do sangue artificial; as pesquisas sobre a criação do útero artificial; a clonagem e as terapias com células tronco; a reprodução humana assistida; o útero artificial; a criogenia; a criopreservação; o desenvolvimento de fármacos; a telemedicina; a cirurgia robótica; o implemento da vacinação (individual e em massa); o desenvolvimento das UTIs que levou ao implemento da distanásia, que, contestada na atualidade em face dos princípios bioéticos fez crescer os debates sobre a viabilidade da eutanásia e do suicídio assistido, como na atualidade noticiou a imprensa holandesa, sobre permissão da eutanásia para crianças com doenças terminais, seguindo o exemplo da Bélgica que o faz desde 2014 (tendo sido aplicada pela primeira vez em 2016).

1.2. Das partes no direito médico

Podem figurar como partes no âmbito do direito médico: os médicos, os diversos profissionais que compõem a equipe de saúde, os hospitais, clínicas e laboratórios envolvidos nas diversas questões, os Conselhos Regionais e Federais, os pacientes, seus familiares e/ou representantes legais.

Assim, podemos entender que o direito médico é uma importante área de atuação, em franca expansão, para atender às demandas judiciais relacionadas à saúde, seja no âmbito preventivo, no âmbito judicial, na seara administrativa.

Na atualidade o direito à saúde está previsto nos artigos 6º, 196 e 197 da Constituição Federal e o objetivo principal é que esse direito seja garantido por eficiente política pública.

Dispõe o art. 6º da CF: "são direitos sociais a educação, a saúde, o trabalho, o lazer, a segurança, a previdência social, a proteção à maternidade e à infância, a assistência aos desamparados, na forma desta Constituição".

À luz do disposto no art. 196 da CF "a saúde é um direito de todos e um dever do Estado, garantido mediante políticas sociais e econômicas que visem a redução do risco de doença e de outros agravos e ao acesso universal e igualitário às ações e serviços para sua promoção, proteção e recuperação.

Dispõe o art. 197 da CF "são de relevância pública as ações e serviços de saúde, cabendo ao Poder Público dispor, nos termos da lei, sobre sua regulamentação, fiscalização e controle, devendo sua execução ser feita diretamente ou através de terceiros e também por pessoa física ou jurídica de direito privado".

Vemos assim que o direito médico desempenha um importante papel no cenário de proteção jurídica das partes envolvidas nos direitos relacionados à saúde, uma vez que, se por um lado os pacientes estão empenhados na busca da prestação de um serviço de saúde qualificado bem como na busca da reparação de algum dano causado nesse processo, de outro lado, os médicos e sua equipe de saúde, além das instituições médicas procuram defender seus pontos de vista e consequentes direitos, frente a uma acusação indevida que poderá fazer despontar o conflito de interesses na órbita judicial ou extrajudicial.[79]

Nos últimos anos tem se conhecido um enorme crescimento de demandas judiciais reparatórias de erro médico, de atos danosos em relação ao ato medico, envolvendo ação e omissão, imprudência, negligencia ou imperícia, defeitos de informação, inadimplemento de obrigação contratual por parte dos planos de saúde e entidades hospitalares, abrangendo os campos do direito civil e do direito do consumidor em sua maioria, lembrando-se aqui que e relação medico paciente é antes de mais nada uma relação contratual, consumerista, baseada na confiança.

Nesse sentido, temos que há um aumento bastante significativo de processos judiciais em matéria de saúde, denominada judicialização da saúde.

Quanto aos principais temas que envolvem o direito médico, estes são inúmeros tendo em vista a atualidade do tema nos dias atuais.

Podemos elencar alguns temas como fonte de preciosos estudos e debates na atualidade, como: a relação do tema com a bioética e o biodireito, as partes na relação de saúde – medico, a equipe multiprofissional, o paciente, o representante legal, a casa de saúde, o Estado, os planos de saúde, os Conselhos Federal e Regional de Medicina, os Comitês de Ética Hospitalar-; o ato medico; a telemedicina; os direitos e deveres dos médicos e equipe de saúde; os direitos e deveres dos pacientes; os elementos de autonomia do paciente – o consentimento informado e o testamento vital -; o ato médico e seus limites; a prescrição médica; o sigilo

[79] MALUF, Adriana Caldas do Rego Freitas Dabus. **Curso de direito médico.** No prelo. p. 47.

médico; a publicidade médica; o erro médico; os cuidados paliativos; as questões envolvendo a responsabilidade civil dos médicos e demais profissionais da saúde; a saúde pública e a saúde privada; a judicialização da saúde, entre outros.[80]

Conclusões

A bioética, como ciência que se ocupa de questões onde não existe necessariamente um consenso, ampara-se na objetividade que deflui das normas do biodireito para proteger os seres humanos, os animais e o meio ambiente das questões emergentes da biotecnologia.

Tem penetração na seara individual dos direitos do homem, na seara da família sob a ótica da reprodução assistida, da autorização para os diversos procedimentos médicos e de pesquisa, visando garantir uma higidez da vida e o alcance de um equilíbrio psicobiofísico do ser humano em toda a sua dimensão.

A bioética a seu turno relaciona-se intimamente com os movimentos sociais e com a evolução das ciências e dos costumes, também com as mudanças do pensamento e da técnica que repercutirão na equação dos valores dominantes, com as condições de vida e saúde da humanidade, e também da autonomia e segurança do trabalho na área da saúde.

Tudo isso para que o homem possa, para pensar com Hanna Arendt, sentir-se em casa no mundo.

[80] MALUF, Adriana Caldas do Rego Freitas Dabus. **Curso de direito médico**. No prelo. p. 48.

REFERÊNCIAS

GRACIA, Diego. Para pensar a bioética metas e desafios. São Paulo: Paulinas/São Camilo. 2010.

GRACIA, Diego. Fundamentos de bioética. Madrid: Ed. Eudema. 1989.

MALUF, Adriana Caldas do Rego Freitas Dabus. Curso de bioética e biodireito. 4.ed. São Paulo: Almedina. 2020.

MALUF, Adriana Caldas do Rego Freitas Dabus. Curso de direito médico. (no prelo).

PESSINI, Leo; BARCHIFONTAINE, Christian de Paul. Problemas atuais de bioética. 2. Ed. São Paulo: Loyola. 1994.

SOARES, André Marcelo M.; PIÑEIRO, Walter Esteves. Bioética e biodireito: uma introdução, Coleção gestão em saúde. V. I. São Paulo: Edições Loyola/São Camilo. 2002.

5. MITIGAÇÃO DA TUTELA DA PERSONALIDADE DAS "PESSOAS NOTÓRIAS"

CARLOS FREDERICO BARBOSA BENTIVEGNA
MÁGINO ALVES BARBOSA FILHO

Introdução

Os Direitos da Personalidade são direitos e garantias fundamentais, alçados à estatura constitucional e de alta densidade jurídica de modo a inspirar sua mais obstinada defesa. Em que pese essa tutela privilegiada, há permanente estado de latência conflitual entre ditos direitos e a Liberdade de Expressão alheia que é também um dos importantes atributos da personalidade. Isso se dá porque nem os Direitos da Personalidade (na maioria das vezes[81]) e nem a Liberdade de Expressão são direitos absolutos que não admitam temperamento diante do exercício de direito alheio de mesma estatura.

Tais colisões dão-se entre Princípios Constitucionais de mesma estatura e não entre regras, sendo, portanto, de ser solucionadas por método diferente daquele que se usa para a solução de conflitos aparentes entre normas. Tem-se, no caso da colisão de princípios, um conflito real, e não aparente, entre dois valores de igual hierarquia entre as normas jurídicas que deve ser dirimido a partir da técnica da ponderação.

Com a ponderação, analisam-se ambas as normas no caso concreto e se decide qual delas cederá passo à outra – apenas casuisticamente –, sem que nenhuma

[81] Na maioria das vezes porque há garantias fundamentais que realmente não admitem qualquer desafio, como, por exemplo a norma que proíbe a tortura ou a que proíbe o trabalho escravo.

delas perca seu cerne ou sua validade, dado que uma delas terá um peso maior (preponderante) na solução daquele caso em especial.[82]

Um elemento a ser levado em consideração quando da ponderação entre o Direito da Personalidade de alguém e a Liberdade de Expressão é o fato do alvo da informação ou apreciação alheia ser o que se costuma designar "pessoa pública", ou pessoa notória, como se preferirá aqui utilizar. A ideia básica é aquela de se mitigar a proteção à personalidade das ditas "pessoas notórias", em virtude da presença de um interesse público, conferindo, quando assim o caso concreto autorizar, um viés de preponderância à Liberdade de Expressão. No entanto, aqui se demonstrará que nem sempre é este o caminho correto e que abusos pode haver nessa mitigação.

1. Pessoa

Para Diogo Leite de Campos[83], a ideia de pessoa tal como a concebemos hoje, aparece apenas com o cristianismo, quando se colocou o tema no centro das discussões filosóficas, éticas, jurídicas e sociais. "Se não foram os cristãos os criadores da '*persona*' latina nem da '*hypostase*' grega, foram eles que lhe atribuíram um conteúdo e daí retiraram consequências". Segundo o autor, até o cristianismo as pessoas se resumiam a seres excepcionais que atuariam em sociedade nos seus primeiros papéis; apenas depois do florescimento dessa doutrina religiosa é que qualquer ser humano passou a ser pessoa, isto por conta da ideia do amor fraterno e da igualdade perante o Criador.

Para Pontes de Miranda[84] ser pessoa é um fato jurídico que entra para o mundo do Direito com o nascimento, quando o ser humano nele ingressa como elemento do suporte fático em que nascer é o núcleo. E a partir de tal fato jurídico irradia-se uma miríade de importantes efeitos jurídicos da mais alta significação. Segundo a lição do grande jusprivatista alagoano "a personalidade é a possibilidade de se encaixar em suportes fáticos, que, pela incidência das regras jurídicas, se tornem fatos jurídicos; portanto a possibilidade de ser sujeito de direito".

[82] Para aprofundar-se sobre a técnica da Ponderação e a solução entre a colisão de Princípios Constitucionais, recomenda-se veementemente ao leitor que consulte as seguintes obras: ALEXY, Robert. **Teoria dos direitos fundamentais**. 2. ed. Tradução de Virgílio Afonso da Silva. São Paulo: Malheiros. 2015; ÁVILA, Humberto. **Teoria dos princípios: da definição à aplicação dos princípios jurídicos**. 16. ed. São Paulo: Malheiros. 2015; DWORKIN, Ronald. **Levando os direitos a sério**. Tradução de Nelson Boeira. São Paulo: Martins Fontes. 2002.

[83] CAMPOS, Diogo Leite de. **A génese dos direitos da pessoa**. *In Nós – estudos sobre o direito das pessoas*. CAMPOS, Diogo Leite de. Coimbra: Almedina. 2004. p. 18.

[84] PONTES DE MIRANDA, Francisco Cavalcanti. **Tratado de Direito Privado**. Tomo I. São Paulo: RT. 2012. p. 243.

São pessoas os seres suscetíveis de chegar a ser sujeitos, ativos ou passivos, de direitos e que têm, por conseguinte, aptidão para desempenhar um papel na vida jurídica.[85]

Atualmente, reconhece a doutrina que a pessoa "não é apenas o ator da vida jurídica, é a finalidade desta" e que "todo o Direito existe para as pessoas, e só por estas se compreende"[86]. Para Ascensão a pessoa tem no Direito uma tríplice posição, sendo, a um só tempo: a) fim do Direito; b) fundamento da personalidade jurídica e c) sujeito das situações jurídicas. A justificar a sua tese de que o direito vive pelas e para as pessoas, o autor cita Hermogeniano (D. 2.5.2), para quem, desde o antigo direito romano: *hominum causa omne ius constitutum est.*[87]

2. Direitos da Personalidade

O desenvolvimento da investigação sobre os Direitos da Personalidade justificou-se pela evolução do conceito de pessoa, já que esta passou a ser considerada o valor-fonte de todos os demais valores, sendo o principal fundamento do ordenamento jurídico.[88]

Já defendia Orlando Gomes que os Direitos da Personalidade se constituem naqueles essenciais para o desenvolvimento da pessoa humana, e que, por esta razão, vêm sendo reconhecidos como "direitos absolutos" (no sentido de sua oponibilidade contra todos e não no sentido que se dava ao termo na visão do *Code Napoléon* de 1804). Sua função seria a de resguardar um dos valores mais caros ao ordenamento jurídico, colocando-o a salvo de injustos ataques de quem quer que seja (*erga omnes*): a dignidade da pessoa humana.[89]

As condições de membro da família e de cidadão se exaurem nas suas manifestações imediatas,[90] enquanto, em relação à condição de pessoa, constatam-se

[85] Na dicção precisa de JOSSERAND, Louis. **Derecho civil**. Tomo I. v. 1. Buenos Aires: Bosch y Cía. Editores. 1950. Tradução de Santiago Cunchillos Y Manterola. p. 170. Tradução livre de: *Personas humanas y personas Morales – Son personas los seres susceptibles de llegar a ser sujetos, activos o pasivos, de derecho, y que tienen, por conseguiente, aptitud para desempeñar un papel en la vida jurídica. Se distinguen dos grandes categorias de personas: de una parte, los seres humanos, las personas físicas, de carne y hueso, que tienen existencia material; de otra parte, las personas morales, o personas jurídicas, seres inmateriales que viven una vida jurídica, como el Estado, los Municípios, las Universidades, las Facultades, las sociedades, las asociaciones declaradas.*

[86] ASCENSÃO, José de Oliveira. **Direito civil: Teoria geral**. v. 1. 3. ed. São Paulo: Saraiva. 2010. p. 31.

[87] idem, pp. 36/37

[88] cf. REALE, Miguel. **Os direitos da personalidade**. Disponível em: http://www.miguelreale.com.br/artigos/dirpers.htm. Acesso em: 6 fev. 2019.

[89] GOMES, Orlando. **Introdução ao direito civil**. 13. ed. Rio de Janeiro: Forense. 1999. v. 1. p. 168.

[90] MESSINEO, Francesco. **Manuale di diritto civile e commerciale**. 9. ed. Milano: Dott. A. Giuffrè Editore. 1965. v. secondo. p. 3. Tradução livre de: *Ma, mentre gli status di componente della famiglia e di citadino si esauriscono nelle loro manifestazioni immediate, è dato osservare, quanto allo status di persona,*

"manifestações reflexas". Estas últimas são, na verdade, poderes, ou seja, direitos subjetivos que assumem a condição de atributos essenciais da pessoa. Nascem, assim, os Direitos (subjetivos) da Personalidade, os quais têm a finalidade de assegurar ao sujeito a exclusão de todas as outras pessoas do uso e da apropriação daqueles atributos, sendo, portanto, direitos exclusivos que conferem um *ius prohibendi*; dessa forma, passam a integrar a tutela da individualidade do sujeito e a garantir-lhe a senhoria sobre uma parte essencial da própria personalidade.

Adriano de Cupis[91] em sua obra clássica sobre os direitos da personalidade explica de forma magistral sua essencialidade dizendo que todos os direitos, enquanto destinados a dar conteúdo à personalidade, poderiam dizer-se direitos da personalidade. Mas que, na linguagem jurídica comum tal denominação foi reservada àqueles direitos subjetivos, cuja função, relativamente à personalidade, se especifica de forma a constituir o *minimum* necessário e imprescindível de seu conteúdo.

3. Mitigação da proteção à personalidade das pessoas notórias

É constante a alegação de uma redução na esfera de proteção da honra, imagem, vida privada e intimidade das pessoas notórias. E esta é uma generalização com a qual não se pode concordar, em absoluto, por quatro ordens de equívocos muito frequentes relacionados a (i) imprecisão quanto aos sujeitos, (ii) erro de alcance em relação aos direitos atingidos, (iii) erro de intensidade em relação ao nível de redução a ser suportado e (iv) falta de motivação suficiente nos casos concretos para determinar esta drástica redução de uma proteção a direito essencial e imanente à personalidade.

che se ne hanno anche manifestazioni riflesse. Esistono, infatti, poteri (ossia, diritti soggettivi), che assumono a pròprio oggetto, taluni attributi essenziali della persona: dove, quindi, vengono in considerazione, non tanto quegli atributti, quanto i diritti a quegli attributi. Si è operato um distacco fra lo stato di persona e quegli atributti, nascendone corrispondenti diritti soggettivi. Si profilano, così, i diritti (soggettivi) della personalità, i quali sono intesi ad assicurare al soggetto, l'esclusione di altri dall'uso e dall'appropriazione di quegli attributi (sono, quindi, diritti esclusivi e conferiscono un ius prohibendi); in tal modo, vengono ad integrare la tutela dell'individualità del soggetto e a garantirgli la signoria su una parte essenziale della propria personalità.

[91] DE CUPIS, Adriano. **I diritti della personalità**. Milano: Dott. A. Giuffrè Editore. 1959. p. 13. Tradução livre de: "*I diritti della personalità come diritti essenziali. - Tutti i diritti, in quanto destinati a dare contenuto alla personalità, potrebbero dirsi 'diritti della personalità'. Ma nel comune linguaggio giuridico tale denominazione è riservata a quei diritti soggettivi, la cui funzione, rispetto alla personalità, si specializza, costituendo il 'minimum' necessario e imprescindibile del suo contenuto. Vi sono, vale a dire, certi diritti, senza dei quali la personalità rimarrebbe un'attitudine completamente insoddisfatta, priva di ogni concreto valore; diritti, scompagnati dai quali tutti gli altri diritti soggettivi perderebbero ogni interesse rispetto all'individuo: tanto da arrivarsi a dire che, se essi non esistessero, la persona non sarebbe più tale. Sono essi i c.d. 'diritti essenziali', com cui si identificano precisamente i diritti della personalità. Che la denominazione di diritti della personalità sai riservata ai diritti essenziali, bem si giustifica colla considerazione che i medesimi costituiscono della personalità il nocciolo più profondo*".

3.1. Imprecisão subjetiva

No que tange à imprecisão subjetiva da formulação, pergunta-se: quem são pessoas públicas? Uma subcelebridade recém integrante de um reality show televisivo é pessoa pública? Todas as pessoas por quem se interessa o público, automaticamente, assumem tal condição? E as que a assumem, fazem-no na mesma gradação no que se refere à perda parcial da proteção aos direitos da personalidade?

Deveriam ser pessoas sujeitas a algum sacrifício de suas privacidade e imagem apenas aquelas que: a) voluntariamente abriram mão de seu resguardo exibindo-se ao público para além da exposição natural do homem médio, em virtude de atividade artística ou atlética, ou qualquer outra a que favoreça a exposição midiática ou b) tenham o poder de influir na vida social, através da política ou da governança pública, tendo seu comportamento e biografia relação possível com o desempenho de atividades que repercutam nas vidas das pessoas comuns do povo.

Colhe-se na obra de Alcides Leopoldo e Silva Junior[92] um conceito do que seria a dita "pessoa pública", onde o autor afirma que esta seria a que:

> [...] se dedica à vida pública ou que a ela está ligada, ou que exerça cargos políticos, ou cuja atuação dependa do sufrágio popular ou do reconhecimento das pessoas ou a elas é voltado, ainda que para entretenimento e lazer, mesmo que sem objetivo de lucro ou com caráter eminentemente social, como são por exemplo, os políticos, esportistas, artistas, modelos, socialites e outras pessoas notórias.

Em que pese a visão acima manifestada, este trabalho entende como pessoa submetida à mitigação da proteção de seus direitos de imagem e de privacidade aquelas que se expõem ao escrutínio público. As outras pessoas, que chamam a atenção do público porque têm algum talento especial, mas que se mantém longe da ribalta e procuram preservar seu resguardo em relação aos olhares alheios, e que, por outro lado, não exercem função pública (de Estado) estas merecem a mesma exata proteção de suas privacidade e imagem que tem qualquer cidadão. Por mais que haja interesse do público (e não "interesse público") sobre suas vidas, estas deverão ser desveladas à curiosidade do povo apenas e tão somente na medida exata do quanto pretenda o titular do direito à privacidade.

[92] SILVA JUNIOR, Alcides Leopoldo e. **A pessoa pública e o seu direito de imagem**. São Paulo: Juarez de Oliveira. 2002. p. 88.

Autorizada doutrina já afirmou[93] que apenas pode ser mitigada a proteção de alguns aspectos da Personalidade ante um relevante interesse público, sendo que "a intimidade e a privacidade do ser humano devem ser protegidas contra a devassa voltada a agraciar o interesse do público por bisbilhotices".

Talvez incomodado com o uso inadvertido de termos como "celebridade", "pessoas célebres", às vezes substituídos por "pessoas públicas" ou "pessoas notórias", Otavio Luiz Rodrigues Junior[94] diz em brilhante artigo sobre a vida privada de pessoas célebres e as liberdades comunicativas:

> Ante esse pluralismo conceptual, propõe-se a seguinte solução teórica: haveria uma celebridade em sentido amplo, compreensiva de dois grupos: (a) os políticos e (b) as celebridades em sentido estrito, cujos exemplos mais evidentes seriam jogadores de futebol; artistas; músicos; escritores famosos; participantes de reality shows; pessoas com presença recorrente em programas de televisão, como cientistas políticos, analistas econômicos e outros "consultores" ad hoc dos meios de comunicação social; indivíduos que ganharam instantâneo conhecimento público, seja por atos excepcionais (v.g., pessoas com comportamento heroico em desastres), seja por efeito de "exposições virais" na internet.
>
> Essas pessoas têm em comum algumas características: a) a aquisição de vantagens políticas ou econômicas advindas de sua exposição ao público, mesmo em níveis que normalmente se revelariam invasivos de sua vida privada e de sua intimidade, bem assim de sua imagem; b) a notoriedade do cargo que ocupam, seu poder de influência nos destinos políticos, econômicos, culturais ou comportamentais são fatores que determinam interesses dos meios de comunicação superiormente intenso sobre seu procedimento público ou privado; c) a assunção dos riscos pela

[93] CRIVELLI, Ivana Có Galdino. **Intimidade e privacidade na era da informação.** *In* Direitos da personalidade. A contribuição de Silmara J. A. Chinellato. CORREIA, Atalá; CAPUCHO, Fábio Jun (coords). Barueri: Manole. 2019. p. 257.

[94] RODRIGUES JUNIOR, Otavio Luiz. **Do príncipe Bismarck à princesa Carolina de Mônaco: vida privada de pessoas célebres e as liberdades comunicativas no direito civil.** *In* 10 anos de vigência do código civil brasileiro de 2002: estudos em homenagem ao professor Carlos Alberto Dabus Maluf. CASSETARI, Christiano (coord). São Paulo: Saraiva. 2013. p. 114.

> superexposição, como algo inerente à atividade exercida. Há, porém, diferenças muito importantes entre essas duas espécies do gênero celebridade, ligadas a dois níveis: i) o interesse do público na esfera da intimidade dos políticos; ii) a correlação entre a esfera da intimidade e o interesse público em face dos políticos.

Silmara Juny de Abreu Chinellato[95] aduz que, pouco importando se o intérprete os considere como liberdades públicas ou como direitos da personalidade, "não há hierarquia entre liberdade de expressão, de um lado, e direito à vida privada, à intimidade, ao segredo, à imagem, mesmo quando se referem a pessoas notórias". Quando se tratar dessas últimas, diz a autora, observar-se-ão algumas exceções, mas a depender do caso concreto, tendo em mira os princípios da proporcionalidade e da razoabilidade, "sendo necessário distinguir interesse público e mera curiosidade do público, tarefa nem sempre fácil, mas desafio a ser enfrentado casuisticamente".

3.2. Erro quanto ao alcance dos direitos atingidos pela mitigação

No que pertine ao alcance dos direitos atingidos note-se que ao se tratar acima das pessoas consideradas notórias, mencionou-se apenas a privacidade e a imagem e assim se fez de forma proposital, exatamente por acreditar-se que a honra e a intimidade das pessoas sob nenhuma hipótese poderão ser vulnerabilizadas, mesmo quando tais pessoas se encaixem à perfeição no gabarito daquelas por cujas vidas haja legítimo interesse público.

Um artista "exibicionista" que se mostra – a si e à sua casa – em edições sucessivas de revistas de fotos de famosos ou um político ocupante de importante cargo executivo devem suportar em maior medida incursões às suas privacidades e o uso de suas imagens. No entanto, nem mesmo estes indivíduos estarão obrigados a tolerar ataques à sua honorabilidade ou invasão à sua intimidade.

Não há qualquer justificativa jurídica, para o achincalhe à honra alheia, mesmo em nome do embate político, da crítica a atividade artística ou intelectual etc. O exame do caso concreto dirá, em **todos** os casos, incluídas aí as pessoas notórias e as comuns do povo[96], se uma crítica se deu nos limites da liberdade de mani-

[95] CHINELLATO, Silmara Juny de Abreu. **Direitos da personalidade: o art. 20 do código civil e a biografia de pessoas notórias.** *In* 10 anos de vigência do código civil brasileiro de 2002: estudos em homenagem ao professor Carlos Alberto Dabus Maluf. CASSETARI, Christiano (coord). São Paulo: Saraiva. 2013. p. 150.

[96] Bruno Franceschelli se utiliza das expressões "*una distinzione tra persona celebre e comune mortale*". FRANCESCHELLI, Bruno. **Diritto alla riservatezza**. Napoli: Casa Editrice Dott. Eugenio Jovene. 1960. p. 70.

festação de um juízo sobre outrem – mesmo que desfavorável ou até azeda, pois ninguém é obrigado ao dulçor ou a ser melífluo e agradável – ou se desbordou para um injustificável ataque à honra. Entende-se que aí não há subjetividades, portanto, não haveria razões para o *discrimen* entre pessoas notórias ou não.

Sobre tal confusão que se faz, com frequência, entre a eventual mitigação da proteção à privacidade e à imagem e a odiosa permissividade quanto aos ataques à honra alheia, é importante trazer a lição de Paulo José da Costa Júnior[97], para quem:

> [...] consequentemente, a tutela da intimidade é independente da tutela da honra. Assim, poderá vir a ser ofendida a honra, sem que venha a ser atingida a intimidade. Ou poderá ser lesada a intimidade, sem que seja golpeada a honra. Ou ainda poderão ambas, em concurso, vir a ser simultaneamente feridas. O problema da intimidade nasce onde cessa o da defesa da reputação, da honorabilidade, do decoro. Não se pode, pois, confundir a intimidade com a reputação, já que não é a dignidade ou a indignidade do ato tornado público, ou o prejuízo moral que possa advir para a pessoa, que haverá de contar. (...) Nada impede, como vimos, que se venha, ao divulgar-se indevidamente a intimidade alheia, ofender a honra, em concurso formal. São dois bens diversos, agredidos simultaneamente pela mesma conduta.

Toma-se a liberdade de acrescentar ao pensamento do saudoso professor que nada impede que, ao se divulgar devidamente a vida privada alheia (que o autor citado sempre engloba no conceito de *intimidade*), numa das hipóteses lícitas de relativização da proteção desse importante direito da personalidade, se possa também ofender a honra do titular, por conta da forma como se deu a divulgação.

Com relação à intimidade dá-se o mesmo. A ninguém é dado invadir a esfera íntima (o mais estreito dos círculos concêntricos da privacidade) de outrem, muito menos amparado apenas em razões como a de ser fulano uma "pessoa pública". Chegamos a ler, não sem grande surpresa, em obra recente, a afirmação de que "*um político não tem o direito de esconder do público, seus potenciais eleitores, sua opção*

[97] COSTA JÚNIOR, Paulo José da. **O direito de estar só: tutela penal da intimidade**. 2. ed. São Paulo: RT. 1995. p. 43.

sexual". *Data venia*, trata-se de afirmação teratológica, pois a vida sexual de quem administra o patrimônio público não terá qualquer influência sobre esta atividade específica. Houve na jurisprudência inglesa o caso de um político, ocupante de cargo importante, que tinha uma amante e esta amante mantinha também relações amorosas concomitantes com um diplomata soviético a quem poderia cometer inconfidências estrategicamente delicadas para a segurança nacional. Julgou-se tal informação de interesse público, e com razão nesta situação específica! Veja-se que o sacrifício da informação íntima não se deu por razão outra senão um real e comprovado interesse público (raríssimo nessas hipóteses, a propósito). Não à toa o interesse é público e a intimidade é privada. As palavras querem dizer o que significam.[98]

Já disseram sobre o tema J.J. Gomes Canotilho e Vital Moreira[99] que se torna evidente que não pode gozar do direito à imagem, opondo-se à sua divulgação, quem ocupe cargo ou desempenhe função em que a publicidade seja um requisito. "Esta dimensão de publicidade legitimadora de algumas restrições ao direito à imagem não deve, porém, transferir-se para a esfera da intimidade".

Também o mestre Menezes Cordeiro[100] ensina que a notoriedade de políticos e celebridades implica em restrição da privacidade, mas "nunca ao ponto de atingir as esferas secreta e íntima".

3.3. Erro quanto à intensidade da mitigação a ser suportada

No que respeita à intensidade em relação ao nível de redução a ser suportado: felizmente quase não se encontra mais quem afirme na doutrina que as pessoas públicas têm suprimida a proteção à honra, imagem, vida privada e intimidade em face do interesse público e da liberdade de informação. Já é corrente a ideia de que há apenas um temperamento nessa proteção, sendo de ser apenas levada em conta a circunstância, da notoriedade e suas consequências, numa operação de ponderação entre os valores da liberdade de expressão e da proteção aos direitos da personalidade.

Jamais se poderia defender a supressão da privacidade ou da proteção à imagem das pessoas notórias, o que se verá é uma mitigação do rigor dessa interdição do acesso aos olhos curiosos da sociedade à imagem e aos aspectos privados da vida de pessoas naquelas circunstâncias. Isso se essa circunstância pesar o suficiente na operação de ponderação (*balancing*) entre os valores conflitantes.

[98] Trata-se do célebre Caso Profumo.

[99] CANOTILHO, J. J. Gomes; MOREIRA, Vital. **Constituição da república portuguesa anotada**. v. 1. Edição conjunta de Coimbra Editora (Coimbra) e Revista dos Tribunais (São Paulo). 2007. p. 467.

[100] CORDEIRO, António Menezes. **Tratado de direito civil português**. v. I. parte geral. Tomo III. Coimbra: Almedina. 2004. p. 211.

O aqui já citado Paulo José da Costa Júnior[101], mencionou que se está a tratar de uma redução, vale dizer, uma mitigação da proteção à privacidade e nunca de sua eliminação total. Defende o autor que "o interesse público haverá que se deter diante daquela esfera mais íntima da vida privada que, como tal, é inviolável. A intromissão, ali, do interesse público não encontraria justificação, degradando-se este a mera curiosidade".

Tratando sobre a matéria da mitigação da proteção ao direito de imagem de pessoas notórias, Acórdão do "Tribunale di Milano" – Corte de Apelação – assim decidiu:[102]

> O conceito de notoriedade a que a lei se refere configura a particular situação social daquela pessoa, que por uma razão qualquer, é conhecida por grande parte dos componentes de uma comunidade; situação que deve ser contínua e concretamente verificada, dada a transitoriedade da cognição comum no interior de uma comunidade social. Também parece não haver dúvidas de que a notoriedade deve ser atinente à pessoa diretamente retratada e não também referir-se a outra pessoa, de cuja notoriedade a primeira goze apenas por um reflexo indireto.

O *leading case* a reconhecer o direito à intimidade a já reconheceu a mitigação deste direito ao se tratar de pessoas notórias. Conforme notícia trazida por Edilsom de Farias[103], fruto de sua pesquisa profunda, trata-se de sentença de 1892, proferida por um juiz de Nova York no caso *Schuyler v. Curtis*, onde se utilizou a então recentíssima doutrina de Warren e Brandeis (*The Right to Privacy*), já estatuindo, no entanto, uma diferença no grau de proteção à intimidade entre as "pessoas públicas" e aquelas sobre as quais não há o interesse

[101] COSTA JÚNIOR, Paulo José da. **O direito de estar só: tutela penal da intimidade**. 2. ed. São Paulo: RT. 1995. p. 45.

[102] Trib. Milano 27.2.1969, DA 1969, 49. Tradução livre de: *Il concetto di notorietà cui la legge si referisce configura la particolare situazione sociale di quella persona, che per qualsiasi ragione è conosciuta dalla gran parte degli aggregati ad una comunità; situazione che deve essere in concreto e continuamente verificata data la transitorietà delle comuni cognizioni all'interno di un aggregato sociale. Non par dubbio poi che la notorietà deve attenere diretamente alla persona effigiata e non anche riferirsi ad altra persona, della cui notorietà la prima goda solo un indireto riflesso.*

[103] FARIAS, Edilsom Pereira de. **Colisão de direitos. A honra, a intimidade, a vida privada e a imagem versus a liberdade de expressão e informação**. Porto Alegre: Sergio Antonio Fabris Editor. 1996. p. 115

social justificado. Assim se pronunciou o juiz neste precedente histórico: *"The moment one voluntarily places himself before the public, either in accepting public office, or in becoming a candidate for office, or as an artist or literary man, he surrenders his right to privacy, and obviously can not complain of any fair or reasonable description or portraiture of himself"*.

Vidal Serrano Nunes Júnior[104] afirma ser evidente que qualquer crítica que se direcione a pessoa notória ou não deve ficar restrita à obra ou à ideia analisadas, e aos aspectos pessoais relacionados à atividade artística, sem desbordar desses parâmetros. "Diferente, no entanto, a situação de quem, aproveitando-se do advento de uma exposição artística, deita críticas quanto ao comportamento familiar ou moral do expositor". Nas hipóteses de a crítica avançar sobre a esfera da intimidade e assacar contra a honra do artista, não haverá qualquer relação com a livre manifestação do direito de crítica e nem pertinência com o objeto de exposição pública do autor. "Em outras palavras, o artista, quando traz sua obra a público não abdica de sua honorabilidade pessoal nem põe a nu sua vida privada; tão somente coloca sua obra e seus predicados artísticos aos olhos da opinião pública". (grifou-se)

3.4. Erro na motivação suficiente para a mitigação da tutela

Com relação à motivação suficiente nos casos concretos para determinar esta mitigação da tutela a direito essencial e imanente à personalidade temos que o exame do caso concreto será determinante para separar o real interesse público da curiosidade popular. Esta última, de natureza às vezes mórbida, mas sempre fútil, nunca será razão suficiente para a redução de uma proteção dessa importância. Lembre-se nesse ponto das explicações de Adriano De Cupis, por exemplo, sobre a essencialidade dos direitos da personalidade para refletir se a mera vontade do público de penetrar na intimidade alheia teria o condão de afastar tal inviolabilidade.

A motivação para que se permita, num processo de ponderação entre a tutela da privacidade alheia e a liberdade de expressão em sentido lato, afastar a prerrogativa que têm as pessoas de manter-se no absoluto controle sobre os aspectos de sua vida que pretendam sejam descortinados ao público em geral deve, obrigatoriamente, demonstrar um interesse realmente social, vale dizer, público naquela informação ou dado, sob pena de se estar alimentando apenas a mórbida curiosidade popular sobre a vida alheia, algo absolutamente indigno de proteção e garantia legais.

[104] NUNES JÚNIOR, Vidal Serrano. **A proteção constitucional da informação e o direito à crítica jornalística**. São Paulo: FTD. 1997. p. 68.

A esse respeito, leem-se na obra de Cláudio Chequer, algumas perguntas que passamos a transcrever:[105]

> Imagine-se que uma potencial candidata à Presidência da República identifique estar acometida de uma doença grave. Ela tem o direito de exigir que tal informação não seja veiculada ao público sob o argumento de que essa informação encontra-se inserida na esfera de sua intimidade? Um político carismático, ao concorrer a um cargo político, tem o direito de impedir que a imprensa revele aos seus potenciais eleitores a sua opção sexual? Um jornal, ao tomar conhecimento da opção sexual de um candidato a um cargo político, está proibido de veicular informações a respeito em razão de tal informação estar incluída na esfera de intimidade do político? A imprensa, ao tomar conhecimento de um fato que denigre a honra de uma determinada pessoa pública, estaria proibida de divulgar a notícia em razão do respeito à honra dessa pessoa? [...]
>
> A princípio, pode-se afirmar tranquilamente que todas as questões formuladas acima serão respondidas de forma negativa. A justificativa para essas respostas negativas decorre da premissa de que a sociedade tem o direito de saber dos assuntos de interesse público numa sociedade que pretende ser democrática, justificativa essa capaz de colocar a liberdade de expressão como um direito fundamental preferencial prima facie em face dos demais direitos fundamentais nesses casos.

Em que pese o entendimento desposado pelo autor, coloca-se aqui de forma diametralmente oposta a tal maneira de sentir o fenômeno do conflito sob exame. Entende-se, ao contrário, que as perguntas acima só seriam respondidas negativamente de forma apriorística e peremptória como sugere o texto, não numa sociedade democrática, mas numa sociedade de vigilância como a imaginada por George Orwell em "*1984*", onde o Grande Irmão penetrava em todos os lares

[105] CHEQUER, Cláudio. **A liberdade de expressão como direito fundamental preferencial prima facie**. 2. ed. Rio de Janeiro: Lumen Juris. 2017. p. 262.

através de uma tela que a tudo sindicava, sem margem a espaços de privacidade ou intimidade.

Repugna às consciências verdadeiramente democráticas a ideia de que, ao invés do exame imparcial e desapaixonado do caso concreto, através da ponderação entre os princípios, se aniquile o espaço pessoal de exercício pleno da individualidade, com seu reflexo mais óbvio que é a intimidade, em nome de um erro exegético em que se constitui uma alegada "preferência *prima facie*" de um dos valores sopesados entre si. Como se pode admitir que a sexualidade – manifestação psicofísica do afeto do indivíduo no mais recôndito de sua intimidade – de um político possa ser algo impossível de ser mantido longe dos olhos do público em nome da democracia? *Data venia* dos que entendam em sentido contrário, isso parece carecer absolutamente de qualquer sentido lógico! A ideia de restringir a cláusula democrática à simples ideia de "tudo noticiar" ou de "cada um dizer absolutamente tudo o que pensa sobre todos os demais a todos os outros" é de um reducionismo espantoso. Numa sociedade verdadeiramente democrática, as personalidades devem encontrar terreno fértil para o seu pleno desenvolvimento, com a garantia legal daqueles direitos que lhes são essenciais que são "os direitos supremos do homem, aqueles que garantem o gozo de seus bens pessoais... garantem o gozo de nós mesmos, asseguram a cada um a senhoria de sua pessoa, a atuação das próprias forças físicas e espirituais"[106]. Entre eles, indubitavelmente, a intimidade, a vida privada, a imagem e a honra.

É claro que, como dissemos, não há direito absoluto e o que aqui se defende é exatamente a ponderação sem julgamentos apriorísticos e com o exame das circunstâncias fáticas. Portanto, acredita-se, sim, na redução (nunca na supressão) da proteção de certos aspectos (privacidade, imagem e, em casos muito particulares, a honra – admitindo-se APENAS uma menor suscetibilidade, de quem se submete ao escrutínio público, à crítica) dos direitos da personalidade das pessoas que exercem funções ligadas à Administração Pública. Concepção Também muito bem defendida por Godoy em seu "A Liberdade de Imprensa e os Direitos da Personalidade"[107] onde se lê com a costumeira clareza do texto do autor:

> O pressuposto, aqui, é não só o de o político, afinal, por definição, ser pessoa pública como, também e principalmente, o de ser, de alguma forma, gestor público.

[106] FERRARA, Francesco. **Tratatto di diritto civile italiano**. Roma: Atheneum. 1921. p. 388.

[107] GODOY, Claudio Luiz Bueno de. **A liberdade de imprensa e os direitos da personalidade**. 3. ed. São Paulo: Atlas. 2015. p. 72.

> O político gere a coisa pública ou representa a vontade popular. Age, destarte, em nome e no interesse da coletividade. Sua atividade se deselvolve de forma pública, sob a fiscalização da sociedade, para o que, é evidente, necessário que mais se amplie a possibilidade de limitações a seus direitos de personalidade, sem anulá-los de todo, é certo.
> A verdade é que a divulgação, a discussão e a crítica de atos ou decisões do Poder Público, ou de seus agentes, não vêm sendo consideradas um abuso da liberdade de imprensa, "desde que não se trate de matéria de natureza reservada ou sigilosa, e a crítica inspirada no interesse público, não estando presente o ânimo de injuriar, de caluniar ou difamar", como ressalvou o TJSP, pondo limites à liberdade de que ora se cuida.

No que tange à utilidade (pública) de informações que devam superar a proteção dos direitos de personalidade alheios (em especial honra, intimidade e privacidade), manifestou-se Fernando Campos Scaff[108] perguntando-se: "Toda informação é útil? Toda informação é relevante? Temos direito à obtenção de qualquer informação, ainda que inútil e irrelevante?". Em seguida ele mesmo responde que ao se perscrutar dados alheios e ao tencionar dar-lhes a conhecimento público, o que é feito, em geral, no exercício de alguma atividade econômica, é possível que danos injustos sejam causados e que se instaure a necessidade de sua reparação.

Também o grande jurista Ramon Daniel Pizarro[109] se ocupa de fazer o *discrimen* entre o interesse público e a curiosidade popular e começa por lembrar que o direito a conhecer os fatos desbordou dos limites clássicos, que se restringiam prioritariamente às ideias e opiniões, e passou à tendência de se querer contemplar o interesse do público em conhecer tudo "*lo bueno y lo malo. Lo que compromete el interés púbico y aquello de menor trascendencia*".

São tempos, para os autores, de incremento da curiosidade, por vezes mórbida, do público por questões da vida privada das pessoas, o que se transformou

[108] SCAFF, Fernando Campos. **O direito à imagem: proteção e reparação.** *In* Direitos da personalidade. A contribuição de Silmara J. A. Chinellato. CORREIA, Atalá; CAPUCHO, Fábio Jun (coords). Barueri: Manole. 2019. p. 153.

[109] PIZARRO, Ramon Daniel. **Responsabilidad de los medios masivos de comunicación**. Buenos Aires: Hammurabi. 1991. p. 63.

em algo a ser explorado pelos meios de comunicação – "com inquietante frequência", diz Pizarro – com o intuito de auferir lucro.

> Dentro de um marco semelhante, o conflito entre o direito à informação e os direitos personalíssimos dos protagonistas da notícia é tão frequente quanto inevitável. Tanto a prevenção do dano, quanto a sua reparação passam a ocupar um lugar relevante no mundo jurídico contemporâneo, *impondo uma profunda revisão dos numerosos esquemas clássicos, que perderam idoneidade, em boa medida, para dar soluções justas*[110].

À definição dos casos em que se justifica o sacrifício parcial da proteção aos direitos da personalidade, em especial da intimidade, para prestigiar o interesse público, dedicou-se o penalista português Manuel da Costa Andrade[111], onde cita o célebre Caso Profumo que foi mencionado, en passant, acima, verbis:

> O problema está precisamente em circunscrever a esfera da intimidade como bem jurídico-penal ou, reversamente, em dilucidar que eventos caem já fora da sua compreensão e alcance e, por vias disso, escapam à factualidade típica da pertinente incriminação. Ora, como o próprio GALLAS assinala, ainda aqui será a mesma "cláusula do interesse público" a "excluir do tabu da esfera íntima os casos em que a verdade ou inverdade dos factos desta esfera que foram objeto de notícia não é pura e simplesmente indiferente para a comunidade, antes lhe diz alguma coisa". A relevância típica destes casos do ponto de vista dos delitos de indiscrição estará então afastada, sendo ocioso indagar se o autor (da notícia, comunicação ou imputação) "teve em vista a prossecução de interesses públicos e se actuou de forma proporcionada".

[110] Idem, p. 64. Tradução livre de: *Dentro de un marco semejante, el conflito entre el derecho a la información y los derechos personalísimos de los protagonistas de la noticia es tan frecuente como inevitable. Tanto la prevención del daño cuanto su reparación pasan a ocupar un lugar relevante en el mundo jurídico contemporâneo, imponiendo una profunda revisión de numerosos esquemas clásicos, que han perdido idoneidad, en buena medida, para dar soluciones justas.*

[111] ANDRADE, Manuel da Costa. **Liberdade de imprensa e inviolabilidade pessoal: uma perspectiva jurídico-criminal**. Coimbra: Coimbra Editora. 1996. pp. 260-261.

> Para ilustração desses tropismos da esfera da intimidade para o domínio público os autores colocam à cabeça constelações típicas como a das relações amorosas entre o ministro da defesa britânico (Profumo) e uma jovem (Keeler) que mantinha idênticos contatos com o adido militar soviético. Na mesma linha estará a notícia da conduta (v.g., práticas pedofílicas) de um dirigente político incompatível com a respectiva função (v.g., responsável pela educação e formação de menores). De igual modo, as notícias sobre a eventual gravidez de uma mulher (v.g., a visita ao consultório de um ginecologista), em princípio pertinentes à esfera íntima, deixarão de o ser em se tratando de rainha ou consorte real de quem a monarquia espera um herdeiro. Ou em se tratando de uma mulher que se submeteu a tratamento inovador no campo da procriação medicamente assistida.

Como se depreende das lições de Costa Andrade, há que se verificar os fatos *in concreto*, sendo apenas relevante a sexualidade do agente público, no caso da pedofilia, relacionada de perto com o cuidado de crianças, ou, ainda, a infidelidade conjugal do ministro, por relacionar-se com questões de Estado e assim por diante. É falsa qualquer resposta apriorística à indagação sobre se tem uma pessoa notória o direito a preservar informação quanto à sua intimidade, sendo que a tendência inercial milita, sem dúvida, em favor do sim.

Ou, ainda, outro exemplo trazido por Paulo José da Costa Júnior[112], quando lembra "lícita, portanto, a publicação da fotografia do evadido de cárcere ou manicômio, de pessoa procurada pela Polícia ou pela Justiça, de pessoa perdida". Para o autor, entretanto, não se encontraria justificativa plausível para relativizar a proteção ao direito de imagem, *v.g.*, de "condenado que já tivesse recebido a pena e que não merece tê-la ainda mais agravada, pela sua divulgação desnecessária".

No que tange à imagem de pessoas notórias, tem-se o Enunciado nº 279, aprovado na IV Jornada de Direito Civil do Conselho da Justiça Federal e Superior Tribunal de Justiça, com a seguinte redação: "A proteção à imagem deve ser ponderada com outros interesses constitucionalmente tutelados, especialmente em face do direito de amplo acesso à informação e da liberdade de imprensa. Em caso de colisão, levar-se-á em conta a notoriedade do retratado e dos fatos abordados, bem como a veracidade destes e, ainda as características de sua utilização

[112] COSTA JÚNIOR, Paulo José da. **O direito de estar só: tutela penal da intimidade**. p. 46.

(comercial, informativa, biográfica), privilegiando-se medidas que não restrinjam a divulgação de informações" (grifos nossos).

Gilberto Jabur[113] assevera que para que seja lícito adentrar na vida privada de alguma pessoa notória, há que se demonstrar inequivocamente o "interesse público" envolvido nos fatos, não se podendo tolerar aqui uma interpretação elástica à expressão, de forma a englobar a curiosidade do público. Para o autor, no entanto, além do interesse público devem se fazer presentes dois pressupostos a legitimar a difusão da informação: uma estrita relação entre a posição pública do protagonista e o dado de sua vida privada que se pretende revelar e a importância e renovada atualidade da informação que se pretenda desvelar ao público.

E o que dizer a respeito das divulgações sobre o patrimônio dos "100 homens mais ricos" da Revista x ou y? Das notícias pormenorizadas acerca de aquisições de bens de alto luxo por parte da elite financeira de um determinado grupo social?

Aqui não paira qualquer dúvida plausível acerca da ilicitude de tal invasão à esfera privada. Invasão talmente nefasta que pode gerar, inclusive, graves riscos à incolumidade física do alvo da notícia e de seus familiares em sociedades conflagradas como a brasileira, onde grassam os roubos e extorsões mediante sequestro. A ninguém é dado reconhecer como "de interesse público" a notícia quanto ao patrimônio alheio, a não ser em casos que a própria a lei assim o determina (candidatos, devem apresentar declaração patrimonial ao Tribunal Eleitoral por ocasião de sua inscrição; funcionários públicos também o fazem no ato da posse no cargo ou função, como forma de sindicar eventual acréscimo patrimonial incompatível no futuro, etc).

Há que se excepcionar os casos em que esta proteção do sigilo quanto à vida privada, em seus aspectos patrimoniais, é alvo de renúncia expressa ou tácita por parte do seu titular. Dá-se a renúncia expressa quando o titular é consultado sobre reportagens desse jaez ou fornece os dados de que esta se utilizará. Tácita, segundo o nosso sentir, quando se trata de "pessoa notória e de notório exibicionismo" que é useira e vezeira em figurar nas revistas de fotografias de "ricos e famosos" a ostentar seu patrimônio sem qualquer indício que queira dele fazer segredo.

Conclusões

Assim, conclui-se pela necessidade de cautela na defesa de uma mitigação da tutela da personalidade das pessoas notórias, tendo em vista os quatro erros frequentemente observados: 1) imprecisão quanto aos sujeitos, tendo-se por pessoas notórias a serem abrangidas por essa mitigação na tutela de seus direitos da per-

[113] JABUR, Gilberto Haddad. **Liberdade de pensamento e direito à vida privada**. São Paulo: RT. 2000. pp. 288-289.

sonalidade apenas celebridades sobre as quais haja algum interesse do público; 2) erro de alcance em relação aos direitos atingidos, com a inclusão indevida da Honra e da Intimidade, quando, via de regra, apenas alguns aspectos da Imagem e da Privacidade é que podem sofrer algum temperamento; 3) erro de intensidade em relação ao nível de redução a ser suportado, já que jamais se toleraria a supressão do cerne jurídico desses princípios e valores fundamentais e essenciais que constituem os Direitos da Personalidade, com a técnica da ponderação eles podem ceder passo ao Direito à Informação ou a outra das Liberdades Comunicativas, mas sem jamais perder totalmente seu conteúdo e eficácia e 4) falta de motivação suficiente nos casos concretos para determinar esta drástica redução de uma proteção a direito essencial e imanente à personalidade, quando se confunde a mera curiosidade do público ou a invocação vazia de uma Liberdade de Expressão desprovida do interesse público com a motivação suficiente para essa mitigação.

REFERÊNCIAS

ALEXY, Robert. **Teoria dos direitos fundamentais**. 2. ed. Tradução de Virgílio Afonso da Silva. São Paulo: Malheiros. 2015.

ANDRADE, Manuel da Costa. **Liberdade de imprensa e inviolabilidade pessoal: uma perspectiva jurídico-criminal**. Coimbra: Coimbra Editora. 1996.

ASCENSÃO, José de Oliveira. **Direito civil: teoria geral**. v. 1. 3. ed. São Paulo: Saraiva. 2010.

ÁVILA, Humberto. **Teoria dos princípios: da definição à aplicação dos princípios jurídicos**. 16. ed. São Paulo: Malheiros. 2015.

CAMPOS, Diogo Leite de. **A génese dos direitos da pessoa**. *In Nós – estudos sobre o direito das pessoas*. CAMPOS, Diogo Leite de. Coimbra: Almedina. 2004.

CANOTILHO, J. J. Gomes; MOREIRA, Vital. **Constituição da república portuguesa anotada**. v. 1. Edição conjunta de Coimbra Editora (Coimbra) e Revista dos Tribunais (São Paulo). 2007.

CHEQUER, Cláudio. **A liberdade de expressão como direito fundamental preferencial prima facie**. 2. ed. Rio de Janeiro: Lumen Juris. 2017.

CHINELLATO, Silmara Juny de Abreu. **Direitos da personalidade: o art. 20 do código civil e a biografia de pessoas notórias.** *In* 10 anos de vigência do código civil brasileiro de 2002 – estudos em homenagem ao professor Carlos Alberto Dabus Maluf. CASSETARI, Christiano (coord). São Paulo: Saraiva. 2013.

CORDEIRO, António Menezes. **Tratado de direito civil português.** v. I. parte geral. Tomo III. Coimbra: Almedina. 2004.

COSTA JÚNIOR, Paulo José da. **O direito de estar só: tutela penal da intimidade**. 2. ed. São Paulo: RT. 1995.

CRIVELLI, Ivana Có Galdino. **Intimidade e privacidade na era da informação.** *In* Direitos da personalidade. A contribuição de Silmara J. A. Chinellato. CORREIA, Atalá; CAPUCHO, Fábio Jun (coords). Barueri: Manole. 2019.

DE CUPIS, Adriano. **I diritti della personalità**. Milano: Dott. A. Giuffrè Editore. 1959.

DWORKIN, Ronald. **Levando os direitos a sério**. Tradução de Nelson Boeira. São Paulo: Martins Fontes. 2002.

FARIAS, Edilsom Pereira de. **Colisão de direitos. A honra, a intimidade, a vida privada e a imagem versus a liberdade de expressão e informação**. Porto Alegre: Sergio Antonio Fabris Editor. 1996.

FERRARA, Francesco. **Tratatto di diritto civile italiano**. Roma: Atheneum, 1921.

FRANCESCHELLI, Bruno. **Diritto alla riservatezza**. Napoli: Casa Editrice Dott. Eugenio Jovene. 1960.

GODOY, Claudio Luiz Bueno de. **A liberdade de imprensa e os direitos da personalidade**. 3. ed. São Paulo: Atlas. 2015.

GOMES, Orlando. **Introdução ao direito civil**. 13. ed. Rio de Janeiro: Forense. 1999. v. 1.

JABUR, Gilberto Haddad. **Liberdade de pensamento e direito à vida privada**. São Paulo: RT. 2000.

JOSSERAND, Louis. **Derecho civil**. Tomo I. v. 1. Tradução de Santiago Cunchillos Y Manterola. Buenos Aires: Bosch y Cía. Editores. 1950.

MESSINEO, Francesco. **Manuale di diritto civile e commerciale**. 9. ed. Milano: Dott. A. Giuffrè Editore. 1965. v. 2.

NUNES JÚNIOR, Vidal Serrano. **A proteção constitucional da informação e o direito à crítica jornalística**. São Paulo: FTD. 1997.

PIZARRO, Ramon Daniel. **Responsabilidad de los medios masivos de comunicación**. Buenos Aires: Hammurabi. 1991.

PONTES DE MIRANDA, Francisco Cavalcanti. **Tratado de direito privado**. Tomo I. São Paulo: RT. 2012.

REALE, Miguel. **Os direitos da personalidade**. Disponível em: http://www.miguelreale.com.br/artigos/dirpers.htm.

RODRIGUES JUNIOR, Otavio Luiz. **Do príncipe Bismarck à princesa Carolina de Mônaco: vida privada de pessoas célebres e as liberdades comunicativas no direito civil**. *In* 10 anos de vigência do código civil brasileiro de 2002 – estudos em homenagem ao professor Carlos Alberto Dabus Maluf. CASSETARI, Christiano (coord.) São Paulo: Saraiva. 2013.

SCAFF, Fernando Campos. **O direito à imagem: proteção e reparação**. *In* Direitos da personalidade. A contribuição de Silmara J. A. Chinellato. CORREIA, Atalá; CAPUCHO, Fábio Jun (coords). Barueri: Manole. 2019.

SILVA JUNIOR, Alcides Leopoldo e. **A pessoa pública e o seu direito de imagem**. São Paulo: Juarez de Oliveira. 2002.

6. A FRAGILIDADE DA DESIGNAÇÃO SEXUAL COMO ELEMENTO DE IDENTIFICAÇÃO PESSOAL

CÍNTIA ROSA PEREIRA DE LIMA

Introdução

A escolha do tema deste artigo justifica-se pela justa e merecida homenagem ao Professor Rui Geraldo Camargo Viana, que foi o pioneiro a reconhecer o direito à redesignação sexual e mudança do prenome na década de 1970[114]. Cumpre destacar o feito visionário do magistrado na época, que destemidamente, reconheceu à pessoa, que se submeteu à cirurgia de redesignação sexual no Marrocos, o direito de alterar o prenome masculino para o feminino e a designação sexual no assento civil.

Tal decisão alarmou a sociedade, porém, nada fez com que o Professor Rui Geraldo Camargo Viana aplicasse ao caso concreto um dos pilares do Direito Registral, que o registro deve espelhar a realidade dos fatos, e a pessoa, após a redesignação sexual não poderia manter a designação sexual e o nome anterior. Além disso, reconheceu um direito humano e um direito de personalidade de autodeterminação pessoal.[115]

[114] VIANA, Rui Geraldo Camargo; VIANA, Renata Honório Ferreira Camargo. Alteração de Nome. *In:* **Registrando o Direito**. Edição 22, maio/junho de 2021. pp. 17 – 26. Disponível em: https://www.arpensp.org.br/arquivos/publicacoes/registrando-o-direito/22.pdf. Acesso em: 20 abr. 2023. p. 21.

[115] Vide a decisão: Revista dos Tribunais 444/91 (Vara de Registros Públicos – Juiz Rui Geraldo Camargo Viana; Ministério Público (Curador de Registros Públicos = Cândido Rangel Dinamarco): O MP recorreu da decisão do juiz da vara de registros públicos cuja decisão foi reformada pelo Tribunal de Justiça, 2ª Câm. Civil, Ap. Civil n. 203.347, j. 1º/2/72, Rel. Moreno Gonzalez, v. u. O Tribunal de Justiça não entrou no mérito, pois acolheu a preliminar referente à incompetência

Observe-se que a sentença do Professor Rui Geraldo há mais de 50 anos atrás trata de um tema que está na ordem do dia devido os desdobramentos que se impõe, tais como a retificação do assento civil com a mudança de prenome e da designação sexual de forma extrajudicial, diretamente no Registro Civil de Pessoas Naturais; o tratamento aos transgêneros incapazes; e etc.

Neste singelo trabalho não pretendemos esgotar o tema, que não foi exaurido em mais de meio século, não seria em poucas páginas; todavia, algumas questões devem ser aqui debatidas, pois atualmente alguns estados norte-americanos, como o estado do Texas proibiu o tratamento hormonal aos menores transgêneros. Assim a relevância e atualidade do tema são inquestionáveis.

Sinto-me honrada e privilegiada por ter a grande oportunidade de ser monitora e orientada pelo Professor Rui Geraldo Camargo Viana de 2003 a 2009, durante o meu doutorado direto na Faculdade de Direito de São Paulo. E posso atestar sua genialidade e criatividade em raciocinar e construir o Direito. Um exemplo de magistrado que não usa suas convicções pessoais como verdades a serem impostas a todos, pois o respeito à pluralidade e à diversidade sempre foi um pilar na atuação como magistrado e como professor do caríssimo homenageado.

Assim, inspirada no meu eterno Professor, trarei este instigante tema já analisado pelo Supremo Tribunal Federal no julgamento da ADI 4.275, de 1º de março de 2018:

> Ementa: AÇÃO DIRETA DE INCONSTITUCIONALIDADE. DIREITO CONSTITUCIONAL E REGISTRAL. PESSOA TRANSGÊNERO. ALTERAÇÃO DO PRENOME E DO SEXO NO REGISTRO CIVIL. POSSIBILIDADE. DIREITO AO NOME, AO RECONHECIMENTO DA PERSONALIDADE JURÍDICA, À LIBERDADE PESSOAL, À HONRA E À DIGNIDADE. INEXIGIBILIDADE DE CIRURGIA DE TRANSGENITALIZAÇÃO OU DA REALIZAÇÃO DE TRATAMENTOS HORMONAIS OU PATOLOGIZANTES. 1. O direito à igualdade sem discriminações abrange a identidade ou expressão de gênero. 2. A identidade de gênero é manifestação da própria personalidade da pessoa humana e, como tal, cabe ao Estado apenas o papel de reconhecê-la, nunca de constituí-la. 3. A pessoa transgênero que comprove

absoluta do Juiz da Vara de Registros Públicos, pois deveria a ação tramitar na Vara de Família.

> sua identidade de gênero dissonante daquela que lhe foi designada ao nascer por autoidentificação firmada em declaração escrita desta sua vontade dispõe do direito fundamental subjetivo à alteração do prenome e da classificação de gênero no registro civil pela via administrativa ou judicial, independentemente de procedimento cirúrgico e laudos de terceiros, por se tratar de tema relativo ao direito fundamental ao livre desenvolvimento da personalidade. 4. Ação direta julgada procedente.
> (ADI 4275, Relator(a): MARCO AURÉLIO, Relator(a) p/ Acórdão: EDSON FACHIN, Tribunal Pleno, julgado em 01/03/2018, PROCESSO ELETRÔNICO DJe-045 DIVULG 06-03-2019 PUBLIC 07-03-2019)[116]

Portanto, neste artigo, pretende-se trazer um panorama do desenvolvimento do tema em alguns países como Estados Unidos, Canadá e Itália a fim de verificar que a cirurgia de redesignação sexual não deve ser um elemento para a alteração de prenome e designação de sexo no assento civil, além de verificar a possibilidade ou não de tratamento em transgêneros incapazes. Em seguida, far-se-á uma análise do julgamento da ADI 4.275/2018 para, então, constatar os principais desafios à implementação deste direito de personalidade. Por fim, questiona-se a designação sexual como elemento de identificação sexual, pois diante de tantas possibilidades e alterações, constata-se uma fragilidade deste elemento como capaz de identificar uma pessoa.

1. Os direitos dos transgêneros no Direito Estrangeiro

Atento a temática 25 países, incluindo o Brasil, em 2006 se reuniram na Universidade de Gadjah Mada situada na cidade de Yogyakarta, Indonésia, oportunidade em que produziram e adotaram, por unanimidade, os denominados "*Princípios de Yogyakarta: Princípios sobre a aplicação da legislação internacional de direitos humanos em relação à orientação sexual e identidade de gênero*".

Este documento é considerado um tratado que versa sobre direitos humanos, do qual o Brasil é signatário, devendo ser reconhecido como um direito e garantia individual nos termos do § 3º do art. 5º da CF/88, assegurando-se, portanto, o direito às diferenças na medida em que se reconhece que todas as pessoas,

[116] Disponível em: https://jurisprudencia.stf.jus.br/pages/search?classeNumeroIncidente=%22ADI%204275%22&base=acordaos&sinonimo=true&plural=true&page=1&pageSize=10&sort=_score&sortBy=desc&isAdvanced=true. Acesso em: 20 abr. 2023.

"nascidas livres e iguais em dignidade e prerrogativas, possam usufruir de seus direitos, que são natos e preciosos". [117]

Ademais, os princípios de Yogyakarta devem ser aplicados no Brasil pela tutela dos direitos da personalidade. Direitos de personalidade são considerados como um conjunto de atributos humanos, morais e psicológicos, que estabelecem respeito à dignidade do indivíduo, razão pela qual, qualquer tratamento discriminatório deve ser prevenido, não sendo possível, que, ao menos, seja compensado, indenizado.[118]

O direito à identidade pessoal é intrínseco à identidade de gênero ou neurodiscordância de gênero. Rubens Limongi França[119] ensina que "é o direito que tem a pessoa de ser conhecida como aquela que é, e de não ser confundida com outrem". Para Jacques Robert[120], os transexuais afirmam-se enquanto cidadãos, incluindo-se no âmbito do direito da personalidade, à identidade pessoal, assumindo seu status e requerendo respaldo Estatal para usufrui-lo.

A proteção do transexual está fundada no direito à intimidade, quando este assume sua situação, poderá, inclusive, permanecer na ambiguidade de gênero, ocasionando uma dupla vida, conflitiva e angustiante. A opção de gênero, conflitiva ou não, é direito próprio da pessoa.[121]

1.1. Itália

Na Itália, o tema está regulado pela Lei n. 164/82, que modifica o art. 454 do Código Civil Italiano viabilizando a retificação somente por sentença transitada em julgado. Portanto, somente pela via judicial:

> *1. La rettificazione di cui all'articolo 454 del codice civile si fa anche in forza disentenza del tribunale passata in giudicato che attribuisca ad una personasesso diverso da quello enunciato nell'atto di nascita a seguito di intervenutemodificazioni dei suoi caratteri sessuali."*

[117] YOGYAKARTA, Princípios. A aplicação da legislação internacional de direitos humanos em relação à orientação sexual e identidade de gênero. Disponível em: http://www.yogyakartaprinciples.org/. Acesso em: 25 abr. 2023. pp. 06 – 07.

[118] LIMA, Cíntia Rosa Pereira de Lima; FRANCO, Emanuele Pezati. Provimento 73/2018 do CNJ versus ADI 4275 do STF: requisitos para alteração do prenome e sexo dos transexuais. *In:* **Revista de Direito Civil Contemporâneo** *(RDCC)*, n. 6, vol. 20, julho – setembro de 2019, pp. 451 – 468. São Paulo: Thomson Reuteurs e Revista dos Tribunais, 2019.

[119] LIMONGI FRANÇA, Rubens. **Manual de direito civil direito objetivo, direitos subjetivos, direitos privados da personalidade**. 2. ed. São Paulo: Revista dos Tribunais, 1971. p. 404.

[120] ROBERT, Jacques. **Droits de l´homme et libertés fondamentales**. 8. ed. Paris: Montchrestien, 2009. p. 336.

[121] ARAUJO, Luiz Alberto David. **A proteção constitucional do transexual**. São Paulo: Saraiva. 2000. p. 69.

> *Não há nenhuma indicação de "transexual" ou algo similar: "5. Le attestazioni di stato civile riferite a persona della quale sia statagiudizialmente rettificata l'attribuzione di sesso sono rilasciate con la solaindicazione del nuovo sesso e nome.*

Neste ponto, acredita-se um retrocesso exigir que a pessoa ingresse em juízo para fazer valer um direito que pode ser reconhecido e efetivado administrativamente, o que é um procedimento mais célere e barato.

Na Itália, de modo adequado, o direito à retificação do nome e do sexo independe de cirurgia:[122]

> *[...] la legge ha escluso la necessità, ai fini dell'accesso al percorso giudiziale di rettificazione anagrafica, del trattamento chirurgico, il quale costituisce solo una delle possibili tecniche per realizzare l'adeguamento dei caratteri sessuali" e afirmou que é necessário "un rigoroso accertamento giudiziale delle modalità attraverso le quali il cambiamento è avvenuto e del suo carattere definitivo. Rispetto ad esso il trattamento chirurgico costituisce uno strumento eventuale, di ausilio al fine di garantire, attraverso una tendenziale corrispondenza dei tratti somatici con quelli del sesso di appartenenza, il conseguimento di un pieno benessere psichico e fisico della persona.*

1.2. Portugal

Em Portugal, o art. 26 da Constituição Portuguesa fundamenta a retificação do nome do transexual operado:

> 1. A todos são reconhecidos os direitos à identidade pessoal, ao desenvolvimento da personalidade, à capacidade civil, à cidadania, ao bom nome e reputação, à imagem, à palavra, à reserva da intimidade da vida privada e familiar e à protecção legal contra quaisquer formas de discriminação.

Tal procedimento pode ser feito administrativamente a partir da Lei n.º 7/2011, de 15 de Março, que cria o procedimento de mudança de sexo e de nome pró-

[122] Civile Sent. Sez. 1, Num. 15138, Anno 2015, Presidente: FORTE FABRIZIO, Relatore: ACIERNO MARIA, Data pubblicazione: 20/07/2015.

prio no registo civil e procede à décima sétima alteração ao Código do Registo Civil. Posteriormente, a Lei n.º 38/2018, de 07 de Agosto, complementa o direito à autodeterminação da identidade de gênero e expressão de gênero e à proteção das características sexuais de cada pessoa.

O art. 6º garante que tal procedimento pode ser pela via administrativa, porém para nova alteração, deve o interessado recorrer ao Judiciário. Todo o procedimento é sigiloso para garantir a tutela à privacidade. Independentemente de cirurgia ou tratamento hormonal (art. 8º), o direito português admite que os maiores de 16 anos de idade (art. 7º), portanto, relativamente incapaz, possam pleitear a mudança do prenome e designação sexual.

Sobre o procedimento:

> Artigo 6.º - Procedimento:
> 1 - O reconhecimento jurídico da identidade de género pressupõe a abertura de um procedimento de mudança da menção do sexo no registo civil e da consequente alteração de nome próprio, mediante requerimento.
> 2 - O procedimento referido no número anterior tem natureza confidencial, exceto a pedido da própria pessoa, dos seus herdeiros, das autoridades judiciais ou policiais para efeitos de investigação ou instrução criminal, ou mediante decisão judicial.
> 3 - A mudança da menção do sexo no registo civil e a consequente alteração de nome próprio realizadas nos termos da presente lei só podem ser objeto de novo requerimento mediante autorização judicial.
> 4 - A decisão final sobre a identidade de género de uma pessoa, proferida por uma autoridade ou tribunal estrangeiro, de acordo com a legislação desse país, é reconhecida nos termos da lei.

Sobre a legitimidade para requerer tal procedimento, contudo, deve ter nacionalidade portuguesa, a fim de evitar que pessoas pretendam ir a Portugal para realizar este procedimento com o objetivo de, posteriormente, tentar validá-lo em seu país. E somente pessoais maiores de idade e capazes, ou seja, não podem estar interditadas ou inabilitadas por anomalia psíquica, cuja identidade de gênero não corresponda ao sexo atribuído à nascença.

Admite-se que os relativamente incapazes, ou seja, as pessoas de nacionalidade portuguesa com idade entre os 16 e os 18 anos, possam requerer o procedimento de mudança da menção do sexo no registo civil e da consequente alteração de nome próprio, através dos seus representantes legais, devendo realizar uma audiência presencial do requerente, para apurar o seu consentimento expresso, livre e esclarecido, mediante relatório por este solicitado a qualquer médico inscrito na Ordem dos Médicos ou psicólogo inscrito na Ordem dos Psicólogos, que ateste exclusivamente a sua capacidade de decisão e vontade informada sem referências a diagnósticos de identidade de gênero, tendo sempre em consideração os princípios da autonomia progressiva e do superior interesse da criança constantes na Convenção sobre os Direitos da Criança.

1.3. Estados Unidos

Nos Estados Unidos, cada Estado pode adotar suas próprias regras sobre a mudança de prenome e designação de sexo dos transgêneros.

São favoráveis à alteração do prenome e da designação de sexo independentemente de cirurgia: Oklahoma, Minnesota, Illinois, Indiana, Alabama, Pennsylvania, Delaware, New Jersey, New York, Rhode Island, Massachussetes, Vermont, New, Hampshire, Hawai, Washington, Idaho, Montana, Wyoming, Utah, Oregon, Arizona, Nevada, New Hampshire e Iwoa.

Outros estados condicionam a alteração do prenome e da designação do sexo à cirurgia, sendo, portanto, mais conservadores que os mencionados acima: North Dakota, Nebraska, Colorado, New Mexico, Arizona, Texas, Wisconsin, Michigan, Missouri, Arkansas, Kentucky, Mississippi, Louisiana, Florida, Georgia, South Caroline, North Caroline, Virginia, West Virginia, Maryland, Mane e Alaska.

Pode-se destacar alguns estados ultraconservadores, pois são contrários à alteração: Kansas, Ohio e Tennessee.

1.4. Canadá

Desde 2002, a província de Quebec disciplina no Código Civil as regras para mudança de nome e gênero após ter sido realizada a cirurgia de redesignação de sexo. Em 2012, Ontário foi a primeira província canadense a dispensar a cirurgia de redesignação sexual para a alteração do nome e do gênero no assento de nascimento. A partir de 2014, diversos Estados e Províncias canadenses passaram a dispensar a cirurgia: Alberta (possível para menores), British Columbia, Manitoba, New Brunswick (2017), Newfondland and Labrador, Northwest Territories (2016), Nova Scotia (2015), Nunavut (2015), Prince Edward Island (2016), Saskatchewan (2016), Ykon (2017) e a redação atual do Código Civil de Quebec:

> DIVISION IV – CHANGE OF DESIGNATION OF SEX

> 71. Every person whose gender identity does not correspond to the designation of sex that appears in that person's act of birth may, if the conditions prescribed by this Code and by government regulation have been met, have that designation and, if necessary, the person's given names changed. These changes may in no case be made dependent on the requirement to have undergone any medical treatment or surgical operation whatsoever. Subject to article 3084.1, only a person who has been domiciled in Québec for at least one year and is a Canadian citizen may obtain such changes. A child under one year of age, born and domiciled in Québec, is considered to have been domiciled in Québec for at least one year. The conditions prescribed by government regulation that must be met to obtain such changes may vary, in particular according to the age of the person who is the subject of the application.1991, c. 64, a. 71; 2004, c. 23, s. 1; I.N. 2014-05-01; 2013, c. 27, s. 3; 2016, c. 19, s. 8.

Pode-se constatar que prevalece o entendimento pela dispensa de cirurgia ou tratamento hormonal para a mudança de prenome e designação sexual do transgênero, restando a tormentosa questão sobre a possibilidade de admitir tal procedimento para menores ou incapazes.

2. A polêmica em torno da (im)possibilidade de alteração de prenome e designação sexual por transgêneros incapazes

Atualmente está em discussão a (im) possibilidade de viabilizar a alteração do prenome e da designação sexual aos transgêneros menores ou incapazes.

No Brasil, desde 1997 é permitido a realização da cirurgia de transgenitalização, esses procedimentos foram regulados pela Resolução nº 1.955/2010, do Conselho Federal de Medicina (CRM). Hoje, a Resolução 2.265, de 2019, publicada no DOU em 09 de janeiro de 2020, seção I, p. 96. Estas resoluções são normas deontológicas, ou seja, diretrizes regulamentares médicas, portanto, não tem o condão de abarcar previsão legal sobre os efeitos jurídicos do procedimento médico. A lacuna normativa contribui para a invisibilidade e exclusão dos transexuais.[123]

[123] GONÇALVES, Camila de Jesus Mello. A transexualidade sob a ótica dos direitos humanos: uma perspectiva de inclusão. Tese de Doutorado. São Paulo: Faculdade de Direito da Universidade de São Paulo. 269 p., 2012. Disponível em: http://www.teses.usp.br/teses/disponiveis/2/2140/tde-04032013-105438/pt-br.php. Acesso em: 20 abr. 2023. p. 04.

Entretanto, estas resoluções tratavam sobre os menores transgêneros da seguinte maneira:

O item 2 do artigo 4º da Resolução CFM 19.555/2010 foi alvo de intenso debate, porque determinava a idade mínima para realizar as cirurgias de transgenitalização aos 21 (vinte e um) anos. A discussão seria que o Conselho Federal de Medicina não teria observado que a maioridade civil brasileira passou para os 18 (dezoito) anos a partir do Código Civil de 2002, que entrou em vigor em janeiro de 2003. Assim, o indivíduo se torna capaz e apto a exercer seus direitos e deveres, podendo consentir livremente a partir dos 18 anos.

A Associação Nacional de Travestis e Transexuais (Antra), questionou ao CFM sobre a adequação do texto legal, para constar a correção da idade no texto da regra atual. A Presidente da Antra, Keila, defende que os transexuais devem ter acesso ao tratamento hormonal desde os 18 anos, essenciais para o contexto global do tratamento, essa medida reduziria o risco atual dos jovens, que recorrerem a clínicas clandestinas para ter acesso ao tratamento. Segundo Keila, a fila de espera tanto para cirurgia quanto para o tratamento com hormônios é longa.[124]

Neste sentido, a atual Resolução do CFM n. 2.265/2019, que revogou a anterior, reduziu para 18 anos de idade a condição para poder se submeter às cirurgias de transgenitalização desde que tenha um acompanhamento por uma equipe multidisciplinar por 1 (um) anos antes da cirurgia.[125]

> Art. 9º Na atenção médica especializada ao transgênero é vedado o início da hormonioterapia cruzada antes dos 16 (dezesseis) anos de idade.
> § 1º Crianças ou adolescentes transgêneros em estágio de desenvolvimento puberal Tanner I (pré-púbere) devem ser acompanhados pela equipe multiprofissional e interdisciplinar sem nenhuma intervenção hormonal ou cirúrgica.
> § 2º Em crianças ou adolescentes transgêneros, o bloqueio hormonal só poderá ser iniciado a partir do estágio puberal Tanner II (puberdade), sendo rea-

[124] ESTADÃO. CFM discute redução da idade mínima para cirurgia de mudança de sexo. Matéria de Lígia Formenti. Disponível em: http://saude.estadao.com.br/noticias/geral,cfm-discute-reducao-da-idade-minima-para-cirurgia-de-mudanca-de-sexo,70001886131. Acesso em: 22 abr. 2023.

[125] Art. 5º A atenção médica especializada para o cuidado ao transgênero deve ser composta por equipe mínima formada por pediatra (em caso de pacientes com até 18 (dezoito) anos de idade), psiquiatra, endocrinologista, ginecologista, urologista e cirurgião plástico, sem prejuízo de outras especialidades médicas que atendam à necessidade do Projeto Terapêutico Singular.

> lizado exclusivamente em caráter experimental em protocolos de pesquisa, de acordo com as normas do Sistema CEP/Conep, em hospitais universitários e/ou de referência para o Sistema Único de Saúde.
> § 3º A vedação não se aplica a pacientes portadores de puberdade precoce ou estágio puberal Tanner II antes dos 8 anos no sexo feminino (cariótipo 46, XX) e antes dos 9 anos no sexo masculino (cariótipo 46,XY) que necessitem de tratamento com hormonioterapia cruzada por se tratar de doenças, o que está fora do escopo desta Resolução.
> Art. 10. Na atenção médica especializada ao transgênero é permitido realizar hormonioterapia cruzada somente a partir dos 16 (dezesseis) anos de idade, de acordo com o estabelecido no Projeto Terapêutico Singular, sendo necessário o acompanhamento ambulatorial especializado, conforme preconiza a linha de cuidados específica contida no Anexo II desta Resolução.
> Art. 11. Na atenção médica especializada ao transgênero é vedada a realização de procedimentos cirúrgicos de afirmação de gênero antes dos 18 (dezoito) anos de idade.
> § 1º Os procedimentos cirúrgicos de que trata esta Resolução só poderão ser realizados após acompanhamento prévio mínimo de 1 (um) ano por equipe multiprofissional e interdisciplinar.

Nota-se que as cirurgias de transgenitalização são demasiadamente invasivas e, portanto, requer muita cautela quando for menor, dado o princípio da proteção integral da criança e do adolescente. O ideal é fazer tratamento apenas hormonal. Por isso, a atual Resolução do CFM n. 2.265/2019 permite o tratamento hormonal a partir dos 16 anos de idade.

Os fundamentos aqui levantados estão nesta norma deontológica que, diante da inércia do Legislador, parece ser a única disciplina sobre o tema. Inclusive, no julgamento da ADI 4.275/2018, muitos Ministros embasaram seus respectivos votos na Resolução CFM N. 19.555/2010. Ocorre que um ano depois deste julgamento do STF, o Conselho Federal de Medicina revogou esta resolução a partir da atual Resolução sobre o tema (a n. 2.265/2019).

3. Síntese do julgamento da ADI 4.275/2018 e os principais desafios à eficácia do direito à autodeterminação sexual

Em 1º de março de 2018, o STF julgou procedente a ADI 4.275, dando interpretação conforme a CF e o Pacto São José da Costa Rica ao art. 58 da LRP, de modo a reconhecer aos transgêneros que assim o desejarem, independentemente da cirurgia de transgenitalização, ou da realização de tratamentos hormonais ou patologizantes, o direito à substituição de prenome e sexo diretamente no registro civil, cuja ementa foi transcrita acima, sendo o Relator o Ministro Marco Aurélio e o Redator do Acórdão o Ministro Edson Fachin.

Foram favoráveis os Ministros Edson Fachin, Carmen Lúcia, Celso de Mello, Dias Toffoli, Luiz Fux, Rosa Weber e Roberto Barroso. E divergiram quanto aos requisitos os Ministros Marco Aurélio, Alexandre de Moraes, Ricardo Lewandowski e Gilmar Mendes.

Em breve síntese, o Ministro Marco Aurélio embasou seu voto na antiga Resolução n. 1.955/2010 do CFM, na época em vigor, determinando os requisitos para a mudança de prenome e de redesignação de sexo: 21 anos de idade e laudo médico (equipe multidisciplinar). O Ministro Marco Aurélio concluiu que tal possibilidade deve ser pela via judicial, isto é, jurisdição voluntária com oitiva do MP nos termos dos arts. 98 e 99 da LRP, independentemente de cirurgia de redesignação de sexo.

O Ministro Alexandre de Moraes também concluiu que tais mudanças deveriam ser feitas judicialmente em homenagem ao trinômio "autenticidade, segurança e eficácia" – art. 1º da LRP –, sendo irrelevante ter se submetido à cirurgia de redesignação de sexo.

O Ministro Ricardo Lewandowski, por sua vez, entendeu ser necessária a comprovação por testemunhas e/ou declarações de psicólogos ou médicos sobre a afirmação de gênero. Além disso, concluiu o Ministro Lewandowski pela publicização da mudança por editais (para evitar fraude contra credores ou responsabilidade criminal), o que poderia expor demasiadamente a pessoa. Um ponto em comum com os demais ministros é a desnecessidade da cirurgia de redesignação de sexo.

O Ministro Gilmar Mendes declarou-se favorável à mudança do prenome e da designação de sexo desde que comprovada juridicamente sua condição de transgênero, independentemente da realização de procedimento cirúrgico de redesignação de sexo.

O redator do acórdão, Ministro Edson Fachin, fundamentou sua análise em três premissas, a saber:

1ª) o direito à igualdade sem discriminações abrange a identidade ou expressão de gênero;

2ª) a identidade de gênero é manifestação da própria personalidade da pessoa humana e, como tal, cabe ao Estado apenas o papel de reconhecê-la, nunca de constituí-la;

3ª) a pessoa não deve provar o que é e o Estado não deve condicionar a expressão da identidade a qualquer tipo de modelo, ainda que meramente procedimental.

Assim, o Ministro Fachin foi além, considerando possível que o pedido possa ser feito em sede administrativa, independentemente de cirurgia de redesignação de sexo.

No voto do Ministro Celso de Mello, destacou-se o direito à busca da felicidade, sendo o direito à identidade de gênero condição essencial para a efetividade deste direito, também considerou ser irrelevante a cirurgia de redesignação de sexo.

A Ministra Carmen Lúcia, com base nos princípios da dignidade da pessoa, da solidariedade e não discriminação, da igualdade material, e da universalidade dos direitos fundamentais, declarou-se favorável à mudança de prenome e designação de sexo independentemente de ter feito a cirurgia de redesignação de sexo.

No voto do Ministro Luís Roberto Barroso, ficou claro bastar a declaração de vontade do transgênero consoante a decisão da Comissão Interamericana de Direitos Humanos sobre o tema. O Ministro Barroso concluiu que tal requerimento pode ser feito pela via administrativa, a todos maiores de 18 anos de idade, independentemente de redesignação de sexo.

A Ministra Rosa Weber acompanhou o Ministro Luís Roberto Barroso, entendendo que o pedido pode em sede administrativa, independentemente de laudo médico, sendo desnecessária a cirurgia de redesignação de sexo.

Por fim, o Ministro Luiz Fux declarou-se favorável à mudança de prenome e designação sexual do transgênero, acrescentando que não deve ter menção alguma ao fato de ser transexual em seus documentos.

Assim, a maioria dos Ministros do STF concluiu favoravelmente à mudança de prenome e designação sexual do transgênero maior de 18 anos de idade, podendo ser feito administrativamente mediante a declaração do transgênero, independentemente de ter sido submetido à cirurgia de transgenitalização ou laudo médico que ateste tal condição.

3.1. O provimento 73, de 28 de junho de 2018, do Conselho Nacional de Justiça

Após o julgamento da ADI 4.275/2018, na qual a maioria dos Ministros entenderam ser possível o pedido pela via administrativa, o CNJ regulamentou tal procedimento administrativo, nos Registros Civis de Pessoas Naturais, a partir do Provimento 73, de 28 de junho de 2018.

Observe-se que o CNJ seguiu os requisitos mencionados nos votos dos Ministros, a saber:

> Legitimidade para requerer: Maior de 18 anos completos;
> Objetivo:
> - Adequar o nome e o gênero à identidade autopercebida;
> - Alteração do prenome e do gênero;
> - Inclusão ou exclusão de agnomes indicativo de gênero ou de descendência;
>
> Competência: Pedido diretamente feito no ofício do RCPN onde o assento foi lavrado ou perante outro RCPN que encaminhará o procedimento ao oficial competente, às expensas da pessoa requerente para averbação pela Central de Informações do Registro Civil (CRC);

Para desconstituir: mediante autorização do juiz corregedor ou via judicial;

> Suficiência da declaração: Declaração perante o oficial, independentemente de comprovação de realização de cirurgia de redesignação sexual e/ou de tratamento hormonal ou patologizante, bem como laudo médico ou psicológico, conforme o modelo de declaração anexo ao provimento, que deve ser assinada pela pessoa na presença do registrador;
> Pressupostos:
> - Inexistência de processo judicial que tenha o mesmo objeto, a menos que comprove o arquivamento;
> - Não pode ensejar a identidade de prenome com outro membro da família;
> - Não pode alterar os nomes de família;
>
> Ato a ser praticado: Averbação, enquanto não regulado pelos Estados e DF, aplicar-se-á às averbações a tabela referente ao valor cobrado na averbação de atos do registro civil.
> Natureza sigilosa: Não pode constar das certidões dos assentos, salvo por solicitação da pessoa requerente ou

por determinação judicial em que a certidão deverá dispor sobre todo o conteúdo registral.
Suspeita de fraude, falsidade ou má-fé: O registrador fundamenta a recusa e encaminha o pedido ao juiz corregedor permanente;
Arquivos dos documentos: Indefinidamente (forma física ou eletrônica), tanto no RCPN onde foi lavrado originalmente quanto onde for feita a alteração quando diversas forem as serventias.
Comunicações: Findo o procedimento, o ofício do RCNP onde se processou a alteração, às expensas do requerente, comunicará o ato oficialmente aos órgãos expedidores do RG, ICN, CPF, passaporte e TER. Portanto, caberá ao requerente providenciar a alteração dos demais registros.

Averbações Subsequentes:

- Averbação da alteração do prenome e do gênero no registro de nascimento dos descendentes depende da anuência deles quando relativamente capazes ou maiores, bem como de ambos os pais.
- Averbação da alteração do prenome e do gênero no registro de casamento depende da anuência do cônjuge;

Havendo discordância, pode-se pedir que o juiz supra a negativa injustificada do cônjuge.

O Provimento 73 traz ainda uma lista de documentos obrigatórios, cuja ausência impede a alteração do prenome e do gênero, são eles:

I – certidão de nascimento atualizada;
II – certidão de casamento atualizada, se for o caso;
III – cópia do registro geral de identidade (RG);
IV – cópia da identificação civil nacional (ICN), se for o caso;
V – cópia do passaporte brasileiro, se for o caso;
VI – cópia do cadastro de pessoa física (CPF) no Ministério da Fazenda;
VII – cópia do título de eleitor;

> XVII – certidão da Justiça Militar, se for o caso.
> IX – cópia de carteira de identidade social, se for o caso;
> X – comprovante de endereço;
> XI – certidão do distribuidor cível do local de residência dos últimos cinco anos (estadual/federal);
> XII – certidão do distribuidor criminal do local de residência dos últimos cinco anos (estadual/federal);
> XIII – certidão de execução criminal do local de residência dos últimos cinco anos (estadual/federal);
> XIV – certidão dos tabelionatos de protestos do local de residência dos últimos cinco anos;
> XV – certidão da Justiça Eleitoral do local de residência dos últimos cinco anos;
> XVI – certidão da Justiça do Trabalho do local de residência dos últimos cinco anos;

Além destes, o Prov. 73/2018 do CNJ, elenca alguns documentos facultativos, cuja ausência não acarreta nenhum prejuízo ao pedido, são eles:

> I – laudo médico que ateste a transexualidade/travestilidade;
> II – parecer psicológico que ateste a transexualidade/travestilidade;
> III – laudo médico que ateste a realização de cirurgia de redesignação de sexo.

Conclusões

O Professor Rui Geraldo Camargo Viana sempre se destacou por sua atuação visionária na construção do Direito. Sobre a alteração de prenome e designação de sexo, não foi diferente. O homenageado abriu trincheiras e enfrentou duras críticas ao reconhecer na década de 1970 o que seria a regra depois de quase meio século, deixando sua marca indelével na ciência do Direito.

Assim, atualmente se questiona a possiblidade de se reconhecer o direito à modificação de prenome e designação de sexo de pessoas menores, desde que com 16 anos completos, podendo se submeter a tratamentos hormonais. Neste sentido, se admite tal possibilidade, parece-nos ser possível a alteração do nome e designação de sexo desde os 16 anos de idade, pois o registro deve espelhar a realidade dos fatos. Portanto, estando a pessoa fazendo tal tratamento, não há motivo para impedir que tal situação seja juridicamente reconhecida mediante tais alterações.

Por fim, indaga-se se a designação de sexo realmente deve ser um elemento de identificação pessoal. Isto porque pode ser alterado a qualquer momento, bastando uma declaração do transgênero. Neste sentido, concluímos que a identificação pessoal deve recair sobre os documentos pessoais, RG e CPF, que devem guardar sigilo sobre a alteração do prenome e da designação de sexo no assento civil do transgênero, a fim de efetivar um direito de personalidade de suma relevância que é a identidade pessoal.

REFERÊNCIAS

ARAUJO, Luiz Alberto David. **A proteção constitucional do transexual**. São Paulo: Saraiva. 2000.

ESTADÃO. CFM discute redução da idade mínima para cirurgia de mudança de sexo. Matéria de Lígia Formenti. Disponível em: http://saude.estadao.com.br/noticias/geral,cfm-discute-reducao-da-idade-minima-para-cirurgia-de-mudanca-de-sexo,70001886131. Acesso em: 22 abr. 2023.

GONÇALVES, Camila de Jesus Mello. **A transexualidade sob a ótica dos direitos humanos: uma perspectiva de inclusão.** Tese de Doutorado. São Paulo: Faculdade de Direito da Universidade de São Paulo. 269 p., 2012. Disponível em: http://www.teses.usp.br/teses/disponiveis/2/2140/tde-04032013-105438/pt-br.php. Acesso em: 20 abr. 2023.

LIMA, Cíntia Rosa Pereira de Lima; FRANCO, Emanuele Pezati. Provimento 73/2018 do CNJ versus ADI 4275 do STF: requisitos para alteração do prenome e sexo dos transexuais. *In:* **Revista de Direito Civil Contemporâneo** *(RDCC)*, n. 6, vol. 20, julho – setembro de 2019, pp. 451 – 468. São Paulo: Thomson Reuteurs e Revista dos Tribunais, 2019.

LIMONGI FRANÇA, Rubens. **Manual de direito civil direito objetivo, direitos subjetivos, direitos privados da personalidade**. 2. ed. São Paulo: Revista dos Tribunais, 1971.

ROBERT, Jacques. **Droits de l'homme et libertés fondamentales**. 8. ed. Paris: Montchrestien, 2009.

VIANA, Rui Geraldo Camargo; VIANA, Renata Honório Ferreira Camargo. Alteração de Nome. *In:* **Registrando o Direito**. Edição 22, maio/junho de 2021. pp. 17 – 26. Disponível em: https://www.arpensp.org.br/arquivos/publicacoes/registrando-o-direito/22.pdf. Acesso em: 20 abr. 2023.

YOGYAKARTA, Princípios. A aplicação da legislação internacional de direitos humanos em relação à orientação sexual e identidade de gênero. Disponível em: http://www.yogyakartaprinciples.org/. Acesso em: 25 abr. 2023.

7. OS DIREITOS DA PERSONALIDADE COMO DIREITOS SOCIAIS

DAISY GOGLIANO

Introdução

No preâmbulo do presente e pequeno trabalho, volto-me para Orlando Gomes, que, no seu magistral escrito, Raízes históricas e sociológicas do Código Civil Brasileiro, como ninguém soube demonstrar o "descompasso entre o direito escrito e a realidade social" promovido pelo individualismo jurídico que impregnava tanto a legislação como a doutrina, trazendo aqui as suas palavras.[126]

Esse descompasso se reflete sobremaneira nos direitos da personalidade, introduzidos na Parte Geral do Código Civil, os quais permanecem até hoje, de maneira inalterada, esquecidos ao longo do tempo, enquanto as nações modernas se voltam para a sua evolução e modernização, ao lado dos **direitos sociais fundamentais** do cidadão. Mas isto não significa, sob hipótese alguma, que estejamos propondo o "servilismo" às legislações estrangeiras, utilizando, aqui, a palavra de Orlando Gomes.

Os direitos da personalidade ensejaram o "humanismo jurídico", de caráter individualista, como tão bem fala Michel Villey, o qual, depois de falar sobre o racionalismo, assim expõe:

> Quanto ao individualismo, esse segundo traço é a meu ver o que o pensamento jurídico moderno tem

[126] GOMES, Orlando. **Raízes históricas e sociológicas do Código Civil Brasileiro**. Salvador-Bahia: Livraria Progresso. 1958. pp. 48 e ss.

> de mais específico: é o individualismo que opõe o direito moderno não só às concepções dominantes da Idade Média, mas também às doutrinas clássicas da filosofia do *direito* da Antiguidade (ou seja, sobretudo de Aristóteles)[127].

E acrescenta:

> O individualismo está por toda parte no mundo moderno. Responsável por isso é a filosofia do conhecimento herdada do nominalismo e largamente difundida, assim como a metafísica – a da substância individual. O primeiro objeto do conhecimento é o indivíduo, ponto de partida de toda doutrina – seja quando Descartes extrai seu sistema da evidência subjetiva de sua própria existência, seja quando Hobbes, Locke ou Espinosa reconstroem universo social a partir do homem do 'estado da natureza', previamente separado e isolado pela análise. Forma atenuada e sem dúvida um tanto bastarda dessa mesma tendência, a escola moderna do direito natural procede a todas as suas construções racionando sobre a 'natureza do homem' individual (já Montaigne descobria no seu próprio eu a 'forma inteira da humana condição'), o que a opõe da maneira mais radical à doutrina dita do direito natural clássico – que procedia da natureza cósmica dos grupos sociais, das *pólis* -, e a leva a condições totalmente diferentes.[128]

Não é sem razão que os direitos da personalidade, em sua maioria, partem do indivíduo – o que não pode ser dividido – para dali buscar a tutela dos direitos. E, assim, são tratados como direitos da pessoa, direitos personalíssimos, em verdadeiro descompasso com o social.

Já em 1980, em nosso trabalho "Direitos Privados da Personalidade", como dissertação de mestrado, conceituamos tais direitos "como direitos subjetivos parti-

[127] VILLEY, Michel. **A formação do pensamento jurídico moderno**. Trad. Claudia Berliner. São Paulo: Martins Fontes. 2005. pp. 176-177.
[128] *Idem, ibidem.*

culares, que consistem nas prerrogativas concedidas a uma pessoa pelo sistema jurídico e assegurada pelos meios de direitos para fruir e dispor, como senhor, dos atributos essências da sua própria personalidade, de seus aspectos, emanações e necessidade da preservação e do resguardo da integridade física, psíquica e moral do ser humano, no seu desenvolvimento".[129]

A tutela, no caso, é dada pelo sistema jurídico e assegurada pelos meios de direito, em ampla extensão, o que foge ao individualismo jurídico.

1. Direitos sociais

É regra geral e conhecida de todos que todo o Direito é social por excelência, precisamente porque compete ao Direito regular todas as relações sociais. Não se concebe um Direito alheio à sociedade que ele regula.

Mas, num aspecto mais específico, remontamos ao inesquecível Cesarino Junior, que, em seu verbete "Direito Social", na Enciclopédia Saraiva do Direito, traça os lindes e os limites do que se deve entender por "social".

Com a sua especial proficiência, Cesarino Junior distingue o direito social genérico do direito social restrito ou direito social "tout court". O primeiro, que domina todo o direito, com apoio em Gurvitch, consiste em um "complexo de princípios e normas imperativas que tem por objeto a adaptação da forma jurídica à realidade social, considerando os homens na sua personalidade concreta e como membro dos grupos sociais diferentes do Estado e tendo em vista principalmente as diferenças de situação econômica entre eles existentes".[130]

Por sua vez, por direito social restrito ou direito social "tout court", Cesariano Junior compreende como "o complexo dos princípios e leis geralmente imperativas, cujo objetivo imediato é, tendo em vista o bem comum, auxiliar as pessoas físicas, dependentes do produto de seu trabalho para a subsistência própria e de suas famílias, a satisfazerem convenientemente suas necessidades vitais e a terem acesso à propriedade privada".[131]

E, assim, com base em Radbruch, sustenta que o direito social *lato sensu* se caracteriza pelo fato de considerar o "homem concreto e socializado e não apenas o indivíduo despersonalizado e abstrato, de acordo coma concepção individualista".[132] *Ubi societas ibi jus.* Daí a publicação de sua principal obra, "Direito social brasileiro", com várias edições.

[129] GOGLIANO, Daisy. **Direitos Privados da personalidade**. São Paulo: Quartier Latin. 2012. p. 229.
[130] CESARINO JUNIOR, A. F. **Direito Social**. *In* Enciclopédia Saraiva do Direito (coord. Rubens Limongi França). v. 28. São Paulo: Saraiva. 1977. p. 255 e ss.
[131] *Idem, ibidem.*
[132] *Idem, ibidem.*

Por sua vez, José Afonso da Silva conceitua os direitos sociais "como dimensão dos direitos fundamentais do homem, são prestações positivas proporcionadas pelo Estado direta ou indiretamente, enunciadas em normas constitucionais, que possibilitam melhores condições de vida aos mais fracos, direitos que tendem a realizar a igualdade de situações sociais desiguais. São, portanto, direitos que se ligam ao direito de igualdade. Valem como pressuposto do gozo dos direitos individuais na medida em que criam condições materiais mais propícias ao auferimento da igualdade real, o que, por sua vez, proporciona condição mais compatível com o exercício efetivo da liberdade".[133]

É justamente o que nos interessa no presente trabalho, precisamente porque os direitos sociais são fundamentais, porque sem eles a vida, em si, não seria possível.

1.1. Direitos sociais na Constituição Federal

A Constituição Federal expressamente agasalha os direitos sociais, nestes termos: "Art. 6º São direitos sociais a educação, a saúde, a alimentação, o trabalho, a moradia, o transporte, o lazer, a segurança, a previdência social, a proteção à maternidade e à infância aos desamparados, na forma desta Constituição".

Por se tratar de direitos sociais fundamentais, aplica-se o princípio de sua aplicabilidade imediata, sem qualquer ressalva. No entanto, não obstante tratar-se de uma garantia constitucional, a maioria desses direitos não é observada, como a fome, a falta de moradia, o acesso ao tratamento médico que deve ser imediato e seguro, a assistência ao desamparado que não é garantida, permanecendo, assim, o texto como letra morta.

Por sua vez, o § 2º do art. 5º claramente expõe que "os direitos e garantias expressos nesta Constituição não excluem outros decorrentes do regime e dos princípios por ela adotados, ou dos tratados internacionais em que a República Federativa do Brasil seja parte (grifos nossos).

Importa observar que, em face disso, os direitos da personalidade, inscritos no Código Civil, não podem ser excluídos, muito menos os seus princípios, como direitos sociais, acima de tudo fundamentais, em face da regra contida no mencionado §2º.

E, assim, tanto o Código Tributário, o Código Comercial, os códigos processuais e demais leis extravagantes, como o Estatuto do Idoso, da Criança e do adolescente, bem como a lei sobre a proteção de dados, direitos autorais e tantas outras fazem parte do nosso sistema jurídico e não são infensas ao direito constitucional em constante transformação.

[133] SILVA, José Afonso da Silva. **Curso de direito constitucional positivo**. São Paulo: Malheiros. 2005. p. 259 e ss.

Entre tantas transformações constitucionais, surgiu na Alemanha a "garantia do mínimo existencial", em que se impõe uma vida com dignidade e que acabou sendo acolhida no Brasil. Ingo Wolfgang Sarlet, nos seus Comentários à Constituição Federal[134], ao dissertar sobre a eficácia dos direitos fundamentais entre particulares, expõe a sua permanente realização, impondo ao Estado a proteção dos direitos sociais, resultando "na eficácia dos direitos fundamentais entre particulares (e a interpretação do ordenamento jurídico de acordo com marco dos direitos fundamentais, incluindo os direitos sociais), assim como decorrem deveres de proteção que vinculam os órgãos estatais, isto sem falar na existência de deveres fundamentais cujos vinculados são os particulares. Finalmente, a perspectiva objetiva permite a tutela das garantias institucionais, ou seja, a proteção de determinadas instituições de direito público e institutos de direito privado (sem desconsiderar aqui que o público e o privado se conectam e não constituem esferas isoladas) que, por sua relevância necessitam ser resguardados contra a ação erosiva do legislador como dão conta entre outros, os exemplos do Sistema único de Saúde (SUS) e da autonomia universitária.

Demonstraremos claramente, segundo o nosso propósito, que os direitos sociais são, a bem da verdade, direitos da personalidade, implicando, assim, a justa reparação dos danos no âmbito civil, que, igualmente, podem ser coletivos, como veremos a seguir.

2. Direitos coletivos

Nos léxicos em geral, coletivo é o que abrange muitas pessoas ou coisas, aquilo que remete a uma coletividade. Não se confunde com equipe, onde ali existe um responsável, uma chefia, como se vê na equipe de esporte, cirúrgica, e tantas outras.

Hoje, com as novas tecnologias, com a internet, as redes sociais, a robótica, as "fake news", a violação ao banco de dados, os danos às pessoas passam, em muitos casos, a ser coletivos, envolvendo um número de pessoas lesadas. Nada mais social do que isso.

Caio Mário da Silva Pereira observa, em sua Responsabilidade Civil, que é "preciso não confundir prejuízo coletivo que 'atinge um número indeterminado de indivíduos' com o 'exercício coletivo' da ação de indenização de prejuízos individuais, em derrogação da regra, segundo a qual ninguém pode pleitear direito por outrem".[135]

[134] CANOTILHO, J.J. Gomes; MENDES, Gilmar Ferreira; SARLET, Ingo Wolfgang; STRECK, Lênio. **Comentários à constituição do Brasil**. São Paulo: Almedina-Saraiva. art. 7º. p. 541.
[135] PEREIRA, Caio Mario da Silva. **Responsabilidade Civil**. São Paulo: Forense. 1992. p. 40.

Porém, constatamos que essa regra, hoje, sofre atenuações na *class action*, quando um dos lesados pode reclamar direitos de todos os demais prejudicados, no sentido da agilidade processual. Caio Mário, aponta, ainda que merece atenção o fato de existir um organismo personalizado com poderes para agir no interesse coletivo (como o caso da diretoria de uma sociedade anônima), mas que se omite. Em princípio não cabe ao prejudicado agir na inação dos órgãos da entidade (Geneviéve Viney, nº 296). Poderá fazê-lo excepcionalmente, quando a autorização decorre de disposição especial de lei. É preciso, portanto, distinguir se se trata de prejuízo individual ou de prejuízo coletivo. No caso de dano pessoal, somente o prejudicado pode agir. Se o dano for à coletividade, e houver um organismo personalizado, tem este *legitimatio ad causam*. Mas, na existência de um dano à comunidade, se não houver organismo dotado de representação, somente poderá agir aquele que tiver sofrido pessoalmente o dano, mesmo que o seu procedimento venha a beneficiar toda a comunidade. O que não será lícito a um indivíduo é demandar reparação em favor da coletividade, sem que tenha poder de representação dela, e não tiver sido pessoalmente prejudicado. Mas, quando o Ministério Público enseja uma ação coletiva, está agindo como representante de sociedade, na sua legitimidade ativa, por foça de lei a da própria constituição federal.

3. Da *class action*

Do quanto exposto, os direitos da personalidade apresentam interesses supraindividuais, dado o rol de bens jurídicos a serem tutelados. Em 2016, Cristiano Iurilli, da Universidade "Tor Vergata" publica um interessante trabalho, "Interessi superindiviaduali e danno coletivo". Nessa obra, ressaltamos:

> *l'azione di classe é um rimedio aggiuntivo e facoltativo, che non priva gli utente del diritto di proporre azionwe indiviaduali o oltre azioni di classe (queste ultime da riunirsi a quella dell'originari proponente.) Trattandosi di un rimedio piu rápido di tutela, idôneo a ridurre i costi e ad essere efficace per um numero infinito di aderente, appare del tutto legittima la scelta del legislatore di delinearlo secondo forme semplificate e di disciplinarei l ruolo degli aderenti in termine piú marginali, restando gli utente liberi di valutare se aderire ala class action o se proporre uma própria azione indiviaduale. L'attribuzione dela qualità di parti processual agli aderenti e la previsione di loro facoltà di proporre istanze e impunazioni cmpoterebbero la paralisi del*

> *nuovo istitutoe il mancato raggiungimento dele finalità delo stesso.*[136]

A garantias individuais ou coletivas estão a merecer uma tutela ágil, menos custosa da "class action", nos moldes dos nossos princípios jurídicos, devidamente adaptado. É o que nos propomos no presente estudo, em face da exiguidade do número de páginas, por se tratar de obra coletiva, com pouco espaço para maiores considerações.

[136] IURILLI, Cristiano. **Interessi superindividuali e danno coletivo**. Milano: Giuffré. 2016. p. 217.

REFERÊNCIAS

CANOTILHO, J.J. Gomes. **Direito constitucional**. Coimbra: Almedina. 1991.

CANOTILHO, J.J. Gomes, MENDES, Gilmar Ferreira. **Comentários à constituição do brasil**. São Paulo: Saraiva-Almedina. 2013.

CESARINO JUNIOR, A.F. **Direito social**. *In* Enciclopédia Saraiva do Direito. (coord. Rubens Limongi França). São Paulo: Saraiva. 1977.

FUSARO, Ariana. **I diritti della personalità dei soggetti collettivi**. Cedam. 2002.

GALGANO, Francesco. **La globalizzazione nello specchio dl diritto**. Milano: Il Mulino. 2001.

GOGLIANO, Daisy. **Direitos privados da personalidade**. São Paulo: Quartier Latin. 2012.

IURILLI, Cristiano. **Interessi superindividuali e danno coletivo**. Milano: Giuffré. 2016.

MARTINES, Temistocles. **Diritto costituzionale**. Milano: Giuffré. 1977.

MORAES, Alexandre de. **Direito constitucional**. 24. ed. São Paulo: Atlas. 2009.

PEREIRA, Caio Mário da Silva. **Responsabilidade Civil**. São Paulo: Forense. 1992.

RIQUITO, Ana Luísa, Sampaio Ventura, Catarina, Vieira de Andrade, J.C, Canotilho, J.J.Gomes, Gorjão-Henriques, Miguel, Moura Ramos, R.M, Moreira, Vital. **Carta de direitos fundamentais.** Coimbra E., Coimbra. 2001.

SILVA, José Afonso da. **Curso de direito constitucional positivo**. São Paulo: Malheiros. 2005.

VILLEY, Michel. **A formação do pensamento jurídico moderno**. Trad. Claudia Berliner. São Paulo: Martins Fontes. 2005.

8. A NATUREZA JURÍDICA DÚPLICE DA HERANÇA DIGITAL: ENTRE O DIREITO DE PROPRIEDADE E OS DIREITOS DA PERSONALIDADE *POST MORTEM*

EDUARDO TOMASEVICIUS FILHO

Introdução

Em 2002, quando o Código Civil brasileiro foi promulgado com um ano de *vacatio legis*, ingressei na pós-graduação na Faculdade de Direito da USP. Devido a essa grande mudança legislativa em nosso país – aliás, inesperada, pois não se acreditava mais que o trabalho elaborado durante a década de 1970 pela comissão de juristas presidida pelo Prof. Miguel Reale viesse a ser convertido em lei, por conta da necessidade de fazerem-se muitos ajustes para que este pudesse atender às necessidades do novo milênio – o Prof. Rui Geraldo Camargo Viana ofereceu no 2° semestre de 2002 a disciplina "Novo Código Civil – avanços e retrocessos". Naquela oportunidade, a ideia era que fossem debatidos os temas fundamentais do direito civil, e que os resultados dos trabalhos em aula fossem aproveitados pelo Congresso Nacional em um projeto de lei ambicioso, elaborado a partir de sugestões dos alunos, visando à reforma do neonato Código Civil. O tema que me coube foi o da função social da empresa, uma vez que se havia consagrado a função social do contrato no art. 421 e a função social da propriedade – embora não se tivesse usado essa terminologia – no art. 1.228, § 1º. Faltava, assim, a consagração da função social da empresa em um futuro art. 966, parágrafo único. Preparei o seminário sobre o assunto e escrevi o artigo intitulado "A função social da empresa", publicado pela Revista dos Tribunais em abril de 2003, o qual é, até os dias atuais, o meu trabalho acadêmico mais citado.

Foi nessa disciplina – a qual vem sendo oferecida ininterruptamente desde aquele 2º semestre de 2002 – que eu ouvi falar pela primeira vez de certos temas relativos aos direitos da personalidade bastante conhecidos atualmente, mas que, naquela época, nem sequer eram abordados em sala de aula ou nos manuais, como as regras sobre reprodução assistida, cuja disciplina normativa vigente ainda era aquela primeira resolução do Conselho Federal de Medicina de 1992; a ortotanásia, a presunção de concordância para disposição de órgãos e tecidos pela lei de 1997, a transexualidade, o direito ao esquecimento, e os direitos da personalidade *post mortem*, bem como a proposta de regulação das uniões estáveis homoafetivas, que veio a concretizar-se quase uma década depois, a partir do julgamento da ADI 4277 e ADPF 132 pelo Supremo Tribunal Federal. Nesse sentido, pode-se ver a visão de vanguarda do Prof. Rui Geraldo naquela ocasião, que trazia esses temas para estudo para nós, alunos.

Muito honrado com o convite para escrever breves linhas em homenagem ao querido professor, a proposta temática desta obra coletiva fez lembrar-me das aulas de 2002. Na escolha do tema e no desenvolvimento do texto, as referências que me vinham à mente eram aquelas estudadas na referida disciplina. No caso, selecionei um tema contemporâneo, mas cujas bases dogmáticas, a meu ver, se assentam nos direitos da personalidade *post mortem*. Trata-se, pois, da herança digital, assunto bastante abordado pela doutrina nacional e estrangeira. Não pretendo inovar a questão, posto que os argumentos principais já foram levantados e sistematizados.[137] Procuro, aqui, apenas colocar minha opinião acerca do tema. Como objetivo deste trabalho, partirei do pressuposto de que a diferença entre a herança tradicional e a herança digital, no sentido de que, enquanto aquela é regida pelo direito das sucessões, esta, para certos bens, tem uma natureza jurídica dúplice: para certos bens digitais, podem-se aplicar as regras vigentes, porque, com efeito, tais bens podem ser apropriáveis e não existiriam diferenças que justificam um regime jurídico próprio. Porém, para outros bens digitais relativos a imagens e textos, esta precisa ser regida pelos direitos da personalidade, o que ensejaria uma mudança no Código Civil.

[137] Cf. GARCIA, Fernanda Mathias de Souza. **Herança digital**. 2. ed. Rio de Janeiro: Lumen Juris. 2022; TERRA, Aline de Miranda Valverde; TEIXEIRA, Ana Carolina Brochado (Orgs.). **Herança digital: controvérsias e alternativas**. Indaiatuba: Foco. 2022; NARDIN, Rafael Louzada. **Herança digital e sua relevância perante a sistemática do ITCMD: breve estudo da incidência do ITCMD em relação à sucessão causa mortis das contas digitais em redes sociais**. Revista de Estudos Tributários. Porto Alegre. v. 23. n. 138. p. 74-93. mar./abr. 2021; BUFULIN, Augusto Passamani; CHEIDA, Daniel Souto. **Direito sucessório e a herança digital: uma análise em perspectiva e os desafios do ordenamento jurídico brasileiro**. Revista de Direito Privado. São Paulo. v. 21. n. 105. p. 225-235. jul./set. 2020; CADAMURO, Lucas Garcia. **Proteção dos direitos da personalidade e herança digital**. Curitiba: Juruá. 2019.

1. Os bens digitais para fins de sucessão

Herança é um dos assuntos relevantes para o direito civil, porque muitos interesses afloram quando uma pessoa falece e deixa bens. Desconsiderando o fato de que a cupidez humana aflora nesses momentos, fazendo com que irmãos que se amavam, passem a odiar-se de forma abominável, isso quando não celebram negócios contando com a herança dos parentes vivos, ansiando por sua morte com a maior brevidade possível, é certo que, com a herança, existe uma expectativa legítima de que o autor da herança não deixará os membros de sua família em desamparo econômico. Os herdeiros também têm essa mesma segurança, de que estarão protegidos e poderão prosseguir suas vidas com maior tranquilidade. Por isso, a Constituição Federal estatuiu o direito à herança como um direito fundamental da pessoa (art. 5°, XXX), e previu no inciso seguinte uma regra sobre a sucessão de bens de estrangeiros situados no país para cônjuge e filhos nacionais, o que me parece ser um exagero considerar tal situação merecedora de receber tamanha garantia na forma de direito fundamental. Ademais, a herança é uma projeção patrimonial da família, pois ela representa a estrutura econômica desta instituição social.

Tradicionalmente, o objeto da herança é composto por bens materiais, entre os quais os imóveis, automóveis e dinheiro, que são as situações mais comuns. Partilham-se os imóveis, recebendo cada qual o seu quinhão. Vende-se o automóvel ou se lhe adjudica a um dos herdeiros, ante a dificuldade maior de ter o referido bem em condomínio. O dinheiro depositado em instituições financeiras é entregue aos herdeiros, para que o partilhem, inexistindo maiores dificuldades técnicas, ao menos em princípio. Podem-se deixar como herança bens imateriais, entre os quais aqueles relativos à propriedade intelectual, sendo exemplo cabal os direitos patrimoniais de autor, assim como se podem herdar participações societárias, entre as quais as quotas sociais e as ações de companhias, desde que não haja restrições societárias em sentido contrário, por adotarem a *affectio societatis* em seus atos constitutivos, quando se terá que promover a liquidação da quota-parte para partilha entre os herdeiros.

Entre as décadas de 1980 e 1990, o Brasil não tinha infraestrutura de telecomunicações suficiente para atendimento da população. Tais serviços eram monopólio do Estado e faltavam recursos – ou faltava mesmo boa-vontade em certos casos – para a expansão da oferta de terminais telefônicos fixos. Por isso, uma linha telefônica era um ativo a ser inventariado e herdado por uma pessoa, seja pela sua utilidade, como pelo seu elevado valor econômico. Em termos de natureza jurídica, operava-se uma sub-rogação de contrato de prestação de serviços de telefonia, mas isso era considerado pela sociedade como "herança". Igualmente se herdavam alvarás de exercício de atividade profissional, como no caso de táxis, porque o Estado era conivente com lobbies de prestadores desse tipo de serviço, que criavam barreiras à entrada de novos agentes, fazendo com que o número de taxistas nas ruas fosse artificialmente reduzido. Enquanto não tivessem surgido os transportes por aplicativos, o valor desses alvarás era elevado, e um herdeiro do taxista poderia herdar esse alvará e exercer a profissão em seu lugar. Felizmente, com o respeito ao mandamento constitucional da livre iniciativa, previsto no art. 170 da Constituição Federal, e ao mandamento previsto nos arts. 173 e 174 do mesmo texto constitucional, que estabelece a atuação do Estado na economia apenas em caráter excepcional, somando-se a melhoria das tecnologias, essas excrescências desapareceram ou, ao menos, perderam sua relevância.

As tecnologias também proporcionaram o surgimento de outros tipos de bens imateriais, que são considerados bens digitais, como o caso de milhagens e benefícios de contas de serviços pagos na Internet. Entretanto, essas questões têm sido consideradas como vantagens personalíssimas, o que impediria a transmissão *causa mortis*. Outro grande aspecto relacionado às tecnologias refere-se às criptomoedas, que são arquivos gerados por conta de uma *causa debendi*, criptografados para dificultar a adulteração e usados, geralmente, como *blockchain*, para tornar inviável qualquer tipo de adulteração do sistema, formando-se um grande livro-razão contábil administrado por seus usuários. Dessa forma, tem-se a confiabilidade do sistema e a desnecessidade de administração do sistema pelo Estado. Por conta do valor econômico da criptomoeda, esta é usada como meio não oficial ou paralelo de pagamento – ao menos por enquanto, até o Estado estimular o uso de sua própria criptomoeda em detrimento de outras – sendo este o motivo que pode ser objeto de herança. Porém, podem surgir problemas devido à falta de identificação do seu titular, devido ao uso de codinomes e apelidos. Além disso, exceto quando se tem a operação por uma corretora de criptoativos – sendo que, agora, essa atividade é regulamentada pela Lei n.º 14.478, de 21 de dezembro de 2022 – não há como atribuir eficácia e autoridade a um alvará judicial ou a um formal de partilha para um sistema administrado sem controle algum, para que ocorra a transmissão desses bens digitais. De qualquer modo, estas dificuldades estarão superadas em breve, com a disseminação do uso de moedas digitais e a identificação de seus titulares e a possibilidade de uma autoridade garante do sistema, como o Banco Central, poder cumprir a lei em termos de partilha de bens.

Existe um problema que está ganhando destaque nos últimos tempos, embora não necessariamente seja antigo: trata-se do acesso a contas de e-mails, serviços de armazenamento em nuvem, aplicativos de mensagens instantâneas e contas de redes sociais. É que a correspondência entre as pessoas constitui uma das mais elementares aplicações de Internet. As contas de e-mail surgiram são comuns desde a abertura da rede a todos em 1995. Ao menos, desde o ano 2000, tornou-

-se mais comum o uso do webmail em vez de e-mails baixados de servidores de mensagens diretamente nos computadores dos usuários. Além disso, as redes sociais estão sendo usadas intensamente há cerca de vinte anos, desde o Orkut, passando pelo ganho de mercado do Facebook, que, junto com o Instagram, de sua propriedade, são praticamente as duas redes sociais mais usadas no Ocidente, ao lado do Twitter. Nelas há troca de mensagens e arquivos de imagens, cuja transmissão se dá sob o manto do sigilo das telecomunicações, previsto no art. 5º, XII, da Constituição Federal, regulamentado pela Lei n.º 9.296, de 24 de junho de 1996, assim como pelo direito à privacidade, intimidade, honra, imagem e sigilo, nos termos do art. 5º, X, da Constituição Federal.

Por conta do crescimento do uso das plataformas digitais, que se destinam a diversas atividades, entre as quais o armazenamento de arquivos, convivência mediante redes e comunicações instantâneas, além de todos os materiais digitalizados, entre os quais imagens, vídeos e documentos, tudo faz com que se possam atribuir valores a estes bens. Vale mencionar a classificação feita por Mohammad Owais Farooqui, Bhavna Sharma e Dhawal Gupta[138] que estes bens podem ser divididos da seguinte forma: a) bens digitais com valor monetário, como as criptomoedas e websites comerciais; b) bens digitais de valor social, como as contas de e-mail e redes sociais; c) bens digitais de valor emocional, como arquivos de música, e-books, fotos, vídeos e mensagens; d) outros bens digitais, como licenças de software e assinaturas digitais.

Dessa forma, quando uma pessoa falece, os herdeiros agora têm a pretensão de ter acesso a estas contas de e-mail, armazenamento em nuvem e redes sociais para a obtenção de fotografias, vídeos, textos e documentos. Em geral, os argumentos são de que a família deseja obter informações sobre o que houve com o parente falecido antes da morte, ou simplesmente tê-los para guardar de recordação. No Brasil, há projetos de lei em tramitação no Congresso Nacional, para a regulamentação dessa matéria, que visam à alteração do livro do direito das sucessões, ou do Marco Civil da Internet[139], seja para permitir que os herdeiros

[138] FAROOQUI, Mohammad Owais; SHARMA, Bhavna; GUPTA, Dhawal. **Inheritance of digital assets: analyzing the concept of digital inheritance on social media platforms**. Novum Jus. Bogotá. v. 16. n. 3. p. 413-435. Dec. 2022. Disponível em: http://www.scielo.org.co/scielo.php?script=sci_arttext&pid=S2500-86922022000300413&lng=en&nrm=iso. Acesso em: 4 mai. 2023.

[139] BRASIL. Câmara dos Deputados. PL 7742/2017, do Dep. Alfredo Nascimento. Acrescenta o art. 10-A à Lei nº 12.965, de 23 de abril de 2014 (Marco Civil da Internet), a fim de dispor sobre a destinação das contas de aplicações de internet após a morte de seu titular (arquivado). PL 8562/2017, do Dep. Elizeu Dionizio. Acrescenta o Capítulo II-A e os arts. 1.797-A a 1.797-C à Lei nº 10.406, de 10 de janeiro de 2002; PL 5820/2019, do Dep. Elias Vaz. Dá nova redação ao art. 1.881 da Lei nº 10.406, de 2002, que institui o Código Civil; PL 3050/2020, do Dep. Gilberto Abramo. Altera o art. 1.788 da Lei n.º 10.406, de 10 de janeiro de 2002; PL 410/2021, do Dep. Carlos Bezerra.

tenham acesso irrestrito a contas de e-mail, aplicativos de mensagens instantâneas e contas de redes sociais, vedando-se o acesso somente por disposição testamentária em contrário, ou, em sentido oposto, que somente se permita o acesso mediante manifestação expressa do titular das contas em testamento ou codicilo, como até a possibilidade de exclusão das contas sem conferir acesso aos interessados, o que demonstra a dificuldade de fixação na matéria por conta dos conflitos de interesses envolvidos no caso. Por ora, a questão ainda é solucionada pela jurisprudência. Existem dois casos emblemáticos envolvendo contas de redes sociais. O primeiro deles, narrado por Laura Schertel Ferreira Mendes e Karina Nunes-Fritz[140], refere-se à conta de uma adolescente que faleceu por acidente no metrô de Berlim. A conta dela no Facebook foi transformada em memorial e a família desejava ter acesso para ter conhecimento das comunicações dela, pois desconfiavam de suspeita de suicídio por ter sido vítima de *mobbying* na escola. Em primeiro grau, a justiça alemã reconheceu o direito da família de ter acesso ao conteúdo; em sede recursal, o tribunal local reformou a decisão, acatando os argumentos da plataforma de que se deveria respeitar os termos de uso, assim como havia a questão do sigilo das comunicações. Por fim, o Bundesgerichtshof reformou a decisão do tribunal, permitindo o acesso ao conteúdo da conta da rede social. No Brasil, o entendimento para fato similar foi diverso. O Tribunal de Justiça do Estado de São Paulo[141] julgou em sede de apelação o caso em que a mãe de filha falecida passou a usar a rede social de sua filha por ter acesso à senha e, repentinamente, o perfil foi excluído por aplicação da política de uso da plataforma. Tanto em primeiro e segundo graus, julgou-se improcedente a pretensão da mãe, por reconhecer-se a validade dos termos de uso da plataforma, a despeito dos julgadores declararem estarem sensibilizados com a abalo que a mãe sofreu pela perda da filha e por aliviar a dor mediante uso da conta dela.

Acrescenta artigo à Lei do Marco Civil da Internet – Lei no 12.965, de 23 de abril de 2014, a fim de dispor sobre a destinação das contas de internet após a morte de seu titular; PL 1144/2021, da Dep. Renata Abreu. Dispõe sobre os dados pessoais inseridos na internet após a morte do usuário; PL 2664/2021, do Dep. Carlos Henrique Gaguim. Acrescenta o art. 1857-A à Lei n° 10406, de 2002, Código Civil, de modo a dispor sobre a herança digital. PL 703/2022, do Dep. Helio Lopes. Acrescenta o art. 1857-A à Lei n° 10406, de 2002, Código Civil; PL 4847/2022, do Dep. Marçal Filho. Acrescenta o Capítulo II-A e os arts. 1.797-A a 1.797-C à Lei nº 10.406, de 10 de janeiro de 2002. BRASIL. Senado Federal. PL 365/2022, do Sen. Confúcio Moura. Dispõe sobre a herança digital.

[140] MENDES, Laura Schertel Ferreira.; NUNES-FRITZ, Karina. **Case report: Corte alemã reconhece a transmissibilidade da herança digital**. Direito Público, *[S. l.]*, v. 15, n. 85, 2019. Disponível em: https://www.portaldeperiodicos.idp.edu.br/direitopublico/article/view/3383. Acesso em: 4 maio. 2023.

[141] BRASIL. Tribunal de Justiça do Estado de São Paulo (31ª Câmara de Direito Privado. Apelação Cível 1119688-66.2019.8.26.0100. Relator: Des: Francisco Casconi. São Paulo, 9 de março de 2021).

2. A natureza jurídica dúplice da herança digital

É certo que parte dos bens digitais pode ser herdada, inventariada e partilhada de acordo com as regras gerais sobre sucessão, por serem, no fundo, direitos e participações de caráter econômico, sub-rogando-se, eventualmente, o seu equivalente em dinheiro, o que tornaria desnecessária qualquer modificação legislativa. Em outras palavras, o regime jurídico destes bens digitais é o da propriedade. Contudo, a dificuldade reside, exatamente, nas situações em que o problema envolve bens tutelados sob o regime jurídico dos direitos da personalidade, mais especificamente, dos direitos da personalidade *post mortem,* defendidos por meio da legitimidade para certas pessoas defenderem os direitos do falecido, como se este vivo fosse. Todavia, o problema é que, nos termos do art. 2º do Código Civil, a personalidade jurídica do ser humano extingue-se com a morte. Assim, haveria duas situações: ou a personalidade jurídica da pessoa não se extingue com a morte, ao contrário do disposto no art. 6º do Código Civil, ficando esta, porém, sob a curatela dos sucessores, o que é juridicamente factível embora soe estranho, posto que não se confunde ser humano com pessoa humana; ou se podem herdar bens considerados personalíssimos. Nos termos do art. 11, parágrafo único, do Código Civil de 2002, estabeleceu-se a legitimidade do cônjuge (ou companheiro), dos parentes em linha reta e colaterais do falecido até o quarto grau para a defesa dos direitos da personalidade. Dessa forma, pode-se defender a honra do falecido, quando alguém a ataca. É certo que se pode questionar se a tutela da honra é do falecido ou dos herdeiros do falecido indiretamente afetados pelo ato de terceiro. De qualquer modo, existem no direito situações claras de defesa dos direitos da personalidade *post mortem,* que ilustram a questão. A principal delas refere-se aos direitos de autor, que, em relação aos direitos morais, são eternos e continuam atribuídos ao falecido, como o direito de paternidade da obra e direito de integridade. Por exemplo, os herdeiros do escritor não podem modificar a obra nem usá-la em nome próprio. Ainda que não haja parentes, ninguém pode tomá-las para si. Assim, parece-me que o problema relevante em termos de herança digital não é de direito das sucessões, mas de direitos da personalidade *post mortem.*

Em minha opinião, não se deveriam conceder acessos aos bens digitais da pessoa em contas cujo acesso é restrito por senha. Os problemas decorrentes do acesso *post mortem*[142] de conta de e-mail, armazenamento em nuvem, aplicativos

[142] (...)12. A decisão de autorizar a utilização de embriões consiste em disposição post mortem, que, para além dos efeitos patrimoniais, sucessórios, relaciona-se intrinsecamente à personalidade e dignidade dos seres humanos envolvidos, genitor e os que seriam concebidos, atraindo, portanto, a imperativa obediência à forma expressa e incontestável, alcançada por meio do testamento ou instrumento que o valha em formalidade e garantia. 13. A declaração posta em contrato padrão de prestação de serviços de reprodução humana é instrumento absolutamente inadequado para legitimar a implantação post mortem de embriões excedentários, cuja autorização, expressa e

de mensagens instantâneas e contas de redes sociais da pessoa falecida é que, em primeiro lugar, ela transmitiu as mensagens na certeza e segurança de que contava com o direito fundamental ao sigilo das comunicações, imprescindível para assegurar a privacidade, intimidade, segredo, honra e imagem, em relação às demais pessoas, o que inclui seus parentes. Ainda em relação a fotos e vídeos, estes materiais podem tanto ser considerados bens em si mesmos, como também podem ser considerados comunicações em formato não escrito. É certo que a pessoa pode não se importar com o acesso – neste caso, poderia ter franqueado a senha para quem quisesse e o problema da herança digital nem sequer existiria, porque o acesso não é algo similar à sucessão de um bem material – mas também pode não desejar, guardando as senhas consigo. Neste último caso, o não compartilhamento das senhas de acesso, a meu ver, significa a vontade do falecido de que suas correspondências e atividades em redes sociais não fossem conhecidam por terceiros, entre os quais, os seus parentes. Importa, portanto, refletir acerca do fato de a pessoa ter mantido em segredo o acesso a suas contas pessoais, em um mundo no qual há forte estímulo à evasão da privacidade. Considerando que o direito costuma respeitar a vontade do falecido, parece-me ser este o primeiro argumento contrário ao acesso a estes bens digitais após o falecimento da pessoa, independentemente de a personalidade jurídica ter-se extinguido por força de lei. Ou, ainda, por analogia dos casos de reprodução assistida, presume-se que não quis a paternidade a pessoa cujo embrião foi armazenado e faleceu sem ter manifestado expressamente por testamento a vontade de ter uma paternidade *post mortem*. De igual modo, e talvez mais grave, é que o falecido se comunicava com terceiros, que estão vivos, e assim o fizeram também sob o mesmo manto da garantia do sigilo das comunicações estabelecida na Constituição Federal. Ao franquear-se o acesso a tais contas, o exercício de um direito atribuído aos herdeiros do falecido implicará a violação de direitos fundamentais alheios. Ademais, com a herança digital é que, nos termos do art. 11, parágrafo único do Código Civil, atribuem-se aos herdeiros do falecido a titularidade para a defesa dos direitos da personalidade do falecido, ou que eles têm legitimidade para defender interesse próprio lesado por ricochete ao referir-se ao parente falecido. Logo, uma situação é os parentes defenderem os direitos do falecido, ou direitos próprios, quando violados. Outra, ao contrário, consistiria, sob a terminologia de "herança digital", conferir-se o direito de os parentes do falecido violarem o direito dele, ao terem acesso a informações que não se gostaria verem acessadas. Ao que parece, a regra do art. 11, parágrafo único, do

específica, haverá de ser efetivada por testamento ou por documento análogo. (BRASIL. Superior Tribunal de Justiça (4ª Turma). REsp 1.918.421/SP. Relator: Min. Luis Felipe Salomão. Brasília, 8 de junho de 2021)

Código Civil, não se aplica ao caso, pois foi concebida com a finalidade oposta, pois, neste caso, não se estaria tutelando o direito do falecido, mas o direito de terceiros. Todavia, caso diverso parece ser aquele em que se tem que acessar tais contas para fins de investigação criminal. Neste caso, mediante ordem judicial, que se aplicassem as regras de quebra de sigilo de comunicações entre vivos para esta situação. Parece tranquilo que esta medida de interceptação das comunicações do falecido se volte para fins de investigação criminal e instrução processual penal, sobretudo por conta do estado de coisas que existe atualmente pelo uso de aplicativos que concorrem para a realização de tragédias.

3. Os desafios vindouros sobre o tema da herança digital

Embora a questão sensível sobre herança digital se refira aos dados cujo acesso estão no âmbito dos direitos fundamentais e dos direitos da personalidade *post mortem*, o dinamismo imposto pelo desenvolvimento contínuo das tecnologias traz novos desafios até mesmo para direitos patrimoniais. É o caso em que as contas de redes sociais da pessoa estão monetizadas, isto é, seu titular é remunerado por ter propaganda veiculada pelo acesso dos usuários à sua conta e, quando esta vem a falecer, ainda continua rendendo frutos por conta dos acessos, como foi o caso das contas da falecida cantora Marília Mendonça, em que havia a exploração de sua própria imagem, decorrente do exercício de seu direito da personalidade, e, agora, falecida, continua a ser feita com a conta em si, e que tem com 42 milhões de seguidores no Instagram.

Outro desafio para o qual não há solução dentro das regras atuais é o uso da inteligência artificial para a geração de músicas que emulam a criação de determinado artista a partir de seus padrões de composição. Estas músicas, disponibilizadas em plataformas de *streaming*, são ouvidas por quem quiser e o acesso está monetizado, gerando direitos de exploração econômica aos seus autores – aliás, outra garantia constitucional prevista no art. 5º, XXVII e XXVIII, da Constituição Federal – mas este autor não existe nem nunca existiu, embora seja resultado da expressão da personalidade e criatividade de uma pessoa que viveu e já faleceu. Neste caso, a receita gerada pela música criada por inteligência artificial deveria ser herdada pela família – em espécie de sobrepartilha de um bem até então inexistente, o que é diferente de um bem sobrepartilhado porque estava desconhecido ou juridicamente indisponível – ou se a receita deveria ser atribuída ao criador do software com algoritmo de inteligência artificial ou a quem o usou, executando-o a partir da identificação automática dos padrões de composição de determinado artista enquanto vivo. Neste caso, os tribunais já enfrentaram caso semelhante no passado, com a questão relativa a obras psicografadas de autores já falecidos. Caso emblemático foi aquele envolvendo o escritor Humberto de Campos, que, do além, continuava a escrever por intermédio do médium Chico

Xavier. A família do escritor ingressou com ação judicial. Embora a família não tenha conseguido êxito por reconhecer-se a carência de ação, a partir de então, Humberto de Campos passou a ser Irmão X.

O terceiro aspecto relativo à herança digital é que, nos termos da Lei Geral de Proteção de Dados, a pessoa humana é titular de seus dados pessoais, cabendo aos agentes de tratamento de dados fazer o tratamento de acordo com os princípios previstos na lei, e somente nas hipóteses legais (bases legais) para essa atividade. Embora se pense em contas de e-mail, serviço de armazenamento na nuvem, e de redes sociais, cabe, pelo mesmo motivo, a pergunta sobre o cabimento dos herdeiros do falecido de terem acesso aos dados pessoais na posse dos agentes de tratamento de dados. Com efeito, o PLS n.º 365/2022 pretende regular a matéria, autorizando-se o acesso somente em caso de manifestação expressa do titular mediante testamento, arquivo assinado digitalmente, ou por decisão judicial.

Conclusões

Os problemas relativos à herança digital não existiriam, se houvesse disseminada a prática de as plataformas digitais já estabelecerem com mais clareza a opção de autorização ou proibição do acesso às contas de titularidade do falecido. Seria suficiente esta manifestação de vontade inequívoca, porquanto teria sido feita pelo titular da conta após tê-la acessado com senha. É excessivamente burocrático que se estabeleça o uso de testamento para essa finalidade. De qualquer modo, a boa-fé da pessoa falecida precisa ser preservada por meio de lei ordinária, para que a pessoa saiba se seus dados serão ou não acessados após seu falecimento. Evidentemente, para fins de investigação criminal, não haveria esse impedimento, porque se trataria de uma questão de justiça a eventual condenação do culpado por crime contra ela praticado. Por fim, se a pessoa não quis compartilhar arquivos com terceiros, mantendo-os fechados em e-mails ou serviços de armazenamento na nuvem, entendo que essa vontade deve ser respeitada, pois, se assim o quisesse, o teria feito em vida.

9. ASPECTOS DOUTRINÁRIOS E JURISPRUDENCIAIS DO "DIREITO AO ESQUECIMENTO"

ELISABETE ALOIA AMARO

Introdução

Os direitos da personalidade são os direitos que todo ser humano possui de defender aquilo que lhe é próprio[143], como a própria vida, o próprio corpo vivo ou morto, a higidez da própria psique, a própria honra e imagem, enfim, de tudo o que diz respeito à pessoa no que concerne a seus atributos enquanto sujeito de direito.

Os direitos da personalidade são direitos vitalícios (adquirem-se com o nascimento com vida e perduram até a morte), intransmissíveis (pois dizem respeito à relação da pessoa com ela mesma), irrenunciáveis, indisponíveis, impenhoráveis, inexpropriáveis e imprescritíveis, não podendo sofrer limitação voluntária.

Conforme ensina Daysi Gogliano,[144] os direitos da personalidade "são prerrogativas da pessoa de fruir e dispor, como senhor, dos atributos da própria personalidade, de seus aspectos, emanações e prolongamentos".

Por essas razões os direitos da personalidade diferem dos direitos pessoais, que dizem respeito às relações jurídicas estabelecidas entre sujeitos (ativo e passivo), bem como dos direitos reais, que dizem respeito às relações da pessoa com seus bens (posse e propriedade).

O direito ao esquecimento é uma vertente de um dos direitos da personalidade, ou seja, do direito à vida privada. Consiste no direito do indivíduo de

[143] DINIZ, Maria Helena. **Curso de direito civil brasileiro**. v. 1. 38. ed. São Paulo: Saraiva. 2021. p. 135.
[144] GOGLIANO, Daisy. **Direitos privados da personalidade**. São Paulo: USP. 1982. p. 404.

desvincular seu nome e imagem de situações pretéritas que ele repute desabonadoras, vexatórias, e que gostaria que fossem esquecidas e não mais rememoradas ou relembradas a todo o tempo, notadamente devido ao decurso de tempo considerável após o acontecimento que deseja ver esquecido.

O direito ao esquecimento se contrapõe ao direito à informação e à liberdade de expressão, na medida em que pode ser conceituado como o direito conferido a uma pessoa de não permitir que uma notícia, mesmo que verídica, ocorrida em um dado momento de sua vida, seja exposta ao público geral perpetuamente, causando-lhe desconfortos, transtornos e sofrimentos, configurando verdadeiro dano à personalidade, não tolerado por nosso ordenamento jurídico.

É cediço que, nos termos do artigo 12 do Código Civil,[145] todo aquele que se sentir lesado ou ameaçado em seus direitos da personalidade pode exigir que cesse a ameaça ou a lesão.

Os direitos da personalidade dizem respeito a tutela da dignidade da pessoa humana, consagrada como direito fundamental (art. 1º, III, da Constituição Federal). Porém, também sabemos que a carta magna prevê e tutela o direito à informação (art. 5º, IV, V, IX E XIV, bem como art. 220, da CF), sendo certo que todas as pessoas, enquanto cidadãos, têm o direito de ter acesso às notícias e aos fatos que ocorrem na sociedade.[146]

[145] BRASIL. Lei nº 10.406, de 10 de janeiro de 2002. **Institui o Código Civil**. Diário Oficial da União: seção 1, Brasília, DF, ano 139, n. 8, p. 1-74, 11 jan. 2002. Disponível em https://www2.senado.leg.br/bdsf/bitstream/handle/id/506294/codigo_civil_5ed.pdf. Acesso em: 02 abr. 2023.

[146] BRASIL. [Constituição (1988)]. **Constituição da República Federativa do Brasil**. Brasília, DF: Senado Federal, 2016. 496 p. Disponível em: https://www2.senado.leg.br/bdsf/bitstream/handle/id/518231/CF88_Livro_EC91_2016.pdf. Acesso em: 02 de abril de 2023.
Art. 1º A República Federativa do Brasil, formada pela união indissolúvel dos Estados e Municípios e do Distrito Federal, constitui-se em Estado Democrático de Direito e tem como fundamentos: (...)
III - a dignidade da pessoa humana; (...)
Art. 5º (...)
IV - é livre a manifestação do pensamento, sendo vedado o anonimato;
V - é assegurado o direito de resposta, proporcional ao agravo, além da indenização por dano material, moral ou à imagem; (...)
IX - é livre a expressão da atividade intelectual, artística, científica e de comunicação, independentemente de censura ou licença; (...)
XIV - é assegurado a todos o acesso à informação e resguardado o sigilo da fonte, quando necessário ao exercício profissional;
Art. 220. A manifestação do pensamento, a criação, a expressão e a informação, sob qualquer forma, processo ou veículo não sofrerão qualquer restrição, observado o disposto nesta Constituição.
1º Nenhuma lei conterá dispositivo que possa constituir embaraço à plena liberdade de informação jornalística em qualquer veículo de comunicação social, observado o disposto no art. 5º, IV, V, X, XIII e XIV.
2º É vedada toda e qualquer censura de natureza política, ideológica e artística."

Outrossim, temos previsto no art. 21 do Código Civil[147] que "a vida privada da pessoa natural é inviolável, e o juiz, a requerimento do interessado, adotará as providências necessárias para impedir ou fazer cessar ato contrário a esta norma."

Apesar de todo o arcabouço jurídico existente em nosso país, atualmente, com o avanço da tecnologia e da rede mundial de computadores, que possui enorme gama de sites de informação e redes sociais, é muito difícil um fato ser esquecido, pois a qualquer momento uma pessoa pode consultar o *Google* ou qualquer outro mecanismo de busca ou, ainda, acessar histórico de redes sociais (que permitem infinitos compartilhamentos e *prints* de postagens e notícias) e, literalmente, "desenterrar" quaisquer fatos do passado.

É quase impossível com o compartilhamento de dados de forma desenfreada, que por vezes traz até mesmo o denominado "cancelamento"[148] de pessoas que ocorre nos dias de hoje, que haja uma efetiva tutela do direito ao esquecimento, enquanto faceta do direito à personalidade, mesmo se discutindo se seria cabível ou não a tutela desse direito (uma vez contraposto ao direito à informação e à liberdade de expressão) e quais os contornos desse fato a ser esquecido, ou seja, em que hipóteses poderia realmente um sujeito pretender ter um fato desabonador ou vexatório ocorrido em sua vida esquecido e retirado dos meios de comunicação.

Analisaremos neste artigo o posicionamento adotado tanto pelos doutrinadores, quanto em nossos tribunais, sobre o direito ao esquecimento, notadamente diante do recente posicionamento do Supremo Tribunal Federal sobre o assunto, no julgamento do Tema de Repercussão Geral nº 786.

1. Contornos do direito ao esquecimento na jurisprudência

Dentre os direitos da personalidade temos o direito à integridade moral que abrange a proteção da pessoa no que concerne à sua honra, liberdade, recato, nome[149], podendo tal direito ser violado pela prática de crimes de calúnia, difamação e injúria, ou qualquer outro modo em que possa configurar o dano a integridade moral, consubstanciada pela honra e imagem.

[147] BRASIL. Lei nº 10.406, de 10 de janeiro de 2002. **Institui o Código Civil**. Diário Oficial da União: seção 1. Brasília: DF. ano 139. n. 8. p. 1-74. 11 jan. 2002.

[148] O **cancelamento** é um movimento coordenado na maioria das vezes por pessoas que estão na internet e se reúnem para odiar alguém, ou seja, decidem que determinada pessoa não merece existir ou receber seguidores e curtidas no mundo digital.

[149] ALOIA AMARO, Elisabete. **Responsabilidade civil por ofensa aos direitos da personalidade**. *In* **Responsabilidade civil: estudos em homenagem ao professor Rui Geraldo Camargo Viana**. Coordenação Rosa Maria de Andrade Nery, Rogério Donnini. São Paulo: Editora Revista dos Tribunais. 2009. p. 164.

A disseminação de fatos desabonadores configura o delito de difamação, que não precisa admitir exceção da verdade e, portanto, mesmo que sendo relativos a fatos verdadeiros podem ofender a honra, imagem e integridade moral da pessoa, que tem direito à dignidade enquanto ser humano.

Leciona Maria Helena Diniz que a tutela da dignidade da pessoa humana na sociedade de informação inclui o direito ao esquecimento, permitindo, por exemplo, ao ex-detento o direito de ressocialização e reescrever sua história.[150] Aliás, é o que estabeleceu o Enunciado 531, da VI Jornada de Direito Civil do CJF[151].

O direito ao esquecimento (que alguns referem como direito a apagar dados) é uma realidade doutrinária e jurisprudencial, não expressamente previsto no nosso ordenamento. A aplicabilidade do direito ao esquecimento vem sendo considerada a cada caso concreto, ou seja, nossos tribunais vinham concedendo tutelas pautadas no direito ao esquecimento caso a caso, dependendo dos fatos e da situação no caso concreto.

Na jurisprudência dos últimos anos, dos anos de 2013 em diante, podemos encontrar julgados tanto no sentido de reconhecer o direito ao esquecimento, como no sentido de preservar o direito à informação, conforme exemplos abaixo:

> RECURSO ESPECIAL. DIREITO CIVIL. AÇÃO DE OBRIGAÇÃO DE FAZER. 1. OMISSÃO, CONTRADIÇÃO OU OBSCURIDADE. AUSÊNCIA. 2. JULGAMENTO EXTRA PETITA. NÃO CONFIGURADO. 3. PROVEDOR DE APLICAÇÃO DE PESQUISA NA INTERNET. PROTEÇÃO A DADOS PESSOAIS. POSSIBILIDADE JURÍDICA DO PEDIDO. DESVINCULAÇÃO ENTRE NOME E RESULTADO DE PESQUISA. PECULIARIDADES FÁTICAS. CONCILIAÇÃO ENTRE O DIREITO INDIVIDUAL E O DIREITO COLETIVO À INFORMAÇÃO. 4. MULTA DIÁRIA APLICADA. VALOR INICIAL EXORBITANTE. REVISÃO EXCEPCIONAL. 5. RECURSO ESPECIAL PARCIALMENTE PROVIDO. 1. Debate-se a possibilidade de se determinar o rompimento do vínculo estabelecido por provedores de aplicação de busca na internet entre o nome do prejudicado, utilizado como critério exclu-

[150] Op. Cit., pág. 136.

[151] "A tutela da dignidade da pessoa humana na sociedade da informação inclui o direito ao esquecimento".

sivo de busca, e a notícia apontada nos resultados. 2. O Tribunal de origem enfrentou todas as questões postas pelas partes, decidindo nos estritos limites da demanda e declinando, de forma expressa e coerente, todos os fundamentos que formaram o livre convencimento do Juízo. 3. A jurisprudência desta Corte Superior tem entendimento reiterado no sentido de afastar a responsabilidade de buscadores da internet pelos resultados de busca apresentados, reconhecendo a impossibilidade de lhe atribuir a função de censor e impondo ao prejudicado o direcionamento de sua pretensão contra os provedores de conteúdo, responsáveis pela disponibilização do conteúdo indevido na internet. Precedentes. 4. Há, todavia, circunstâncias excepcionalíssimas em que é necessária a intervenção pontual do Poder Judiciário para fazer cessar o vínculo criado, nos bancos de dados dos provedores de busca, entre dados pessoais e resultados da busca, que não guardam relevância para interesse público à informação, seja pelo conteúdo eminentemente privado, seja pelo decurso do tempo. 5. Nessas situações excepcionais, o direito à intimidade e ao esquecimento, bem como a proteção aos dados pessoais deverá preponderar, a fim de permitir que as pessoas envolvidas sigam suas vidas com razoável anonimato, não sendo o fato desabonador corriqueiramente rememorado e perenizado por sistemas automatizados de busca. 6. O rompimento do referido vínculo sem a exclusão da notícia compatibiliza também os interesses individual do titular dos dados pessoais e coletivo de acesso à informação, na medida em que viabiliza a localização das notícias àqueles que direcionem sua pesquisa fornecendo argumentos de pesquisa relacionados ao fato noticiado, mas não àqueles que buscam exclusivamente pelos dados pessoais do indivíduo protegido. 7. No caso concreto, passado mais de uma década desde o fato noticiado, ao se informar como critério de busca exclusivo o nome da parte recorrente, o primeiro resultado apresentado permanecia apontando link de notícia de seu possível envolvimento em fato desabonador, não comprovado, a despeito da existência de outras tantas informações posteriores a seu respeito disponíveis na rede mundial. 8. O arbitramento de multa diária deve ser revisto sempre que seu valor inicial configure manifesta desproporção, por ser irrisório ou excessivo, como é o caso dos autos. 9. Recursos especiais parcialmente providos. (Resp. 1.660.168/RJ, 3ª T.. Rel Min. Marco Aurelio Belizze (data de julgamento: 8/5/2018).[152]

EMENTA. RECURSO ESPECIAL. Direito civil-constitucional. Liberdade de imprensa vs. Direitos da personalidade. Litígio de solução transversal. Competência do superior tribunal de justiça. Documentário exibido em rede nacional. Linha direta-justiça. Sequência de homicídios conhecida Como chacina da candelária. Reportagem que reacende o tema treze anos depois do fato. Veiculação Consentida de nome e imagem de indiciado nos crimes. Absolvição posterior por negativa de autoria. Direito ao esquecimento dos condenados que cumpriram pena e dos absolvidos. Acolhimento. Decorrência da proteção legal e constitucional da dignidade da pessoa humana e das limitações positivadas à atividade informativa. Presunção legal e constitucional de ressocialização da pessoa. Ponderação de valores. Precedentes de direito comparado. (STJ Resp. 1334097/RJ, Rel. Ministro LUIS FELIPE SALOMÃO, QUARTA TURMA, julgado em 28/05/2013, DJe 10/09/2013).[153]

RECURSO ESPECIAL. AMEAÇA NO ÂMBITO DA LEI MARIA DA PENHA. PENA EXCLUSIVA DE MULTA. IMPOSSIBILIDADE. ART. 17 DA LEI N. 11.340/2006. ANOTAÇÃO NA FAC DO RECORRENTE COM TRÂNSITO EM JULGADO HÁ

[152] Esse julgamento foi posteriormente objeto de juízo de retratação, nos termos do art. 1040, II, do CPC, em decorrência do julgamento do RE n. 1.010.606/RJ, em que o Supremo Tribunal Federal fixou a seguinte tese (Tema 786/STF), em acórdão proferido em 22/06/22, tendo sido ratificado o julgamento originário ante a ausência de divergência com o tema 786.

[153] Esse caso também foi objeto de juízo de retratação nos termos do art. 1040, II, do CPC em acórdão proferido em 09/02/21, tendo sido ratificado o julgamento anterior.

MAIS DE 20 ANOS. DIREITO AO ESQUECIMENTO. AFASTAMENTO DOS MAUS ANTECEDENTES. RECURSO ESPECIAL PROVIDO EM PARTE. 1. Conforme previsão do art. 17 da Lei Maria da Penha, não é cabível, em hipóteses de violência ou grave ameaça contra a mulher no âmbito doméstico, a aplicação somente da pena de multa, ainda que o crime pelo qual o réu foi condenado tenha previsão alternativa dessa espécie de sanção. Precedentes. 2. A jurisprudência desta Corte Superior é firme em assinalar que condenações transitadas em julgado há mais de cinco anos podem ser consideradas como maus antecedentes para efeito de fixação da pena-base. Entretanto, quando os registros da folha de antecedentes do réu são muito antigos, como no presente caso, admite-se o afastamento de sua análise desfavorável, em aplicação à teoria do direito ao esquecimento. 3. Não se pode tornar perpétua a valoração negativa dos antecedentes, nem perenizar o estigma de criminoso para fins de aplicação da reprimenda, pois a transitoriedade é consectário natural da ordem das coisas. Se o transcurso do tempo impede que condenações anteriores configurem reincidência, esse mesmo fundamento - o lapso temporal - deve ser sopesado na análise das condenações geradoras, em tese, de maus antecedentes. 4. Recurso especial provido em parte a fim de afastar a aplicação exclusiva da pena de multa. Determinado o envio de cópia dos autos ao Juízo da condenação para imediata execução da pena imposta. Vistos e relatados estes autos em que são partes as acima indicadas, acordam os Ministros da Sexta Turma, por unanimidade, dar parcial provimento ao recurso especial, com determinação, nos termos do voto do Sr. Ministro Relator. Os Srs. Ministros Nefi Cordeiro, Antonio Saldanha Palheiro e Sebastião Reis Júnior votaram com o Sr. Ministro Relator. Ausente, justificadamente, a Sra. Ministra Maria Thereza de Assis Moura. (STJ - REsp 1707948 / RJ 2017/0282003-2, Relator: Ministro ROGERIO SCHIETTI CRUZ (1158), Data do Julgamento: 10/04/2018, Data da Publicação: 16/04/2018, T6 - SEXTA TURMA)

Exclusão de informações disponibilizadas na internet – direito ao esquecimento – inaplicabilidade

"1. Na presente hipótese, o autor requereu a apreciação de requerimento de exclusão, da rede mundial de computadores, de todas as informações que contenham seu nome ou o nome de seus familiares, concernentes à "Operação Perfídia", deflagrada pela Polícia Federal em conjunto com o Ministério Público Federal, como um dos desdobramentos da "Operação Lava Jato".(...). 3. Deve ser evidenciado, no caso, que o exercício da liberdade de imprensa e a livre manifestação do pensamento estão em harmonia com o interesse público e estão fundamentados em princípios constitucionais que têm maior peso do que aqueles que resguardam a esfera de intimidade dos indivíduos, especialmente em situações atinentes à averiguação de condutas que eventualmente importem na dilapidação do patrimônio público. 4. A retirada, de forma indiscriminada, de dados da plataforma de provedor de pesquisas na rede mundial de computadores importaria na imposição de verdadeira censura, que é expressamente vedada pelo art. 5º, inc. IX, do Texto Constitucional. (...) 7. A divulgação de informação relevante e contemporânea aos fatos, objeto de apuração em matérias jornalísticas disponibilizadas pelos sítios eletrônicos de busca não se enquadra em situação de "direito ao esquecimento". (TJDF – Acórdão 1186782, 07165884220188070001, Relator: ALVARO CIARLINI, 3ª Turma Cível, data de julgamento: 18/07/2019, publicado no DJe: 25/07/2019).

2. O posicionamento do STF – julgamento do Tema n° 786

O Supremo Tribunal Federal, em 2016, reconheceu a repercussão geral do tema n° 786[154], proferindo julgamento em 2021, no qual foi estabelecido ser incompa-

[154] **Tema 786 - Aplicabilidade do direito ao esquecimento na esfera civil quando for invocado pela própria vítima ou pelos seus familiares.** Relator(a): MIN. DIAS TOFFOLI. Leading Case:RE 1010606. **Descrição:** Recurso extraordinário em que se discute, à luz dos arts. 1º, III, 5º, caput, III

tível com a Constituição Federal a ideia de um direito ao esquecimento. Ao julgar o *Leading Case* assim se manifestou nossa Corte Suprema:

> EMENTA. Recurso extraordinário com repercussão geral. Caso Aída Curi. Direito ao esquecimento. Incompatibilidade com a ordem constitucional. Recurso extraordinário não provido. 1. Recurso extraordinário interposto em face de acórdão por meio do qual a Décima Quinta Câmara Cível do Tribunal de Justiça do Estado do Rio de Janeiro negou provimento a apelação em ação indenizatória que objetivava a compensação pecuniária e a reparação material em razão do uso não autorizado da imagem da falecida irmã dos autores, Aída Curi, no programa Linha Direta: Justiça. 2. Os precedentes mais longínquos apontados no debate sobre o chamado direito ao esquecimento passaram ao largo do direito autônomo ao esmaecimento de fatos, dados ou notícias pela passagem do tempo, tendo os julgadores se valido essencialmente de institutos jurídicos hoje bastante consolidados. A utilização de expressões que remetem a alguma modalidade de direito a reclusão ou recolhimento, como *droit a l'oubli* ou *right to be let alone,* foi aplicada de forma discreta e muito pontual, com significativa menção, ademais, nas razões de decidir, a direitos da personalidade/privacidade. Já na contemporaneidade, campo mais fértil ao trato do tema pelo advento da sociedade digital, o nominado direito ao esquecimento adquiriu roupagem diversa, sobretudo

e X, e 220, § 1º, da Constituição Federal, a possibilidade de a vítima ou seus familiares invocarem a aplicação do direito ao esquecimento na esfera civil, considerando a harmonização dos princípios constitucionais da liberdade de expressão e do direito à informação com aqueles que protegem a dignidade da pessoa humana e a inviolabilidade da honra e da intimidade. **Tese:** É incompatível com a Constituição a ideia de um direito ao esquecimento, assim entendido como o poder de obstar, em razão da passagem do tempo, a divulgação de fatos ou dados verídicos e licitamente obtidos e publicados em meios de comunicação social analógicos ou digitais. Eventuais excessos ou abusos no exercício da liberdade de expressão e de informação devem ser analisados caso a caso, a partir dos parâmetros constitucionais - especialmente os relativos à proteção da honra, da imagem, da privacidade e da personalidade em geral - e as expressas e específicas previsões legais nos âmbitos penal e cível.

após o julgamento do chamado Caso González pelo Tribunal de Justiça Europeia, associando-se o problema do esquecimento ao tratamento e à conservação de informações pessoais na internet. 3. Em que pese a existência de vertentes diversas que atribuem significados distintos à expressão direito ao esquecimento, é possível identificar elementos essenciais nas diversas invocações, a partir dos quais se torna possível nominar o direito ao esquecimento como a pretensão apta a impedir a divulgação, seja em plataformas tradicionais ou virtuais, de fatos ou dados verídicos e licitamente obtidos, mas que, em razão da passagem do tempo, teriam se tornado descontextualizados ou destituídos de interesse público relevante. 4. O ordenamento jurídico brasileiro possui expressas e pontuais previsões em que se admite, sob condições específicas, o decurso do tempo como razão para supressão de dados ou informações, em circunstâncias que não configuram, todavia, a pretensão ao direito ao esquecimento. Elas se relacionam com o efeito temporal, mas não consagram um direito a que os sujeitos não sejam confrontados quanto às informações do passado, de modo que eventuais notícias sobre esses sujeitos – publicadas ao tempo em que os dados e as informações estiveram acessíveis – não são alcançadas pelo efeito de ocultamento. Elas permanecem passíveis de circulação se os dados nelas contidos tiverem sido, a seu tempo, licitamente obtidos e tratados. Isso porque a passagem do tempo, por si só, não tem o condão de transmutar uma publicação ou um dado nela contido de lícito para ilícito. 5. A previsão ou aplicação do direito ao esquecimento afronta a liberdade de expressão. Um comando jurídico que eleja a passagem do tempo como restrição à divulgação de informação verdadeira, licitamente obtida e com adequado tratamento dos dados nela inseridos, precisa estar previsto em lei, de modo pontual, clarividente e sem anulação da liberdade de expressão. Ele não pode, ademais, ser fruto apenas de ponderação judicial. 6. O caso concreto se refere ao programa televisivo Linha

> Direta: Justiça, que, revisitando alguns crimes que abalaram o Brasil, apresentou, dentre alguns casos verídicos que envolviam vítimas de violência contra a mulher, objetos de farta documentação social e jornalística, o caso de Aida Curi, cujos irmãos são autores da ação que deu origem ao presente recurso. Não cabe a aplicação do direito ao esquecimento a esse caso, tendo em vista que a exibição do referido programa não incorreu em afronta ao nome, à imagem, à vida privada da vítima ou de seus familiares. Recurso extraordinário não provido. 8. Fixa-se a seguinte tese: "É incompatível com a Constituição a ideia de um direito ao esquecimento, assim entendido como o poder de obstar, em razão da passagem do tempo, a divulgação de fatos ou dados verídicos e licitamente obtidos e publicados em meios de comunicação social analógicos ou digitais. Eventuais excessos ou abusos no exercício da liberdade de expressão e de informação devem ser analisados caso a caso, a partir dos parâmetros constitucionais - especialmente os relativos à proteção da honra, da imagem, da privacidade e da personalidade em geral - e das expressas e específicas previsões legais nos âmbitos penal e cível". (RE 1010606, Relator: DIAS TOFFOLI, Tribunal Pleno, julgado em 11/02/2021, PROCESSO ELETRÔNICO - REPERCUSSÃO GERAL - MÉRITO DJe-096 DIVULG 19-05-2021 0 PUBLIC 20-05-2021). G.N.

O Supremo Tribunal Federal analisou o tema exaustivamente, em acórdão com mais de 330 páginas, donde podemos extrair algumas conclusões interessantes do voto do relator, Min. Dias Toffoli, que transcrevemos abaixo:

> Começo destacando que, para fins de abordar o direito ao esquecimento, é necessário apartar de sua abrangência as informações ilícitas, ou seja: é preciso desconsiderar as informações inverídicas e as informações adquiridas ou utilizadas contrariamente à lei. Para a proteção contra informações inverídicas ou ilicitamente obtidas/utilizadas, o ordenamento jurídico é farto, seja em âmbito penal, seja em âmbito cível.

[...]
Não desconheço, ressalte-se, que parcela da doutrina trata do direito ao esquecimento abarcando fatos lícitos e ilícitos. Porém, como salientei, o ordenamento brasileiro é farto em dispositivos voltados à proteção da pessoa, da personalidade e da privacidade humana diante de divulgação ilícita (fato inverídico ou dado coletado/utilizado em desconformidade com a lei).
[...]
Em conclusão, a partir desses elementos essenciais, podemos entender o nominado direito ao esquecimento como a pretensão apta a impedir a divulgação, seja em plataformas tradicionais ou virtual, de fatos ou dados verídicos e licitamente obtidos, mas que, em razão da passagem do tempo, teriam se tornado descontextualizados ou destituídos de interesse público relevante.
[...]
EXISTIRIA UM DIREITO FUNDAMENTAL AO ESQUECIMENTO?
[...]
A meu ver, a resposta para tais questionamentos vai claramente no sentido da inexistência no ordenamento jurídico brasileiro de um direito genérico com essa conformação, seja expressa ou implicitamente.
O que existe no ordenamento são expressas e pontuais previsões em que se admite, sob condições específicas, o decurso do tempo como razão para supressão de dados ou informações.
Negar acesso a fatos ou dados simplesmente porque já passados é interferir, ainda que indiretamente, na ciência, em sua independência e em seu progresso.
[...]
DIREITO AO ESQUECIMENTO EM ÂMBITO DIGITAL?
Sem adentrar em exame minucioso de tais previsões – que não são objeto destes autos –, o que convém observar é que a legislação pretendeu cercar os dados de ampla proteção, viabilizando meios para eventuais correções/retificações que se façam necessárias, mas

> em nenhuma delas trouxe um direito ao indivíduo de se opor a publicações nas quais dados licitamente obtidos e tratados tenham constado. Ao contrário, a lei é expressa (art. 4º) no sentido de que não se aplica o tratamento de dados pessoais àquilo:
> "II - realizado para fins exclusivamente:
> a) jornalístico e artísticos;"
> [...]
> ...nota-se que um dos aspectos centrais do direito fundamental à liberdade de expressão – aspecto esse que deve ser reforçado tanto mais democrática for dada sociedade – é, que, como regra geral, não são admitidas restrições prévias ao exercício dessa liberdade.
> [...]
> Tanto quanto possível, portanto, deve-se priorizar: o complemento da informação, em vez de sua exclusão; a retificação de um dado, em vez de sua ocultação; o direito de resposta, em lugar da proibição ao posicionamento; o impulso ao desenvolvimento moral da sociedade, em substituição ao fomento às neblinas históricas ou sociais.

Portanto, ao analisar o caso, o Supremo Tribunal Federal entendeu que o direito ao esquecimento não pode simplesmente se sobrepor ao direito à informação. Deve-se verificar, no caso concreto, a partir dos parâmetros constitucionais, eventuais excessos ao direito de informação e à liberdade de expressão. Essa foi a posição do Supremo, por maioria de votos (vencidos, parcialmente, os Ministros Nunes Marques, Edson Fachin e Gilmar Mendes).

Ponderou o Ministro Gilmar Mendes, em voto parcialmente divergente, entender ser possível compatibilizar o direito fundamental à privacidade e ao resguardo da imagem, além da dignidade da pessoa humana, com a liberdade de informação assegurada pela Constituição Federal, mormente ao assegurar que os fatos remotos ou distantes no tempo, que interessem à memória da sociedade, possam ser divulgados, desde que presentes o interesse público, histórico ou social atuais e observado o grau de acessibilidade da informação, de forma que, sem que ocorra a desnaturação da informação, seja possível anonimizar o fato ou qualquer outro elemento de identificação dos autores e das vítimas de delitos ou circunstâncias vexatórias, intimidatórias ou humilhantes, assegurando, assim, a adequada proporcionalidade da concordância prática com o direito à liberdade de expressão e de comunicação, resguardando-se a via resoluta do direito de resposta ou indenização, a posteriori, sem prejuízo de outros instrumentos a serem aprovados pelo Parlamento.

O Ministro Edson Facchin votou pela parcial procedência da ação do *Leading Case*, entendendo que deve ser reconhecido no ordenamento brasileiro um direito ao esquecimento, mas, no caso concreto que estava *sub judice*, entendeu que a posição dos requerentes não poderia triunfar sobre a posição de preferência da liberdade de expressão e do direito à informação.

Já o Ministro Nunes Marques concordou com o Relator quanto à conclusão de que não existe um direito ao esquecimento no Brasil, entendendo que a problemática do *Leading Case* estaria em averiguar eventual abuso do poder de informar.

Conclusões

Pelo recente posicionamento do Supremo Tribunal Federal, é incompatível com a Constituição Federal a existência de um direito ao esquecimento, sendo que eventuais excessos ou abusos no exercício da liberdade de expressão e de informação devem ser analisados em cada caso concreto, observadas suas particularidades.

O direito à liberdade de informação e expressão não é absoluto, devendo sempre ser alicerçado na ética e na boa-fé, sob pena de caracterizar-se abusivo. Tanto é assim que o próprio art. 220 da Carta Magna, ao mesmo tempo em que garante a plena liberdade de informação jornalística, impõe aos veículos de comunicação o dever de respeito à intimidade, à vida privada, à honra e à imagem das pessoas.

O Tribunal da Cidadania e a Corte Superior brasileira entendem inexistir ato ilícito se os fatos divulgados forem verídicos ou verossímeis, ainda que eivados de opiniões severas, irônicas ou impiedosas.[155]

Além de verdadeira, a informação divulgada deve ser útil, isto é, deve haver interesse público no fato noticiado. Afinal, nem toda informação verdadeira é relevante para o convívio social.

O interesse público é a pedra de toque para aferir-se a legitimidade da comunicação[156].

Somado à veracidade e ao interesse público, a mídia tem o dever de evitar que o conteúdo difundido afronte os direitos da personalidade de outrem. A liberdade de informação não pode ser exercida com o intuito de difamar, injuriar ou caluniar.

Considerando a orientação firmada pelo STF, o direito ao esquecimento, porque incompatível com o ordenamento jurídico brasileiro, não é capaz de justifi-

[155] REsp 801.109/DF, Quarta Turma, DJe 12/03/2013; ADPF 130/DF; STF, AgRg no AI 690.841/SP, DJe 05/08/2011; REsp 1.586.435/PR, DJe 18/12/2019.

[156] REsp 1.627.863/DF, Quarta Turma, DJe 12/12/2016.

car a atribuição da obrigação de excluir a publicação relativa a fatos que o sujeito pretende sejam esquecidos, a não ser que haja abuso da liberdade de informar e da liberdade de expressão.

Assim, a tutela inibitória ou ressarcitória será verificada e concedida a cada caso, desde que a informação seja verídica, útil e de interesse público.

Portanto, ao menos enquanto não houver a promulgação de uma lei a respeito do direito ao esquecimento (existem projetos de lei nesse sentido, como, por exemplo, o PL 4418/20, que institui e regulamenta o chamado direito ao esquecimento penal)[157], o direito ao esquecimento não será argumento hábil para, isoladamente, contrapor-se ao direito de informação e à liberdade de expressão.

[157] A proposta garante o direito de não ser citado nominalmente, ou de forma que facilite sua identificação, à pessoa que cumpriu integralmente as penalidades, em processo na esfera da justiça penal ou administrativa, após seis anos, ou doze anos em caso de crimes hediondos ou de corrupção.

REFERÊNCIAS

ALOIA AMARO, Elisabete. **Responsabilidade civil por ofensa aos direitos da personalidade**. *In* **Responsabilidade civil: estudos em homenagem ao professor Rui Geraldo Camargo Viana**. Coordenação Rosa Maria de Andrade Nery, Rogério Donnini. São Paulo: Editora Revista dos Tribunais. 2009.

BITTAR, Carlos Alberto. **Os direitos da personalidade**. 3. ed. Rio de Janeiro: Forense Universitária. 1999.

BRASIL. [Constituição (1988)]. **Constituição da República Federativa do Brasil**. Brasília, DF: Senado Federal. 2016. Disponível em: https://www2.senado.leg.br/bdsf/bitstream/handle/id/518231/CF88_Livro_EC91_2016.pdf. Acesso em: 02 abr. 2023.

BRASIL. Lei nº 10.406, de 10 de janeiro de 2002. **Institui o Código Civil**. Diário Oficial da União: seção 1, Brasília: DF. ano 139. n. 8. p. 1-74. 11 jan. 2002. Disponível em https://www2.senado.leg.br/bdsf/bitstream/handle/id/506294/codigo_civil_5ed.pdf. Acesso em: 02 abr. 2023.

DINIZ, Maria Helena. **Curso de direito civil brasileiro**. v. 1. 38. ed. São Paulo: Saraiva. 2021.

GOGLIANO, Daisy. **Direitos privados da personalidade**. São Paulo: USP. 1982.

10. NOME E SUAS ALTERAÇÕES: DIREITO DA PERSONALIDADE. INOVAÇÕES NA LEI DOS REGISTROS PÚBLICOS EM VISTA DA AUTONOMIA PRIVADA DA PESSOA

EUCLIDES DE OLIVEIRA

1. Direito da personalidade: proteção do nome[158]

O nome civil da pessoa natural constitui elemento prioritário e relevante no quadro dos direitos da personalidade. Essa colocação decorre de princípios constitucionais que garantem a dignidade da pessoa humana (art. 1ª, inciso III), com o objetivo de "promover o bem de todos, sem preconceitos de origem, raça, sexo, cor, idade e quaisquer outras formas de discriminação" (art. 3º, § 4º). Tem as garantias decorrentes dos direitos fundamentais previstos no artigo 5º da Constituição da República, com destaques para a igualdade perante a lei, observância da legalidade em todos os seus termos, respeito à vida, à integridade física e moral, bem como à privacidade e intimidade das pessoas.[159]

[158] HOMENAGEM. Ao insigne Professor RUI GERALDO CAMARGO VIANA, o registro de nosso reconhecimento pelas valiosas lições ministradas com sabedoria e brilhantismo nas diversas searas da atividade jurídica, como juiz, advogado, doutrinador, professor em cursos de graduação e de pós-graduação na Faculdade de Direito da Universidade de São Paulo. Por sua admirável história de vida, o Professor Rui Geraldo merece a homenagem desta obra coletiva que lhe é endereçada com a dedicatória sincera e afetiva: *Ao mestre, com carinho.*

[159] Parte deste capítulo sobre o nome e direito da personalidade tem inspiração derivada de anteriores trabalhos do autor sobre alteração do nome civil da pessoa natural pela inserção do apelido

O atual Código Civil brasileiro (Lei n. 10.406, de 10 de janeiro de 2002), logo em sua abertura (art. 1º), diferencia-se do Código revogado (Lei n. 3.071, de 1º de janeiro de 1916), ao dispor que "toda pessoa é capaz de direitos e deveres na ordem civil". É substituída a expressão "homem", que figurava na lei anterior, por "pessoa" (do latim *persona*), em respeito à igualdade dos gêneros, princípio constitucional basilar dos direitos da personalidade civil que começa do nascimento com vida, ressalvados, desde a concepção, os direitos do nascituro (art. 2º).

Partindo dessa baliza, o Código Civil contempla, nos artigos 11 a 21, os "Direitos da Personalidade", afirmando que são invioláveis, pois seu exercício não pode sofrer limitação voluntária. Prossegue na previsão de direito a perdas e danos em caso de ameaça e lesão, proíbe atos de disposição do próprio corpo (salvo por exigência médica), ressalva que é possível essa disposição de ordem física para valer *post mortem* (como sucede na doação de órgãos para fins científicos, ou altruísticos); no mesmo sentido, veda que a pessoa seja constrangida a submeter-se, com risco de vida, a tratamento médico ou a intervenção cirúrgica.

A disposição específica sobre o direito ao nome consta dos artigos 16 a 21 do Código Civil, com assentamentos básicos de que se trata de direito de toda pessoa, nele compreendidos o prenome e o sobrenome, bem como o pseudônimo para atividades lícitas. Outras garantias relacionadas ao nome, aos escritos e à vida privada da pessoa são cuidadas nos artigos 18 e 20 para coibir transgressões no uso do nome. O capítulo encerra-se com a afirmação de que a vida privada da pessoa natural é inviolável (art. 21), o que abrange igualmente os direitos de uso do nome, sinal identificador da pessoa como ente individual dentro da sociedade.

Além de ser um elemento de identificação pessoal, o nome possibilita à pessoa exercer os seus direitos e obrigações na ordem civil, a principiar pelo registro de nascimento e o lançamento dos seus dados nominais bem como os dados de seus progenitores e avós. Com esse reconhecimento da existência, a pessoa insere-se no ambiente familiar e social, vindo a adquirir outros dados sinalizadores de sua presença no ambiente comunitário e político pelos registros de identidade, cadastro de pessoa física, título de eleitor e outros documentos de que venha a necessitar para o pleno exercício de seus direitos.

notório e do acréscimo do nome do padrasto ou da madrasta em razão de afinidade com o enteado ou a enteada. Conferir: **Direito ao nome**. *In* **Novo Código Civil: questões controvertidas**. Coord. DELGADO, Mario Luiz, v. 2. São Paulo: Método. 2004, p. 67-88; **Com afim e com afeto fiz meu nome predileto**. *In* Direito das famílias: contributo do IBDFAM: homenagem a Rodrigo da Cunha Pereira. coord. DIAS, Maria Berenice. São Paulo: Revista dos Tribunais. 2009, p. 377. Procedeu-se à atualização do tema em vista dos acréscimos decorrentes das inovações legislativas, em especial aquelas trazidas pela Lei Federal n. 14.382, de 27 de junho de 2022, objeto de análise deste capítulo.

Significa dizer que, uma vez identificado pelo seu nome civil, o titular passa a ter garantidos os seus direitos de personalidade, como um conjunto de caracteres físicos, psíquicos e morais que compõem o ser humano.

Em síntese, como bem assinala o civilista Flávio Tartuce, os direitos de personalidade são aqueles inerentes à pessoa e à sua dignidade, por decorrência das garantias constitucionais desses direitos, visualizados em cinco grandes ícones: vida e integridade físico-psíquica, nome da pessoa natural ou jurídica, imagem reproduzida ou pela formação de seus atributos, honra e intimidade na vida privada.[160] Essa classificação de direitos, como reconhece Tartuce, foi inspirada na doutrina de Rubens Limongi França, que apontava três grandes grupos de direitos da personalidade, referentes à proteção da integridade física, da integridade intelectual e da integridade moral.[161]

Na mesma linha, a objetiva definição de Paulo Luiz Netto Lôbo, afirmando que "os direitos da personalidade são os direitos não patrimoniais inerentes à pessoa, compreendidos no núcleo essencial de sua dignidade".[162]

Nesse contexto, tem-se que o nome civil da pessoa constitui direito da personalidade "por excelência", como assinala a doutrina sem divergências e com reconhecido respaldo jurisprudencial. É manto que protege direito subjetivo absoluto, com características que visam à garantia do pleno exercício dos demais direitos pelo seu portador.

2. Registro de nascimento e nome da pessoa

A Constituição da República Federativa do Brasil, promulgada em 5 de outubro de 1988, acentua a relevância do registro civil de nascimento no elenco dos direitos e garantias fundamentais, ao dispor sobre a sua gratuidade aos "reconhecidamente pobres" (art. 5º, inciso LXXVI, letra "a"),

A disciplina do registro do nome constitui objeto da Lei nº 6.015, de 31.12.1973, relativa a registros públicos, com alterações diversas de redação e de conteúdo em vista de aperfeiçoamento doutrinário e mutação legislativa. Seu artigo 30, com a redação da Lei nº 9.534, de 10.12.1997, vai além da benesse constitucional concedida aos necessitados, pois estende a todas as pessoas o benefício de isenção de emolumentos pelo registro civil de nascimento e do assento de óbito, com direito a uma via da certidão (as demais são cobradas, salvo aos reconhecidamente pobres). Igual disposição se colhe da Lei dos Notários e Registradores

[160] TARTUCE, Flávio. **Direito civil: lei de introdução e parte geral**. 19. ed. 2023. São Paulo: Gen/Forense. p. 138 e 139.

[161] LIMONGI FRANÇA, Rubens. **Instituições de direito civil**. 4. ed. São Paulo: Saraiva. 1996. p. 939-940.

[162] LÔBO, Paulo Luiz Netto. **Direito civil: parte geral**. 3. ed. São Paulo: Saraiva. 2012. p. 130.

(LNR – Lei 8.935, de 18.11.1994), com o acréscimo de que é proibida a inserção nas certidões de informação sobre a condição de pobreza.

No artigo 54 da mesma lei de registro, consta a obrigatoriedade do registro de nascimento ocorrido no território nacional, dentro do prazo de 15 dias, que será ampliado em até 3 meses para os lugares distantes mais de 30 quilômetros da sede do cartório. Não obstante, admite-se a qualquer tempo o registro tardio, que ficará sujeito ao pagamento de multa, salvo se requeridos por menores de 21 e maiores de 18 anos.

Seguem-se disposições sobre formalidades do registro e casos de alteração de nome, nos artigos 51 a 66, com diversas modificações legislativas que visam, em suma, facilitar a mudança do prenome e do sobrenome da pessoa registrada.

Assim é que o art. 54, § 4º, exige que conste do assento de nascimento "o nome e o prenome, que forem postos à criança", bem como o nome e o prenome dos pais e dos avós paternos e maternos. A referência ao nome significa o "sobrenome", ou seja, o gentílico ou o patronímico havido dos ascendentes. A preocupação é com a homonímia, a ser evitada, tanto que o art. 55 determina que, se o declarante não indicar o nome inteiro, o oficial do registro completará a denominação.

Os artigos 55 a 57 da lei em comento tiveram mudanças substanciais de conteúdo e de forma, a começar pela distinção do nome completo nos seus componentes – "prenome e sobrenome" – por força da referida Lei n. 14.382, de 2022, que adiante se analisa.

3. Nome civil da pessoa

O vocábulo "nome" tem ampla acepção por servir de instrumento gráfico e oral para designar pessoas naturais ou jurídicas, animais, vegetais e quaisquer outros bens, não importa qual seja o seu valor.

O conceito de nome civil da pessoa humana, física, natural, aponta para um sinal distintivo de sua existência e indicativo de seu reconhecimento no meio familiar, comunitário, político e social.

Washington de Barros Monteiro entende por nome "o sinal exterior pelo qual se designa, se identifica e se reconhece a pessoa no seio da família e da comunidade. É a expressão mais característica da personalidade, o elemento inalienável e imprescritível da individualidade da pessoa. Não se concebe, na vida social, ser humano que não traga um nome".[163] Ou, de forma concisa, para Rubens Limongi França, nome "é a designação pela qual se identificam e distinguem as pessoas naturais, nas relações concernentes ao aspecto civil da sua vida jurídica".[164]

[163] BARROS MONTEIRO, Washington. **Curso de direito civil: parte geral**. 5. ed. São Paulo: Saraiva. 1995. p. 86.

[164] LIMONGI FRANÇA, Rubens. **Do nome civil das pessoas naturais**. 2. ed. São Paulo: RT. 1964. p. 22.

Por isso, quando se apresenta socialmente, antes que lhe indaguem "como você se chama", a pessoa vai logo expressando o seu nome e/ou sobrenome para justificar e marcar presença.[165]

3.1. Nome: prenome e sobrenome

Entende-se por nome o conjunto de sinais gráficos identificadores da pessoa no registro civil. Abrange basicamente o prenome, que é o nome usual de chamamento, podendo ser simples ou composto, e o sobrenome tirado dos ascendentes paternos e maternos. Na forma mais simples, tem-se, como exemplo, o nome José da Silva – José como prenome e Silva como sobrenome. O mesmo José estaria mais bem identificado com o uso de nomes compostos, por exemplo: José Richardson Mendes Oliveira da Silva, as duas primeiras partes compondo o prenome, e o restante sendo o conjunto de sobrenomes. Muito comum essa opção alongada em casos de acréscimos operados no nome original pelo uso do sobrenome de cônjuge ou de companheiro (a).

Na antiga redação da Lei de Registros Públicos (n. 6.015/1973), constava a distinção entre nome e prenome: o primeiro era o nome completo e o segundo apenas o nome inicial, de chamada. Assim é que o seu artigo 54, item 4º, ao enumerar o conteúdo do assento de nascimento, ainda permanece com a antiga redação, ao mencionar que devem constar o "nome e o prenome" da criança. Já o artigo 55, com a nova redação da Lei 14.382/2022, refere-se ao "nome completo" para dispor que o oficial do registro lançará "adiante do prenome", o nome do pai e na sua falta o da mãe. Verifica-se que a legislação atual preferiu distinguir o prenome do sobrenome como elementos distintos na composição do nome da pessoa.

A esses dois elementos essenciais do nome, podem ajuntar-se outros dados de ligação como as preposições "de" e suas variáveis, ou "e", assim como designativos finais que servem de agnomes, como "Filho", "Junior", "Sobrinho" "Neto", e até de números romanos e ordinais que aparentam nobreza, como "I"," II", ou "Primeiro", "Segundo" etc., usuais denominações da realeza e da hierarquia religiosa.

Tanto o prenome como o sobrenome admitem-se nas formas simples (singular) ou composta (plural), levando a nomes bastante complexos que apresentam a segura vantagem de evitar homonímias.[166]

[165] A esse propósito, lembre-se a conhecida fala de auto-apresentação do personagem interpretado por Thomaz Sean Connery, na série de filmes que lhe deram merecida fama como agente 007: (sou) *Bond, James Bond...*

[166] Serve de exemplo o nome do notável poeta parnasiano Olavo Bilac, que atendia por inteiro como *Olavo Brás Martins dos Guimarães Bilac*, em 12 sílabas métricas que repicam um perfeito verso alexandrino. Ainda mais alongado e pomposo o nome adotado pelo imperador brasileiro D. Pedro II, de tom inegavelmente pomposo e difícil de decorar: *Pedro de Alcântara João Carlos Leopoldo Salvador Bibiano Francisco Xavier de Paula Leocádio Miguel Gabriel Rafael Gonzaga.*

3.2. Outros designativos do nome

Acrescentem-se os adendos de títulos nobiliários ou honoríficos, chamados de axiônimos, como "Duque de Caxias", "Visconde de Sabugosa", ou "Comendador Fulano de Tal" e tantos outros que, embora não constem do registro civil da pessoa, servem de adereços respeitosos que passam a integrar o reconhecimento público de sua denominação. Também servem qualificativos ligados ao mister profissional como "Governador", "Presidente", "Padre", "Pastor" e similares, além do campeoníssimo "Doutor" para os mais graduados em ciência e artes. Em alguns casos de nobreza ascendente, o nome adotado passa a substituir o nome de registro, como acontece aos soberanos, exemplo do britânico "Rei Charles III", bem como de sumos pontífices e papas da Igreja Católica que passam a ser conhecidos e chamados pelos nomes de sua eleição, com apoio geral da plateia embevecida.

Muito comum a usança de apelidos que marcam a pessoa de forma superior ao próprio nome, como se deu com o rei "Pelé", o incomparável atleta Edson Arantes do Nascimento.[167] Em casos do gênero, admite-se a inclusão do apelido público notório no registro civil do nome, como prevê a Lei n. 6.015/73, artigo 58, com a redação trazida pela Lei n. 9.708, de 18 de novembro de 1998. É o que antigamente se denominava como epíteto ou alcunha.

De uso frequente no chamamento pessoal certos nomes diminutivos, os hipocorísticos, como Tonico, Zé, Zezinho, Malu, e tantos outros modos carinhosos de identificação pessoal, podendo vir a integrar o nome em situações semelhantes ao apelido que se torne notório.[168]

Também são elementos identificadores, embora não substituam o nome, os "pseudônimos" adotados pela pessoa, que passam ao conhecimento público como forma de seu reconhecimento, como que prevalecendo sobre o nome de origem. Muitos deles são adotados por pessoas do meio literário e artístico, como ocorreu com o escritor Alceu de Amoroso Lima, que era mais conhecido como "Tristão de Athaíde". Distinguem-se, ainda, os casos de heterônimos, que são nomes diferentes utilizados com personalidade própria, para escondimento do verdadeiro autor.[169]

[167] O dicionário Michaelis inseriu "Pelé" como verbete em sua edição digital e deverá fazê-lo também em futuras edições impressas. Notícia colhida do Google, assim constando a descrição do significado: pe.lé – adj m+f, sm+f Que ou aquele que é fora do comum, que ou quem em virtude de sua qualidade, valor ou superioridade não pode ser igualado a nada ou a ninguém, assim como Pelé®, apelido de Edson Arantes do Nascimento (1940-2022), considerado o maior atleta de todos os tempos; excepcional, incomparável, único. (Fonte: Redação - Globo Esporte - ge.globo.com).

[168] O fenômeno é universal. Assim, em inglês – Bill por Clinton, Joe por Joseph, Johny por John; em espanhol – Pepe por José, Paco ou Paquito por Francisco, etc.

[169] O escritor e poeta lusitano Fernando Pessoa adotava nomes diferentes, como heterônimos – *Ricardo Reis, Álvaro de Campos e Alberto Carneiro* –, cada um deles como se fosse uma pessoa real, com especiais características de pensamento e de linguagem.

4. Alterações no nome civil da pessoa. Desjudicialização prevista na Lei n. 14.382, de 27.7.2022

Em princípio, o nome da pessoa deve ser mantido na sua inteireza, para alcance de sua finalidade de identificar e diferenciar a pessoa no seu espaço de vivência. Podem ocorrer, no entanto, mutações futuras na condição do seu portador, que justifiquem a alteração parcial ou mesmo total do nome, abrangendo os seus componentes – prenome e sobrenome -, sem que causem prejuízo ao seu próprio direito e aos que com ele mantenham vínculos pessoais ou profissionais. Note-se que, para a identificação plena e mais segura pelo nome da pessoa, evitando confusões da homonímia, o sistema jurídico utiliza outras modalidades de reconhecimento da pessoa, por números como o Registro Geral (RG), o Cadastro de Pessoas Físicas (CPF), o Título de Eleitor etc., que servem para confirmar dados de apresentação e de reconhecimento pessoal.

Importantes inovações facilitando mudanças de nome no registro civil sobrevieram com a Lei n. 14.382/2022, dispondo sobre o sistema eletrônico dos serviços públicos (SERP) e alterando outros dispositivos legais, em especial a Lei de Registros Públicos (n. 6.015/1973), nos itens relativos ao registro de nascimento, nome e suas modificações, além de normas paralelas sobre casamento e união estável.

É legislação de grande valia e impacto, pelo seu intuito de facilitar o exercício da cidadania, mediante procedimentos de mudanças de nome por providência direta do interessado junto ao ofício de registro Civil e a dispensa da intervenção judicial por respeito ao princípio da autonomia privada, salvo em situações de dúvida e de possível mau uso do instrumento registral.

Em recente edição da revista IBDFAM, do Instituto Brasileiro de Direito de Família, a nova lei foi considerada "o registro da família contemporânea", representando significativo avanço, conforme entrevistas com profissionais especializados.[170]

Interessam mais de perto ao presente trabalho as alterações dessa nova legislação civil no que tange à redação dos artigos 55 a 57 da Lei de Registros Públicos (n. 6015/1973), assim resumidas:

- Registro do nome e do sobrenome: vedação do registro de prenomes suscetíveis de expor ao ridículo os seus portadores e sua submissão ao juiz competente; indicação do nome completo pelo declarante e complementação do sobrenome pelo registrador para evitar a homonímia; possibilidade de retificação do registro no prazo de 15 dias do registro original;
- Alteração do prenome pelo titular, depois da maioridade civil: pode ser feita uma vez pelo interessado, direto no cartório; desconstituição desse

[170] IBDFAM – Revista – n. 67, fevereiro/março de 2016; entrevistas com Márcia Fidelis Lima – *Por uma legislação adequada à diversidade* -, e Carlos Elias de Oliveira – *Benefício à Autonomia Privada,* além de depoimentos prestados por profissionais versados na matéria.

registro por decisão judicial; averbação da alteração do prenome modificado e do anterior com dados de identificação do interessado; comunicação aos órgãos expedidores de documentos pessoais do interessado; comunicação ao juiz em caso de suspeita de fraude, falsidade, má fé, vício de vontade e simulação.

- Alteração posterior de sobrenomes – mediante requerimento ao Registro Civil para inclusão de sobrenomes familiares, inclusão ou exclusão de sobrenome de cônjuge ou de companheiro(a); alteração do sobrenome do enteado ou da enteada para incluir os nomes de família do padrasto ou da madrasta.

Esses e outros pontos relacionados ao nome e suas mutações serão reexaminados nos itens que seguem, mostrando a evolução legislativa que o tema vem enfrentando, por avanços nos costumes com reflexos na doutrina e na jurisprudência, evidenciado que do fato social nasce o direito das gentes (*ex facto oritur jus*).

4.1. Direito ao nome completo: prenome e sobrenome

Como visto, consta do artigo 16 do Código Civil que "toda pessoa tem direito ao nome, nele compreendidos o prenome e o sobrenome", como expressão de sua personalidade. Repete-se a regra no artigo 50 do Código, ao mencionar que todo nascimento deve ser dado a registro. Segue-se a normatização deste ato no artigo 54, inciso 4º, para firmar que o assento de nascimento deve conter "o nome e o sobrenome que forem postos à criança".

Observe-se a falta de sintonia desta última disposição, por mencionar "nome e sobrenome", enquanto o artigo 16 do Código Civil e outros dispositivos introduzidos pela Lei 14.382/2022 fazem a distinção correta entre "prenome" e "sobrenome", como usualmente se exprime na linguagem corrente. Na verdade, o vocábulo "nome" é mais amplo, por abranger todo o conjunto da denominação dada a uma pessoa, embora também se use com o fim específico de designar o nome de chamamento ou os apelidos de família, a "gens", ou gente formada pelos ascendentes da pessoa. Mais que isso, também se usa "nome" para exprimir o conjunto, no sentido de "nome completo" da pessoa. É importante seguir a distinção dos conceitos, na forma ditada pelo art. 16 do Código Civil, porque também são distintas as regras que a Lei n. 6.015/73 estabelece para que a pessoa efetue futuras alterações num ou noutro daqueles elementos, ou seja, no prenome ou no sobrenome, em atenção à regra de completude do nome e de sua individualização para evitar confusão com homônimos.

4.2. Alteração do prenome por erro de grafia ou exposição a ridículo

A Lei de Registros Públicos (Lei n. 6.015/1973, artigos 57 a 58) prevê hipóteses de alteração do prenome, embora mencione que o prenome seja definitivo, traz exceções a essa regra de aparente imutabilidade, nos casos de erro de grafia e de exposição do portador a ridículo, que se alargaram com as previsões de leis modificadoras do texto original, mencionadas neste estudo.

A hipótese de erro de grafia, mero erro material no lançamento do registro do nome, nem precisava de autorização legal por se tratar de necessário e natural acerto no registro civil objetivando a correta identificação da pessoa. Sirvam de exemplos os portadores de nomes como *Nerço* (por Nelson), ou *Jerarda* (por Geralda), e outros de manifesta carga negativa, pela sua origem (*Hitler, Lúcifer*), ou por serem alvo de pilhéria pelo seu significado quando seja de duvidosa interpretação.[171]

4.3. Alteração do prenome por apelido

A redação do art. 58 da Lei 6.015/73 teve alteração pela Lei 9.708, de 18 de novembro de 1998, para admitir a substituição do prenome por "apelidos públicos notórios".

Os apelidos, nesse texto legal, são espécies de alcunha ou de cognome que passam a designar certa pessoa no meio em que viva. Também podem abranger casos de nome próprio, que se entenda como "de uso", adotado de forma contínua e pública em lugar do nome original. Há quem, por não gostar do próprio nome, passe a utilizar um outro que lhe pareça mais adequado, passando então a ser conhecido e tratado no ambiente familiar e social pela denominação elegida e dominante.

Também se encaixam nos apelidos os casos de nomes substituídos por seus diminutivos ou aumentativos (exemplos – *Zé, Zezinho, Tonico* ou *Tonhão*). Também comuns são os apelados tirados de características da personalidade do titular ou de seu porte físico (*Fujão, Corisco, Fuinha*), proveniência (*Baiano, Paulista, Carioca*), ou de acontecimentos ligados de uma ou de outra forma, às vezes de nebulosa origem, à peculiar existência do indivíduo. Exemplo histórico é o de *Tiradentes*, apelido notório do mártir da liberdade, o mineiro Alferes Joaquim José da Silva Xavier.

Terá sido por situações dessa espécie, ligadas à identificação da pessoa no meio social, que veio o legislador a preocupar-se com o tema, alterando a legislação para autorizar a troca do prenome por apelido, muito embora já houvesse tal possibilidade em nosso ordenamento, com admissão jurisprudencial dessa alteração.

[171] Não obstante, há erros de grafia que são aceitáveis e se perpetuam na escrita comum, passando a marcar com mais força a individualidade do portador. Cite-se o caso de "Millôr Fernandes" (1923 – 2012), nome artístico adotado por Milton Viola Fernandes, notável jornalista e escritor carioca. Ele explicava seu prenome inédito como sendo fruto de erro do registrador por troca das letras "t" por "l" e "n" por "r", resultando numa espécie exótica a lhe trazer fama e glória no meio literário. *Si non è vero, è molto ben trovato.*

Admite-se, ainda, a troca do prenome ou seu acréscimo por outro elemento designativo, o "nome de uso", espécie de apelido que alcança notoriedade, por escolha da pessoa que assim passa a ser conhecida socialmente ou na sua profissão, como signo de identificação própria.[172]

4.4. Alteração do nome para proteção de vítimas e testemunhas

O artigo 57, § 7º, da Lei 6.015/1973, com a redação trazida pela Lei n. 9.807, de 13.7.1999, prevê alteração de nome como medida de proteção de vítimas e testemunhas em casos de coação ou ameaça decorrente de apuração de crime.

A alteração realiza-se por ordem judicial de averbação no registro de origem, com menção da sentença concessiva da alteração. Não se averba o nome alterado, para preservar a segurança do portador, mas o nome de origem pode ressurgir em nova averbação mediante determinação do juiz competente quando cessar a coação ou ameaça que motivou a mudança de nome. Como se verifica, a providência tem por finalidade evitar a localização da pessoa nas circunstâncias mencionadas, evitando retaliações ou vinditas do agente agressor.

4.5. Alteração do sobrenome por casamento, divórcio e viuvez

Dispõe o Código Civil, no artigo 1.565, § 1º, que "qualquer dos nubentes, querendo, poderá acrescer ao seu o sobrenome do outro". Ao tempo do Código Civil de 1916, esse direito era exclusivo da mulher casada. Agora, estende-se ao homem, atendendo-se ao princípio da igualdade que a Constituição consagra (art. 226, § 5º).

Com a dissolução do casamento, as partes podem retornar ao nome de solteiro ou de solteira. Pela disposição do Código Civil, art. 1.571, § 2º, uma vez dissolvido o casamento pelo divórcio, o cônjuge poderá manter o nome de casado. As regras estendem-se para outras causas de dissolução da vida conjugal, como a anulação, nulidade ou viuvez.

Já no caso de separação judicial, o artigo 1.578 dispunha que o cônjuge culpado perdia o direito de usar o sobrenome do outro, sob condições: a pedido do cônjuge inocente, ou se a alteração não lhe acarretasse prejuízos na identificação, distinção entre o seu nome de família e o dos filhos havidos da união dissolvida, e dano grave reconhecido na decisão judicial. Trata-se de questão superada

[172] STJ, REsp 1.217.166, 4ª. T., rel. Marco Buzzi – refere-se a troca do nome Raimunda por Danielle, por alegar, a autora, que sempre foi conhecida por este nome, desde a tenra infância; STJ REsp 538187, 3ª. T., rel. Nancy Andrighi – troca da Maria Raimunda por Maria Isabela; para a relatora, o pedido não decorria de mero capricho pessoal, mas de "necessidade psicológica profunda".

diante da prevalência do divórcio direto e potestativo como forma de dissolução da sociedade conjugal, onde descabe a discussão de culpa.[173]

A matéria teve nova regulamentação na Lei n. 14.382/2022, alterando a redação do artigo 57 da Lei registrária (6.015/1973), para dar liberdade aos interessados, já que podem continuar com o nome adotado no casamento, ou requerer diretamente a mudança no cartório de registro civil, sem necessidade de consentimento do(a) ex-cônjuge.

4.6. Alteração do nome por união estável e sua dissolução

As mesmas regras aplicadas no casamento valem para os conviventes em união estável, desde que registrada no registro civil de pessoas naturais. Dispõe nesse sentido o artigo 57, parágrafos 2º e 3º-A, da Lei n. 6.015/73, com a redação da Lei n. 14.382/2022, assegurando que se efetue o registro mediante requerimento de inclusão do nome do companheiro ou da companheira, a qualquer tempo. De igual forma, os companheiros poderão retornar ao nome de solteiros nas mesmas hipóteses previstas para os casados, no ato de averbação da extinção da união estável em seu registro. Como se verifica, tanto aqui quanto no casamento, a lei se fez paritária e facilitadora pela faculdade de uso da via extrajudicial.

4.7. Alteração do nome na adoção

As disposições sobre alteração do nome do adotado, que constavam do Código Civil, artigo 1.627, foram revogadas pelo Estatuto da Criança e do Adolescente, Lei n. 8.069, de 13.7.1990, artigo 47, parágrafos 5º e 6º. Estes dispositivos tiveram redação alterada pela Lei de Adoção, nº 12.010, de 3.08.2009. Pelo seu teor, a sentença conferirá ao adotado o nome do adotante e, a pedido de qualquer deles, poderá determinar a modificação do prenome; no pedido feito pelo adotante é obrigatória a ouvida do adotado, com as cautelas determinadas no artigo 28 da mesma lei sobre o modo próprio de ouvir a criança e o adolescente.

4.8. Alteração do nome na afinidade e na filiação socioafetiva

Importante avanço deu-se com a Lei n. 11.924, de 17.04.2009, acrescentando o parágrafo 8º ao artigo 57 da Lei n. 6.015/73, para permitir a alteração do nome do enteado ou da enteada, pelo acréscimo do nome de família do padrasto ou da madrasta, mediante a concordância destes, em casos de comprovada afinidade.

Era exigida ação judicial para autorização da mudança, mas essa formalidade deixou de existir com o advento da Lei n. 14.382/2022, para permitir o procedi-

[173] Dissolução do casamento pelo divórcio sem condicionantes – Constituição Federal, art. 226, § 6º, com a redação determinada pela Emenda Constitucional n. 66, de 13.7.2010.

mento administrativo. Agora basta que o enteado ou a enteada, alegando motivo justificável, por afinidade ou laços de afeto, formule requerimento ao oficial de registro civil para a averbação, nos registros de nascimento e de casamento, dos nomes de família de seu padrasto ou de sua madrasta, com a concordância destes, sem prejuízo de seus sobrenomes de família.

A lei menciona providência direta das partes na suposição de que sejam maiores e capazes. Se foram incapazes, haverá então necessidade de autorização do juiz competente (corregedor do Registro Civil), com assistência do Ministério Público. O mesmo se diga no caso de dúvida sobre as razões e os fundamentos do pedido formulado em cartório, quando o oficial recuse atendimento e remeta as partes à via correcional.

4.9. Alteração de nome na multiparentalidade

O reconhecimento de direitos de enteados e enteadas, objeto do tópico precedente, foi um passo inicial para o reconhecimento da filiação socioafetiva, que floresceu no entendimento jurisprudencial da multiparentalidade, com maior largueza que a mera alteração do sobrenome do enteado ou da enteada.

É questão relevante e atualíssima. Foi objeto de julgamento do Supremo Tribunal Federal, no RE 898.060/SC (rel. Min. Luiz Fux), com Repercussão Geral, Tema 622, afirmando que "a paternidade socioafetiva, declarada ou não em registro, não impede o reconhecimento do vínculo de filiação concomitante, baseada na origem biológica, com os efeitos jurídicos próprios"[174]

Trata-se de reconhecimento judicial da socioafetividade no núcleo familiar, dando origem à bivalência de pais e de mães havidos por esse vínculo de outra origem, em paralelo ao parentesco natural ou consanguíneo, como prevê o artigo 1.593 do Código Civil.

Por certo que, em havendo o reconhecimento dessa situação no espectro familiar, o nome da pessoa com diferentes pais ou mães terá o direito próprio de usar os sobrenomes dos ascendentes, como decorrência do vínculo parental.

4.10. Alteração do nome de transexuais

Pelos princípios de respeito à dignidade das pessoas e de igualdade de direitos de gêneros, admite-se a mudança de prenome nos casos de pessoas transsexuais

[174] Sobre o tema e outros julgados, ver publicação no site www.ibdfam.org.br/noticias/5243/TJRJ): paternidade socioafetiva registral que não impede o reconhecimento de paternidade biológica; pelas mesmas razões, a paternidade biológica, ainda que reconhecido em registro, não constitui impedimento para que se reconheça o vínculo socioafetivo de paternidade, com todos os consectários desse vínculo de relação familiar, conforme vem sendo reconhecido pelos tribunais. Sobre o tema e outros precedentes, conferir publicação no site www.ibdfam.org.br/noticias/5243/TJRJ.

(*trans*), com inversão da sua identidade psicossocial e comportamento diverso do sexo anotado em seu registro. [175]

Admite-se a alteração de nome mesmo que o interessado não tenha se submetido a cirurgias de mudança de sexo. Essa questão foi objeto de decisões divergentes, mas acabou predominando a tese da liberação em respeito à identidade de gênero. Assim foi assentado em antigo acórdão do Tribunal de Justiça Rio Grande do Sul, lembrando que "os direitos fundamentais visam à concretização do princípio da dignidade da pessoa humana, o qual atua como uma qualidade inerente, indissociável, de todo e qualquer ser humano, relacionando-se intrinsecamente com a autonomia, razão e autodeterminação de cada indivíduo", e que "fechar os olhos a esta realidade, que é reconhecida pela própria medicina, implicaria infração ao princípio da dignidade da pessoa humana, norma esculpida no inciso III do art. 1º da Constituição Federal, que deve prevalecer sobre a regra da imutabilidade do prenome.[176]

Nessa linha de entendimento, o Conselho Nacional de Justiça baixou o Provimento CNJ nº 73, de 28.6.2018, autorizando a pessoa maior de 18 anos e habilitada à prática dos atos da vida civil, a requerer ao ofício do registro civil onde o assento foi lavrado, que se faça a alteração e a averbação do prenome e do gênero, a fim de adequá-los à identidade autopercebida. Esse procedimento atende à autonomia da pessoa requerente, que deverá declarar ao oficial do registro a vontade de proceder à adequação da identidade por averbação do prenome, do gênero ou de ambos, mediante a apresentação de seus documentos pessoais. A exibição de laudo médico que ateste a transexualidade é facultativa, da mesma forma que o parecer psicológico ou laudo que ateste cirurgia de redesignação de sexo. Nos "considerandos" que justificam a edição daquele provimento, foram mencionados precedentes com destaque para o julgamento do Supremo Tribunal Federal, autorizando a alteração do registro civil de pessoas *trans* sem a necessidade de realização de cirurgia de transgenitalização.[177]

[175] Para as pessoas que não se identificam com a heterossexualidade no conceito binário de gênero, foram criadas siglas que servem às diversas formas de conduta sexual. Assim nasceu a LGBT, para referência a lésbicas, *gays* (termo inglês, equivalente a homossexuais), bissexuais e transgêneros (também travestis e transexuais). As variações cresceram para abrangência de outras condutas de complexa denominação, pela majorada sigla LGBTQIAP+, para abranger também o *queer* (questionamento sobre a própria identidade mutante), o intersexual, assexual e pansexual, além do + para significar outras categorias ligas ao gênero.

[176] TJRS, 7ª. Câmara Cível, rel. Desa. Maria Berenice Dias, provimento por maioria, com votos vencedores dos Des. Luiz Felipe Brasil Santos e Sérgio Fernando de Vasconcellos Chaves, para constar do registro o nome feminino (Isadora) e a situação de transexual, reservada a mudança do sexo para depois da cirurgia de redesignação, quando então passará a ser identificado como de sexo feminino, sua real identificação.

[177] Plenário, no ADI-DF nº 4.275, de 1.3.2018, por votação majoritária, atuando como relator designado o Min. EDSON FACHIN: "A pessoa transgênero que comprove sua identidade de gênero

Como se nota, a providência de alteração do registro é feita na esfera administrativa. Se havia algum processo judicial para o mesmo fim, o interessado deverá comprovar que o processo foi extinto. Mas havendo dúvida do oficial do registro em atender à solicitação de alterações no assento de nascimento, sempre restará aberta a via judicial para deslinde da controvérsia.

4.11. Alteração de nome do(a) filho(a) de divorciado(a)

Em caso de dissolução do casamento ou da união estável dos pais, admite-se que o pai ou a mãe voltem ao nome de solteiro. Nesse caso, dar-se-á que o registro de nascimento do filho havido antes não vai ter correspondência com o atual nome dos pais. Poderá ser feita, então, a alteração do registro de nascimento do filho, para que o seu sobrenome corresponda aos dados atualizados dos nomes de seus ascendentes. A previsão se contém no artigo 57, inciso IV, da Lei 6.015/1973, redação da Lei 14.382/2022, por permitir a inclusão e exclusão de sobrenomes em razão de alteração das relações de filiação.

Nessas e em outras situações fáticas que se enquadrem nas previsões legais e atendam ao fim social de melhor identificação da pessoa, afastadas as hipóteses de mero capricho ou de prejuízo a terceiro, é de se admitir a retificação do nome, em qualquer dos seus componentes, como decidiu o Superior Tribunal de Justiça, em interessante caso de renegação do nome paterno e sua substituição pelo nome da mãe, por inconformismo do interessado em vista do seu abandono pelo genitor.[178]

4.12. Alteração de nome de filho(a) recém-nascido(a)

Encontra-se no artigo 57, § 4º, da Lei 6.015/1973, por introdução da Lei 14.383/2022, novidade relativa à mudança do nome do filho recém nato, desde que requerido pelos genitores no prazo de 15 dias após o registro. Trata-se de oposição fundamentada ao prenome e sobrenomes indicados pelo declarante.

Diante do pedido conjunto, o oficial do Registro efetuará a retificação administrativa. Mas, em não havendo consenso, a oposição será encaminhada ao juiz competente para decidir. É providência de utilidade para regularização de nomes que mereçam atenção e eventuais acréscimos para evitar homonímias e atender aos naturais e compreensíveis direitos dos pais em dar a correta e desejada nomeação aos seus amados rebentos.

dissonante daquela que lhe foi designada ao nascer por autoidentificação firmada em declaração escrita desta sua vontade dispõe do direito fundamental subjetivo à alteração do prenome e da classificação de gênero no registro civil pela via administrativa ou judicial, independentemente de procedimento cirúrgico e laudo de terceiros, por se tratar de tema relativo ao direito fundamental ao livre desenvolvimento da personalidade".

[178]20 REsp 66.643-SP, 4ª. Turma, rel. Sálvio de Figueiredo Teixeira, j. em 21.10.97, site www.stj.jus.br.

4.13. Alteração de nome na maioridade

É facultado à pessoa registrada, após ter atingido a maioridade civil, requerer pessoalmente e imotivadamente a alteração de seu prenome, independente de decisão judicial.

A previsão, com facilitação de procedimento, contém-se no artigo 56 da Lei 6.015/1973, na redação dada pela Lei 14.382/2022, estabelecendo as seguintes regras nos parágrafos 1º a 4º: a alteração será averbada e publicada em meio eletrônico, para que tenha publicidade; sendo imotivada, a alteração poderá ser feita apenas uma vez e sua desconstituição dependerá de sentença judicial; na averbação deverá constar o prenome anterior e também os dados de identificação pessoal do interessado (CPF, passaporte e título de eleitor); a alteração será comunicada pelo oficial do registro civil aos órgãos expedidores dos documentos da pessoa interessada; havendo suspeita de fraude, falsidade, má-fé, vício de vontade ou simulação quanto à real intenção da pessoa requerente, o oficial recusará a retificação, hipótese em que se abrirá campo a eventual pedido de decisão judicial pelo interessado.

Essa regulamentação objetiva dar segurança à mudança do prenome para as pessoas maiores e capazes, evitando abusos e interesses escusos em prejuízo a terceiros.

4.14. Nome de estrangeiros

As regras sobre registo civil de estrangeiros que passem a ter domicílio no Brasil constavam do Estatuto próprio, Lei 6.815, de 19.08.1980. Seu artigo dispunha que o nome do estrangeiro, para o efeito de registro, seria o constante do documento de viagem. Mas o artigo 43 estabelecia exceções, prevendo alteração do nome: se comprovadamente errado, se tiver sentido pejorativo ou expuser o titular ao ridículo, se de pronunciação e compreensão difíceis com a possível tradução ou adaptação à prosódia da língua portuguesa.

Deu-se a revogação desse estatuto herdado do regime militar, pela Lei de Migração – nº 13.445, de 21.6.2017 -, estabelecendo princípios e garantias para a política migratória brasileira (art. 3°). A identificação civil do estrangeiro dá-se pelo registro obtido pelos dados biográficos e biométricos, gerando um número único de identificação para a expedição do documento de identidade do imigrante (art. 19). O documento oficial de identificação de estrangeiro no Brasil é a antiga Carteira de Registro Nacional Migratório (CRNM), alterado para Registro Nacional do Estrangeiro (RNE), atual Registro Nacional Migratório (RNM).

Tocante às alterações no nome do estrangeiro, não havendo disposição em contrário na Lei de Migração, aplicam-se ao visto de ingresso e ao registro identificador as regras sobre o registro do seu nome civil e possíveis alterações nas condições estabelecidas para o cidadão brasileiro.

Conclusões

A evolução da legislação sobre o nome da pessoa natural, como sinal distintivo de sua personalidade, ao lado das formalidades do registro e das válvulas de escape para alterações, demonstra que o legislador se preocupou com o tema e lhe deu tratamento diferenciado para facilitação dos procedimentos, com louvores da doutrina e da jurisprudência brasileira.

É patente o caráter simplificador das normas registrárias, facilitando o exercício das atividades privadas de modo a resguardar os direitos de personalidade, tornando maleável a regra de que o prenome seja definitivo e criando novos instrumentos para operacionalização das mudanças de nomes, nos seus componentes múltiplos.

Como se verifica desse novo painel jurídico, com destaque para as disposições inovadoras da Lei n. 14.382, de 27.6.2022, modernizando a lei registral, tem-se o oficial reconhecimento de que a regra da imutabilidade ou inalterabilidade do nome não *é absoluta, como já era admitido na lei especial, n. 6015, de 31.12.1973, e nas modificações advindas especialmente a partir do Código Civil de 2002 e dos princípios maiores da Constituição Federal de 5.10.1988.*

À guisa de encerramento, recorda-se a clássica lição do saudoso mestre Rubens Limongi França sobre a identificação civil das pessoas naturais, situando, entre as causas justificativas da alteração do patronímico ou do prenome, o emprego usual de um nome diverso pelo qual a pessoa se torna conhecida. Cita antigo julgado que bem ilustra o cerne da questão: "Prenome imutável *é* aquele que foi posto em uso, embora não conste do registro; e não o constante do registro e nunca usado. O que a lei não quer é que haja alteração do prenome no meio social, e não no livro de registro".[179]

[179] LIMONGI FRANÇA, Rubens, *op. cit.*, p. 263-264, reportando-se a antigo julgado do TJMG, ap. cível n. 4.268, de 02/02/1948, a demonstrar que a questão tem raízes históricas que dão suporte às remodelações legislativas observadas em nosso sistema registral.

REFERÊNCIAS

AMORIM, José Roberto Neves. **Direito ao nome da pessoa física**. São Paulo: Saraiva. 2003.

DIAS, Maria Berenice. **Manual do direito das famílias**. 11. ed. São Paulo: RT. 2016.

GONÇALVES. Carlos Roberto. **Direito civil brasileiro**. v. 1. 9. ed. São Paulo: Saraiva. 2011.

IBDFAM – REVISTA. Instituto Brasileiro de Direito de Família. **Entrevistas**. Belo Horizonte, MG. n. 67. fevereiro/março 2023.

LIMONGI FRANÇA, Rubens. **Do nome civil das pessoas naturais**. 3. ed. São Paulo: RT. 1975.

LÔBO, Paulo. **Direito civil: parte geral.** 3. ed. São Paulo: Saraiva. 2011.

MONTEIRO, Washington de Barros. **Curso de direito civil**. v. 1. 33. ed. São Paulo: Saraiva. 1995.

OLIVEIRA, Euclides. **Direito ao nome.** *In* **Novo Código Civil: Questões controvertidas**. coord. de Mário Luiz Delgado e outros, v. 2. São Paulo: Método. 2004.

______. **Com afim e com afeto fiz meu nome predileto**. *In* **Direito das famílias: contributo do IBDFAM**, coord. DIAS, Maria Berenice, São Paulo: Revista dos Tribunais. 2009. p. 377.

RIBEIRO, Benedito Silvério. **Análise de casos que implicam alterações no registro civil**. São Paulo: Serviços Notariais e de Registro – Anoreg. 1996.

TARTUCE, Flávio. **Direito civil: lei de introdução e parte geral**. 19. ed. São Paulo: Gen-Forense. 2023.

11. REFLEXÕES SOBRE AS FORMAS DE PROTEÇÃO AOS DIREITOS DA PERSONALIDADE

FERNANDO CAMPOS SCAFF

Apresento este artigo como homenagem ao caro Professor Rui Geraldo Camargo Viana.

Não apenas uma homenagem, contudo. Também o faço como agradecimento.

Tive o privilégio de conhecer o querido professor ainda como aluno de graduação na Faculdade de Direito da Universidade de São Paulo, Largo São Francisco. Depois, quando me tornei também professor, compartilhei da sua companhia no nosso Departamento de Direito Civil por vários anos. Tive também a possibilidade de contar com a sua participação na minha banca de Livre-Docência e também a de atuarmos, em conjunto, como advogados em casos comuns.

Procuro sempre ressaltar a minha permanente e especial gratidão àqueles que contribuíram para a minha formação profissional e pessoal. Tenho a chance, com o honroso convite para participar desta obra coletiva, de mais uma vez declarar o meu profundo reconhecimento e a minha amizade ao caríssimo Professor Rui Geraldo Camargo Viana.

1. A personalidade: contornos e essência

Como se sabe, a ideia de *personalidade* é indissociável do conceito de *pessoa*, expressando a aptidão genérica para a aquisição de direitos e assunçãc de obrigações que deve ser atribuída a todo e qualquer ser humano, podendo o ser também para entes fictamente criados, previstos taxativamente pela lei e aos quais se concede a mesma qualidade.

Variações existirão quanto ao exercício de direitos que surjam do reconhecimento da personalidade. Com efeito, em virtude de situações determinadas de estado, idade, gênero, presença ou não de conhecimentos e funções específicas, os direitos e obrigações passíveis de serem adquiridos terão contornos e conteúdo diversos, como diversas são as pessoas.

Com essa perspectiva, a personalidade é reconhecida como um atributo natural, pois, a todo e qualquer ser humano, como o resultado de um avanço civilizatório. Nem sempre foi assim, havendo épocas e situações em que muitos não eram reconhecidos como sujeitos de direitos, mas sim considerados como meros objetos de relações jurídicas.

A personalidade surge, de toda forma, como um atributo jurídico, ao se estabelecer que todos os serem humanos devem ser reconhecidos como pessoas e, como tais, terem a garantia e a proteção a direitos essenciais e inderrogáveis, além de outros também, estes derrogáveis e disponíveis, com as suas correlatas obrigações.

Por outro lado, e como já mencionado, não será apenas o ser humano que deterá tal atributo, uma vez que o direito também reconhece personalidade a determinados entes morais, pessoas fictas criadas em *numerus clausus* e para as quais se atribui igualmente a possibilidade de se apresentarem como destinatários de direitos e de obrigações.

O fato é que independe a personalidade da plena consciência ou mesmo da vontade em querer tê-la do indivíduo ao qual ela é atribuída. Possuem personalidade, assim, mesmo aqueles que sejam privados da capacidade para exercerem, por si só, os próprios direitos. Outros o farão por eles e em seu benefício, também de acordo com a determinação da lei.

O início da personalidade se dá com a vida. Desde que viva e enquanto viva, o ser humano é dotado de personalidade.

Para os romanos, assim como, em certo sentido, também para nós, a criação da personalidade jurídica coincidia com o nascimento. Antes deste fato, não haveria sujeito ou objeto de direito. O feto, ainda no útero materno, era considerado uma parte dela, *portio mulieris vel viscerum*. Apesar disso, os seus direitos deviam ser preservados, havendo uma equiparação do *infans conceptus* ao já nascido.

É também isso o que continua a prever o nosso ordenamento jurídico, tal como se lê no artigo 2º do Código Civil.[180]

[180] "A personalidade civil da pessoa começa do nascimento com vida; mas a lei põe a salvo, desde a concepção, os direitos do nascituro".

Na forma do que diz a lei, pois, esse nascimento com vida ocorrerá quando ocorra a separação física do novo ser do corpo da mãe, onde foi gestado. A partir daí, com a primeira respiração, dá-se o início da personalidade.

Tratando-se, por outro lado, de pessoa jurídica, será o momento da "inscrição do ato constitutivo no respectivo registro" aquele que marcará o início da sua personalidade ficta.[181]

Ocorre que, a despeito dos marcos temporais para o início da personalidade serem certos, existem situações em que deve haver a preservação dos direitos de seres já concebidos, ainda que não nascidos ou formalmente criados.

Sendo assim e de forma análoga aos que ocorre em relação ao nascituro, os direitos próprios à sociedade oriunda de contrato celebrado, mas ainda não foi levado a registro no órgão competente, também deverão ser preservados.

Em ambos os casos, tanto do nascituro como da sociedade que aguarda o registro, parece-me que os seus respectivos direitos a serem preservados estarão sujeitos a uma condição resolutiva, ou seja, deixarão de existir e, desse modo, de produzir efeitos no caso em que não haja o nascimento com vida, com a primeira respiração, ou com a ausência de realização formal da inscrição do ato constitutivo da sociedade.

Outra situação interessante e que excepciona a regra é a do fideicomisso, cuja possibilidade de criação foi relegada apenas aos casos de legatário ainda não nascido e sequer concebido, como prevê o artigo 1952 do Código Civil brasileiro, ao tempo da morte do testador.

Também o ausente recebe, do sistema jurídico, proteção específica e que dependerá do seu retorno com vida, nos prazos fixados em lei, postergando-se a sucessão definitiva pela presunção de morte[182]. Constituem os casos do nascituro, do ausente e da pessoa que poderá vir a existir, outras situações da chamada *personalidade fictícia*, estabelecidas em grau taxativo no ordenamento jurídico.

Já o fim da personalidade tem também um momento definido. Na pessoa física, é aquele da morte, assim definida aquela situação em que não mais ocorra atividade cerebral[183]. Na pessoa jurídica, a sua extinção ou dissolução, com posterior liquidação[184].

[181] Artigo 45 do Código Civil brasileiro.

[182] Artigos 22 e seguintes do Código Civil brasileiro.

[183] Artigo 3º da Lei nº 9.434/97: "A retirada post mortem de tecidos, órgãos ou partes do corpo humano destinados a transplante ou tratamento deverá ser precedida de diagnóstico de morte encefálica, constatada e registrada por dois médicos não participantes das equipes de remoção e transplante, mediante a utilização de critérios clínicos e tecnológicos definidos por resolução do Conselho Federal de Medicina".

[184] Artigo 51 do Código Civil brasileiro.

2. Direitos da personalidade

A personalidade, portanto, traz em si a possibilidade do exercício de direitos de variados tipos.

Dentre eles, há direitos reais e obrigacionais, disponíveis e indisponíveis, individuais ou coletivos.

Há também uma especial categoria, os chamados "direitos da personalidade", dessa forma reconhecidos pela lei, tal como ocorre no Código Civil brasileiro em seus artigos 11 e seguintes.

Têm os direitos aos quais se atribui essa qualidade a característica comum de serem essenciais. Neste sentido, reconhece-se que a natureza humana pressupõe que, em relação àquela pessoa, determinados direitos tidos como fundamentais devam ser sempre e obrigatoriamente reconhecidos e respeitados, tal como um mínimo existencial que é inerente ao que se compreende por Civilização.

São os "direitos da personalidade", assim, aqueles da mais alta dignidade e, por isso, não podem se submeter à banalização. É necessário o uso do bom critério e de parcimônia na sua determinação, pois a eles deverão prestar as comunidades e o ordenamento jurídico respeito e proteção permanentes.

Sobretudo a sua indicação, em rol taxativo, parece ser lógica e natural. De fato, como devem ser separados de outros que não tenham as suas características e igual importância, prever um elenco meramente exemplificativo deles parece representar um caminho para a sua vulgarização.

Reconheço o grande esforço que se impõe ao legislador para extremá-los dos outros. Contudo, parece-me tarefa indispensável, de modo a que essa categoria, com a sua indicação precisa e com a formulação de regras para garantir o seu respeito e eficácia, possa ser claramente distinguida de direitos de outra natureza.

Para tanto, a doutrina costuma atribuir a eles algumas características comuns. Seriam eles "absolutos", no sentido de não dependerem de intervenção de quem quer que seja para serem exercidos; oponíveis "erga omnes"; "imprescritíveis", no sentido de não se extinguirem pelo não-uso; "intransmissíveis", assim como "vitalícios" e "necessários".

Costuma-se admiti-los, igualmente, com um caráter "extrapatrimonial"[185].

[185] Neste ponto, segundo Orlando Gomes os considera extrapatrimoniais. Contudo, demonstrando a dificuldade de se aderir a este conceito na sua literalidade, formulou a seguinte ressalva: "os bens jurídicos nos quais incidem não são suscetíveis de avaliação pecuniária, embora possam constituir objeto de negócio jurídico patrimonial e a ofensa ilícita a qualquer deles se tenha como pressuposto de fato do nascimento da obrigação de indenizar, ainda quando se trate de puro *dano moral*" (**Introdução ao direito civil**, 7. ed. Rio de Janeiro: Forense. 1982. p. 132). A mesma posição parece ser aquela de Capelo de Sousa (**O direito geral de personalidade**. Coimbra: Coimbra editora. 1995. p. 415), para quem "os bens da personalidade, embora não fazendo parte, *stricto sensu*, do patrimônio do respectivo indivíduo, têm grande relevância para a vida econômica das

Creio que, em relação a essa última suposta qualidade, deva haver maior reflexão.

Isso porque as ofensas aos direitos da personalidade podem fundamentar ações de responsabilização civil fundadas, exatamente, em alegados danos morais. Nesse sentido é o entendimento do Superior Tribunal de Justiça.[186]

Ora, se são extrapatrimoniais, como se pode justificar, sem grande esforço retórico, que a consequência seja uma condenação que é, no mais das vezes, meramente pecuniária?

Várias tentativas para sustentar a inexistência desse aparente paradoxo têm sido formuladas pela doutrina e acatadas pela nossa jurisprudência.

Algumas delas procuram distinguir as condenações advindas de agressões a supostos direitos da personalidade daquelas que possuam um caráter "reparatório", próprio aos danos materiais e que podem, em tese, ser objetivamente liquidados, uma vez que devam considerar o dano emergente e o lucro cessante apenas, sem o que poderiam levar ao enriquecimento sem causa.

Assim, as indenizações fixadas por afrontas a direitos da personalidade teriam, diferentemente daquelas oriundas de danos materiais, um suposto caráter "ressarcitório", como se entre reparação e ressarcimento houvesse uma clara e objetiva distinção jurídica, imune a qualquer possibilidade de equívoco ou de confusão.

Sabe-se, por outro lado, que nas questões de natureza meramente obrigacional a regra é a de se buscar o recebimento do equivalente patrimonial, não o próprio bem perdido ou danificado.

Com efeito, as execuções específicas são claras exceções às condenações ao pagamento do que corresponda ao prejuízo, as quais se fazem preferencialmente em dinheiro e não com a persecução do próprio bem, típica da sequela que caracteriza mais propriamente os direitos reais.

Por outro lado, sendo o resultado da sentença judicial o reconhecimento de um determinado crédito em pecúnia, seja obrigacional ou da personalidade, qual será a real importância na investigação de qual seja a sua origem? Em outras palavras, importará se for a condenação monetária a consequência oriunda da ofensa a um direito relativo ou absoluto, como o é aquele dito "de personalidade", se houver, num ou em outro caso, mera condenação em dinheiro?

pessoas e, inclusivemente, como veremos melhor, da sua lesão podem resultar não apenas danos não patrimoniais, como também danos patrimoniais".

[186] Nesse sentido, os acórdãos que julgaram os REsp n. 2.022.981/PB, relator Ministro Francisco Falcão, Segunda Turma, julgado em 21/3/2023, DJe de 23/3/2023, o AgInt no AREsp n. 2.211.997/MG, relator Ministro Moura Ribeiro, Terceira Turma, julgado em 20/3/2023, DJe de 22/3/2023 e o AgInt no AREsp n. 2.157.547/SC, relator Ministro Raul Araújo, Quarta Turma, julgado em 12/12/2022, DJe de 14/12/2022 reconheceram, todos eles, que o dano moral para sua caracterização e como constou deste último, exige a "repercussão na esfera dos direitos da personalidade".

Creio que essas questões fragilizam, de forma evidente, a natureza puramente extrapatrimonial dos direitos da personalidade.

Há outros aspectos a serem considerados, contudo. Os chamados "direitos de imagem", originalmente vinculados à identidade e à reputação de uma determinada pessoa, sofreram profunda mutação, sendo comum fazerem parte, por exemplo, da remuneração de jogadores de futebol, provavelmente com objetivos de planejamento tributário ou para acomodar situações de ordem trabalhista e previdenciária.

Ademais, efetivamente não são as ofensas a direitos da personalidade coibidas de forma efetiva, mais do que por aquelas de direito privado, por normas de natureza penal? Dentre as quais, por exemplo, há aquelas que tipificam os chamados "crimes contra a vida", assim como "crimes contra a honra".

A busca pelo desincentivo à agressão a direitos tão elevados impõe, evidentemente, a atenção do legislador para que sejam aplicadas as sanções mais agudas, ainda que não exclusivas, de forma que exista um real e eficaz desestímulo a práticas que possam levar ao desrespeito aos valores mais caros à sociedade.

É certo que a divisão clássica que atribuía à responsabilidade civil a finalidade de reparação do dano e ao direito penal a punição não tem mais as suas fronteiras claramente marcadas, tal como foi no passado.

Há, com efeito, uma profusão de multas e penas pecuniárias para casos de situações tipificadas como crimes, muitas vezes em substituição às penas privativas da liberdade, assim como também são inúmeras as possibilidades de sanções aplicáveis para eventos onde não se identifiquem perdas patrimoniais, e também para outras em que o grau de sofrimento não seja insuportável, mas que a conduta mostre-se meramente reprovável.

O que pretendo aqui sustentar é que os "danos morais", tais como são reconhecidos e com as consequências adotadas no ordenamento jurídico brasileiro, não possuem plena identificação com os chamados "direitos da personalidade".

De fato, a condenação por danos morais, no nosso direito, muitas vezes significa uma indenização com caráter punitivo aplicada a um agir indesejado, ainda que não produza dano material. Isso pode advir, por exemplo, do atraso na partida de um avião ou de uma fila no banco que demore a acabar.

Nessas situações, caracterizá-las como agressões a "direitos da personalidade" levaria a admitir o rebaixamento da importância dessa categoria de direitos, remetendo-os a uma vala comum cada vez maior, estabelecida não mais pelo legislador, mas sim pela interpretação do juiz daquele caso concreto.

Por outro lado, a compensação de um real dano moral por uma soma em dinheiro, por maior que seja ela, muitas vezes poderá não ser nem correta e nem suficiente, mas sim servir de um caminho para incentivar, de forma transversa, o chamado "ilícito lucrativo".

Isso porque, considerando a possibilidade de que as sanções por danos morais não sejam efetivamente coibidoras da má-conduta – seja porque não sejam efetivamente intensas e eficazes, seja porque não sejam exigidas em todos os casos, ou ainda porque tardem a ser aplicadas –, isso poderá levar à compreensão que determinada transgressão, sancionada de modo brando e meramente econômico, possa valer a pena.

Na verdade, a condenação decorrente do reconhecimento de um ilícito dano moral, especialmente nos casos em que esteja relacionado à agressão a um direito da personalidade, pode levar a outras modalidades de sanções – quiçá mais adequadas para os objetivos pretendidos – que a exclusiva imposição da obrigação de pagar um determinado valor.

Dois exemplos me ocorrem quanto a este tema, no âmbito de consequências externas ao campo do Direito Penal ou da simples condenação em dinheiro, os quais podem indicar como outras modalidades de sanções podem contribuir para a proteção dos direitos da personalidade.

O primeiro deles estava explicitamente previsto na Lei de Imprensa (Lei nº 2.083, de 12 de novembro de 1953). A despeito de ter sido tal lei considerada inconstitucional pelo Supremo Tribunal Federal, determinadas sanções nela presentes continuam a inspirar julgamentos para a retratação de notícias consideradas falsas.

Neste caso, essa modalidade de sanção refere-se à imposição ao órgão de imprensa para que publique nova notícia, corrigindo a anterior, a ser feita com o mesmo destaque e na primeira edição subsequente, buscando com isso reparar, de uma forma particular, o dano causado à vítima de uma eventual reportagem inverídica. É o chamado "direito de resposta"[187].

[187] O texto de tal lei revogada é o seguinte, a respeito do "direito de resposta": Art. 17. É assegurado o direito de resposta a quem fôr acusado em jornal ou periódico. Art. 18. Se o pedido de retificação não fôr atendido de imediato, o ofendido poderá reclamar judicialmente a sua publicação. Para êste fim, apresentando um exemplar do artigo incriminado e o texto em duas vias, dactilografadas, da resposta retificativa, requererá ao juiz criminal que ordene ao responsável pela publicação que seja inserida a resposta dentro em 24 (vinte e quatro) horas, se se tratar de jornal diário, ou no número seguinte, ou se o periódico não fôr diário. Parágrafo único. O pedido de retificação poderá ser formulado pelo próprio ofendido, ou, no caso de ofensa à memória de alguém, por seu cônjuge, ascendente, descendente ou irmão. Art. 19. Recebido o pedido de retificação, o juiz, dentro em 24 (vinte e quatro) horas, mandará citar o responsável para, em igual prazo, dar as razões por que não publicou a resposta. Parágrafo único. Nas 24 (vinte e quatro) horas seguintes o juiz proferirá a sua decisão, tenha o responsável atendido, ou não, a intimação. Art. 20. Da decisão proferida pelo juiz, caberá apelação no efeito devolutivo. Art. 21. Determinada a retificação, esta deverá ser efetuada gratuitamente, no prazo determinado, sob pena de multa

Vê-se que, neste caso, a consequência a um possível dano moral e ao direito da personalidade a ele vinculado não é pecuniária, ainda que possa ter conteúdo econômico. Por outro lado, tem sido usualmente adotada e reconhecida como coerente com a finalidade de resguardar, por exemplo, a honra de uma pessoa acusada por um crime que não tenha praticado, por uma confusão de homonímia.

Também a Lei de Improbidade Administrativa prevê a aplicação de sanções – tais como a perda dos direitos políticos, impossibilidade de contratação com o Poder Público – em caso do reconhecimento de irregularidades em licitações, o que pode ser imposto de forma cumulativa ou não com outras sanções de caráter pecuniário[188]. Não tratam elas especialmente de ofensas a direitos da personalidade, mas me parece útil a lembrança dessas regras – afastadas do campo do

de Cr$ 500,00 (quinhentos cruzeiros) pela falta na primeira edição, multa que será aumentada na proporção de 100% (cem por cento) a cada edição subseqüente, até que a publicação se efetue. Art. 22. A resposta será inserta integralmente, no mesmo lugar e em caracteres tipográficos idênticos aos do escrito que a tiver provocado, e em edição e dias normais, sob pena de continuar a correr a multa, nos têrmos do artigo anterior. § 1º resposta deverá ter dimensão igual à do escrito incriminado, podendo conter até 50 (cinqüenta) linhas, ainda que aquêle seja de extensão menor e não ultrapassando de 200 (duzentas) linhas, mesmo no caso de ser mais longo o escrito. § 2º Êsses limites prevalecem para cada resposta em separado, não podendo ser cumulados. § 3º O limite máximo não pode ser ultrapassado a pretexto de pagar-se a parte excedente.

188 - As sanções, cumulativas ou não, estão previstas do modo seguinte: "Art. 12. Independentemente do ressarcimento integral do dano patrimonial, se efetivo, e das sanções penais comuns e de responsabilidade, civis e administrativas previstas na legislação específica, está o responsável pelo ato de improbidade sujeito às seguintes cominações, que podem ser aplicadas isolada ou cumulativamente, de acordo com a gravidade do fato: I - na hipótese do art. 9º desta Lei, perda dos bens ou valores acrescidos ilicitamente ao patrimônio, perda da função pública, suspensão dos direitos políticos até 14 (catorze) anos, pagamento de multa civil equivalente ao valor do acréscimo patrimonial e proibição de contratar com o poder público ou de receber benefícios ou incentivos fiscais ou creditícios, direta ou indiretamente, ainda que por intermédio de pessoa jurídica da qual seja sócio majoritário, pelo prazo não superior a 14 (catorze) anos; II - na hipótese do art. 10 desta Lei, perda dos bens ou valores acrescidos ilicitamente ao patrimônio, se concorrer esta circunstância, perda da função pública, suspensão dos direitos políticos até 12 (doze) anos, pagamento de multa civil equivalente ao valor do dano e proibição de contratar com o poder público ou de receber benefícios ou incentivos fiscais ou creditícios, direta ou indiretamente, ainda que por intermédio de pessoa jurídica da qual seja sócio majoritário, pelo prazo não superior a 12 (doze) anos; III - na hipótese do art. 11 desta Lei, pagamento de multa civil de até 24 (vinte e quatro) vezes o valor da remuneração percebida pelo agente e proibição de contratar com o poder público ou de receber benefícios ou incentivos fiscais ou creditícios, direta ou indiretamente, ainda que por intermédio de pessoa jurídica da qual seja sócio majoritário, pelo prazo não superior a 4 (quatro) anos".

direito criminal – para demonstrar a possibilidade de que penalidades de caráter não pecuniário e externas ao direito penal, no todo ou em parte, sejam pensadas para o enfrentamento de situações que possam gerar danos morais.

Conclusões

Creio, em suma, que os direitos da personalidade são especiais, possuem uma dignidade e importância específica, pelo que essa qualificação não pode ser aplicada em toda e qualquer relação jurídica.

Devem, assim, ser elencados de modo específico e em rol taxativo.

Ademais, considero que os "danos morais", tal como compreendidos no nosso ordenamento jurídico, podem provir de "direitos da personalidade", mas não apenas deles.

Por fim, entendo que novas formas para coibir a agressão aos direitos da personalidade, no âmbito do Direito Civil, devam ser consideradas, ao lado ou mesmo em substituição às indenizações meramente pecuniárias.

12. OS DIREITOS DA PERSONALIDADE E A SUA TUTELA GERAL NO CÓDIGO CIVIL DE 2002

FLÁVIO TARTUCE

Introdução

Com muita honra aceitei o convite para participar desta obra coletiva, que homenageia o Professor Rui Geraldo Camargo Viana, tratando dos *Direitos da personalidade e seus reflexos nos Direitos Público e Privado*, pela Editora Almedina. O livro é coordenado pelo Ministro José Antonio Dias Toffoli, do Supremo Tribunal Federal, e pelos Professores Silvano Andrade do Bomfim e Renato Kim Barbosa. O Professor Rui Geraldo – como carinhosamente era chamado na Faculdade de Direito da USP – foi o meu primeiro professor de Direito Civil, no curso de graduação, em 1994. Assim, com ele tive os primeiros contatos com a matéria de Direito Privado, que atualmente consiste em minha especialidade.

Neste artigo tratarei de duas questões de relevo a respeito dos direitos da personalidade e sua incidência no campo do Direito Civil, quais sejam, a sua conceituação em uma visão civil-constitucional – que tem prevalecido na teoria e na prática – e a tutela geral de personalidade – com uma abordagem do art. 12 da codificação privada de 2002.

1. Conceito de direitos da personalidade em uma perspectiva civil-constitucional

Como inovação festejada, sobretudo pela doutrina, o Código Civil de 2002 passou a tratar dos direitos da personalidade entre os seus arts. 11 e 21. Destaque-se que a proteção de direitos dessa natureza não é uma total novidade no sistema jurídico brasileiro, eis que a Constituição Federal de 1988 enumerou os direitos fundamentais postos à disposição da pessoa humana. Por isso, é comum a abordagem da matéria, no Brasil, em uma *perspectiva civil-constitucional*, que tem prevalecido não só na teoria como também na prática.

A propósito dessa correlação, o Professor José de Oliveira Ascensão, em artigo muito citado em nosso País, ao tratar da difusão de normas de proteção da pessoa humana, ensina que:

> [...] mesmo no âmbito nacional a multiplicação se faz, através de uma pluralidade de fontes, muitas vezes repetitivas. Vários ramos do Direito estão implicados, sem haver grande coordenação entre os sectores respectivos. E assim: – o Direito Civil apresenta-nos os direitos de personalidade – o Direito Constitucional, os direitos fundamentais – o Direito Internacional, os direitos humanos. A civilização dos direitos é evidente aos olhos do homem de hoje, mesmo do homem comum da nossa civilização. Tão evidente que ele dificilmente se dará conta que essa civilização é muito recente. Explode no século XVIII, que é o século da grande viragem do Ocidente. E explode radicalmente: a uma sociedade em que a sociedade política apelava aos deveres dos cidadãos sucede-se uma sociedade em que se apela aos direitos.[189]

Em outra obra de destaque, o jurista relaciona os direitos da personalidade à tutela da pessoa humana, prevista constitucionalmente. Sempre importante destacar as suas lições:

> A dignidade da pessoa humana é o ponto de partida do ordenamento jurídico. Exprime-o lapidarmente a Constituição alemã, ao estabelecer no art. 1: "Die Würde dês Menschen ist unantastbar". A nossa Constituição fez no art. 1 uma adaptação para criancinhas e baralhou tudo, mas não deixa de proclamar a base da dignidade da pessoa humana.

[189] ASCENSÃO, José de Oliveira. **A dignidade da pessoa humana e o fundamento dos direitos humanos**. Revista da Faculdade de Direito da Universidade de São Paulo. v. 103. jan./dez. 2008. p. 277.

> É antes de mais uma imposição ontológica.
> A pessoa, com a sua dignidade, não é criatura do ordenamento jurídico. A dignidade da pessoa humana implica que a cada homem sejam atribuídos direitos, por ela justificados e impostos, que assegurem esta dignidade na vida social. Esses direitos devem representar um mínimo, que crie o espaço no qual cada homem poderá desenvolver a sua personalidade. Mas devem representar também um máximo, pela intensidade da tutela que recebem.
> Assim se funda a categoria dos direitos da personalidade. Mais diretamente que qualquer outro instituto jurídico, implica a projeção de pressupostos fundantes, que como veremos comandam o próprio tratamento dos dados positivos. Por isso, tudo o que dissemos anteriormente sobre a pessoa está diretamente pressuposto na exposição que se segue.[190]

Nesse contexto de afirmação doutrinária – que conta com o meu total apoio –, sabe-se que o Título II da Constituição da República Federativa do Brasil de 1988, sob o título "Dos Direitos e Garantias Fundamentais", traça as prerrogativas para garantir uma convivência digna, com liberdade e igualdade para todas as pessoas, sem distinção de raça, credo ou origem.

Tais garantias são genéricas, mas também são essenciais ao ser humano, e sem elas a pessoa humana não pode atingir sua plenitude e, por vezes, sequer pode sobreviver. Nunca se pode esquecer da vital importância do art. 5.º do Texto Maior Brasileiro, ao consagrar as *cláusulas pétreas*, que são direitos fundamentais deferidos à pessoa. Para a efetivação desses direitos, Gustavo Tepedino defende a existência de uma *cláusula geral de tutela e promoção da pessoa humana*, o que ganhou um enorme prestígio na realidade dos vinte anos de vigência do Código Civil Brasileiro.[191]

Adotando a tese do Professor Gustavo Tepedino, na *IV Jornada de Direito Civil*, evento promovido pelo Conselho da Justiça Federal em 2006, foi aprovado o Enunciado n. 274, *in verbis*:

[190] ASCENSÃO, José de Oliveira. **Direito civil: teoria geral**. 3. ed. São Paulo: Saraiva. 2010. v. 1: Introdução. As pessoas. Os bens. p. 25.
[191] TEPEDINO, Gustavo. **A tutela da personalidade no ordenamento civil-constitucional brasileiro**. *In* **Temas de direito civil**. Rio de Janeiro: Renovar, 2004. t. I. p. 50.

> Os direitos da personalidade, regulados de maneira não exaustiva pelo Código Civil, são expressões da cláusula geral de tutela da pessoa humana, contida no art. 1.º, inc. III, da Constituição (princípio da dignidade da pessoa humana). Em caso de colisão entre eles, como nenhum pode sobrelevar os demais, deve-se aplicar a técnica da ponderação.

Como é notório, os enunciados aprovados nas nove edições das Jornadas de Direito Civil gozam hoje de enorme prestígio, com ampla aplicação nas nossas Cortes, sobretudo no Supremo Tribunal Federal e no Superior Tribunal de Justiça.

Pela citada cláusula geral, existem outros direitos da personalidade tutelados no sistema, como aqueles constantes do Texto Maior. Afirma-se, nesse contexto, que o rol dos direitos da personalidade previstos no Código Civil é meramente exemplificativo (*numerus apertus*) e não taxativo (*numerus clausus*). *Essa também sempre foi a posição adotada pelo Direito Civil de Portugal, por interpretação do art. 70 do Código Civil Português. Mais uma vez nas palavras do Mestre Ascensão,*

> [...] a fórmula alternativa consiste em admitir que se vão delineando novos direitos da personalidade, a partir do art. 70 CC, em regime de numerus apertus. O fundamento do processo encontrar-se-ia no art. 70/1, por sua vez emanação do princípio da tutela da dignidade humana, que foi constitucionalmente acolhido.[192]

Sobre o seu conceito, entre os *clássicos autores* do Direito Civil Brasileiro, Rubens Limongi França ensina que "direitos da personalidade dizem-se as faculdades jurídicas cujo objeto são os diversos aspectos da própria pessoa do sujeito, bem assim da sua projeção essencial no mundo exterior".[193] Segundo Maria Helena Diniz,

> [...] são direitos subjetivos da pessoa de defender o que lhe é próprio, ou seja, a sua integridade física (vida, alimentos, próprio corpo vivo ou morto, corpo alheio, vivo ou morto, partes separadas do corpo vivo ou morto); a sua integridade intelectual (liberdade de

[192] ASCENSÃO, José de Oliveira. **Direito civil: teoria geral**. 3. ed. São Paulo: Saraiva, 2010. v. 1: Introdução. As Pessoas. Os Bens. p. 29.

[193] FRANÇA, Rubens Limongi. **Instituições de direito civil**. 4. ed. São Paulo: Saraiva, 1996. p. 1033.

> pensamento, autoria científica, artística e literária) e sua integridade moral (honra, recato, segredo pessoal, profissional e doméstico, imagem, identidade pessoal, familiar e social).[194]

Para Francisco Amaral, "direitos da personalidade são direitos subjetivos que têm por objeto os bens e valores essenciais da pessoa, no seu aspecto físico, moral e intelectual".[195]

Pelos conceitos transcritos, observa-se que os direitos da personalidade têm por objeto os modos de ser, físicos ou morais do indivíduo. O que se busca proteger com tais direitos são os atributos específicos da personalidade, sendo essa a qualidade do ente considerado *pessoa*. Em síntese, pode-se afirmar que *os direitos da personalidade são aqueles inerentes à pessoa e à sua dignidade*. Essa é a conceituação que sigo, com base na *teoria dos direitos inatos*, na linha dos últimos juristas citados.

De todo modo, apesar desse conceito, na realidade jurídica brasileira têm-se reconhecido direitos da personalidade também às pessoas jurídicas, por equiparação. Consoante está no art. 52 do Código Civil Brasileiro de 2002, "aplica-se às pessoas jurídicas, no que couber, a proteção dos direitos da personalidade". A norma foi claramente influenciada pela doutrina e sobretudo pela jurisprudência, tendo o Superior Tribunal de Justiça publicado ementa, no ano de 1999, segundo a qual "a pessoa jurídica pode sofrer dano moral" (Súmula 227).[196]

Essa última questão é digna de uma importante nota, para encerrar o presente tópico. E parte da doutrina vê no reconhecimento dos direitos da personalidade das pessoas jurídicas ou coletivas uma certa contradição, o que José de Oliveira Ascensão denominava como uma "usura da referência à 'eminente dignidade da pessoa humana'". Em seu texto já citado, o jurista destacava que:

> [...] cultores do ramo dos Direitos da Personalidade incluem entre estes os direitos das pessoas colectivas. É algo verdadeiramente paradoxal. Se os direitos da pessoa se fundam na dignidade da pessoa, como admitir que os direitos que devem exprimir a essência da pessoa sejam atribuídos a pessoas colectivas? Portanto, a meras organizações sociais ou menos ainda, a puras estruturas jurídicas que quantas vezes só exis-

[194] DINIZ, Maria Helena. **Curso de direito civil brasileiro**. 24. ed. São Paulo: Saraiva, 2010. v. 1: Teoria geral do direito civil. p. 142.

[195] AMARAL, Francisco. **Direito civil**: introdução. 5. ed. Rio de Janeiro: Renovar, 2003. p. 249.

[196] Na doutrina brasileira, é fundamental destacar o trabalho de: OLIVEIRA, José Lamartine Corrêa de. **A dupla crise da pessoa jurídica**. São Paulo: Saraiva, 1979.

> tem no papel? Há um esvaziamento total daquilo de que deveria depender a dignidade da pessoa.[197]

De fato, apesar da consolidação da afirmação dos direitos da personalidade da pessoa jurídica no Brasil, as palavras transcritas do Mestre Ascensão trazem fortes argumentos para a posição em contrário, servindo ao menos para uma provação da tese que nega os direitos da personalidade atribuídos à pessoa jurídica, da forma como tratou o art. 52 do Código Civil Brasileiro.

2. A tutela geral da personalidade e o art. 12 do Código Civil brasileiro

O art. 12 do Código Civil Brasileiro foi claramente influenciado pelo antes citado art. 70 do Código Civil Português, tratando ambos da tutela geral da personalidade. O dispositivo brasileiro prevê que "pode-se exigir que cesse a ameaça, ou a lesão, a direito da personalidade, e reclamar perdas e danos, sem prejuízo de outras sanções previstas em lei". Já a norma portuguesa tem a seguinte dicção:

> Art. 70. 1. A lei protege os indivíduos contra qualquer ofensa ilícita ou ameaça de ofensa à sua personalidade física ou moral. 2. Independentemente da responsabilidade civil a que haja lugar, a pessoa ameaçada ou ofendida pode requerer as providências adequadas às circunstâncias do caso, com o fim de evitar a consumação da ameaça ou atenuar os efeitos da ofensa já cometida.

Sobre o tema, o Professor Ascensão ensinava que,

> [...] para além das especificidades de regime que resultam já da exposição anterior, os direitos de personalidade gozam, na nossa ordem positiva, de uma tutela acrescida. Gozam antes de mais de todos os meios gerais de tutela. Assim, a lesão destes direitos é ilícita; abrangendo a ilicitude, nos termos comuns, a ameaça de lesão (art. 70/1). E está sujeita às consequências normais, nomeadamente no domínio da responsabilidade civil. Mas para além disso, o art. 70/2 procurou inovar. Permite ao lesado requerer as providências ade-

[197] ASCENSÃO, José de Oliveira. A dignidade da pessoa humana e o fundamento dos direitos humanos. **Revista da Faculdade de Direito da Universidade de São Paulo**. v. 103. jan./dez. 2008. p. 280.

> quadas, com o fim de evitar a consumação da ameaça ou atenuar os efeitos da ofensa já cometida. Trata-se, pois, de providências não especificadas, a determinar perante as circunstâncias do caso concreto. Assim, se alguém nos imputa fato desonroso, a providência adequada pode ser a retratação por quem o afirmou, com a mesma publicidade da declaração incorreta.[198]

Na realidade brasileira, na mesma linha, tenho afirmado que dois são os princípios que podem ser retirados da norma, com a possibilidade de medidas judiciais e extrajudiciais. Primeiro, há o *princípio da prevenção*. Segundo, consagra-se o *princípio da reparação integral de danos*.

No que concerne à *prevenção*, dispõe o Enunciado n. 140 do CJF/STJ, aprovado na *III Jornada de Direito Civil*, que "a primeira parte do art. 12 do Código Civil refere-se a técnicas de tutela específica, aplicáveis de ofício, enunciadas no art. 461 do Código de Processo Civil, devendo ser interpretada como resultado extensivo". Desse modo, cabe multa diária, ou *astreintes*, em ação cujo objeto é uma obrigação de fazer ou não fazer, em prol dos direitos da personalidade. Essa medida será concedida de ofício pelo juiz (*ex officio*), justamente porque a proteção da pessoa envolve questões cogentes ou ordem pública.

Duas notas devem ser feitas em relação a esse último enunciado doutrinário com a emergência do Código de Processo Civil de 2015 em nosso País, com grande interesse para a prática e efetividade do Direito Privado Brasileiro. A primeira delas é que o art. 461 do Código de Processo Civil de 1973 – citado no enunciado – equivale ao art. 497 do Código de Processo Civil em vigor, tendo o último preceito a seguinte redação:

> Art. 497. Na ação que tenha por objeto a prestação de fazer ou de não fazer, o juiz, se procedente o pedido, concederá a tutela específica ou determinará providências que assegurem a obtenção de tutela pelo resultado prático equivalente. Parágrafo único. Para a concessão da tutela específica destinada a inibir a prática, a reiteração ou a continuação de um ilícito, ou a sua remoção, é irrelevante a demonstração da ocorrência de dano ou da existência de culpa ou dolo.

[198] ASCENSÃO, José de Oliveira. **Direito civil: teoria geral**. 3. ed. São Paulo: Saraiva, 2010. v. 1: Introdução. As pessoas. Os bens. p. 31.

A dispensa da presença do dano e da culpa *lato sensu*, novidade na previsão processual frente à anterior, parece-me salutar, *objetivando-se* a proteção prévia dos direitos da personalidade no âmbito processual.

A segunda nota a ser feita é que o conhecimento de ofício dessa proteção representa clara aplicação da constitucionalização do Processo Civil, retirado dos arts. 1.º e 8.º do vigente Código de Processo Civil.[199] A exemplificar, se uma empresa lança um álbum de figurinhas de um jogador de futebol sem a devida autorização, caberá uma ação específica tanto para vedar novas veiculações quanto para retirar o material de circulação, com pedidos de obrigação de fazer e de não fazer. Nessa ação, caberá ainda a fixação de uma multa diária, com a busca e apreensão dos álbuns.

No que concerne à reparação integral dos danos, continua merecendo aplicação a Súmula 37 do Superior Tribunal de Justiça, com a cumulação em uma mesma ação de pedido de reparação por danos materiais e morais, decorrentes do mesmo fato. Mais do que os danos morais, são ainda cumuláveis os danos estéticos, conforme reconhece a Súmula 387 da própria Corte.

Assim, no caso antes descrito, além da retirada dos álbuns do mercado, caberá ainda indenização por danos morais diante de sua circulação e do uso indevido de imagem, como tem julgado o Superior Tribunal de Justiça no Brasil.[200]

Essas afirmações, retiradas dos precedentes da Corte, geraram a edição da Súmula 403 do Superior Tribunal de Justiça, com a seguinte redação: "independe de prova do prejuízo a indenização pela publicação não autorizada de imagem de pessoa com fins econômicos ou comerciais". No âmbito doutrinário, confirmando o teor da súmula, cite-se proposta aprovada na *VII Jornada de Direito Civil*, em setembro de 2015, segundo a qual o dano à imagem restará configurado quando

[199] Conforme o primeiro dispositivo, "o processo civil será ordenado, disciplinado e interpretado conforme os valores e as normas fundamentais estabelecidos na Constituição da República Federativa do Brasil, observando-se as disposições deste Código". Já o art. 8º do Código de Processo Civil prevê que, "ao aplicar o ordenamento jurídico, o juiz atenderá aos fins sociais e às exigências do bem comum, resguardando e promovendo a dignidade da pessoa humana e observando a proporcionalidade, a razoabilidade, a legalidade, a publicidade e a eficiência".

[200] Veja-se: "Direito à imagem. Utilização com fins econômicos sem autorização. Dano moral. Indenização. Razoabilidade. Impossibilidade de revisão no STJ. Súmula 7. A divulgação de fotografia sem autorização não gera, por si só, o dever de indenizar. 'Para imputar o dever de compensar danos morais pelo uso indevido da imagem com fins lucrativos é necessário analisar as circunstâncias particulares que envolveram a captação e exposição da imagem' (REsp 622.872/NANCY). Não é necessária a demonstração do prejuízo. Tratando-se de direito à imagem, 'a obrigação de reparar decorre do próprio uso indevido do direito personalíssimo' (REsp 267.529/SÁLVIO). Em recurso especial somente é possível revisar a indenização por danos morais quando o valor fixado nas instâncias locais for exageradamente alto, ou baixo, a ponto de maltratar o art. 159 do Código Beviláqua. Fora desses casos, incide a Súmula 7, a impedir o conhecimento do recurso" (STJ, Ag. Rg. no Ag. 735.529/RS, 3.ª Turma, Rel. Min. Humberto Gomes de Barros, j. 28.11.2006, DJ 11.12.2006, p. 353).

presente a utilização indevida desse bem jurídico, independentemente da concomitante lesão a outro direito da personalidade, sendo dispensável a prova do prejuízo do lesado ou do lucro do ofensor para a caracterização do dano, por se tratar de modalidade *in re ipsa* (Enunciado n. 587). Há, assim, a consolidação de danos morais presumidos em tais hipóteses.

Seguindo na análise do art. 12 do Código Civil Brasileiro, o seu parágrafo único reconhece direitos da personalidade ao morto, cabendo legitimidade para ingressar com a ação correspondente aos lesados indiretos: cônjuge, ascendentes, descendentes e colaterais até o quarto grau.

Eis mais um comando que foi claramente influenciado pelo Código Civil Português, pelo seu art. 71, que trata das ofensas à pessoa falecida, da seguinte forma:

> Art. 71. 1. Os direitos de personalidade gozam igualmente de protecção depois da morte do respectivo titular. 2. Tem legitimidade, neste caso, para requerer as providências previstas no n.º 2 do artigo anterior o cônjuge sobrevivo ou qualquer descendente, ascendente, irmão, sobrinho ou herdeiro do falecido. 3. Se a ilicitude da ofensa resultar de falta de consentimento, só as pessoas que o deveriam prestar têm legitimidade, conjunta ou separadamente, para requerer as providências a que o número anterior se refere.

Na realidade doutrinária brasileira, consoante enunciado aprovado na V Jornada de Direito Civil, em 2011, tais legitimados agem por direito próprio em casos tais (Enunciado n. 400). Nesse contexto, entendo ser correta a conclusão segundo a qual a personalidade termina com a morte, como premissa geral, o que é retirado do art. 6.º do Código Civil Brasileiro.[201]

Todavia, após a morte da pessoa, ficam *resquícios de sua personalidade*, ou prolongamentos, que podem ser protegidos pelos citados *lesados indiretos*. A esse propósito, vejamos mais uma vez a posição do Professor José de Oliveira Ascensão:

> Teremos então de concluir que a personalidade não cessa com a morte?
> Decerto que cessa. Mas a proteção do valor pessoal prolonga-se ainda depois da morte. Prolonga-

[201] Conforme esse art. 6º do Código Civil Brasileiro, "a existência da pessoa natural termina com a morte; presume-se esta, quanto aos ausentes, nos casos em que a lei autoriza a abertura de sucessão definitiva".

> -se, como vimos já, no que respeita ao cadáver, pois este é tutelado como emanação da pessoa, e não como coisa. Pois também tem de se prolongar no que respeita ao espírito.
> Mas chegados a este ponto, já não podemos falar da tutela de direitos de personalidade. O bem jurídico em causa passou a ser a memória do falecido. Banem-se condutas que a possam atingir. O que terá necessariamente por consequência que a tutela dos direitos de personalidade não é em globo aplicável; só temos estas restritas providências destinadas a proteger a memória dos defuntos.[202]

Apesar das lições transcritas, tenho entendido que nos casos de lesão aos direitos da personalidade do morto estão presentes *danos diretos* – aos familiares – e também *danos indiretos* ou *em ricochete*, que atingem o morto e repercutem naqueles que a lei considera legitimados. Essa posição por mim seguida pode ser tida como a majoritária no Brasil. Nesse sentido, cite-se o artigo científico desenvolvido por Ney Rodrigo Lima Ribeiro, referido quando do julgamento do Recurso Especial 1.209.474/SP pela Terceira Turma do STJ, acórdão que teve como relator o Ministro Paulo de Tarso Sanseverino, de 10 de setembro de 2013. Como aponta o autor do texto, citado no acórdão, existem três correntes de análise do tema dos direitos da personalidade do morto, que podem ser assim resumidas:

> a) Sustentam que a personalidade cessa com a morte (art. 6.º do CC), ou seja, que é uma regra absoluta e, por conseguinte, a morte tudo resolve (*mors omnia solvit*), bem como não há extensão dos direitos de personalidade, os seguintes doutrinadores: Sílvio de Salvo Venosa; Cristiano Chaves; Pontes de Miranda e Silvio Romero Beltrão; b) defendem que a personalidade cessa com a morte (art. 6.º do CC), entretanto, é uma regra relativa e, por decorrência, o brocardo jurídico *mors omnia solvit* não é absoluto, há extensão dos direitos de personalidade após a morte e também é cabível a indenização diante de lesão à pessoa falecida, os seguintes autores: Álvaro Villaça, Silmara

[202] ASCENSÃO, José de Oliveira. **Direito civil: teoria geral**. 3. ed. São Paulo: Saraiva, 2010. v. 1: Introdução. As pessoas. Os bens. p. 33.

> J. Chinellato; Rubens Limongi França; Ingo Wolfgang Sarlet; Gustavo Tepedino; Maria Helena Diniz; Flávio Tartuce; Paulo Lôbo; Francisco Amaral e José Rogério Cruz e Tucci; c) a doutrina brasileira é quase uníssona em afirmar que o princípio da dignidade da pessoa humana (art. 1.º, inc. III, da CF/88) é o sustentáculo de proteção das pessoas falecidas.[203]

Injustificadamente, o art. 12, parágrafo único, do Código Civil Brasileiro não faz referência ao companheiro ou convivente, que ali deve ser incluído por aplicação analógica do art. 226, § 3.º, da Constituição Brasileira, que reconhece a união estável como entidade familiar, com amplíssima proteção no nosso País. Justamente por isso, o Enunciado n. 275 da IV Jornada de Direito Civil aduz que "o rol dos legitimados de que tratam os arts. 12, parágrafo único, e 20, parágrafo único, do Código Civil, também compreende o companheiro".

Pelo que consta do próprio enunciado, frise-se que, no caso específico de lesão à imagem do morto, o art. 20, parágrafo único, do Código Civil Brasileiro também atribui legitimidade aos lesados indiretos, mas apenas faz menção ao cônjuge, aos ascendentes e aos descendentes, também devendo ser incluído o companheiro pelas razões já expostas.

De fato, pelo que consta expressamente da lei, os colaterais até o quarto grau não teriam legitimação para a defesa de tais direitos, conclusão a que chegou o Enunciado n. 5, aprovado na I Jornada de Direito Civil, com o seguinte teor:

> 1) As disposições do art. 12 têm caráter geral e aplicam-se inclusive às situações previstas no art. 20, excepcionados os casos expressos de legitimidade para requerer as medidas nele estabelecidas; 2) as disposições do art. 20 do novo Código Civil têm a finalidade específica de regrar a projeção dos bens personalíssimos nas situações nele enumeradas. Com exceção dos casos expressos de legitimação que se conformem com a tipificação preconizada nessa norma, a ela podem ser aplicadas subsidiariamente as regras instituídas no art. 12.

[203] RIBEIRO, Ney Rodrigo Lima. **Direito à proteção de pessoas falecidas**. *In:* MIRANDA, Jorge; RODRIGUES JR., Otávio Luiz; FRUET, Gustavo Bonato (coord.). **Direitos da personalidade**. São Paulo: Atlas, 2012.

A questão é muito controvertida, pois, afinal de contas, o conceito de imagem – incluindo a imagem-retrato e a imagem-atributo – encontra-se muito ampliado. Nesse contexto, há enormes dificuldades em enquadrar a situação concreta no art. 12 ou no art. 20 do Código Civil. Para uma melhor solução de tutela de direitos, pode-se até entender que os dispositivos trazem apenas relações exemplificativas dos legitimados extraordinariamente para os casos de lesão à personalidade do morto.

Por outro caminho, pode-se concluir que os arts. 12, parágrafo único, e 20, parágrafo único, comunicam-se entre si. Comentando o último comando, leciona Silmara Chinellato, a quem se filia:

> [...] anoto que a legitimação aqui é menos extensa do que naquele parágrafo, já que omite os colaterais. É sustentável admitir a legitimação também a eles, bem como aos companheiros, uma vez que o art. 12 se refere genericamente à tutela dos direitos da personalidade, entre os quais se incluem os previstos pelo art. 20.[204]

Esse último entendimento afasta a rigidez do enunciado anterior.

Adotando a flexibilidade da ordem prevista nos comandos, na *V Jornada de Direito Civil*, aprovou-se o enunciado com o seguinte teor: "as medidas previstas no artigo 12, parágrafo único, do Código Civil, podem ser invocadas por qualquer uma das pessoas ali mencionadas de forma concorrente e autônoma" (Enunciado n. 398). Partindo para a prática, um dos julgados mais conhecidos a respeito da tutela da personalidade do morto é o relativo ao livro *Estrela solitária – um brasileiro chamado Garrincha*, em que foram tutelados os direitos das filhas do jogador, reparando-as por danos morais sofridos em decorrência de afirmações feitas na publicação.[205]

[204] CHINELLATO, Silmara Juny (coord.). **Código civil interpretado**. 3. ed. São Paulo: Manole, 2010. p. 46-47.

[205] Vejamos a sua ementa: "Civil. Danos morais e materiais. Direito à imagem e à honra de pai falecido. Os direitos da personalidade, de que o direito à imagem é um deles, guardam como principal característica a sua intransmissibilidade. Nem por isso, contudo, deixa de merecer proteção a imagem e a honra de quem falece, como se fossem coisas de ninguém, porque elas permanecem perenemente lembradas nas memórias, como bens imortais que se prolongam para muito além da vida, estando até acima desta, como sentenciou Ariosto. Daí por que não se pode subtrair dos filhos o direito de defender a imagem e a honra de seu falecido pai, pois eles, em linha de normalidade, são os que mais se desvanecem com a exaltação feita à sua memória, como são os que mais se abatem e se deprimem por qualquer agressão que lhe possa trazer mácula. Ademais, a imagem de pessoa

Como outro caso interessante, em 10 de abril de 2012, sentença de primeira instância da 7.ª Vara Cível de Aracaju, Estado de Sergipe, proibiu a veiculação do livro *Lampião – o mata sete*, estudo histórico realizado pelo advogado Pedro de Morais, que afirma que Lampião era homossexual e constantemente traído por sua mulher, Maria Bonita.

A ação foi proposta pela única filha do casal, Expedita Ferreira Nunes, concluindo o magistrado Aldo Albuquerque de Melo que,

> [...] conjugando o art. 5.º, X, da Constituição Federal com o art. 20, parágrafo único do Código Civil, verifica-se facilmente a ilicitude da conduta do requerido em pretender divulgar e publicar uma biografia de Lampião, sem autorização dos titulares do direito de imagem, no caso, a requerente (Processo 201110701579).

Como as figuras relatadas no livro são históricas, ficava em xeque a ponderação realizada pelo julgador, uma vez que há um interesse coletivo no estudo realizado pelo advogado escritor.

Com correção, a sentença foi reformada pelo Tribunal de Justiça de Sergipe em acórdão da sua 2.ª Câmara Cível, prolatado em 30 de setembro de 2014. Conforme o relator, Des. Siqueira Neto, a liberdade de expressão é valor fundamental na ordem democrática nacional. Sendo assim, não é papel do Poder Judiciário estabelecer padrões de conduta que impliquem restrição à divulgação das informações: "cabe, sim, impor indenizações compatíveis com ofensa decorrente de uma divulgação ofensiva". E arrematou, citando a doutrina de Marcelo Novelino: "as pessoas públicas, por se submeterem voluntariamente à exposição pública, abrem mão de uma parcela de sua privacidade, sendo menor a intensidade de proteção".

Como último exemplo a ser citado sobre a amplitude do art. 12, parágrafo único, do Código Civil Brasileiro, o Superior Tribunal de Justiça entendeu que deve ser respeitada a manifestação feita pela pessoa em vida, aos seus familiares e sem qualquer outra formalização, para que seu corpo fosse congelado nos Estados Unidos da América, em criogenia, visando a eventual ressuscitação no futuro, diante da evolução da medicina e de outras ciências.

famosa projeta efeitos econômicos para além de sua morte, pelo que os seus sucessores passam a ter, por direito próprio, legitimidade para postularem indenização em juízo, seja por dano moral, seja por dano material. Primeiro recurso especial das autoras parcialmente conhecido e, nessa parte, parcialmente provido. Segundo recurso especial das autoras não conhecido. Recurso da ré conhecido pelo dissídio, mas improvido" (STJ, REsp 521.697/RJ, 4.ª Turma, Rel. Min. Cesar Asfor Rocha, j. 16.02.2006, *DJ* 20.03.2006, p. 276).

Diante da ausência de previsão legal sobre o tema, o Ministro Relator fundamentou a pretensão do disponente no direito ao corpo morto, retirado do preceito em estudo e também do art. 14 do Código Civil Brasileiro, que trata de atos de disposição *post mortem* de partes do corpo.[206]

Os vários exemplos expostos evidenciam que a cláusula geral de tutela da personalidade tem múltiplas aplicações, concretizando a necessária proteção dos direitos da personalidade, e transpondo para o mundo prático a incidência dos dispositivos legais.

[206] Vejamos trecho desse instigante *decisum*: "A criogenia ou criopreservação é a técnica de congelamento do corpo humano morto, em baixíssima temperatura, com o intuito de reanimação futura da pessoa, caso sobrevenha alguma importante descoberta médica ou científica capaz de ressuscitar o indivíduo. O procedimento da criogenia em seres humanos não possui previsão legal em nosso ordenamento jurídico. Nesses casos, para preencher a lacuna normativa sobre a matéria, o art. 4.º da Lei de Introdução às Normas do Direito Brasileiro – LINDB enumera as técnicas de integração da norma jurídica, estabelecendo que: 'Quando a lei for omissa, o juiz decidirá o caso de acordo com a analogia, os costumes e os princípios gerais de direito'. À hipótese, deve-se aplicar a analogia jurídica (*iuris*), pois o nosso ordenamento jurídico, além de proteger as disposições de última vontade do indivíduo, como decorrência do direito ao cadáver, contempla diversas normas legais que tratam de formas distintas de destinação do corpo humano após a morte em relação à tradicional regra do sepultamento, dentre as quais podemos citar o art. 77, § 2.º, da Lei de Registros Públicos, que disciplina a possibilidade de cremação do cadáver; a Lei n. 9.434/1997, que dispõe sobre a remoção de órgãos, tecidos e partes do corpo humano para fins de transplante e tratamento; o art. 14 do Código Civil, que possibilita a destinação do corpo, após a morte, para fins científicos ou altruísticos, dentre outras. Da análise das regras correlatas dispostas no ordenamento jurídico, considerando a necessidade de extração da norma jurídica a ser aplicada ao caso concreto, verifica-se que não há exigência de formalidade específica para a manifestação de última vontade do indivíduo, sendo perfeitamente possível, portanto, aferir essa vontade, após o seu falecimento, por outros meios de prova legalmente admitidos, observando-se sempre as peculiaridades fáticas de cada caso. Ademais, o ordenamento jurídico brasileiro, em casos envolvendo a tutela de direitos da personalidade do indivíduo *post mortem*, legitima os familiares mais próximos a atuarem em favor dos interesses deixados pelo *de cujus*. São exemplos dessa legitimação as normas insertas nos arts. 12, parágrafo único, e 20, parágrafo único, do Código Civil, que tratam especificamente sobre direitos da personalidade, bem como no art. 4.º da Lei n. 9.434/1997, que diz respeito à legitimidade dos familiares em relação à autorização para a remoção de órgãos, tecidos e outras partes do corpo humano para fins de transplante, dentre outras. Nessa linha de entendimento, extraindo-se os elementos necessários à integração da lacuna normativa pela analogia, é de se concluir que, na falta de manifestação expressa deixada pelo indivíduo em vida no sentido de ser submetido à criogenia após a morte, presume-se que sua vontade seja aquela manifestada por seus familiares mais próximos" (STJ, REsp 1.693.718/RJ, 3.ª Turma, Rel. Min. Marco Aurélio Bellizze, j. 26.03.2019, *DJe* 04.04.2019). O art. 14 do Código Civil Brasileiro tem a seguinte redação: "é válida, com objetivo científico, ou altruístico, a disposição gratuita do próprio corpo, no todo ou em parte, para depois da morte. Parágrafo único. O ato de disposição pode ser livremente revogado a qualquer tempo".

Conclusões

O presente artigo procurou demonstrar a conceituação dos direitos da personalidade, tidos como aqueles inerentes à pessoa humana e a sua dignidade, cuja proteção foi ampliada também para a pessoa jurídica, por força expressa do art. 52 do Código Civil.

Ficou evidenciado, também pelo texto, que hoje prevalece no Brasil a afirmação da existência de um rol exemplificativo ou *numerus apertus* dos direitos da personalidade, sendo necessário sempre um diálogo entre a codificação privada e a Constituição Federal de 1988 na efetividade desses direitos.

A existência de uma relação aberta efetiva com mais eficiência a tutela geral da personalidade, prevista no art. 12 do Código Civil, com dois regramentos fundamentais: a prevenção e a reparação integral de danos. O art. 497 do Código de Processo Civil de 2015 também tem um papel importante na efetividade dessa proteção.

Os exemplos citados evidenciam que a proteção dos direitos da personalidade – incluindo a tutela do morto – foi incrementada nos vinte anos de vigência do Código Civil de 2002, sem prejuízo de muitas outras ilustrações concretas que poderiam ser citadas.

Com isso, a teoria do Direito Civil anda de mãos dadas com a prática, exatamente como sempre quis o nosso homenageado – Rui Geraldo Camargo Viana –, que, além de docente destacado, foi Desembargador do Tribunal de Justiça do Estado de São Paulo, tendo tão bem dignificado a beca e a toga.

REFERÊNCIAS

AMARAL, Francisco. **Direito civil: introdução**. 5. ed. Rio de Janeiro: Renovar, 2003.

ASCENSÃO, José de Oliveira. **A dignidade da pessoa humana e o fundamento dos direitos humanos**. Revista da Faculdade de Direito da Universidade de São Paulo. v. 103. jan./dez. 2008.

ASCENSÃO, José de Oliveira. **Direito civil: teoria geral**. 3. ed. São Paulo: Saraiva, 2010. v. 1. Introdução. As pessoas. Os bens.

CHINELLATO, Silmara Juny (coord.). **Código civil interpretado**. 3. ed. São Paulo: Manole, 2010.

DINIZ, Maria Helena. **Curso de direito civil brasileiro**. 24. ed. São Paulo: Saraiva, 2010. v. 1. Teoria geral do direito civil.

FRANÇA, Rubens Limongi. **Instituições de direito civil**. 4. ed. São Paulo: Saraiva, 1996.

OLIVEIRA, José Lamartine Corrêa de. **A dupla crise da pessoa jurídica**. São Paulo: Saraiva, 1979.

RIBEIRO, Ney Rodrigo Lima. Direito à proteção de pessoas falecidas. *In:* MIRANDA, Jorge; RODRIGUES JR., Otávio Luiz; FRUET, Gustavo Bonato (coord.). **Direitos da personalidade**. São Paulo: Atlas, 2012.

TEPEDINO, Gustavo. **A tutela da personalidade no ordenamento civil-constitucional brasileiro**. *In:* **Temas de direito civil**. Rio de Janeiro: Renovar, 2004. t. I.

13. O DIREITO FUNDAMENTAL À PROTEÇÃO DE DADOS PESSOAIS E A ABERTURA DA ORDEM CONSTITUCIONAL À TRANSFORMAÇÃO TECNOLÓGICA: ANÁLISE DO JULGAMENTO DA ADI 6.387

GILMAR FERREIRA MENDES

Introdução

O Supremo Tribunal Federal (STF), ao longo da última década, enfrentou questões relevantes no que diz respeito aos direitos de personalidade, matéria de importância central não só para o direito constitucional, mas também para o direito civil, notadamente na relação entre particulares. Isso porque a definição dos limites das liberdades em relação a tais garantias, especialmente no que concerne ao direito à intimidade, à vida privada, à honra e à imagem, trava uma fundamental discussão acerca da colisão de direitos individuais.

Fala-se em colisão entre direitos fundamentais (*Grundrechtskollision*) quando se identifica conflito decorrente do exercício de direitos individuais por diferentes titulares. A colisão pode decorrer, igualmente, de conflito entre direitos individuais do titular e bens jurídicos da comunidade.[207]

[207] CANOTILHO, J. J. Gomes. **Direito constitucional**. 2. ed. Coimbra: Almedina, 1986, p. 643 e s.; PIEROTH, Bodo; SCHLINK, Bernhard. **Grundrechte**: Staatsrecht II. Heidelberg: C. F. Müller, 1988, p. 72 e s.

Assinale-se que a ideia de colisão de direitos individuais comporta temperamentos. É que nem tudo que se pratica no suposto exercício de determinado direito encontra abrigo no seu âmbito de proteção. Ademais, só se tem autêntica colisão quando um direito individual afeta diretamente o âmbito de proteção de outro direito individual.[208]

Ao se deparar com essas situações de conflito, o STF tem intentado extrair balizas objetivas para o enfrentamento dessas colisões, mas, a despeito desses impulsos de consolidação da jurisprudência, vê-se que a discussão acerca desses direitos não comporta soluções definitivas. A riqueza do tema demanda o contínuo adensamento teórico do diálogo de campos entre o direito constitucional e o direito civil.

Nesse sentido, no julgamento paradigmático de referendo de medida cautelar concedida nas ADIs 6387, 6388, 6389, 6390 e 6393,[209] a Corte enfrentou mais um relevante capítulo sobre essa temática e definiu algumas diretrizes em relação à proteção do direito à privacidade e à proteção de dados em face dos avanços tecnológicos. O caso demonstrou a importância de se buscar uma abertura da ordem constitucional às inovações tecnológicas, sem, contudo, elidir direitos fundamentais básicos.

No contexto da grave crise sanitária que se alastrava no país, o Governo Federal havia editado a Medida Provisória (MP) nº 954/2020, que obrigava as operadoras de telefonia a fornecerem dados de seus usuários, como nomes, telefones e endereços, à Fundação Instituto Brasileiro de Geografia e Estatística (IBGE), "com o objetivo de realizar entrevistas em caráter não presencial no âmbito de pesquisas domiciliares" (art. 2º, § 1º).[210]

Compreendendo que a medida feria direitos fundamentais de personalidade, foram então ajuizadas as referidas ações diretas perante a Suprema Corte brasileira. Em síntese, os autores apontavam violação às normas constitucionais da dignidade da pessoa humana, da inviolabilidade da intimidade, da vida privada, da honra e da imagem das pessoas, do sigilo dos dados e da autodeterminação informativa (arts. 1º, III, e 5º, X e XII, da Constituição da República).

[208] RÜFNER, Wolfgang. **Grundrechteskonflikte**. In: Bundesverfassungsgericht und Grundgesetz, v. II, 1976, p. 460.

[209] BRASIL. Supremo Tribunal Federal. **ADI 6387 MC-Ref**, Rel. Min. Rosa Weber, Tribunal Pleno, j. 07/05/2020, DJe 12/11/2020.

[210] BRASIL. Presidência da República. **Medida Provisória nº 954, de 2020**. Dispõe sobre o compartilhamento de dados por empresas de telecomunicações prestadoras de Serviço Telefônico Fixo Comutado e de Serviço Móvel Pessoal com a Fundação Instituto Brasileiro de Geografia e Estatística, para fins de suporte à produção estatística oficial durante a situação de emergência de saúde pública de importância internacional decorrente do coronavírus (covid-19), de que trata a Lei nº 13.979, de 6 de fevereiro de 2020. Brasília, DF: Diário Oficial da União, 2020. Disponível em: https://www.congressonacional.leg.br/materias/medidas-provisorias/-/mpv/141619. Acesso em: 10 maio 2023.

Em relação ao direito fundamental à proteção de dados pessoais (art. 5º, XII, da CF), aduziam que ele assegura a inviolabilidade do sigilo da correspondência e das comunicações telegráficas, de dados e das comunicações telefônicas, ressalvada a relativização, nesta última hipótese, mediante ordem judicial e para fins de persecução penal. Afirmavam, ainda, que a MP 954/2020 não explicitava a finalidade do uso da pesquisa estatística, nem delimitava o campo de proteção na operação de processamento de dados.

Dessa forma, pedia-se a suspensão da eficácia e, por fim, a declaração de inconstitucionalidade do diploma, em sua integralidade, bem como o reconhecimento do direito fundamental à autodeterminação informativa.

À vista disso, o Supremo Tribunal Federal foi instado a apreciar questão sensível sobre a salvaguarda de direitos de personalidade em um "cenário de urgência decorrente da crise sanitária deflagrada pela pandemia global da COVID-19", em que se fazia necessária a "formulação de políticas públicas que demandam dados específicos para o desenho dos diversos quadros de enfrentamento", conforme restou expressamente consignado no acórdão dessas ações.

Nessa toada, o presente artigo analisa os principais tópicos que circundam a controvérsia travada nesse *leading case*.

Inicialmente, aborda-se o efeito da permanente abertura da ordem constitucional às transformações tecnológicas e a necessidade de se renovar o compromisso de manter viva a força normativa da Constituição para se assegurar a proteção jurídica da intimidade.

Em seguida, é investigada a questão da autonomia do direito fundamental à proteção de dados pessoais como categoria dentro do rol dos direitos fundamentais. Para tanto, discorre-se sobre a evolução do conceito de privacidade para, por fim, evidenciar a formação do direito fundamental à proteção de dados pessoais na ordem constitucional brasileira.

Ao final, conclui-se que o direito fundamental à proteção de dados pessoais, a despeito de admitir flexibilizações, traduzidas na possibilidade concreta de uso e tratamento desses dados para a realização de finalidades de interesse público legitimamente protegidas pelo ordenamento jurídico, restou violado naquele caso, uma vez que a Medida Provisória 954/2020 era altamente deficitária na fixação de salvaguardas mínimas para a garantia da privacidade dos usuários de serviços de telefonia no Brasil.

1. A inovação jurídica como contra-face da inovação técnica: a permanente abertura da ordem constitucional à transformação tecnológica

A discussão travada testava as possibilidades e os limites da proteção constitucional do direito à privacidade (art. 5º, inciso X) frente aos riscos desencadeados pelo constante avanço tecnológico que caracteriza a nossa sociedade da informação.

A força normativa da Carta Magna pode e deve ser atualizada e reconceitualizada para preservar garantias individuais que constituem a base da democracia constitucional e que hoje são diretamente ameaçadas pelo descompasso entre o poder de vigilância e a proteção da intimidade.

Embora as novas tecnologias de comunicação tenham se tornado condição necessária para a realização de direitos básicos – como se faz evidente no campo da liberdade de expressão, de manifestação política e de liberdade religiosa –, verifica-se que esses mesmos avanços tecnológicos suscitam riscos generalizados de violação de direitos fundamentais básicos, para além da questão comunicacional.

Como muito bem destacado por Wolfgang Hoffmann-Riem ao se referir à necessidade de os próprios Tribunais Constitucionais serem atores de inovação jurídica voltada à constante atualização da proteção aos direitos fundamentais, deve-se reconhecer que[211]:

> As tecnologias oferecem um enorme potencial, e não é exagero referir-se às oportunidades decorrentes da sociedade da informação. Na maioria dos aspectos da vida diária, os cidadãos são hoje obrigados a utilizar as novas tecnologias para não serem social e economicamente marginalizados. Mas as novas tecnologias também trazem consigo um potencial de perigo: não só o de terceiros, incluindo o Estado, penetrando na esfera privada, mas também o desenvolvimento de um poder de comunicação e de poder econômico que impõe seus interesses seletivamente através de manipulação ou por outros meios. (tradução livre)

O direito fundamental à igualdade – enquanto núcleo de qualquer ordem constitucional – é submetido a graves riscos diante da evolução tecnológica. A elevada concentração de coleta, tratamento e análise de dados possibilita que governos e de empresas utilizem algoritmos e ferramentas de *data analytics*, que promovem classificações e estereotipações discriminatórias de grupos sociais para a tomada de decisões estratégias para a vida social, como a alocação de oportunidades de acesso a emprego, negócios e outros bens sociais. Essas deci-

[211] HOFFMANN-RIEM, Wolfgang. Innovaciones en la jurisprudencia del Tribunal Constitucional Alemán, a propósito de la garantía de los derechos fundamentales en respuesta a los cambios que conducen a la Sociedad de la Información. **Direito Público**, vol. 12, n. 64, p.40-61, jul./ago., 2015, p. 48-49.

sões são claramente passíveis de interferência por vieses e inconsistências que naturalmente marcam as análises estatísticas que os algoritmos desempenham.

Como ilustrado por Yuval Noah Harari, ao descrever os desafios impostos[212]:

> [...] à medida que cientistas chegam a uma compreensão mais profunda de como humanos tomam decisões, a tentação de se basear em algoritmos provavelmente vai aumentar. [...] À medida que governos e corporações obtêm sucesso ao hacker o sistema operacional humano, ficaremos expostos a uma enxurrada de manipulações guiadas com precisão.

Alguns exemplos nesse sentido são dignos de nota. Nos Estados Unidos, por exemplo, uma ferramenta de gerenciamento automatizado do sistema prisional chamada de *Correctional Offender Management Profiling for Alternative Sanctions* (COMPAS) tem sido utilizada para avaliação do risco de reincidência dos egressos. Essa ferramenta funciona a partir de árvore decisória, que classifica os detentos em um espectro de risco que varia de um a nove, sendo nove o mais alto e um o mais baixo.

Em 2017, a Suprema Corte de Wiscosin manteve a condenação de um réu que foi acusado de fugir da polícia ao dirigir um carro anteriormente utilizado em um tiroteio. Ele havia sido condenado previamente por agressão sexual e, após uma avaliação do algoritmo, considerou-se que havia alto risco de cometer outro crime, tendo sido condenado, assim, a uma sentença de seis anos.

Todo esse contexto indica que decisões críticas para o Estado de Direito estão sendo cada vez mais substituídas por mecanismos automatizados. Em outras palavras, de forma direta: vivemos na era das escolhas de Sofia automatizadas. Independentemente do acerto ou do desacerto dessas decisões automatizadas, é inequívoco que a proteção dos valores estruturantes da nossa democracia constitucional requer que o Direito atribua elementos de transparência e controle que preservem o exercício da cidadania. É por isso que, para muito além do mero debate sobre o sigilo comunicacional, o Supremo Tribunal Federal deve reconhecer que a disciplina jurídica do processamento e da utilização da informação acaba por afetar o sistema de proteção de garantias individuais como um todo.

O quadro fático contemporâneo deve ser internalizado na leitura e aplicação da Constituição Federal de 1988. Aliás, nunca foi estranha à jurisdição constitucional a ideia de que os parâmetros de proteção dos direitos fundamentais devem ser permanentemente abertos à evolução tecnológica. Dentro da tradição do

[212] HARARI, Yuval Noah. **21 lições para o Século XXI**. Companhia das Letras: São Paulo, 2018.

judicial review norte-americano, por exemplo, mesmo partidários de uma interpretação originalista da Constituição reconhecem que a inovação naturalmente levanta questões sobre como a Constituição a ela se aplica. Como adverte, com clareza, o professor Lawrance Lessig[213]:

> "Os *Founding Fathers* deram ao povo uma Constituição para um mundo onde a tecnologia era imperfeita. Nesse mundo, a liberdade reinava, não tanto porque a lei positiva a criava; mas porque as tecnologias imperfeitas se submetiam à justiça. Quando as tecnologias daquele mundo mudam, nós nos confrontamos com uma escolha. Nós podemos permitir que a ideia de eficiência tecnológica impere neste novo espaço digital, fazendo com que as liberdades protegidas pela Constituição se esvaziem; ou nós podemos recriar as esferas de liberdade para superar aquelas pensadas em um contexto de imperfeição tecnológica".

Como assevera o autor "essas são escolhas democráticas e são escolhas reais".

Essa visão, a propósito, foi muito bem simbolizada no voto dissidente do Juiz Louis Brandeis, em 1928, no caso *United States v. Olmstead*, em que se discutia como a Quarta Emenda à Constituição Norte-americana poderia ser aplicada para a definição da licitude de interceptações telefônicas. O voto majoritário considerou que, como ouvir uma conversa telefônica privada não exigia uma busca física ou entrada no espaço privado de um cidadão, o mandado de busca da Quarta Emenda não se aplicava.

A posição do Juiz Brandeis, por outro lado, assentou-se na linha de que as limitações gerais aos poderes de governo, "como as incorporadas nas cláusulas do devido processo da Quinta e da Décima Quarta Emenda, não podem proibir o Estado de atender às condições modernas por regulamentos que há um século atrás, ou mesmo meio século atrás, provavelmente teriam sido rejeitadas como arbitrárias e opressivas". Nas precisas palavras do juiz: "as cláusulas jurídicas que garantem ao indivíduo proteção contra abusos de poder específicos devem ter uma capacidade de adaptação a um mundo em constante mudança".[214]

Essa abertura da jurisdição constitucional à transformação tecnológica enquanto instrumento de preservação dos direitos fundamentais também é consolidada na

[213] LESSIG, Lawrence. Reading The Constitution in Cyberspace. **Emory Law Review**, v. 45, p. 869-910, 1996, p. 41 (tradução livre).

[214] *Olmstead v United States*, 277 US 438, 472, 1928, Voto Dissidente do Juiz L. Brandeis (tradução livre).

tradição continental. No icônico precedente da Lei do Censo alemã de 1983, resta evidente que o avanço das técnicas de coleta e processamento de dados foi tomado como válvula de reconfiguração da proteção jurídica à personalidade. A decisão baseou-se principalmente no diagnóstico de que, a partir da coleta e cruzamento de dados do censo, o cidadão torna-se uma verdadeira "pessoa transparente".

Desse modo, em alinho a todas essas experiências históricas que estruturam a tradição do *judicial review*, o espírito hermenêutico que guiou a Corte Constitucional no tratamento da matéria em exame foi o de renovar o compromisso de manter viva a força normativa da Constituição Federal de 1988, nela encontrando caminhos, e não entraves para a proteção jurídica da intimidade enquanto garantia básica da ordem democrática.

2. Direito fundamental à proteção de dados pessoais

Para a discussão do tema daquele julgamento, também se fazia necessário analisar o risco de a medida provisória impugnada comprometer os direitos fundamentais à inviolabilidade da intimidade, da vida privada, da honra e da imagem das pessoas consagrado no art. 5º, incisos X, da CF:

> Art. 5º Todos são iguais perante a lei, sem distinção de qualquer natureza, garantindo-se aos brasileiros e aos estrangeiros residentes no País a inviolabilidade do direito à vida, à liberdade, à igualdade, à segurança e à propriedade, nos termos seguintes:
> [...]
> X - são invioláveis a intimidade, a vida privada, a honra e a imagem das pessoas, assegurado o direito a indenização pelo dano material ou moral decorrente de sua violação;

A adequada compreensão do parâmetro de controle invocado, no entanto, perpassa o aprofundamento do inevitável debate teórico acerca da afirmação da autonomia do direito fundamental à proteção de dados pessoais como categoria dentro do rol dos direitos fundamentais, para além da mera evolução do direito ao sigilo.

Não por outro motivo que, posteriormente a esse julgamento, foi publicada a Emenda Constitucional nº 115, de 10 de fevereiro de 2022, que elevou ao *status* de direito fundamental o "direito à proteção dos dados pessoais, inclusive nos meios digitais" (art. 5º, inciso LXXIX, da CF).

Nesse sentido, como ainda não havia essa previsão no texto constitucional, a análise do referendo da medida cautelar naquela ADI suscitava a oportunidade e o dever de o Supremo Tribunal Federal aprofundar a identificação, na ordem constitucional brasileira, de um direito fundamental à proteção de dados pessoais, a fim de estabelecer de forma clara o âmbito de proteção e os limites constitucionais à intervenção estatal sobre essa garantia individual.

Por conseguinte, o debate foi orientado pelos seguintes pilares: (i) o desenvolvimento do conceito de privacidade; e (ii) a certificação da existência de um direito fundamental à proteção de dados pessoais na ordem constitucional brasileira.

2.1. A evolução do conceito de privacidade

Dentro da teoria jurídica moderna, a compreensão histórica do direito à privacidade é comumente vinculada – com todas as possíveis e necessárias ressalvas – à publicação do seminal artigo "*The Right to Privacy*", escrito por Samuel Warren e Louis Brandeis ainda no final do Século XIX.[215] Esse texto revelou-se paradigmático por ter possibilitado, a partir de precedentes da tradição do *common law*, a identificação de um direito de privacidade de natureza pessoal independente da estrutura da tutela da propriedade.

Nessa concepção tradicional, o direito à privacidade pressupunha uma dicotomia entre as esferas pública e privada, colmatando-se o núcleo da proteção jurídica como o direito de ser deixado só ("*the right to be left alone*"). Em sentido fortemente individualista, a proteção atribuída ao direito à privacidade voltar-se-ia, portanto, a reconhecer uma posição estática e absenteísta do Estado: o direito do titular de retrair aspectos de sua vida do domínio público.[216]

Na doutrina pátria, os estudos voltados à identificação da autonomia do direito à privacidade parecem ter se vinculado inicialmente a essa abordagem formal de um direito negativo de não intervenção. Tal abordagem foi reproduzida em artigo clássico do Professor Tércio Sampaio Ferraz Júnior intitulado "Sigilo de dados: o direito à privacidade e os limites à função fiscalizadora do Estado", publicado em 1993.[217]

O corolário imediato dessa subsunção do direito à privacidade à função negativa de um direito fundamental personalíssimo limitou o reconhecimento da proteção constitucional ao sigilo (art. 5º, inciso XII) ao conteúdo das comunicações. Tal abordagem formalista influenciou sobremaneira a jurisprudência do Supremo

[215] WARREN, S.; BRANDEIS, L. The Right to Privacy. **Harvard Law Review**, 4(5), p. 193-220, 1890.

[216] BIONI, Bruno Ricardo. **Proteção de dados pessoais**: a função e os limites do consentimento. São Paulo: Editora Gen, 2019, p. 95.

[217] FERRAZ JÚNIOR, Tércio. **Sigilo de dados**: o direito à privacidade e os limites da função fiscalizadora do estado. Revista da Faculdade de Direito da Universidade de São Paulo, v. 88, p. 430-459, 1993.

Tribunal Federal na década passada, sobretudo no julgamento do Mandado de Segurança 21.729/DF e no julgamento do RE 418.416-8/SC.

Nesse último caso, o Tribunal negou que as informações contidas nesses registros estariam acobertadas pelo direito à privacidade, reproduzindo mais uma vez a fórmula do Professor Ferraz Júnior, nos termos do voto do Ministro Sepúlveda Pertence, relator, para quem não teria havido violação do art. 5º, inciso XII, da Constituição, uma vez que não teria ocorrido quebra de sigilo das comunicações de dados (interceptação das comunicações), mas tão somente apreensão de base física na qual se encontravam os dados.[218]

Essa concepção do direito à privacidade como uma garantia individual de abstenção do Estado na esfera privada individual, todavia, passou por profundas transformações no decorrer do século XX. Devido ao próprio avanço das tecnologias da informação, assistiu-se a uma verdadeira mutação jurídica do sentido e do alcance do direito à privacidade. Nas palavras de Stefano Rodotà, nas últimas décadas, vivenciamos verdadeiro "processo de inexorável reinvenção da privacidade".[219]

Esse processo de reinvenção do direito à privacidade é analisado com esmero e profundidade em seminal monografia do Professor Danilo Doneda.[220] Ao examinar as sucessões geracionais das leis de proteção de dados a partir da década de 1970, bem como o espraiamento da proteção jurídica da privacidade em tratados internacionais ao longo do século XX, o autor assevera que[221]:

> A trajetória percorrida pelo direito à privacidade reflete tanto uma mudança de perspectiva para a tutela da pessoa quanto sua adequação às novas tecnologias da informação. Não basta pensar a privacidade nos moldes de um direito subjetivo, a ser tutelado conforme as conveniências individuais, nem da privacidade como uma 'predileção' individual, associada basicamente ao conforto e comodidade.
> [...]
> Uma esfera privada, na qual a pessoa tenha condições de desenvolvimento da própria personalidade, livre

[218] BRASIL. Supremo Tribunal Federal. **RE 418.416**, Rel. Min. Sepúlveda Pertence, Tribunal Pleno, j. 10/5/2006, DJ 19/12/2006.

[219] RODOTÀ, Stefano. **A vida na sociedade da vigilância**: a privacidade hoje. Rio de Janeiro: Renovar, 2008, p. 15.

[220] DONEDA, Danilo. **Da privacidade à proteção de dados pessoais**. Renovar: Rio de Janeiro, 2006.

[221] DONEDA, op. cit., p. 141-142.

> de ingerências externas, ganha hoje ainda mais em importância: passa a ser um pressuposto para que ela não seja submetida a formas de controle social que, em última análise, anulariam sua individualidade, cerceariam sua autonomia privada e, em última análise, inviabilizariam o livre desenvolvimento da sua personalidade.
> A privacidade assume, portanto, posição de destaque na proteção da pessoa humana, não somente tomada como escudo contra o exterior – na lógica da exclusão – mas como elemento positivo, indutor da cidadania, da própria atividade política em sentido amplo e dos direitos de liberdade de uma forma geral. Neste papel, a vemos como pressuposto de uma sociedade democrática moderna, da qual o dissenso e o anticonformismo são componentes orgânicos.

O marco identificador da reconceptualização do direito à privacidade coincide com o desenvolvimento jurisprudencial do conceito de autodeterminação informacional (*die informationelle Selbstbestimmung*) pelo Tribunal Constitucional Alemão.

A rigor, como destaca Claudio Franzius, a característica especial do direito à autodeterminação informativa não é resultante de um invencionismo episódico, mas sim de "várias linhas de argumentação da jurisprudência do Tribunal, que já na decisão do microcenso, com recurso à sua jurisprudência sobre a dignidade humana, atribuiu ao cidadão individual uma esfera inviolável da vida privada, da qual se supõe que a influência da autoridade pública deve ser removida".[222]

No paradigmático *Volkszählungsurteil*[223], de 1983, o Tribunal declarou a inconstitucionalidade da chamada Lei do Censo alemã (*Volkszählunsgesetz*), que possibilitava que o Estado realizasse o cruzamento de informações sobre os cidadãos para mensuração estatística da distribuição espacial e geográfica da população.

Nesse julgado, a Corte Constitucional redefiniu os contornos do direito de proteção de dados pessoais, situando-o como verdadeira projeção de um direito

[222] FRANZIUS, Claudio. **Das Recht auf informationelle Selbstbestimmung. Zeitschrift für das juristische Studium**. Gießen, 2015, p. 262.

[223] BVerfGE 65, 1, "Recenseamento" (*Volkszählung*). MARTINS, Leonardo. (org.) **Cinquenta anos de Jurisprudência do Tribunal Constitucional federal Alemão**. Montevidéu: Fundação Konrad Adenauer, 2005, p. 244.

geral de personalidade para além da mera proteção constitucional ao sigilo. A partir da leitura ampliativa do artigo 2.1, em conjunto com o artigo 1.1. da *Grundgesetz*, o Tribunal Constitucional reconheceu a existência de um direito constitucional de personalidade que teria como objeto de proteção o poder do indivíduo de "decidir sobre a divulgação e o uso dos seus dados pessoais" („*selbst über die Preisgabe und Verwendung seiner persönlichen Daten zu bestimmen*"), de "decidir sobre quando e dentro de quais limites os fatos da sua vida pessoal podem ser revelados" („*zu entscheiden, wann und innerhalb welcher Grenzen persönliche Lebenssachverhalte offenbart werden*") e ainda "de ter conhecimento sobre quem sabe e o que sabe sobre si, quando e em que ocasião" („*wissen können, wer was wann und bei welcher Gelegenheit über sie weiß*").[224]

O Tribunal entendeu que o processamento automatizado dos dados possibilitado pela Lei do Censo de 1983 colocaria em risco o poder do indivíduo de decidir por si mesmo sobre se e como ele desejaria fornecer a terceiros os seus dados pessoais. A situação de risco identificada pelo Tribunal referia-se à possibilidade concreta de, por meio de sistemas automatizados, as informações fornecidas sobre profissões, residências e locais de trabalho dos cidadãos serem processadas de modo a se formar um "perfil completo da personalidade".

Essa nova abordagem revelou-se paradigmática por ter permitido que o direito à privacidade não mais ficasse estaticamente restrito à frágil dicotomia entre as esferas pública e privada, mas, sim, se desenvolvesse como uma proteção dinâmica e permanentemente aberta às referências sociais e aos múltiplos contextos de uso. Como bem destacado na decisão, a identificação de um constante avanço tecnológico demanda igualmente a afirmação de um direito de personalidade que integre o contexto das "condições atuais e futuras circunstâncias do processamento automático de dados" („*heutigen und künftigen Bedingungen der automatischen Datenverarbeitung*").

É justamente essa reconfiguração que possibilita a afirmação do direito à autodeterminação informacional como um contraponto a qualquer contexto concreto de coleta, processamento ou transmissão de dados passível de configurar situação de perigo.

Nas palavras ilustres de Stefano Rodotà, a privacidade também passa ser definida como "o direito de manter o controle sobre suas próprias informações e de determinar como a privacidade é alcançada e, em última instância, como o direito de escolher livremente o seu modo de vida".[225]

Esse entendimento também engloba uma proteção abrangente que desloca o eixo da proteção do conteúdo dos dados para as possibilidades e fina-

[224] FRANZIUS, op. cit., p. 259.

[225] RODOTÀ, Stefano. **In diritto di avere**. Roma: Laterza, 2012, p. 321 (tradução livre).

lidades do seu processamento. Como bem destacado pela professora Laura Schertel Mendes, é decisivo para a concepção do direito à autodeterminação "o princípio segundo o qual não mais existiriam dados insignificantes nas circunstâncias modernas do processamento automatizado dos danos", de modo que "[o] risco do processamento de dados residiria mais na finalidade do processamento e nas possibilidades de processamento do que no tipo dos dados tratados".[226]

Essa abrangência da proteção atribuída ao direito de autodeterminação constitui importante chave interpretativa do âmbito de proteção do direito fundamental à proteção de dados pessoais, o qual não recai propriamente sobre a dimensão privada ou não do dado, mas sim sobre os riscos atribuídos ao seu processamento por terceiros.

Nesse aspecto, a Corte concluiu que não merecia prosperar o argumento de que o compartilhamento autorizado pela MP 954/2020 não envolveria dados sensíveis, já que o art. 2º da norma autorizaria a transferência apenas da relação de "nomes, números de telefone e endereços de seus consumidores, pessoas físicas ou jurídicas".

É que, conforme será desenvolvido a seguir, a tutela de um direito fundamental à proteção de dados não mais se adstringe à demarcação de um espaço privado, mas, antes, afirma-se no direito à governança, transparência e sindicabilidade do tratamento de dados compreendidos em acepção abrangente.

2.2. Do direito fundamental à proteção de dados pessoais na ordem constitucional brasileira

A autonomia do direito fundamental em jogo naquela ADI exorbitava, em essência, de sua mera equiparação com o conteúdo normativo da cláusula de proteção ao sigilo.

A afirmação de um direito fundamental à privacidade e à proteção de dados pessoais deriva, ao contrário, de uma compreensão integrada do texto constitucional lastreada (i) no direito fundamental à dignidade da pessoa humana, (ii) na concretização do compromisso permanente de renovação da força normativa da proteção constitucional à intimidade (art. 5º, inciso X, da CF) diante do espraiamento de novos riscos derivados do avanço tecnológico e, ainda, (iii) no reconhecimento da centralidade do *habeas data* enquanto instrumento de tutela material do direito à autodeterminação informativa.

Na doutrina pátria, o reconhecimento da autonomia do direito fundamental à proteção de dados foi desenvolvido, em termos dogmáticos, a partir das

[226] MENDES, Laura Schertel Ferreira. Autodeterminação informativa: a história de um conceito. **Pensar**, Fortaleza, v. 25, n. 4, p. 1-18, out./dez., 2020, p. 11.

importantes contribuições da professora Laura Schertel Mendes. Nas palavras da autora, entende-se que[227]:

> Para além da coincidência do léxico com os modernos instrumentos internacionais de tutela da privacidade, certo é que a proteção da dignidade humana e a inviolabilidade da intimidade e da vida privada numa sociedade da informação somente pode ser atingida hoje por meio da proteção contra os riscos do processamento de dados pessoais. Assim, quando se interpreta a norma do art. 5º, X, em conjunto com a garantia do *habeas data* e com o princípio fundamental da dignidade humana, é possível extrair-se da Constituição Federal um verdadeiro direito fundamental à proteção de dados pessoais.
> Entendemos que o reconhecimento desse direito fundamental não é apenas uma possibilidade; trata-se de uma necessidade para tornar efetivos os fundamentos e princípios do Estado democrático de direito, na sociedade contemporânea da informação, conforme determina a Constituição Federal.

A afirmação da autonomia do direito fundamental à proteção de dados pessoais – há de se dizer – não se faz tributária de mero encantamento teórico, mas antes da necessidade inafastável de afirmação de direitos fundamentais nas sociedades democráticas contemporâneas.

Considerando que os espaços digitais são controlados por agentes econômicos dotados de alta capacidade de coleta, armazenamento e processamento de dados pessoais, a intensificação do fluxo comunicacional na internet aumenta as possibilidades de violação de direitos de personalidade e de privacidade.

Todas essas transformações tecnológicas ensejam aquilo que, nas palavras de Bruno Bioni, é identificado como verdadeiro cenário de hipervulnerabilidade no regime de proteção de dados pessoais, que se desdobra em traços vulnerantes peculiares sob as perspectivas informacional, técnica e econômica.[228]

[227] MENDES, Laura Schertel Ferreira. Habeas data e autodeterminação informativa: os dois lados da mesma moeda. **Direitos Fundamentais & Justiça**, Belo Horizonte, ano 12, n. 39, p. 185-216, jul./dez. 2018, p. 188.

[228] BIONI, op. cit., p. 164.

Desse modo, a afirmação da força normativa do direito fundamental à proteção de dados pessoais decorre da necessidade indissociável de proteção à dignidade da pessoa humana ante a contínua exposição dos indivíduos aos riscos de comprometimento da autodeterminação informacional nas sociedades contemporâneas.

É importante, ainda, assentar que essa afirmação de um novo direito fundamental não resulta de um criacionismo jurisprudencial dissociado da própria tradição jurídica brasileira, naquilo que transformada pelos recentes influxos legislativos.

A rigor, entre nós, há mais de duas décadas, já se ensaiava a evolução do conceito de privacidade a partir da edição de legislações setoriais que garantem a proteção de dados pessoais, tais como o Código de Defesa do Consumidor, a Lei do Cadastro Positivo, a Lei de Acesso à Informação, o Marco Civil da Internet – que inclusive assegura aos usuários da internet, entre outros direitos, a inviolabilidade e o sigilo do fluxo de comunicações e dos dados armazenados (art. 7º, II e III) – e, mais recentemente, a Lei Geral de Proteção de Dados (Lei 13.709/2018). Este último diploma assenta, de maneira clara, que "a disciplina da proteção de dados pessoais tem como fundamentos o respeito à privacidade e a autodeterminação informativa" (art. 2º, incisos I e II).

Ao mesmo tempo em que todas essas iniciativas normativas não implicavam formalmente alterações dos textos constitucionais, elas já consagravam materialmente categorias de direitos, princípios e normas de governança para a internet, limitando drasticamente o poder de autoridades públicas e de atores privados nas suas relações com os usuários.

Daí porque autores como Lex *et. al.* afirmavam que algumas leis formais sobre a internet, como o próprio Marco Civil da Internet brasileiro, embora se situassem em um plano infraconstitucional, apresentavam uma verdadeira natureza "pré" ou "proto-constitucional", uma vez que estabeleciam verdadeiros blocos de construção intelectual para a interpretação das constituições.[229]

Para além desses desenvolvimentos normativos, a abertura do texto constitucional ao reconhecimento da autonomia do direito fundamental à proteção de dados pode ser identificada na própria jurisprudência do STF. Ao apreciar o tema 582, da repercussão geral (Recurso Extraordinário 673.707, Rel. Min. Luiz Fux), o Plenário do STF entendeu pelo cabimento de *habeas data* para fins de acesso a informações incluídas em banco de dados denominado SINCOR – Sistema de Conta-Corrente de Pessoa Jurídica, da Receita Federal.[230]

[229] GILL, Lex; REDEKER, Dennis; GASSER, Urs. **Towards Digital Constitutionalism? Mapping Attempts to Craft an Internet Bill of Rights**. Research Publication No. 2015-15, 2015, v. 7641, 2015, p. 6.

[230] BRASIL. Supremo Tribunal Federal. **RE 673.707**, Rel. Min. Luiz Fux, Tribunal Pleno, j. 17/6/2015, DJe 30/9/2015.

Essa orientação se justificou justamente pelo fato de os dados serem entendidos em seu sentido mais amplo, abrangendo tudo que diga respeito ao interessado, seja de modo direto ou indireto, causando-lhe dano ao seu direito de privacidade. Assim, aos contribuintes foi assegurado constitucionalmente o direito de conhecer as informações que lhes digam respeito em bancos de dados públicos ou de caráter público, em razão da necessidade de preservar o *status* de seu nome, planejamento empresarial, estratégia de investimento e, em especial, a recuperação de tributos pagos indevidamente.

Na ocasião, sinalizou-se justamente que aquele precedente poderia constituir o marco inicial de uma vitalização do *habeas data* em uma percepção mais ampla, para além da questão procedimental, voltando-se ao reconhecimento de um direito fundamental à autodeterminação informativa.

A partir desses três elementos, valorização da dignidade humana, proteção constitucional à intimidade e vitalização do *habeas data*, é possível identificar dupla dimensão do âmbito de proteção do direito fundamental à proteção de dados.

Os direitos fundamentais não podem, portanto, ser considerados apenas como proibições de intervenção. Expressam, igualmente, um postulado de proteção. Utilizando-se da formulação de Canaris, pode-se dizer que os direitos fundamentais contemplam não apenas uma proibição de excesso (Übermassverbote), como, também, uma proibição de proteção insuficiente (*Untermassverbote*).[231]

Sob esse ângulo, é fácil ver que a ideia de um dever genérico de proteção, fundado nos direitos fundamentais, relativiza sobremaneira a separação entre a ordem constitucional e a ordem legal, permitindo que se reconheça uma irradiação dos efeitos desses direitos sobre toda a ordem jurídica.

No caso do direito fundamental à proteção de dados, este envolve, em uma perspectiva subjetiva, a proteção do indivíduo contra os riscos que ameaçam a sua personalidade em face da coleta, processamento, utilização e circulação dos dados pessoais e, em uma perspectiva objetiva, a atribuição ao indivíduo da garantia de controlar o fluxo de seus dados.[232]

A dimensão subjetiva impõe que o legislador assuma o ônus de apresentar uma justificativa constitucional para qualquer intervenção que de algum modo afete a autodeterminação informacional. Nesse aspecto, a autodeterminação do titular sobre os dados deve ser sempre a regra, somente afastável de maneira excepcional. A justificativa constitucional da intervenção deve ser traduzida na identifi-

[231] CANARIS, Claus-Wilhelm. **Grundrechtswirkungen und Verhältnismässigkeitsprinzip in der richterlichen Anwendung und Fortbildung des Privatsrechts.** JuS, 1989, p. 161 (163).

[232] MENDES, Laura Schertel Ferreira. **Privacidade, proteção de dados e defesa do consumidor**: linhas gerais de um novo direito fundamental. São Paulo: Saraiva, 2014, p. 140 e 176-177.

cação da finalidade e no estabelecimento de limites ao tratamento de dados em padrão suficientemente específico, preciso e claro para cada área.

Dentro dessa concepção, "qualquer restrição do direito à autodeterminação informativa requer uma base legal constitucional, que ser permitido e necessário por razões de interesse público superior e cumprir a exigência de clareza das normas e o princípio da proporcionalidade deve".[233]

Dentre os desdobramentos dessa dimensão subjetiva do direito fundamental, emergem alguns importantes subprincípios do regime de proteção de dados pessoais consagrados no Regime Geral de Proteção de Dados da União Europeia, que serviu de inspiração para a nossa Lei Geral de Proteção de Dados. Dentre tais subprincípios se destacam: (a) Princípio da proibição (art. 7º, art. 4º, n. 11, art. 6º, par. 1, alínea a, do RGPD), segundo o qual todo tratamento de dados carece de justificação; (b) Princípio da vinculação à finalidade (art. 1º, par. 1, alínea b, do RGPD), que impõe que os dados só podem ser tratados e utilizados pela instância responsável para a finalidade para a qual foram captados; (c) Princípio da transparência (art. 5º, par. 1, alínea a, do RGPD), que se desdobra, por um lado, no direito do titular dos dados de ter condições de proceder a um controle próprio da forma como se lida com os dados e, por outro, no dever de o responsável pelo tratamento proceder a uma verificação prospectiva da licitude do tratamento de dados, acompanhada de um dever de documentação.

A partir da tradição norte-americana, também é possível identificar como corolário da dimensão subjetiva do direito à proteção de dados pessoais, a preservação de verdadeiro "devido processo informacional" (*informational due process privacy right*), voltado a conferir ao indivíduo o direito de evitar exposições de seus dados sem possibilidades mínimas de controle, sobretudo em relação a práticas de tratamento de dados capazes de sujeitar o indivíduo a julgamentos preditivos e peremptórios.

Como destacado por Julie E. Cohen: "o caráter autônomo da privacidade sugere uma necessidade de repensar a concepção do devido processo como uma tomada de decisão individualizada. [...] O devido processo na era de computação abrangente deve pressupor limites à personalização nos processos administrativos públicos".[234]

Já em uma dimensão objetiva, a afirmação do direito fundamental à proteção de dados pessoais impõe ao legislador um verdadeiro dever de proteção (*Schutzpflicht*) do direito à autodeterminação informacional, o qual deve ser colmatado a partir da previsão de mecanismos institucionais de salvaguarda traduzidos em

[233] MENDES, Laura Schertel. **Privacidade, proteção de dados e defesa do consumidor**: linhas gerais de um novo direito fundamental. São Paulo: Saraiva, 2014, p. 140 e 178.
[234] COHEN, Julie E. What Privacy is For. **Harvard Law Review**, vol. 126, 2013, p. 1931.

normas de organização e procedimento (*Recht auf Organisation und Verfahren*) e normas de proteção (*Recht auf Schutz*).

Essas normas devem ser positivadas justamente para garantir o controle efetivo e transparente do indivíduo relativamente à circulação dos seus dados, tendo como chave-interpretativa da juridicidade desse controle a noção de consentimento.

Ainda no bojo dessas normas de organização e procedimento, a evolução do regime de proteção de dados no plano transnacional tem convergido no diagnóstico de que o cumprimento eficaz dos limites e finalidades específicas do tratamento de dados invariavelmente perpassa a atribuição dessa função a uma autoridade independente, como disposto no art. 8º da Carta de Direitos Fundamentais da União Europeia:

> Art. 8º. da Carta de Direitos Fundamentais. Art. 8º. 1. Todas as pessoas têm direito à proteção dos dados de caráter pessoal que lhes digam respeito. 2. Esses dados devem ser objeto de um tratamento leal, para fins específicos e com o consentimento da pessoa interessada ou com outro fundamento legítimo previsto por lei. Todas as pessoas têm o direito de aceder aos dados coligidos que lhes digam respeito e de obter a respetiva retificação. 3. O cumprimento destas regras fica sujeito a fiscalização por parte de uma autoridade independente.

Como bem destacado pela Professora Indra Spiecker, um elemento central da proteção por meio do direito procedimental e organizacional é a "institucionalização de autoridades de fiscalização independentes nos Estados-Membros (art. 51º e seguintes do RGPD)".[235]

Sobre esse último ponto, não há como deixar de observar que, no caso brasileiro, a Autoridade Nacional de Proteção de Dados (ANPD), hoje vinculada ao Ministério da Justiça e Segurança Pública, é o órgão central de interpretação da Lei Geral de Proteção de Dados. Não obstante, o STF deve continuar a exercer com extremo rigor o controle de constitucionalidade de normas como a MP 954/2020, buscando identificar em que medida as interferências ao direito fundamental à proteção de dados nelas veiculadas se revelam aderentes a objetivos públicos legítimos e proporcionais aos riscos de violação.

[235] DÖHMANN, Indra Spiecker Genannt. A Proteção de Dados Pessoais sob o Regulamento Geral de Proteção de Dados da União Europeia. **RDP**, Brasília, n. 93, maio/jun., 2020, p. 29.

Conclusões

O direito fundamental à proteção de dados pessoais nos contornos aqui assinalados não assume natureza absoluta, mas, como qualquer outro direito fundamental, admite flexibilizações, traduzidas na possibilidade concreta de uso e tratamento desses dados para a realização de finalidades de interesse público legitimamente protegidas pelo ordenamento jurídico.

No caso das ADIs 6387, 6388, 6389, 6390 e 6393, contudo, fazendo incidir os parâmetros de tutela do direito à autodeterminação informacional, verificou-se que a Medida Provisória 954/2020 era altamente deficitária na fixação de salvaguardas mínimas para a garantia da privacidade dos usuários de serviços de telefonia no Brasil.

No caso em exame, o art. 2º, § 1º, da MP, ao dispor sobre a finalidade e o modo de tratamento dos dados, cingia-se a prever que estes seriam utilizados "direta e exclusivamente pela Fundação IBGE para a produção estatística oficial, com o objetivo de realizar entrevistas em caráter não presencial no âmbito de pesquisas domiciliares". O art. 3º da MP previa ainda que os dados teriam caráter sigiloso, não seriam utilizados como objeto de certidão ou meio de prova em processo administrativo, fiscal ou judicial e seriam usados exclusivamente para a finalidade prevista no § 1º do art. 2º.

Como destacado acima, a doutrina e a própria legislação aplicável impõem que a autodeterminação só possa ser afastada por um dever de justificação minudente e exaustivo das finalidades atribuídas ao tratamento de dados. No caso em tela, havia uma enorme dificuldade de se extrair do texto normativo um contorno mínimo de segurança sobre a finalidade do tratamento de dados que era simplesmente referenciado com o objetivo de "produção estatística oficial".

Além disso, como alinhavado, a incidência do princípio da transparência impõe que a norma garanta ao titular dos dados um nível de controle suficiente para a verificação prospectiva da licitude do tratamento de dados. Isso se desdobra em um dever – aqui não cumprido pelo legislador – de dar ao titular condições de proceder a um controle próprio da forma como o Estado controlador lida com os dados.

Nesse ponto, não há como deixar de observar que o legislador de fato não se desincumbiu do ônus de instituir salvaguardas técnicas e administrativas efetivas que pudessem colmatar a necessária proteção ao tratamento de dados, seja estabelecendo formas de anonimização dos dados compartilhados, seja contemplando mecanismos minimamente eficientes de transparência no tratamento. A norma, ao contrário, limitou-se a atribuir ao Presidente do IBGE o poder de estabelecer o "procedimento para a disponibilização dos dados" (art. 2º, § 2º).

A atuação do IBGE, a propósito, não se antecipou à previsão desses mecanismos e se traduziu, já no dia 22.4.2020, na edição de instrução normativa, que teria fundamentado o envio de ofícios da Fundação IBGE às empresas de telefonia fixa comutada ou móvel pessoal, solicitando, com urgência, o compartilhamento imediato de dados, não obstante o prazo fixado pela Medida Provisória 954/2020 e a pendência do julgamento dessa própria ADI no STF.

É relevante destacar que a previsão na norma de exclusão das bases de dados após a realização das estatísticas oficiais não é suficiente para garantir um controle adequado do tratamento fase a fase. Nesse aspecto, por mais que não se negue a seriedade das instituições públicas imbuídas dessas funções, os riscos de vazamento e usos ilícitos dos dados não podem ser negligenciados.

Por fim, ainda que superadas todas as considerações apresentadas acima, a constitucionalidade da MP não suplantaria o seu batimento à luz de um teste de proporcionalidade.

Desde a concepção do direito à privacidade como manifestação do direito à autodeterminação informacional pela Corte Constitucional alemã, já se reconhece que o princípio da proporcionalidade desempenha relevante papel de aferição da constitucionalidade das interferências à proteção jurídica da autodeterminação informacional. O teste da proporcionalidade, a propósito, foi central na construção realizada pelo BVerfG a partir do julgamento da Lei do Censo de 1983.

Ademais, ainda que fosse possível avançar no juízo da proporcionalidade em sentido estrito, o caráter amostral da "PNAD Contínua" tornaria em si questionável a autorização dada pela MP 954/2020 para que o IBGE tenha acesso indiscriminado e irrestrito aos dados de milhões de usuários de STFC e SMP no Brasil. O descompasso entre o caráter amostral da pesquisa estatística e a autorização geral de tratamento seria, por si só, suficiente para afastar a proporcionalidade em sentido estrito da medida.

Cabe ressaltar, ainda, que a referência ao momento de pandemia global gerada pela disseminação do coronavírus não parece suficiente para alterar essa conclusão. Muito pelo contrário, o momento vivenciado na crise não atenua, mas antes reforça a necessidade de se zelar por um rígido ambiente institucional de proteção aos dados pessoais.

Destaca-se que a própria Organização Mundial da Saúde, no seu Regulamento Sanitário Internacional, que foi incorporado ao ordenamento pátrio pelo Decreto 10.212/2020, impôs que não deveriam existir "processamentos [de dados] desnecessários e incompatíveis" com o propósito de "avaliação e manejo de um risco para a saúde pública" (art.45, 2, "a").

No contexto de pandemia então vivenciado, diversas autoridades como a *Global Privacy Assembly*, que congrega autoridades de proteção de dados de todo o mundo, e o Comitê Europeu de Proteção de Dados (EPDB) enfatizavam que as normas de proteção de dados não são obstáculo na luta contra o vírus e que a utilização dos dados pessoais e a restrição a direitos justificados pelo combate ao vírus sejam proporcionais e limitadas ao período de emergência.[236]

Contudo, ante a desproporcionalidade da MP 954/2020, o Supremo Tribunal Federal, acertadamente, referendando a medida cautelar concedida, manteve a suspensão da eficácia da referida norma, prevenindo, assim, danos irreparáveis à intimidade e ao sigilo da vida privada de milhões de usuários dos serviços de telefonia fixa e móvel.

[236] DONEDA, Danilo. **A proteção de dados em tempos de coronavírus**. Disponível em: https://www.jota.info/opiniao-e-analise/artigos/a-protecao-de-dados-em-tempos-de-coronavirus-25032020. Acesso em: 10 maio 2023.

REFERÊNCIAS

BIONI, Bruno Ricardo. **Proteção de dados pessoais**: a função e os limites do consentimento. São Paulo: Editora Gen, 2019.

BRASIL. Presidência da República. **Medida Provisória n° 954, de 2020**. Dispõe sobre o compartilhamento de dados por empresas de telecomunicações prestadoras de Serviço Telefônico Fixo Comutado e de Serviço Móvel Pessoal com a Fundação Instituto Brasileiro de Geografia e Estatística, para fins de suporte à produção estatística oficial durante a situação de emergência de saúde pública de importância internacional decorrente do coronavírus (covid-19), de que trata a Lei nº 13.979, de 6 de fevereiro de 2020. Brasília, DF: Diário Oficial da União, 2020. Disponível em: https://www.congressonacional.leg.br/materias/medidas-provisorias/-/mpv/141619. Acesso em: 10 maio 2023.

BRASIL. Supremo Tribunal Federal. **ADI 6387 MC-Ref**, Rel. Min. Rosa Weber, Tribunal Pleno, j. 07/05/2020, DJe 12/11/2020.

BRASIL. Supremo Tribunal Federal. **RE 418.416**, Rel. Min. Sepúlveda Pertence, Tribunal Pleno, j. 10/5/2006, DJ 19/12/2006.

BRASIL. Supremo Tribunal Federal. **RE 673.707**, Rel. Min. Luiz Fux, Tribunal Pleno, j. 17/6/2015, DJe 30/9/2015.

COHEN, Julie E. What Privacy is For. **Harvard Law Review**, vol. 126, 2013.

CANARIS, Claus-Wilhelm. **Grundrechtswirkungen und Verhältnismässigkeitsprinzip in der richterlichen Anwendung und Fortbildung des Privatsrechts**. JuS, 1989.

CANOTILHO, J. J. Gomes. **Direito constitucional**. 2. ed. Coimbra: Almedina, 1986.

DÖHMANN, Indra Spiecker Genannt. A Proteção de Dados Pessoais sob o Regulamento Geral de Proteção de Dados da União Europeia. **RDP**, Brasília, n. 93, maio/jun., 2020.

DONEDA, Danilo. **A proteção de dados em tempos de coronavírus**. Disponível em: https://www.jota.info/opiniao-e-analise/artigos/a-protecao-de-dados-em-tempos-de-coronavirus-25032020. Acesso em: 10 maio 2023.

DONEDA, Danilo. **Da privacidade à proteção de dados pessoais**. Renovar: Rio de Janeiro, 2006.

FERRAZ JÚNIOR, Tércio. **Sigilo de dados**: o direito à privacidade e os limites da função fiscalizadora do estado. Revista da Faculdade de Direito da Universidade de São Paulo, v. 88, p. 430-459, 1993.

FRANZIUS, Claudio. **Das Recht auf informationelle Selbstbestimmung. Zeitschrift für das juristische Studium**. Gießen, 2015.

GILL, Lex; REDEKER, Dennis; GASSER, Urs. **Towards Digital Constitutionalism? Mapping Attempts to Craft an Internet Bill of Rights**. Research Publication No. 2015-15, 2015, v. 7641, 2015.

HARARI, Yuval Noah. **21 lições para o Século XXI**. Companhia das Letras: São Paulo, 2018.

HOFFMANN-RIEM, Wolfgang. Innovaciones en la jurisprudencia del Tribunal Constitucional Alemán, a propósito de la garantía de los derechos fundamentales en respuesta a los cambios que conducen a la Sociedad de la Información. **Direito Público**, vol. 12, n. 64, p.40-61, jul./ago., 2015.

LESSIG, Lawrence. Reading The Constitution in Cyberspace. **Emory Law Review**, v. 45, p. 869-910, 1996.

MARTINS, Leonardo. (org.) **Cinquenta anos de Jurisprudência do Tribunal Constitucional federal Alemão**. Montevidéu: Fundação Konrad Adenauer, 2005.

MENDES, Laura Schertel Ferreira. Autodeterminação informativa: a história de um conceito. **Pensar**, Fortaleza, v. 25, n. 4, p. 1-18, out./dez., 2020.

MENDES, Laura Schertel Ferreira. Habeas data e autodeterminação informativa: os dois lados da mesma moeda. **Direitos Fundamentais & Justiça**, Belo Horizonte, ano 12, n. 39, p. 185-216, jul./dez. 2018.

MENDES, Laura Schertel Ferreira. **Privacidade, proteção de dados e defesa do consumidor**: linhas gerais de um novo direito fundamental. São Paulo: Saraiva, 2014.

PIEROTH, Bodo; SCHLINK, Bernhard. **Grundrechte**: Staatsrecht II. Heidelberg: C. F. Müller, 1988.

RODOTÀ, Stefano. **A vida na sociedade da vigilância**: a privacidade hoje. Rio de Janeiro: Renovar, 2008.

RODOTÀ, Stefano. **In diritto di avere**. Roma: Laterza, 2012.

RÜFNER, Wolfgang. **Grundrechteskonflikte**. In: Bundesverfassungsgericht und Grundgesetz, v. II, 1976.

WARREN, S.; BRANDEIS, L. The Right to Privacy. **Harvard Law Review**, 4(5), p. 193-220, 1890.

14. OS DIREITOS DE PERSONALIDADE PELAS LENTES DA SUPREMA CORTE

JOSÉ ANTONIO DIAS TOFFOLI
WALTER GODOY DOS SANTOS JR.

Introdução

O Professor Rui Geraldo Camargo Viana é conhecido pelo bom humor, pela irreverência e por uma inteligência singular que sempre o habilitou a fazer conexões surpreendentes em fração de segundos. Amado pelos alunos, respeitado pelos colegas e admirado por todos, deixou sua marca na Magistratura Bandeirante e nas Arcadas, onde atingiu o ápice da carreira acadêmica como Professor Titular do Departamento de Direito Civil.

Dono de uma personalidade cativante, deve receber esta merecida homenagem com a mesma alegria que o caracteriza, na certeza de que muito contribuiu para a ciência do Direito, tendo formado gerações de juristas com suas preciosas lições sobre o direito civil, sobre a arte de judicar e sobre a vida.

Como é de conhecimento geral, a teoria dos direitos personalíssimos, nova manhã do direito, segundo Pontes de Miranda[237], oferece interessante classificação aos referidos direitos, fazendo recair sobre eles as seguintes características: (i) inatos ou originários, porque se adquirem com o nascimento com vida; (ii)

[237] "Com a teoria dos direitos de personalidade, começou para o mundo nova manhã do direito. Alcança-se um dos cimos da dimensão jurídica". *In:* MIRANDA, Pontes de. **Tratado de direito privado.** Parte Especial, tomo VII, 4. ed. São Paulo: Revista dos Tribunais, 1974.

vitalícios, perenes ou perpétuos, porque perduram por toda a vida; (iii) imprescritíveis, porque reclamáveis a qualquer tempo, mesmo após a extinção da personalidade; (iv) inalienáveis ou, mais propriamente, relativamente indisponíveis, porque, em princípio, estão fora do comércio e não possuem valor econômico imediato; e (v) absolutos, uma vez que que podem ser opostos *erga omnes*.

Da perspectiva constitucional, deve-se ressaltar, inicialmente, que, como dimensão da dignidade da pessoa humana, os direitos de personalidade encontram arrimo logo no art. 1º, inciso III, da Constituição da República.

Da mesma maneira, ao estabelecer os objetivos fundamentais da República Federativa do Brasil, o art. 3º, inciso IV, determina que se deve promover o bem de todos, sem preconceitos de origem, raça, sexo, cor, idade e quaisquer outras formas de discriminação, salvaguardando, assim, diversos atributos dos direitos de personalidade e semeando o terreno para o que vem adiante, na parte dedicada aos direitos e às garantias fundamentais.

De fato, o art. 5º estabelece, inicialmente, que homens e mulheres são iguais em direitos e obrigações, que é livre a manifestação do pensamento, que é assegurado o direito de resposta, além de prever a indenização por dano material, moral ou à imagem.

No mesmo sentido, torna inviolável a liberdade de consciência e de crença, assegura o livre exercício dos cultos religiosos e estabelece que ninguém será privado de direitos por motivo de crença religiosa ou de convicção filosófica ou política, ingredientes fundamentais da personalidade de cada indivíduo, a qual se projeta no meio social.

O art. 5º garante, outrossim, a livre expressão das atividades intelectual, artística e científica, em uma sociedade plural, a qual deve respeitar as manifestações que emanam de cada ser humano, independentemente de censura ou licença.

Por fim, deixa expresso que são invioláveis a intimidade, a vida privada, a honra e a imagem das pessoas, assegurado o direito a indenização pelo dano material ou moral decorrente de sua violação, protegendo, no campo da propriedade intelectual, as projeções da personalidade humana no campo dos direitos autorais (art. 5º, inciso XXVII) e dos inventos industriais (art. 5º, inciso XXIX), denominados por Thomas Paine como "direitos da mente."[238]

[238]Vide neste sentido, o que bem observa Norberto Bobbio: "A história nada prova salvo os nossos erros, dos quais devemos nos libertar. O único ponto de partida para escapar dela é reafirmar a unidade do gênero humano, que a história dividiu. Só assim se descobre que o homem, antes de ter direitos civis que são o produto da história, tem direitos naturais que os precedem; e esses direitos naturais são o fundamento de todos os direitos civis. Mais precisamente: 'São direitos naturais os que cabem ao homem em virtude de sua existência. A esse gênero pertencem todos os direitos intelectuais, ou direitos da mente, e também todos os direitos de agir como indivíduo para o próprio bem-estar e para a própria felicidade que não sejam lesivos aos direitos naturais dos

Diante desse cenário, é importante observar que os dispositivos mencionados acima são multifacetados, pois tutelam o direito à imagem, à honra e à vida privada da pessoa natural de forma muito abrangente e sob diversas perspectivas. Nem poderia ser diferente, tendo em vista a fundamentalidade desses direitos, patrimônios personalíssimos de cada um de nós.

No campo da legislação ordinária, deve-se destacar o Código Civil, cujo capítulo II é inteiramente dedicado aos direitos de personalidade (arts. 11 a 21), qualificando e conferindo forma objetiva a esses direitos mencionados no texto constitucional, os quais são estendidos inclusive às pessoas jurídicas, na forma do que estabelece o art. 52 do referido diploma legal.

No que diz respeito à aplicação da legislação infraconstitucional, o Superior Tribunal de Justiça, que é a corte responsável por uniformizar a interpretação da lei federal em todo o Brasil, publicou, recentemente, dois encartes com toda a matéria relativa aos julgamentos de casos envolvendo direitos da personalidade.[239]

Por outro lado, nas hipóteses em que os direitos de personalidade são examinados do ângulo constitucional, cabe ao Supremo Tribunal Federal sobre eles decidir, seja em controle difuso, seja em controle concentrado de constitucionalidade, sendo esse último o recorte de nosso particular interesse no presente ensaio.

Feito esse brevíssimo registro de alguns dispositivos constitucionais e legais envolvendo os direitos de personalidade, convém passar, incontinente, ao exame da matéria pelo Supremo Tribunal Federal em casos envolvendo o controle concentrado de constitucionalidade.

1. Casos paradigmáticos enfrentados pelo Supremo Tribunal Federal

Demonstrado, desse modo, que os direitos fundamentais de personalidade encontram guarida na Constituição Federal, importa considerar o espaço de proteção normativa a eles conferido nos casos enfrentados pela Suprema Corte em controle concentrado de constitucionalidade.

Com efeito, na ADI 4.815/DF, ajuizada pela Associação Nacional de Editores de Livros (ANEL) em face dos arts. 20 e 21 do Código Civil, argumentou-se, em síntese, que os referidos textos de lei teriam dado ensejo à proibição da publicação e da veiculação de obras biográficas, literárias ou audiovisuais quando não precedidas de autorização dos biografados, de pessoas retratadas como coadjuvantes, ou dos respectivos familiares.

outros.'" A era dos direitos, Norberto Bobbio; tradução Carlos Nelson Coutinho; apresentação de Celso Lafer. Nova ed. Rio de Janeiro: Elsevier, 2004, p. 41.

[239] Jurisprudência em tese do Superior Tribunal de Justiça, edição 137 e edição 138, disponível em: https://scon.stj.jus.br/SCON/jt/jt.jsp.

Aduziu-se, naquela oportunidade, que tal interpretação vulnerava a liberdade de expressão e de manifestação do pensamento (art. 5º, incisos IV e IX, da Constituição Federal) e o direito à informação (art. 5º, inciso XIV).

Nesse sentido, deve-se ressaltar, inicialmente, que não se desconhece que a divulgação de escritos relativos às pessoas pode ser proibida, tendo em vista que eles podem revelar dados de suas vidas privadas ou conter mensagens ofensivas a sua honra ou a sua imagem – a denominada "imagem-atributo", ou seja, "o conjunto de caracteres ou qualidades cultivadas pela[s] pessoa[s] reconhecidos socialmente", segundo definição de Maria Helena Diniz (SILVA, Regina Beatriz Tavares da; FIUZA, Ricardo (Coord.). Código Civil comentado. 8. ed. São Paulo: Saraiva, 2012).

A norma também se refere à "transmissão da palavra", que pode ocorrer por diversos meios, tais como "alto falante, gravação ambiental, gravação de conversa mediante interceptação telefônica, rádio, televisão, cinema, internet, etc." (MONTEIRO FILHO, Raphael de Barros; TEIXEIRA, Sálvio de Figueiredo. Das Pessoas Naturais. In: TEIXEIRA, Sálvio de Figueiredo (Coord.). **Comentários ao Novo Código Civil**. Rio de Janeiro: Forense, 2010). Há, ainda, a tutela da chamada "imagem-voz", prevista no art. 5º, inciso XXVIII, alínea **a**, da Constituição Federal.

O art. 20 do Código Civil possibilita, de igual modo, a proibição da publicação, a exposição ou a utilização da imagem de uma pessoa. Ao referir-se à "exposição" da imagem, a norma é bastante abrangente, podendo englobar, dentre outras condutas, a publicação (explicitamente referida na norma) da imagem por diversos meios, como os veículos de comunicação social (televisão, internet, revistas, jornais). Nesse ponto, o preceito refere-se mais precisamente à chamada "imagem-retrato", que é a representação física do indivíduo, determinada por seus traços fisionômicos.

Nessa esteira, uma pessoa que tenha como fonte de renda a própria imagem, a qual é explorada profissionalmente – uma modelo, por exemplo – está protegida pela Constituição e pelo Código Civil, de modo que aquele que, sem autorização, fizer uso dessa imagem para fins econômicos ou comerciais poderá ser condenado ao pagamento de indenização, independentemente de prova de prejuízo.

Vale citar, ainda, hipótese de matéria jornalística que, de forma absolutamente infundada, imputa a determinada pessoa fato indecoroso, expondo seu nome e sua imagem a escárnio público. Em tais circunstâncias, a pessoa ofendida poderá pleitear indenização por ofensa à sua imagem e a sua honra.

O art. 21, por seu turno, constitui cláusula geral de tutela da vida privada, a qual se apresenta, aqui, como direito autônomo, visto que a obtenção de tutela judicial nesse caso independe de ofensa a outro direito correlato, como a honra, por exemplo.

Note-se, portanto, que muitas podem ser as implicações jurídicas dos preceitos referidos, em razão da abrangência com a qual buscam tutelar a vida privada, a imagem e a honra da pessoa natural, conforme salientado anteriormente. No caso da ADI 4.815/DF, a autora da ação impugnou tão somente uma possibilidade de interpretação dos preceitos: a necessidade de autorização do biografado, de pessoas descritas como coadjuvantes da história ou dos respectivos familiares para a publicação de obras biográficas.

Assim como ocorre em relação a outras questões polêmicas envolvendo a aplicação dos arts. 20 e 21 do Código Civil, o caso em questão suscitou hipótese de colisão entre os direitos da personalidade aqui mencionados e outros direitos fundamentais igualmente relevantes, quais sejam, as liberdades de expressão, de manifestação de pensamento e de informação (art. 5º, incisos IV, V, IX e XIV, da Constituição Federal).

Dessa maneira, se, de um lado, a biografia constitui um relato sobre a trajetória de uma pessoa, acabando por, inevitavelmente, adentrar aspectos de sua vida privada; de outro, constitui gênero literário de importante valor histórico e cultural, sendo, a um só tempo, fonte de informação e forma de expressão artística, literária e histórica.

Nesse quadro, nota-se que um dos aspectos centrais do direito fundamental à liberdade de expressão é que, *como regra geral,* não são admitidas restrições prévias ao exercício dessa liberdade.

De fato, conforme assinala Daniel Sarmento, o direito à liberdade de expressão caracteriza-se como um direito negativo, visto que protege seus titulares das ações do estado ou de particulares que visem impedir ou prejudicar o exercício das faculdades a ele inerentes. O mencionado autor afirma:

> Como os demais direitos fundamentais, a liberdade de expressão reveste-se de uma dupla dimensão. Na sua dimensão subjetiva, ela é, antes de tudo, um direito negativo, que protege os seus titulares das ações do Estado e de terceiros que visem a impedir ou a prejudicar o exercício da faculdade de externar e divulgar ideias, opiniões e informações. Tal direito opera em dois momentos distintos: antes da ocorrência das manifestações, para protegê-las de todas as formas de censura prévia, e depois delas, para afastar a imposição de medidas repressivas de qualquer natureza, em casos de exercício regular da liberdade de expressão" (SARMENTO, Daniel. Artigo 5º, inciso IV. In: CANOTILHO, J. J. Gomes, SARLET, Ingo Wolfgang,

> STRECK, Lenio Luiz e MENDES, Gilmar Ferreira (Coord.). **Comentários à Constituição do Brasil**. São Paulo: Saraiva/Almedina, 2013).

A partir desta perspectiva e também de outras que o espaço deste ensaio não permite comentar, mas que foram debatidas pelo Plenário do Supremo Tribunal Federal, firmou-se, ao final, o entendimento de que é incompatível com a Constituição de 1988 a interpretação de que seria necessária, de forma geral e abstrata, a autorização do biografado para a publicação de biografias, atribuindo-se absoluta precedência aos direitos à vida privada, à imagem e à honra relativamente à liberdade de expressão, de manifestação de pensamento e do direito à informação.

Com efeito, em que pese a necessária contenção interpretativa em relação aos arts. 20 e 21 do CC/02 realizada pela Suprema Corte em interpretação dos dispositivos conforme à Constituição, o que se observa é que, na disciplina dos direitos de personalidade, o legislador buscou consagrar a mais ampla efetividade das normas constitucionais, sobretudo aquelas concernentes ao art. 5º, incisos V e X.

O próprio Supremo Tribunal Federal tem ponderado, nos feitos trazidos a sua apreciação em sede de controle difuso, acerca do atendimento das leis às normas constitucionais que asseguram direitos fundamentais de personalidade.

À guisa de exemplo, nos autos do HC nº 82.424, de relatoria do Ministro Moreira Alves, a Corte manteve a condenação de um escritor e editor pelo crime de racismo, por publicar, vender e distribuir material antissemita. A garantia da liberdade de expressão foi afastada em nome dos princípios da dignidade da pessoa humana e da igualdade jurídica.

Destaque-se, ainda, o relevo atribuído pelo Ministro Gilmar Mendes aos direitos fundamentais da personalidade nos autos do RE nº 511.961/SP, em que se julgou não recepcionada norma relativa à exigência de diploma de curso superior para o exercício da profissão de jornalista. Vide:

> As liberdades de expressão e de informação e, especialmente a liberdade de imprensa, somente podem ser restringidos pela lei em hipóteses excepcionais, sempre em razão da proteção de outros valores e interesses constitucionais igualmente relevantes, como os direitos à honra, à imagem, à privacidade e à personalidade em geral.

Vê-se, portanto, o cuidado da Corte Suprema no trato da matéria, sobretudo em questões sensíveis apreciadas em sede de controle difuso.

De todo modo, retornando-se ao controle concentrado, vale lembrar que o Supremo Tribunal Federal, em momento antológico, no julgamento da ADPF nº 130 (Rel. Min. Ayres Britto), debruçou-se com percuciência sobre o tema da liberdade de expressão, ressaltando, na ocasião, a plenitude do exercício desse direito como decorrência imanente da dignidade da pessoa humana, e como meio de reafirmação e potencialização de outras liberdades constitucionais.

Na mesma ocasião, foi assentada a regulação estritamente constitucional do tema, imunizando o direito de livre expressão contra tentativas de disciplina ou autorização prévias por parte de norma hierarquicamente inferior, nos termos do art. 220 da Carta Federal.

Asseverou a Corte, ainda, a existência de óbice constitucional ao controle prévio pelo Poder Público do conteúdo objeto de expressão, sem, contudo, retirar do emissor a responsabilidade por eventual desrespeito a direitos alheios, entre os quais os de personalidade, imputados à comunicação.

Naquela assentada, ficou decidido o seguinte:

> [...] [A]ssegura-se o gozo dos "sobredireitos" de personalidade em que se traduz a "livre" e "plena" manifestação do pensamento, da criação e da informação. Somente depois é que se passa a cobrar do titular de tais situações jurídicas ativas um eventual desrespeito a direitos constitucionais alheios, ainda que também densificadores da personalidade humana. Determinação constitucional de momentânea paralisia à inviolabilidade de certas categorias de direitos subjetivos fundamentais, porquanto a cabeça do art. 220 da Constituição veda qualquer cerceio ou restrição à concreta manifestação do pensamento (vedado o anonimato), bem assim todo cerceio ou restrição que tenha por objeto a criação, a expressão e a informação, seja qual for a forma, o processo, ou o veículo de comunicação social.
>
> Com o que a Lei Fundamental do Brasil veicula o mais democrático e civilizado regime da livre e plena circulação das ideias e opiniões, assim como das notícias e informações, mas sem deixar de prescrever o direito de resposta e todo um regime de responsabilidades civis, penais e administrativas. Direito de resposta e responsabilidades que, mesmo atuando a posteriori, infletem sobre as causas para inibir abusos no desfrute da plenitude de liberdade de imprensa.

> [...]
> Sem embargo, a excessividade indenizatória é, em si mesma, poderoso fator de inibição da liberdade de imprensa, em violação ao princípio constitucional da proporcionalidade. A relação de proporcionalidade entre o dano moral ou material sofrido por alguém e a indenização que lhe caiba receber (quanto maior o dano, maior a indenização) opera é no âmbito interno da potencialidade da ofensa e da concreta situação do ofendido. Nada tendo a ver com essa equação a circunstância em si da veiculação do agravo por órgão de imprensa, porque, senão, a liberdade de informação jornalística deixaria de ser um elemento de expansão e de robustez da liberdade de pensamento e de expressão lato sensu para se tornar um fator de contração e de esqualidez dessa liberdade.
> [...]
> Aplicam-se as normas da legislação comum, notadamente o CC, o CP, o CPC e o CPP às causas decorrentes das relações de imprensa. O direito de resposta, que se manifesta como ação de replicar ou de retificar matéria publicada, é exercitável por parte daquele que se vê ofendido em sua honra objetiva, ou então subjetiva, conforme estampado no inciso V do art. 5º da CF. Norma, essa, "de eficácia plena e de aplicabilidade imediata" [...].

Note-se, portanto, que, a partir da concepção de liberdade de expressão como um "sobredireito" de personalidade foi possível conciliar uma aparente colisão de direitos.

Avançando no exame da matéria, também é preciso fazer referência à ADI 6.669, de relatoria do Ministro Gilmar Mendes, em que, ao examinar o direito à privacidade, decorrente dos direitos da personalidade, o Supremo Tribunal deliberou o seguinte:

> É legítimo, desde que observados alguns parâmetros, o compartilhamento de dados pessoais entre órgãos e entidades da Administração Pública federal, sem qualquer prejuízo da irrestrita observância dos princípios gerais e mecanismos de proteção

> elencados na Lei Geral de Proteção de Dados Pessoais (Lei 13.709/2018) e dos direitos constitucionais à privacidade e proteção de dados. Consoante recente entendimento desta Corte, a proteção de dados pessoais e a autodeterminação informacional são direitos fundamentais autônomos, dos quais decorrem tutela jurídica específica e dimensão normativa própria. Assim, é necessária a instituição de controle efetivo e transparente da coleta, armazenamento, aproveitamento, transferência e compartilhamento desses dados, bem como o controle de políticas públicas que possam afetar substancialmente o direito fundamental à proteção de dados.

Outros casos de enorme repercussão – os quais ainda estão sob a apreciação do Colegiado – foram as liminares concedidas pela Ministra Rosa Weber e referendadas pelo Plenário nas ADI 6.387, 6.388, 6.389, 6.390 e 6.393. Vide:

> Decorrências dos direitos da personalidade, o respeito à privacidade e à autodeterminação informativa foram positivados, no art. 2º, I e II, da Lei 13.709/2018 (Lei Geral de Proteção de Dados Pessoais), como fundamentos específicos da disciplina da proteção de dados pessoais.
>
> Na medida em que relacionados à identificação – efetiva ou potencial – de pessoa natural, o tratamento e a manipulação de dados pessoais hão de observar os limites delineados pelo âmbito de proteção das cláusulas constitucionais assecuratórias da liberdade individual (art. 5º, caput), da privacidade e do livre desenvolvimento da personalidade (art. 5º, X e XII), sob pena de lesão a esses direitos.
>
> O compartilhamento, com ente público, de dados pessoais custodiados por concessionária de serviço público há de assegurar mecanismos de proteção e segurança desses dados.
>
> O Regulamento Sanitário Internacional (RSI 2005) adotado no âmbito da Organização Mundial de Saúde exige, quando essencial o tratamento de dados pessoais para a avaliação e o manejo de um risco para a

saúde pública, a garantia de que os dados pessoais manipulados sejam 'adequados, relevantes e não excessivos em relação a esse propósito' e 'conservados apenas pelo tempo necessário.' (artigo 45, § 2º, alíneas b e d).

Consideradas a necessidade, a adequação e a proporcionalidade da medida, não emerge da Medida Provisória 954/2020, nos moldes em que editada, interesse público legítimo no compartilhamento dos dados pessoais dos usuários dos serviços de telefonia.

Ao não definir apropriadamente como e para que serão utilizados os dados coletados, a MP 954/2020 desatende a garantia do devido processo legal (art. 5º, LIV, da CF), na dimensão substantiva, por não oferecer condições de avaliação quanto à sua adequação e necessidade, assim entendidas como a compatibilidade do tratamento com as finalidades informadas e sua limitação ao mínimo necessário para alcançar suas finalidades.

Ao não apresentar mecanismo técnico ou administrativo apto a proteger, de acessos não autorizados, vazamentos acidentais ou utilização indevida, seja na transmissão, seja no tratamento, o sigilo, a higidez e, quando o caso, o anonimato dos dados pessoais compartilhados, a MP 954/2020 descumpre as exigências que exsurgem do texto constitucional no tocante à efetiva proteção dos direitos fundamentais dos brasileiros.

Mostra-se excessiva a conservação de dados pessoais coletados, pelo ente público, por trinta dias após a decretação do fim da situação de emergência de saúde pública, tempo manifestamente excedente ao estritamente necessário para o atendimento da sua finalidade declarada.

Agrava a ausência de garantias de tratamento adequado e seguro dos dados compartilhados a circunstância de que, embora aprovada, ainda não vigora a Lei Geral de Proteção de Dados Pessoais (Lei nº 13.709/2018), definidora dos critérios para a responsabilização dos agentes por eventuais danos ocorridos em virtude do tratamento de dados pessoais.

> O fragilizado ambiente protetivo impõe cuidadoso escrutínio sobre medidas como a implementada na MP 954/2020.
> O cenário de urgência decorrente da crise sanitária deflagrada pela pandemia global da COVID-19 e a necessidade de formulação de políticas públicas que demandam dados específicos para o desenho dos diversos quadros de enfrentamento não podem ser invocad[o]s como pretextos para justificar investidas visando ao enfraquecimento de direitos e atropelo de garantias fundamentais consagradas na Constituição.

Por fim, vale a referência ao caso envolvendo o Marco Civil da Internet, em que o Plenário da Corte reconheceu a repercussão geral da matéria debatida, nos seguintes termos:

> Direito Constitucional. **Proteção aos direitos da personalidade.** Liberdade de expressão e de manifestação. Violação dos arts. 5º, incisos IV, IX, XIV; e 220, caput, §§ 1º e 2º, da Constituição Federal. Prática de ato ilícito por terceiro. Dever de fiscalização e de exclusão de conteúdo pelo prestador de serviços. Reserva de jurisdição. Responsabilidade civil de provedor de internet, *websites* e gestores de aplicativos de redes sociais. Constitucionalidade ou não do art. 19 do Marco Civil da Internet (Lei nº 12.965/14) e possibilidade de se condicionar a retirada de perfil falso ou tornar indisponível o conteúdo apontado como infringente somente após ordem judicial específica. Repercussão geral reconhecida. (Grifamos.)

O caso é paradigma do Tema nº 987 da Repercussão Geral, guardando muita semelhança com o Tema nº 533, no qual se debate o dever de empresa hospedeira de sítio na internet de fiscalizar o conteúdo publicado e de retirá-lo do ar quando considerado ofensivo, sem intervenção do Judiciário. O *leading case* é o RE nº 1.057.258/MG, de relatoria do eminente Ministro Luiz Fux.

Em ambos os casos, o tema central é a responsabilidade civil de provedores de aplicações de internet por danos decorrentes de conteúdo gerado por terceiros. Todavia, enquanto, no Tema nº 533, a responsabilização se deu antes da entrada em vigor da Lei nº 12.965, de 23 de abril de 2014, no Tema nº 987, ela é posterior à edição dessa lei.

Referidos casos aguardam o exame do órgão colegiado máximo do Supremo Tribunal Federal, e, seguramente, novas luzes serão lançadas sobre a questão dos direitos de personalidade a partir do debate dos temas em questão.

Conclusões

Como se observa, a partir de tudo o que foi considerado, há uma vasta proteção constitucional, legal e jurisprudencial a todos os direitos de personalidade, devendo-se ponderar que, nos últimos anos, o Supremo Tribunal Federal tem fixado balizas objetivas no campo do controle concentrado de constitucionalidade, sobretudo em questões que envolvem a necessidade de ponderar direitos de personalidade com outros direitos igualmente protegidos pelo texto constitucional.

Contudo, como bem apontado pelo Ministro Gilmar Mendes em interessante artigo publicado a propósito da liberdade de expressão e dos direitos de personalidade, no contexto de trabalho desenvolvido sob a orientação do Professor Rui Geraldo Camargo Vianna,

> [...] a despeito desses impulsos de consolidação da jurisprudência, vê-se que o debate acerca dos direitos de personalidade não comporta soluções definitivas. A riqueza do tema demanda o contínuo adensamento teórico do diálogo de campos entre o Direito Constitucional e o Direito Civil, tarefa [...] levada a cabo com esmero pela obra de Carlos Frederico Barbosa Bentivegna.[240]

De fato, trata-se de trabalho contínuo e incessante, mas sempre encantador, dada a riqueza do tema e das leituras constitucionais possíveis sobre a preservação dos direitos de personalidade em uma sociedade cada vez mais plural e democrática, em que se garante a existência digna a todos.

[240] MENDES, Gilmar Ferreira. **Liberdade de expressão e direitos de personalidade**. Disponível em: https://www.conjur.com.br/2019-set-16/direito-civil-atual-liberdade-expressao-direitos-personalidade.

REFERÊNCIAS

BOBBIO. Norberto. **A era dos direitos**. Nova ed. Rio de Janeiro: Elsevier, 2004. (Tradução de Carlos Nelson Coutinho e apresentação de Celso Lafer.)

MENDES, Gilmar Ferreira. **Liberdade de expressão e direitos de personalidade**. Disponível em: https://www.conjur.com.br/2019-set-16/direito-civil-atual-liberdade-expressao-direitos-personalidade.

MIRANDA, Pontes de. **Tratado de direito privado**. 4. ed. São Paulo, Revista dos Tribunais, 1974. (Parte Especial, tomo VII.)

MONTEIRO FILHO, Raphael de Barros; TEIXEIRA, Sálvio de Figueiredo. **Das pessoas naturais**. *In*: TEIXEIRA, Sálvio de Figueiredo (Coord.). **Comentários ao Novo Código Civil**. Rio de Janeiro: Forense, 2010.

SARMENTO, Daniel. Artigo 5º, inciso IV. In: CANOTILHO, J. J. Gomes, SARLET, Ingo Wolfgang, STRECK, Lênio Luiz e MENDES, Gilmar Ferreira (Coord.). **Comentários à Constituição do Brasil**. São Paulo: Saraiva/Almedina, 2013.

SILVA, Regina Beatriz Tavares da; FIUZA, Ricardo (Coord.). **Código Civil comentado**. 8. ed. São Paulo: Saraiva, 2012.

15. PRESCRIÇÃO DA PRETENSÃO POR DANOS MORAIS DECORRENTE DA VIOLAÇÃO DE DIREITOS DA PERSONALIDADE

JOSÉ FERNANDO SIMÃO
MAURÍCIO BUNAZAR

Uma palavra de amizade

O Professor Rui Geraldo Camargo Viana tem uma longa história como docente em duas das mais prestigiosas Faculdades de Direito do Brasil: a Faculdade de Direito da PUC – São Paulo e a Faculdade de Direito da Universidade de São Paulo – Largo de São Francisco.

Toda minha trajetória estudantil (graduação, mestrado e doutorado) e docente se deu no Largo de São Francisco. Foi lá que conheci Rui Geraldo Camargo Viana. Era um professor das antigas. Impecavelmente vestido com um terno de tecido estrangeiro, com suas gravatas espetaculares, dava aula com o Código Civil em mãos, seguindo a estrutura lógica do texto de lei como roteiro do qual não se afastava.

Não era incomum dizer aos alunos quando perguntado: o Código Civil resolve todas as questões, a lei sempre dá a solução. Era a frase de Agostinho Alvim, coautor do Projeto do Código Civil brasileiro e que fora professor de direito civil do mestre Rui Geraldo.

Aprendi com ele que a aula de direito civil passa pela leitura e interpretação do Código Civil. O texto de lei. Isso garante uma coerência sistemática essencial ao professor que se propõe a ser "das antigas", a ser um docente raiz.

Mas havia outra qualidade de Rui Geraldo Camargo Viana que encantava a todos. Seu senso de humor, sempre ácido e certeiro, fazia daqueles tempos dias mais leves. Há muitas delas que não podem ser transcritas. Rui fazia piada de si e de todos os demais. Não saí incólume de seus chistes.

Nos anos 1990, assim que me formei, tornei-me seu "assistente", ou seja, dava aulas voluntárias quando Rui Geraldo assim o pedia. A Secretária Divina me ligava na véspera e lá ia eu, feliz da vida, ensinar (com todas as minhas limitações) o que eu tinha preparado para os jovens da Faculdade de Direito da USP.

A generosidade de Rui Geraldo me permitiu (ao lado da igual generosidade de Teresa, Giselda e Villaça) me tornar professor de fato. De direito, tornei-me apenas em 2008 quando fui aprovado no concurso para o cargo de professor doutor.

Curiosamente, a primeira turma que me foi destinada em março de 2008 foi a turma até então regida por Rui Geraldo Camargo Viana (período noturno, 3º ano). Era evidente que não poderia substituir o mestre em comprometimento, nem em qualidade docente. Novamente fiz o meu melhor. Apesar de toda a dificuldade em estar no lugar que fora ocupado pelo grande Professor Rui Geral, o trabalho resultou e fui eleito paraninfo desta turma. Meus olhos se enchem de lágrima, até hoje, ao lembrar desse dia.

É com carinho e respeito às melhores tradições franciscanas que escrevo estas linhas. Notas, não mais que notas. Ao mestre, minha gratidão pelo privilégio do convívio e amizade.

1. Prescrição e decadência. Conceitos.

A noção de operabilidade como princípio norteador do Código Civil de 2002, nas palavras de Miguel Reale, é "estabelecer soluções normativas de modo a facilitar a sua interpretação e aplicação pelo operador do Direito".

Em suma, um sistema operável é aquele que deve ser compreendido por quem o lê para que possa ser corretamente aplicado por quem julga.

É por isso que Miguel Reale afirma que:

> [...] nessa ordem de ideias, o primeiro cuidado foi eliminar dúvidas que haviam persistido durante a aplicação do Código anterior. Exemplo disso é o relativo à distinção entre prescrição e decadência, tendo sido baldados os esforços no sentido de verificar-se quais eram os casos de uma ou de outra, com graves consequências de ordem prática.

Prova do tratamento equivocado da questão pelo Supremo Tribunal Federal se verifica em duas Súmulas sobre o mesmo tema (venda de ascendente para descendente) em que casos de decadência são tratados como se de prescrição fossem.

Entendo tratar-se de negócio simulado[241] a venda sem concordância dos demais descendentes editou o Supremo Tribunal Federal a Súmula 152 de 13 de dezembro de 1963 com o seguinte conteúdo: "A ação para anular venda de ascendente a descendente, sem consentimento dos demais, prescreve em quatro anos a contar da abertura da sucessão".

Posteriormente, em 3 de outubro de 1969, o próprio Supremo Tribunal Federal revogou a súmula 152 e ditou nova súmula sobre o tema: "Súmula 494 - A ação para anular venda de ascendente a descendente, sem consentimento dos demais, prescreve em vinte anos, contados da data do ato, revogada a súmula 152."

Ambas estão equivocadas ao utilizar o verbo "prescrever" para uma clara hipótese de decadência.

Assim após a distinção conceitual que se faz necessária, vamos trabalhar especificamente a prescrição e a ideia de extinção da pretensão reparatória nas hipóteses de dano moral decorrentes de violação dos direitos de personalidade.

1.1. Prescrição

A partir das diversas tentativas de distinção entre prescrição e decadência existentes no Brasil, a questão foi definitivamente resolvida, inclusive adotada pelo CDC, em 1990, e pelo atual Código Civil, em razão do trabalho de Agnelo Amorim Filho publicado na Revista dos Tribunais n. 300, denominado "Critério científico para distinguir a prescrição da decadência e para identificar as ações imprescritíveis", que data de 1960.

Merece nota a crítica de Agnelo Amorim Filho ao critério adotado com frequência em que a distinção ocorre pela extinção da ação e do direito. Segundo o autor, o critério mais divulgado para se fazer a distinção entre os dois institutos é aquele segundo o qual a prescrição extingue a ação e a decadência extingue o direito. Entretanto, tal critério, além de carecer de base científica, é absolutamente falho e inadequado, pois pretende fazer a distinção pelos efeitos ou consequências, ainda que aqueles sejam, realmente, os principais efeitos dos dois institutos. O critério apontado apresenta-se, assim, com uma manifesta petição de princípio, pois o que se deseja saber precisamente é quando o prazo extintivo atinge a ação ou o direito. O que se procura é a causa, e não o efeito[242].

[241] O prazo para se alegar nulidade relativa em razão da simulação era de 4 anos contados da celebração do negócio (CC/16, art. 178, § 9º, b).

[242] Amorim Filho, Agnelo. **Critério científico para distinguir a prescrição da decadência e para identificar as ações imprescritíveis**. Revista dos Tribunais. v. 300. p. 7-37. 1960. p. 9.

A distinção entre prescrição e decadência passa pela distinção entre direito potestativo e direito a uma prestação, sendo que este pode ser denominado direito colaborativo, porque há uma conduta do sujeito passivo[243].

Se se tomar por base o conceito tradicional de obrigação (em sentido estrito), pelo qual esta é o vínculo jurídico entre o credor e o devedor que tem por objeto uma prestação de dar, fazer ou não fazer, conclui-se que, quando violado o direito de crédito, ou seja, quando o devedor não cumpre espontaneamente a prestação, surge para o credor a pretensão, ou seja, a faculdade de exigir o seu cumprimento.

Essa faculdade não se dá necessariamente pela via judicial. A ação judicial é apenas uma das formas de se exercer a pretensão, mas evidentemente não é a única. Com a violação, o credor pode cobrar o devedor por meio de notificação, de protesto do título, de simples telefonema sem maiores formalidades, contratando um mandatário para efetuar a cobrança. Todas essas formas de cobrança são faces da pretensão.

Exatamente para superar a identificação entre ação e pretensão, Pontes de Miranda faz importante digressão sobre o assunto. Explica o autor que pretensão é, pois, a *tensão* para algum ato ou omissão dirigida a alguém. O *pré* – está, aí, como "diante de si". O direito é dentro de si mesmo, tem *extensão* e *intensidade*; a pre*tensão* lança-se. Não é o direito, nem a ação, nem, *a fortiori*, a "ação" (sentido processual); há direitos que se perderam ou não têm pretensão. A conclusão é precisa: não há exigibilidade sem pretensão. Há direito sem pretensão porque há direitos que não podem ser exigidos[244].

A noção jurídica de prescrição mantém relação direta com o conceito de pretensão. Nas palavras de Francisco Amaral, a pretensão nasce no momento em que o credor pode exigir a prestação e esta não é cumprida, causando lesão no direito subjetivo, e pressupõe, assim, a existência de um crédito, com o qual não se confunde[245]. Esta é a noção de pretensão em sentido estrito. É essa a noção necessária para compreensão de prescrição.

Segundo o texto do Código Civil (art. 189) a prescrição extingue. Essa afirmação da lei não é isenta de críticas. Efetivamente, a prescrição extingue a pretensão, como determina o art. 189 do Código Civil, ou apenas a torna ineficaz?

[243] Para esses conceitos, Agnelo Amorim Filho se vale da obra de Giuseppe Chiovenda. Para a tese, contribuem os estudos de Pontes de Miranda e Vicente Ráo.

[244] Pontes de Miranda, F. C. **Tratado de direito privado** – Parte geral – Eficácia jurídica. Determinações inexas e anexas. Direitos. Pretensões. Ações, t. 5, p. 452-458.

[245] Exatamente em razão da noção de pretensão em sentido estrito, afirma o autor que ela não afeta por isso os direitos de personalidade, os direitos de estado e os direitos de família, que são irrenunciáveis e indisponíveis. Os direitos ou as relações jurídicas afetadas pela prescrição são objeto de ações condenatórias, que visam compelir o devedor a cumprir sua obrigação ou a puni-lo no caso de inadimplemento. (Amaral, Francisco. *Direito civil*, p. 563-567).

A questão é pertinente porque o próprio Código Civil admite a renúncia à prescrição consumada (art. 191).

Em podendo o devedor renunciar à prescrição, é incorreto afirmar que esta extinguiu a pretensão[246]. São concludentes as palavras de Pontes de Miranda: a prescrição atinge a pretensão, cobrindo a eficácia desta[247]. Há encobrimento da pretensão, o que se verifica efetivamente no plano da eficácia, e não da existência[248].

Prescrição é um fenômeno que torna ineficaz a pretensão, ou seja, a possibilidade de o credor exigir do devedor o cumprimento de uma prestação de dar, fazer e não fazer. A pretensão, em juízo, é exigível por uma ação condenatória.

1.2. Decadência

Enquanto o conceito de prescrição tem relação direta com a noção de pretensão, a decadência tem relação com o direito potestativo.

Agnelo Amorim Filho conceitua direito potestativo e dá exemplos de situações em que este se verifica. Uma das principais características do direito potestativo é o estado de sujeição que o seu exercício cria para outra ou outras pessoas, independentemente da vontade dessas últimas ou mesmo contra sua vontade. Assim, por exemplo, o mandatário, o donatário e os outros condôminos sofrem os efeitos da extinção do mandato, da doação[249] e da comunhão, sem que possam se opor à realização do ato que produziu aqueles efeitos.

[246] Pela impossibilidade de o consumidor renunciar à prescrição, confira-se Suzana Catta Petra Federighi, para quem, ainda que possível no diploma de direito privado, parece ser incompatível com a sistemática do CDC, seja pela vulnerabilidade do consumidor, assim reconhecida no diploma legal, seja por todos os princípios que informam o sistema e limitam a autonomia da vontade. Portanto, seria ela ainda impossível pela via contratual – por constituir cláusula abusiva, nos termos do art. 51 –, nada impedindo, entretanto, o fornecedor de renunciar a ela depois de sua consumação, se demandado extemporaneamente pelo consumidor, uma vez que as previsões protetivas da legislação de consumo a ele não seriam aplicadas (Federighi, Suzana Catta Preta. A prescrição e a decadência no CDC. In: Cianci, Mirna (Org.). *Prescrição no Código Civil*: uma análise interdisciplinar. 2. ed. São Paulo, Saraiva, 2006. p. 510)

[247] Pontes de Miranda, F. C. **Tratado de direito privado** – Parte geral – Eficácia jurídica. Determinações inexas e anexas. Direitos. Pretensões. Ações, t. 5, p. 102.

[248] A questão se repete na impropriedade do Código Civil ao enumerar a confusão como forma de extinção da obrigação. Isso porque o art. 384 prevê que cessada a confusão a dívida se restabelece com todos os seus acessórios. Assim, Judith Martins-Costa, com base nas lições de Pontes de Miranda, explica que não há "ressurreição do crédito" que foi extinto e ressurge, mas, sim, pós-eficácia da obrigação. Ocorre verdadeira neutralização da obrigação (Martins-Costa, Judith. **Comentários ao novo Código Civil**. In: Teixeira, Sálvio de Figueiredo (Coord.). Rio de Janeiro: Forense, 2003. v. V. t. I, p. 647).

[249] O autor se refere à revogação por ingratidão, em que o doador terá o direito potestativo de revogar a doação se o donatário praticar determinados atos (art. 1.181 do CC/16: "Além dos casos comuns a todos os contratos, a doação também se revoga por ingratidão do donatário"; e art. 555 do CC/2002:

No máximo, a pessoa que sofre a sujeição pode, em algumas hipóteses, se opor a que o ato seja realizado de determinada forma, mas, nesse caso, o titular do direito pode exercê-lo de outra forma. Isso se verifica quando da necessidade de divisão judicial se os demais condôminos não concordam com a divisão amigável[250].

Os exemplos se multiplicam. Determinado contrato de prestação de serviços prorrogado por tempo indeterminado admite a denúncia por qualquer das partes quando lhes convier. Há um direito potestativo de ambos os contratantes ao qual o outro não pode se opor. Na locação comercial, a regra se repete quando esta se prorroga por prazo indeterminado[251-252]. Na realidade, em muitas situações de sujeição há esta equivalência: ambos os contratantes têm o direito potestativo e, portanto, estão em estado de sujeição em relação ao outro[253].

Há situações em que apenas uma das partes tem o direito potestativo e a outra o estado de sujeição. No caso de casamento com erro essencial quanto à pessoa do cônjuge ou de coação, apenas o que se casou em erro (por desconhecer determinada qualidade do cônjuge) ou que se casou sob coação poderá anular o casamento. Só esse cônjuge terá o direito potestativo, enquanto o outro se encontrará em estado de sujeição. Da mesma forma o adquirente de um bem com vício redibitório ou um consumidor que adquire um produto com vício oculto ou aparente. Estes terão o direito potestativo de redibir o contrato, pedir o abatimento do preço ou, no caso do consumidor, pedir, ainda, a substituição do produto. Já o alienante ou o fornecedor estarão em estado de sujeição.

Outra questão importante é a de que o direito potestativo, em diversos casos previstos em lei, terá sua eficácia subordinada a um termo, ou seja, não produzirá efeitos assim que a parte o exercê-lo. Isso não retira a característica da potestatividade, mas apenas condiciona os efeitos desse direito ao escoamento de um prazo. Os exemplos se multiplicam. No contrato de trabalho, há o aviso prévio

"A doação pode ser revogada por ingratidão do donatário, ou por inexecução do encargo").

[250] Amorim Filho, Agnelo. **Critério científico para distinguir a prescrição da decadência e para identificar as ações imprescritíveis**. p. 12.

[251] Não se desconhece que melhor seria o uso da locução "tempo indeterminado", pois, se prazo houver, este será obviamente determinado. Assim, há contradição na locução "prazo indeterminado". Contudo, quando se utiliza tal expressão, se faz em razão da menção expressa em lei.

[252] Na locação residencial, a regra é diferente, por força do art. 47 da Lei n. 8.245/91. Se a locação foi celebrada verbalmente, por escrito, com prazo indeterminado (tempo indeterminado) ou inferior a 30 meses, o direito de denúncia vazia do locador só pode ser exercido após cinco anos de locação. Trata-se de proteção conferida ao locatário, que evita que este seja despejado após curto prazo de uso do imóvel.

[253] No contrato de trabalho celebrado por tempo indeterminado, por exemplo, empregador e empregador podem resili-lo a qualquer tempo. Há sujeição recíproca.

de 30 dias[254]; na locação, em regra, o prazo também é de 30 dias (cf. art. 46 da Lei. n. 8.245/91 referente à locação residencial), mas poderá ser de 90 dias (cf. o art. 8º da Lei n. 8.245/91, com relação à denúncia decorrente da alienação do imóvel); e, no contrato de agência e distribuição, o prazo é de 90 dias[255]. Esses prazos afastam eventual efeito surpresa nefasto ao contratante que se encontra em estado de sujeição.

Os direitos potestativos não são passíveis de violação e a eles não corresponde a uma prestação[256].

É a partir da noção de direito potestativo que se chegará ao conceito de decadência. Quando a lei ou o contrato conceder um prazo para o exercício de um direito potestativo, tal prazo será de natureza decadencial.

A decadência é o fenômeno extintivo de direitos potestativos aos quais se fixou um prazo para seu exercício.[257] Tais direitos se exercem em juízo, por meio de ações constitutivas ou desconstitutivas, que podem criar (ação renovatória da locação do imóvel urbano), modificar (ação estimatória ou *quanti minoris*) ou extinguir (ação para reconhecimento de dolo como vício do consentimento) uma relação jurídica.

2. Os direitos de personalidade e sua violação. Prescritibilidade da pretensão indenizatória

2.1. Prescrição e não decadência

[254] Art. 487 da CLT: "Não havendo prazo estipulado, a parte que, sem justo motivo, quiser rescindir o contrato deverá avisar a outra da sua resolução com a antecedência mínima de: I – oito dias, se o pagamento for efetuado por semana ou tempo inferior; II – trinta dias aos que perceberem por quinzena ou mês, ou que tenham mais de 12 (doze) meses de serviço na empresa".

[255] Art. 720 do CC: "Se o contrato for por tempo indeterminado, qualquer das partes poderá resolvê-lo, mediante aviso prévio de noventa dias, desde que transcorrido prazo compatível com a natureza e o vulto do investimento exigido do agente". O parágrafo único do art. 473 do Código Civil traz regra geral de suspensão dos efeitos da resilição como clara decorrência da função social do contrato: "A resilição unilateral, nos casos em que a lei expressa ou implicitamente o permita, opera mediante denúncia notificada à outra parte. Parágrafo único. Se, porém, dada a natureza do contrato, uma das partes houver feito investimentos consideráveis para a sua execução, a denúncia unilateral só produzirá efeito depois de transcorrido prazo compatível com a natureza e o vulto dos investimentos".

[256] Amorim Filho, Agnelo. **Critério científico para distinguir a prescrição da decadência e para identificar as ações imprescritíveis**. p. 12.

[257] Ainda que se trate de decadência convencional, que nasce do acordo de vontades, esta extingue um direito potestativo e, portanto, não comporta renúncia. Exemplo disso se dá quando o consumidor contrata a garantia estendida, ou seja, o fornecedor concede uma garantia por período superior à prevista pelo CDC. Nesta hipótese, se a garantia se expira e o fornecedor atende ao pleito do consumidor, não há renúncia à decadência, mas uma liberalidade do fornecedor. Não se pode renunciar a algo que se extinguiu.

Em se tratando de dano e da pretensão para sua reparação (seja o dano moral, seja o dano material) o prazo é efetivamente prescricional. Isso porque a pretensão indenizatória traz uma prestação de dar: dar dinheiro. Ainda que se reponha um bem equivalente em natura, a prestação é de dar.

É clara hipótese em que nunca se discutiu a natureza jurídica do prazo, mesmo na vigência do Código Civil de 1916.

Era de 20 anos o prazo de prescrição desta pretensão (art. 177 do CC/16) que foi drasticamente reduzido para 3 anos (art. 206, §3º, V do Código Civil de 2002). No caso, o presente artigo cuida de danos a direitos de personalidade de origem extracontratual (extranegocial para alguns) razão pela qual o prazo de 10 anos do artigo 205 não tem aplicação.[258]

2.2. Direitos de personalidade

Com base no pensamento monumental de Rubens Limongi França em suas "Instituições de Direito Civil" fazemos algumas notas sobre o tema dos direitos da personalidade.

Limongi os define como faculdades jurídicas cujo objeto são os diversos aspectos da própria pessoa do sujeito, bem assim da sua projeção essencial no mundo exterior. Sobre a terminologia afirma que esta área do conhecimento jurídico foi desenvolvida pelos juristas alemães no final do século XIX, que se referiam aos direitos individuais (*Individualrechte*) e os direitos da personalidade (*Personalitatsrechte*).

Entre nós, usa-se, corretamente, o termo "direitos da personalidade", porém, para aumentarmos a precisão terminológica, poder-se-ia usar a expressão direitos privados da personalidade.

Ao usar o adjetivo privado, qualifica-se a natureza civil da tutela jurídica em questão, pois ainda que os direitos da personalidade estejam em sua maioria sob a tutela pública, em seu caráter penal ou constitucional, ela também está sob a tutela do direito civil, em especial no que concerne à proibição dos atos lesivos e ao ressarcimento dos danos causados em esfera de responsabilidade civil.

A doutrina debate a natureza jurídica dos direitos de personalidade. São os direitos da personalidade são de natureza positiva, ou seja, exigem necessária previsão legal? Rubens Limongi França refuta esta tese dizendo que há direitos da personalidade juridicamente reconhecidos como tais, mas que encontram a sua previsão ou no direito consuetudinário ou no direito científico, como o direito ao nome, à imagem, o direito moral do escritor etc. A lição vem de um tempo em que o Código Civil não trazia disciplina alguma sobre o tema.

[258] O STJ tem aplicado este prazo geral de 10 anos para prescrição da pretensão de reparação de danos oriundo do inadimplemento do contrato.

Explica Limongi França que os direitos da personalidade manifestam-se em 3 planos distintos: (i) físico (direito à integridade física); (ii) intelectual (direito à integridade intelectual); e (iii) moral (direito à integridade moral). Pela sua importância, os direitos da personalidade fazem jus a duas sanções: pública e privada.

A pública está dividida entre penal (injúria, ultraje ao culto, calúnia, difamação etc) e constitucional (*habeas corpus*), ela remonta à *actio injuriarum* do Direito Romano. A sanção privada, por sua vez, vem aumentando a sua importância cada vez mais ao reconhecer o ressarcimento por danos morais. Limongi, entretanto, aponta para a ausência em nosso ordenamento de um instituto específico para a defesa imediata e pronta dos direitos da personalidade.

Roxana Cardoso Brasileiro Borges em sua obra denominada "Disponibilidade dos Direitos de Personalidade e Autonomia Privada" explica as correntes sobre a possível natureza jurídica dos direitos de personalidade. São dela as lições que se seguem

Os jusnaturalistas concebem os direitos da personalidade como direitos naturais. Para alguns, os direitos da personalidade são direitos naturais, porque foram estabelecidos por uma vontade divina que é revelada aos homens, cabendo a estes reconhecer essa razão divina e organizar a sociedade conforme o modelo revelado.

Outros concebem os direitos da personalidade como direitos naturais porque derivam de uma ordem natural ou de uma lei que deriva da natureza e, sendo o ser humano um componente desta, deve, também, submeter-se a essa lei natural. Há ainda jusnaturalistas para os quais os direitos da personalidade derivam da razão, algo inerente ao homem.

Dentre os positivistas, que concebem o direito inserido num momento histórico, encontram-se aqueles que concebem os direitos da personalidade enquanto direitos outorgados à sociedade pelo Estado, sendo direitos da personalidade apenas aqueles que derivam da lei lato senso, enquanto norma posta pelo Estado.

Outros concebem os direitos da personalidade como direitos positivos porque, independentemente do Estado, são os direitos que emanam da sociedade em dado momento histórico. Para estes, ainda que não haja positivação estatal, existem direitos da personalidade que surgem de certa conjuntura social, política, econômica, cultural e devem ser protegidos e reconhecidos, sobretudo pelo Poder Judiciário, mesmo sem sua inserção em lei em sentido estrito. Há ainda os doutrinadores que, além disso, entendem que se da sociedade emana certa concepção de direitos da personalidade, esta prevalece mesmo diante de lei em sentido estrito que estabeleça o contrário.

Fato é que na atualidade pode-se afirmar que os direitos de personalidade não precisam de expressa previsão legal para existirem, que os direitos enumerados pelo Código Civil são meramente exemplificativos e que as pessoas jurídicas têm direitos de personalidade que lhes são próprios (art. 52 do CC).

2.3. Prescritibilidade da pretensão indenizatória por violação do direito de personalidade.

De início, cabe uma reflexão terminológica sobre "ações imprescritíveis" ou "direitos imprescritíveis". Conforme afirma Antônio Luís da Câmara Leal estudando a prescrição, costumam os escritores tratar da teoria da imprescritibilidade sob a epígrafe *Dos direitos imprescritíveis*. Essa orientação deve sua origem à escola ítalo-francesa, que considera os direitos como o objeto da prescrição. E tão forte tem sido a influência da terminologia franco-italiana – direitos imprescritíveis – que os próprios adeptos da escola germânica, incoerentemente, a adotaram, tornando-se geral e comum[259].

Há uma hipótese na jurisprudência, pacífica, aliás, pela qual a pretensão reparatória não sofre os efeitos do tempo, ou seja, cujo exercício não se sujeita a prazos prescricionais. Flávio Tartuce invoca o princípio constitucional da dignidade da pessoa humana para explicar a razão pela qual o STJ tem decidido ser imprescritível a pretensão indenizatória no caso de tortura perpetrada pelo Estado à época do regime militar[260]. O autor defende a tese que a pretensão referente à reparação

[259] Leal, Antônio Luís da Câmara. **Da prescrição e da decadência**. p 50.

[260] Tartuce, Flávio. **Direito civil**. 5. ed. São Paulo: Método, 2010. v. 2. p. 314. Neste sentido: "ADMINISTRATIVO. AGRAVO REGIMENTAL NO RECURSO ESPECIAL. RESPONSABILIDADE CIVIL DO ESTADO. AÇÃO DE INDENIZAÇÃO POR DANOS MORAIS E MATERIAIS. PERSEGUIÇÃO POLÍTICA. DITADURA MILITAR. PRISÃO E TORTURA A INTEGRANTE DO PARTIDO COMUNISTA BRASILEIRO. DANOS CONFIGURADOS. IMPRESCRITIBILIDADE DE PRETENSÃO INDENIZATÓRIA DECORRENTE DE VIOLAÇÃO DE DIREITOS HUMANOS FUNDAMENTAIS DURANTE O PERÍODO DE EXCEÇÃO. ARTIGOS DE LEI APONTADOS COMO VIOLADOS NÃO PREQUESTIONADOS PELO ACÓRDÃO *A QUO*. SÚMULA 211/STJ. *QUANTUM* INDENIZATÓRIO. ANÁLISE DAS CIRCUNSTÂNCIAS DO CASO CONCRETO. VERBA FIXADA COM RAZOABILIDADE. IMPOSSIBILIDADE DE REVISÃO NA VIA ESPECIAL. SÚMULA 7/STJ. PRECEDENTES. 1. O STJ pacificou entendimento no sentido de que são imprescritíveis as ações de reparação de dano ajuizadas em decorrência de perseguição, tortura e prisão, por motivos políticos, durante o Regime Militar. Precedentes: REsp 959.904/PR, Rel. Ministro Luiz Fux, Primeira Turma, julgado em 23/04/2009, *DJe* 29/09/2009; AgRg no Ag 970.753/MG, Rel. Ministra Denise Arruda, Primeira Turma, julgado em 21/10/2008, *DJe* 12/11/2008; REsp 449.000/PE, Rel. Ministro Franciulli Netto, Segunda Turma, julgado em 05/06/2003, *DJ* 30/06/2003 p. 195. O Tribunal de origem, ao considerar as circunstâncias do caso concreto, as condições econômicas das partes e a finalidade da reparação, entendeu por bem fixar o montante de R$ 300.000,00 (trezentos mil reais) a título de danos morais e materiais. Desse modo, considerando que a quantia fixada pelo Tribunal *a quo* a título de indenização por dano moral e material não escapa à razoabilidade, nem se distancia do bom senso e dos critérios recomendados pela doutrina e pela jurisprudência, forçoso concluir que a pretensão esbarra na vedação contida na Súmula 7 do STJ,

de qualquer lesão a direito de personalidade, na vigência do atual Código Civil, não sofre prescrição; em outras palavras, a indenização não se sujeitaria à prescrição de três anos prevista no art. 206, § 3º, V, do Código Civil.

A prescrição é diretamente ligada à ideia de segurança jurídica à qual, por sua vez, deve ser compreendida como proteção do particular – pessoa natural ou jurídica – contra o Estado. Em sentido estrito, somente o Estado é que tem o poder de violar a segurança jurídica do particular. É por isso que a norma penal benéfica deve retroagir; é por isso que isenções tributárias podem retroagir. Ora, em se tratando de tortura como política de Estado, é dizer, praticada por agentes de Estado, no exercício de atividade tipicamente de Estado e sob alegação de "proteção" do Estado, o reconhecimento da prescritibilidade implicaria atribuir ao Estado proteção voltada ao particular. É por essa razão que o Judiciário, acertadamente, recusou a prescritibilidade das pretensões indenizatórias dirigidas contra o Estado em razão dos danos decorrentes da tortura.

A excepcionalidade da hipótese é constantemente reiterada pelo Superior Tribunal de Justiça:

> 1. O Superior Tribunal de Justiça pacificou a questão acerca da prescrição das pretensões deduzidas em face da Fazenda Pública, em julgamento proferido pela Primeira Seção, no REs 1.251.993/PR, submetido ao rito do art. 543-C do CPC/1973, no sentido de que, nas ações de indenização contra a Fazenda Pública, o prazo prescricional é de cinco anos, nos termos do art. 1º do Decreto 20.910/1932, em detrimento do prazo prescricional previsto no Código Civil (Tema 553).
> 2. A tese do recurso relacionada à imprescritibilidade de ações de indenização decorrentes de suposta violação de direitos fundamentais não é aplicável ao caso dos autos, uma vez que se trata de precedente vinculado a atos decorrentes de perseguições políticas ocorridas durante a ditadura militar, época na qual os jurisdicionados não podiam deduzir a contento suas pretensões.[261]

por demandar a análise do conjunto fático-probatório dos autos. Agravo regimental não provido" (AgRg no REsp 1160643/RN, Rel. Ministro Benedito Gonçalves, 1ª Turma, julgado em 23.11.2010, *DJe* 26.11.2010). As decisões se repetem até o presente momento: AgRg no AREsp n. 816.972/SP, relatora Ministra Assusete Magalhães, Segunda Turma, julgado em 10/3/2016, DJe de 17/3/2016.

[261] AgInt no AREsp n. 1.549.327/RJ, relator Ministro Mauro Campbell Marques, Segunda Turma, julgado em 31/8/2020, DJe de 4/9/2020.

Em seu Código Civil interpretado, Gustavo Tepedino, Heloisa Helena Barboza e Maria Celina Bodin de Moraes afirmam que as pretensões ressarcitórias decorrentes dos direitos de personalidade não se sujeitam à prescrição[262]. Isso porque a sua violação não se regenera. A lesão atua de maneira contínua contra a dignidade da pessoa humana. Daí dizer-se que a violação se preserva enquanto a personalidade estiver atingida, seguindo-se as pretensões ressarcitórias sempre atuais[263].

A tese é sedutora, mas significaria que o valor segurança ficaria afastado em nome de uma pretensa justiça. Deve-se lembrar que os direitos de personalidade são de várias espécies, e que a afirmação *supra* se aplicaria a qualquer violação. Exemplifica-se. Certo modelo cuja imagem é utilizada em anúncio publicitário sem a devida autorização teria a eternidade para pleitear uma indenização[264]. Em se tratando de direito patrimonial disponível, a tese não parece adequada, pois esse mesmo modelo poderia fazer uma campanha pela prevenção do câncer de mama gratuitamente.

A perenização fere de morte a segurança em prol de uma suposta justiça.

Se, contrariamente ao Código Civil alemão, que, com sua reforma do direito das obrigações, ampliou o prazo de prescrição referente à lesão de direitos da personalidade, o Código Civil a reduziu para três, o que efetivamente deve ser objeto de reflexão, não há como se adotar a solução da imprescritibilidade para se afastar do rigor criado pela exiguidade do prazo legal. Defender a imprescritibilidade de pretensão referente a direito patrimonial, que, repita-se, pode não ser exercido por opção da parte, é eternizar relações jurídicas entre particulares[265].

[262] Ao mencionar o dano moral decorrente do rompimento do noivado, Maria Helena Diniz segue essa premissa. A indenização por dano patrimonial e moral pode decorrer de inadimplemento doloso ou culposo dos esponsais, pois realmente são ressarcíveis não só os dispêndios feitos pelo noivo repudiado mas também qualquer prejuízo moral (CC, art. 186). Logo, se a pretensão for indenização civil por dano moral direto, em razão de lesão a direito da personalidade, ter-se-á, na nossa opinião, a imprescritibilidade (Prescrição e decadência no novo direito de família, p. 153).

[263] Tepedino, Gustavo; Barboza, Heloisa Helena; Moraes, Maria Celina Bodin de. **Código Civil interpretado conforme a Constituição da República** – Parte geral e obrigações (arts. 1º a 420). Rio de Janeiro: Renovar, 2004. v. I, p. 361. Se seguida esta tese, admitindo-se a imprescritibilidade da pretensão indenizatória, o *quantum* a ser fixado deve ser reduzido pelo juiz, em razão do decurso do prazo (*vide* capítulo anterior).

[264] Ainda que se aplicasse a tese pela qual a *suppressio* seria suficiente para a perda da posição jurídica, o valor segurança correria risco em demasia, ao se admitir imprescritível qualquer lesão a direito de personalidade.

[265] Não se pode olvidar que os direitos morais de autor são considerados direitos de personalidade, como ensina Silmara Juny de Abreu Chinellato, com base na doutrina de Hennri Desbois, André Lucas e Henri-Jaques Lucas, Pierre Sirinelli, Fréderic Pollaud-Dulian, Pierre-Yves Gautier, Stig Strömholm, Claude Colombet, Jacques Ghestin, G. Goubeaux, Adriano De Cupis e Raymond Lindo (*Direito de autor e direitos da personalidade*: reflexões à luz do Código Civil. Tese apresentada no Concurso de Professor Titular ocorrido em 2009, na Universidade de São Paulo, p. 157). Tais

Isso não significa que o direito moral de autor pode ser defendido independentemente de prazos. Explicamos. Se há plágio de uma obra, o direito do autor plagiado de retirá-la do mercado e de impedir as vendas não prescreve. Mas e os lucros que o plagiário teve com a fraude? Estes devem ser exigidos pelo autor efetivo da obra no prazo prescricional de 3 anos.

Em matéria de Direito Público, ao tratar do direito à reintegração de funcionário público ao cargo, o STJ separou claramente os aspectos patrimoniais do direito à reintegração em si:

> O retorno ao serviço público, nessa perspectiva, corresponde a reparação intimamente ligada ao princípio da dignidade humana, porquanto o trabalho representa uma das expressões mais relevantes do ser humano, sem o qual o indivíduo é privado do exercício amplo dos demais direitos constitucionalmente garantidos. A imprescritibilidade da ação que visa reparar danos provocados pelos atos de exceção não implica no afastamento da prescrição quinquenal sobre as parcelas eventualmente devidas ao Autor. Não se deve confundir imprescritibilidade da ação de reintegração com imprescritibilidade dos efeitos patrimoniais e funcionais dela decorrentes, sob pena de prestigiar a inércia do Autor, o qual poderia ter buscado seu direito desde a publicação da Constituição da República.[266]

2.4. Início dos prazos. A impossibilidade de violação continuada

Sobre o início do prazo temos o seguinte. A pretensão não poderia ser iniciar com o dano-evento, pois este pode não causar dano-prejuízo[267]. E é o dano-prejuízo que se indeniza e é a ele que se referem os arts. 186 e 944 do Código Civil[268].

direitos de personalidade não se sujeitam à prescrição. Todavia, como bem assevera a autora, na atualidade não há regra que trate especialmente da prescrição do direito de autor (como fazia o art. 178, § 10, V, do Código de 1916) ou por ofensa ou dano ao direito de propriedade (como fazia o art. 178, § 10, XI do Código de 1916). Hoje, a questão fundamenta-se no art. 206, § 3º, V, segundo o qual prescreve em três anos a pretensão de reparação civil. Tratando-se de obrigação de fazer e não fazer, parece ser aplicável o *caput* do art. 205 do Código Civil, por não se tratar de reparação civil, mas de cumprimento da própria obrigação (p. 101).

[266] REsp n. 1.565.166/PR, relatora Ministra Regina Helena Costa, Primeira Turma, julgado em 26/6/2018, DJe de 2/8/2018.

[267] Isso não significa que a vítima discutirá negligência ou não quanto ao conhecimento do dano-prejuízo. Seu ônus será o de provar a data em que teve o conhecimento desse dano.

[268] "Art. 186. Aquele que, por ação ou omissão voluntária, negligência ou imprudência, violar direito

Também ocorrendo o dano-evento, não necessariamente será conhecido ou percebido o dano-prejuízo pela vítima.

Paulo Torminn Borges segue essa linha de raciocínio. A negligência supõe uma vontade que se omite, e a prescrição pode apagar relação jurídica de todo em todo ignorada pelo seu titular. Como falar-se de omissão de vontade por parte de quem não sabia sequer que podia querer e agir[269]?

Realmente, punir-se por omissão quem não sabia que poderia agir, pois ignorava a existência da pretensão, é algo que parece chocar. Aqui não se discute o conhecimento ou desconhecimento da lei, o que, por óbvio, seria negar a previsão da Lei de Introdução às Normas do Direito Brasileiro. O desconhecimento que se alega é, por exemplo, o do próprio dano, que é o fundamento da pretensão reparatória.

Ao analisar o tema relativo ao dano ambiental e a prescrição da pretensão de indenização, Antonio Junqueira de Azevedo esclarece que é frequente a existência de uma maior ou menor distância cronológica entre a lesão ao meio ambiente e o prejuízo, seja este individual ou social. Assim, não há necessariamente uma instantaneidade entre o dano-evento e o dano-prejuízo. Sua conclusão é clara sobre o tema: a partir da verificação do dano-prejuízo é que se inicia a contagem do prazo de prescrição, já que se trata de pretensão indenizatória. Afirma, por fim, que em matéria ambiental não basta a existência do dano-prejuízo, sendo necessária a ciência do dano[270].

Duas consequências surgirão dessa conclusão pela qual o prazo prescricional, em caso de responsabilidade extracontratual, só se inicia com o dano-prejuízo e sua ciência pela vítima. A primeira é a de que caberá à vítima fazer a prova do momento exato da ciência para que se permita o cômputo do prazo prescricional. Será fato constitutivo de seu direito. Se não provar quando teve a ciência, quer por prova documental, testemunhal, ou qualquer outra pelo direito admitida, o juiz aplicará o texto frio da lei para, utilizando-se do momento do dano-evento, decidir se a pretensão prescreveu ou não.

A segunda consequência é a de que a noção de conhecimento, de ciência, se dará necessariamente de acordo com o *standard* do homem médio[271], ou seja, de

e causar dano a outrem, ainda que exclusivamente moral, comete ato ilícito."
"Art. 944. A indenização mede-se pela extensão do dano."

[269] Borges, Paulo Torminn. *Decadência e prescrição*, p. 59.

[270] Azevedo, Antonio Junqueira de. **Novos estudos e pareceres de direito privado**. São Paulo: Saraiva, 2009. p. 420-421. Há quem defenda a imprescritibilidade da pretensão reparatória de dano ambiental. Assim, afirma Sergio Luis Mendonça Alves que, muito embora a prescritibilidade seja a regra, na hipótese do direito ambiental, do objeto a ser protegido, tipicamente um bem de natureza difusa, a imprescritibilidade, como exceção, é que se apresenta (Alves, Sergio Luis Mendonça. **A prescrição no direito ambiental brasileiro**. In: Cianci, Mirna (Org.). Prescrição no Código Civil: uma análise interdisciplinar. 2. ed. São Paulo, Saraiva, 2006. p. 485).

[271] Conforme explica Rubens Limongi França, o *standard* jurídico consiste em critério básico de

acordo com a conduta que se espera da pessoa comum. Em outras palavras, se, no caso concreto, o homem médio teria conhecimento do fato a ensejar o início da prescrição, mas aquele credor especificamente não o teve, o prazo se iniciará de acordo com esse padrão[272].

Como última parte da reflexão, temos o grave problema de violação continuada.

A ideia de "violação continuada" contraria a razão de ser da prescrição. O que melhor exemplifica a impossibilidade de sua aceitação no sistema é o exemplo da morte. A dor pela perda de um parente querido se pereniza, se instala da maneira indelével na vítima do dano. É um dano continuado, pois o sofrimento dos pais que perderem os filhos, dos maridos que perderam esposas, dos irmãos que perderem irmãos nunca deixa de existir. Nessa lógica, sendo a dor perene, o dano seria continuado e, a cada dia que se sente dor, novo prazo prescricional se iniciaria? A resposta é negativa e não há decisões que admitem tal argumento.

Note-se o seguinte: se violação de um direito por força de um dano de extrema gravidade (morte, perdas de parte do corpo, incapacidades permanentes) forçosamente faz iniciar a prescrição que, ao fim e ao cabo, neutraliza pretensões indenizatórias, como a violação ao direito de imagem e a correspondente "indenização" de um jogador de futebol por eventual uso não autorizado de imagem não se sujeita ao mesmo regime?

Pode o sistema admitir que a morte de um filho em razão de um acidente automobilístico se sujeita à prescrição de 3 anos, mas o uso ainda que indevido da imagem de um jogador permite que a ação seja proposta a qualquer tempo? Isso é a morte da lógica da estabilidade social e dos valores que fundam o sistema. É mais importante ao sistema a pretensão do jogador que teve sua imagem utilizada indevidamente que a pretensão de indenização por morte?

O interesse social exige que tenham solução definitiva as situações contrárias ao direito. E se o credor permanece inerte, sem providenciar o efetivo exercício de seu direito, estabelece-se uma incerteza, uma situação de dúvida, que a ordem jurídica condena. E por condená-la, não tolerando que permaneça este estado contrário aos interesses superiores da ordem pública, é que impõe um termo, fazendo tal estado cessar[273].

Vamos mais longe. Se a tese insustentável da violação continuada for admitida, pergunta-se: existiria fim à pretensão de indenização no caso em debate? Quando

avaliação de certos conceitos jurídicos indefinidos variáveis no tempo e no espaço (França, Rubens Limongi. **Manual de direito civil**. 4. ed. São Paulo: RT, 1980. v. 1, p. 23).

[272] Se o desconhecimento se deu em razão da força maior ou do caso fortuito, como a análise se dá com relação ao homem médio, o prazo também não se iniciará.

[273] Santos, J. M. Carvalho. **Código Civil brasileiro interpretado** – Parte geral: arts. 114-179. 9. ed. Rio de Janeiro/São Paulo: Freitas Bastos, 1963. v. III. p. 372.

a prescrição se ultimaria? Imaginemos o uso indevido da imagem de um jogador de futebol em um jogo eletrônico. Imaginemos que em 2085 o jogo lançado em 2005 seja vendido em um leilão na Sotheby's de Londres por uma pequena fortuna. Nesse momento, todos os herdeiros, filhos, netos, bisnetos dos jogadores cujas imagens foram, em tese, indevidamente utilizadas poderiam reclamara a indenização? Em suma, os trinetos dos jogadores teriam a pretensão que os jogadores têm hoje até o fim dos tempos?

Surgindo uma ação da mesma natureza (indenização pelo uso indevido de imagem) em 2085) poderia o Tribunal de Justiça de São Paulo entender que, como a violação é continuada, a prescrição da pretensão não se verificou. É, na realidade, se reconhecer a imprescritibilidade de certas pretensões em nítida afronta ao sistema jurídico posto.

É por isso que se deve diferenciar a ofensa única ao direito das ofensas sucessivas. Nas palavras de Caio Mario da Silva Pereira, "se a violação do direito é continuada, de tal forma que os atos se sucedam encadeadamente, a prescrição corre a contar do último deles, mas, se cada ato dá direito a uma ação independente, a prescrição alcança cada um, destacadamente[274].

E o que é uma sucessão de atos? No exemplo acima exposto do jogo eletrônico de futebol, o lançamento de cada versão do jogo dá início à prescrição.

É a cada lançamento (ação independente) que se viola um direito caso não haja autorização de uso de imagem e, então, se inicia a prescrição. Não há uma sucessão de atos: há um ato único com efeito continuado.

Zimmermann e Jansen, ao tratarem das obrigações continuadas, seguem essa mesma linha de raciocínio: nas obrigações positivas e negativas continuadas, interessa para início da prescrição o momento de cada quebra, de cada descumprimento da prestação.[275] É por isso que a prescrição se inicia, caso não haja autorização, com o lançamento do jogo. É aí o momento da quebra ou violação.

A cada venda do jogo, a cada utilização do jogo, a cada exibição de uma partida do jogo não há violação do direito de imagem do jogador, pois, ausente a autorização, essa ocorreu quando o jogo foi lançado. A ofensa é única, mas seus efeitos se protraem no tempo.

É exatamente o caso da morte em que o dano-evento é único, mas o dano-resultado se protrai no tempo.

O direito de imagem não se "viola" quando o jogo é vendido, nem quando o jogo é utilizado, pois a ofensa é única e prévia: o momento do lançamento de cada edição do jogo em que faltou a autorização.

[274] PEREIRA, Caio Mario da Silva. **Sobre turbações sucessivas da posse**. *In* Revista Forense. vol. 63. p. 116.

[275] P. 1845.

Conclusões

Em que pesem as dificuldades de se conceituar prescrição e decadência na vigência do Código Civil de 1916, o árduo trabalho da doutrina, em especial de Agnelo Amorim Filho rendeu bons frutos.

Dúvida não há que a pretensão para a reparação civil se sujeita à prescrição o que se confirma pela leitura do artigo 206, § 3º do Código Civil.

A prescrição extingue a pretensão. É o que ocorre no caso violação ao direito de personalidade que gere danos morais. Após o prazo de três anos a pretensão indenizatória se extingue. O prazo só se inicia com a ocorrência do dano-prejuízo e sua ciência pela vítima.

O direito moral de autor e a sua proteção não se sujeitam à prescrição. Os reflexos materiais sim.

Por fim, a ideia de violação continuada é agressiva ao sistema. Torna imprescritível algo evidentemente prescritível e destrói a noção de segurança jurídica.

REFERÊNCIAS

ALVES, Sergio Luis Mendonça. **A prescrição no direito ambiental brasileiro**. In: CIANCI, Mirna (Org.). Prescrição no Código Civil: uma análise interdisciplinar. 2. ed. São Paulo, Saraiva, 2006.

AMARAL, Francisco. **Direito civil introdução**. 7 ed. Rio de Janeiro: Renovar, 2008.

AMORIM FILHO, Agnelo. **Critério científico para distinguir a prescrição da decadência e para identificar as ações imprescritíveis**. Revista dos Tribunais. v. 300. 1960. p. 7-37.

AZEVEDO, Antonio Junqueira de. **Novos estudos e pareceres de direito privado**. São Paulo: Saraiva, 2009.

BORGES, Paulo Torminn. **Decadência e prescrição**. São Paulo: Pró-livro, 1980.

FEDERIGHI, Suzana Catta Preta. **A prescrição e a decadência no CDC**. In: CIANCI, Mirna (Org.). Prescrição no Código Civil: uma análise interdisciplinar. 2. ed. São Paulo, Saraiva, 2006.

FRANÇA, Rubens Limongi. **Manual de direito civil**. 4. ed. São Paulo: RT, 1980. v. 1.

LEAL, Antônio Luís da Câmara. **Da prescrição e da decadência**. 4 ed. Rio de Janeiro: Forense, 1982.

MARTINS-COSTA, Judith. **Comentários ao novo Código Civil**. In: TEIXEIRA, Sálvio de Figueiredo (Coord.). Rio de Janeiro: Forense, 2003. v. V. t. I.

PEREIRA, Caio Mario da Silva. **Sobre turbações sucessivas da posse**. *In* Revista Forense. vol. 63.

PONTES DE MIRANDA, F. C. **Tratado de direito privado** – Parte geral – Eficácia jurídica. Determinações inexas e anexas. Direitos. Pretensões. Ações, Rio de Janeiro: Borsoi, 1970. t. 5.

SANTOS, J. M. Carvalho. **Código Civil brasileiro interpretado** – Parte geral: arts. 114-179. 9. ed. Rio de Janeiro/São Paulo: Freitas Bastos, 1963. v. III.

TARTUCE, Flávio. **Direito civil**. 5. ed. São Paulo: Método, 2010. v. 2.

TEPEDINO, Gustavo; BARBOZA, Heloisa Helena; MORAES, Maria Celina Bodin de. **Código Civil interpretado conforme a Constituição da República** – Parte geral e obrigações (arts. 1º a 420). Rio de Janeiro: Renovar, 2004. v. I.

16. DIREITO À APOSENTADORIA E À PENSÃO – PROTEÇÃO A DIREITO DA PERSONALIDADE

JOSÉ LUIZ GAVIÃO DE ALMEIDA
JOSÉ PEDRO MAKOWSKI DE OLIVEIRA GAVIÃO DE ALMEIDA

Introdução

O Professor Rui Geraldo Camargo Viana é daquelas pessoas que, num primeiro encontro, deixa a sensação de uma amizade antiga. Seu jeito alegre e sua comunicação agradável e engraçada cativam a todos já na apresentação.

Pensar e organizar um livro em homenagem ao Professor Rui Geraldo Camargo Viana não deve ter sido uma tarefa fácil, pois incontáveis são os amigos e admiradores que gostariam de participar, indicando um artigo para publicação. Atender todos, entretanto, tornaria impublicável a coletânea, em razão do tamanho que ela iria tomar.

Embora este livro tenha a intenção de homenagear o ilustre Professor Rui Geraldo Camargo Viana, a oportunidade de escrever nesta coletânea de artigos nos trouxe tanta satisfação que nos sentimos, nós, os homenageados. Tendo esta expressão – "homenagem" – também um sentido de "promessa de fidelidade a um Senhor", com esse propósito é que este artigo deve ser entendido como realizado.

Fica, então, nossa saudação ao ilustre Professor Rui Geraldo, a quem admiramos há muito tempo, alertados que fomos por nosso pai e avô, Jorge Luiz de Almeida, sobre sua competência e erudição. Tudo isso, porém, quase desaparece ao se conhecer o Professor Rui Geraldo, pois sua simpatia e atenção, ofertadas a todos os seus alunos de forma desprendida e abundante, ofuscam o brilho de todas as suas outras qualidades.

Agradecendo, ainda, pelas lições que recebemos do ilustre Mestre, em suas aulas e escritos, sentimo-nos orgulhosos de participar de um livro que leva seu nome, discorrendo sobre um tema que lhe era particularmente caro.

1. Os benefícios previdenciários como garantia do cidadão

O tema central da obra é sobre direitos da personalidade. O que se pretende levar à reflexão é uma tendência atual do Judiciário no afrontamento a esses direitos previdenciários, mas que em tudo se ligam aos direitos da personalidade. Esses ataques, em embora de forma indireta, pelo desvirtuamento e desobediência à garantia do direito adquirido, precisam ser objeto de nossa reflexão.

A Constituição Federal enumera, não de forma exaustiva, no artigo 5º, um grande número de direitos e garantias, considerados necessários à proteção dos cidadãos, como o direito à vida, à segurança e a outros direitos. E, no inciso XXXVI, estabelece, de maneira expressa, que a lei não prejudicará o direito adquirido, o ato jurídico perfeito e a coisa julgada.

A disciplina doa direitos da personalidade, categoria de direitos ainda recente, veio tratada, entre nós, em geral por leis extravagantes e pela Constituição Federal que com maior amplitude deles de ocupou no artigo 5º em vários incisos, dando-lhes tutela genérica ao prescrever que alei punirá qualquer cominação atentatória dos direitos e liberdades fundamentais.[276]

Não se pode negar, por isso, que a garantia do direito adquirido não seja um direito fundamental. No momento em que se deixa de preservar qualquer direito adquirido do cidadão, ofende-se um direito seu à personalidade, embora de maneira indireta, mas suficiente para permitir que se exija a proteção que a todo direito da personalidade se impõe.

Há possibilidade de ver no direito à pensão uma situação clara de ofensa à personalidade. Rubens Limongi França[277], aos tratar dos critérios fundamentais da personalidade, divide-os, entre outros, em direito à vida, à alimentação, à velhice digna etc.

A pensão previdenciária, que especialmente protege pessoas com idade já avançada, efetiva o direito à vida, à alimentação e à velhice digna.

Por isso as transformações legislativas que vêm sendo feitas, e a intepretação que a elas vem sendo dada pelo Judiciário, afrontam esse direito à velhice digna. E especialmente após entrar em vigor a lei 10.741/2003 (Estatuto da Pessoa Idosa).

[276] Maria Helena Diniz, **Curso de direito civil brasileiro**. v. 1. p. 133.

[277] **Manual de Direito Civil**. p. 411.

Tudo isso tem trazido intensa preocupação dos estudiosos da assistência social aos idosos, que não cansam de mostrar o crescente número de pessoas, nessas condições, que passam ao estado de vulnerabilidade, e exigem, cada vez mais, a intervenção do Poder Público para as amparar.

Grande contribuição para essa funesta situação vem sendo causada por leis que, a cada momento, sob o pálio da proteção à economia, reduzem cada vez mais a fonte de sustento dos aposentados e pensionistas. Desprezam o fato de que o fardo para a manutenção desses desamparados acabará sendo do próprio Estado.

Especialmente preocupante também é o fato de que o Judiciário, que deveria amparar esses infortunados, garantindo-lhes velhice digna, tem preferido aliar-se aos argumentos econômicos e ceifar direitos adquiridos ao sustento digno.

Como se disse, sob a desculpa de que alterações legislativas são necessárias para assegurar a toda sociedade o direito a uma justa aposentadoria[278] ou pensão[279], os Poderes Públicos vêm editando inúmeras regras em prejuízo dos beneficiados, amiúde contando com o apoio do Poder Judiciário, que em geral fica impressionado com as justificativas feitas pelo Poder Executivo, de ingovernabilidade e de caos econômico em caso de soluções contra suas proposições.

2. Pensão por morte: aquisição do direito

Os casos são inúmeros, mas vale, a título de despertar a controvérsia, citar a recente alteração constitucional promovida pela emenda constitucional nº 103/2019, que criou novas regras para contagem do tempo de serviço para a aposentadoria e de idade mínima para o pedido, além de trazer inúmeras implicações relativamente ao valor para as aposentadorias e pensões.

O site da Câmara Federal traz resumo da emenda e reconhece o enrijecimento para o trabalhador na busca pelo acesso à previdência.[280]

> A reforma traz, principalmente, critérios mais rígidos para acesso à aposentadoria e mudanças nas regras de cálculo, tanto no regime que atende majoritariamente aos trabalhadores do setor privado (Regime

[278] Aposentadoria é o direito do agente público de desfrutar da inatividade remunerada, em razão de ter preenchido os requisitos para tanto exigidos por lei. (Márcio Pestana, Direito Administrativo Brasileiro, p. 144).

[279] Pensão é benefício previdenciário concedido aos dependentes do servidor que falecer, aposentado ou não. É prestação continuada que substitui a remuneração ou a aposentadoria que o servidor recebia em vida.

[280] https://bd.camara.leg.br/bd/bitstream/handle/bdcamara/39679/resumo_emenda_Paternostro.pdf?sequence=1. Acesso em 30 abr. 2023.

> Geral de Previdência Social – RGPS) como no regime de servidores públicos da União (Regime Próprio de Previdência Social – RPPS). A maior parte das regras de acesso a benefícios adotadas no âmbito da União não se aplicam aos RPPSs de Estados e Municípios.

Alguns ilustres Magistrados, imbuídos do bom intuito de paladinos dos direitos constitucionais dos humildes e desvalidos, esquecem que o ataque sistemático aos direitos dos servidores e aposentados, este sim tem prejudicado os mais desvalidos e necessitados. E o fazem por razões econômicas, nem sempre bem explicadas, mas em geral malsucedidas.

Vale lembrar a advertência do Ministro do Supremo Tribunal Federal Roberto Barroso, quando apresentou seu voto nas ações que tentavam opor a inconstitucionalidade da emenda constitucional nº 103/19. Falou o ilustre Ministro e jurista, sobre a pensão por morte, e que a proibição da cumulação das pensões e aposentadorias não deveria prosseguir, pois representava ofensa flagrante a caso de direito adquirido por parte do beneficiário.

Esse entusiasmo na defesa de novas medidas, econômicas, tem faltado na proteção ao DIREITO ADQUIRIDO, corolário do Estado de Direito, que tão importante é para toda a sociedade.

O direito adquirido é um dos alicerces mais importantes do Estado de Direito, que hoje tanto se alardeia proteger. A desconsideração do direito adquirido, por qualquer justificativa ou subterfúgio que se utilize, é tão nefasta e problemática que sequer o regime nazista a admitiu, como mostra o filme "Secção Especial de Justiça" de Costa-Gavras, quando a solução e adoção da desconsideração dessa garantia foi apresentada pelo governo francês de Vichy aos alemães que haviam tomado a França. Mostra o filme o ataque ao direito adquirido pela via de lei retroativa (promulgada pelo Ministro Pierre Pucheu e aplicada no referido tribunal de exceção), meio repudiável e que acabou valendo a seu idealizador e implementador a pena capital.[281]

Colin e Capitant são enfáticos em seus ensinamentos sobre a teoria do direito adquirido e a retroatividade da lei. Esta só pode dizer para o futuro, ainda mais quanto a fatos que já se passaram ao tempo da lei anterior. Não pode a nova legis-

[281] **Pierre Pucheu** foi Ministro do Interior entre julho de 1941 e abril de 1942. Promulgou uma lei retroativa, permitindo julgar novamente, condenar à morte, punir crimes anteriores à lei, sem que pudessem os réus se defender ou recorrer e imputava pena imediata sem possibilidade de indulto. Criou e instaurou o tribunal de exceção chamado de Secção Especial, para o julgamento dos casos. A lei foi promulgada em razão de um atentado no metrô francês a um oficial alemão, ocorrido em 21 de agosto de 1941. A lei, datada de 14 de agosto desse ano foi feita em 22 de agosto. A Seção Especial foi instalada (funcionou) no dia 27 de agosto de 1941.

lação buscar alterar, modificar, apagar ou retirar efeitos legais em prejuízo dos seus titulares.[282]

É preciso, por isso, deixar de lado lucubrações que buscam, antes de proteger, prejudicar o direito adquirido que favorece e protege os servidores, aposentados e pensionistas, especialmente em casos claros de desrespeito ao direito adquirido.

Inúmeras têm sido as situações de desrespeito ao direito adquirido. Não é possível, porém, tratar de todas elas nos limites deste artigo, razão pela qual este limitar-se-á a uma situação que tem acontecido com frequência, qual seja, a de não entregar aos pensionistas de servidores falecidos, inclusive àqueles a quem já se havia reconhecido o direito à paridade e à integralidade, o mesmo valor que era percebido pelos servidores.

Inicialmente, vale uma crítica a essa criação moderna da diferenciação entre paridade e integralidade. Aurélio Buarque de Holanda explica que paridade é qualidade de par ou igual; igualdade; semelhança, parecença, analogia, estado de câmbio ao par, igualdade de remuneração entre níveis idênticos de profissões distintas (Dicionário Aurélio).

Vale lembrar que a emenda constitucional nº 41/2003 alterou a regra da paridade nas pensões por morte com a justificativa de que o novo reajuste iria preservar, em caráter permanente, o valor real do benefício.

No momento em que se concede a alguém o direito de ter paridade salarial com outro, por certo o que um receber o outro também deve auferir.

Para fugir a esse raciocínio, passou-se a falar em integralidade. Mas a integralidade é consectário lógico da paridade. Se alguém não recebe a totalidade do que recebe outro, não há paridade, não há igualdade entre seus vencimentos. A utilização de pompa argumentativa não pode se sobrepor à proteção aos direitos dos indivíduos. A recorrente utilização de frases e palavras de efeito, para justificar o injustificável, não tem contribuído para a evolução do Direito, mas para o seu desprestígio.

Mesmo que se reconheça a possibilidade dessa distinção, não se pode compactuar com a entrega de pensão em valor inferior à aposentadoria do servidor em razão de suposta determinação da Emenda Constitucional nº 103 de 2019, que reformou o artigo 40 § 7º da Constituição Federal. Com isso, passou-se a admitir descontos na pensão a ser paga, tratando a pensão de forma diversa da aposentadoria.

3. Pensão e aposentadoria: aquisição do direito

Correto o tratamento diferenciado desses benefícios previdenciários, embora isso não signifique que exista correção na redução da aposentadoria pela superveniência de nova lei.

[282] Colin e Capitant. **Cours**. I. nos 40 a 51.

O tratamento diferenciado está no fato da impossibilidade de se negar que o direito adquirido à pensão tem termo aquisitivo diverso do termo inicial da aposentação.

Tem havido certa confusão entre o benefício da aposentadoria e o da pensão. O primeiro está sujeito a evento futuro e incerto para o seu gozo e, por isso, sustenta-se que podem ser os seus requisitos de aquisição modificados. Há inclusive súmula do Supremo Tribunal Federal a respeito,[283]entendimento, com todo respeito, equivocado. Mesmo, porém, a se admitir a aplicação da súmula acima referida, não é possível aplicar esse entendimento jurisprudencial à pensão.

Os requisitos para a obtenção da aposentadoria, entretanto, não podem ser confundidos com os necessários à obtenção da pensão, que depende de evento futuro e certo, qual seja, a morte do servidor.

Morte é termo e este não torna o direito a ela sujeito, um direito eventual. Essa é a determinação do artigo 131 do Código Civil.[284] No mesmo sentido, o artigo 6º § 2º da Lei de Introdução às Normas do Direito Brasileiro[285], chamada de normas de super direito, por aplicar-se, também, às disposições constitucionais.

> A Lei de Introdução é uma *lex legum*, ou seja, um conjunto de normas sobre normas, constituindo um direito sobre direito ("*ein Recht der Rechtsordenung*", "*Recht ueber Recht*", "*surdroit*", "*jus supra jura*"), um superdireito, um direito coordenador de direito. Não rege as relações de vida, mas sim as normas, uma que indica como interpretá-las ou aplicá-las, determinando-lhes a vigência e eficácia, suas dimensões espácio-temporais, assinalando suas projeções nas situações conflitivas de ordenamento jurídicos nacionais e alienígenas., evidenciando os respectivos elementos de conexão. Como se vê, engloba não só o direito civil, mas também os diversos ramos do direito privado e público, notadamente a seara do direito internacional privado. A Lei de Introdução

[283] Súmula 359: "Ressalvada a revisão prevista em lei, os proventos da inatividade regulam-se pela lei vigente ao tempo em que o militar, ou o servidor civil, reuniu os requisitos necessários".

[284] Art. 131. O termo inicial suspende o exercício, mas não a aquisição do direito.

[285] Art. 6º A Lei em vigor terá efeito imediato e geral, respeitados o ato jurídico perfeito, o direito adquirido e a coisa julgada.

§ 2º Consideram-se adquiridos assim os direitos que o seu titular, ou alguém por êle, possa exercer, como aquêles cujo comêço do exercício tenha têrmo pré-fixo, ou condição pré-estabelecida inalterável, a arbítrio de outrem.

> é o Estatuto do Direito Internacional Privado; é uma norma cogente brasileira, por determinação legislativa da soberania nacional, aplicável a todas as leis. (DINIZ, Maria Helena. *Lei de Introdução ao código civil brasileira interpretada*. 2. ed. atual. e aum. São Paulo: Saraiva, 1996, p. 4)

Na sistemática jurídica brasileira, sempre foram considerados adquiridos os direitos a termo, consoante são expressos, como se disse, o artigo 131 do Código Civil e o artigo 6º, § 2º, da Lei de Introdução às Normas do Direto Brasileiro citados.

Não é preciso já estar no exercício do direito para que este seja adquirido. Também são adquiridos os direitos cujo exercício tenha termo pré-estabelecido, o que nada mais é que um evento futuro e certo.

Os dependentes dos servidores e que se tornam, mais à frente, seus pensionistas, adquirem, como se disse, seu direito à pensão quando se casam. Ficassem viúvos ou órfãos no dia seguinte ou após a EC nº 103/2019, seu direito seria o mesmo, o de perceber a título de pensão a aposentadoria de seu falecido marido ou ascendente.

Os direitos postergados no tempo são aqueles que se sujeitam a um termo ou a uma condição. No primeiro caso, o evento que provocará efeito jurídico ao direito é futuro e certo. No segundo caso, o efeito se sujeita a acontecimento futuro e incerto.

> Como modalidade que é, encontra o termo pontos de semelhança e de diferença com a condição. Dela difere radicalmente pela *certeza do evento*, que na condição, ao revés, é obrigatoriamente incerto. (Pereira, Caio Mário da Silva, Instituições de direito civil. – 26. ed. – Rio de Janeiro: Forense, 2013.)

O exercício do direito à pensão, estando sujeito à morte do marido da pensionista, é adquirido, por isso, desde antes. Morte é evento futuro, mas certo e, portanto, termo.

Em julgamento pelo STF da Arguição de Descumprimento de Preceito Fundamental (ADPF) 54, ajuizada pela Confederação Nacional dos Trabalhadores na Saúde (CNTS), o então Ministro Carlos Ayres Brito, ao proferir seu voto, deixa claro que "existe esse direito de nascer para morrer", enfatizando a CERTEZA DA MORTE.

Tem se entendido que os direitos de aposentadoria do servidor podem ser alterados por lei nova, posto eventuais, isto é, sujeitos a uma condição futura e incerta: trabalhar por um determinado número de anos. Condição é evento futuro e incerto.

Mas os direitos de pensão estão sujeitos a um termo, a morte do servidor. Os direitos a termo são direitos já adquiridos e, por isso, imodificáveis por lei nova. Morte é termo, isto é, um evento futuro e certo:

> Pode ocorrer que o termo, embora certo e inevitável no futuro, seja incerto quanto à data de sua verificação. Exemplo: determinado bem passará a pertencer a tal pessoa a partir da morte de seu proprietário. A morte é certa, mas não se sabe quando ocorrerá. Neste caso, a data é incerta. Sob esse aspecto, o termo pode ser dividido em incerto, como no referido exemplo, e certo, quando se reporta a determinada data do calendário ou a determinado lapso de tempo. (Vide, entre outros, Carlos Roberto Gonçalves, Direito Civil Brasileiro, vol. 1, Parte Geral).

Não se pode confundir a situação do servidor, na busca de aposentadoria, com a do seu dependente na busca de pensão. O primeiro direito é eventual, como se disse, posto sujeito a condição. O segundo é adquirido, posto sujeito a termo. O que o torna como passível de exercício apenas no futuro não é um acontecimento incerto, ou seja, uma condição, mas um evento certo, ou seja, um termo. E a sujeição do direito a um termo futuro faz desse direito um direito adquirido.

Os direitos não são iguais: direito à aposentadoria e direito à pensão. Para o nascimento do segundo, ou o seu exercício, não é preciso que se complete o direito à aposentadoria. O direito à pensão nasce com a inclusão do titular na condição de dependente. O direito é exercido quando do falecimento do servidor.

Nem se alegue que o direito do pensionista pode não vir a ser por ele exercido se o servidor (marido, pai etc.) não falecesse enquanto ele ainda era vivo. Os direitos, mesmo os adquiridos e já exercidos, podem ser extintos. Quem tem um cavalo perde a propriedade sobre ele com a perda do animal. No entanto, quem tem um cavalo não pode perder esse direito porque uma nova lei proíbe particulares de terem esse animal.

> Se em pura doutrina esta regra é certa e exprime uma verdade absoluta, não tem, entretanto, o significado de uma norma impositiva ao legislador. Se este, ao ditar uma regra perfeita de comportamento, não lhe deve imprimir eficácia retroativa, não está, contudo,

> sujeito, no plano prático, a qualquer limitação que se plante como um cânon imanente. O princípio da irretroatividade, transposto do plano filosófico para o direito positivo, converte-se em um preceito de *política legislativa*. E, deste ângulo de visada, o conceito da irretroatividade, tematicamente ponderado, exprime-se no mero conselho, segundo o qual o legislador deve abster-se de votar leis retroativas. (Pereira, Caio Mário da Silva, Instituições de direito civil. – 26. ed. – Rio de Janeiro: Forense, 2013.)

A proteção legal e constitucional aos direitos adquiridos é contra lei nova. É essa a hipótese fática aqui analisada. Garantida com pensão, a termo, a ser exercida quando do falecimento do servidor, é direito que está protegido contra uma lei nova, qualquer que seja sua hierarquia.

> Convém inicialmente deixar claro que a Constituição Federal não veda a retroatividade das leis. Uma lei brasileira com dispositivo retroativo não é inconstitucional, já que o art. 5º, XXXVI, da CF limita-se a proteger dos efeitos da lei nova os direitos adquiridos, o ato jurídico perfeito e a coisa julgada. Assim, a lei que retroage sem prejudicar essas três garantias fundamentais será compatível com o preceito constitucional. (Coelho, Fábio Ulhoa. Curso de direito civil: parte geral, vol. 1. 5ª edição. São Paulo. Ed. Saraiva.

E não se diga que a argumentação é inaplicável posto a suposta retirada do direito tenha origem em emenda constitucional.

4. Cláusula pétrea

O direito adquirido também tem proteção constitucional. E, no confronto dele com a regra da emenda nº 41/2003, esta não pode prevalecer, pois a proteção ao direito adquirido está colocada entre as cláusulas pétreas da Constituição, que não admitem sequer modificação.

Com frequência são vistas decisões judiciais que, para negar a integralidade da pensão de um dependente, valem-se da aplicação da emenda nº 41/2003, a qual alterou o artigo 40, § 7º, inciso I, da Constituição Federal. Sustenta-se que a referida EC nº 41/2003 era aplicável para fixar a pensão da autora em 70% dos ganhos do seu falecido marido e, com isso, afastar o direito à integralidade, mesmo que a situação tenha sido afastada pelo próprio Poder Judiciário, como nas hipóteses da ADIN 3.854/DF que decidiu que a Magistratura está isenta da aplicação da EC nº 41/2003.

Quando a lei veio garantir a equiparação salarial dos ativos e inativos e a pensão dos dependentes, não pensou em paridade e integralidade, expressões que foram cunhadas pela área econômica e que têm sido, com argumentos *ad terrorem*, impostas ao Direito. Em geral, as vezes em que a área econômica brasileira impôs regras ao direito, restringido, relativizando ou suprimindo o direito adquirido, a sociedade sofreu e o Estado de Direito ruiu.

Aliás, a mudança previdenciária, tão alardeada como única saída para a salvação nacional e proteção dos miseráveis, nada mudou este país. A Justiça não pode continuar a acreditar, acompanhar e chancelar as propostas econômicas quando se mostram ofensivas ao direito. A Justiça, aliás, não se faz tornando os ricos pobres, mas os pobres ricos.

É preciso voltar a aplicar, na solução dos problemas jurídicos, as regras ensinadas no início dos estudos jurídicos, especialmente sobre direito adquirido.

REFERÊNCIAS

COELHO, Fábio Ulhoa. **Curso de direito civil: parte geral**. v. 1. 5 ed. São Paulo: Saraiva.

DINIZ, Maria Helena. **Curso de direito civil brasileiro**. v. 1. Teoria Geral do Direito Civil. 31. ed. São Paulo: Saraiva, 2012.

DINIZ, Maria Helena. **Lei de Introdução ao código civil brasileira interpretada**. 2. ed. atual. e aum. São Paulo: Saraiva, 1996.

FANÇA, Rubens Limongi. **Princípios gerais de direito**, 2. ed. São Paulo: Revista dos Tribunais, 1971.

GONÇALVES, Carlos Roberto. **Direito civil brasileiro**. v. 1. Parte Geral.

MEIRELLES, Hely Lopes. **Direito administrativo brasileiro**, 13. ed. 2. Tiragem. São Paulo: Revista dos Tribunais, 1988.

PEREIRA, Caio Mário da Silva. **Instituições de direito civil**. 26. ed. Rio de Janeiro: Forense, 2013.

17. O OBSCURECIMENTO DA PERSONALIDADE

JOSÉ RENATO NALINI

Introdução

Todas as ciências estão a serviço dos humanos. Para isso elas se preordenam. Todavia, à medida em que se verifica a sua sofisticação, paradoxalmente, o avanço parece desservir à causa da personalidade. Ao se vislumbrar a tonelagem das teorias da personalidade, desenvolvidas ao correr da História, tem-se a sensação de que tão grande variação de abordagens, mais conflitem do que convirjam. Aprofundam-se as doutrinas e obscurece-se o essencial: a relevância da pessoa e o seu primado.

Torrencial literatura se destina a explorar o conceito de pessoa e de personalidade, nos mais distintos âmbitos de enfoque. O que parece óbvio, afirmar-se que pessoa é o indivíduo considerado em si mesmo, o ser humano em substância, de tão trivial asserto, parece perder significado quando o aparato do sistema justiça é posto em ação.

Existe uma dificuldade inicial que é a questão axiológica. "Todos os conceitos de pessoa envolvem o "eu" do cientista e, assim, o julgamento de valor é irremediável. Um conceito desinteressado do "eu" é impossível, pois seria contraditório"[286]. Uma área conceitual, que aspiraria à neutralidade, não raro se contamina por ideologia.

Dir-se-á que "pessoa", para o sistema Justiça, seria simplesmente o sujeito titular desses bens da vida que a ciência jurídica denomina "direitos". Ocorre

[286] HOLLAND, Ray. **Eu e contexto social**. Rio de Janeiro: Zahar, 1979. p. 13.

que pessoa é também conceito utilizado pela antropologia, pela sociologia, pela filosofia e pela psicologia. Durante séculos o universo jurídico esteve isolado e não dialogou com outras ciências, da frondosa árvore "social" ou "humana". Sempre resistiu ao trabalho interdisciplinar, que só lenta e recentemente passou a influenciar o domínio decisório. Incontroverso, em nossos dias, que é insuficiente à obtenção de uma resposta satisfatória, resignar-se o pesquisador ao conteúdo de uma única disciplina. Por isso é que:

> [...] o trabalho interdisciplinar, então, pode precisar aceitar um papel marginal, com todas as implicações de identidade, confusão e anomia. É possível que seja por isso que Devons e Gluckman dizem que 'as diferentes ciências sociais e humanas podem ser domínios diferentes, cujas fronteiras é perigoso ultrapassar, exceto para os gênios[287].

Impõe-se eliminar, quando se pretende estudar a "pessoa", o vazio interdisciplinar, esta espécie de hiato que separa os vários compartimentos em que se dividem as ciências humanas, eis que todas as disciplinas perfilham a consistente afirmação comum da absoluta prioridade da pessoa nas ciências sociais. Do desencontro entre as disciplinas, resulta evidente prejuízo para a pessoa quando terá de enfrentar as vicissitudes da tragédia judiciária.

1. A pessoa nas ciências humanas

Nas ciências naturais, também chamadas "ciências duras", as fronteiras disciplinares são traçadas pela experimentação. Existem os testes comprobatórios e é por esse motivo que tais conhecimentos não são arbitrários, nem ambíguos. Ou até há pouco era assim, antes que surgissem dúvidas hoje acolhidas pelo raciocínio quântico.

Pode-se dizer que idêntica inicial certeza ocorra nas ciências humanas?

Na tentativa de se conferir autonomia científica às ciências sociais, houve afã em aproximá-las das ciências naturais positivistas. Houve pensadores que tentaram explicar a estrutura da mente humana baseados em atributos biológicos e fisiológicos das pessoas. Tal tentativa não foi imune a controvérsias. Parece que, para a sociologia, o conceito de "pessoa" não é tão importante quanto o de estrutura social. Surge o conceito supersocializado de pessoa. Uma obscurecida "imagem de homem" se esconderia na elaborada teoria sociológica.

[287] HOLLAND, Ray, op. Cit., p. 19, citando E.Devons e M.Gluckman, **Closed Systems and Open Minds**. Oliver & Boyd, Edimburgo, 1964. p. 261.

Já para a psicologia, com o intuito de se alavancar uma ciência positivista e quantitativa, houve desenfreada busca, seja na filosofia, na medicina e na educação, de sólidos fundamentos para a nova disciplina. Apoiou-se a psicologia em métodos experimentais das ciências naturais, em teorias de associação dos filósofos empíricos e negligenciou exatamente as abordagens que tratavam da pessoa. Criatura que é movida por desejos, vontade, impulsionada por provocações angustiantes e ser moralmente ativo. Algo complexo é insuscetível de tratamento singelo.

Ora, "qualquer sociedade humana é uma união de pessoas. Isso significa que sua união como sociedade não é apenas uma questão de realidade, mas também uma questão de intenção"[288]. Gregário por natureza, o ser humano tem debilidades intrínsecas, que o obrigam a conviver, e a convivência é também resultado de uma adesão da vontade. Existe um cimento moral a agregar os humanos, pois

> Qualquer sociedade humana é uma entidade moral. Sua base é a intenção universal e necessária de manter a relação pessoal que faz do indivíduo humano uma pessoa e de sua vida uma vida em comum. É uma realização do "eu e você" como unidade do pessoal. Ela é constituída e mantida pela lealdade e pela fé.[289]

A contínua evolução da ciência jurídica, a impregnar toda a vida presente e a imiscuir-se em todas as relações, caminhou paralelamente à evolução conceitual da "pessoa"? Houve avanço na concepção da criatura racional, de maneira a garantir a sua supremacia, compatível com a opção do constituinte, que erigiu a "dignidade da pessoa humana" a um dogma norteador de toda a convivência no Brasil?

É um tema a merecer serena reflexão. Parece que todo o esmero e requinte com que se reinventam teorias, a multiplicação de ramos da exuberante e incontrolável árvore jurídica, não equivalha ao reforço da categoria "ser humano". Ou seja,

> [...] o raciocínio não é o de que temos um grupo de matérias independentemente viáveis que podem colaborar de modo útil na exploração de certos problemas de fronteira. Em vez disso, meu argumento é de que, se qualquer uma dessas disciplinas é praticada igno-

[288] MACMURRAY, John. **The Form of the Personal**. vol. 2 Persons in Relation. Londres: Faber, 1961. p. 127.

[289] MACMURRAY, John. Op. Cit. idem. p. 128.

> rando-se os conceitos, métodos, teorias e problemas de outras, então existe um sério risco de que conjuntos inadequados de conceitos descritivos sejam usados, de que problemas sejam formulados de maneira pobre, de que sejam feitas investigações empíricas vazias, metáforas e slogans nebulosos e obscuros passem por teorias, confusões conceituais passem desapercebidas e o rico estoque de conhecimento nascido do senso comum não seja adequadamente utilizado.[290]

A colaboração interdisciplinar só produzirá resultado se houver um destrancamento de seus próprios sistemas de comunicação oblíquos, em que os profissionais se desarmem e deixem suas certezas absolutas e se disponham a dialogar com as demais esferas de pensamento. Diálogo a que o direito, tradicionalmente, resistiu e não assimilou como ferramenta essencial à sua própria sobrevivência como fórmula de resolução de conflitos, sua mais precípua missão.

2. A pessoa e a liberdade

No âmbito jurídico, a dignidade humana é a característica mais singular aplicável à pessoa. Esta é o ser com o estatuto moral provido de identidade pessoal e consciente de que é livre. Pessoa, para John Locke, é "um ser pensante inteligente que tem razão e reflexão e que pode considerar a si mesmo como a mesma coisa pensante em diferentes tempos e lugares"[291]. Pessoa é a criatura provida de discernimento.

Nem todos sustentam que exista liberdade da pessoa para dirigir seu destino. Robert Blatchford, jornalista e político inglês, um dos fundadores do Partido Trabalhista britânico, defende o determinismo rígido. É contundente em sua fala:

> Eu afirmo que os homens não deveriam ser classificados como bons ou maus, mas como afortunados e desafortunados; que deles deveríamos ter dó e não censurá-los; ajudá-los em vez de puni-los. Eu afirmo que, assim como não consideramos um homem digno de louvor por ter nascido bonito, nem o censuramos

[290] TAYLOR, L. **Psychology and sociology: interdisciplinary teaching**. Londres: Bulletin Britain Psychology Society. n. 20. 1967. p. 44.

[291] LOCKE, John. **An essay concerning human understanding**. *In:* BONJOUR, Laurence & BAKER, Ann. Filosofia – Textos fundamentais comentados. 2. ed. Porto Alegre: Artmed, 2010. p. 277.

> por ter nascido feio, assim também não deveríamos considerá-lo digno de louvor por ter nascido virtuoso, nem censurá-lo por ter nascido vicioso.[292]

Para esse autor, os homens não têm liberdade, porém são condicionados pela hereditariedade e pelo ambiente. Não é a tese que prevalece na ciência jurídica, alicerçada sobre o livre arbítrio. Sem acreditar que as pessoas tenham livre escolha para optar entre uma conduta e outra, não haveria ordem jurídica, nem responsabilização e, menos ainda, qualquer possibilidade de sanção.

Liberdade é um tema sagrado no direito. Couture a enaltece de forma poética:

> Sou livre! Exclamou o homem. E o eco de sua voz se perdeu entre os bosques, através das montanhas, sobre os mares. Sou livre! Repetiu. E os bosques, as montanhas e os mares voltaram a acolher indiferentes seu clamor. Então se disse: Para que me serve a liberdade, se com ela não posso modificar o universo? Uma voz oculta replicou: basta que tenhas consciência de que és livre; que saibas que podes enfrentar o destino, para que sejas o rei da criação. Tua liberdade de discernir te permitirá logo calar os bosques, traspassar as montanhas e dominar os mares.[293]

Nada obstante a consagração da liberdade como prerrogativa ínsita à pessoa, a ciência jurídica não consegue praticar o que prega. Quantas teorias já foram elaboradas em torno à pessoa, para considerá-la o ápice de todos os viventes, sem que a repercussão delas tenha influenciado o funcionamento da máquina justiça.

Mencione-se, por exemplo, o personalismo. Em sua acepção moderna, designa movimento surgido na França, em 1930, em torno da revista "Esprit", liderada por Emmanuel Mounier. "Este movimento desenvolve uma concepção filosófica chamada Personalismo comunitário, que insiste no valor absoluto da pessoa e nos seus vínculos de solidariedade com as outras pessoas"[294].

[292] BLATCHFORD, Robert. **Not Guilty: a defense of the bottom dog**. New York: Boni and Liveright, 1918. *In*: BONJOUR, Laurence. cit. idem. p. 315.

[293] COUTURE, Eduardo J. **El arte del derecho y otras meditaciones**. Montevideo: Fundacion de Cultura Universitaria, 1991. p. 15.

[294] BOBBIO, Norberto, MATTEUCCI, Nicola & PASQUINO, Gianfranco. **Dicionário de Política**. 5. ed. v. 2. São Paulo: Editora UNB e Imprensa Oficial do Estado de São Paulo, 2000. p. 925.

A proposta, baseada no cristianismo e também no existencialismo, era a de elaboração de uma verdadeira "teoria personalista do poder". Baseada na realidade de que:

> O direito é a garantia institucional das pessoas contra o abuso do poder que, se não controlado, tenderá naturalmente à exorbitância. É necessário, por isso, um 'estatuto público da pessoa' e uma limitação constitucional dos poderes do Estado: equilíbrio entre o poder central e os poderes locais, organização dos instrumentos de recurso legal dos cidadãos contra o Estado, *habeas corpus,* limitação dos poderes de polícia, independência do Poder Judiciário.[295]

Tudo isso, em tese, está formalmente previsto no pacto federativo. Mas a realidade com que a cidadania se defronta ao recorrer ao sistema Justiça é antagônica ao discurso. Resultado da fragilidade do processo educacional, agravado pela disfuncionalidade do quadro político-partidário, que se profissionalizou e se converteu em fórmula de enriquecimento ou obtenção de interesses personalíssimos, em lugar da busca do bem comum. Isto faz com que o cenário jurídico seja habitado preferencialmente por "personas" mais do que por "pessoas".

3. Personas no drama da Justiça

Juntamente com a filosofia, os gregos nos legaram riquíssima tradição teatral. Quando se estuda Atenas e o clássico Século de Péricles, conclui-se que "é o teatro que continua a ser a expressão mais notável do nível excepcional de cultura coletiva que a cidade alcançou"[296].

O mergulho na civilização helênica nos leva à constatação de que "a tragédia grega é uma forma de drama, com leis próprias, diferindo das leis de qualquer outro tipo de drama, inclusive aqueles que ajudou a modelar"[297]. Permita-se uma liberdade literária: o drama judicial também conserva um substrato dessa origem do teatro grego. "Os atores da tragédia usavam máscaras e roupas vistosas, com mantos flutuantes, muito diferentes das roupas cotidianas"[298]. Também nos Tribunais os protagonistas principais se apresentam com vestes talares. Becas e togas, além de comendas, insígnias e colares, utilizados em solenidades especiais.

[295] BOBBIO, Norberto, et alii, op. Cit., idem, p. 926.

[296] LEFÈVRE, François. **História do mundo grego antigo**. São Paulo: Martins Fontes, 2013. p. 168.

[297] LLOYD-JONES, Hugh. **O mundo grego**. 2. ed. Rio de Janeiro: Zahar, 1977. p. 93.

[298] LLOYD-JONES, Hugh, op. Cit., idem, p. 96.

A linguagem dos agentes da Justiça é hermética, inacessível para os jurisdicionados. Em nome da realização do justo concreto, invoca-se o ordenamento, obra superior de privilegiados detentores da verdade inquestionável. A lei positiva não seria mais do que a tradução da lei natural, apta a esclarecer a relação entre o homem, os deuses e o universo. O mais vulnerável, quando chamado ao foro, pode ter a impressão de que os deuses "podem ter, entre os mortais, favoritos. Mas estão preocupados consigo mesmos, e não com os homens"[299].

Os favoritos dos deuses contam com o melhor patrocínio, pois podem remunerar adequadamente os mais prestigiados talentos. Já para os desprotegidos, o sistema Justiça aparenta ser "impiedoso e arbitrário, mas a quem a humanidade em geral tem razões de ser grata pela manutenção, no governo do universo, de sua própria justiça áspera"[300].

A mensagem que se destina a quem necessita de jurisdição, numa República que consagrou o quádruplo grau de reapreciação do litígio, em percurso interminável diante de um caótico sistema recursal, é a de que precisar da Justiça é uma experiência amarga. "A sabedoria consiste, para os homens, em conhecer seu lugar, lembrar sua insignificância em face dos deuses imortais"[301].

Como se invocou o teatro grego, com suas "personas" a representarem papel definido, oportuno recordar que "As Suplicantes" é uma das três trilogias de Ésquilo que sobreviveram. Por coincidência, as petições endereçadas aos julgadores não raro aplicam ao partícipe da cena judiciária a condição de "suplicante".

Estereotipam-se, no senso comum, as características dos personagens, cada qual a encarnar sua "persona".

A polícia, encarregada de manter a ordem, mal interpretada pela sociedade para a qual se preordena a servir, pode exagerar na rusticidade dos modos e das práticas. O abuso tende a surgir como regra.

O promotor, imbuído da missão de sanear o mundo, livrando-o dos maus elementos. Acusador por excelência. Inflexível e rígido. Impassível diante da fragilidade do humano réu. Convertida na instituição mais poderosa da República, a partir de 5.10.1988, o Ministério Público tem protagonismo excessivo, nem sempre a favor da redução das desigualdades sociais e do aprimoramento da democracia.

A defesa, pulverizada em múltiplas conformações, tal a proliferação de escolas de direito que inundam a República. O Brasil possui, sozinho, mais faculdades jurídicas do que a soma de todas as demais, existentes no restante do planeta. A superabundância de profissionais da área jurídica faz com que haja todos os níveis de atuação. Não se pode aspirar à configuração de um protótipo de advogado.

[299] LLOYD-JONES, Hugh, op. Cit., idem, ibidem.
[300] LLOYD-JONES, Hugh, op. Cit., idem, p. 97.
[301] LLOYD-JONES, Hugh, op. Cit., idem, ibidem.

Há desde os subempregados nos enormes escritórios, verdadeiras empresas da advocacia, até os que lutam pela subsistência na condição da longeva figura do "profissional liberal", espécie tendente à extinção. Nem faltam os grandes nomes, que respondem pelas causas de maior repercussão, que funcionam como eficiente feedback para a celebração de novos contratos milionários.

O juiz, assoberbado pela avalanche de demandas, vê-se constrangido a preencher planilhas, elaborar relatórios de produtividade, oferecer decisões que o não deixem submetido às sanções correcionais, já que fiscalizado pela mídia, pela sociedade, pela Corregedoria Geral e pela Corregedoria Nacional. O excesso de trabalho e as obrigações burocráticas fazem-no às vezes esquecer que seu mister só se justifica se houver aprimoramento moral para todos os partícipes da cena judiciária e o mais absoluto respeito pelo ser angustiado que se vê obrigado a comparecer perante o Estado-juiz.

Uma formação jurídica deficitária e anacrônica impele todos os profissionais a considerarem normal essa patologia de se recorrer automaticamente ao Judiciário e se descuida de investir na formação de uma consciência ética voltada à composição consensual de conflitos. Impede-se, com isso, a concretização da promessa do constituinte de edificar uma pátria justa, fraterna e solidária. Ao contrário, intensifica-se a emulação litigiosa, o que contribui para que o sistema Justiça, em lugar de instância de resolução de problemas, se converta em espaço de sua institucionalização.

O constituinte de 1988 ampliou de tal forma o acesso à Justiça, que afunilou a saída. Sabe-se como começa um processo no Brasil. Nunca se pode afirmar quando é que ele terminará, consideradas as quatro instâncias e as inúmeras possibilidades de reapreciação do mesmo tema. Nem se pode arriscar qualquer previsão quanto ao resultado da demanda. Pode-se escolher jurisprudência "à la carte", pois um único texto é suscetível de gerar várias interpretações colidentes. O Brasil foi convertido na "República da Hermenêutica".

Dentre as "personas" do drama judicial, a única vítima real é o jurisdicionado. Quando é o polo passivo, o acionado, isso é mais fácil de se constatar. Mas ainda quando ele não figure na relação processual como réu, isso não é menos verdadeiro. Mesmo na condição de autor, enfrentará tantas vicissitudes e áleas processuais, que então se reconhece a inteira razão que assistia ao Mestre Joaquim Canuto Mendes de Almeida, quando dizia ser equivocada a expressão "direito de ação". Na verdade, se deveria falar em "ônus de ação", tamanhas as dificuldades postas no caminho de quem postula na Justiça o reconhecimento de um bem da vida lesado ou ameaçado.

Lastima-se que o teatro judiciário, cuja teatralidade resiste no Tribunal do Júri, em algumas audiências e sessões dos Tribunais, priorize a tragédia. Enfatizar-se tal aspecto equivale a demonstrar que há períodos na História em que a sociedade se perverte. Algo que foi percebido pelo pensamento mais cáustico:

> É preciso convir que é impossível viver neste mundo sem representar, de tempos em tempos, uma comédia. O que distingue o homem honesto do patife é que o primeiro não representa senão em casos forçados e para escapar ao perigo, enquanto o outro se antecipa a essas ocasiões.[302]

À evidência, não se pode generalizar esse quadro, cujo intuito é provocar uma reflexão a respeito da resistência dialogal do direito em estabelecer canal permanente com outras ciências humanas. O hermetismo e uma certa arrogância consolidada durante séculos, faz com que os protótipos pareçam a regra. Exceções existem, mas, como exceções, são raras. O que fazer para reduzir a carga negativa desse fenômeno?

4. A retomada do valor "pessoa"

Um estado de coisas paradoxal, em que os discursos edificantes convivem com uma prática miserável, impõe um compromisso inadiável para a sociedade brasileira.

Assim como John Stuart Mill alertava seus contemporâneos quanto ao futuro sombrio que se avizinhava, o Brasil precisa hoje de vozes que se façam ouvir e que proponham assunção de comportamento bem diverso do atual. "Contemplem nosso futuro, caso não sejam revistas as nossas ações", era o que o pensador inglês proclamava ao prenunciar horizonte plúmbeo em 1868. "Isto é uma distopia", a forma distorcida – ou adoecida – de um lugar, definiu em seu discurso. E repetiu: "É o nosso horizonte, se não fizermos nada a respeito"[303]. É provável que Stuart Mill tenha construído a imagem mais vívida da distopia que conhecemos: uma sociedade projetada no futuro e saturada de ingredientes do tempo presente que revela, de maneira quase rigorosamente descritiva, o momento preciso em que o esforço civilizatório entre nós se interrompeu e se degradou"[304].

[302] CHAMFORT, Sébastien Roch-Nicolas de. *In*: **Máximas e pensamentos & caracteres e anedotas**. São Paulo: Martins Fontes, 2009. p. 14.
[303] MILL, John Stuart. **The collected works of John Stuart Mill**. Toronto: University of Toronto Press, 1988. v. XXVIII. p. 290 e ss, citado por STARLING, Heloisa Murgel, conforme segue.
[304] STARLING, Heloisa Murgel. **Leia e aja: a atualidade do pensamento de Hannah Arendt**. *In*: HEBERLEIN, Ann. Arendt – Entre o amor e o mal: uma biografia. São Paulo: Companhia das Letras, 2021. p. 216-217.

O esforço civilizatório realmente se degradou num país em que trinta e três milhões de viventes passam fome. Outros cento e cinquenta milhões sofrem de insegurança alimentar. Tantos incontáveis brasileiros não têm moradia, ocupação digna suficiente para sustento próprio e de seus dependentes, não dispõem de saneamento básico, nem de educação e cuidados de saúde com qualidade.

O crescimento tentacular da máquina estatal é um sorvedouro insaciável e o ambiente da política partidária um território desprovido de ética e de consciência.

Tudo isso resulta de séculos de negligência educacional, a partir da primeira idade, num percurso melancólico de adestramento do educando para memorizar informações. Passou desapercebida aos responsáveis pela educação pública tupiniquim a profunda mutação tecnológica provedora de dados obteníveis a um "clique" no instrumental eletrônico.

Não se propicia um processo educacional compatível com a previsão fundante contida no artigo 205 da Constituição Ecológica, no sentido de que esse direito de todos e dever do Estado, da família e da sociedade, tem de atender a três finalidades. Permitir que o potencial de aprendizado de cada pessoa atinja a plenitude possível, qualificar para o trabalho e capacitar para o exercício de uma cidadania crítica e participativa.

Ensinar o saber, o saber fazer e o saber ser, é algo que não logrou espaço na mentalidade tacanha dos que poderiam fazer uma saudável revolução e obrigar o Brasil a acertar o passo com a contemporaneidade. Alguma chance das elites acordarem, a tempo de se evitar o caos? Antes tarde, do que nunca.

Educação de qualidade no ensino fundamental, no ensino médio e na Universidade. Centrada na valorização da pessoa, centro e meta de qualquer educação que assim possa vir a ser chamada.

Será necessário um milagre para que a elite brasileira se impregne de ética, a matéria-prima de que a nação mais se ressente? Sem o empenho radical nessa missão salvífica, não se consolidará o sonho de um Brasil que saiba honrar sua ordenação fundamental, prenhe de boas intenções, mas ainda não encaradas com seriedade.

O descompasso entre as promessas e seu cumprimento conduz a um verdadeiro desprezo em relação às pessoas, como se houvera uma singela escolha: "Amo a humanidade – o que não consigo suportar são as pessoas"[305]. Uma educação consequente com as urgências de um Brasil de cruéis disparidades é aquela em que acreditava Kant: "Age de modo que considere a humanidade tanto na

[305] SCHULTZ, Charles M. **Go Fly a Kite, Charlie Brown.** *In*: BARELLI, Ettore e PENNACCHIETTI, Sergio, Dicionário das Citações, São Paulo: Martins Fontes, 2001, p. 667.

tua pessoa quanto na de qualquer outro, e sempre como objetivo, nunca como simples meio"[306].

A pessoa é o começo e o fim de qualquer projeto humano. Sem isso, de nada valem as intenções e o retrocesso no estágio civilizatório se instalará sem que se possa freá-lo.

Responsabilidade acrescida recai sobre os mantenedores de Faculdades de Direito. A se manter a matriz da beligerância, o estímulo à litigância que não é termômetro democrático, mas sintoma de uma grave patologia, e o Brasil será condenado a ostentar o mais requintado e gigantesco sistema Justiça em todo o planeta. Lamentavelmente, mais empenhado em preservação de suas prerrogativas – que existem para melhor atender à população, de acordo com o discurso oficial – do que interessado em solucionar problemas ou disseminar a cultura da composição consensual de controvérsias.

Conclusões

A experiência de cada ser humano sobre a Terra é frágil e efêmera. Algumas décadas, não mais, o tempo disponível para que se usufrua dessa dádiva gratuita: a vida. Durante esse breve período, o valor "pessoa" é o mais categorizado. No universo jurídico, tudo deve convergir para o reconhecimento dessa verdade e para a observância do regramento incidente: absoluto respeito pela dignidade da pessoa.

Ainda a invocar Emanuel Kant: "O homem consciente de seu dever não é, no mundo, fenômeno, mas número; não é uma coisa, mas uma pessoa. O fato de o homem não somente pensar, mas também poder dizer a si próprio: eu penso, faz dele uma pessoa. Uma pessoa é um ser que tem direitos dos quais pode se tornar consciente"[307].

Quando se assiste a um retrocesso moral, a conviver paralelamente ao crescimento vegetativo do sistema Justiça, deve-se paralisar a marcha. Melhor é rever o percurso, reencetá-lo em retorno, até se detecte o desvio ensejador da situação anômala. Em seguida, injetar ânimo aos alicerces sobre os quais se edificou a ideia de Justiça humana.

Recorrer aos mais elevados pensamentos.

> A esperança é o elemento que, por excelência, viabiliza uma compreensão da história como primado da razão prática. Na liberdade o homem afirma-se e constrói sua trajetória em busca do melhor. No gênero está o apri-

[306] KANT, Emanuel. **Fundação da metafísica dos costumes**. Trad. Valério Rohden. SP: FSP, 2015. p. 188.

[307] KANT, Emanuel, op. Cit., idem, p. 213, 217 e 219.

> moramento, e a esperança aparece fundada na própria experiência humana. Por isso, em Kant, encontramos uma antropologia afirmativa: a experiência acumulada permite ao homem encontrar as soluções para o caminho rumo ao melhor e não desesperar. A esperança não é somente um aspecto caro à religião, fonte e sustentáculo da fé. Ela representa o ingrediente que impulsiona a história e acrescenta-lhe sentido.[308]

Todavia, esperança não pode ser uma virtude passiva. De mera expectativa de que as coisas melhorem por si. Há de se contribuir, efetivamente, para que o panorama se altere. Ainda existe lucidez residual no universo jurídico. Espíritos atentos às injustiças no varejo, nos milhões de processos em curso, o que vai derivar numa rematada injustiça no atacado. Esses espíritos inconformados e inquietos, são motores de transformação.

Existe algo acessível a todas as pessoas conscientes: indignar-se. O Brasil pode ser melhor do que parece condenado a ser, consideradas as variáveis que só regridem na aferição de nível civilizatório. É preciso não perder a capacidade de indignação e torná-la visível, para que tenha consequências. A conclamação ao indignar-se foi o apelo de Stéphane Hessel, que bradou:

> Eu desejo a todos, a cada um de vocês, que tenham seu motivo de indignação. Isto é precioso. Quando alguma coisa nos indigna, como fiquei indignado com o nazismo, nos transformamos em militantes; fortes e engajados, nos unimos à corrente da história, e a grande corrente da história prossegue graças a cada um de nós. Essa corrente vai em direção de mais justiça, de mais liberdade, mas não da liberdade descontrolada da raposa no galinheiro. Esses direitos, cujo programa a Declaração Universal redigiu em 1948, são universais. Se você encontrar alguém que não é beneficiado por eles, compadeça-se, ajude-os a conquista-los.[309]

Compreende-se que é custoso deixar a zona de conforto para se colocar na trincheira. Principalmente em períodos ora vivenciados, de excessiva polariza-

[308] MENEZES, Edmilson. **História e esperança em Kant**. São Cristóvão, SE: Editora UFS, Fundação Oviêdo Teixeira, 2000. p. 305.
[309] HESSEL, Stéphane. **Indignai-vos**. São Paulo: Leya, 2011, p. 16.

ção, com intensa participação das redes sociais e a manipulação do fanatismo. Redescobrir a pessoa como agente moral, como sujeito de direitos, não se compadece com sentimentos inferiores, como o ódio, tão presente em nossos dias.

> Devemos entender que a violência dá as costas à esperança. Devemos preferir a esperança, a esperança da não violência. Este é o caminho que se deve aprender a trilhar. Tanto do lado dos opressores quanto dos oprimidos, devemos chegar a uma negociação para fazer a opressão desaparecer; é o que permitirá não haver mais violência terrorista. Eis por que não devemos deixar que ódio demais se acumule.[310]

Exatamente isso o que deve pautar as pessoas éticas, preocupadas com um sistema justiça lento, ineficiente, dispendioso, disfuncional e que angustia e exaspera quem dele necessita. "Devemos chegar a uma negociação" é a palavra de ordem. Mais conciliação, menos jurisdição. Uma estrutura complexa, arcaica e emperrada é incapaz de oferecer respostas racionais para os crescentes desafios postos por uma sociedade que mergulhou, irreversivelmente, nos efeitos das Revoluções Industriais em marcha.

Indignação e esperança devem marchar juntas para o resgate do valor "pessoa", com vistas à obtenção da harmonia e banimento de toda manifestação de violência, seja física, seja moral.

A despeito da situação geradora de desalento, é necessário pensar que:

> A certeza dos erros não foi o bastante para deter os homens. É incrível que estes, em meio a tantos erros, tenham feito coisas tão maravilhosas. Mas as fizeram. Admitamos, pois, que o privilégio da liberdade, da liberdade de acertar e da liberdade de errar, tem sido fecundo na secular incerteza da história humana. A esperança tem sido sempre o meio de superar o erro. "Fiz habitar entre os homens a cega esperança", diz Prometeu ao coro, na tragédia de Ésquilo. Com ela os homens têm feito quanto têm feito para superar seus constantes erros.[311]

[310] HESSEL, Stéphane, op. Cit., idem, p. 32.
[311] COUTURE, Eduardo J., op. Cit., idem, p. 17.

É chegado o momento de assumir, corajosamente, a verdade, - tão inafastável quão desconfortável -, de que no superdimensionamento das estruturas do sistema Justiça, deixamos de lado a primazia a ser conferida ao protagonista principal dessa empresa: a pessoa.

Rever as opções, reformular projetos, adotar alternativas, faz parte da condição humana. Existem vias abertas para clarificar os conceitos e adequar as instituições, para que elas não fujam ao seu compromisso: reduzir o fardo opressivo que recai sobre todas as criaturas e que se potencializa quando elas necessitam recorrer ao equipamento humano denominado Justiça.

18. USO ABUSIVO DAS REDES SOCIAIS: LIBERDADE E LIMITES DE EXPRESSÃO

LÍGIA CRISTINA DE ARAÚJO BISOGNI

Introdução

Dispensa maiores considerações o avanço dos meios tecnológicos de informática, favorecendo amplamente à sociedade ao uso constante de ferramentas que permitem a notoriedade e publicidade de ideias, independentemente de raça, sexo, cor, religião, idade, profissão, classe social, em suma, dos dados indicadores da fonte ou existência de prova sobre o conteúdo divulgado.

Em outras palavras, desde que o acesso seja possível, a divulgação do conteúdo de mensagens, fotos, vídeos e demais registros pelo(a) interessado(a) ocorre sem maiores restrições.

Não é objetivo deste artigo discorrer sobre a variedade de plataformas pertencentes à rede social (*Facebook, Instagram, Whatsapp, Telegram, YouTube, TikTok*, entre outras) e, muito menos, a respeito do protocolo que cada uma dessas plataformas exige para habilitar e legitimar o usuário.

Também não se pretende, embora não se deixe de explanar como premissa para o desenvolvimento deste singelo artigo, discorrer sobre medidas adotadas, eventualmente, pelos provedores de aplicação de internet, nos limites de suas competências e responsabilidades, questão que demanda análise por órgãos reguladores e fiscalizadores.

Por conseguinte, considerando o exercício da função jurisdicional, o material que me desperta motivação para o texto diz respeito aos diplomas legais e aos casos concretos enfrentados pelo Poder Judiciário, em suas instâncias, nos quais se discute o direito de liberdade de expressão em confronto com a máxima de que "o direito de um termina quando começa o do outro", bem como as consequências, no âmbito do Direito Privado, isto é, o Direito das Obrigações e a Responsabilidade Civil, tanto para aquele(a) que exterioriza seu pensamento, quanto para a plataforma que disponibiliza o espaço para divulgação do conteúdo criado.

Tal interesse, no meu sentir, é animado pela homenagem que presto ao Professor Rui Geraldo Camargo Viana, Mestre em Direito Civil pela Pontifícia Universidade Católica de São Paulo, nos idos de 1974 a 1977, período que cursei a faculdade e, ainda, por ter recebido do Ilustre Professor a confiança de iniciar no magistério, em 1978, na referida instituição, na cadeira de Direito Civil, ao lado do Professor.

1. A liberdade de expressão como um direito supranacional

A ideia de liberdade ganhou força na época da Revolução Francesa, após séculos de governo monárquico absolutista, ocasião em que foi assinada a Declaração de Direitos do Homem e do Cidadão (1789), garantindo ao povo francês a liberdade de fazer tudo aquilo que não prejudique outrem (art. 4º), bem como de comunicar pensamentos e opiniões, respondendo, todavia, pelos abusos (art. 11).

Em 1948, quando da proclamação da Declaração Universal dos Direitos Humanos pela Assembleia Geral das Nações Unidas, também se estabeleceu uma série de delineamentos acerca da liberdade, assentando que todo ser humano a ela tem direito (art. 3º), inclusive de opinar e de expressar, bem como de receber e transmitir informações e ideias por quaisquer meios e independentemente de fronteiras (art. 19).

Em termos bastante similares, a Convenção Americana de Direitos Humanos (Pacto de São José da Costa Rica), celebrada em 1969, dispôs sobre a liberdade de pensamento e de expressão (art. 13), acrescentando a possibilidade de retificação ou resposta àquele atingido por informações inexatas ou ofensivas emitidas em seu prejuízo (art. 14).

Como cediço, tanto a Declaração quanto a Convenção foram assinadas pelo Brasil, de modo que, não bastasse a própria Constituição Federal assegurar a liberdade de expressão, normas infraconstitucionais também passaram a garanti-la, tal como o Marco Civil da Internet (Lei nº 12.965/2014 - art. 2º, 3º, inciso I, 8º).

Desta feita, pode-se concluir que a liberdade de expressão é compatível com a livre manifestação do pensamento, da mesma maneira que o é com a livre expressão da atividade intelectual, artística, científica e de comunicação, independentemente de censura e licença (art. 5º, incisos IV e IX da Constituição Federal). Portanto, "é um direito assegurado não só no ordenamento jurídico brasileiro, como também além de nossas fronteiras, uma vez que está previsto em normas supranacionais"[312].

Não obstante, esse direito de opinar, mediante a livre circulação de ideias, alcançou novos rumos com a evolução da internet, principalmente com a criação de meios de comunicação, a exemplo das redes sociais que, por seu turno, tornaram-se o principal mecanismo para o exercício da liberdade de expressão.

Entretanto, a facilidade de se expressar propiciada por esse avanço, trouxe consigo a falácia do anonimato, eis que os usuários, crentes na ausência de responsabilidade, passaram a cometer inúmeros abusos ao exteriorizar seus pensamentos, sendo certo que, em que pese proferidos no mundo virtual, devem obedecer às regras que delineiam a sociedade moderna.

À vista disso, o Direito como ciência e cuja principal função é regular a vida em sociedade, continua a se desenvolver, com o intuito de garantir a manutenção da paz, da ordem e da segurança sociais, trazendo discussões acerca das restrições decorrentes da necessidade de conciliar a liberdade com outros direitos constitucionalmente protegidos, tais como os demais direitos da personalidade.[313]

2. Os limites da liberdade de expressão no âmbito das redes sociais

Não se discute que a liberdade de expressão, embora não seja um direito absoluto, é fundamental para o Estado Democrático de Direito. Não obstante, é necessário refletir a respeito de seus limites, levando-se em consideração a impossibilidade de "censura prévia", aqui entendida como uma averiguação de conteúdo, circunstância que enseja a reparação posterior.

Na seara do Poder Judiciário, esse assunto não é de hoje debatido, a exemplo do julgamento da Arguição de Descumprimento de Preceito Fundamental, ADPF nº 130, sob relatoria do Ministro Carlos Ayres Britto. Concluiu-se que as liberdades de pensamento e de expressão não poderiam sofrer controle antecipado, sem prejuízo do posterior direito de resposta e das eventuais responsabilidades penal, civil e administrativa, entre outras consequências, com o fim de inibir abusos por parte da imprensa.[314] Por esse motivo, declarou-se a inconstitucionalidade da Lei de Imprensa (Lei nº 5.250/67) em decorrência de sua não recepção.

[312] TEIXEIRA, Tarcisio. **Direito Digital e Processo Eletrônico**. 6. ed. São Paulo: SaraivaJur, 2022. p. 74.

[313] "Os direitos da personalidade, regulados de maneira não-exaustiva pelo Código Civil, são expressões da cláusula geral de tutela da pessoa humana, contida no art. 1º, inc. III, da Constituição (princípio da dignidade da pessoa humana). Em caso de colisão entre eles, como nenhum pode sobrelevar os demais, deve-se aplicar a técnica da ponderação." (Enunciado nº 274. IV Jornada de Direito Civil).

[314] BRASIL. Supremo Tribunal Federal. Arguição de Descumprimento de Preceito Fundamental nº 130/DF. Relator Ministro Carlos Ayres Britto (julgado em 30.04.2009).

Com as devidas ressalvas, a meu ver, o cerne da questão relativa às redes sociais é justamente a ausência do direito de resposta garantido no campo da imprensa (Lei nº 13.188/2015), mas não sujeito aos usuários da internet, ao menos não de forma efetiva, embora também não haja o controle antecipado do que é publicado, conjuntura que agrava a falsa sensação de irresponsabilidade.

Dessa forma, faz-se necessário que a atuação do Poder Judiciário, a quem cumpre desestimular a violência e a desinformação, seja mais acentuada, visando à proteção, sobretudo, do postulado da dignidade da pessoa humana, de sorte que a baliza para a limitação da liberdade de expressão, quando exercida com abusividade, são os demais direitos fundamentais, em especial os direitos da personalidade de outrem.

2.1. Ofensas proferidas pelos usuários

Sem embargo da concepção da "zona livre para ofensas", segundo a qual as ofensas proferidas nas relações interpessoais são irrelevantes para o Direito, a depender do grau de intimidade dos envolvidos, do nível de formalidade do ambiente e da existência de expressa recusa de um dos seus membros a participar desse meio social, ainda mais amplo nas redes[315], eventuais excessos ou abusos devem ser analisados caso a caso, nos termos dos arts. 187 e 927 do Código Civil[316].

Assim, no que tange às ofensas proferidas em ambiente virtual, o exercício da liberdade de expressão não impede que o ofendido pugne pela indenização devida em face do autor do dano, inclusive por possuir os mesmos direitos assegurados pelas normas jurídicas, dentre eles, a honra, a imagem, a intimidade e o nome, alçados a mesma estatura normativa.

Há inúmeras decisões judiciais sendo divulgadas condenando o ofensor ao pagamento de indenização por danos morais, em razão do flagrante abuso cometido em suas manifestações nas redes sociais. Somente a título de exemplo, cito o caso do ex-prefeito de Santos, candidato à reeleição, chamado por um cidadão na plataforma "Facebook", de "ladrão", "corrupto", dentre outros adjetivos capazes de denegri-lo[317].

[315] Para maiores informações, ler: OLIVEIRA, Carlos Eduardo Elias de. **"Zona Livre para Ofensas" e as Redes Sociais**. 2020. Disponível em: https://www.migalhas.com.br/depeso/334928/zona-livre-para-ofensas--e-as-redes-sociais. Acesso em: 16 abr. 2023.

[316] Art. 187 do CC: "Também comete ato ilícito o titular de um direito que, ao exercê-lo, excede manifestamente os limites impostos pelo seu fim econômico ou social, pela boa-fé ou pelos bons costumes".

Art. 927 do CC: "Aquele que, por ato ilícito (arts. 186 e 187), causar dano a outrem, fica obrigado a repará-lo".

[317] MIGALHAS. "Ladrão, corrupto": Homem indenizará por ofender candidato no Facebook. 2021. Disponível em: https://www.migalhas.com.br/quentes/347506/ladrao-corrupto--homem--indenizara-por-ofender-candidato-no-facebook. Acesso em: 17 abr. 2023.

Semelhantemente, registro que já tive a oportunidade de julgar casos de uso abusivo das redes sociais, sendo o mais recente também envolvendo o "Facebook" e relacionado à insatisfação de paciente com relação aos serviços prestados por um médico (cirurgia ortognática), utilizando-se da plataforma para exteriorizar seu descontentamento em sua página pessoal e em grupos, todavia, de forma pejorativa e difamatória, culminando na obrigação de excluir as postagens depreciativas, sem prejuízo do pagamento de indenização por dano moral devida ao profissional, conforme fundamentação.[318]

> A ré, ao querer "agir com as próprias mãos", efetuando publicações em grupos de redes sociais, difamando o autor (...) expôs o autor em situações vexatórias, com condutas e manifestações descontroladas, que não podem ser amparadas pelo Judiciário, principalmente porque as consequências chegam a fatos inevitáveis. Ora, redes sociais não são espaço para esse tipo de inconformismo, tendo em vista que a ré, se não satisfeita com o trabalho prestado pelo profissional (alegação de sequelas), dispõe de outros meios administrativos, entidades médicas (Conselho de Medicina), que são colocados à disposição das pessoas para obter eventuais sanções cabíveis. Ainda fosse o caso de erro médico, por certo é que a ré tinha conhecimento da possibilidade de demandar o responsável pela via judicial, de modo que a forma abusiva como exercido de seu direito, importou no ato ilícito tratado no art. 187, do Código Civil.

[318] "(...) AÇÃO DE INDENIZAÇÃO POR DANOS MORAIS – Responsabilidade civil – Pretensão de reparação por danos morais causados em decorrência de comentários realizados pela ré no "Facebook", relacionados à insatisfação dos serviços prestados pelo autor (cirurgia ortognática), contudo, de forma indevida e afrontando seus direitos de personalidade, cerca de 09 (nove) meses após a intervenção, a ré passou a postar em rede social (facebook) críticas ao seu trabalho – Comprovação de que os comentários tecidos pela ré ultrapassam os limites de inconformismo e geram difamação e abalo à honra do profissional (médico/autor) que, considerando o local escolhido pela ré (mídia social "facebook") impedem o exercício de defesa daquele que é violentamente atacado - Ilícito configurado – Art. 187 do Código Civil – Abusos pela ré de efetivos danos aos direitos da personalidade do autor, que exigem inibição e reparação, na esteira do disposto pelo art. 5º, inciso X, da Carta Magna – Danos morais configurados – "Quantum" indenizatório, entretanto, que deve ser fixado com moderação – Recurso provido, em parte." (TJSP; Apelação Cível 1002559-65.2021.8.26.0554; Relatora: Lígia Araújo Bisogni; Órgão Julgador: 34ª Câmara de Direito Privado; Foro de Santo André - 7ª Vara Cível; Data do Julgamento: 04/04/2022).

Observa-se que, em nenhum dos casos, a veracidade das manifestações foi considerada para o deslinde dos feitos, pois o que chama a atenção é o uso abusivo do direito de livremente se expressar, não se coibindo as críticas, mas os excessos capazes de ofender não só a honra, mas também a reputação dos profissionais em decorrência do meio utilizado que, como se sabe, prolifera informações em velocidade alarmante.

Nessas hipóteses, o provedor de aplicação de internet[319], em regra, fica livre de responsabilidade. Sobre o assunto, o Colendo Superior Tribunal de Justiça passou a defender, após o advento do Marco Civil da Internet (Lei nº 12.965/2014), especificamente o art. 19, o entendimento acerca da responsabilidade subjetiva do provedor, caso permaneça inerte após notificação judicial para a retirada do material, isto se não houver o controle editorial do conteúdo disponibilizado na rede, situação comum concernente às redes sociais[320].

Conquanto seja o atual entendimento, há intenso debate no Supremo Tribunal Federal (STF) a respeito da constitucionalidade do referido artigo, reconhecendo a existência de repercussão geral no Recurso Especial nº 1.037.396/SP, relatado pelo ministro Dias Toffoli e objeto do Tema 987, notadamente por impor condição para a responsabilização civil de provedores de internet, websites e gestores de aplicativos de redes sociais por danos decorrentes de atos ilícitos de terceiros.

2.2. Apologia à violência

A discussão iniciada no STF sobre a responsabilidade civil dos provedores de internet não é gratuita. A difusão de conteúdos contrários ao ordenamento jurídico brasileiro nas redes sociais deu origem a iniciativas regulatórias embasadas no entendimento de que a autorregulação adotada pelo Marco Civil da Internet fracassou.

Episódio recente ilustra essa preocupação, de modo que deu ensejo à publicação da Portaria Ministerial nº 351/2023 pelo Ministério da Justiça e Segurança Pública, intentando a "prevenção à disseminação de conteúdos flagrantemente ilícitos, prejudiciais ou danosos por plataformas de redes sociais".[321]

A medida foi adotada com o intuito de combater perfis que fazem apologia à violência ou ameaça às escolas, prevendo sanções para as plataformas que não

[319] Provedor de aplicações de internet é gênero, cujas espécies são os provedores de correio eletrônico, de hospedagem e de conteúdo.

[320] BRASIL. Superior Tribunal de Justiça. REsp nº 1.840.848/SP, Rel. Min. Paulo de Tarso Sanseverino, Terceira Turma (julgado em 26.04.2022); REsp nº 1.568.935/RJ, Rel. Min. Ricardo Villas Bôas Cueva, Terceira Turma (julgado em 05.04.2016).

[321] Cf. Ministério da Justiça e Segurança Pública. **Portaria do Ministro nº 351**. Brasília, 12 abr. 2023. Disponível em: http://www.conjur.com.br/dl/portaria-ministerio-justica-redes.pdf. Acesso em: 17 abr. 2023.

observarem a regulamentação e não cumprirem com suas obrigações. Ainda que direcionada à violência contra escolas, a Portaria procura concretizar a regulação do setor que, como anteriormente visto, responde subjetivamente por eventuais danos, segundo o Marco Civil da Internet.

Com a nova visão adotada, processos administrativos poderão ser instaurados para apurar a responsabilidade das empresas em relação à propagação de conteúdos ilícitos, notadamente por conta de seu dever geral de segurança e de cuidado (art. 2º).

Destarte, o contraste entre os dois atos normativos expõe o provável novo sistema de responsabilidade voltado às plataformas digitais, mormente diante do aumento considerável da interferência desses provedores na moderação dos conteúdos.

Exemplo dessa moderação sem interferência judicial ocorreu com o caso de Bruno Monteiro Aiub, publicamente conhecido como Monark, o qual, após defender a existência de um partido nazista no Brasil em seu canal no Youtube (podcast Flow), teve a monetização suspensa pela plataforma por ferir suas diretrizes.

Sem adentrar ao mérito das investigações iniciadas para averiguar o cometimento de crimes de apologia ao nazismo e incitação à violência, pois foge ao que este artigo se propõe, o Judiciário paulista entendeu por negar provimento ao recurso de agravo de instrumento interposto com o propósito de retomar a monetização de seu canal.

Restou decidido pela Desembargadora Ana Paula Zomer que a resposta da rede social foi legítima por sancionar a conduta de apologia ao nazismo, a qual é uma irrefutável afronta aos termos de serviço do Google e ao ordenamento jurídico, "notadamente a Constituição Federal, ao incentivar o desrespeito a um dos fundamentos da República, qual seja, a dignidade da pessoa humana, princípio basilar que irradia efeitos por todo o arcabouço de normas e práticas que pavimentam a estrutura fundante de um Estado nação."[322]

[322] "AGRAVO DE INSTRUMENTO. AÇÃO DE OBRIGAÇÃO DE FAZER. Desmonetização de página da plataforma You Tube, pertencente ao ora agravado Google. Conteúdo retirado do ar pelo canal Flow Cast. Desmonetização do canal pessoal do agravante. Suspensão. Decisão que indeferiu a tutela de urgência para retomar a monetização. Inconformismo do requerente, que recorre com o pedido de concessão da liminar. Não acolhimento. Desmonetização como instrumento de sanção para respeito aos termos de uso da plataforma. Previsão expressa nos termos de serviço. Divulgação ampla e acessível na rede mundial de computadores. Conteúdo propagado pelo agravante que agride o ordenamento. Sugestão de fundação de partido nazista. Propagação de símbolos e ideologia nazistas criminalizados em lei. Desmonetização como instrumento de desestímulo à desinformação e ao discurso de ódio. Decisão mantida. Recurso não provido." (TJSP; Agravo de Instrumento 2214006-28.2022.8.26.0000; Relatora: Ana Zomer; Órgão Julgador: 6ª Câmara de Direito Privado; Foro Central Cível - 44ª Vara Cível; Data do Julgamento: 14/02/2023).

Nota-se que em nome da liberdade de expressão e de pensamento, o episódio configurou verdadeira ofensa aos direitos consagrados de minorias sociais, apenas fortalecendo a tese da devida limitação e punição do uso imoderado desse direito, encorajado pela facilidade de se manifestar através das redes sociais.

2.3. *Fake news* e o combate à desinformação

Não menos importante que a Portaria Ministerial é o Projeto de Lei nº 2.630/2020 que propõe instituir a Lei Brasileira de Liberdade, Responsabilidade e Transparência na Internet, conhecida como a "Lei das Fake News", em trâmite na Câmara dos Deputados. Depreende-se do texto que a intenção do legislador é combater a desinformação, com enfoque no uso abusivo das redes sociais.

Enquanto não for promulgada, verifica-se uma onda crescente de informações inverídicas publicadas na internet e propagadas pelas redes sociais, ocasionando questionamentos no tocante à possibilidade de a liberdade de expressão abranger o processo de desinformação. Acerca do tema, concluiu Faustino[323]:

> As relações entre a produção de informação e a recepção da informação conviveram em harmonia dentro da sociedade, permitindo um ambiente de garantia das liberdades individuais, nesse sentido, a liberdade de expressão, como manifestação do pensamento, torna-se "porto seguro" como fundamento do uso da internet no Brasil e forma de estímulo à produção de informação. (...) dessa forma a informação que não guarde relação com a verdade pode provocar danos sociais, já que seu alvo é justamente a coletividade.

A conclusão é corroborada pelos evidentes impactos negativos que as notícias falsas causam, a exemplo do enfrentamento à Covid-19. Não sem motivo, o Poder Judiciário passou a ser acionado para resolver demandas envolvendo as medidas adotadas pelas plataformas para coibir a reprodução desses conteúdos.

A 3ª Câmara de Direito Privado do Tribunal de Justiça de São Paulo negou provimento a recurso de apelação interposto por usuária do "Twitter", cuja publicação na plataforma havia sido etiquetada como "enganosa", pois fazia alusão à matéria publicada nos Estados Unidos correlacionando mortes às vacinas contra Covid-19, em uma relação de causa e efeito. Além de negar o pedido por danos morais, o Desembargador Relator Carlos Alberto de Salles elucidou que a liber-

[323] FAUSTINO, André. **Fake News: a liberdade de expressão nas redes sociais na sociedade da informação**. São Paulo: Lura Editorial, 2019, p. 81.

dade de expressão e de informação não se confunde com a liberdade para desinformação, muito menos em assuntos de saúde pública.[324]

Temática semelhante foi julgada pela 26ª Câmara de Direito Privado do Tribunal de Justiça de São Paulo, desta vez relacionada à remoção e desmonetização de canal do usuário pelo "Youtube" em decorrência da divulgação de vídeo contendo *fake news*. Decidiu-se que, em razão da disseminação de informações incorretas a respeito da Covid-19, contrárias às informações prestadas, inclusive, pela Organização Mundial da Saúde, não assistia razão ao demandante quanto ao seu pedido de danos morais, mais uma vez realçando que "a verdade é limite à liberdade de expressão"[325].

Por conseguinte, percebe-se que a desinformação é estimulada à medida que o fluxo de informações se acentua, demonstrando a tendência impulsionada pelas redes sociais de manipulação dos fatos que se pretende informar, seja por meio de fotos, textos ou vídeos. É evidente, ademais, que assim como é garantido o direito de informar e de ser informado, protege-se também sua veracidade que, de outro lado, não pode, ou ao menos não deveria, ser deturpada sob o argumento da liberdade de expressão e de opinião.

[324] "OBRIGAÇÃO DE FAZER C/C INDENIZATÓRIA. Insurgência da autora em face da sentença de improcedência. Pedido de exclusão da etiqueta alusiva a conteúdo "enganoso", em postagem realizada pela autora na rede social Twitter. Não acolhimento. Marcação como "enganosa" que tem o objetivo de alertar o usuário leitor. Mensagem transmitida pela apelante que se mostrava tendenciosa, por indicar a existência de relação de causa e efeito entre as mortes nos EUA e as vacinas contra Covid-19. Diversas outras fontes que desmentem tal correlação. Postagem que violava as regras de uso da plataforma. Neutralidade na rede que não afastava a possibilidade e o dever de provedores de conteúdo de estipular regras moderadoras a respeito do conteúdo publicado pelos usuários. Medida, inclusive, essencial para se evitar a propagação de desinformação (fake news). Liberdade de expressão e de informação que não se confunde com liberdade para desinformação, ainda mais quando envolver temas ligados à saúde pública. Pedido de danos morais. Não acolhimento. Conduta praticada pelo Twitter que, estando em conformidade com os termos de uso, tratava-se de exercício regular de um direito. Inexistência de ato ilícito. Sentença mantida. RECURSO DESPROVIDO." (TJSP; Apelação 1017814-33.2022.8.26.0100; Relator: Carlos Alberto de Salles; Órgão Julgador: 3ª Câmara de Direito Privado; Foro Central Cível - 7ª Vara Cível; Data do Julgamento: 14/03/2023).

[325] "APELAÇÃO – PRESTAÇÃO DE SERVIÇOS – AÇÃO DE OBRIGAÇÃO DE FAZER, C.C INDENIZAÇÃO – EXCLUSÃO DE CANAL DE USUÁRIO DA REDE SOCIAL (YOUTUBE) – Descumprimento pelo autor do disposto nas Diretrizes da Comunidade a respeito do discurso de ódio e política de informações incorretas relacionadas à covid-19 – Veiculação de conteúdo em desacordo com a política da plataforma - Prevalência das normas particulares e individualizadas reguladoras das relações entre as partes – Liberdade de expressão – Submissão a limites no Estado Democrático de Direito - Ausência de abusividade na conduta do réu – Inexistência de direito à monetização – Danos morais não configurados – RECURSO DO DEMANDADO PROVIDO – RECURSO ADESIVO DO DEMANDANTE DESPROVIDO." (TJSP; Apelação 1022755-60.2021.8.26.0100; Relator: Antonio Nascimento; Órgão Julgador: 26ª Câmara de Direito Privado; Foro Central Cível - 14ª Vara Cível; Data do Julgamento: 27/03/2023).

Conclusões

Pelo exposto, constata-se que a liberdade de expressão foi fortalecida ao longo da história do Brasil e, malgrado sua importância para a democratização da comunicação, não é possível admitir determinados discursos autorizativos da interferência no modo de vida de outra pessoa, por vezes potencializados pelas redes sociais, dificultando, até mesmo, a regulação pela ordem jurídica, principalmente em virtude da linha tênue entre a liberdade e o abuso de direito.

Nessa circunstância, se, de um lado, a Constituição Federal assegura a livre manifestação do pensamento, vedados o anonimato e a censura (art. 5º, inciso IV, IX, e art. 220, "caput", parágrafos 1º e 2º), bem como o direito coletivo à informação (art. 5º, inciso XIV), é inquestionável que, de outro, confere proteção especial à honra e à imagem das pessoas, em harmonia com a inviolabilidade firmada em norma de igual patamar (art. 5º, inciso X), equilíbrio que precisa ser assegurado, sob pena de prejudicar a evolução da sociedade digital e a própria democracia.

Desse modo, a despeito da moderação de conteúdo pelas plataformas, seja filtragem, etiquetagem, retirada do material do ar, desmonetização, suspensão e/ou exclusão da conta, propostas estão sendo criadas na tentativa de impor-lhes maiores responsabilidades, uma vez que o modelo de autorregulação, ou seja, a tomada de decisões interna e baseada nos respectivos termos de uso, tem se mostrado ineficaz, sobretudo diante da facilidade que discursos de ódio, discriminatórios e inverídicos se difundem.

Não se está aqui a dizer que as redes sociais são meramente um malefício, eis que, ao contrário, dão uma sensação de pertencimento, tendo em vista que os usuários se tornaram disseminadores e produtores de conteúdo, aumentando suas relações. Entretanto, questiona-se seu uso desmedido, capaz de causar dano a outrem em níveis irreparáveis, à vista da rapidez com que postagens são compartilhadas.

Por tudo isso, conclui-se que, a bem da verdade, é questão de tempo para o assunto sobrecarregar o Poder Judiciário, maiormente porque o ato abusivo praticado a partir do exercício distorcido da liberdade de expressão deve ser indenizado, situação que não implica censura, mas sim a necessidade básica de proteção aos direitos fundamentais do indivíduo frente ao desenvolvimento de um cenário onde ofensas à personalidade, incitações à violência e negacionismo científico ganharam protagonismo.

REFERÊNCIAS

BRASIL. Conselho da Justiça Federal. **Enunciado nº 274. IV Jornada de Direito Civil**. Brasília, 2006.

______. Constituição (1988). **Constituição da República Federativa do Brasil**. Brasília.

______. Lei nº 10.406, de 10 de janeiro de 2002. **Código Civil**. Brasília.

______. Lei nº 12.965, de 23 de abril de 2014. **Marco Civil da Internet**. Brasília.

______. Superior Tribunal de Justiça. Recurso Especial nº 1.568.935/RJ. Ministro Relator Ricardo Villas Bôas Cueva.

______. Superior Tribunal de Justiça. Recurso Especial nº 1.840.848/SP. Ministro Relator Paulo de Tarso Sanseverino.

______. Supremo Tribunal Federal. Arguição de Descumprimento de Preceito Fundamental nº 130/DF. Ministro Relator Carlos Ayres Britto.

______. Supremo Tribunal Federal. Repercussão Geral no Recurso Extraordinário nº 1.037.396/SP. Ministro Relator Dias Toffoli.

______. Tribunal de Justiça do Estado de São Paulo. Apelação Cível nº 1002559-65.2021.8.26.0554. Desembargadora Relatora Lígia Araújo Bisogni.

______. Tribunal de Justiça do Estado de São Paulo. Agravo de Instrumento nº 2214006-28.2022.8.26.0000. Desembargadora Relatora Ana Zomer.

______. Tribunal de Justiça do Estado de São Paulo. Apelação Cível nº 1017814-33.2022.8.26.0100. Desembargador Relator Carlos Alberto de Salles.

______. Tribunal de Justiça do Estado de São Paulo. Apelação Cível nº 1022755-60.2021.8.26.0100. Desembargador Relator Antonio Nascimento.

FAUSTINO, André. **Fake News: a liberdade de expressão nas redes sociais na sociedade da informação**. São Paulo: Lura Editorial, 2019.

FRANÇA. **Declaração dos Direitos do Homem e do Cidadão**, 1789. Disponível em: www.ufsm.br/app/uploads/sites/414/2018/10/1789.pdf. Acesso em: 16 abr. 2023.

MIGALHAS. **"Ladrão, corrupto"**: Homem indenizará por ofender candidato no Facebook. 2021. Disponível em: https://www.migalhas.com.br/quentes/347506/ladrao-corrupto--homem-indenizara--por-ofender-candidato-no-facebook. Acesso em: 17 abr. 2023.

MINISTÉRIO DA JUSTIÇA E SEGURANÇA PÚBLICA. **Portaria do Ministro nº 351**. Brasília, 12 abr. 2023. Disponível em: htttp://www.conjur.com.br/dl/portaria-ministerio-justica--redes.pdf. Acesso em: 17 abr. 2023.

OLIVEIRA, Carlos Eduardo Elias de. **"Zona Livre para Ofensas" e as Redes**

Sociais. 2020. Disponível em: https://www.migalhas.com.br/depeso/334928/zona-livre-para-ofensas--e-as-redes-sociais. Acesso em: 16 abr. 2023.

ORGANIZAÇÃO DAS NAÇÕES UNIDAS. **Declaração Universal dos Direitos Humanos**, 1948. Disponível em: https://www.unicef.org/brazil/declaracao-universal-dos-direitos-humanos. Acesso em: 16 abr. 2023.

ORGANIZAÇÃO DOS ESTADOS AMERICANOS. **Convenção Americana de Direitos Humanos** ("Pacto de San José de Costa Rica"), 1969. Disponível em: https://www.cidh.oas.org/basicos/portugues/c.convencao_americana.htm. Acesso em: 16 abr. 2023.

TEIXEIRA, Tarcisio. **Direito Digital e Processo Eletrônico**. 6. ed. São Paulo: SaraivaJur, 2022.

19. A TRANSGENERIDADE À LUZ DO DIREITO À IDENTIDADE: QUESTÕES E DILEMAS PARA OS DIREITOS DA PERSONALIDADE

LUIZ EDSON FACHIN
PEDRO FERREIRA

Introdução: interpelar rotulações

A reflexão que se segue tem natureza acadêmica e de cunho investigativo de hipóteses a partir de leituras possíveis dentro da legalidade constitucional. O núcleo do estudo é o direito à identidade; a partir dela, a projeto de luzes teóricas e práticas sobre os direitos de ser e de estar de pessoas transgêneras. Inscrever-se como sujeito é expressão que decorre da dignidade humana, eis a condição de possibilidade de uma sociedade que se queira livre, justa e solidária. O juízo de exclusão que, no verbo social, linguístico, psíquico e jurídico, *anormaliza* pessoas plenas em sua singularidade de fato projeta interpelações de direito sobre os rótulos sobre a dimensão moral, espiritual e individual de cada ser autônomo.

Assentemos algumas premissas. Reconhece, de plano, as tensões discursivas e empíricas, em diversos campos do conhecimento e da experiência, sobre o significante transgeneridade, não sustentando a existência de conceito universal e unívoco. Realça, também, a constitucionalização[326] de direito, vinco contemporâneo que integra a substância da normatividade jurídica.

Ademais, a identidade há de ser plena, e jamais setorial, o que pressupõe não apenas o respeito ao projeto de vida, como também o reconhecimento jurídico em sua completude para que o pertencimento seja, de fato, integral. Um segmento importante para a identidade humana, por exemplo, é o registro civil, que, por si só, não é suficiente para contemplar a individualidade de cada indivíduo. É preciso ir além, considerando todos os fatores que assistem a identidade, de modo que essa não se torne setorial, mas sim plena.

Dentre os diversos grupos que possuem um reconhecimento identitário setorial, este texto elegeu a identidade das pessoas trans como objeto de estudo para sistematizar ideias problematizadas no terreno da normatividade jurídica, relacionando-a ao direito à identidade, que é uma espécie dos direitos da personalidade indispensável para concretizar o direito ao desenvolvimento do próprio projeto de vida.

Para perfazer esse estudo, evidenciada a relevância da salvaguarda do direito geral da personalidade no processo de materialização da dignidade humana, relacionando-a ao direito à identidade. Em seguida, serão explanados desafios vivenciados pelos transgêneros para serem quem de fato são. Por fim, serão expostas as ações que podem ser promovidas pelo Estado para o alcance da concretude do reconhecimento identitário pleno dessa população.

Assim posta esta breve introdução, passemos ao desenvolvimento temático como propomos, reiterando tratar-se de pesquisa e exposição de feitio acadêmico.

1. O direito geral da personalidade e a salvaguarda do direito à identidade

A edificação doutrinária dos direitos da personalidade emergiu, essencialmente, na segunda metade do século XIX, na França e na Alemanha. Entretanto, a sua previsão legal sobreveio, de forma notória, a partir de 1948/1949, momento em que a proteção da dignidade da pessoa humana angariou espaço, tendo abrangido, inclusive, a tutela da personalidade. Essa dimensão, no Brasil[327], tornou-se ainda mais perceptível na Constituição de 1988, que, ao sistematizar a dignidade

[326] Permitimo-nos citar a propósito: FACHIN, Luiz Edson. **Direito civil: sentidos, transformações e fim.** Rio de Janeiro: Renovar, 2015; na obra **Teoria Crítica do Direito Civil** (de autoria do professor da disciplina), máxime no capítulo denominado o tríplice vértice fundante do direito privado, e ainda, FACHIN, Luiz Edson. **Comentários ao Código Civil**: parte especial: direito das coisas. v. 15 (arts. 1.277 a 1.368). coord. Antônio Junqueira de Azevedo. São Paulo: Saraiva: 2003, da página 369 (À guisa de conclusão: breve nota na perspectiva constitucional do Direito Civil contemporâneo) até página 374.

[327] Por todos, ver: MORAES, Maria Celina Bodin de. **Na medida da pessoa humana: estudos de direito civil**. Rio de Janeiro: 1. Reimpressão Editora Processo, 2016. p. 494.

humana e os direitos fundamentais, passou a tutelar também as variadas extensões dos direitos da personalidade.[328]

Nada obstante a previsão constitucional responsável por proteger integralmente a pessoa humana tenha salvaguardado os direitos da personalidade, o legislador optou por prevê-los, a partir de 2003, em um capítulo específico do novo Código Civil (Lei 10.406/02), no qual são elencados 11 artigos acerca da matéria[329].

Nesta senda, sobreleva-se que a predileção legislativa em incluir os direitos da personalidade na legislação infraconstitucional não pode levar à interpretação destes de forma desassociada da proteção da dignidade humana prevista constitucionalmente, bem como dos direitos a ela associados[330]. Nesse sentido, Francisco Muniz e José Lamartine Corrêa de Oliveira[331] defendem a necessidade de vincular a noção de direitos da personalidade à noção de direitos do homem"[332]. Isso porque somente o

> [...] entendimento da ordem jurídica como um todo, que tem por base uma hierarquia de valores dentro da qual ocupa lugar primacial a noção de que o ser humano é pessoa, dotada de inalienável e inviolável dignidade, é possível dar à noção de direitos da personalidade toda a sua real amplitude.[333]

Não é possível proteger, efetivamente, os direitos da personalidade sem inseri-los na perspectiva da dignidade humana. Essa inserção é fundamental para constituir um Estado de Direito, que tem como premissa "uma ordem jurídica baseada na proclamação de tais direitos e em sua efetiva proteção"[334].

[328] FACHIN, Luiz Edson. **Fundamentos, limites e transmissibilidade. Anotações para uma leitura crítica, construtiva e de índole constitucional da disciplina dos direitos da personalidade do Código Civil brasileiro**. Revista da EMERJ. Rio de Janeiro. v. 8. n. 31. 2005. pp. 51-53.

[329] Para uma visão abrangente, ver: LÔBO, Paulo Luiz Neto. **Direito civil: parte geral**. 8. ed. São Paulo: SaraivaJur, 2019. v. 1.

[330] Ibidem, p. 53.

[331] Vale registrar que a vinculação do Estado de Direito aos direitos da personalidade foi amplamente discutida na histórica Sétima Conferência Nacional da Ordem dos Advogados do Brasil, levada a efeito em Curitiba, no ano de 1978. Na ocasião, Francisco Muniz e José Lamartine Corrêa de Oliveira teceram um conjunto de notas e reflexões fundamentais para a temática em indelével tese que ecoa imorredoura.

[332] OLIVEIRA, José Lamartine Corrêa; MUNIZ, Francisco José Ferreira. **O Estado de direito e os direitos da personalidade**. Revista de Direito Civil Contemporâneo. v. 24. n. 7. 2020. p. 354.

[333] Idem.

[334] Ibidem, p. 360.

Analisada a historicidade da implementação e interpretação dos direitos da personalidade, faz-se necessário discorrer sobre o direito geral da personalidade, e, mais especificamente, acerca do direito à identidade, que integra aquele.

A relevância da cláusula geral de proteção da personalidade tornou-se explícita após a Segunda Guerra Mundial, momento em que a proteção seccionada dos direitos da personalidade revelou-se lacunosa perante o contexto moderno sobrecarregado de desrespeito no âmbito privado[335]. A partir dessa conjuntura, passou-se a compreender a personalidade não apenas por um viés fechado (típico), mas também por uma perspectiva aberta (atípica). Sobre essa contraposição, Pietro Perlingieri[336] afirma que:

> [...] os direitos da personalidade distinguem-se concepções que tendem a reconhecer um "direito geral da personalidade" e teorias que sustentam a existência de uma pluralidade de direitos da personalidade. No âmbito destas últimas – ditas concepções "atomísticas" – apontam-se aquelas que consideram a existência de uma série aberta de direitos (atipicidade dos direitos da personalidade" ou fechada (tipicidade).[337]

Não obstante a controvérsia entre as duas vertentes teóricas dos direitos da personalidade, uma não necessariamente afasta a outra. É plenamente possível harmonizá-las dentro da estruturação jurídica, como se verifica na Alemanha, onde, além de se aplicar o direito geral da personalidade, há os direitos especiais da personalidade.[338]

No Brasil, embora o Código Civil não preveja expressamente o direito geral da personalidade, o texto constitucional propicia salvaguardas, sobretudo pela luz que nele se projeta em razão da disposição do artigo 1°, inciso III, da Constituição Federal, responsável pela previsão da dignidade humana como fundamento da República Federativa do Brasil. Isso porque "esse princípio constitucional implica o dever de tutelar os direitos da personalidade, pois estes encontram-se intimamente ligados à dignidade da pessoa, que inexistiria sem a observância desses

[335] ZANINI, Leonardo Estevam de Assis; QUEIROZ, Odete Novais Carneiro. **O direito geral da personalidade: do surgimento ao reconhecimento no Brasil**. Juris Plenum. v. 16. n. 93. 2020. p. 92.

[336] Pietro Perlingieri, um dos precursores da tutela constitucional dos direitos da personalidade, fundou um prestigiado centro de estudo dessa temática na Universidade de Camerino, na Itália.

[337] PERLINGIERI, Pietro. **Perfis do Direito Civil**. Introdução ao Direito Civil Constitucional. Rio de Janeiro: Renovar, 2002. p. 154.

[338] ZANINI, Leonardo Estevam de Assis; QUEIROZ, Odete Novais Carneiro, op. cit., p. 102.

direitos"[339]. Sendo assim, para ter uma vida digna é essencial que haja a proteção global contra todos os atos aptos a lesionar os direitos da personalidade, não sendo suficiente a tutela tipificada. Por esse ângulo, Gustavo Tepedino afirma que:

> [...] a escolha da dignidade da pessoa humana como fundamento da República, associada ao objetivo fundamental de erradicação da pobreza e da marginalização, e de redução das desigualdades sociais, juntamente com a previsão do § 2º do art. 5º, no sentido da não exclusão de quaisquer direitos e garantias, mesmo que não expressos, desde que decorrentes dos princípios adotados pelo texto maior, configuram uma verdadeira *cláusula geral de tutela e promoção da pessoa humana*, tomada como valor máximo pelo ordenamento.[340]

Por conseguinte, a previsão normativa do Código Civil não pode restringir a tutela da personalidade humana. Afinal, a legislação infraconstitucional prevê apenas alguns atributos fundamentais para protegê-la, não podendo limitar a preservação da personalidade a essa codificação. Isso porque a partir "da prática judicial, da produção legislativa, da reflexão doutrinária emergem, a cada dia, novos direitos da personalidade, manifestações existenciais as mais variadas que vêm clamar pelo reconhecimento de sua essencialidade"[341], como o direito à identidade, que, embora não esteja plenamente tipificado, é um direito da personalidade e, portanto, indispensável para acautelar a dignidade humana.

Não proteger a personalidade humana de todos os atos capazes de ofendê-la em razão da ausência de tipificação específica é uma afronta ao princípio da dignidade humana. A partir dessa ideia, a não efetivação do direito à identidade, o qual é fundamental para proteger a personalidade, revela a inobservância da concretização da dignidade humana. Nesse sentido, Enéas Costa Garcia aduz que o direito à identidade pessoal "é extremamente valioso para a perfeita realização da personalidade. De outro lado, sua aniquilação reduz a dignidade da pessoa humana, ferindo um princípio essencial do nosso sistema jurídico"[342].

[339] GARCIA, Enéas Costa. **Direito à identidade pessoal**. *In*: DINIZ, Maria Helena. **Atualidades jurídicas**. São Paulo: Saraiva, 2001. pp. 192-193.
[340] TEPEDINO, Gustavo. **A tutela da personalidade no ordenamento civil-constitucional brasileiro**. *In*: TEPEDINO, Gustavo. **Temas de Direito civil**. 4. ed. Rio de Janeiro: Renovar, 2008. p. 54.
[341] SHREIBER, Anderson. **Direitos da Personalidade**. 2. ed. São Paulo: Atlas, 2013. p. 224.
[342] GARCIA, Enéas Costa, op. cit., p. 193.

Nessa lógica, Anderson Schreiber anuncia que "a plena realização da dignidade humana só alcança aquele que tem consciência da sua identidade"[343]. Em complemento, o autor supramencionado defende que:

> No ordenamento jurídico brasileiro, o direito à identidade pessoal merece proteção por exprimir aspecto relevante da dignidade humana. É verdade que o direito à identidade pessoal não encontra previsão expressa no Código Civil. Não se trata de atributo tradicionalmente incluído no rol dos direitos da personalidade. Sua apreensão é mais recente, mas isso não deve servir de obstáculo à sua proteção. Os direitos da personalidade são categoriais abertas, que abarcam aspectos historicamente variáveis. Seu conteúdo tende sempre à expansão, na esteira da progressiva marcha do direito rumo à mais plena realização da pessoa humana.[344]

Antes de analisar o direito à identidade, é primordial dispor, ainda que brevemente, sobre a identidade em si, que se reveste de complexidade[345] em razão de ser responsável pela individualização e identificação do ser humano no meio social.[346]

A possibilidade de tornar cada indivíduo singular advém da construção identitária, que decorre, sobretudo, da elaboração do próprio projeto de vida, que é arquitetado de maneira individual por cada pessoa. Nesse sentido, anuncia Carlos Fernández Sessarego:

> *El gran mistério de la Creación consiste, precisamente, en que, a pesar de que todos los hombres son iguales, no existen*

[343] SHREIBER, Anderson, op. cit., p. 216.

[344] Ibidem, p. 217.

[345] O *banco de provas* do direito contemporâneo tem produção na literatura jurídica brasileira, a exemplo:

AZEVEDO, Antônio Junqueira de. Novos estudos e pareceres de direito privado. São Paulo: Saraiva, 2009. 627 p.

BARROSO, Luís Roberto. Curso de direito constitucional contemporâneo: os conceitos fundamentais e a construção do novo modelo – 8. ed.- São Paulo: SaraivaJur, 2019. 576 p.

FACHIN, Luiz Edson. Direito civil: sentidos, transformações e fim – Rio de Janeiro: Renovar, 2015. 226 p.

[346] CHOERI, Raul Cleber da Silva. **O direito à identidade na perspectiva civil-constitucional**. Rio de Janeiro: Renovar, 2010, pp. 266-280.

> *dos personas idênticas, que compartan exatamente la misma biografia. Cada ser humano, en tanto ser libre y de acuerdo con su personal vocación, dentro de los condicionamentos que le son inherentes, elabora su próprio proyecto existencial y lucha por realizarlo, pese a los determinismos que soporta. El projecto existencial es único, intransferible, no intercambiable, por lo que su realización comporta la definición a la persona una especial 'dignidad' que surge de su misma calidad ontológica de ser libre y creador. Al tratar de la identidade personal calamos en el hontanar mismo del ser. Nos referimos a um profundo y radical modo de ser de la persona. Nos enfrentamos a la 'verdad' del yo, a lo que en definitiva 'cada uno es'. A lo que convierte al ser humano em uno cuya personalidade es diferente a la de los demás, cuya biografia es inédita, única e intransferible.*[347]

Ter direito à identidade inclui, por conseguinte, "o direito de toda pessoa expressar sua verdade, 'quem de fato é', em suas realidades física, moral e intelectual". Proteger a identidade é fundamental para impedir a falsificação, distorção ou omissão de elementos que a compõem, de forma a garantir a singularidade de cada indivíduo em respeito à expressão de sua própria verdade.[348]

Em nosso país, de acordo com Raul Cleber da Silva Choeri, a proteção do direito à identidade não se fundamenta somente no princípio da dignidade humana (artigo 1°, inciso III, da CF). Esse direito também é resguardado pelos princípios da igualdade, da solidariedade e da justiça (artigo 3°, da CF). Além desses princípios, o referido autor ressalta outros variados fundamentos constitucionais que tutelam a identidade, como o pluralismo político (artigo 1°, inciso V, da CF), a promoção do bem de todos sem preconceitos (artigo 3°, inciso IV, da CF), o direito à livre manifestação do pensamento (artigo 5°, inciso IV, da CF), a sociedade pluralista e sem preconceitos (Preâmbulo da CF), a liberdade[349] de consciência e de crença (artigo 5°, inciso VI, da CF) e o direito à imagem (artigo 5°, inciso X, da CF).[350] Diante do arcabouço jurí-

[347] SESSAREGO, Carlos Fernández. **Derecho a la identidade personal**. Buenos Aires: Editorial Astrea, 1992, pp. 15-16.
[348] CHOERI, Raul Cleber da Silva, op. cit., p. 244.
[349] Sobre as liberdades: RUZYK, Carlos Eduardo Pianovski. **Institutos fundamentais do direito civil e liberdade (s): repensando a dimensão funcional do contrato, da propriedade e da família**. 1. ed. Rio de Janeiro: GZ, 2011. 354 p. Originalmente apresentado como tese de doutorado, Universidade Federal do Paraná, 2003.
[350] Ibidem, p. 289.

dico protetivo, o texto constitucional brasileiro desenha um perfil identitário flexível, no qual:

> [...] o indivíduo não precisa se submeter a modelos de identidade ancorados em estruturas sociais de poder, sejam elas quais forem, principalmente as já conhecidamente sedimentadas, como a família, a religião, o Estado. Como pessoa, constante axiológica e gravitacional do sistema jurídico, tendo como convergência a força construtiva do ser, é digno para construir a si mesmo, a sua própria identidade, forjada pela autonomia moral e espiritual.[351]

A flexibilidade identitária é fundamental para o indivíduo ter a oportunidade de ser quem de fato é. Somente assim é possível alcançar o direito pleno à identidade, instituto essencial na amenização da exclusão social, bem como no fomento do pluralismo e na garantia da "verdade pessoal", constituindo, dessa maneira, "a chave jurídica para a realização da dignidade humana".[352]

Conquanto o sistema jurídico brasileiro evidencie o direito à identidade por meio de normas, posicionamentos doutrinários e jurisprudências, a sua efetivação enfrenta numerosos desafios. Para demonstrá-los, no próximo tópico, serão perquiridos os obstáculos vivenciados pelos transgêneros para terem as suas identidades reconhecidas e respeitadas.

2. A transgeneridade e o reconhecimento identitário setorial

A identidade, conforme exposto no tópico anterior, não é estática, sendo fundamental a garantia de sua flexibilidade para que as pessoas tenham o direito de realizar os seus próprios projetos de vida. A transgeneridade é uma demonstração axiomática da maleabilidade identitária, cuja salvaguarda é essencial para que esse grupo tenha direito à identidade. A partir desse contexto, serão explanados neste tópico os impasses vivenciados pelos transgêneros para serem que de fato são, isto é, para terem o direito à identidade. Seguidamente, serão evidenciadas as ações do Estado para reduzir os obstáculos do reconhecimento identitário pleno dessa população.

A identidade trans depende de dois fatores para se tornar plena. O primeiro, de ordem interna (ou subjetiva), diz respeito à essencialidade de o indivíduo se reconhecer como transgênero. O segundo elemento, por sua vez, de ordem

[351] Ibidem, p. 302.
[352] Idem.

externa (ou objetiva), está relacionado à importância de os outros o identificarem enquanto tal, o que, comumente, não ocorre e, de modo consequente, obstaculiza a plenitude identitária dessa população.

A presença dos dois fatores se revela fundamental, uma vez que identificar-se como pessoa transgênero não é suficiente para obter uma identidade plena. Isso porque "não há identidade sem alteridade"[353], isto é, a estruturação do gênero não depende apenas da compreensão que a pessoa tem de si, mas também da legitimação conferida pelo outro. Nessa perspectiva, Berenice Bento assevera que "ser de um gênero passa, necessariamente, pelo reconhecimento social desse pertencimento, o que se efetiva através de múltiplos efeitos protéticos"[354]. Ainda nesse sentido, Carlos Fernández Sessarego afirma que:

> [...] *El proyecto personal requiere necessariamente de los demás, de los 'otros', para su realización, para la conversión de sus decisiones libres en acciones vitales. Los 'otros' pueden plegarse a su libre decisión, coadyuvando a la concreción de su proyecto, u oponer resistências que la frusten, total o parcialmente, destruyendo o limitando la posibilidad existencial del proyecto personal. El hombre, para ser 'el mismo', tiene que valerse y contar com los 'otros' así como con las cosas que están en el mundo cincundante.* [355]

No que tange ao fator de ordem interna, evidencia-se a complexidade de sua dimensão, dado que não há simplicidade em conceber para si um gênero diferente daquele imposto quando do nascimento. Essa imposição decorre da operação do sistema heterocisnormativo responsável por delimitar como as pessoas devem experienciar o seu próprio gênero. Nesse sistema as normas da performatividade de gênero[356] masculina, por exemplo, são submetidas aos corpos portadores de cromossomos XY. Esquivar-se dessa performatividade imposta desde o nascimento é um desafio colossal vivenciado pelos transgêneros.

Além das dificuldades de conceber para si uma identidade de gênero diversa daquela determinada ao nascer, é comum as pessoas trans não terem as suas iden-

[353] DUBAR, Claude. **A crise das identidades:** a interpretação de uma mutação. Tradução de Catarina Matos. Porto: Edições Afrontamento, 2006, p. 73.

[354] BENTO, Berenice. **Transexuais, corpos e próteses**. Labrys – Estudos Feministas. n. 4. 2003. p. 6.

[355] SESSAREGO, Carlos Fernández, op. cit., p. 13-14.

[356] Segundo Judith Butler o gênero é "performativamente produzido e imposto pelas práticas reguladoras da coerência do gênero". *In*: BUTLER, Judith. **Problemas de gênero:** feminismo e subversão da identidade. Tradução de Renato Aguiar. Rio de Janeiro: Civilização Brasileira, 2003. p. 48.

tidades reconhecidas pela sociedade. Isso ocorre em razão do contexto social amoldado pela transfobia estrutural, que advém, precipuamente, de um empreendimento iniciado no século XIX, responsável por classificar as pessoas que não se enquadravam ao padrão burguês como desviantes[357]. Nesse sentido, Judith Butler afirma que a "sexualidade é uma organização historicamente específica do poder, do discurso, dos corpos e da afetividade"[358].

Na segunda metade do século XX, teóricos trouxeram uma visão crítica a respeito do processo construtivo do desviante. Registra-se o posicionamento de Howard S. Becker, para quem "o desviante é alguém a quem esse rótulo foi aplicado com sucesso; o comportamento desviante é aquele que as pessoas rotulam como tal"[359]. Por isso se colhe em Michel Foucault ao afirmar que:

> O corpo humano entra numa maquinaria de poder que o esquadrinha, o desarticula e o recompõe. Uma "anatomia política", que é também igualmente uma "mecânica do poder", está nascendo; ela define como se pode ter domínio sobre o corpo dos outros, não simplesmente para que façam o que se quer, mas para que operem como se quer, com as técnicas, segundo a rapidez e a eficácia que se determina. A disciplina fabrica assim corpos submissos e exercitados, corpos "dóceis". A disciplina aumenta as forças do corpo (em termos econômicos de utilidade) e diminui essas mesmas forças (em termos políticos de obediência).[360]

Não obstante a formação crítica contrária ao processo de imposição do status de desviante às pessoas LGBT+, o contexto de homotransfobia é ainda evidente e responsável pelo desrespeito cotidiano da identidade trans, o que obstaculiza o pleno reconhecimento identitário dos transgêneros.

Para diminuir os obstáculos do reconhecimento integral da identidade trans, é essencial a consumação de ações positivas e negativas pelo Estado, as quais não devem ser interpretadas como as únicas formas de se modificar a conjuntura discriminatória, mas sim como maneiras iniciais de auxílio no reconhecimento

[357] MISKOLCI, Richard. Do desvio às diferenças. **Teoria & e Pesquisa: Revista de Ciência Política**. São Carlos. v.1. n. 47. p. 9-41. 2005.
[358] BUTLER, Judith, op. cit., p. 162.
[359] BECKER, Howard Saul. **Outsiders:** estudos de sociologia do desvio. Tradução de Maria Luiza X. de Borges. Rio de Janeiro: Jorge Zahar, 2008. p.22.
[360] FOUCAULT, Michel. **Vigiar e punir:** nascimento da prisão. Tradução de Raquel Ramalhete. Petrópolis: Editora Vozes, 2014. p. 135.

pleno da identidade dessa população. Evidenciam-se, aqui, duas ações positivas do Estado que podem auxiliar na construção integral da identidade trans. A primeira ação é a de propiciar a retificação de registro civil e a segunda, de viabilizar a alteração corporal conforme a identidade de gênero.

O nome é um dos elementos centrais utilizados para distinguir os indivíduos, sendo, portanto, uma das principais formas de expressar a identidade. Nesta senda, a partir do momento em que a pessoa se identifica como transgênero, a retificação do registro civil se torna uma prioridade para muitos, uma vez que os nomes, costumeiramente, são binários (femininos ou masculinos) e, por isso, podem ser alterados para coadunarem à identidade de gênero.

Entre nós, a retificação de registro civil se tornou menos inacessível em março de 2018, quando, na Ação Direta de Inconstitucionalidade (ADI) nº 4.275, o Supremo Tribunal Federal (STF) afastou a imprescindibilidade de ação judicial para realizar tal procedimento. A partir de então, os transgêneros passaram a ter o direito de alterar o nome e o gênero diretamente no cartório, independentemente de terapia hormonal, de procedimentos cirúrgicos e de laudos psicológicos ou psiquiátricos.

Em junho de 2018, o Conselho Nacional de Justiça (CNJ) editou o Provimento n° 73 para estabelecer as regras do procedimento administrativo de retificação de registro civil em razão da decisão do STF. Não se pode olvidar que esse ato normativo é de grande importância, no entanto, há de se apontar suas lacunas e falhas. Nesse sentido, evidencia-se, a exemplo, a ausência de garantia da gratuidade para proceder à alteração do nome e gênero.

Em verdade, no parágrafo único, do artigo 9°, do Provimento n° 73/18, há disposição acerca da gratuidade, sendo assim previsto: "o registrador do RCPN, para os fins do presente provimento, deverá observar as normas legais referentes à gratuidade de atos"[361]. Entretanto, não existem normas que preveem a gratuidade no caso de retificação de registro civil de pessoas trans e, por isso, o artigo se torna inaplicável. À vista disso, muitas serventias extrajudiciais não permitem a gratuidade desse ato às pessoas trans hipossuficientes, que passam a depender da contratação de advogados, ou, então, do atendimento oferecido pela Defensoria Pública ou pelas Assessorias Jurídicas Populares para ingressarem com ação judicial de retificação de registro civil.

Sendo assim, a previsão legal da gratuidade nos atos de retificação de registro civil de pessoas trans seria a principal forma de expandir esse direito aos trans-

[361] BRASIL. **Provimento 73, de 28 de junho de 2018**. Dispõe sobre a averbação da alteração do prenome e do gênero nos assentos de nascimento e casamento de pessoa transgênero no Registro Civil das Pessoas Naturais. 2018. Disponível em: http://www.cnj.jus.br/busca-atos-adm?documento=3503. Acesso em: 8 abr. 2023.

gêneros, que, eventualmente, não têm condições financeiras para custear esse procedimento, em razão do contexto de alto desemprego e de expulsão familiar. Além dessa necessária ação estatal, a segunda fundamental é a garantia, pelo Estado, da alteração corporal dessa população conforme a identidade de gênero.

A alteração corporal dos transgêneros não se resume à cirurgia de transgenitalização, mas sim a diversos outros procedimentos, como a mastectomia e a histerectomia para os homens transexuais, e a mamoplastia de aumento e a tireoplastia para as mulheres transexuais e travestis. Além disso, a terapia hormonal é uma das principais tecnologias de gênero em razão da sua alta eficiência para modificar o corpo.

Em que pese a importância dos procedimentos cirúrgicos, pelos dados atuais acessíveis apenas cinco hospitais públicos[362] estão habilitados a realizá-los. Além desses hospitais, há 29 ambulatórios encarregados de proceder atendimento clínico específico ao público trans. Em vista disso, mesmo que todos esses ambientes estejam em pleno funcionamento, o que não é possível afirmar, é notória a escassez de oportunidades para a realização de procedimentos cirúrgicos e para obter acompanhamento médico, como de endocrinologistas[363], que são fundamentais para a correta aplicação de hormônios. Vale salientar, ainda, que não é comum o SUS disponibilizar esses medicamentos, o que dificulta a alteração corporal das pessoas trans hipossuficientes.

Tendo em vista as duas ações positivas a serem efetivadas pelo Estado, infere-se que, caso a retificação de registro civil se tornasse um ato gratuito aos hipossuficientes e caso houvesse uma expansão do acesso gratuito aos procedimentos cirúrgicos, aos atendimentos clínicos especializados e aos hormônios, haveria uma elevação do número de transgêneros com registro civil e corpos em conformidade com seus gêneros. Esse contexto auxiliaria no reconhecimento pleno de suas identidades.

Além dessas ações positivas, o Estado deve cessar os atos institucionais transfóbicos, nomeados aqui de ações negativas. Faz-se necessária a cessação a fim

[362] Segundo a Associação Nacional de Travesti e Transexuais (ANTRA), os hospitais habilitados para a realização dos procedimentos cirúrgicos são o Hospital das Clínicas da Universidade Federal de Goiás (UFG), Hospital de Clínicas de Porto Alegre (UFRGS), Hospital das Clínicas (UFP), Hospital Universitário Pedro Ernesto (UERJ) e Hospital de Clínicas da Faculdade de Medicina (FMUSP). *In*: ANTRA. **Como acessar o SUS para questões de transição?** Disponível em: https://antrabrasil.org/2020/07/27/como-acessar-o-sus-para-questoes-de-transicao/. Acesso em: 09 abr. 2023.

[363] Embora o SUS proporcione atendimento em endocrinologia fora dos ambulatórios específicos para pessoas trans, é essencial que existam espaços especializados e humanizados que não sejam disseminadores de transfobia. A postura discriminatória de profissionais da saúde pode afastar as pessoas trans do ambiente hospitalar, levando-as a buscar formas de se automedicarem, sobretudo no que tange à utilização de hormônios, o que pode ser extremamente prejudicial à saúde.

de que se eleve o reconhecimento identitário pleno dos transgêneros, dado que a transfobia produzida e reproduzida pelo Estado, além de fomentar a discriminação, pode interferir diretamente no processo de "desidentificação" dessa população, como é possível constatar nos relatos de duas pessoas trans presas em unidades prisionais brasileiras:

> [...] Dentro da cadeia eu **fui obrigada a me transformar em outra pessoa**. Na rua eu sou 24h por dia travesti. Dentro da cadeia a gente não tem essa... como eu posso falar... não tem esse livre acesso de ser quem a gente é realmente [...]. **Hoje eu não consigo ser a [nome omitido].** Eu deixei ela lá atrás quando eu entrei na cadeia. (*sic*).[364]
> [...] **eu era travesti**, mas **quando eu cheguei cortaram o meu cabelo**. Ou era cortar, ou era cortar. Eu tive que cortar. Meu cabelo era longo. [...] **Hoje eu me sinto um homossexual iniciante**. Depois que eu cortei meu cabelo eu passei a me sentir isso. Voltei pro primeiro degrau de novo. Travesti, gay e trans são três tipos de pessoas diferentes. Quando eu entrei na cadeia eu voltei um passo pra trás. **Quando eu cortei meu cabelo eu passei a me sentir uma pessoa a menos**. O meu tudo era o meu cabelo, entendeu?[365]

Esses relatos demonstram os efeitos da transfobia institucional, que, além de propiciar demasiado sofrimento às apenadas, pode promover, de forma compulsória, a "desidentificação" das trans. Nesse sentir, Simone Rodrigues Pinto afirma que "o não reconhecimento ou o falso reconhecimento pode gerar mágoas, formas de opressão e ódio, perpetuando a divisão social e obstaculizando a reconciliação"[366].

Diante das problemáticas trazidas, infere-se que a promoção do reconhecimento identitário pleno dos transgêneros encontra diversos entraves. Para que estes sejam superados, é possível a atuação positiva e negativa do Estado no sentido de elevar a possibilidade de essas pessoas serem quem de fato são, sobrele-

[364] BRASIL. **LGBT nas prisões do Brasil:** Diagnóstico dos procedimentos institucionais e experiências de encarceramento. Ministério da Mulher, da Família e dos Direitos Humanos. Secretaria Nacional de Proteção Global, Departamento de Promoção dos Direitos de LGBT. Diretora: Marina Reidel. Consultor: Amilton Gustavo da Silva Passos. Brasília, 2020, p. 117, grifo nosso.
[365] Ibidem, p. 103, grifo nosso.
[366] PINTO, Simone Rodrigues. **Memória, verdade e responsabilização**. Brasília: EdUnb, 2012. p. 32.

vando a efetiva proteção dos direitos ao desenvolvimento de um projeto de vida, à identidade, da personalidade e da dignidade humana.

Conclusões

A autonomia pessoal, moral e espiritual, deve traduzir liberdade, justiça e solidariedade. Como ressaltamos ao início, neste contexto de estudo acadêmico com enfoque no direito à identidade, este salvaguardado pelo direito geral da personalidade, a construção identitária é responsável por viabilizar a concretização do próprio projeto de vida, do direito à identidade e da dignidade humana.

A vivência transgênera é patente na demonstração da maleabilidade identitária, cuja salvaguarda é essencial para a edificação do pleno direito à identidade. Para garantir essa plenitude é necessária a consumação de fatores de ordem interna, que é o reconhecer-se como transgênero, e de ordem externa, que é constituído pela alteridade. Nesse sentir, depender do outro para obter o reconhecimento identitário é o maior desafio dos transgêneros em razão do contexto social transfóbico. Diante dessa conjuntura, infere-se que cabe ao Estado promover ações positivas e negativas a fim de amenizar os empecilhos responsáveis por impedir o pleno reconhecimento identitário dessa população.

As ações positivas possíveis são, primeiramente, a garantia da gratuidade da retificação de registro civil aos trans hipossuficientes, e, também, a asseguração do acesso gratuito aos atendimentos clínicos especializados, aos procedimentos cirúrgicos e aos hormônios. As ações negativas, a seu turno, estão relacionadas à necessária cessação dos atos institucionais transfóbicos, os quais podem levar ao processo de "desidentificação".

Em um Estado de Direito democrático, os direitos da personalidade respeitam a diferença, a realização do próprio projeto de vida e edifica a expressão da personalidade pela sua fundamentalidade. Dessa forma, as ações do Estado são essenciais na elevação da possibilidade de os transgêneros serem quem de fato são. Afinal, ao lado da construção cultural, histórica e sociológica, o reconhecimento jurídico da identidade trans deve merecer atenção a partir das proclamações do Estado para que, assim, reflita na sociedade, de maneira a garantir a plenitude do direito à identidade.

REFERÊNCIAS

BENTO, Berenice. Transexuais, corpos e próteses. **Labrys – Estudos Feministas**, n. 4, 2003.

BRASIL. **Provimento 73, de 28 de junho de 2018.** Dispõe sobre a averbação da alteração do prenome e do gênero nos assentos de nascimento e casamento de pessoa transgênero no Registro Civil das Pessoas Naturais. 2018. Disponível em: http://www.cnj.jus.br/busca-atos-adm?documento=3503. Acesso em: 10 de fev. 2023.

BRASIL. **LGBT nas prisões do Brasil:** Diagnóstico dos procedimentos institucionais e experiências de encarceramento. Ministério da Mulher, da Família e dos Direitos Humanos. Secretaria Nacional de Proteção Global, Departamento de Promoção dos Direitos de LGBT. Diretora: Marina Reidel. Consultor: Amilton Gustavo da Silva Passos. Brasília, 2020

BECKER, Howard Saul. **Outsiders:** estudos de sociologia do desvio. Tradução de Maria Luiza X. de Borges. Rio de Janeiro: Jorge Zahar, 2008.

BUTLER, Judith. **Problemas de gênero:** feminismo e subversão da identidade. Tradução de Renato Aguiar. Rio de Janeiro: Civilização Brasileira, 2003.

CHOERI, Raul Cleber da Silva. **O direito à identidade na perspectiva civil-constitucional**. Rio de Janeiro: Renovar, 2010.

DUBAR, Claude. **A crise das identidades:** a interpretação de uma mutação. Tradução de Catarina Matos. Porto: Edições Afrontamento, 2006.

FACHIN, Luiz Edson. Fundamentos, limites e transmissibilidade. Anotações para uma leitura crítica, construtiva e de índole constitucional da disciplina dos direitos da personalidade do código civil brasileiro. **Revista da EMERJ**, Rio de Janeiro, v. 8, n. 31, 2005.

FOUCAULT, Michel. **Vigiar e punir:** nascimento da prisão. Tradução de Raquel Ramalhete. Petrópolis: Editora Vozes, 2014.

GARCIA, Enéas Costa. Direito à identidade pessoal. *In*: DINIZ, Maria Helena. **Atualidades jurídicas**. São Paulo: Saraiva, 2001.

MISKOLCI, Richard. Do desvio às diferenças. **Teoria & e Pesquisa: Revista de Ciência Política,** São Carlos, v.1, n. 47, p. 9-41, 2005.

OLIVEIRA, José Lamartine Corrêa; MUNIZ, Francisco José Ferreira. O Estado de direito e os direitos da personalidade. **Revista de Direito Civil Contemporâneo**, v. 24, n. 7, 2020.

PERLINGIERI, Pietro. **Perfis do Direito Civil**. Introdução ao Direito Civil

Constitucional. Rio de Janeiro: Renovar, 2002.

PINTO, Simone Rodrigues. **Memória, verdade e responsabilização**. Brasília: EdUnb, 2012.

SCHREIBER, Anderson. **Direitos da Personalidade**. 2. Ed. São Paulo: Atlas, 2013.

TEPEDINO, Gustavo. A tutela da personalidade no ordenamento civil-constitucional brasileiro. *In*: TEPEDINO, Gustavo. **Temas de Direito civil**. 4. ed. Rio de Janeiro: Renovar, 2008.

ZANINI, Leonardo Estevam de Assis; QUEIROZ, Odete Novais Carneiro. O direito geral da personalidade: do surgimento ao reconhecimento no Brasil. **Juris Plenum**, v. 16, n. 93, 2020.

20. A TUTELA DOS DIREITOS DA PERSONALIDADE NO PROCESSO CIVIL BRASILEIRO[367]

LUIZ RODRIGUES WAMBIER

A personalidade, na acepção jurídica do vocábulo, pode assumir um sentido formal ou axiológico. No sentido formal, trata-se da personalidade jurídica de que gozam os sujeitos na sociedade e que lhes confere a capacidade de assunção de direitos e obrigações.

O art. 1.º do Código Civil dispõe que *toda pessoa é capaz de direitos e deveres na ordem civil*, o que significa dizer que a personalidade jurídica é atribuição reconhecida a todo e qualquer ser humano, desde o nascimento.[368]

Do ponto de vista axiológico, a personalidade diz respeito aos atributos essenciais dos sujeitos, intrínsecos à condição humana, e que lhes confere a individualidade. Dada sua tamanha importância para a constituição do sujeito, para as

[367] Rui Geraldo Camargo Viana, magistrado, professor, é merecedor de todas as homenagens possíveis e muito me honra participar, ainda que muito modestamente, desta obra coletiva lançada com o intuito de render-lhe merecida homenagem.

[368] A respeito, cf. WAMBIER, Luiz Rodrigues; TALAMINI, Eduardo. **Curso avançado de processo civil**: teoria geral do processo. 21. ed. São Paulo: Thomson Reuters Brasil, 2022, vol. I, p. 348. Há interessante caso julgado pelo STJ, de relatoria do Min. Herman Benjamin, em que se entendeu que o termo inicial da concessão do benefício da pensão por morte deve ser o nascimento, momento em que se adquire a personalidade jurídica e a condição de dependente do *de cujus* (STJ. Recurso Especial n. 1.779.441/SP, rel. Ministro Herman Benjamin, Segunda Turma, julgado em 20/08/2019, DJe 13/09/2019).

posições jurídicas, projeções sociais e, de modo geral, para a vida em sociedade, tais atributos merecem ampla proteção jurídica.

Enquanto corolário do Estado de Direito, o reconhecimento dos direitos fundamentais, em especial da proteção da dignidade da pessoa humana, recebeu maior reforço e concretude, no plano supraestatal, a partir da Declaração Universal dos Direitos do Homem, de 1948, que dispõe, logo no primeiro artigo, que "todas as pessoas nascem livres e iguais em dignidade e direitos". Sobrevieram, na sequência, outros instrumentos internacionais consagrando tais direitos, com especial destaque para a Convenção Europeia dos Direitos do Homem (1950) e para o Pacto de São José da Costa Rica (1969).[369]

A Constituição Federal de 1988, assim como outras Constituições da segunda metade do século XX elaboradas sob regime democrático, inseriu a proteção da dignidade da pessoa humana no texto constitucional como critério hermenêutico, princípio e valor essencial do Estado de Direito, em torno da qual orbitam todas as demais normas do ordenamento jurídico.[370] Essa diretriz está explícita logo no art. 1.º da CF, que inclui no elenco dos fundamentos primordiais do Estado de Direito a dignidade da pessoa humana (inc. III).

Ao tratar dos direitos e garantias fundamentais, a CF consagrou, no rol do art. 5.º, a inviolabilidade da intimidade, da vida privada, da honra e da imagem das pessoas, assegurado o direito à indenização por dano material ou moral que decorra de sua violação (inc. X).

No mesmo dispositivo legal, no inciso XXIX, o legislador constituinte fez constar a proteção aos direitos autorais e propriedade industrial, como como direitos e garantias fundamentais ao interesse social e desenvolvimento tecnológico e econômico do País.

Ou seja, há uma série de direitos e garantias sem os quais a dignidade da pessoa humana não pode ser adequadamente tutelada e protegida. Como bem destaca Anderson Schreiber, os perigos que cercam a condição humana "dão ensejo

[369] Segundo José Afonso da Silva, "não obstante isso, a ineficácia desses documentos interamericanos está retratada na tragédia de países latino-americanos, sempre submetidos ao mais feroz desrespeito aos mais elementares direitos da pessoa humana, embora se observe uma forte reação democrática no continente, como a nossa com esta Constituição" (SILVA, José Afonso da. **Curso de Direito Constitucional positivo**. 42. ed. São Paulo: Malheiros, 2019, p. 168).

[370] Segundo a lição de Ingo Sarlet, constitui a dignidade da pessoa humana "qualidade intrínseca e distintiva reconhecida em cada ser humano, que o faz merecedor do mesmo respeito e consideração por parte do Estado e da comunidade, implicando neste sentido um complexo de direitos e deveres fundamentais que assegurem a pessoa tanto contra todo e qualquer ato de cunho degradante e desumano, como venham a lhe garantir condições existenciais mínimas para uma vida saudável, além de propiciar e promover sua participação ativa e corresponsável nos destinos da própria existência e da vida em comunhão com os demais seres humanos" (SARLET, Ingo. **Dignidade da pessoa humana e direitos fundamentais**. Porto Alegre: Livraria do Advogado, p. 60).

a um conjunto amplo de impasses e conflitos que não podem ser enfrentados e resolvidos com uma simples alusão ao princípio da dignidade da pessoa humana". Sendo assim, para o autor, "faz-se necessário especificar, em cada situação concreta, o seu efetivo conteúdo. Foi com esse propósito que, em diversos países, a antiga doutrina dos direitos da personalidade passou a ser revisitada".[371]

Os direitos da personalidade constituem os direitos fundamentais ao desenvolvimento do indivíduo, em si considerado e em suas projeções sociais,[372] cabendo ao Estado propiciar meios para garantir a proteção desses direitos pela prevenção da prática de atos ilícitos, pela remoção do ilícito já deflagrado e pela compensação dos danos causados ao ofendido.

É interessante notar que, muito embora a personalidade em sentido formal se extinga após a morte do sujeito, conforme o art. 6.º do Código Civil, a personalidade em sentido axiológico permanece sendo tutelada pelo ordenamento. Apesar da intransmissibilidade dos direitos da personalidade, eventual ofensa a bem da personalidade de pessoa falecida poderá ser objeto de ação movida pelo cônjuge sobrevivente, por descendentes, ascendentes ou por qualquer parente colateral até o quarto grau (art. 12, parágrafo único, CC/02).[373]

Nesse sentido, o Enunciado da Súmula n. 642 do STJ estabelece que "o direito à indenização por danos morais transmite com o falecimento do titular, possuindo os herdeiros da vítima legitimidade ativa para ajuizar ou prosseguir na ação indenizatória".

Em interessante caso julgado pelo TJRS,[374] foi objeto de análise a legitimidade para a proposição ou continuidade da ação de indenização em caso de ofensa a bem da personalidade de pessoa já falecida. Tratava-se de ação indenizatória em virtude do recebimento de diversas cobranças relativas à contratação de uma

[371] SCHREIBER, Anderson. **Direitos da personalidade**. 3. ed. São Paulo: Atlas, 2014, p. 9.

[372] Como bem destacam Cristiano Chaves de Farias, Nelson Rosenvald e Felipe Peixoto Braga Netto, "para além da consideração de que a dignidade se encontra ligada à condição humana de cada indivíduo, não há como desconsiderar a dimensão comunitária (social) da dignidade de cada e de todas as pessoas. A dignidade só assume significado em um contexto de intersubjetividade, que marca todas as relações humanas. É dignidade como reconhecimento. Trata-se de uma noção de 'igual dignidade' entre as pessoas. Hannah Arendt diz que a condição humana requer a pluralidade, ao fato de que homens, e não o homem, vivem na Terra. Cria-se uma dimensão política de dignidade" (**Curso de Direito Civil**: responsabilidade civil. 5. ed. Salvador: JusPodivm, 2018, p. 41).

[373] A respeito, Cruz e Tucci salienta que "o direito não pode dar guarida àqueles que, de um modo ou de outro, aproveitam-se ou atacam a memória/imagem de pessoa falecida. Daí, porque os valores que compuseram a personalidade de uma pessoa, já morta, perduram muito mais do que a própria capacidade jurídica" (CRUZ E TUCCI, José Rogério. **Tutela jurisdicional da personalidade *post mortem***. Revista dos Tribunais, vol. 845/2006, p. 11 – 21, Mar / 2006).

[374] TJRS. Apelação Cível 0500049-64.2015.8.21.0035, rel. Desembargador Gelson Rolim Stocker, Sexta Câmara Cível, julgado em 31/03/2022, DJe 04/04/2022).

linha telefônica em nome do *de cujus*. O tribunal reconheceu a ilegitimidade da genitora para a propositura da ação, visto que o falecido possuía descendente. Segundo a ordem de sucessão hereditária prevista no art. 1.829 do Código Civil, recairia sobre este último a legitimidade para o manejo da ação indenizatória.[375]

A ofensa a direitos da personalidade, em quaisquer de seus aspectos, costuma gerar danos imateriais, muito embora, conforme o caso, danos patrimoniais também possam decorrer dessa violação. Considerando a possibilidade dessa cumulação de danos patrimoniais e extrapatrimoniais, o STJ editou o Enunciado da Súmula n. 37, conforme o qual "são cumuláveis as indenizações por dano material e dano moral oriundos do mesmo fato".

Uma vez judicializados, os conflitos decorrentes dos danos causados pela violação a direitos da personalidade invocarão diferentes espécies de tutela para realização, no mundo real, do direito material perseguido, conforme a situação concreta que se esteja enfrentando.

É possível sistematizar a tutela processual dos direitos da personalidade em três categorias gerais: *inibitória, de remoção do ilícito* e *ressarcitória*.

A tutela inibitória tem feição prospectiva e visa a obstar ou fazer cessar ofensa ao direito. Na redação original do CPC/73, para buscar a prevenção ou cessação de ofensa a bem da personalidade, a parte tinha que propor ação de conhecimento e promover, após a sentença, execução de obrigação de fazer ou não fazer. Ou, diante de situação de urgência, valer-se da cautelar inominada para, na sequência, ajuizar a ação principal.

Na redação conferida ao art. 461 com a reforma promovida pela Lei 8.952/1994 e complementada pela Lei 10.444/2002, o ofendido passou a poder manejar ação de conhecimento com meios executivos aptos à concessão de tutela específica voltada a evitar a prática de ato ilícito, obstar sua repetição ou cessar sua continuidade.

Como destaquei em outro espaço, na companhia de Eduardo Talamini, "a estrutura consagrada no passado – prévia sentença condenatória obtida em processo de conhecimento seguida de execução de obrigação de fazer e não fazer – não supria essas necessidades. Por isso, procedeu-se, nesse ponto, a uma subs-

[375] Sobre a partilha do proveito econômico eventualmente obtido, há um acórdão do TJSP, em que se entendeu que o proveito econômico obtido com o ajuizamento da ação indenizatória por quaisquer dos legitimados do parágrafo único do art. 12 do CC deve ser partilhado entre os herdeiros, seguindo-se a ordem de sucessão da legítima contida no art. art. 1.829 do CC (TJSP. Apelação Cível 1006615-06.2017.8.26.0127, rel. Desembargador Hamid Bdine, 19ª Câmara de Direito Privado, julgado em 11/06/2019, DJe 11/06/2019). Como bem pontuado no acórdão, a respeito da interpretação do parágrafo único do art. 12 do CC, "se se entender que o valor é devido àquele do rol que propuser a demanda, cada um deles terá valor a receber, de modo que nada obsta a que diversas ações sejam propostas e valores iguais ou diversos sejam arbitrados, o que parece irrazoável".

tancial reforma do ordenamento, ainda quando vigorava o Código anterior – e o sistema então adotado agora é repetido no CPC/2015 (arts. 497 e 536-537)".[376]

Valendo-me novamente de entendimento registrado naquele espaço, "constatou-se que, no âmbito das obrigações (aqui no sentido amplo de deveres) de fazer e não fazer, para que se dê ao titular do direito exatamente aquilo que ele obteria se não tivesse sido necessário o processo, é indispensável um sistema especial de tutela, em que: (1.º) se faça uso da tutela preventiva, i.e., aquela que é posta em prática antes mesmo da lesão ao direito, a fim de inibi-la ou fazê-la cessar logo no início; (2.º) se adote a antecipação de tutela – até porque, se é para ser utilizada a tutela preventiva, não se poderá esperar até o fim do processo para que só então ela seja empregada; (3.º) se imponham ordens ao réu, assistidas da cominação de sanções idôneas e capazes de 'convencer' o réu a cumprir o que deve".[377]

Nesse contexto, a diretriz contida na primeira parte do art. 12 do Código Civil, segundo a qual, "pode-se exigir que cesse a ameaça, ou a lesão, a direito da personalidade, e reclamar perdas e danos, sem prejuízo de outras sanções previstas em lei", pode ser concretizada mediante o manejo de ação de conhecimento com escopo preventivo,[378] no bojo da qual o Poder Judiciário presta tutela específica e ao julgador se confere a possibilidade de determinar as medidas necessárias para sua efetivação, especialmente a antecipação de tutela.

Aliás, para que a prevenção ou interrupção do ato ilícito possa produzir resultados efetivos no plano do processo, não é factível que se aguarde toda a fase instrutória com cognição exauriente. Daí a imprescindibilidade da antecipação de tutela diante da plausibilidade do direito invocado.[379]

A tutela inibitória pode emergir tanto de uma imposição positiva (fazer) quanto negativa (não fazer). Segundo Rui Geraldo Camargo Viana, ora home-

[376] *Curso Avançado de Processo Civil*: execução. 21. ed. São Paulo: Thomson Reuters Brasil, 2022, vol. III, p. 484-485.

[377] *Curso Avançado de Processo Civil*: execução. 21. ed. São Paulo: Thomson Reuters Brasil, 2022, vol. III, p. 484.

[378] MARINONI, Luiz Guilherme. Tutela inibitória e tutela de remoção do ilícito. Disponível em: http://www.abdpc.org.br/artigos/artigo12.htm. Acesso em: 25 abr. 2023. Segundo o autor, "a inexistência de uma ação de conhecimento dotada de meios executivos idôneos à prevenção, além de relacionada à ideia de que os direitos não necessitariam desse tipo de tutela, encontrava apoio no temor de se dar poder ao juiz, especialmente 'poderes executivos' para atuar antes da violação do direito. Supunha-se que a atuação do juiz, antes da violação da norma, poderia comprimir os direitos de liberdade. Tanto é verdade que a doutrina italiana, ainda que recente, chegou a afirmar expressamente que a tutela inibitória antecedente a qualquer ilícito – denominada de 'tutela puramente preventiva' – seria 'certamente la più energica', mas também 'la più preoccupante, come è di tutte le prevenzioni che possono eccessivamente limitare l'umana autonomia'".

[379] WAMBIER, Luiz Rodrigues; TALAMINI, Eduardo. **Curso Avançado de Processo Civil**: execução. 21. ed. São Paulo: Thomson Reuters Brasil, 2022. vol. III. p. 487.

nageado, "somente as obrigações de dar e de fazer é que podem ser consideradas obrigações positivas. As de não fazer estão excluídas desse conceito, aplicando-se a elas outro regime jurídico, que é o do art. 961, do CC/1916 [art. 390, CC/02]".[380]

Portanto, o ilícito que se pretende prevenir ou fazer cessar pode ser uma ação ou omissão da parte. Pense-se, por exemplo, na hipótese de negativa do plano de saúde em subsidiar a realização de uma cirurgia cardíaca de urgência. A ofensa ao bem da vida, nesse caso, não se dará mediante um ato comissivo, mas pela omissão da parte em praticar ato necessário à preservação da vida do beneficiário.

A tutela de remoção do ilícito, também chamada de *tutela reintegratória*, incide para elidir as consequências do ilícito, quando já esgotada a ofensa perpetrada ao bem da personalidade. Diferentemente da tutela inibitória, não tem por finalidade inibir a prática do ato ou sua continuidade, mas afastar os efeitos do ato ilícito já praticado. Não se trata, portanto, de fazer cessar a continuidade da ofensa ao bem jurídico, mas de interromper a propagação no tempo dos efeitos de um ato pretérito já concretizado. É o caso, por exemplo, da remoção de publicação na *internet* de conteúdo que viole direitos autorais.

Embora a tutela de remoção do ilícito não se destine à prevenção da ofensa ao bem da personalidade, nela também há efeito preventivo, não do ponto de vista do ato ilícito, que a essa altura já haverá sido praticado, mas quanto aos danos que dele decorrerão, muito embora, para a concessão dessa tutela, seja desnecessária a comprovação da probabilidade do dano.[381]

Segundo a disposição do parágrafo único do art. 497 do CPC, para a concessão da tutela inibitória ou de remoção do ilícito, pouco importa a demonstração pela parte da ocorrência do dano ou de sua probabilidade, bastando que se comprove a ameaça de que o ilícito seja praticado, no caso da tutela inibitória, ou a efetiva deflagração do ilícito, na hipótese da tutela de remoção do ilícito, independentemente da ocorrência do dano ou da existência de culpa ou dolo.

[380] VIANA, Rui Geraldo Camargo. Natureza jurídica de obrigação assumida em contrato celebrado entre a administração pública e construtora: mora do devedor nas obrigações positivas e líquidas, a termo certo. Pagamento de juros nos termos do Direito Civil. **Revista de Direito Privado**. vol. 1/2000. p. 141 – 149.

[381] Segundo a lição de Marinoni, "Como o ilícito não se confunde com o dano, constituindo-se em um primeiro degrau no caminho que pode gerá-lo, fica fácil demonstrar que a supressão do ilícito nada mais é do que a eliminação da fonte do dano. A remoção do ilícito constitui a remoção da causa do eventual dano. Ora, não há como confundir a reparação do dano com a remoção da sua causa. A remoção da causa do dano elimina a possibilidade da sua produção, ao passo que o ressarcimento tem por objetivo corrigir o estrago por ele ocasionado. Para remover o ilícito ou a causa do dano basta restabelecer a situação que era anterior ao ilícito. Dessa maneira ocorrerá a sua supressão, secando-se a fonte capaz de gerar o dano" (MARINONI, Luiz Guilherme. **Tutela inibitória e tutela de remoção do ilícito**. Disponível em: http://www.abdpc.org.br/artigos/artigo12.htm. Acesso em: 25 abr. 2023).

A tutela ressarcitória, por fim, assim como a tutela de remoção do ilícito, também incide somente após a ocorrência da ofensa ao direito material. Contudo, sua finalidade é a de propiciar a reparação dos prejuízos causados ao sujeito e o retorno ao *status quo ante*, ainda que tropologicamente.[382] Conforme dispõe o art. 927 do Código Civil, "aquele que, por ato ilícito (arts. 186 e 187), causar dano a outrem, fica obrigado a repará-lo".

Nessa espécie de tutela, insere-se a reparação tanto de danos materiais quanto morais. No primeiro caso, haverá, pelo causador do prejuízo, a restauração, ao patrimônio do sujeito ofendido, da coisa ou da importância correspondente ao dano sofrido. Já na segunda situação, de reparação de danos morais, a parte deverá promover a compensação monetária dos prejuízos extrapatrimonais que causou.

No campo da tutela dos direitos da personalidade, conforme a situação de que se esteja tratando, é possível que a parte postule, além da reparação por danos morais e materiais (Súm. 403/STJ), a restituição do lucro da intervenção, com fundamento na vedação ao enriquecimento sem causa. É o caso, por exemplo, do uso não autorizado da imagem da pessoa com fins comerciais. Em tais hipóteses, a parte deverá restituir o lucro obtido com a violação ao bem da personalidade, nos termos do art. 884 do CC.[383]

A tutela ressarcitória constitui medida sucessiva e incide quando já ocorrido o dano e quando não é mais possível a atenuação dos efeitos do ilícito.[384]

A prestação pecuniária poderá decorrer da própria natureza da obrigação, no caso dos danos patrimoniais, voltada à recomposição do patrimônio do sujeito contra quem se praticou a violação, ou da conversão da tutela específica em perdas e danos.

A respeito, a Terceira Turma do STJ já julgou um recurso, de relatoria do Min. Sidnei Beneti, em que reconheceu a ocorrência de dano moral por violação a direito moral de João Gilberto, por ter a gravadora modificado as gravações originais em disco "remasterizado" e lançado sem o consentimento do artista. Diante da impossibilidade de recolhimento dos exemplares já vendidos, condenou a gravadora ao pagamento de *royalties* pela produção e venda da obra, acrescido da importância de 6%, a título de indenização. Estabeleceu-se ainda a vedação

[382] Para o mesmo autor, "o ressarcimento não pode se resumir ao mero restabelecimento da situação anterior à do ilícito. Ressarcir é estabelecer o que deveria existir caso o dano não houvesse ocorrido. O dano deve ser sancionado com a sua integral eliminação, ou mediante a correção da totalidade do prejuízo cometido" (MARINONI, Luiz Guilherme. **Tutela inibitória e tutela de remoção do ilícito**. Disponível em: http://www.abdpc.org.br/artigos/artigo12.htm. Acesso em: 25 abr. 2023).

[383] A respeito, conferir o seguinte julgado: STJ. REsp n. 1.698.701/RJ, relator Ministro Ricardo Villas Bôas Cueva, Terceira Turma, julgado em 2/10/2018, *Dje* de 8/10/2018.

[384] Curso, vol. III, p. 42-43.

de circulação futura sem consentimento do autor, em tutela inibitória voltada a coibir a repetição do ilícito.[385]

No caso do dano moral, a tutela ressarcitória visa à *compensação*[386] dos prejuízos extrapatrimoniais causados ao lesado. Por não ser passível de mensuração monetária, tal espécie de dano, via de regra, não é suscetível de ser verdadeiramente reparada mediante pagamento de valor em dinheiro.

A prestação pecuniária tende, assim, a atuar como forma de consolação do lesado, atenuando os prejuízos extrapatrimonais gerados pela ofensa ao bem da personalidade.[387]

Danos patrimoniais exigem comprovação, porém, os danos extrapatrimoniais dependem apenas de demonstração da ocorrência do fato. Nesse sentido, o TJRS já reconheceu a ocorrência de dano moral *in re ipsa* apenas e tão somente pela prática de ofensas proferidas nas redes sociais contra o autor do processo, consignando a desnecessidade de demonstração concreta do dano.[388]

Considerando-se que as ações inibitórias e de remoção do ilícito não são acessórias à ação ressarcitória, é possível que, no plano concreto, seja imperiosa a cumulação dessas ações, ou de duas delas, para a adequada prestação das diferentes espécies de tutela ao direito da personalidade que se fizerem necessárias.

O provimento de uma espécie, contudo, não necessariamente conduzirá ao provimento de todas elas. É possível que haja a ameaça ao bem da personalidade ou a propagação no tempo dos efeitos do ato ilícito já praticado, sem que tenha havido, contudo, dano concreto a ser reparado pela tutela ressarcitória, condu-

[385] STJ. REsp n. 1.098.626/RJ, relator Ministro Sidnei Beneti, Terceira Turma, julgado em 13/12/2011, *DJe* de 29/2/2012.

[386] HIBNER, Davi Amaral. **As tutelas dos direitos da personalidade no Código de Processo Civil**. 344 f. Dissertação (Mestrado em Direito) – Centro de Ciências Jurídicas e Econômicas, Universidade Federal do Espírito Santo, Vitória – ES, 2019, p. 75.

[387] TERRA, Aline de Miranda Valverde; GUEDES, Gisela Sampaio da Cruz. **A repersonalização do direito civil e suas repercussões na responsabilidade civil**. *In*: ERHARDT JÚNIOR, Marcos; CORTIANO JUNIOR, Eroulths (Coords.). **Transformações no direito privado nos 30 anos da Constituição: estudos em homenagem a Luiz Edson Fachin**. Belo Horizonte: Fórum, 2019, p. 478. Como já pontuado pelo TJSC, "na fixação do valor dos danos morais deve o julgador, na falta de critérios objetivos, estabelecer o *quantum* indenizatório com prudência, de maneira que sejam atendidas as peculiaridades e a repercussão econômica da reparação, devendo esta guardar proporcionalidade com o grau de culpa e o gravame sofrido" (TJSC. Apelação Cível 0003942-49.2014.8.24.0020, rel. Desembargador Luiz Cézar Medeiros, Quinta Câmara de Direito Civil, julgado em 07/06/2022, DJe 08/06/2022. Nesse mesmo sentido: TJSP. Apelação Cível 1000007-65.2021.8.26.0510, rel. Desembargadora Maria Lúcia Pizzotti, 30ª Câmara de Direito Privado, julgado em 23/03/2022, DJe 30/03/2022; TJMG. Apelação Cível 5036365-58.2020.8.13.0024, rel. Desembargador Cavalcante Motta, 10ª Câmara Cível, julgado em 25/01/2022, DJe 27/01/2022).

[388] TJRS. Apelação Cível 70071184329, rel. Desembargador Tasso Caubi Soares Delabary, Nona Câmara Cível, julgado em 14/12/2016, DJe 23/01/2017.

zindo-se ao desprovimento deste pedido. Seja como for, é imprescindível, diante da cumulação dessas ações, que o juiz, ao se deparar com situação autorizadora da prestação de tutela inibitória ou de remoção do ilícito, promova desde logo as medidas necessárias para a inibição/cessação da ofensa ou remoção dos efeitos de ato já praticado, independentemente da comprovação do dano a ser ressarcido, deixando para um segundo momento, mediante instrução probatória e cognição exauriente, a apreciação do pedido ressarcitório.[389]

[389] Em interessante caso julgado pelo Superior Tribunal de Justiça, pleiteava-se indenização (danos morais e materiais) e abstenção de uso de marca, sob a alegação de uso indevido pela empresa Ré. O Min. Moura Ribeiro consignou na ementa do acórdão que: "É devida indenização por danos materiais, a serem aferidos em liquidação, e danos morais, ainda que não tenha sido comprovado o prejuízo, quando a marca é indevidamente utilizada por empresa do mesmo ramo de atividade da detentora do registro da marca" (STJ. AgInt no AgInt no Agravo em Recurso Especial 1823726/SP, Rel. Min. Moura Ribeiro, Terceira Turma, julgado em 22/06/2021, DJe 25/06/2021).

REFERÊNCIAS

CRUZ E TUCCI, José Rogério. **Tutela jurisdicional da personalidade *post mortem***. Revista dos Tribunais. vol. 845/2006. p. 11 – 21. Mar / 2006.

FARIAS, Cristiano Chaves de; ROSENVALD, Nelson; BRATA NETTO, Felipe Peixoto. **Curso de Direito Civil**: responsabilidade civil. 5. ed. Salvador: JusPodivm, 2018.

HIBNER, Davi Amaral. **As tutelas dos direitos da personalidade no Código de Processo Civil**. 344 f. Dissertação (Mestrado em Direito) – Centro de Ciências Jurídicas e Econômicas, Universidade Federal do Espírito Santo, Vitória – ES, 2019.

MARINONI, Luiz Guilherme. **Tutela inibitória e tutela de remoção do ilícito**. Disponível em: http://www.abdpc.org.br/artigos/artigo12.htm. Acesso em: 25 abr. 2023.

SARLET, Ingo. **Dignidade da pessoa humana e direitos fundamentais**. Porto Alegre: Livraria do Advogado.

SCHREIBER, Anderson. **Direitos da personalidade**. 3. ed. São Paulo: Atlas, 2014.

SILVA, José Afonso da. **Curso de Direito Constitucional positivo**. 42. ed. São Paulo: Malheiros, 2019.

TERRA, Aline de Miranda Valverde; GUEDES, Gisela Sampaio da Cruz. **A repersonalização do direito civil e suas repercussões na responsabilidade civil**. In: ERHARDT JÚNIOR, Marcos; CORTIANO JUNIOR, Eroulths (Coords.). **Transformações no direito privado nos 30 anos da Constituição: estudos em homenagem a Luiz Edson Fachin**. Belo Horizonte: Fórum, 2019.

VIANA, Rui Geraldo Camargo. Natureza jurídica de obrigação assumida em contrato celebrado entre a administração pública e construtora mora do devedor nas obrigações positivas e líquidas, a termo certo. Pagamento de juros nos termos do Direito Civil. **Revista de Direito Privado**. vol. 1/2000. p. 141 – 149.

WAMBIER, Luiz Rodrigues; TALAMINI, Eduardo. **Curso avançado de processo civil**: teoria geral do processo. 21. ed. São Paulo: Thomson Reuters Brasil, 2022, vol. I e III.

21. HERANÇA DIGITAL: ANÁLISE DOS DIREITOS DE PERSONALIDADE "*POST MORTEM*"

MANUELLA SANTOS DE CASTRO

Honrada pela oportunidade de participar desta justa homenagem ao Professor Rui Geraldo Camargo Viana, dedico algumas linhas ao estudo da "herança digital", sob o prisma dos direitos da personalidade. A escolha do tema deste artigo teve como norte a predileção do homenageado, que há muito se dedica ao estudo dos direitos da personalidade.

Introdução

Segundo a análise "Tendências de *social media* 2023"[390], o Brasil é o terceiro país em número de usuários de redes sociais em todo o mundo, atrás de Índia e Indonésia, e à frente de Estados Unidos, México e Argentina. Conforme o estudo, 131 milhões de usuários brasileiros estão conectados a alguma rede social. Isso representa quase 62% da população brasileira. Outro dado relevante refere-se ao tempo de conexão, que aumentou 31% em relação ao mês de janeiro de 2020. Atualmente os usuários brasileiros passam, em média, 46 horas por mês em redes sociais.

As redes mais acessadas pelos brasileiros são *YouTube, Facebook* e *Instagram,* com alcance de 96,4%, 85,1% e 81,4%, respectivamente. *TikTok, Kwai* e *Twitter* aparecem na sequência. Em relação ao tempo de consumo da audiência, *Instagram*

[390] Disponível em: https://forbes.com.br/forbes-tech/2023/03/brasil-e-o-terceiro-pais-que-mais-consome-redes-sociais-em-todo-o-mundo/#:~:text=Brasil%20%C3%A9%20o%20terceiro%20maior,em%20todo%20o%20mundo%20%2D%20Forbes. Acesso em 30 abr. 2023

e *YouTube* são as redes sociais em que os usuários brasileiros ficam mais tempo *on line*. O *Instagram* é a rede de maior volatilidade em ações e se mantém como a plataforma com a maior interação entre marcas e influenciadores.

É evidente que a era digital trouxe consigo uma nova realidade para a sociedade, repleta de desafios e dilemas. À medida que o número de usuários de redes sociais continua a crescer exponencialmente, surge a seguinte indagação: o que acontece com as contas e perfis *online* após o falecimento do seu titular? Em outras palavras: essa "herança digital" pode ser transmitida aos sucessores ou isso seria uma violação ao direito da personalidade, como a privacidade e a intimidade do falecido?

Cabe lembrar que tanto a Lei n. 12.965/2014 (Marco Civil da Internet) quanto a Lei n. 13.709/2018 (Lei Geral de Proteção de Dados) não se debruçaram sobre a questão, de modo que não há regramento específico sobre herança digital no ordenamento jurídico pátrio.

Assim, cuidaremos neste artigo das complexidades legais e éticas em torno da herança digital. Nosso objetivo é oferecer uma compreensão mais clara sobre a natureza jurídica dos diferentes itens que compõem a herança digital, tendo como premissa a necessidade de se preservar a memória, a privacidade e a intimidade do falecido.

1. Conceito de herança digital

Como professora de direito civil já me vi em diversas oportunidades reiterando o caráter regulatório do direito civil. Sempre disse que o "direito civil é extremamente fiel" e "nunca nos abandona". Antes mesmo do nascimento as normas civis se fazem presente (mesmo sem saber o sexo do bebê os pais já sabem qual será o nome de família a ser adotado). E o direito civil continua a nos acompanhar por toda a vida: fazemos contratos, estabelecemos relações jurídicas, adquirimos bens, nos relacionamos, casamos, nos tornamos mães e pais, até que, enfim, um dia nos despedimos desta existência. E, mesmo no momento derradeiro da vida, o direito civil continua nos dando as mãos ao tratar da sucessão do falecido.

Que bom seria se por ocasião da morte as pessoas deixassem saudades, lições, memórias afetivas e bons momentos para serem guardados. Infelizmente, muitos deixam nós, e não laços. E, mais recentemente, somou-se a esse "nó" a herança digital.

Não há dúvidas de que as inovações tecnológicas influenciam nossas vidas como um todo. Para estar inserido no mundo digital criamos contas de e-mails, perfis em redes sociais, salvamos documentos, fotos e informações diversas em sistemas de arquivamento de dados em nuvem e, para todas essas atividades, criamos *logins* e senhas. Geralmente esses conteúdos são individuais, de modo que somente o próprio usuário gerencia, acessa e conhece suas senhas.

Conforme dispõe o art. 2º do Código Civil, a personalidade civil da pessoa começa do nascimento com vida. E, segundo o art. 6º, a existência da pessoa natural termina com a morte. Ocorre que, atualmente, diante das novas tecnologias e do acervo compartilhado pelo próprio indivíduo nas redes sociais, podemos dizer que, mesmo após a morte, a pessoa continua a ter uma "existência virtual". E isso só tende a se intensificar com o uso da inteligência artificial, que manipula e cria imagens de pessoas já falecidas como se estivessem vivas. O fato é que a biografia humana prolonga-se além da morte, e com as novas tecnologias e, mais recentemente, com as redes sociais, esse prolongamento é efetivo.

A esse respeito, é bem elucidativa a colocação de José de Oliveira Ascensão no sentido de que a personalidade, embora cesse com a morte, permenece tutelada sob uma nova roupagem, a do valor pesssoal, que é o respeito ao espírito do falecido consubstanciado em sua memória[391].

"Herança digital", a meu ver, é o acervo que uma pessoa deixa no mundo digital após sua morte, incluindo contas de e-mail, perfis em redes sociais, arquivos em nuvem, fotos, vídeos, músicas e outros ativos digitais.

Como compatibilizar a transmissão deste conteúdo digital dentro das relações sucessórias? Como compatibilizar leis que foram pensadas para aplicação em um ambiente não virtual, corpóreo, tangível e, de preferência, imóvel, para um ambiente em que o patrimônio será composto de direitos sobre uso de informação pessoais, intangíveis, e que valorizam mais o "compartilhar" em detrimento do "ter"?[392]

A meu ver a solução para essa situação deve ter como diretriz a lição deixada por Caio Mário da Silva Pereira, segundo o qual uma das conquistas evolutivas do século é a proteção sistemática dos direitos da personalidade[393]. Nesse mesmo sentido, Rui Geraldo Camargo Viana, homenageado nesta obra, nos lembra que no ordenamento jurídico pátrio atual houve inegável melhorar na redação dos direitos relacionados à personalidade[394].

2. Destino a ser dado aos diversos bens que compõem a herança digital

A herança consiste no conjunto de relações jurídico-patrimoniais que eram titularizadas pelo falecido e que serão transmitidas aos seus sucessores.

[391] ASCENSÃO, José de Oliveira. **Direito Civil**: teoria geral. 3. ed. São Paulo: Saraiva, 2010, p. 82.
[392] MUCILO, Daniela de Carvalho Mucilo. A intransmissibilidade causa mortis dos dados pessoais. In: MONACO, Gustavo Ferraz de Campos. **Lei geral de proteção de dados**: estudos e controvérsias da Lei n. 13.709/2018. São Paulo: Quartier Latin, 2020, p. 216.
[393] SILVA PEREIRA, Caio Mário. **Direito Civil**: alguns aspectos da sua evolução. Rio de Janeiro: Forense, 2001, p. 22.
[394] VIANA, Rui Geraldo Camargo. Novos direitos da personalidade. In: **Direitos da personalidade**: a contribuição de Silmara J. Chinelatto. Coord. CORREIA, Atalá. Barueri: Manole, 2019, p. 88.

Conforme ensina Orlando Gomes, embora o herdeiro assuma a posição jurídico-econômica do falecido, não lhe são transmitidos todos os direitos de que este era titular. Em regra, são transmissíveis, ativa e passivamente, as relações jurídico-patrimoniais, excetuando-se, por exemplo, o usufruto, o uso, a habitação e o mandato. Os direitos personalíssimos são intransmissíveis. Um dos raros direitos não patrimoniais que podem ser exercidos pelo herdeiro, por transmissão, é o direito moral do autor[395].

Diante disso, é lógico depreender que o sucessor não é mero continuador da personalidade do falecido.

Quanto à herança digital em si, entendo que o mais adequado é compreender que há "bens" de diferentes categorias dentro desse acervo. Assim, o destino a ser dado a cada item que compõe a herança digital será definido conforme sua natureza jurídica.

a) bens com valor patrimonial (ex: *criptomoedas*[396], licença de *software*, milhas);
b) perfis em redes sociais com finalidade empresarial;
c) perfis em redes sociais com finalidade pessoal;
d) contas de e-mail;
e) arquivos digitais diversos (ex: *ebooks*, fotos e vídeos).

Naturalmente, os bens da primeira categoria (com valor patrimonial) farão parte da herança e serão partilhados entre os herdeiros. Então, a dúvida persiste quanto aos outros itens, dos quais trataremos a seguir.

2.1. Perfis em redes sociais com finalidade empresarial

O Enunciado n. 95, da III Jornada de Direito Comercial, estabeleceu que "os perfis em redes sociais, quando explorados com finalidade empresarial, podem se caracterizar como elemento imaterial do estabelecimento empresarial". A meu ver essa é uma boa solução para um perfil com cunho empresarial, ou seja, um perfil que "monetiza", que tem *posts* patrocinados, que vende produtos ou serviços (geralmente os perfis de influenciadores digitais).

2.2. Perfis em redes sociais com finalidade pessoal

Além dos perfis com cunho empresarial, há muitos perfis de pessoas que compartilham seu cotidiano, fotos e seu estilo de vida. Nesse caso, meu entendimento é no sentido de que estamos diante de uma "identidade digital" e, como tal, esses perfis *têm* natureza jurídica de direito da personalidade.

[395] GOMES, Orlando. **Sucessões**. 17. ed. Rio de Janeiro: Forense, 2019, p. 9.

[396] Vide Lei n. 14.478/2022, que dispõe sobre diretrizes a serem observadas na prestação de serviços de ativos virtuais e na regulamentação das prestadoras de serviços de ativos virtuais.

Tendo em vista que o titular do perfil tem uma reputação *online* e que o conteúdo revela a identidade digital do seu titular, não há como transmitir esta identidade a terceiros, a exemplo do que ocorre com os atributos que identificam e diferenciam a pessoa humana[397].

Assim, a transmissão do acesso aos herdeiros só poderia ocorrer se o sucessor tivesse autorizado previamente. A meu ver, essa autorização deveria, como regra, ser expressa. Neste caso, a autorização poderia se dar de duas maneiras: a) quando o titular indica em seu perfil o seu "herdeiro digital"; b) quando o titular deixa um testamento ou outro documento idôneo em que aponta o seu herdeiro digital.

A autorização também poderia ser presumida, o que ocorreria na hipótese em que o titular compartilha seu *login* e senha com um terceiro de sua confiança. Em relação à autorização que entendo como presumida, cabe mencionar a decisão do Tribunal de Justiça de São Paulo, da qual discordo, e resumo a seguir.

2.2.1. Decisão do Tribunal de Justiça de São Paulo

O Tribunal de Justiça de São Paulo, nos autos da Apelação Cível n. 1119688-66.2019.8.26.0100, julgada em 9 de março de 2021, julgou improcedente apelação que pleiteava obrigação de fazer e indenização por dano moral.

Em resumo, a apelante argumentou que após o falecimento de sua filha passou a utilizar-se do perfil dela no *Facebook* para recordar fatos de sua vida e interagir com amigos e familiares. Isso só foi possível porque a filha havia lhe fornecido *login* e senha de acesso à conta na rede social. Alega que o perfil da filha foi repentinamente excluído sem qualquer justificativa, enfrentando dificuldades inclusive na obtenção de informações a respeito da exclusão perante o *Facebook*.

A mãe, então, ingressou com ação de obrigação de fazer e indenização por danos morais, pleiteando a restauração do perfil da filha ou a obtenção dos dados correlatos do perfil, além de informações que levaram à sua exclusão e indenização por danos morais. A ação foi julgada improcedente em primeiro e segundo graus.

Segundo o Relator, Desembargador Francisco Casconi, é incontroverso que a filha da autora, Mariana, ao criar seu perfil no *Facebook*, aderiu aos "termos de serviço e padrões da comunidade" da plataforma, ambos disponibilizados aos usuários quando do ingresso na rede social. Trecho extraído dos termos de serviço dispõe expressamente que o usuário deve "abster-se de compartilhar sua senha, dar acesso à sua conta do *Facebook* a terceiros ou transferir sua conta para outra pessoa (sem nossa permissão)".

[397] MUCILO, Daniela de Carvalho. A intransmissibilidade causa mortis dos dados pessoais. In: MONACO, Gustavo Ferraz de Campos. **Lei geral de proteção de dados**: estudos e controvérsias da Lei n. 13.709/2018. São Paulo: Quartier Latin, 2020, p. 228.

Ocorre que a própria autora relata na inicial que tinha por hábito acessar o perfil de sua filha com a utilização de usuário e senha criados por ela. No entender do Relator, tal conduta, por si só, já configura violação aos termos de uso da plataforma e justifica a remoção do perfil.

Segundo os termos de serviço, o usuário tem duas opções em caso de óbito: 1) optar previamente pela exclusão da sua conta; 2) optar pela indicação de um contato herdeiro, que cuidará da conta como se fosse um memorial.

Caso o usuário não tenho optado pela exclusão da conta, tampouco tenha indicado um contato herdeiro, então valerá a opção do próprio *Facebook*: a conta será transformada em memorial assim que a plataforma tomar ciência do falecimento do usuário.

As contas transformadas em memorial têm as seguintes características:

a) a expressão "em memória de" será exibida ao lado do nome da pessoa em seu perfil;
b) dependendo das configurações de privacidade da conta, os amigos poderão compartilhar lembranças na linha do tempo transformada em memorial;
c) o conteúdo que a pessoa compartilhou (por exemplo, fotos e publicações) permanecerá no *Facebook* e ficará visível para o público com o qual foi compartilhado;
d) os perfis transformados em memorial não são exibidos em espaços públicos, como nas sugestões de pessoas que você talvez conheça, em lembretes de aniversário ou em anúncios;
e) ninguém poderá entrar em uma conta transformada em memorial;
f) as contas transformadas em memorial que não tiverem um contato herdeiro não poderão ser alteradas.

Assim, no entender do Relator, o uso da plataforma nos termos referidos pela autora (acesso direto mediante *login* e senha de sua filha) sempre foi vedado pela ré.

Com relação à validade das cláusulas acima mencionadas, pontua o Relator que tanto a Lei n. 12.965/2014 (Marco Civil da Internet) quanto a Lei n. 13.709/2018 (Lei Geral de Proteção de Dados) não se debruçaram expressamente sobre a questão, de modo que não há regramento específico sobre herança digital no ordenamento jurídico pátrio. Nesse caso, a contenda deve ser dirimida à luz de dispositivos constitucionais e civilistas, norteada pelos direitos da personalidade e pelo princípio da autonomia da vontade.

Em suma, entendeu o Relator que a filha da autora, Mariana, manifestou sua vontade quando aderiu aos termos de serviço do *Facebook* e, por essa razão, não caracteriza arbitrariedade a exclusão *post mortem* do perfil da usuária falecida. Registra ainda que a subsunção da prestação de serviços aos ditames do Código de Defesa do Consumidor não tem o condão de alterar a conclusão, uma vez que não há abusividade nos termos de serviço da plataforma.

Por fim, a decisão da Corte argumenta que não há como imputar à apelada responsabilidade pelos abalos morais decorrentes da exclusão dos registros, já que decorreram de manifestação de vontade exarada em vida pela usuária, ao aderir aos termos de serviço da apelada, que previam a impossibilidade de acesso ilimitado do conteúdo após o óbito.

A apelação foi julgada improcedente, condenando a vencida ao pagamento de custas e despesas processuais, bem como honorários advocatícios que passam de 10% para 15% do valor atualizado da causa.

Não concordo com a decisão da Corte Paulista pelos seguintes motivos: a) considera válida a manifestação da vontade da filha da Apelante ao aderir aos termos de uso do Facebook, mas desconsidera a manifestação da vontade dela ao fornecer seus dados de acesso para sua mãe; b) parte do princípio de que os termos de uso do Facebook são indiscutíveis.

Note que o próprio Relator pontua que tanto a Lei n. 12.965/2014 (Marco Civil da Internet) quanto a Lei n. 13.709/2018 (Lei Geral de Proteção de Dados) não se debruçaram expressamente sobre a questão. Assim, questiono: uma vez que não há regramento específico sobre o tema, seria o caso de simplesmente acatar o regramento do *Facebook*? A meu ver estamos diante de um contrato de adesão de uso de plataforma digital, que faz uso de técnicas de contratação massificada.

Como sabemos, a contratação massificada tem assumido variadas formas: contratos por formulários, *tickets* de caixas automáticos, "aceites" em aplicativos e sites. Estamos diante de uma contratação silenciosa, feita por *tickets*, imagens, palavras e outros meios virtuais. As relações contratuais em âmbito virtual desenvolveram-se vertiginosamente e estão surgindo novos arranjos contratuais. Entendo que a declaração de vontade é ponto nuclear e ruidoso nos contratos massificados porque revela justamente a sua fragilidade contratual.

E deste contexto extraímos a seguinte indagação: um simples "aceite" em termos de uso pode ser considerado como declaração suficiente para a integridade do negócio jurídico? A meu ver, não. E esse aspecto é desconsiderado pela decisão do Tribunal de Justiça de São Paulo.

2.3. Contas de e-mail

No meu entender as contas de *e-mail* devem receber a proteção do art. 5º, inciso XII, da Constituição Federal, segundo o qual é inviolável o sigilo da correspondência e das comunicações telegráficas, de dados e das comunicações telefônicas.

Os novos meios de comunicação substituíram as cartas e o fax, por exemplo, mas, em essência, o conteúdo não mudou: o *e-mail* é um meio de comunicação e, como tal, deve ter seu sigilo preservado.

Assim, a meu ver, tendo em vista que em nosso país o sigilo das comunicações é um dos direitos fundamentais previstos pelo art. 5º da Constituição Federal, a quebra desse direito só pode ocorrer em situações excepcionais, conforme disposição do próprio inciso XII e, ainda, segundo regulamentação da Lei n. 9.296/1996, ou seja, somente para fins de investigação criminal ou instrução processual penal.

2.4. Arquivos digitais diversos

Os seguintes exemplos se enquadram nessa categoria: fotos, vídeos e *ebooks*. Podem ter valor patrimonial ou apenas valor afetivo. Para esses casos entendo que a privacidade deve ser preservada. Desse modo, em regra os sucessores não poderiam ter acesso a esses bens, exceto em duas hipóteses: se o falecido tiver deixado uma autorização expressa (por exemplo, uma declaração por escrito com firma reconhecida) ou em caso de investigação criminal.

3. Projetos de Lei

Uma breve pesquisa no site da Câmara dos Deputados nos mostra 10 (dez) projetos de lei sobre o tema "herança digital". Deste total, escolhi dois que estão em fases mais avançadas de tramitação.

3.1. Projeto de Lei n. 703, de 24 de março de 2022

Este projeto de lei pretende acrescentar o art. 1.857-A ao Código Civil. A redação proposta é a seguinte:

> Art. 1857-A. Toda pessoa capaz pode dispor, por qualquer outro meio no qual fique expressa a manifestação de vontade, sobre o tratamento de dados pessoais após a sua morte.
> §1° - Os herdeiros têm o direito de:
> I – Acessar os dados do falecido;
> II – Identificando informações válidas, relevantes e úteis para o inventário e a partilha do patrimônio;
> III – Obtenção de todos os dados íntimos relativos a família;
> IV – Eliminação e retificação de dados equivocados, falsos ou impróprios.
> §2° - As disposições do presente artigo aplicam-se, no que couber, aos declarados incapazes.

Conforme a justificativa do projeto, a definição de herança passaria a incluir publicações em redes sociais, arquivos em nuvem e contas de e-mail. O sucessor passaria a ter acesso à página pessoal do falecido mediante a apresentação do atestado de óbito. A justificativa do projeto de lei é que, embora o direito à herança esteja previsto na Constituição Federal (art. 5°, inciso XXX), "a legislação pátria não se amoldou aos novos tempos".

Segundo o autor do projeto, o deputado federal Helio Lopes (PL-RJ), há "vários relatos" de inúmeros herdeiros que buscam o Judicário a fim de obter acesso a fotos e vídeos que registram momentos em família e que lhe são negados. Segundo ele, "muitos" (sem citar fontes) também relatam a impossibilidade de obter dados importantes (mas não diz quais dados são) para a realização do inventário e da partilha.

A fim de verificar a veracidade de "vários relatos", fiz uma breve pesquisa na jurisprudência do Tribunal de Justiça de São Paulo. O resultado foram 4 (quatro) julgados. E destes, apenas um caso se referia à situação de familiares que almejavam acesso ao perfil do falecido em rede social. Isso chama atenção, uma vez que o Tribunal de Justiça de São Paulo é o maior tribunal do mundo em volume de processos. Segundo o relatório "Justiça em números", do Conselho Nacional de Justiça, o número de ações demandadas no Judiciário estadual paulista corresponde a 25% do total de processos em andamento em toda a Justiça brasileira, incluindo cortes federais e tribunais superiores[398].

Com essa simples pesquisa já percebemos que não tem respaldo a alegação que consta da justificativa de "vários relatos" de familiares que pretendem obter acesso às contas dos seus entes falecidos. Se a quantidade de julgados é ínfima no maior tribunal do Brasil, isso já indica a situação do País como um todo. De todo modo, também fiz a mesma pesquisa ("herança digital") na jurisprudência do STJ – Superior Tribunal de Justiça e, como esperado, não apareceu nenhum acórdão.

A meu ver esse projeto de lei não passa de uma tentativa de violação à intimidade do falecido. O inciso III chega ao absurdo de mencionar "todos os dados íntimos". O autor do projeto não atenta nem mesmo ao básico, que é atentar para o fato de que o art. 5º, inciso X, da Consituição Federal, dispõe que são invioláveis a intimidade e a vida privada das pessoas.

Por fim, até a data da conclusão deste artigo (maio de 2023) o referido projeto encontrava-se apensado ao Projeto de lei n. 2.664, de 2021.

3.2. Projeto de Lei n. 1.689, de 4 de maio de 2021

Este projeto de lei pretende acrescentar os arts. 1.791-A, 1863-A e o § 3º ao art. 1.857 ao Código Civil. A redação proposta é a seguinte:

> Art. 1º Esta Lei altera a Lei n. 10.406, de 10 de janeiro de 2002, para dispor sobre perfis, páginas

[398] Disponível em: https://www.tjsp.jus.br/QuemSomos#:~:text=O%20Tribunal%20de%20Justi%C3%A7a%20de,mundo%20em%20volume%20de%20processos. Acesso em 30 abr. 2023."

> contas, publicações e os dados pessoais de pessoa falecida, incluindo seu tratamento por testamentos e codicilos.
> Art. 2º Incluam-se os arts. 1.791-A e 1863-A e acrescente-se o § 3º ao art. 1.857 da Lei 10.406, de 10 de janeiro de 2002, com as seguintes redações:
> Art. 1.791-A Incluem-se na herança os direitos autorais, dados pessoais e demais publicações e interações do falecido em provedores de aplicações de internet.
> § 1º O direito de acesso do sucessor à página pessoal do falecido deve ser assegurado pelo provedor de aplicações de internet, mediante apresentação de atestado de óbito, a não ser por disposição contrária do falecido em testamento.
> § 2º Será garantido ao sucessor o direito de, alternativamente, manter e editar as informações digitais do falecido ou de transformar o perfil ou página da internet em memorial.
> § 2º Morrendo a pessoa sem herdeiros legítimos, o provedor de aplicações de internet, quando informado da morte e mediante apresentação de atestado de óbito, tratará o perfil, publicações e todos os dados pessoais do falecido como herança jacente, consignando-os à guarda e administração de um curador, até a sua entrega ao sucessor devidamente habilitado ou à declaração de sua vacância.
>
> Art. 1.857..
> § 3º A disposição por testamento de pessoa capaz inclui os direitos autorais, dados pessoais e demais publicações e interações do testador em provedores de aplicações de internet.
>
> Art. 1863-A O testamento cerrado e o particular, bem como os codicilos, serão válidos em formato eletrônico, desde que assinados digitalmente com certificado digital pelo testador, na forma da lei.

Além disso, também visa ampliar o conceito de direito patrimonial de autor, que passaria a abranger "as publicações em provedores de aplicações de internet".

> Art. 3º Altere-se o art. 41 da Lei nº 9.610, de 19 de fevereiro de 1998, que passa a ter a seguinte redação: Art. 41. Os direitos patrimoniais do autor, incluindo suas publicações em provedores de aplicações de internet, perduram por setenta anos contados de 1° de janeiro do ano subsequente ao de seu falecimento, obedecida a ordem sucessória da lei civil.

Conforme se pode verificar, a proposta pretende incluir na definição de herança os direitos autorais, os dados pessoais e as publicações e interações do falecido em redes sociais. Segundo a autora do projeto, a então deputada federal Alê Silva (PSL-MG), a proposta "visa resolver a insegurança jurídica na sucessão e a gestão de perfis em redes sociais e outras espécies de publicações na Internet de pessoas falecidas".

Resumidamente, sendo aprovado o projeto, o sucessor teria direito de acesso à página pessoal do falecido. Essa seria a regra e somente deixaria de ser aplicada caso o falecido tivesse deixado disposição contrária em testamento.

Não concordo com esse projeto, pois, além de violar a intimidade do falecido, a inaplicabilidade da disposição requer testamento que, como sabemos, não faz parte do costume do brasileiro. Para se ter uma ideia, segundo o Colégio Notarial do Brasil, em 2021, durante a pandemia da Covid-19, houve considerável aumento na procura por testamentos. O estado de São Paulo registrou o maior número de testamentos, passando de 3.933 testamentos no primeiro semestre de 2020 para 5.335 no primeiro semestre de 2021[399].

Por fim, até a data da conclusão deste artigo (maio de 2023) o referido projeto encontrava-se apensado ao Projeto de lei n. 3.050/2020.

Conclusões

Estamos vivendo uma situação de carência teórica e legislativa no tocante ao tema "herança digital". Entendo que o mais adequado é compreender que há "bens" de diferentes categorias dentro desse acervo digital. Assim, o destino a ser dado a cada item que compõe a herança digital deve ser definido conforme sua natureza jurídica, tendo como premissa a preservação da intimidade e da memória do falecido.

[399] https://cnbsp.org.br/2021/07/05/g1-por-causa-da-pandemia-procura-por-testamentos-aumenta-417-em-um-ano-no-pais-sp-lidera-ranking-nacional/. Acesso em 30 abr. 2023."

REFERÊNCIAS

ASCENSÃO, José de Oliveira. **Direito Civil**: teoria geral. 3. ed. São Paulo: Saraiva, 2010.

MUCILO, Daniela de Carvalho Mucilo. A intransmissibilidade causa mortis dos dados pessoais. In: MONACO, Gustavo Ferraz de Campos. **Lei geral de proteção de dados**: estudos e controvérsias da Lei n. 13.709/2018. São Paulo: Quartier Latin, 2020.

MONACO, Gustavo Ferraz de Campos. **Lei geral de proteção de dados**: estudos e controvérsias da Lei n. 13.709/2018. São Paulo: Quartier Latin, 2020, p. 216.

GOMES, Orlando. **Sucessões**. 17. ed. Rio de Janeiro: Forense, 2019, p. 9.

SILVA PEREIRA, Caio Mário. **Direito Civil**: alguns aspectos da sua evolução. Rio de Janeiro: Forense, 2001, p. 22.

VIANA, Rui Geraldo Camargo. Novos direitos da personalidade. In: **Direitos da personalidade**: a contribuição de Silmara J. Chinelatto. Coord. CORREIA, Atalá. Barueri: Manole, 2019.

22. AUTORIDADE PARENTAL À LUZ DA PERSPECTIVA EVOLUTIVA DOS DIREITOS DA PERSONALIDADE

MARCO FÁBIO MORSELLO

Introdução

A temática em análise é instigante, porquanto retrata perspectiva evolutiva, com novos desafios advindos de visão paidocêntrica, que robustece a cláusula geral escudada nos melhores interesses da criança e adolescente, a ser aquilatada qualitativamente.

À evidência, não se trata de tarefa fácil.

Deveras, como é cediço, a realidade quotidiana pós-moderna revela paradigmas fulcrados em sociedade de hiperconsumo, cujos efeitos se refletem, à saciedade, nas famílias, nomeadamente nas crianças.

Ora, tal realidade, aliada à denominada síndrome do pensamento acelerado, que grassa nos tempos atuais, com amplo destaque à figura do turboconsumidor policrônico, permitem divisar efetiva felicidade paradoxal, informada pelo fenômeno da penia, definida por Gilles Lipovetsky como "a imediata realização dos gozos materiais aliada à infelicidade existencial", fatores que desencadeiam o crepúsculo do dever e a ética indolor.[400]

Nesse contexto, aliado à multiplicidade de grupos sociais, fragmentação, dispersão e justaposição de valores, ao relativismo, à hipercomplexidade e à compe-

[400] LIPOVETSKY, Gilles. **A felicidade paradoxal**: ensaio sobre a sociedade de hiperconsumo. Tradução de Maria Lucia Machado. São Paulo: Companhia das Letras, 2007. pp. 104-126; 157-171.

tição corrosiva, ínsitos ao paradigma pós-moderno, observa-se, como preconiza Gary Minda, a inexistência de valores compartilhados (*shared values*), fundamentais à concretização da solidariedade social tão propalada, o que multiplica situações conflitivas.[401]

De fato, o influxo permanente de estímulos que promanam do sistema social ao sistema jurídico é realidade inequívoca, tendo em vista a inserção deste último como um sistema de segunda ordem, em caráter análogo ao sistema nervoso nos seres vivos.

Ora, diante dos *inputs* que promanam do sistema social, a célula familiar e nomeadamente os genitores são os arautos da esperança ética no desenvolvimento da personalidade dos infantes, propiciando-se-lhes efetivo *output* dirigido ao corpo social, com o escopo de concretizar o princípio fundante da dignidade da pessoa humana e correlata convivência em sociedade justa e solidária, elidindo que as normas em comento sejam transformadas em meros pedaços de papel (*Stück Papier*), desprovidos de efetividade.

Para tal desiderato, como ressalta Erich Fromm, o amor dos pais se afigurará essencial, aliado à premissa de que: para que seja capaz de amar, o ser humano deve ser colocado em seu lugar supremo. A máquina econômica deve servi-lo, em vez de servir-se dele (...). Ter fé na possibilidade do amor como fenômeno social, e não apenas excepcional-individual, é uma fé racional baseada em penetração na própria natureza do homem.[402]

Referido entendimento, aliás, é plenamente consentâneo com a visão contemporânea da projeção horizontal das relações familiares e proeminência do afeto, amálgama daquelas[403], não se afigurando incompatível com a cláusula geral

[401] MINDA, Gary. **Postmodern Legal Movements:** Law and Jurisprudence at Century's End. New York: New York University Press, 1995. No mesmo diapasão, vide: AZEVEDO, Antonio Junqueira de. O direito pós-moderno e a codificação. In: **Estudos e pareceres de Direito Privado.** São Paulo: Saraiva, 2004, p. 55-63; NALINI, José Renato. Ética e família na sociedade pós-moralista. In: COLTRO, Antônio Carlos Mathias (coord.). **A revisão do Direito de Família**: estudos jurídicos em homenagem ao centenário de Edgard de Moura Bittencourt. Rio de Janeiro: GZ Editora, 2009, p. 384-418; HESPANHA, António Manuel. **O caleidoscópio do direito**: o direito e a justiça nos dias e no mundo de hoje. 2. ed. reelaborada. Coimbra: Almedina, 2009, p. 485-515.

[402] FROMM, Erich. **A arte de amar**. Tradução de Milton Amado. Belo Horizonte: Editora Itatiaia, 1995, p. 157-158.

[403] A propósito do tema, leciona Rui Geraldo Camargo Viana, com apoio no escólio de Sandra Regina Martins, que: "O afeto entra para o mundo do direito e, embora não estejam explícitos na Constituição nem no Código Civil, o reconhecimento das uniões estáveis como entidade familiar, a equiparação da família biológica e adotiva (art. 227, § 6º, da Constituição Federal), a afiliação socioafetiva (art. 1.593 CC) e as famílias do mesmo sexo o comprovam, como demonstra Sandra Martins" (VIANA, Rui Geraldo Camargo. Novos direitos da personalidade: direito à identidade sexual. In: CORREIA, Atalá (coord.); CAPUCHO, Fábio Jun (coord.). **Direitos da personalidade**:

de melhores interesses da criança e adolescente, nem tampouco da visão paidocêntrica que a permeia.

De fato, o vocábulo grego *paidós* justamente coaduna-se com a criança e seu desenvolvimento, ocupando papel central, com o consequente deslocamento do paradigma de outrora, escudado em efetivo adultocentrismo.[404]

Nesse contexto, faz-se mister detida análise evolutiva do instituto.

1. Escorço histórico evolutivo

Com efeito, a experiência histórica se revela fundamental para a análise da autoridade parental, como cerne da instituição social família[405] e suas mudanças correlatas, desde sua acepção maximalista, com paulatina concepção reducionista, formadora do conceito de família nuclear e perspectivas minimalistas, sem prejuízo da preponderância de um direito geral de personalidade caracterizado como fundamental, fomentador da proeminência do aspecto afetivo, quando cotejado com aquele patrimonial.

Deveras, referida realidade fática propiciou papel de escol aos vínculos socioafetivos, elidindo a exclusividade de outrora, permeada naqueles consanguíneos.

Nesse contexto, malgrado inviável a obtenção de uniformidade absoluta do instituto em comento, máxime tendo em vista o amplo espectro de civilizações ao redor do mundo e peculiaridades correlatas[406], emergem alguns aspectos que permitem observar, no seio da civilização ocidental, a analogia do aspecto religioso como dínamo formador de ritos e relações familiares, no âmbito das

a contribuição de Silmara J. A. Chinellato. 1. ed. Barueri, SP: Manole, 2019, p. 89).

[404] Nesse sentido, PALAZZO, Antonio. **La filiazione**. Milano: Giuffré, 2007, p. 541, preconizando com percuciência que: "*Il diritto di famiglia, negli ultimi decenni, ha subito una vera e propria rivoluzione copernicana. Ribaltando secoli di tradizione giuridica e culturale, il diritto diventa paidocentrico come efficacemente è stato scritto. Al centro del diritto di famiglia, e per molti versi di tutto l´ordinamento giuridico, sta ora il figlio, per milenni soltanto l´oggetto del potere paterno. Il diritto paidocentrico, che ha messo al centro del mondo del diritto l´interesse del minore, presenta tuttavia qualche tratto di continuità con la storia giuridica precedente. L'enfasi sulla cura del minore ha riproposto in chiave nuova (non autoritaria) la visione paternalisitca del rapporto con il figlio*". No mesmo diapasão: DI LANDRO, Amalia Chiara. Responsabilità genitoriale verso i figli. **Enciclopedia del diritto**. Milano: Giuffrè, 2022, vol. IV (Famiglia), p. 1.168.

[405] Deveras, na lição de Rui Geraldo Camargo Viana, a coesão entre os membros, dotada de durabilidade, e o poder nela exercido conferem à família "a conotação de verdadeira instituição" (VIANA, Rui Geraldo Camargo. A família. In: VIANA, Rui Geraldo de Camargo (coord.); NERY, Rosa Maria de Andrade (coord.). **Temas atuais de Direito Civil na Constituição Federal**. São Paulo: Revista dos Tribunais, 2009. p. 26-39).

[406] Para maiores detalhes acerca da formação dos diversos sistemas jurídicos e suas origens correlatas, vide VICENTE, Dário Moura. **Direito Comparado.** Coimbra: Almedina, 2008, v. I (Introdução e Parte Geral), obra na qual o autor discorre de modo minudente acerca da família romano-germânica, do sistema da *common law,* da família jurídica muçulmana, dos sistemas jurídicos africanos e dos direitos hindu e chinês.

civilizações indo-europeia, grega e romana, com as consequências correlatas na formação da família e papel central do *pater*, na seara de relações familiares hierarquizadas e verticais.[407]

De fato, na Babilônia, a autoridade parental pertencia ao pai, cujos direitos eram amplos, muito embora não ilimitados. Nesse aspecto, conforme observa Jean Gaudemet, diversos contratos evidenciaram a frequência da venda de infantes, bem como o abandono de recém-nascidos. No entanto, emerge distinção importante, quando cotejada com o direito romano, na medida em que ao pai não era dado o poder de vida e morte em relação aos filhos, além do que, a deserdação destes somente poderia ocorrer por motivos graves.[408]

No Egito Antigo, muito embora verificada a necessidade de descendentes para o culto aos antepassados – prática, aliás, adotada por diversos povos da Antiguidade –, observa-se como peculiaridade a inexistência de recém-nascidos expostos, e a importância do afeto e da educação extensivos à integralidade da prole.[409]

Dentre os povos hebreus, a figura do pai gozava de grande autoridade. No entanto, não havia exemplo de exercício arbitrário de dispor acerca da vida e morte dos membros da família. Sobreleva acrescentar, por oportuno, que o propalado sacrifício de Isaac apresentava caráter cultural e simbólico, máxime tendo em vista a proibição da referida prática aos deuses reputados falsos. Por fim, vedava-se a punição arbitrária dos filhos, ainda que escudada em insubordinação, exigindo-se previamente aos pais que submetessem a problemática ao Tribunal dos Anciãos.[410]

No período clássico da História de Atenas, dessume-se que a família representava um elemento essencial da cidade antiga, o que já era ressaltado por Aristóteles na relevância da relação entre família e *polis*. O termo família, à época, já não era unívoco, preponderando, no entanto, a acepção concernente aos grupos familiares por vezes extensos (*anchisteia e genos*). De qualquer modo, a cidade se interessava por ambos, fixando-lhes limites, direitos e obrigações.[411]

A figura paterna se destacava na seara da autoridade parental, com amplos poderes em relação aos filhos, designadamente quanto à possibilidade de acolhê-los ou enjeitá-los por ocasião do nascimento, de modo que o casamento legítimo não se afigurava como condição suficiente par tal desiderato, já que se impunha ato sucessivo e autônomo de indicação expressa de que o pai reconhecia o filho

[407] COULANGES, Fustel de. **A cidade antiga**. Tradução de Aurélio Barroso Rebello e Laura Alves. Rio de Janeiro: Ediouro, 2014, p. 117-119.

[408] GAUDEMET, Jean. **Institutions de L'Antiquité**. Paris: Sirey, 1967, p. 43. No mesmo diapasão, vide: WESEL, Uwe. **Geschichte des Rechts**. 2. ed. München: C.H. Beck Verlag, 2001, p. 76-77.

[409] Nesse sentido: GAUDEMET, Jean. Op. cit., p. 61; WESEL, Uwe. Op. cit, p. 97-98.

[410] GAUDEMET, Jean. Op. cit., p. 121-122.

[411] Ibidem, p. 205.

como seu. Tratava-se de ato solene, atrelado a cerimônias religiosas, que ocorriam dias após o nascimento.

Observa-se, outrossim, a prática da adoção na hipótese de inexistência de descendentes, com o escopo de manutenção do culto aos deuses Lares.

Por fim, muito embora o direito de vida e morte não apresentasse comprovação, este ocorria, ainda que, por via oblíqua, por ocasião do ato de necessário reconhecimento ou rejeição do recém-nascido. Nesse contexto, havia a prática disseminada da rejeição, mormente em relação a crianças reputadas "mal constituídas" – *i.e.*, portadoras de deficiência – e meninas, o que era considerado absolutamente normal por Platão, visando a assegurar o equilíbrio demográfico na cidade ideal.[412-413]

No que concerne à Roma Antiga, depreende-se que a família romana era solidamente organizada, cabendo aos filhos total submissão à figura do *pater*, efetivo sacerdote, magistrado do lar e responsável pela consecução dos sacrifícios propiciatórios aos deuses Lares, impondo-se a existência de descendentes visando o culto aos antepassados.

Tratando-se, aliás, de sacerdote da família, à luz das amplas atribuições à figura em comento, poderia ser o *pater* de sua mulher, ou até mesmo de sua mãe. Por via de conseqüência, era o juiz de todos os membros da família, tendo sobre estes direito de vida e de morte (*ius vitae et necis*), consubstanciado na Lei das XII Tábuas.[414]

Além disso, era o único proprietário de seus bens. A mulher estava posta sob a autoridade do marido. Igualmente, os filhos estavam sob a autoridade do *pater*, que poderia expô-los e vendê-los. O *pater* conservava seus direitos até a morte, a menos que procedesse à emancipação de seu filho por venda três vezes repetida. Naturalmente, com o progresso da civilização, os poderes do *pater* sofreram limitações.[415]

Nesse contexto, observe-se que, desde o nascimento, referido poder era inconteste, máxime à luz do denominado *dies lustricus*, que representava cerimônia

[412] Ibidem, p. 207-208.

[413] Nesse contexto, sobreleva, por oportuno, esclarecer que não é esse o entendimento comungado pelo autor, de modo que a referência tem apenas a finalidade de registro dos aspectos evolutivos e históricos relacionados ao tema.

[414] BORNECQUE, Henri; MORNET, Daniel. **Roma e os romanos**. Tradução de Alceu Dias Lima. São Paulo, E.P.U. e EDUSP, 1977, p. 84-85; CARRILHO, Fernanda. **Dicionário de Latim Jurídico**. Coimbra: Almedina, 2006, p. 470, transcrevendo a integralidade das XII Tábuas, e informando que o *ius vitae et necis*, estava previsto na Tábua IV; MOREIRA ALVES, José Carlos. **Direito Romano**. 6. ed. Rio de Janeiro, 2003, v. II, p. 266-267; SANTOS NETO, José Antonio de Paula. **Do pátrio poder**. São Paulo: Revista dos Tribunais, 1994, p. 21-22.

[415] BORNECQUE, Henri; MORNET, Daniel. Op. cit., p. 84-85; CARBONNIER, Jean. **Droit civil**: introduction. Les personnes. La famille, l'enfant, le couple. Paris: PUF, 2004, v. I, p. 866; MOREIRA ALVES, José Carlos. Op. cit, p. 267; PALAZZO, Antonio. Op. cit., p. 511-518.

solene de reconhecimento, na qual o pai erguia o recém-nascido do solo, manifestando assim seu desejo de criá-lo, atribuindo-lhe seu nome no nono dia após o nascimento para os meninos e oitavo dia para as meninas. Na referida ocasião, a criança era purificada, derivando a partir disso o nome *dies lustricus*.[416]

Em nosso país, com espeque na vigência das Ordenações do Reino, oriundas da metrópole[417], com menção expressa às fontes do Direito Romano, observava-se relação vertical nas relações familiares, sob a autoridade paterna. No entanto, cumpre acrescentar a tendência local ao denominado *cunhadismo*, que alargava o espectro do conceito de família e laços de parentesco correlatos, sendo uma dentre as causas fomentadoras de redes sociais associadas ao clientelismo.[418]

Por outro lado, na evolução histórica, dessume-se que o pátrio poder, paulatinamente, afastou-se da subserviência ao manifesto despotismo paterno, para se constituir em instrumento de proteção e promoção dos interesses da família, concomitantemente à gradativa equiparação da mãe ao pai quanto ao seu exercício, com a correlata generalização do controle desse exercício pelo Poder Judiciário.[419]

Por via de consequência, a própria estruturação das famílias apresentou mudanças sensíveis no contexto histórico, desde as denominadas máxi-famílias,

[416] BORNECQUE, Henri; MORNET, Daniel. Op.cit., p. 142-143.

[417] Nesse sentido, para obtenção de dados minudentes acerca das Ordenações, vide GOMES DA SILVA, Nuno J. Espinosa. **História do Direito Português**: fontes de direito. 4. ed. Lisboa: Fundação Calouste Gulbenkian, 2006, p. 299-431.

[418] RIBEIRO, Darcy. **O povo brasileiro**. São Paulo: Companhia das Letras, 2008, p. 72. Outrossim, consoante arguta observação de Sérgio Buarque de Holanda: "nos domínios rurais é o tipo de família organizada segundo as normas clássicas do velho direito romano-canônico, mantidas na Península Ibérica através de inúmeras gerações, que prevalece como base e centro de toda a organização. Os escravos das plantações e das casas, e não somente escravos, como os agregados, dilatam o círculo familiar e, com ele, a autoridade imensa do *pater*. Esse núcleo bem característico, em tudo se comporta como seu modelo da antiguidade, em que a própria palavra família, derivada de *famulus*, se acha estreitamente vinculada à idéia de escravidão, e em que mesmo os filhos são apenas os membros livres do vasto corpo, inteiramente subordinando ao patriarca, os *liberi*. Dos vários setores de nossa sociedade colonial, foi sem dúvida a esfera da vida doméstica aquela onde o princípio de autoridade menos acessível se mostrou às forças corrosivas que de todos os lados atacavam. Sempre imerso em si mesmo, não tolerando nenhuma pressão de fora, o grupo familiar mantém-se imune de qualquer restrição ou abalo. Nesse ambiente, o pátrio poder é virtualmente ilimitado e poucos freios existem para sua tirania. O quadro familiar torna-se, assim, tão poderoso e exigente, que sua sombra persegue os indivíduos mesmo fora do recinto doméstico" (HOLANDA, Sérgio Buarque de. **Raízes do Brasil**. 17. ed. Rio de Janeiro: José Olympio Editora, 1984, p. 49-50). No mesmo diapasão, mas com maior ênfase aos matizes jurídicos do instituto em comento, em cotejo com a perspectiva histórica de nosso país, vide: SANTOS NETO, José Antonio de Paula. Op. cit., p. 41-44; COMEL, Denise Damo. **Do poder familiar**. São Paulo: Revista dos Tribunais, 2003, p. 23-25; ROCHA, José Virgílio Castelo Branco. **O pátrio poder**. São Paulo: Leud, 1978, p. 20-38.

[419] SANTOS NETO, José Antonio de Paula. Op. cit., p. 201; CHIARELLA, Maria Luisa. **Paradigmi della minore età**. Catanzaro: Rubbettino, 2008, p. 14-22; PALAZZO, Antonio. Op. cit, p. 527-531.

atreladas à autoridade do *pater,* até o advento contemporâneo das mini-famílias, também denominadas nucleares, ou seja, fulcradas no arquétipo que engloba o pai, a mãe e os filhos, sendo de início restrita à família conjugal, e complementada posteriormente com o advento dos filhos, passando, então, a ser também denominada família paterno-filial.[420]

De fato, como preconiza Jean Carbonnier, o círculo familiar apresentou redução ao longo do tempo, criando-se a família nuclear, oposta às máxi-famílias de outrora, fulcradas na *gens* patriarcal do Direito Romano, atreladas à linhagem dos costumes, que englobava todos as pessoas descendentes de um ancestral comum, inclusive colaterais de graus longínquos. Acerca do tema, elucida Rui Geraldo Camargo Viana que:

Na família romana, havia até uma abrangência econômica, no sentido de a família compreender todos os agregados, que eram aqueles que descendiam de uma mesma estirpe, compreendia também aqueles que vinham, se ligavam à família por laços civis, os chamados cognados, e ainda abarcava toda a clientela, os escravos e os bens, já que, no conceito de Direito romano, a família se constituía de *personas et pecus,* ou seja, o gado também fazia parte dela, pois a família era um núcleo econômico, no sentido de caráter patrimonial.[421]

Hodiernamente, muito embora prepondere a família nuclear, esta não descura características peculiares, abarcadoras, *e.g.*, daquelas monoparentais, recompostas ou fulcradas em laços sócio-afetivos.[422]

Ademais, o sentido maximalista de outrora (*grande famille*) ainda subsiste como uma área de proteção à família nuclear, nomeadamente na seara da sucessão legítima e testamentária, razão da formulação, por Carbonnier, da teoria dos círculos concêntricos entre ambas.[423]

No que concerne à autoridade parental, como já mencionado alhures, a nova perspectiva é voltada à proteção integral da criança e adolescente e ao atendimento a seu melhor interesse, sob forma qualitativa. Mencionados princípios

[420] ALMADA, Ney de Mello. Família: dissertação conceitual. In: COLTRO, Antonio Carlos Mathias (coord.). **A revisão do Direito de Família**: estudos jurídicos em homenagem ao centenário de Edgard de Moura Bittencourt. Rio de Janeiro: GZ Editora, 2009, p. 420-421. Referido autor aponta, outrossim, para a existência além da família nuclear adrede elencada, à "família-linhagem, que compreende todas as pessoas ligadas por vínculos de casamento, parentesco, afinidade e adoção e vínculos convivenciais, no caso brasileiro em que a união estável viu-se guindada à categoria de entidade familiar na Constituição Federal de 1988". Também aponta a existência da família-lar, atrelada ao grupo de pessoas que convivem sob um teto comum.

[421] VIANA, Rui Geraldo Camargo. Evolução histórica da família brasileira. In: PEREIRA, Rodrigo da Cunha (coord.). **A família na travessia do milênio**. II Congresso Brasileiro de Direito de Família. **Anais...** Belo Horizonte: Del Rey, 2000, p. 325-326.

[422] CARBONNIER, Jean. Op. cit., p. 758-759.

[423] Ibidem, p. 758.

foram transformados em efetivas cláusulas gerais, dando gênese à propalada visão paidocêntrica, cuja força normativa constitucional, consubstanciada no art. 227 da Constituição Federal de 1988, denota função iluminante, que se irradia para todo o sistema jurídico, o que analisaremos detidamente no próximo tópico.[424]

Tal entendimento é consentâneo com o amplo desenvolvimento do denominado direito geral de personalidade, cujo princípio fundante é a dignidade da pessoa humana, de modo a dar proeminência à individualidade de cada um de seus membros.[425]

2. Função à luz dos novos princípios de Direito de Família

A evolução histórica da família como instituição social que precede ao Estado revela mudança de paradigma no sistema jurídico. Como é cediço, o sistema jurídico não denota caráter autopoiético, na medida em que se caracteriza-se como um subsistema ou sistema de segunda ordem que, muito embora apresente autonomia operacional, está subordinado ao sistema social.

Tecidas referidas digressões, conjuntamente com a repersonalização das relações jurídicas, com espeque no princípio fundante da dignidade da pessoa humana, amplo arquétipo de direitos fundamentais e menção expressa à importância da família como instituição a ser protegida visando ao amplo desenvolvimento da personalidade de cada um de seus membros, à luz do afeto, como novo amálgama das relações em comento, depreende-se que a relação vertical, com perspectiva na supremacia da vontade do pai, foi deslocada para a perspectiva de proteção integral à criança ou ao adolescente e ao atendimento ao seu melhor interesse, a ser aquilatado qualitativamente.[426]

[424] MADALENO, Rolf. **Curso de Direito de Família**. Rio de Janeiro: Forense, 2008, p. 508, observando que, além da força normativa constitucional provinda do art. 227, da Constituição Federal vigente, não há que se descurar "as diretrizes acompanhadas no Brasil pelo Estatuto da Criança e do Adolescente, em seus arts. 3º e 4º, consubstanciando-se em uma declaração de princípios, como preâmbulo da Convenção Internacional dos Direitos da Criança, adotada pela Assembléia Geral das Nações Unidas, em 1989, e com a finalidade de por a salvo os fundamentais direitos dos menores e adolescentes". No que se refere ao chamado direito paidocêntrico, vide: PALAZZO, Antonio, Op. cit, p. 541-543.

[425] Nesse sentido, vide CHINELLATO, Silmara Juny de Abreu. In: AZEVEDO, Antonio Junqueira de (coord.). **Comentários ao novo Código Civil**: parte especial. Direito de Família. São Paulo: Saraiva, 2004, p. 96, aludindo à desbiologização, em que demonstra que "a família deixa de ser uma unidade de caráter econômico, social e religioso para se caracterizar como um grupo de afetividade e companheirismo, Essa transformação certamente repercutiu no desprestígio da paternidade tão-só biológica".

[426] OLIVEIRA, José Sebastião de. **Fundamentos constitucionais do direito de família**. São Paulo: Revista dos Tribunais, 2002, p. 361-363; CHIARELLA, Maria Luisa. Op. cit, p. 14-22. Assim, da leitura, *e.g.*, do art. 227 da Constituição Federal, como bem preconiza Paulo Luiz Netto Lôbo:

Dessume-se, portanto, que a nova perspectiva ensejou a incidência direta dos princípios constitucionais no direito de família, especialmente a dignidade da pessoa humana (art. 1º, III, da CF de 1988), a solidariedade social (art. 3º, I, do mesmo diploma legal) e a igualdade substancial (art. 3º, III).

Como corolário da assertiva supra, referidas disposições constitucionais protagonizaram mudança no cerne do direito de família, tendo o condão, com sua força normativa, de iluminar todo o sistema de direito privado, aplicando-se a denominada interpretação da lei conforme a Constituição, conforme preconiza a doutrina germânica.[427]

Nesse contexto, como é curial, houve necessidade, inclusive, de revisão da expressão pátrio poder, já que, sendo ínsita ao paradigma pretérito mencionado, propiciava intelecção imediata acerca do poder dos pais sobre os filhos, em desconformidade com o princípio da igualdade entre os cônjuges, vulnerando, outrossim, a doutrina de proteção integral dos filhos como sujeitos de direitos.[428] Desse modo, ou seja, forte nas noções de autoridade pessoal e patrimonial dos pais, o novo Código Civil inseriu a denominação poder familiar.

No entanto, perfilhando entendimento liderado por Silmara Juny de Abreu Chinellato e Paulo Lôbo, referida denominação não revela adequação, na medida em que mantém a ênfase no poder, cujo termo não se coaduna com a nova perspectiva das relações familiares. Deveras, como preleciona o último autor mencionado, inclusive, com sucedâneo no Direito de Família francês e americano, "o conceito de autoridade nas relações privadas traduz melhor o exercício de função ou de *munus*, em espaço fundado na legitimidade e no interesse do outro".[429]

Ademais, corroborando o referido entendimento, depreende-se que o termo "familiar" se encontra deslocado de contexto, pois, à luz da experiência social

"extrai-se o conteúdo mínimo de deveres cometidos à família, *a fortiori* do poder familiar, em benefício do filho, enquanto criança e adolescente, a saber: o direito à vida, à saúde, à alimentação (sustento), à educação, ao lazer, à profissionalização, à cultura, à dignidade, ao respeito, à liberdade e à convivência familiar. Evidentemente, tal conjunto de deveres deixa pouco espaço ao poder, São deveres jurídicos correspectivos a direitos cujo titular é o filho" (LÔBO, Paulo Luiz Netto. Do poder familiar. In: DIAS, Maria Berenice (coord.); PEREIRA, Rodrigo da Cunha (coord.). **Direito de família e o novo Código Civil**. 4. ed. Belo Horizonte: Del Rey, 2005, p. 156.

[427] HESSE, Konrad. **Grundzüge des Verfassungsrechts der Bundesrepublik Deutschland**. 16. ed. Heidelberg: C. F. Müller Verlag, 1988, p. 29-30; CANOTILHO, José Joaquim Gomes. **Direito Constitucional e teoria da Constituição**. Coimbra: Almedina, 1998, p. 1.099-1.100.

[428] MADALENO, Rolf. Op. cit., p. 508.

[429] LÔBO, Paulo Luiz Netto. Do poder familiar. In: DIAS, Maria Berenice (coord.); PEREIRA, Rodrigo da Cunha (coord.). **Direito de família e o novo Código Civil**. 4. ed. Belo Horizonte: Del Rey, 2005, p. 146; **Direito Civil**: famílias. São Paulo: Saraiva, 2008, p. 268-269. No mesmo sentido, vide: NERY JUNIOR, Nelson; NERY, Rosa Maria de Andrade. **Código Civil comentado e legislação extravagante**. 3. ed. São Paulo: Ed. Revista dos Tribunais, 2005, p. 1.052.

haurida até o presente, poderia levar a crer verossimilmente que os avós e irmãos também estariam imbuídos da referida função.

Destarte, depreende-se que as profundas modificações ocorridas na instituição social família, na seara do compartilhamento da autoridade parental e no bojo da filiação, permitem concluir que a autoridade parental será o dínamo que impulsionará a realização dos interesses proeminentes de crianças e adolescentes para a vida adulta, de modo a garantir-lhes, para tal desiderato, plena higidez física, moral, emocional e psíquica.[430]

3. Natureza jurídica e definição. Adultocentrismo *versus* visão paidocêntrica

Inicialmente, emerge como fato incontroverso, aferível pelas máximas de experiência, que os filhos necessitam da proteção e dos cuidados dos pais, porquanto nascem indefesos e dependentes, razão pela qual, ao mesmo tempo, emerge na autoridade parental um dever e um interesse natural, com o escopo de propiciar as melhores condições aos filhos, nomeadamente atrelados à educação e formação, instrumentalizados por ampla gama de interesses físicos, morais, sociais, intelectuais e afetivos.[431]

Nesse contexto, a doutrina contemporânea não discrepa do entendimento da proeminência dos superiores interesses dos filhos não emancipados, atrelados à realidade inconteste de interesse total e incondicional no desenvolvimento da personalidade destes, de modo que, resta configurado um efetivo conjunto de direitos e deveres em interação permanente visando referido escopo em benefício da prole.[432]

Com efeito, acerca do tema, José Antonio de Paula Santos Neto preconiza que o poder familiar – compreendido pelo autor sob a superada denominação de "pátrio poder" –, é um instituto "bifronte: poder-dever instrumental em face dos filhos e direito subjetivo perante terceiros."[433] No ordenamento jurídico, sob sua ótica, o denominado "pátrio poder" consistiria no complexo de direitos e deveres concernentes aos genitores, escudado no Direito Natural, confirmado pelo Direito Positivo e direcionado ao interesse da família e do filho não emancipado, que incide sobre a pessoa e o patrimônio deste filho e serve como meio para o manter, proteger e educar.[434]

[430] Nesse sentido, MADALENO, Rolf. Op. cit., p. 509. No mesmo diapasão, vide: ARHANCET, Mabel Rivero de. **Patria potestad**. Montevideo: Fundación de Cultura Universitaria (FCU), 2016, p. 47.
[431] MADALENO, Rolf.. Op. cit, p. 509.
[432] Ibidem, p. 509-510.
[433] SANTOS NETO, José Antonio de Paula. Op. cit, p. 201.
[434] Ibidem, p. 201.

Nelson Nery Júnior e Rosa Maria de Andrade Nery afirmam, ademais, que a autoridade parental consiste em um complexo de direitos e deveres atribuídos aos genitores pelo Estado, "como *munus* público, de velar pela pessoa e bens de seus filhos menores" voltados à garantia do desenvolvimento moral, material e intelectual da prole. Nesse sentido, referidos autores advertem que eventual descumprimento desse poder dever pode implicar a responsabilização pelos crimes de abandono material e intelectual, sem prejuízo da suspensão e extinção do poder familiar.[435]

Antonio Carlos Mathias Coltro, por outro lado, assevera que, na realidade contemporânea, a autoridade parental transmudou-se em dever de proteção, emoldurando situação jurídica peculiar, de modo que, com fulcro em definição proposta pelo Conselheiro Armando Leandro, preconiza, com acuidade, que, a autoridade parental, denominada poder familiar à luz do novo Código Civil, revela "uma situação jurídica complexa, em que avultam poderes funcionais, ao lado de puros e simples deveres"[436]. Por conseguinte, para o autor, a autoridade parental deve ser exercida de forma vinculada, em harmonia com o melhor interesse da criança ou do adolescente, visando ao seu desenvolvimento integral.[437]

Patente, pois, o deslocamento do adultocentrismo outrora vigente, para a denominada visão paidocêntrica alhures mencionada.

4. Titularidade do poder familiar

Com fulcro na premissa de que se transmudou a realidade de outrora, fulcrada em disparidade no exercício da autoridade parental – porquanto ainda subsistia a supremacia da decisão paterna –, a legislação infraconstitucional também amoldou-se ao novo *statu quo,* com fundamento no art. 21 do Estatuto da Criança e do Adolescente, e no art. 1.631 do Código Civil em vigor, predispondo ser dos pais o poder familiar durante o casamento e a união estável.

Consoante a nova disciplina legal, o poder familiar somente será exercido com exclusividade na falta ou impedimento de um dos pais, e se houver divergência, assegurando-se que, nessa hipótese, eventual desacordo possa ser dirimido pelo juiz, que sempre deverá levar em conta a proteção integral da criança e do

[435] NERY JUNIOR, Nelson; NERY, Rosa Maria de Andrade. Op. cit., p. 1.052. No mesmo sentido, acerca da concepção do poder familiar como espécie de *munus,* vide: LÔBO, Paulo Luiz Netto. Do poder familiar. In: DIAS, Maria Berenice (coord.); PEREIRA, Rodrigo da Cunha (coord.). **Direito de família e o novo Código Civil**. 4. ed. Belo Horizonte: Del Rey, 2005, p. 146; **Direito Civil**: famílias. São Paulo: Saraiva, 2008, p. 268-269.

[436] COLTRO, Antonio Carlos Mathias. Do pátrio poder ao poder familiar: o novo Código Civil. In: NUNES, João Batista Amorim de Vilhena. **Família e sucessões**: reflexões atuais. Curitiba: Juruá Editora, 2009, p. 96.

[437] Ibidem, p. 96.

adolescente, aliada aos seus melhores interesses, aferíveis qualitativamente.[438] Nesse contexto, impende ressaltar, por oportuno, que, mesmo à luz da separação judicial, do divórcio e da dissolução da união estável, inexiste supressão da autoridade parental ao genitor destituído da guarda física dos filhos (art. 1.632 do Código Civil).

5. Conteúdo do poder familiar

Como já analisado anteriormente, com fundamento na interpretação da lei conforme a Constituição, bem como na força normativa desta e função iluminante correlata, dessume-se, *primo ictu oculi,* que o conteúdo da autoridade parental tem sua gênese nos ditames consubstanciados no art. 229, da Constituição Federal de 1988, dispositivo que menciona expressamente como deveres inerentes aos pais, a assistência, criação e educação dos filhos.

Referidas diretrizes se encontram robustecidas no art. 22, do Estatuto da Criança e do Adolescente, cujo núcleo do tipo estabelece de modo clarividente ser incumbência dos pais o dever de sustento, guarda e educação dos filhos. Tal premissa é corroborada pelo art. 1.634, do Código Civil, que impõe aos pais amplo rol de deveres, conforme se dessume da mera leitura dos nove incisos insculpidos no referido dispositivo legal, sendo fundamental o comentário pontual de alguns de tais deveres.

Nesse contexto, por proêmio, emerge como dever prioritário e fundamental o amplo dever de assistência, na seara do mais amplo e integral dever de proteção, de modo a abranger não só a função alimentar, como também o dever de guarda, segurança, com o zelo consequente pela integridade física, psíquica e moral da criança e do adolescente, visando propiciar-lhe o substrato fundamental ao completo desenvolvimento da personalidade e posterior independência para inserção social cidadã.

Observe-se que, com fundamento nos ditames consubstanciados no art. 1.634 do Código Civil, o dever de criação e educação dos filhos, mormente nos dias atuais, não se coaduna, à evidência, com suposta e exclusiva abundância material, mas sobretudo com a transmissão de valores aptos ao crescimento sadio, razão pela qual asseveramos no início deste trabalho a função efetivamente promocional da autoridade parental, diante dos estímulos contrários provindos do sistema social inserto no paradigma pós-moderno do turboconsumidor.

Nessa quadra, à evidência, cumpre assegurar à prole a efetivação dos direitos à vida, à saúde, à alimentação, à educação, ao esporte, ao lazer, à profissionalização, à cultura, à dignidade, ao respeito, à liberdade, e à convivência familiar e

[438] Nesse sentido: MADALENO, Rolf.. Op. cit, p. 510; COLTRO, Antônio Carlos Mathias. Op. cit, p. 98.

comunitária, preceitos elencados nos arts. 227 da Constituição Federal e 4º, do Estatuto da Criança e do Adolescente.[439]

Por via de consequência, o dever de sustento é fundamental, já que deriva do *munus* consubstanciado na autoridade parental, bem como da solidariedade familiar ilimitada, como ressalta Rolf Madaleno.[440]

Outro dever que se reputa essencial – afigurando-se como cerne do amplo desafio de transmissão de princípios éticos, à luz da justaposição de valores e ética indolor que grassam no paradigma pós-moderno –, é o de educar o filho para o exercício futuro de sua independência pessoal, qualificando-o para a vida profissional e convivência comunitária, efetivando o escopo elencado no art. 3º, do Estatuto da Criança e do Adolescente.

Nesse contexto, também é dever dos pais ter os filhos sob sua companhia e guarda, pois a presença, vigília e proteção contínuas propiciarão a convivência essencial à orientação futura, além de possibilitar a partilha do afeto. Não se olvide, porém, que a mera presença física ou compensação material não se erigem a substitutivo da efetiva convivência qualitativa ínsita à transmissão de valores hauridos da experiência de vida, cimentando as relações afetivas, o que não resta elidido, sequer, por ocasião da separação judicial, do divórcio e da dissolução da união estável, já que inconfundíveis com a supressão da autoridade parental.

Deveras, a nosso ver, o ascendente que não detenha a guarda não poderá se descurar do dever de participação efetiva da vida afetiva e sentimental de seu filho, pois, a formação deste não se confunde com o insucesso da vida conjugal pretérita e as mágoas consequentes. Do mesmo modo, ao guardião à luz da não rara síndrome de alienação parental, caberá dever de conduta leal, ínsito ao padrão exigível no âmbito da boa-fé objetiva, de modo a não obstaculizar referida participação, máxime tendo em vista que não é o detentor exclusivo do *munus* da autoridade parental. Com efeito, a boa-fé objetiva como regra de conduta, ora erigida a efetiva cláusula geral em nosso sistema, robustece e densifica, no campo da vida jurídica, a diretriz constitucional da solidariedade social, espraiando-se, inclusive, para o Direito de Família. Por via de consequência, a nosso ver, mesmo após a separação judicial, fixa deveres de lisura e colaboração, que caracterizam

[439] Nesse sentido: MADALENO, Rolf. Op. cit., p. 511-512; ISHIDA, Válter Kenji. **Estatuto da Criança e do Adolescente**. 8. ed. São Paulo: Atlas, 2007, p. 6-7.

[440] MADALENO, Rolf. Op. cit., p. 512. Outrossim, cumpre anotar, consoante importante ensinamento do referido autor, que o dever fundamental de sustento de filhos menores transmuda-se com "a maioridade em obrigação alimentar [...]. A maioridade civil não obsta de os filhos prosseguirem como credores de alimentos, só não mais pelo poder familiar, e com a presunção absoluta de necessidade dos alimentos, mas, doravante, gerando uma obrigação condicional de alimentos, decorrente da relação de parentesco e da permanência da necessidade alimentar, provavelmente porque estudam na busca do preparo profissional."

standard de conduta exigível, independentemente da vontade dos pais, atendida a cláusula geral do melhor interesse da criança e do adolescente, a ser avaliada qualitativamente.

Conclusões

A perspectiva evolutiva do poder familiar impõe releitura do instituto, à luz de superação da visão patriarcal das famílias de outrora, escudadas em adultocentrismo, para a denominada visão paidocêntrica, plenamente consentânea com a cláusula geral de melhores interesses da criança e adolescente, que deverá ser aquilatada qualitativamente.

Forte nessas premissas, o instituto em comento refere-se à efetiva autoridade parental, cujo *munus* será exercido pelos pais em espaço fundado na legitimidade e interesse de outrem.

Nesse contexto, observa-se que as profundas modificações ocorridas na instituição social família, na seara do compartilhamento da autoridade parental e no bojo da filiação, permitem concluir que aquela será o dínamo que impulsionará a realização dos interesses proeminentes de crianças e adolescentes para a vida adulta, de modo a garantir-lhes plena higidez física, moral, emocional e psíquica, no âmbito dos direitos da personalidade. Desse modo, considerando a dispersão e justaposição de valores ínsitos ao paradigma da pós-modernidade, no qual grassam o crepúsculo do dever e a ética indolor, os pais são os arautos da esperança ética no desenvolvimento da personalidade dos filhos.

REFERÊNCIAS

ALMADA, Ney de Mello. Família: dissertação conceitual. In: COLTRO, Antonio Carlos Mathias (coord.). **A revisão do Direito de Família**: estudos jurídicos em homenagem ao centenário de Edgard de Moura Bittencourt. Rio de Janeiro: GZ Editora, 2009, p. 417-445.

ARHANCET, Mabel Rivero de. **Patria potestad**. Montevideo: Fundación de Cultura Universitaria (FCU), 2016.

AZEVEDO, Antonio Junqueira de. O direito pós-moderno e a codificação. In: **Estudos e pareceres de Direito Privado**. São Paulo: Saraiva, 2004, p. 55-63.

BORNECQUE, Henri; MORNET, Daniel. **Roma e os romanos**. Tradução de Alceu Dias Lima. São Paulo, E.P.U. e EDUSP, 1977.

CANOTILHO, José Joaquim Gomes. **Direito Constitucional e teoria da Constituição**. Coimbra: Almedina, 1998.

CARBONNIER, Jean. **Droit civil**: introduction. Les personnes. La famille, l'enfant, le couple. Paris: PUF, 2004, v. I.

CARRILHO, Fernanda. **Dicionário de Latim Jurídico**. Coimbra: Almedina, 2006.

CHIARELLA, Maria Luisa. **Paradigmi della minore età**. Catanzaro: Rubbettino, 2008.

CHINELLATO, Silmara Juny de Abreu. In: AZEVEDO, Antonio Junqueira de (coord.). **Comentários ao novo Código Civil**: parte especial. Direito de Família. São Paulo: Saraiva, 2004.

COLTRO, Antonio Carlos Mathias. Do pátrio poder ao poder familiar: o novo Código Civil. In: NUNES, João Batista Amorim de Vilhena. **Família e sucessões**: reflexões atuais. Curitiba: Juruá Editora, 2009.

COMEL, Denise Damo. **Do poder familiar**. São Paulo: Revista dos Tribunais, 2003.

COULANGES, Fustel de. **A cidade antiga**. Tradução de Aurélio Barroso Rebello e Laura Alves. Rio de Janeiro: Ediouro, 2014.

DI LANDRO, Amalia Chiara. Responsabilità genitoriale verso i figli. **Enciclopedia del diritto**. Milano: Giuffrè, 2022, vol. IV (Famiglia).

FROMM, Erich. **A arte de amar**. Tradução de Milton Amado. Belo Horizonte: Editora Itatiaia, 1995.

GAUDEMET, Jean. **Institutions de L'Antiquité**. Paris: Sirey, 1967.

GOMES DA SILVA, Nuno J. Espinosa. **História do Direito Português**: fontes de direito. 4. ed. Lisboa: Fundação Calouste Gulbenkian, 2006.

HESPANHA, António Manuel. **O caleidoscópio do direito**: o direito e a justiça nos dias e no mundo de hoje. 2. ed. reelaborada. Coimbra: Almedina, 2009.

HESSE, Konrad. **Grundzüge des Verfassungsrechts der Bundesrepublik Deutschland**. 16. ed. Heidelberg: C. F. Müller Verlag, 1988.

HOLANDA, Sérgio Buarque de. **Raízes do Brasil**. 17. ed. Rio de Janeiro: José Olympio Editora, 1984.

ISHIDA, Válter Kenji. **Estatuto da Criança e do Adolescente**. 8. ed. São Paulo: Atlas, 2007.

LIPOVETSKY, Gilles. **A felicidade paradoxal**: ensaio sobre a sociedade de hiperconsumo. Tradução de Maria Lucia Machado. São Paulo: Companhia das Letras, 2007.

LÔBO, Paulo Luiz Netto. Do poder familiar. In: DIAS, Maria Berenice (coord.); PEREIRA, Rodrigo da Cunha (coord.). **Direito de família e o novo Código Civil**. 4. ed. Belo Horizonte: Del Rey, 2005.

_____. **Direito Civil**: famílias. São Paulo: Saraiva, 2008.

MADALENO, Rolf. **Curso de Direito de Família**. Rio de Janeiro: Forense, 2008.

MINDA, Gary. **Postmodern Legal Movements:** Law and Jurisprudence at Century's End. New York: New York University Press, 1995.

MOREIRA ALVES, José Carlos. **Direito Romano**. 6. ed. Rio de Janeiro, 2003, v. II.

NALINI, José Renato. Ética e família na sociedade pós-moralista. In: COLTRO, Antônio Carlos Mathias (coord.). **A revisão do Direito de Família**: estudos jurídicos em homenagem ao centenário de Edgard de Moura Bittencourt. Rio de Janeiro: GZ Editora, 2009, p. 384-418.

NERY JUNIOR, Nelson; NERY, Rosa Maria de Andrade. **Código Civil comentado e legislação extravagante**. 3. ed. São Paulo: Ed. Revista dos Tribunais, 2005.

OLIVEIRA, José Sebastião de. **Fundamentos constitucionais do direito de família**. São Paulo: Revista dos Tribunais, 2002.

PALAZZO, Antonio. **La filiazione**. Milano: Giuffré, 2007.

RIBEIRO, Darcy. **O povo brasileiro**. São Paulo: Companhia das Letras, 2008.

ROCHA, José Virgílio Castelo Branco. **O pátrio poder**. São Paulo: Leud, 1978.

SANTOS NETO, José Antonio de Paula. **Do pátrio poder**. São Paulo: Revista dos Tribunais, 1994.

VIANA, Rui Geraldo Camargo. Evolução histórica da família brasileira. In: PEREIRA, Rodrigo da Cunha (coord.). **A família na travessia do milênio**. II Congresso Brasileiro de Direito de Família. **Anais...** Belo Horizonte: Del Rey, 2000.

_____. A família. In: VIANA, Rui Geraldo de Camargo (coord.); NERY, Rosa Maria de Andrade (coord.). **Temas atuais de Direito Civil na Constituição Federal**. São Paulo: Revista dos Tribunais, 2009. p. 26-39.

_____. Novos direitos da personalidade: direito à identidade sexual. In: CORREIA, Atalá (coord.); CAPUCHO, Fábio Jun (coord.). **Direitos da personalidade**: a contribuição de Silmara J. A. Chinellato. 1. ed. Barueri, SP: Manole, 2019, p. 87-100.

VICENTE, Dário Moura. **Direito Comparado**. Coimbra: Almedina, 2008, v. I (Introdução e Parte Geral).

WESEL, Uwe. **Geschichte des Rechts**. 2. ed. München: C.H. Beck Verlag, 2001.

23. DO NOME E DA SOCIOAFETIVIDADE

MARIA BEATRIZ BEVILACQUA VIANA GOMES

Introdução

Foi com imensa alegria que recebi a notícia de que fariam uma obra em homenagem a meu pai, e fiquei muito honrada em receber o convite para dela participar. Honrada, mas preocupada em apresentar um trabalho que se aproxime minimamente do enorme conhecimento e paixão de meu pai pelo Direito e, acima de tudo, seu entusiasmo por transmiti-los aos seus alunos. Foi com eles que eu e meus irmãos crescemos dividindo a atenção do Mestre, sempre pronto para, a qualquer hora e em qualquer lugar – mesmo que isso significasse pegar uma muda de roupas e viajar dali a poucos minutos –, dirigir-se a uma sala de aula. E foram aulas sempre permeadas por piadas memoráveis que faziam mais leve e divertido o aprender, e o apreender. Homem de muitas histórias e estórias, de memória invejável e rápido raciocínio, certamente deixou sua marca com aqueles com que conviveu - e convive.

Não poderia começar este escrito sem dizer estas poucas palavras sobre o pai e Professor Rui Geraldo Camargo Viana.

O tema escolhido para esta homenagem foram os Direitos da Personalidade, garantidores da dignidade humana. Dentre eles, optei por falar sobre o nome e o reconhecimento da socioafetividade como fonte de aperfeiçoamento da identificação da pessoa natural na família e na sociedade.

1. Dos direitos da personalidade

A dignidade da pessoa humana é um dos fundamentos da República Federativa do Brasil (artigo 1º, II, da Constituição Federal brasileira de 1988). Baseado nesse princípio, dentre os direitos e garantias fundamentais está o da inviolabilidade da intimidade, da vida privada, da honra e da imagem das pessoas, assegurando indenização material e moral, caso violado (artigo 5º., X, da Constituição Federal brasileira de 1988).

O Código Civil de 2002 traz um capítulo próprio para assegurar tais direitos (artigos 11 a 21), que estão intimamente ligados à aptidão da pessoa – natural ou jurídica - para adquirir direitos/deveres e contrair obrigações[441]. Só têm capacidade jurídica aqueles que gozam de personalidade.

A existência da personalidade coincide normalmente com a duração da vida humana, mas é também admitida ao nascituro, ao ausente, ou "a pessoa cuja possibilidade de vir a existir é admitida para a aquisição de direitos"[442].

Reconhece-se também a tutela da personalidade *post mortem*, vez que "as operações jurídicas criadas em virtude do exercício do chamado *direito de personalidade do morto* podem continuar gerando efeitos jurídicos passíveis, também, de tutela sob a rubrica do direito de personalidade"[443].

Os direitos da personalidade são intransmissíveis, irrenunciáveis, ilimitados por ato voluntário, vitalícios, extrapatrimoniais, e visam preservar a integridade física (direito à vida, ao próprio corpo ou o corpo alheio – vivo ou morto -), intelectual (direito de liberdade do pensamento e expressão, e direitos do autor ou inventor), e moral (direitos à liberdade, à honra, ao recato, ao segredo e ao sigilo, à imagem e à identidade)[444].

Preservam tudo o que diz respeito à natureza da pessoa.

Não se trata, no entanto, de um rol taxativo, em especial considerando que a pessoa e a sociedade estão em constante mutação: "... a sociedade é um organismo vivo, dinâmico, em constante modificação, quer seja em razão do meio, quer seja em razão do tempo, quer seja em razão de fatores políticos"[445]. Não é outra a definição dada pelo sociólogo **Émile Durkheim:** um organismo vivo.

[441] PEREIRA, Caio Mário Da Silva. **Instituições de Direito Civil**. v. I. 18. ed. Rio de Janeiro: Forense, 1997. p. 141-142.

[442] GOMES, Orlando, **Introdução ao Direito Civil**. 12. ed. Atualizado por Humberto Theodoro Junior. Rio de Janeiro: Forense, 1997. p. 143

[443] NERY JUNIOR, Nelson e NERY, Rosa Maria de Andrade. **Código Civil comentado**. 10. ed. São Paulo: RT, 2013. coment. 8 CC 11, p. 270

[444] DUARTE, Nestor. **Código Civil Comentado: doutrina e jurisprudência.** Lei n. 10.406, de 10.01.2002, coordenador PELUSO, Cezar. 11. ed. rev. e atual. Barueri, SP: Manole, 2017. p. 30.

[445] SEGALLA, Conrado Rodrigues. **Novo Código Civil Interfaces no Ordenamento Jurídico Brasileiro**. coordenadora HIRONAKA, Giselda Maria Fernandes Novaes. Belo Horizonte: Del Rey, 2004. p. 27.

Os direitos da personalidade emaranham-se com outros tantos direitos tipificados em nossa legislação, com conteúdo moral e/ou patrimonial. Dentre eles, está o direito ao nome.

2. Do direito ao nome

O direito ao nome possibilita a identificação da pessoa e sua inserção na família e na sociedade. Tratando do nome das pessoas naturais, tem-se que ele é adquirido no nascimento (artigos 50, 54, 55, da Lei 6.015, de 31 de dezembro de 1973 LRP), mesmo do natimorto (artigo 53, da LRP), no casamento (artigo 1.565, § 1º, do Código Civil de 2002) – podendo ser alterado no divórcio (artigo 1.571, § 2º, e 1.578, ambos do Código Civil de 2002) -, na união estável (artigos 57, IV, § 2º, da LRP) ou na adoção (artigo 47 da Lei 8.069, de 13 de julho de 1990 ECA).

O direito ao nome, aí compreendidos prenome e sobrenome (artigo 16, do Código Civil de 2002), é a "designação pela qual se identificam e distinguem as pessoas naturais, nas relações concernentes ao aspecto civil de sua vida jurídica"[446].

Ensinava Caio Mario da Silva Pereira[447] ser o nome civil "elemento designativo do indivíduo e fator de sua identificação na sociedade", que "integra a personalidade, individualiza a pessoa e indica a *grosso modo* a sua procedência familiar".

Segundo Maria Berenice Dias[448], "O nome individualiza as pessoas, distinguindo-as durante a vida, sendo um elemento da personalidade que sobrevive à morte." Aponta a ascendência da pessoa, seu lugar na família de origem, sendo que, com o casamento, novas relações de parentesco surgem e são acrescidas às anteriores. Ressalta a autora que na atualidade o casamento já não serve mais como reconhecimento da entidade familiar e aponta, por fim, citando Rodrigo da Cunha Pereira (PEREIRA, Rodrigo da Cunha, Concubinato e união estável, 42), que a família se tornou plural, assumindo diversas outras formas que não mais a de união de um homem e uma mulher pelo casamento.

Com as novas formas de composição familiar, também o nome civil passa a sofrer alterações.

3. Do afeto no mundo do Direito

O afeto entra em cena para o mundo do Direito.

Embora não explícito na Constituição Federal nem no Código Civil, sua inserção é comprovada pelo reconhecimento das uniões estáveis como entidade fami-

[446] FRANÇA, Rubens Limongi. **Do nome civil das pessoas naturais**, 3ª ed., São Paulo, RT, 1975, p.22

[447] PEREIRA, Caio Mário da Silva. **Instituições de direito civil**. v. I. 18. ed. rev. e atual. Rio de Janeir: Forense, 1997. p. 155

[448] DIAS, Maria Berenice. **Manual de direito das famílias**. 5. ed. rev. atual. e ampl. São Paulo: RT, 2009. p. 123-124.

liar (artigo 226, § 3º, da Constituição Federal brasileira de 1988), pela equiparação da família biológica e adotiva, vedada qualquer forma de discriminação (artigo 227, § 6º, da Constituição Federal brasileira de 1988), pela filiação socioafetiva (artigo 1.593, do Código Civil de 2002), e pelas famílias do mesmo sexo, como demonstra Sandra Martins[449]. Some-se a elas o reconhecimento da "família monoparental" (artigo 226, § 4º, da Constituição Federal brasileira de 1988), formada por qualquer dos pais e seus descendentes.

Não há mais uma estrutura familiar rígida, e muito menos identificada exclusivamente por laços consanguíneos. O afeto, o convívio, a socioafetividade e o pertencimento passam a ditar novas estruturas familiares. Busca-se a felicidade, priorizando os objetivos de vida eleitos pela pessoa em contraponto aos modelos determinados pelo legislador.

Nada mais justo e significativo do que conferir liberdade ao indivíduo para filiar-se àquele que de fato exerce a paternidade/maternidade, cuidando e velando por ele no dia a dia, independentemente de laços biológicos ou, como dito, de estruturas familiares rígidas.

Novos princípios surgiram, como bem enumeram Flávio Tartuce e José Fernando Simão[450]: proteção da dignidade da pessoa humana (artigo 1º, III, da Constituição Federal brasileira de 1988), da solidariedade familiar (artigo 3º, I, da Constituição Federal brasileira de 1988), da igualdade entre filhos (artigo 227, § 6º, da Constituição Federal brasileira de 1988 e artigo 1.596 do Código Civil de 2002), da igualdade entre cônjuges e companheiros (artigo 226, § 5º, da Constituição Federal brasileira de 1988 e artigo 1.511 do Código Civil de 2002), da igualdade na chefia familiar (artigos 1.566, III e IV, 1.631 e 1.634, do Código Civil de 2002 e artigos 226, § 5º e § 7º, da Constituição Federal brasileira de 1988), da não intervenção ou da liberdade (artigo 1.513 do Código Civil de 2002), do maior interesse da criança e do adolescente (artigo 227, *caput*, da Constituição Federal brasileira de 1988 e artigos 1.583 e 1.584 do Código Civil de 2002), da afetividade e da função social da família.

4. Das espécies de parentesco

Maria Helena Diniz[451] atesta serem espécies de parentesco o Natural ou consanguíneo, o Afim, estabelecido por determinação legal, e o Civil, referindo-se à adoção e ao parentesco socioafetivo, "baseado numa relação de afeto, gerada pela convivência".

[449] MARTINS, Sandra Regina. **Uniões Homoafetivas: da invisibilidade à entidade familiar**. Dissertação de Mestrado, FADUSP, 2015. p. 13

[450] TARTUCE, Flávio e SIMÃO, José Fernando. **Direito civil**: direito de família. v. 5. 5. ed. Rio de Janeiro: Forense, São Paulo: Método, 2010, sumário.

[451] DINIZ, Maria Helena. **Curso de direito civil brasileiro**: direito de família. v. 5. 22. ed. rev. e atual. São Paulo: Saraiva, 2007, p. 409-411.

O artigo 1.593, do Código Civil de 2002, reconhece o parentesco advindo não só da consanguinidade, mas também de "**outra origem**".

A menção a "outra origem" abarca não só o parentesco pela adoção, mas também as "técnicas de reprodução assistida heteróloga relativamente ao pai (ou mãe) que não contribuiu com seu material fecundante" e "da paternidade socioafetiva, fundada na posse do estado de filho" (conforme Enunciado 103 do CEJ - Centro de Estudos Judiciários - CJF): "A posse do estado de filho (parentalidade socioafetiva) constitui modalidade de parentesco civil" (Enunciado 256 do CEJ), produzindo efeitos pessoais e patrimoniais (Enunciado 519 do CEJ).

Da interpretação dessa inovação legislativa surgiram decisões judiciais que colocaram um basta nas tentativas do Estado em fixar – e por que não dizer engessar – os modelos de entidade familiar, passando a admitir o reconhecimento não só da paternidade biológica, como também da socioafetiva. Nessa linha, saiu beneficiada, inclusive, a "adoção à brasileira", na qual o indivíduo, sem a necessária comprovação genética, registra um filho como seu.

As decisões judiciais foram além, admitindo ambas as paternidades – biológica e socioafetiva - concomitantemente (a denominada multi ou pluriparentalidade).

Trata-se de enorme avanço da jurisprudência, abraçando os anseios daqueles que buscam o reconhecimento não só da família que a Lei lhes confere, mas também aquela em que se sentem inseridos, e cujo nome almejam carregar e transmitir às futuras gerações.

O Supremo Tribunal Federal, ao julgar um caso em que havia paternidade socioafetiva reconhecida e o recorrente se opunha ao reconhecimento da paternidade biológica[452], fixou a seguinte Tese (Tema 622, STF): "A paternidade socioafetiva, declarada ou não em registro público, não impede o reconhecimento do vínculo de filiação concomitante baseado na origem biológica, com os efeitos jurídicos próprios."

Quando do julgamento, deixou assentada a Suprema Corte a necessária "ampliação da tutela normativa a todas as formas pelas quais a parentalidade pode se manifestar, a saber: (i) pela presunção decorrente do casamento ou outras hipóteses legais, (ii) pela descendência biológica ou (iii) pela afetividade."

Consta da ementa do mencionado julgado que:

> [...] 15. Os arranjos familiares alheios à regulação estatal, por omissão, não podem restar ao desabrigo da proteção a situação de pluriparentalidade, por isso que merecem tutela jurídica concomitante, para todos

[452] STF, RE 898060/SC, Tribunal Pleno, Relator(a) Ministro Luiz Fux, julgamento 21/09/2016, publicação 24/08/2017.

> os fins de direito, os vínculos parentais de origem afetiva e biológica, a fim de prover a mais completa e adequada tutela aos sujeitos envolvidos, ante os princípios constitucionais da dignidade da pessoa humana (art. 1º., III) e da paternidade responsável (art. 226, § 7º).

Resta assegurado à pessoa sua identificação não só pela ancestralidade e consanguinidade, mas por origens outras, possibilitando com isso carregar um nome que a identifique por completo, se assim o quiser (vide artigos 55 e 57 da 6.015, de 31 de dezembro de 1973, com alterações da Lei 14.382, de 27 de junho de 2022).

5. Da parentalidade socioafetiva

Tem-se, portanto, que em busca de sua identidade e distinção (NOME), e em homenagem à dignidade da pessoa humana e ao princípio da afetividade e da busca da felicidade, pode o indivíduo reconhecer vínculos que ultrapassam os consanguíneos ou o da adoção.

Trata-se de importante conquista. A socioafetividade passa a ser admitida como fonte geradora de parentesco e identificação da pessoa humana.

Para tanto, deve-se comprovar a existência do vínculo afetivo e a vontade das partes em vê-lo reconhecido.

Tais circunstâncias devem estar bem definidas para que se dê o reconhecimento da filiação socioafetiva, como atesta o Superior Tribunal de Justiça[453]:

> [...] o estabelecimento da filiação socioafetiva, demanda a coexistência de duas circunstâncias bem definidas e dispostas, necessariamente, na seguinte ordem: i) vontade clara e inequívoca do apontado pai ou mãe socioafetivo, ao despender expressões de afeto à criança, de ser reconhecido, voluntária e juridicamente como tal; ii) configuração da denominada 'posse de estado de filho', compreendido pela doutrina como a presença (não concomitante) de *tractatus* (tratamento, de parte à parte, como pai/mãe e filho; *nomen* (a pessoa traz consigo o nome do apontado pai/mãe); e *fama* (reconhecimento pela família e pela comunidade de relação de filiação), que naturalmente, deve, apresentar-se de forma sólida e

[453] STJ, REsp 1328380/MS, T3-Terceira Turma, Relator(a) Ministro Marco Aurélio Bellizze, julgamento 21/10/2014, DJe 03/11/2014, RSTJ vol. 236. p. 408.

> duradoura (Lôbo, Paulo, Direito Civil – Famílias. São Paulo. Editora Saraiva. 2008, p. 212).

Não se exige uma quantidade exata de tempo de convivência para comprovar que foram criados vínculos de afeto, mas eles devem estar presentes, demonstrando-se o amparo emocional, financeiro, e o exercício dos direitos de um genitor, ou seja, a denominada "posse de estado de filho". As provas serão sopesadas pelos juízes para formar seu convencimento.

Vejamos, nesse sentido, recente julgado da 2ª. Câmara de Direito Privado do Tribunal de Justiça do Estado de São Paulo[454], assim ementado:

> APELAÇÃO. Declaratória de reconhecimento de paternidade socioafetiva. Sentença de improcedência. Irresignação do autor. Comprovação de vínculo socioafetivo entre o autor P. B. e H. C. C, ambos maiores de idade. Não é necessária uma quantidade exata de anos de convivência para se determinar a criação de vínculos socioafetivos, nem se exige idade certa daquele que quer ver reconhecida a paternidade socioafetiva. O que deve prevalecer é a comprovação da existência de vínculo e vontade genuína das partes. Há consentimento formal do genitor biológico o que denota reconhecimento geral da existência de vínculos socioafetivos entre as partes, que não podem ser relevados judicialmente. Possibilidade de reconhecimento da multiparentalidade. Tese aprovada pelo Supremo Tribunal Federal, no julgamento do Recurso Extraordinário 898.060 (Repercussão Geral 622). Paternidade biológica que não impede o reconhecimento do vínculo de filiação concomitante, baseado na origem socioafetiva, com os efeitos jurídicos próprios. Sentença reformada. Recurso provido.

A relação socioafetiva alcançou tamanha importância que chega a ser priorizada em detrimento da biológica, mesmo quando há interesse de uma das partes em que esta última prevaleça. Nesse sentido:

[454] TJSP, Apelação Cível 1008256-14.2020.8.26.0292, 2ª. Câmara de Direito Privado do Tribunal de Justiça de São Paulo, Relator(a) Des. João Baptista Galhardo Júnior, julgado e publicado aos 02/08/2022

> Apelação Cível. Direito Família. Ação de Investigação de Paternidade. Exame de DNA, afastando a paternidade biológica. Sentença de improcedência. Estudos social e psicológico que atestam a caracterização da paternidade sócio afetiva entre as partes. Paternidade sócioafetiva que não pode ser ignorada, ainda que o exame de DNA seja negativo. Reconhecimento do estado de filiação que é direito personalíssimo, indisponível e imprescritível, assentado no princípio da dignidade da pessoa humana. Incidência da técnica de Julgamento, prevista no artigo 942 do CPC. Provimento do recurso, por maioria.[455]

E o reconhecimento da parentalidade socioafetiva pode se dar *post mortem:*

> RECURSO ESPECIAL. DIREITO DE FAMÍLIA. PROCESSUAL CIVIL. ADOÇÃO PÓSTUMA. SOCIOAFETIVIDADE. ART. 1.593 DO CÓDIGO CIVIL. POSSIBILIDADE. ART. 42, § 6º, DO ECA. INTERPRETAÇÃO EXTENSIVA. JULGAMENTO ANTECIPADO DA LIDE. POSSIBILIDADE. MAGISTRADO COMO DESTINATÁRIO DAS PROVAS. CERCEAMENTO DE DEFESA. INEXISTÊNCIA.1. A socioafetividade é contemplada pelo art. 1.593 do Código Civil, no sentido de que "o parentesco é natural ou civil, conforme resulte da consanguinidade ou outra origem".2. A comprovação da inequívoca vontade do de cujus em adotar, prevista no art. 42, § 6º, do ECA, deve observar, segundo a jurisprudência desta Corte, as mesmas regras que comprovam a filiação socioafetiva, quais sejam: o tratamento do menor como se filho fosse e o conhecimento público dessa condição.
> 3. A paternidade socioafetiva realiza a própria dignidade da pessoa humana por permitir que um indi-

[455] TJRJ, Apelação Cível 0000561-51.2015.8.19.0080; Relator(a) Des. Claudia Pires dos Santos Ferreira; 6ª Câmara Cível; julgamento 22/03/2023; publicação 27/03/2023
No mesmo sentido: TJSP, Apelação Cível 1002311-26.2016.8.26.0150; 10ª Câmara de Direito Privado do Tribunal de Justiça de São Paulo; Relator(a) Des. Silvia Maria Facchina Esposito Martinez, julgamento 26/05/2021, publicação 26/05/2021.

> víduo tenha reconhecido seu histórico de vida e a condição social ostentada, valorizando, além dos aspectos formais, como a regular adoção, a verdade real dos fatos.
> 4. A posse de estado de filho, que consiste no desfrute público e contínuo da condição de filho legítimo, restou atestada pelas instâncias ordinárias.
> 5. Os princípios da livre admissibilidade da prova e do livre convencimento do juiz (art. 130 do CPC) permitem ao julgador determinar as provas que entender necessárias à instrução do processo, bem como indeferir aquelas que considerar inúteis ou protelatórias.
> 6. Recurso especial não provido.[456]

Admite-se também a fraternidade/irmandade socioafetiva, que não está restrita ao parentesco em linha reta, possibilitando o reconhecimento "tanto na relação de parentalidade/filiação quanto no âmbito das relações mantidas entre irmãos, associada a outros critérios de determinação de parentesco (de cunho biológico ou presuntivo) ou mesmo de forma individual/autônoma" (REsp 1674372/SP, T4-Quarta Turma STJ, Relator Min. Marco Buzzi, julgamento 04/10/2022, DJe 24/11/2022).

Nesse mesmo sentido, há um bonito caso noticiado pelo IBDFAM – Instituto Brasileiro de Direito de Família[457], em que foi reconhecido o vínculo de irmandade. A relação entre os irmãos teria se iniciado numa instituição de acolhimento infantil. Apesar da ausência de documentos comprobatórios de que teriam a mesma filiação, o autor da demanda sempre sentiu a existência de um vínculo entre eles. Ficaram anos afastados - um foi acolhido por uma família, e o outro não -, retomaram o contato, e um deles faleceu. Ajuizada a demanda – sem qualquer motivação financeira ou econômica, vez que o falecido não deixara bens -, as provas demonstraram a existência do vínculo colateral socioafetivo, que foi reconhecido. Não bastasse, acabou comprovado também o vínculo genético. Pena um dos irmãos não ter podido vivenciar esse reconhecimento.

Uma vez reconhecida a parentalidade socioafetiva, independente da motivação que levou ao seu reconhecimento, isso se dará para todos dos fins de direito, tanto de ordem pessoal como econômica/patrimonial.

[456] STJ, REsp 1500999/RJ, T3-Terceira Turma, Relator(a) Ministro Ricardo Villas Bôas Cueva, julgamento 12/04/2016, DJe 19/04/2016, RSTJ vol. 243 p. 478.

[457] Disponível em: https://ibdfam.org.br/noticias/10117/TJSP+reconhece+v%C3%ADnculo+gen%C3%A9tico+post+mortem+entre+irm%C3%A3os#:~:text=A%20Segunda%20Vara%20de%20Fam%C3%ADlia,com%20seu%20irm%C3%A3o%20j%C3%A1%20falecido. Acesso em: 3 abr. 2023.

Dela decorrem, portanto, direitos e deveres recíprocos, tais como direito ao exercício de guarda, educação, bem estar, receber herança, obrigação alimentar, etc..

Há, ainda, a consequente retificação do registro de nascimento (para inclusão do pai/mãe e avós), surgindo as proibições oriundas do parentesco, tais como os impedimentos para o casamento (CC, artigo 1.521), inelegibilidade (CF, artigo 14, § 7º.), impedimento e suspeição do juiz (CPC, artigo 144 e ss), para prestar testemunho (CPC, artigo 388, III e 448, I) ou exibir documento ou coisa em juízo (CPC, artigo 404, III), etc.

5.1. Reconhecimento extrajudicial

Para facilitar o reconhecimento da parentalidade socioafetiva, o Conselho Nacional de Justiça (CNJ) editara o Provimento n. 63/2017, que autorizava o reconhecimento extrajudicial e voluntário da paternidade ou da maternidade socioafetiva para qualquer idade.

Referido provimento foi atualizado pelo Provimento n. 83/2019, passando a aceitar o reconhecimento voluntário e extrajudicial apenas para pessoas acima de 12 anos[458] - sendo que para o filho maior de 12 e menor de 18 anos, é necessário seu consentimento -, e desde que retrate situação estável e exteriorizada socialmente, objetivamente apurada e comprovada.

Também por meio de documento público ou particular de disposição de última vontade pode ocorrer o reconhecimento voluntário perante o registro civil.

O reconhecimento voluntário é irrevogável, só podendo ser desconstituído pela via judicial, nas hipóteses de vício de vontade, fraude ou simulação.

5.2. Reconhecimento judicial

Para pessoas menores de 12 anos, e/ou para reconhecimento extrajudicial de parentalidade socioafetiva de descendentes por parte de ascendentes biológicos – avôs e avós – e/ou para inclusão de mais de uma ascendente socioafetivo, é necessário recorrer à via judicial.

Como dito, a exemplo da via extrajudicial, na via judicial há de ser comprovada a vontade clara e inequívoca do apontado pai ou mãe em ver reconhecida a filiação socioafetiva, e bem assim a denominada "posse de estado de filho":

[458] Outros requisitos: podem requerer o reconhecimento da paternidade ou maternidade socioafetiva de filho os maiores de dezoito anos de idade, independentemente do estado civil, e desde que sejam ao menos dezesseis anos mais velhos que o filho a ser reconhecido; não podem requerer o reconhecimento os irmãos entre si nem os ascendentes; quando o procedimento envolver a participação de pessoa com deficiência, deverão ser observadas as regras da tomada de decisão apoiada; o pedido deve contar com parecer favorável do Ministério Público.

> [...] É dizer: as manifestações de afeto e carinho por parte de pessoa próxima à criança somente terão o condão de convolarem-se numa relação de filiação, se, além da caracterização do estado de posse de filho, houver, por parte daquele que despende o afeto, clara e inequívoca intenção de ser concebido como pai/mãe daquela criança.[459]

Conclusões

É louvável o avanço experimentado pelo Direito pátrio e pela sociedade em, cada vez mais, ampliar o alcance e garantia dos direitos da personalidade. Na defesa do nome e do lugar do indivíduo na família e sociedade, promovendo sua adequada identificação e qualificação, o reconhecimento da parentalidade socioafetiva exerce importante papel.

No entanto, enquanto o reconhecimento biológico é de fácil constatação, diante dos avanços da Ciência e do teste de DNA, o reconhecimento socioafetivo vai depender das provas e, principalmente, da vontade de ambas as partes.

É uma via de duas mãos, atingindo os direitos e deveres do filho e o do genitor, daí porque há que se ter extremo cuidado em analisar cada caso concreto para constatar se essa vontade está presente, evitando chancelar interesses exclusivamente patrimoniais.

Em inúmeros casos a longa convivência, a relação de afeto, a prestação de auxílio material e a genuína preocupação com o outro, não representam, necessariamente, uma vontade ou intenção de tê-lo efetivamente como filho/descendente ou vice-versa.

Cumpre ao magistrado sopesar os fatos e provas, para que não se criem situações indesejadas que, ao invés de estreitar os laços afetivos, venham a destruí-los, em especial considerando ser um caminho sem volta - e de outra forma não poderia ser, sob pena de intolerável insegurança jurídica-psíquica-emocional.

E os Tribunais têm tido esse extremo cuidado, o que é um alento, em especial para aquela pessoa que ingressa numa nova família, dando ao enteado/enteada carinho e atenção, mas como madrasta/padrasto **que é e quer ser**, e não como genitor.

Cuidado ainda maior há que se ter no reconhecimento *post mortem*. Por tal motivo, a grande maioria dos julgados exige a manifestação expressa do falecido ou prova clara e inequívoca da vontade em reconhecer a parentalidade socioafetiva (e.g. TJSP; Apelação Cível 1009688-52.2021.8.26.0577; Relator (a): Moreira Viegas; Órgão Julgador: 5ª Câmara de Direito Privado; Foro de São José dos Cam-

[459] STJ, REsp 1328380/MS, T3-Terceira Turma, Relator(a) Ministro Marco Aurélio Bellizze, julgamento 21/10/2014, DJe 03/11/2014, RSTJ vol. 236 p. 408.

pos - 1ª Vara de Família e Sucessões; Data do Julgamento: 08/07/2021; Data de Registro: 08/07/2021; TJSP; Apelação Cível 1023900-12.2017.8.26.0224; Relator (a): Fábio Quadros; Órgão Julgador: 4ª Câmara de Direito Privado; Foro de Guarulhos - 4ª Vara de Família e Sucessões; Data do Julgamento: 31/05/2022; Data de Registro: 31/05/2022; TJSP; Apelação Cível 1000229-06.2018.8.26.0262; Relator (a): José Joaquim dos Santos; Órgão Julgador: 2ª Câmara de Direito Privado; Foro de Itaberá - Vara Única; Data do Julgamento: 23/04/2020; Data de Registro: 23/04/2020; TJPR - 11ª Câmara Cível - 0000764-32.2021.8.16.0065 - Catanduvas - Rel.: DESEMBARGADOR RUY MUGGIATI - J. 06.03.2023).

Assim agindo, restarão afastadas intenções meramente materiais, privilegiando o tão almejado reconhecimento do afeto!

REFERÊNCIAS

DIAS, Maria Berenice, **Manual de direito das famílias**. 5. Ed. Ver. Atual. E ampl. São Paulo: RT, 2009.

DINIZ, Maria Helena. **Curso de direito civil brasileiro**: direito de família. V. 5. 22. Ed. Ver. E atual. São Paulo: Saraiva, 2007.

DUARTE, Nestor. **Código Civil Comentado: doutrina e jurisprudência.** Lei n. 10.406, de 10.01.2002, coordenador PELUSO, Cezar, 11ª ed. Ver. E atual., Barueri, SP, Manole, 2017.

FRANÇA, Rubens Limongi, **Do nome civil das pessoas naturais**, 3ª ed., São Paulo, RT, 1975

GOMES, Orlando, **Introdução ao Direito Civil**. 12. Ed. Atualizado por Humberto Theodoro Junior. Rio de Janeiro: Forense, 1997.

MARTINS, Sandra Regina. **Uniões Homoafetivas: da invisibilidade à entidade familiar**. Dissertação de Mestrado. FADUSP, 2015.

NERY JUNIOR, Nelson e NERY, Rosa Maria de Andrade, **Código Civil comentado**. 10. Ed. São Paulo: RT, 2013.

PEREIRA, Caio Mário Da Silva. **Instituições de Direito Civil**. V. I. 18. Ed. Rio de Janeiro: Forense, 1997.

SEGALLA, Conrado Rodrigues. **Novo Código Civil Interfaces no Ordenamento Jurídico Brasileiro**. HIRONAKA, Giselda Maria Fernandes Novaes (Coord.). Belo Horizonte: Del Rey, 2004.

TARTUCE, Flávio e SIMÃO, José Fernando. **Direito civil**: direito de família. V. 5. 5. Ed. Rio de Janeiro: Forense, São Paulo: Método, 2010.

BRASIL, Constituição Federal de 1988

BRASIL, Lei n. 10.406, de 10 de janeiro de 2002 – Código Civil (CC)

BRASIL, Lei n. 6.015, de 31 de dezembro de 1973 – Lei de Registros Públicos (LRP)

BRASIL, Lei n. 8.069, de 13 de julho de 1990 – Estatuto da Criança e do Adolescente (ECA)

24. A DOGMÁTICA DOS DIREITOS DA PERSONALIDADE E SUA APLICAÇÃO AO DIREITO DE FAMÍLIA

MÁRIO LUIZ DELGADO

Introdução

A palavra personalidade, no sentido jurídico, encontra-se historicamente ligada à ideia de pessoa, do latim *persona*, que significava a máscara usada pelos antigos atores romanos.

Em termos estritamente legais, a personalidade, tal como referida no art. 2º do CC/2002[460], é a aptidão genérica, reconhecida a todo ser humano, para contrair direitos e deveres na vida civil. Nesse sentido, a personalidade jurídica é um atributo jurídico. E como atributo, depende do ordenamento jurídico. Só tem personalidade jurídica quem o ordenamento disser que tem. Ou seja, identifica-se o conceito de personalidade com o conceito técnico de capacidade. Confunde-se o "ser pessoa" com o "ser capaz de contrair direitos e obrigações"[461]. A instrumentalização da personalidade humana pela técnica jurídica reduz o conteúdo dos direitos da personalidade, condicionando-os à qualificação jurídica de pessoa, ou seja, só é titular de direitos da personalidade aquele a quem o ordenamento jurídico atribui a qualificação de pessoa. Sob

[460] Art. 2º. A personalidade civil da pessoa começa do nascimento com vida; mas a lei põe a salvo, desde a concepção, os direitos do nascituro.

[461] A expressão é de Judith Martins-Costa, em **Os danos à pessoa no direito brasileiro e a natureza de sua reparação.** In: **A reconstrução do direito privado**. São Paulo: Editora RT, 2002, p. 411.

tal prisma, o mais correto seria falar em "direitos da pessoalidade", que têm por sujeito a pessoa física ou jurídica de seu titular e que não se confundem, como veremos, com os direitos da personalidade, foco da nossa investigação, e definidos pelo seu conteúdo especial. Quanto ao conteúdo, a personalidade é o conjunto de atributos naturais da pessoa humana especialmente protegidos pelo ordenamento jurídico.

E a proteção que o ordenamento jurídico confere a tais bens, importante ressaltar, independe da conceituação legal de pessoa. Estamos nos referindo à tutela da pessoa humana, do ser humano e não simplesmente do "ser capaz de contrair direitos e obrigações" ou do "sujeito de direito". Pessoa humana, para fins de titularização dos direitos da personalidade, é todo o ser humano, vivo ou morto, nascido ou nascente, concepto ou concepturo, enfim todo aquele que pertencer à espécie humana. Daí porque, o melhor mesmo seria falar em "direitos de humanidade", no lugar de direitos da personalidade.

Em suma, os direitos da personalidade são direitos inerentes e essenciais à pessoa humana, decorrentes de sua exclusiva humanidade, e que protegem todas as suas projeções, nos planos físico ou espiritual, possibilitando, assim, ao ser humano, a defesa daquilo que lhe é próprio (honra, vida, liberdade, intimidade, privacidade etc.).

A doutrina em geral costuma classificar os direitos da personalidade em três grupos: direitos à integridade física (do corpo e do cadáver, aí incluídos o direito à vida, aos alimentos, às partes separadas do corpo vivo ou morto); direitos à integridade intelectual (direitos de autor, de inventor etc.) e direitos à integridade moral (honra, liberdade, recato, privacidade, intimidade etc.). Essa classificação, no entanto, não é exaustiva, abrangendo um número ilimitado de hipóteses.

Daí parte da doutrina considerar até mesmo imprópria a expressão "direitos da personalidade", preferindo referir-se a um "direito geral de personalidade". Um direito único, de conteúdo indefinido, porém de múltiplas expressões, uma a uma protegidas por normas individuais.

1. Os direitos da personalidade no Código Civil: características fundamentais

O Código Civil de 2002, "em plena harmonia com os parâmetros internacionais e constitucionais, inaugura o processo de 'humanização do Direito Civil' na história brasileira, emprestando especial ênfase à proteção dos direitos da personalidade"[462]. Desenvolvidos e concretizados em função e em razão do valor-fonte do ordenamento, que é a pessoa humana, os direitos da personalidade,

[462] PIOVESAN, Flávia; RUSSO, Rômolo. **Direitos humanos, dignidade humana e direitos da personalidade.** *In*: **O código civil e sua interdiciplinaridade.** Belo Horizonte: Del Rey, 2004, p. 18.

agora positivados e codificados, revelam o "núcleo da dimensão existencial do Direito Civil"[463].

Dentro de uma nova concepção antropocêntrica[464] do direito privado, o Código Civil passa a dispor, em capítulo autônomo, sobre os direitos da personalidade, qualificando-os como "intransmissíveis e irrenunciáveis, não podendo o seu exercício sofrer limitação voluntária", com exceção dos casos previstos em lei (art. 11), aí incluídos o direito à integridade do próprio corpo, direito ao nome –, que não pode ser utilizado comercialmente por ninguém sem a autorização da pessoa –, direito à privacidade, etc.

Fala-se que os direitos da personalidade são intransmissíveis porque indestacáveis da pessoa e imprestáveis a adornar personalidade diversa. A imagem de "A" jamais poderia servir à "B", no sentido de "B" transformar-se em "A", da mesma forma que o nome de "C" nunca poderia ser transmitido a "D", de modo a que "D" assumisse a identidade de "C". São irrenunciáveis porque a personalidade e todos os seus atributos imediatos ao nascimento com vida haverão de continuar agregados ao indivíduo, jamais podendo ser apartados. Ninguém pode renunciar à vida, ao corpo ou mesmo ao nome ou à imagem. Pela mesma razão, o seu exercício não pode sofrer qualquer tipo de limitação, salvo aquelas expressamente previstas em lei ou ditadas pela boa fé objetiva e pelos bons costumes.

São também imprescritíveis, pois não se extinguem pelo seu não-uso. Por serem tutelados em cláusula pétrea constitucional, não é possível impor prazos para a sua aquisição ou defesa.

Fala-se, ainda, que os direitos da personalidade seriam extrapatrimoniais, absolutos, indisponíveis, vitalícios, ilimitados, impenhoráveis e inexpropriáveis. Extrapatrimoniais porque insuscetíveis de quantificação econômica. Por terem como substrato a dignidade humana, não têm preço. Absolutos porque oponíveis contra todos (*erga omnes*). São vitalícios porque não podem faltar em nenhum instante da vida humana, muito embora também não se extingam com o término da existência do homem. São direitos que são tutelados mesmo depois da morte de seu titular. Ilimitados, por inexistir um número fechado de direitos da personalidade, que não se restringem ao que foi arrolado no texto legal, sendo mesmo impossível prever, no futuro, quais direitos da personalidade serão reconhecidos ou tipificados. Também não podem ser alienados, nem muito menos objeto de penhora ou de desapropriação.

[463] Cf. MARTINS-COSTA, Judith. **Os direitos fundamentais e a opção culturalista do novo código civil**. *In* Sarlet. Ingo Wolfgang Sarlet, (Org.). **Constituição, Direitos Fundamentais e Direito Privado**. Porto Alegre: Livraria do Advogado, 2003, p. 69.

[464] Refiro-me a um "novo antropocentrismo" pois o centro do ordenamento não é mais o "homem individual", mas sim o homem inserido no complexo das relações sociais, e cuja atuação é funcionalizada em favor da coletividade universalizada.

Todos os direitos inerentes à pessoa humana devem ser tutelados dentro do núcleo familiar, sobretudo nas relações paterno-filial, entre cônjuges e entre companheiros. Especificamente no direito de família, mais do que em qualquer outro ramo, em razão da família ser considerada núcleo irradiante, preservante e disseminador da própria espécie humana, além de constituir o agrupamento social com maior responsabilidade na formação das novas gerações, e, por isso mesmo, especialmente protegida pelo Estado, a tutela dos direitos da personalidade deve ser assegurada plenamente, tanto no curso das relações familiares como diante de seu rompimento, cabendo ao direito oferecer instrumentos para impedir, coibir ou prevenir a sua violação. Somente diante do respeito a esses direitos poderá ser assegurada, no seio familiar, a realização do valor fundante do ordenamento jurídico que é o da dignidade da pessoa humana.

A família deve, pois, ter o seu regulamento interno adequado ao pleno desenvolvimento da personalidade humana. Ela é "formação social", como diz Pietro Perlingieri, "lugar-comunidade tendente à formação e ao desenvolvimento da personalidade de seus participantes; de maneira que exprime uma função instrumental para a melhor realização dos interesses afetivos e existenciais de seus componentes"[465]. Razão pela qual os pais não podem, por exemplo, impor aos filhos qualquer regra de comportamento que se afaste daquele valor maior da dignidade humana. A família desempenha relevantíssimo papel na promoção da pessoa humana, deixando de ser tutelada no instante em que deixar de cumpri-lo.

Na impossibilidade de abordarmos, neste texto, cada um dos direitos da personalidade a serem tutelados, quer seja nas relações internas da família, entre seus membros, quer seja nas relações externas da família com outros organismos, mesmo porque o elenco desses direitos é elástico e indeterminado, elegemos alguns deles, como o direito à liberdade e à autonomia privada, aí incluídos o direito de casar ou de constituir união estável e o direito de dissolver o casamento ou a união estável; o direito ao nome e o direito à busca da felicidade.

2. Liberdade e autonomia privada

Entre as diversas manifestações da liberdade no âmbito das relações de família, podemos destacar:

a) Direito de casar ou constituir união estável*:* a própria Declaração Universal dos Direitos Humanos já estabelece que *"os homens e mulheres [...] têm o direito de contrair matrimônio e fundar uma família* [...]"[466]. No mesmo sentido

[465] PERLINGIERI, Pietro. **Perfis de Direito Civil**. Tradução de: Maria Cristina De Cicco. 2. ed. Rio de Janeiro: Renovar, 2002. pp. 178/179.

[466] *Artigo XVI: 1. Os homens e mulheres de maior idade, sem qualquer restrição de raça, nacionalidade ou religião, têm o direito de contrair matrimônio e fundar uma família. Gozam de iguais direitos em relação ao*

prescreve o art. 17. 2, do Pacto de San José: "é reconhecido o direito do homem e da mulher de contraírem casamento e de fundarem uma família". Daí o CC/2002 haver assegurado a gratuidade do casamento, além de reduzir a idade núbil e ainda permitir a união estável de separados de fato. Através da lei, o Estado procura promover a efetiva consecução dessa manifestação do direito fundamental à liberdade.

b) Direito de dissolver o casamento ou a união estável: tanto o casamento como a união estável são dissolúveis, segundo o desejo dos cônjuges ou dos conviventes. A Declaração Universal dos Direitos Humanos nesse ponto também estabelece que os homens e mulheres gozam de iguais direitos em relação à dissolução do casamento (art. XVI). Não pode, pois, o Estado obstar, em situação alguma, o exercício desse direito. O CC/2002, fiel a essa diretriz, permite a dissolução do casamento sempre que a comunhão de vida deixar de existir, seja qual for o motivo. (Art. 1.573, p. único). E a CF/88, após o advento da EC nº 66/2010, tornou o divórcio um direito potestativo e desvinculado de qualquer tipo de pressuposto ou requisito.

c) Direito ao respeito e à consideração recíprocos: segundo o novo Código Civil são deveres conjugais recíprocos o respeito e a consideração mútuos. Em outras palavras, é dever de cada cônjuge respeitar e proteger os direitos da personalidade do outro (art. 1566).

d) Direito à concepção e à descendência: inclui-se aqui o direito à paternidade, à maternidade e à adoção responsáveis. O CC/2002 proíbe expressamente "a qualquer pessoa, de direito público ou privado, interferir na comunhão de vida instituída pela família" (art. 1.513). O alcance da norma tutela o princípio da dignidade da pessoa humana (CF, art. 1.º, III) a não permitir interferência indevida nos domínios íntimos da família, valendo destacar a maior pertinência da vedação no tocante ao planejamento familiar, de livre decisão do casal, referido pelo § 2.º do art. 1.565 e onde se veda qualquer tipo de coerção por parte de instituições privadas ou públicas. Embora não se confundam controle de natalidade e planejamento familiar, as políticas públicas de controle devem ser exercidas sem a coercibilidade subliminar.

e) Direito ao planejamento familiar: o art. 226, § 7.º, da CF assegura que o planejamento familiar é livre decisão do casal, devendo o Estado propiciar os recursos indispensáveis ao exercício de tal direito. Planejamento familiar é, também, direito fundamental e direito da personalidade.

casamento, sua duração e sua dissolução. 2. O casamento não será válido senão com o livre e pleno consentimento dos nubentes.

3. Direito ao nome

Tanto o casamento como a união estável possibilitam ao cônjuge ou ao companheiro o acréscimo dos patronímicos ou sobrenomes do outro.

Em se tratando de casamento, aplica-se diretamente o disposto no § 1º do art. 1.565 do Código Civil.[467] Esse acréscimo, normalmente, é postulado no processo de habilitação, mas pode ocorrer depois do casamento. Já decidiu o STJ que o direito de acrescer o sobrenome "deve-se estender ao período de convivência do casal, enquanto perdurar o vínculo conjugal. Porém, nesta hipótese, o nome deve ser acrescido por intermédio da ação de retificação de registros públicos, nos termos dos arts. 57 e 109 da Lei de Registros Públicos (Lei n. 6.015/1973)".[468]

Na união estável, a Lei de Registros Públicos (Lei n. 6.015/73) já permitia a averbação do patronímico do companheiro pela companheira, desde que ambos fossem "solteiros, desquitados ou viúvos" e desde que houvesse impedimento legal para o casamento, decorrente do estado civil de qualquer das partes ou de ambas (art. 57, § 2º). Atualmente, aplica-se à união estável, por analogia e construção jurisprudencial, as mesmas regras do casamento quanto ao acréscimo do sobrenome, ou seja, o § 1º do art. 1.565 do Código Civil.

O acréscimo do sobrenome, segundo Rodrigo da Cunha Pereira, era tido como um ato simbólico da "fusão de almas" decorrente do casamento. Contudo, o autor considera isso um equívoco, pois "misturar os nomes pode significar mesclar e confundir as identidades. O nome é um dos principais identificadores do sujeito e constitui, por isso mesmo, um dos direitos essenciais da personalidade. Misturá-los significa não preservar a singularidade".[469]

A adoção do sobrenome do marido pela mulher sempre foi (e continua sendo) uma tradição entre nós. Na vigência do CC/1916 e até o advento do Estatuto da Mulher Casada (Lei n. 4.121/62), o acréscimo era obrigatório para a mulher. Depois de 1962, tornou-se facultativo, mas ainda prerrogativa exclusiva da esposa. A partir do CC/2002, também o marido (e por extensão o companheiro) adquiriu o direito de acrescer o sobrenome da mulher, muito embora essa situação seja pouco frequente na prática, por razões culturais.

Bom que se esclareça que aquilo que a lei permite é o "acréscimo", ou seja, ao casar, um cônjuge pode somar aos seus os apelidos de família do outro cônjuge, mas não pode "substituir" os seus pelo do cônjuge. Inexiste autorização legal para a supressão de apelidos de família.

Com a dissolução do casamento ou da união estável, tem-se, como um dos primeiros efeitos pessoais do divórcio ou do fim da convivência, a possibilidade

[467] § 1º Qualquer dos nubentes, querendo, poderá acrescer ao seu o sobrenome do outro.

[468] STJ – REsp 910.094-SC, Rel. Raul Araújo, julgado em 4.9.2012.

[469] PEREIRA, Rodrigo da Cunha. **Divórcio**. Teoria e prática. 4. ed. São Paulo: Saraiva, 2013, p. 86.

de os ex-cônjuges ou ex-companheiros retomarem o uso dos nomes que usavam antes da relação conjugal ou convivencial. Isso pode ocorrer tanto por ocasião da sentença de divórcio ou de dissolução, como posteriormente por iniciativa de quaisquer dos ex-cônjuges ou ex-companheiros.[470]

Antes do CC/2002, a perda do nome de casado era quase obrigatória. É que o parágrafo único do art. 25 da lei divorcista (Lei n. 6.515/77) impunha como regra a perda do nome, por ato da conversão em divórcio da separação judicial, excetuadas as hipóteses de conservação por razões de evidente prejuízo.

Na separação judicial, a manutenção ou perda do nome estava relacionada à discussão da culpa, e a perda do nome somente teria lugar se vencida a mulher naquela ação.

Com o Código de 2002, a regra foi invertida. O § 2º do art. 1.571 permitiu, expressamente, a manutenção do nome de casado, pelo cônjuge divorciado, em tutela do seu direito ao nome (direito da personalidade), seja pelo divórcio-direto, seja pelo divórcio-conversão, em inexistindo renúncia a esse direito, salvo no caso da perda determinada por sentença judicial em face dessa última espécie de divórcio, regulada na forma do art. 1.578.[471] Esse dispositivo estabeleceu a perda condicionada do direito de uso do sobrenome pelo cônjuge declarado culpado mediante critérios objetivamente considerados a *contrario sensu*, a partir do elemento volitivo do cônjuge inocente que haveria de, expressamente, requerer a não conservação, pelo ex-consorte, daquele direito.

[470] Como o acréscimo do sobrenome é apenas uma possibilidade, uma opção, mas não um efeito necessário do casamento, a sua supressão pode ser feita independentemente do divórcio. Nesse sentido, já decidiu o TJRS: 'AGRAVO DE INSTRUMENTO. DIVÓRCIO. MULHER QUE ADOTOU O NOME DO MARIDO. FILHO DE NOVO RELACIONAMENTO POR NASCER. PEDIDO DE ANTECIPAÇÃO DE TUTELA PARA VOLTAR AO USO DO NOME DE SOLTEIRA ANTES DO DECRETO JUDICIAL DO DIVÓRCIO. 1. O nome integra o acervo de direitos de personalidade e identifica a pessoa individual e socialmente. Está suficientemente justificada a necessidade de antecipar os efeitos da tutela final, uma vez que se aproxima o nascimento de filho de nova relação familiar e, como é fácil estimar, naturalmente gera dissabores a manutenção do nome da mãe, como se ainda casada, faticamente, estivesse, com o primeiro marido, sendo outro o pai da criança. 2. Não obstante o pedido, na origem, não seja de divórcio consensual, não há possibilidade de a pretensão, no essencial, ser desacolhida, mesmo com eventual contestação do varão'. (Agravo de Instrumento n. 70047188388, Oitava Câmara Cível, Tribunal de Justiça do RS, Relator: Luiz Felipe Brasil Santos, julgado em 25.01.2012)

[471] Art. 1.578. O cônjuge declarado culpado na ação de separação judicial perde o direito de usar o sobrenome do outro, desde que expressamente requerido pelo cônjuge inocente e se a alteração não acarretar: I – evidente prejuízo para a sua identificação; II – manifesta distinção entre o seu nome de família e o dos filhos havidos da união dissolvida; III – dano grave reconhecido na decisão judicial.§ 1º O cônjuge inocente na ação de separação judicial poderá renunciar, a qualquer momento, ao direito de usar o sobrenome do outro. § 2º Nos demais casos caberá a opção pela conservação do nome de casado.

Mesmo antes da EC n. 66/2010, que provocou o afastamento definitivo de qualquer discussão de culpa no bojo da ação de divórcio, já defendíamos a inconstitucionalidade do art. 1.578 do Código Civil.

A aquisição do patronímico do cônjuge, pelo casamento, como já afirmado, constitui, induvidosamente, direito de personalidade.

O nome, como direito da personalidade, constitui o principal "elo de ligação entre o indivíduo e a sociedade em geral",[472] pois identifica e diferencia a pessoa dentro do tecido social.

A Constituição de 1988 não previu, de maneira explícita, a proteção ao nome da pessoa natural, muito embora o faça de maneira indireta, ao tutelar o direito de resposta, proporcional ao agravo, além da indenização cabível (art. 5º, V); bem como ao proteger a inviolabilidade da intimidade, da vida privada, da honra e da imagem das pessoas (art. 5º, X, CF).

O Código Civil de 2002, por sua vez, trouxe norma expressa de proteção ao direito à identidade,[473] que abrange o nome, o prenome, o nome dos pais, ou patronímico, o gentílico ou nome de família, o sobrenome adquirido pelo casamento ou por adoção, e ainda quaisquer outros sinais identificadores da pessoa.

A perda do nome da mulher casada, consoante anteriormente previsto na Lei do Divórcio, ou mesmo a perda do nome do cônjuge considerado "culpado", tal como preconizado no atual art. 1.578, viola um direito da personalidade.

Por essas razões, é inconstitucional (art. 5º, X, CF) a perda ao direito do uso do nome de casado, estabelecida pelo art. 1.578, quaisquer que sejam as razões.

As ressalvas feitas pelo dispositivo, exceções de mantença já trazidas pela Lei n. 8.408/1992 (que deu nova redação ao art. 25 da Lei de Divórcio), atenuando a hipótese da penalidade imposta, não afastam a eiva de inconstitucionalidade.

Em suma, adquirido o sobrenome pelo casamento (ou pela união estável) e uma vez incorporado aos caracteres identificadores do cônjuge ou companheiro na sociedade, somente a renúncia pelo que agregou o sobrenome possibilitará a alteração do registro civil e o retorno ao nome de solteiro. Irrelevante a perquirição de culpa. Culpado ou inocente, manterá o seu direito da personalidade.

A mudança do sobrenome acrescido ou a sua conservação, com a dissolução do casamento ou da união estável, é uma prerrogativa dos cônjuges e companheiros.

Havendo filhos, a alteração voluntária deve ser averbada no termo de nascimento. Por força do princípio da verdade real, que informa os Registros Públicos,

[472] BITTAR, Carlos Alberto. **Os direitos da personalidade**. 5. ed. atualizada por Eduardo Carlos Cabianca Bittar. Rio de Janeiro: Forense Universitária, 2001, p. 124.

[473] Art. 16. Toda pessoa tem direito ao nome, nele compreendidos o prenome e o sobrenome.

a alteração do nome dos ascendentes faz incidir uma nova verdade a ser averbada no assento dos descendentes.

4. Direito à busca da felicidade

A busca da felicidade é o direito de projetar, no exercício de nossa liberdade e no âmbito de nossa personalidade, o estado pessoal e afetivo que pretendemos alcançar com a finalidade de dar sentido à vida. O projeto de felicidade é a liberdade pura, a autonomia de uma escolha diante das oportunidades apresentadas, visando à realização das vocações da pessoa humana (e da personalidade) em todas as suas possibilidades de manifestação (família, sexualidade, religião, saúde etc.), para atingir um estado interior de bem-estar.

O Superior Tribunal de Justiça (STJ) define a busca da felicidade, notadamente no âmago das relações de família, como a busca da realização de todos os que integram o núcleo familiar contemporâneo procurando, em diversos de seus julgados, assegurar a "efetividade e concreção aos princípios da dignidade da pessoa humana, não discriminação, igualdade, liberdade, solidariedade, autodeterminação, proteção das minorias e *busca da felicidade*".[474] O STJ também vem desconectando as ações de estado de seu conteúdo patrimonial, permitindo, por exemplo, a decretação do divórcio, sem prévia partilha de bens, justamente para que, no exercício da plena liberdade de dissolverem o casamento, as pessoas possam buscar a sua felicidade[475].

Nos Tribunais estaduais, identificamos diversas decisões que se valem do princípio, quer para afastar, quer para reconhecer a obrigação de reparar o dano em situações de rompimento de relacionamento afetivo. Em pretensão de retificação de registro civil, para alteração de prenome, já se entendeu que a lei deve servir de instrumento para manter a paz social e harmonizar a vida das pessoas, solucionando seus conflitos e propiciando-lhes a *felicidade*.[476]

Em que consiste a violação do direito à busca da felicidade?

Nas relações dos particulares com o Estado, o direito é violado sempre que houver desrespeito à autonomia e à autodeterminação das pessoas, à sua autossuficiência e à liberdade de escolha dos próprios objetivos, não podendo o Poder

[474] Cf. REsp 1.302.467-SP, Rel. Min. Luis Felipe Salomão, julgado em 3/3/2015, DJe 25/3/2015.
[475] Cf. REsp 1281236/SP, Rel. Ministra NANCY ANDRIGHI, TERCEIRA TURMA, julgado em 19/03/2013, DJe 26/03/2013.
[476] Ementa: APELAÇÃO. DIREITO CIVIL. RETIFICAÇÃO DE REGISTRO CIVIL. SUPRESSÃO. PRENOME. O constrangimento que sente o requerente com o seu prenome autoriza a alteração, quando inexistente prejuízo a terceiros, impondo-se propiciar a felicidade do cidadão com o seu nome. RECURSO PROVIDO LIMINARMENTE. (Apelação Cível Nº 70063947675, Sétima Câmara Cível, Tribunal de Justiça do RS, Relator: Liselena Schifino Robles Ribeiro, Julgado em 27/03/2015)

Público, em qualquer de suas esferas, se imiscuir nos meios eleitos pelos cidadãos para a concretização de seus desejos ou projetos de vida. Esse, aliás, foi o principal fundamento utilizado pelo STF ao assegurar o casamento de pessoas de mesmo sexo[477].

Enquanto nas relações *interprivados*, ocorrerá a violação do direito sempre que a conduta lesiva privar (ou restringir) a pessoa humana do poder de agir e de concretizar o seu projeto de realização pessoal e afetiva, compelindo o lesado à renúncia de suas escolhas, mediante o desrespeito de outros direitos de personalidade.

Nas relações de conjugalidade, é possível identificar a violação do direito à busca da felicidade em determinadas situações de rompimento do vínculo afetivo. Casamento ou união estável caracterizam-se pela comunhão de vida, são espaços imateriais em que duas pessoas se realizam pessoalmente e buscam a felicidade juntos, um em auxílio do outro. Assim, o abandono ao projeto comum por um deles, pode frustrar a busca da felicidade pelo outro e, se presentes os demais pressupostos da responsabilidade civil, dará ensejo à eventual obrigação de indenizar.

O Superior Tribunal de Justiça (STJ), por exemplo, já reconheceu, com suporte, entre outros fundamentos, no princípio da busca da felicidade, como dano indenizável, o abalo emocional sofrido por um dos cônjuges em decorrência da infidelidade do outro[478].

Nesse julgamento, o STJ, não obstante tenha pontuado que "a dor da separação, inerente à opção de quem assume uma vida em comum, não é apta a ensejar danos morais de forma isolada" e que "a frustração da expectativa de felicidade a dois não desafia o dever de ressarcimento por danos morais por sua mera frustração", entendeu , no caso concreto, que "a súbita percepção que a pessoa 'amada' faltou com o dever de confiança arruína a construção de uma vida feliz, que o indivíduo pressupunha permanente" e condenou a ré ao pagamento de indenização por danos morais no valor de R$ 200.000,00 (duzentos mil reais).

O rompimento da promessa de casamento (esponsais), a depender das circunstâncias e especialmente da antecedência em relação à data da celebração, é passível, outrossim, de violação injusta do direito à busca da felicidade, como veremos adiante.

[477] "**Direito à busca da felicidade.** Salto normativo da proibição do preconceito para a proclamação do direito à liberdade sexual. O concreto uso da sexualidade faz parte da autonomia da vontade das pessoas naturais. Empírico uso da sexualidade nos planos da intimidade e da privacidade constitucionalmente tuteladas. Autonomia da vontade. Cláusula pétrea". (ADI 4.277)

[478] Cf. REsp 922.462/SP, Rel. Ministro RICARDO VILLAS BÔAS CUEVA, TERCEIRA TURMA, julgado em 04/04/2013, DJe 13/05/2013.

Conclusões

Os direitos de personalidade têm sua base e substrato no princípio da dignidade da pessoa humana. Tamanha é a vinculação entre direitos da personalidade e dignidade humana que alguns autores, a exemplo de Renan Lotufo, falam que os direitos da personalidade constituiriam "o mínimo imprescindível para o ser humano desenvolver-se dignamente[479]".

O princípio em questão assegura o respeito que cada ser humano merece do outro, a começar no seio da própria família e não se realiza com a mera tutela do direito à vida biológica, mas, sim, à "vida com dignidade".

Especialmente no âmbito das relações de família, a dignidade se concretiza por intermédio da isonomia e da autonomia (liberdade). Desde o advento da Constituição de 1988, a família deixou de ser um agrupamento instituído pelo casamento, sob a autoridade soberana de um chefe. Ela tem hoje como essência a afeição dos seus membros, sem hierarquia entre os cônjuges ou conviventes e absoluta igualdade entre os filhos. A afetividade, voltada ao projeto de vida comum é a sua própria razão de ser. A autonomia privada, por sua vez, a permitir a plenificação do ser humana por meio de suas escolhas de vida, no exercício do direito fundamental à busca da felicidade, completa o arcabouço teórico no que tange à conexão intrínseca entre direitos da personalidade e direito de família.

[479] LOTUFO, Renan. **Curso Avançado de Direito Civil**. v. 1. Parte geral. 2. ed. São Paulo: RT. 2003. p. 81.

REFERÊNCIAS

BITTAR, Carlos Alberto. **Os direitos da personalidade**. 5. ed. atualizada por Eduardo Carlos Cabianca Bittar. Rio de Janeiro: Forense Universitária, 2001.

LOTUFO, Renan. **Curso Avançado de Direito Civil** vol. 1 Parte geral. 2ª ed Ed. RT. SP. 2003.

MARTINS-COSTA, Judith. *Os danos à pessoa no direito brasileiro e a natureza de sua reparação*. In: **A reconstrução do direito privado**. São Paulo: Editora RT, 2002.

______; Os direitos fundamentais e a opção culturalista do novo código civil. In: Sarlet. Ingo Wolfgang Sarlet, (Org.). **Constituição, Direitos Fundamentais e Direito Privado**. Porto Alegre: Livraria do Advogado, 2003.

PEREIRA, Rodrigo da Cunha. **Divórcio**. Teoria e prática. 4. ed. São Paulo: Saraiva, 2013.

PERLINGIERI, Pietro. **Perfis de Direito Civil**; tradução de: Maria Cristina De Cicco. 2ª ed. Rio de Janeiro: Renovar, 2002.

PIOVESAN, Flávia e RUSSO, Rômolo. Direitos humanos, dignidade humana e direitos da personalidade. In: **O código civil e sua interdiciplinaridade**. Belo Horizonte: Del Rey, 2004.

25. TUTELA DO PATRIMÔNIO PÚBLICO E DIREITOS DA PERSONALIDADE

MÁRIO LUIZ SARRUBBO
RENATO KIM BARBOSA

Introdução

A evolução e a sedimentação dos direitos humanos, em todas as suas dimensões ou gerações,[480] são de capital importância para a proteção e a efetivação da dignidade da pessoa humana.[481] Por esse motivo, esse desiderato consta expressamente no artigo 1º, *caput*, inciso III, da Constituição Federal de 1988.[482] Em consonância com o referido entendimento, convém registrar o seguinte:

[480] Cf. DIÓGENES JÚNIOR, José Eliaci Nogueira. **Gerações ou dimensões dos direitos fundamentais?** Disponível em: http://professor.pucgoias.edu.br/SiteDocente/admin/arquivosUpload/7771/material/GERA%C3%87%C3%95ES%20OU%20DIMENS%C3%95ES%20DOS%20DIREITOS%20FUNDAMENTAIS.pdf. Acesso em: 2 abr. 2023.

[481] Cf. PIOVESAN, Flávia. Direitos Humanos e o Direito Constitucional Internacional. 20. ed. São Paulo: Saraiva, 2022, p. 40: "Assim, seja no âmbito internacional, seja no âmbito interno (à luz do Direito Constitucional ocidental), a dignidade da pessoa humana é princípio que unifica e centraliza todo o sistema normativo, assumindo especial prioridade. A dignidade humana simboliza, desse modo, verdadeiro superprincípio constitucional, a norma maior a orientar o constitucionalismo contemporâneo, nas esferas local e global, dotando-lhe de especial racionalidade, unidade e sentido."

[482] "Art. 1º A República Federativa do Brasil, formada pela união indissolúvel dos Estados e Municípios e do Distrito Federal, constitui-se em Estado Democrático de Direito e tem como fundamentos: [...] III - a dignidade da pessoa humana; [...]."

> Os direitos humanos fundamentais, em sua concepção atualmente conhecida, surgiram como produto da fusão de várias fontes, desde tradições arraigadas nas diversas civilizações, até a conjugação dos pensamentos filosófico-jurídicos, das ideias surgidas com o cristianismo e com o direito natural. Essas ideias encontravam um ponto fundamental em comum, a necessidade de limitação e controle dos abusos de poder do próprio Estado e de suas autoridades constituídas e a consagração dos princípios básicos da igualdade e da legalidade como regentes do Estado moderno e contemporâneo.[483]

Em tal contexto, os direitos da personalidade ganham especial ênfase, pois se trata daqueles direitos considerados essenciais à condição humana, inerentes a todas as pessoas.[484] Vale dizer, referem-se a todos os indivíduos, independentemente de suas características ou especificidades: sexo, *status* social, gênero, orientação sexual, procedência regional, religião, profissão, renda *etc.*[485]

Acerca da definição dos direitos da personalidade, conforme salientado, registram-se as seguintes considerações acerca de sua característica de pressuposto da própria condição humana:

[483] MORAES, Alexandre de. **Direitos Humanos Fundamentais**: Teoria Geral. 12. ed. São Paulo: Atlas, 2021, p. 1.

[484] Cf. BITTAR, Carlos Alberto. **Os Direitos da Personalidade**. 8. ed. São Paulo: Saraiva, 2015, p. 35: "A tese prevalecente considera que são direitos ínsitos na pessoa, em função de sua própria estruturação física, mental e moral. Daí, são dotados de certas particularidades, que lhes conferem posição singular no cenário dos direitos privados, de que avultam, desde logo, as seguintes: a intransmissibilidade e a irrenunciabilidade, que se antepõem, inclusive como limites à própria ação do titular (que não pode eliminá-los por ato de vontade, mas, de outro lado, deles, sob certos aspectos, pode dispor, como, por exemplo, a licença para uso de imagem, entre outras hipóteses). Contudo, esse consentimento não desnatura o direito, representando, ao revés, exercício de faculdade inerente ao titular (e que lhe é privativa, não comportando, de uma parte, uso por terceiro sem expressa autorização do titular e quando juridicamente possível, e, de outra, execução forçada, em qualquer situação, visto que incompatível com a sua essencialidade)."

[485] Teresa Ancona Lopez leciona que a pessoa é um fim em si mesmo, consistindo nisso a sua dignidade. A vida humana, desse modo, é intangível, bem como que a dignidade é um atributo essencial da pessoa, sem necessidade de "qualificações como sexo, raça, status, nível cultural, profissional, financeiro etc. Assim, todos têm a mesma dignidade" (LOPEZ, Teresa Ancona. Dano existencial. **Revista de Direito Privado, São Paulo**, v. 15, n. 57, p. 287-302, 2014, p. 289).

> A expressão foi concebida por jusnaturalistas franceses e alemães para designar certos direitos inerentes ao homem, tidos como preexistentes ao seu reconhecimento por parte do Estado. Eram, já então, direitos considerados essenciais à condição humana, direitos sem os quais todos os outros direitos subjetivos perderiam qualquer interesse para o indivíduo, ao ponto de se chegar a dizer que, se não existissem, a pessoa não seria mais pessoa.[486]

Assim, nota-se que o desenvolvimento da livre personalidade das pessoas somente é possível quando garantidos os direitos humanos, justamente por ser considerado como um destes.[487] Além do dispositivo constitucional mencionado acima, que encampa o direito ao livre desenvolvimento da personalidade, relembra-se que a Declaração Universal dos Direitos Humanos, de 1948,[488] reza o seguinte em seus artigos 22 e 29 (destaques nossos):

> Artigo 22 – Todo ser humano, como membro da sociedade, tem direito à segurança social, à realização pelo esforço nacional, pela cooperação internacional e de acordo com a organização e recursos de cada Estado, dos direitos econômicos, sociais e culturais indispensáveis à sua dignidade e ao **livre desenvolvimento da sua personalidade**. [...]
> Artigo 29 – 1. Todo ser humano tem deveres para com a comunidade, na qual o **livre e pleno desenvolvimento de sua personalidade** é possível. [...]

O ordenamento jurídico pátrio, cumprindo e reforçando as diretrizes internacionais, preconiza a proteção dos direitos da personalidade, considerados tanto em seu espectro interno quanto externo. Além disso, busca, como corolário, garantir e efetivar o livre desenvolvimento da personalidade de todos os cidadãos, conforme apontado.

[486] SCHREIBER, Anderson. **Direitos da Personalidade**. 3. ed. São Paulo: Atlas, 2014, p. 5.
[487] Cf. MOREIRA, Rodrigo Pereira. **Direito ao livre desenvolvimento da personalidade**: caminhos para a proteção e promoção da pessoa humana. 2015. 290 f. Dissertação (Mestrado em Direito) - Faculdade de Direito, Universidade Federal de Uberlândia, Uberlândia, 2015, p. 154.
[488] Adotada e proclamada pela Assembleia Geral das Nações Unidas em 10 de dezembro 1948, por meio da Resolução n. 217-A (III).

Nessa temática, para além das questões atinentes íntima e diretamente aos indivíduos – aspecto interno dos direitos da personalidade –, também se faz necessária a proteção dos aspectos externos desses direitos, notadamente aqueles referentes aos direitos difusos, dentre os quais se encontra a proteção do patrimônio público.[489]

Com efeito, inexiste uma efetiva República se os bens públicos – vale dizer, aqueles que, na realidade, pertencem a toda a coletividade – não forem protegidos de forma expressa e contundente pela ordem jurídica, bem como pelos agentes públicos responsáveis por tal missão.

Em outras palavras, sabe-se que, em se permitindo ou sendo conivente com a dilapidação do patrimônio público, principalmente por meio de atos de corrupção ou improbidade administrativa, causa-se inegável rebaixamento da qualidade de vida da população.[490]

Da mesma forma, além desse flagrante dano social considerado em seu aspecto material, também há a causação de dano moral coletivo – ou dano social moral –, em prejuízo dos direitos da personalidade da população, mais precisamente em desfa-

[489] "Os direitos e os bens tutelados nessa seara são transindividuais, pois ultrapassam a titularidade de uma única pessoa. Mais precisamente, consistem em direitos e bens difusos, por pertencerem a toda a sociedade – e não apenas ao Estado, a uma parcela da população ou a um indivíduo. Abrangem, desse modo, interesses de todas as pessoas de uma determinada localidade, no caso de danos causados no âmbito municipal ou estadual, ou de todo o país, quando praticados no âmbito da União. Quanto ao tema, é importante colacionar duas interpretações autênticas reforçando o caráter difuso do patrimônio público. Com efeito, a própria Constituição Federal o classificou, de modo expresso, como direito difuso, pertencente, então, a todas as pessoas, nos termos do seu artigo 129, *caput*, inciso III. Veja-se, no citado dispositivo, que se elencaram explicitamente o patrimônio público e o meio ambiente como bens de natureza difusa e coletiva. Vale dizer, a parte final do referido inciso consignou de forma manifesta essa característica, servindo, desse modo, de importante norte para a matéria *sub examine*. E, no mesmo sentido, encontra-se a redação da Lei da Ação Civil Pública – Lei n. 7.347, de 24 de julho de 1985 –, que, em seu artigo 1º, *caput*, incisos IV e VIII, esposou abertamente esse entendimento. O inciso IV do mencionado dispositivo salienta que 'qualquer outro interesse difuso ou coletivo' também é tutelado por tal lei. Demonstra-se, portanto, que os demais incisos do artigo são exemplificativos e que, por consequência, o patrimônio público e social possui natureza difusa. Além desses dispositivos constitucionais e legais, constata-se a qualidade difusa do patrimônio público pelas suas características inerentes: indeterminação dos titulares, indivisibilidade do objeto e difusão dos danos. Não resta dúvida, em tal contexto, de que o patrimônio público, formado por direitos e bens patrimoniais e extrapatrimoniais do Estado, é um direito difuso de todo cidadão. Deve, por conseguinte, ser resguardado e protegido pelos instrumentos jurídicos correlatos, como o inquérito civil, a ação civil de improbidade administrativa, a ação penal, entre outros institutos disponíveis." (BARBOSA, Renato Kim. **Corrupção e Dano Social**: Análise da Responsabilidade Civil inclusive na *Nova* Lei de Improbidade Administrativa. São Paulo: Almedina, 2022, p. 86-87.)

[490] Cf. BARBOSA, Renato Kim. **Corrupção e Dano Social**: Análise da Responsabilidade Civil inclusive na *Nova* Lei de Improbidade Administrativa. São Paulo: Almedina, 2022, p. 301-303.

vor do âmbito coletivo moral da sociedade.[491] E esse quadro, por óbvio, não pode ser tolerado em um Estado Democrático de Direito, ainda mais quando este se encontra fundamentado em uma República Federativa, como é o caso de nosso país.[492]

1. Patrimônio público e tutela multidisciplinar dos direitos da personalidade

Como visto anteriormente, os direitos da personalidade – incluído o livre desenvolvimento da personalidade – são aqueles essenciais aos seres humanos, vale dizer, inerentes às pessoas, sem os quais elas não poderiam existir.[493] Assim, sua incidência não se limita apenas ao Direito Privado, concernente ao Direito Civil, Direito Empresarial, entre outras disciplinas. Mas, com igual ênfase, também emanam efeitos dos direitos da personalidade no Direito Público, pois os direitos humanos, especialmente os fundamentais, possuem eficácia em todo o ordenamento jurídico pátrio, exigindo proteção estatal em qualquer seara do Direito.

A sociedade possui direito a um patrimônio público íntegro e protegido,[494] já que os bens que o compõem pertencem a toda a população.[495] Qualquer aviltamento a esses bens e direitos, que possuem caráter difuso,[496]

[491] Cf. BARBOSA, Renato Kim. **Corrupção e Dano Social**: Análise da Responsabilidade Civil inclusive na *Nova* Lei de Improbidade Administrativa. São Paulo: Almedina, 2022, p. 101-106.

[492] Conforme preconiza expressamente o artigo 1º da nossa Constituição Federal (destaques nossos): "Art. 1º. **A República Federativa do Brasil**, formada pela união indissolúvel dos Estados e Municípios e do Distrito Federal, **constitui-se em Estado Democrático de Direito** e tem como fundamentos: I - a soberania; II - a cidadania; III - a dignidade da pessoa humana; IV - os valores sociais do trabalho e da livre iniciativa; V - o pluralismo político. Parágrafo único. Todo o poder emana do povo, que o exerce por meio de representantes eleitos ou diretamente, nos termos desta Constituição."

[493] SCHREIBER, Anderson. **Direitos da Personalidade**. 3. ed. São Paulo: Atlas, 2014, p. 5.

[494] Tal obrigação já se encontra encartada no artigo 5º, *caput*, da Constituição Federal, dentre diversos outros dispositivos constitucionais e legais: "Todos são iguais perante a lei, sem distinção de qualquer natureza, garantindo-se aos brasileiros e aos estrangeiros residentes no País a inviolabilidade do direito à vida, à liberdade, à igualdade, à segurança e à propriedade [...]."

[495] Nesse sentido: "A coisa pública (*res publica*) é a coisa do povo (*res populi*). E o povo não é um agrupamento de homens congregados de qualquer modo, mas a congregação de uma multidão associada (*sociatus*) por um consenso jurídico (*iuris consensus*) e uma utilidade comum (*utilitatis communione*). E a primeira causa para se agruparem não é tanto a fraqueza quanto uma tendência natural dos homens de se congregarem". (CÍCERO, Marco Túlio. **Tratado da República**. Lisboa: Círculo de Leitores & Temas e Debates, 2008, Rep, 1.39.)

[496] "As posições doutrinárias acerca do tema são concatenadas por Susana Henriques da Costa [*in*: **O Processo Coletivo na Tutela do Patrimônio Público e da Moralidade Administrativa**: Ação de Improbidade Administrativa, Ação Civil Pública e Ação Popular. 2. ed. São Paulo: Atlas, 2015, p. 44-47]: também preconizam que o patrimônio público sempre constitui um interesse difuso os professores Alcides Alberto Munhoz da Cunha, Aristides Junqueira Alvarenga, José Marcelo Menezes Vigliar e Rodolfo de Camargo Mancuso." (BARBOSA, Renato Kim. **Corrupção e Dano Social**: Análise da Responsabilidade Civil inclusive na *Nova* Lei de Improbidade Administrativa. São Paulo: Almedina, 2022, p. 88.)

demanda uma pronta resposta estatal, visando a preservar os direitos da sociedade.[497]

Além da disposição constante no artigo 5º, *caput*, inciso X,[498] que se refere à proteção de aspectos internos da personalidade, a Constituição Federal também assegura a defesa de aspectos externos, que objetivam garantir, mormente de forma material, um livre desenvolvimento da personalidade. Com efeito, a escassez de recursos públicos causada pela corrupção e pela improbidade administrativa implica menos atenção estatal à saúde, educação, segurança pública, infraestrutura *etc.* Tal consectário, certamente, dificulta e até impede um regular desenvolvimento da personalidade dos cidadãos, sobretudo dos mais pobres.

Dessarte, com tal finalidade, o artigo 37, § 4º, da Carta Magna determina que os "atos de improbidade administrativa importarão a suspensão dos direitos políticos, a perda da função pública, a indisponibilidade dos bens e o ressarcimento ao erário, na forma e gradação previstas em lei, sem prejuízo da ação penal cabível." Trata-se de importante determinação de índole constitucional, implementada em âmbito inferior por meio da Lei n. 8.429, de 2 de junho de 1992,[499] que não encontra paralelo em outros países.[500]

No mesmo sentido é a disposição constante no § 5º do referido artigo 37 da Constituição Federal: "A lei estabelecerá os prazos de prescrição para ilícitos praticados por qualquer agente, servidor ou não, que causem prejuízos ao erário, ressalvadas as respectivas ações de ressarcimento." Analisando a parte final do citado dispositivo, o Supremo Tribunal Federal decidiu, no recurso extraordinário n. 852.475, que são "imprescritíveis as ações de ressarcimento ao erário fundadas na prática de ato doloso tipificado na Lei de Improbidade Administrativa".[501]

[497] Militam nesse sentido, inclusive, os artigos 186, 187 e 927, parágrafo único, do Código Civil: "Art. 186. Aquele que, por ação ou omissão voluntária, negligência ou imprudência, violar direito e causar dano a outrem, ainda que exclusivamente moral, comete ato ilícito. Art. 187. Também comete ato ilícito o titular de um direito que, ao exercê-lo, excede manifestamente os limites impostos pelo seu fim econômico ou social, pela boa-fé ou pelos bons costumes. [...] Art. 927. Aquele que, por ato ilícito (arts. 186 e 187), causar dano a outrem, fica obrigado a repará-lo. [...]."

[498] "[...] são invioláveis a intimidade, a vida privada, a honra e a imagem das pessoas, assegurado o direito a indenização pelo dano material ou moral decorrente de sua violação; [...]."

[499] "Dispõe sobre as sanções aplicáveis em virtude da prática de atos de improbidade administrativa, de que trata o § 4º do art. 37 da Constituição Federal; e dá outras providências."

[500] Cf. BARBOSA, Renato Kim. **Corrupção e Dano Social**: Análise da Responsabilidade Civil inclusive na *Nova* Lei de Improbidade Administrativa. São Paulo: Almedina, 2022, p. 126. Apesar das alterações empreendidas pela recente Lei n. 14.230, de 25 de outubro de 2021, a Lei de Improbidade Administrativa permanece sendo um dos principais instrumentos jurídicos de combate à corrupção e, por consequência, de tutela do patrimônio público.

[501] Ementa: "DIREITO CONSTITUCIONAL. DIREITO ADMINISTRATIVO. RESSARCIMENTO AO ERÁRIO. IMPRESCRITIBILIDADE. SENTIDO E ALCANCE DO ART. 37, § 5º, DA CONS-

Veja-se, desse modo, a preocupação do constituinte no tocante a essa temática, cujas finalidades precípuas são a proteção e a efetividade dos direitos coletivos, máxime atinentes a um patrimônio público íntegro e incólume.[502] E, para tanto, a Constituição Federal, em seu artigo 129, *caput*, inciso III, elenca como função institucional do Ministério Público, dentre outras: "promover o inquérito civil e a ação civil pública, para a proteção do patrimônio público e social, do meio ambiente e de outros interesses difusos e coletivos".

Percebe-se, nessa quadra, que o ordenamento jurídico pátrio estabelece diversos instrumentos para uma adequada tutela do patrimônio público. Com efeito, além da Lei n. 8.429/1992 e das normas de índole penal, podem ser citados diversos outros diplomas aplicáveis à matéria *sub examine*: Lei n. 4.717, de 29 de junho de 1965,[503] Lei n. 7.347, de 24 de julho de 1985,[504] Lei n. 12.846, de 1º de agosto de 2013,[505] *etc.*

Dotado de enfoque temático na defesa do patrimônio moral dos indivíduos e da sociedade, é clara a dedicação dos legisladores constitucional e infraconstitucional ao assunto em voga. Convém registrar, outrossim, a existência de normativas internacionais acerca dos temas em apreço, conforme já salientado anteriormente: Declaração dos Direitos do Homem e do Cidadão (1789), Declara-

TITUIÇÃO. 1. A prescrição é instituto que milita em favor da estabilização das relações sociais. 2. Há, no entanto, uma série de exceções explícitas no texto constitucional, como a prática dos crimes de racismo (art. 5º, XLII, CRFB) e da ação de grupos armados, civis ou militares, contra a ordem constitucional e o Estado Democrático (art. 5º, XLIV, CRFB). 3. O texto constitucional é expresso (art. 37, § 5º, CRFB) ao prever que a lei estabelecerá os prazos de prescrição para ilícitos na esfera cível ou penal, aqui entendidas em sentido amplo, que gerem prejuízo ao erário e sejam praticados por qualquer agente. 4. A Constituição, no mesmo dispositivo (art. 37, § 5º, CRFB) decota de tal comando para o Legislador as ações cíveis de ressarcimento ao erário, tornando-as, assim, imprescritíveis. 5. São, portanto, imprescritíveis as ações de ressarcimento ao erário fundadas na prática de ato doloso tipificado na Lei de Improbidade Administrativa. 6. Parcial provimento do recurso extraordinário para (i) afastar a prescrição da sanção de ressarcimento e (ii) determinar que o tribunal recorrido, superada a preliminar de mérito pela imprescritibilidade das ações de ressarcimento por improbidade administrativa, aprecie o mérito apenas quanto à pretensão de ressarcimento."

[502] Além das normas constitucionais e infraconstitucionais mencionadas, também é possível citar os artigos 312 e seguintes do Código Penal, entre outros, inclusive de diversos diplomas normativos correlatos: Decreto-Lei n. 201, de 27 de fevereiro de 1967, que dispõe "sobre a responsabilidade dos Prefeitos e Vereadores, e dá outras providências"; Lei n. 14.133, de 1º de abril de 2021, conhecida como a nova "Lei de Licitações e Contratos Administrativos"; *etc.*

[503] "Regula a ação popular."

[504] "Disciplina a ação civil pública de responsabilidade por danos causados ao meio-ambiente, ao consumidor, a bens e direitos de valor artístico, estético, histórico, turístico e paisagístico (VETADO) e dá outras providências."

[505] "Dispõe sobre a responsabilização administrativa e civil de pessoas jurídicas pela prática de atos contra a administração pública, nacional ou estrangeira, e dá outras providências."

ção Universal dos Direitos Humanos (1948), Convenção Americana sobre Direitos Humanos (1969), Convenção Interamericana contra a Corrupção (1996), Convenção sobre o Combate da Corrupção de Funcionários Públicos Estrangeiros em Transações Comerciais Internacionais (1997), Convenção das Nações Unidas contra a Corrupção (2003) *etc.*

Constata-se, nesse diapasão, grande importância dispensada à matéria tanto pelo ordenamento jurídico interno quanto pela ordem internacional. Deve haver, como consequência, idôneas atenção e proteção ao patrimônio público, assegurando-se, como consectário, os direitos da personalidade, incluído o direito ao livre desenvolvimento da personalidade.

2. Combate à corrupção e direitos da personalidade

Susan Rose-Ackerman conceitua a corrupção como o mau uso do poder público para ganho privado ou político.[506] E, segundo José António de Sousa Lameira, a corrupção é a ação de apodrecimento, decomposição, relacionando-se com determinada conduta que está em desacordo com as regras e os valores vigentes. Desse modo, "uma conduta que não se pauta pela honestidade é uma conduta corrupta."[507]

O referido autor português ainda salienta que todos os cidadãos almejam uma sociedade onde a justiça e a transparência sejam prevalentes. Assim, o combate à corrupção consiste em um imperativo ético. Com efeito, a falta de ética na conduta pessoal enseja a corrupção individual, bem como a ausência de ética na seara coletiva ocasiona uma corrupção generalizada. Como decorrência lógica, a corrupção demanda um combate por meio da ética nas condutas, concitando e sedimentando valores e regras anuídas por todas a coletividade.[508]

Nesse sentido, é de conhecimento geral que a corrupção se trata de grave problema que atinge a sociedade de diversas maneiras – e, dentre incontáveis efeitos deletérios, um dos seus consectários mais danosos é a violação dos direitos fundamentais. Quando justamente aqueles que, por mandamento constitucional e legal, deveriam proteger os interesses públicos praticam atos de corrupção e de improbidade administrativa, abala-se a confiança geral na justiça e na democracia e, como corolário, desrespeitam-se os direitos dos cidadãos.[509]

[506] ROSE-ACKERMAN, Susan. *The challenge of poor governance and corruption*. **Revista Direito GV**, v. 1, p. 207-266, 2005, p. 207-208.

[507] LAMEIRA, José António de Sousa. Ética e corrupção nas relações contratuais. *In*: Castro, Manuella Santos de (org.) *et al.* **Governança, *compliance* e corrupção**. São Paulo: Almedina, 2019, p. 151.

[508] LAMEIRA, José António de Sousa. Ética e corrupção nas relações contratuais. *In*: Castro, Manuella Santos de (org.) *et al.* **Governança, *compliance* e corrupção**. São Paulo: Almedina, 2019, p. 148.

[509] Cf. GOMES, Luiz Flávio; SANTANA, Artur Cardoso Carvalho. A interdisciplinaridade no Direito brasileiro e a multiplicidade de instrumentos jurídicos no combate à corrupção. *In*: Becha-

Tanto a corrupção quanto a improbidade administrativa são atos que geram graves consequências para a coletividade. Além de, muitas vezes, causarem prejuízos econômicos significativos ao Estado, tais atos ilícitos comprometem a eficácia das políticas públicas, afetando direta e negativamente os direitos da personalidade das pessoas, incluído o direito ao livre desenvolvimento de sua personalidade. Em tal quadra, constata-se a importância dos Sistemas Anticorrupção e de Tutela do Patrimônio Público, os quais são essenciais para prevenir danos aos direitos fundamentais, efetivando, desse modo, uma sociedade mais justa e igualitária. Nesse sentido:

> Constatar a existência do dano social e aplicar-lhe os mesmos regramentos existentes para a reparação do dano individual é um avanço do qual não podemos nos furtar. O Direito possui a missão maior de pacificar a sociedade, permitindo a toda pessoa o livre desenvolvimento de sua personalidade. Assim, todos os bens e direitos, pertencentes a um indivíduo ou à coletividade, devem ser protegidos, e os danos que eles porventura sofram necessitam ser alvo de completa reparação, independentemente da respectiva titularidade.[510]

De outra banda, repisa-se que os direitos da personalidade, tanto em seu aspecto interno quanto externo, referem-se à natureza do ser humano, objetivando proteger, desse modo, a sua essência.[511] E, nesse diapasão, o direito ao livre desenvolvimento da personalidade milita no mesmo sentido, necessitando de um contexto social íntegro e saudável para a sua escorreita existência:

> O direito ao livre desenvolvimento da personalidade vem justamente ao encontro da tutela das escolhas

ra, Fábio Ramazzini (coord.) *et al.* **Corrupção**. São Paulo: Almedina, 2020, p. 306. Esses autores aduzem que a corrupção, por versar sobre o aproveitamento da função pública para fins privados espúrios, detém duas características especiais: a) abuso de posição de confiança, porque existe exploração indevida de tal função em desacordo com as normas de regência; b) benefício indevido na seara privada, vale dizer, uma vantagem "extraposicional", estranha às funções desempenhadas pelo agente público corrupto. Assim, eles concluem que o núcleo da questão correlaciona-se com a indevida confusão entre público e privado.

[510] Cf. BARBOSA, Renato Kim. **Corrupção e Dano Social**: Análise da Responsabilidade Civil inclusive na *Nova* Lei de Improbidade Administrativa. São Paulo: Almedina, 2022, p. 120.

[511] Cf. BITTAR, Carlos Alberto. **Os Direitos da Personalidade**. 8. ed. São Paulo: Saraiva, 2015, p. 35.

> existenciais em relação à construção da personalidade de cada pessoa como ser único, irrepetível, dinâmico (projeto inacabado) e complexo. Outrora a personalidade correspondia a uma simples aptidão para ser sujeito de direitos e deveres. Hoje diz respeito a um valor e princípio que permeia o sistema jurídico com o objetivo de garantir a proteção da pessoa ontologicamente considerada, reconhecendo, para tanto, os chamados direitos da personalidade. Outrora o centro do Direito correspondia à proteção do patrimônio e o desenvolvimento da personalidade significava apenas uma livre expansão do ter. Hoje no centro do Direito está a pessoa humana e o livre desenvolvimento da personalidade corresponde a uma livre expansão do ser. [...]. Enquanto a dignidade protege a pessoa em sua essência, o livre desenvolvimento da personalidade tutela a sua dinâmica.[512]

Nesse contexto, vislumbra-se a grande importância de uma tutela eficiente do patrimônio público, já que a corrupção prejudica os direitos da personalidade dos indivíduos, implicando tratamento indigno quanto a diversos direitos fundamentais: saúde, educação, segurança, entre outros. É de fácil intelecção o fato de que, faltando recursos públicos em razão de seu desvio ilícito, se prejudica a devida e necessária qualidade dos serviços públicos. Quem sofre, então, é a própria população com a ausência de prestações pelo Estado de comodidades materiais adequadas e de qualidade. O Sistema Anticorrupção visa, como consequência, a coibir práticas corruptas e assegurar os direitos dos cidadãos.

A tutela do patrimônio público possui a finalidade de proteger os bens e direitos da coletividade – e não apenas do Estado. Havendo má gestão ou desvio de recursos públicos, desrespeitam-se frontalmente os direitos fundamentais, incluídos os direitos da personalidade, porque esses bens poderiam ser destinados à prestação de serviços públicos de qualidade, promovendo o desenvolvimento econômico e social do país.[513]

A existência, a preservação e o aprimoramento dos Sistemas Anticorrupção e de Tutela do Patrimônio Público são essenciais para a proteção dos direitos fun-

[512] MOREIRA, Rodrigo Pereira. **Direito ao livre desenvolvimento da personalidade**: caminhos para a proteção e promoção da pessoa humana. 2015. 290 f. Dissertação (Mestrado em Direito) - Faculdade de Direito, Universidade Federal de Uberlândia, Uberlândia, 2015, p. 10.

[513] Cf. determinação encartada no artigo 3º, inciso II, da Constituição Federal.

damentais. Desse modo, devem ser evitados quaisquer retrocessos sociais em tal temática, pois, se tais instrumentos jurídicos forem enfraquecidos, a sociedade ficará vulnerável à corrupção, causando danos irreparáveis para toda a população. Sendo assim, são de capital importância a manutenção e o constante aperfeiçoamento desses sistemas, proporcionando, como corolário, a existência de uma sociedade mais justa e igualitária, pautada verdadeiramente por primados éticos e democráticos.

De outro modo, pode-se aduzir que, em havendo uma tutela ineficiente do patrimônio público, a maior prejudicada será a própria sociedade. A má gestão e o desvio de recursos do patrimônio público prejudicam sobremaneira a qualidade dos serviços públicos, ocasionando uma incontável gama de problemas relacionados à saúde, educação e segurança, dentre outros direitos fundamentais e da personalidade. Ademais, os atos de corrupção e de improbidade administrativa inevitavelmente geram e agravam as desigualdades sociais e econômicas, privilegiando os mais ricos em detrimento dos pobres, que dependem direta e indiretamente dos serviços públicos. Por conseguinte, perfaz-se de capital importância a adoção de medidas eficazes no que tange à Tutela do Patrimônio Público, prevenindo e reprimindo a corrupção para permitir uma efetiva justiça social.

Os referidos sistemas anticorrupção devem abranger todos os setores da sociedade, público ou privado,[514] acompanhados de medidas que assegurem transparência e responsabilização dos agentes públicos. E, para possuir efetividade perante a sociedade, é necessário estabelecer ações de monitoramento, fiscalização e controle das atividades estatais e administrativas em geral, além de instrumentos que possibilitem a participação da população nesse processo de controle da Administração Pública.

Conclusões

Os direitos da personalidade são cânones de nosso Direito, atinentes não apenas às matérias de Direito Privado, mas, também, àquelas de Direito Público. A eficácia horizontal dos direitos humanos e fundamentais estabelece um dever holístico – de todos, incluído o Estado e a própria sociedade – de proteger e respeitar os direitos concernentes à essência do ser humano. Trata-se de inegável avanço civilizatório do qual não se pode abrir mão nem retroceder.

E a tutela do patrimônio público, corporificada pela prevenção e repressão de atos de corrupção e de improbidade administrativa, é de fundamental importância em tal seara. Do contrário, sendo o Estado omisso ou até mesmo conivente com

[514] A exemplo da Lei n. 12.846, de 1º de agosto de 2013, que dispõe “sobre a responsabilização administrativa e civil de pessoas jurídicas pela prática de atos contra a administração pública, nacional ou estrangeira, e dá outras providências.”

a dilapidação de bens e recursos públicos, inegavelmente causam-se danos social material e moral – este último classificado por alguns como dano moral coletivo.

Ademais, faltando recursos para as atividades estatais mais básicas – *v.g.*, saúde, educação, segurança pública *etc.* –, as pessoas, mormente as de classe sociais menos favorecidas, não poderão desenvolver livremente sua personalidade, sendo aviltados os respectivos direitos da personalidade. Em assim agindo, falharia a República Federativa do Brasil em um de seus objetivos fundamentais: "promover o bem de todos, sem preconceitos de origem, raça, sexo, cor, idade e quaisquer outras formas de discriminação" (artigo 3º, inciso IV, da Constituição Federal).[515]

Conclui-se, por conseguinte, que o combate à corrupção e à improbidade administrativa são missões fundamentais de nosso Estado Democrático de Direito. Ausente esse respeito aos direitos dos cidadãos, notadamente aos direitos da personalidade, restam descumpridas diversas normas de índole constitucional, convencional e legal. Assim, é imprescindível haver uma eficiente tutela do patrimônio público, capaz de efetivar e garantir os direitos humanos e fundamentais, sobretudo os direitos da personalidade, preservando-os inclusive em sua essência.

515 Também se descumprem diversos outros fundamentos e objetivos de nosso Estado, *ex vi* dos seguintes dispositivos da nossa Carta Magna: "Art. 1º A República Federativa do Brasil, formada pela união indissolúvel dos Estados e Municípios e do Distrito Federal, constitui-se em Estado Democrático de Direito e tem como fundamentos: [...] ; II - a cidadania; III - a dignidade da pessoa humana; [...] Art. 3º Constituem objetivos fundamentais da República Federativa do Brasil: I - construir uma sociedade livre, justa e solidária; II - garantir o desenvolvimento nacional; III - erradicar a pobreza e a marginalização e reduzir as desigualdades sociais e regionais; [...]."

REFERÊNCIAS

BARBOSA, Renato Kim. **Corrupção e Dano Social**: Análise da Responsabilidade Civil inclusive na *Nova* Lei de Improbidade Administrativa. São Paulo: Almedina, 2022.

______; COSTA, Rafael de Oliveira. Nova **Lei de Improbidade Administrativa**: De Acordo com a Lei n. 14.230/2021. São Paulo: Almedina, 2022.

BITTAR, Carlos Alberto. **Os Direitos da Personalidade**. 8. ed. São Paulo: Saraiva, 2015.

CÍCERO, Marco Túlio. **Tratado da República**. Lisboa: Círculo de Leitores & Temas e Debates, 2008.

COSTA, Susana Henriques da. **O Processo Coletivo na Tutela do Patrimônio Público e da Moralidade Administrativa**: Ação de Improbidade Administrativa, Ação Civil Pública e Ação Popular. 2. ed. São Paulo: Atlas, 2015.

DIÓGENES JÚNIOR, José Eliaci Nogueira. **Gerações ou dimensões dos direitos fundamentais?** Disponível em: http://professor.pucgoias.edu.br/SiteDocente/admin/arquivosUpload/7771/material/GERA%C3%87%C3%95ES%20OU%20DIMENS%C3%95ES%20DOS%20DIREITOS%20FUNDAMENTAIS.pdf. Acesso em: 2 abr. 2023.

GOMES, Luiz Flávio; SANTANA, Artur Cardoso Carvalho. A interdisciplinaridade no Direito brasileiro e a multiplicidade de instrumentos jurídicos no combate à corrupção. *In*: Bechara, Fábio Ramazzini (coord.) *et al.* **Corrupção**. São Paulo: Almedina, 2020

LAMEIRA, José António de Sousa. Ética e corrupção nas relações contratuais. *In*: Castro, Manuella Santos de (org.) *et al.* **Governança,** compliance **e corrupção**. São Paulo: Almedina, 2019.

LOPEZ, Teresa Ancona. Dano existencial. **Revista de Direito Privado**, São Paulo, v. 15, n. 57, p. 287-302, 2014

MORAES, Alexandre de. **Direitos Humanos Fundamentais**: Teoria Geral. 12. ed. São Paulo: Atlas, 2021.

MOREIRA, Rodrigo Pereira. **Direito ao livre desenvolvimento da personalidade**: caminhos para a proteção e promoção da pessoa humana. 2015. 290 f. Dissertação (Mestrado em Direito) - Faculdade de Direito, Universidade Federal de Uberlândia, Uberlândia, 2015.

PIOVESAN, Flávia. **Direitos Humanos e o Direito Constitucional Internacional**. 20. ed. São Paulo: Saraiva, 2022.

ROSE-ACKERMAN, Susan. *The challenge of poor governance and corruption*. **Revista Direito GV**, v. 1, p. 207-266, 2005.

SCHREIBER, Anderson. **Direitos da Personalidade**. 3. ed. São Paulo: Atlas, 2014.

26. A ALTERAÇÃO DO NOME A PARTIR DA LEI Nº 14.382/2022

MAURÍCIO PESSOA

Introdução

Com enorme alegria soube da iniciativa de homenagear-se o Professor Rui Geraldo Camargo Viana ao ensejo da comemoração dos seus 85 anos de vida.

À alegria somaram-se a honra e a gratidão de ter sido convidado a participar desta obra coletiva, sugestivamente denominada Direitos da personalidade e seus reflexos nos Direitos Público e Privado: Homenagem ao Professor Rui Geraldo Camargo Viana, idealizada, organizada e coordenada pelo Ministro José Antonio Dias Toffoli e pelos Professores Renato Kim Barbosa e Silvano Andrade do Bomfim, a quem cumprimento e parabenizo pela iniciativa e pela concretização de tão justa e merecida homenagem.

Não fui aluno do Professor Rui Geraldo Camargo Viana na graduação; no entanto, tive a ventura de assessorá-lo enquanto Juiz do extinto e saudoso 2º Tribunal de Alçada Civil do Estado de São Paulo e Desembargador do Tribunal de Justiça do Estado de São Paulo; de assisti-lo nas aulas de Direito Civil ministradas na PUC-SP; de ter sido seu orientando no mestrado da PUC-SP; de ter advogado com ele durante 25 anos; de ter sido por ele incondicionalmente apoiado a ingressar no Tribunal de Justiça do Estado de São Paulo pelo Quinto Constitucional da Advocacia, enfim, de ter sido e continuar a ser o aprendiz do mestre que ainda me orienta e me inspira, que é genial e insuperável e que, por tudo isso, encoraja-me a tornar público o amor filial e incondicional que lhe tenho.

Essa ventura não foi obra do destino ou do acaso; foi, sim, fruto da bondade do Professor Rui Geraldo Camargo Viana que, ao acenar e estender a mão a um jovem e inexperiente discente de Direito da PUC-SP, filho de seus amigos de infância e adolescência, protagonizou, inspirou e orientou toda uma vida.

Em verdade, mais uma vida, porque o Professor Rui Geraldo Camargo Viana, não tenho dúvida, protagonizou a vida, dentre muitos outros, de meus contemporâneos Marcos Alberto Sant'anna Bitelli, Paulo Cassio Nicolellis, Tania Mara Ahualli e Wallace Paiva Martins Júnior. Além disso, foi e continua a ser o orientador de muitas vidas, especialmente na academia, e na sala de aula em particular, palco de sua predileção em que, sempre com entusiasmo juvenil, indisfarçável e desafiadora inquietação intelectual, rara e inata vocação e inquebrantável espírito vanguardista ensina, defende e renova o Direito.

À atuação em sala de aula soma-se a produção científica do Professor Rui Geraldo Camargo Viana. *Da novação*, *O parcelamento do solo urbano*, *A participação do particular no urbanismo* são as obras com as quais ele se titulou até a Livre-Docência na Universidade de São Paulo.

Essas obras, todas elas de referência e escritas antes da Constituição Federal e do Código Civil vigentes, revelam a preocupação que o Professor Rui Geraldo Camargo Viana sempre teve com os direitos da personalidade que, direta ou indiretamente, também inspiraram os demais livros e artigos que publicou.

Até agora me referi ao Professor Rui Geraldo Camargo Viana que, no entanto, não é o único homenageado. Essa homenagem é extensiva ao magistrado Rui Geraldo Camargo Viana, ao advogado Rui Geraldo Camargo Viana e à pessoa Rui Geraldo Camargo Viana.

Um dos mais novos juízes de carreira a tomar posse como Desembargador do Tribunal de Justiça do Estado de São Paulo, o Desembargador Camargo Viana (nome regimental que adotou) se notabilizou pela excelência das decisões que proferiu em profusão, pela admiração de seus pares, mesmos os mais antigos e conservadores, pela preocupação com o jurisdicionado e pelo respeito às prerrogativas dos advogados. Avesso às formalidades excessivas, contribuiu para a construção de uma jurisprudência séria, renovadora e justa que ainda ecoa e é estudada na academia.

O Desembargador Camargo Viana se aposentou precocemente e Rui Geraldo Camargo Viana passou a advogar e, portanto, a reviver aquilo que aprendeu e apreendeu como solicitador acadêmico dos inesquecíveis Raimundo Pascoal Barbosa e José Turcato, advogados de escol responsáveis pela formação de uma plêiade de profissionais do Direito.

Advogado ético, sério e responsável, Rui Geraldo Camargo Viana honrou a advocacia e dela se valeu, também, para concretizar e fazer valer os direitos da personalidade. Seus incontáveis arrazoados, pareceres, consultas e sustentações orais – muitas delas tonitruantes ainda ecoam nos 5º e 6º andares do Palácio da Justiça e nos prédios dos Tribunais Superiores – invariavelmente materializam pretensões voltadas aos direitos existenciais e essenciais das pessoas naturais e das pessoas jurídicas que representou em juízo e em favor de quem exerceu a capacidade postulatória.

Prestes a completar 85 anos, Rui Geraldo Camargo Viana continua vívido e ainda mais sábio, porque agora está mais disponível à sua família. Casado com Renata Honório Ferreira Camargo Viana, é pai de Maria Beatriz Bevilaqua Viana Gomes, Maria Angélica Bevilaqua Viana dos Santos, Rui Geraldo Camargo Viana Filho, Rui Gustavo Camargo Viana e Rui Guilherme Camargo Viana (os filhos homens com o prenome composto Rui Geraldo, tradição que herdou de seu pai, cujos seis filhos foram registrados com prenomes iniciados pela letra R), continua a ensinar, defender e renovar o Direito e é mais do que merecedor da justa homenagem que esta obra em geral e este artigo em particular lhe fazem.

Atento ao espírito vanguardista do homenageado, à indissociabilidade dele com os direitos da personalidade e ao nome dele que é sinônimo de excelência, este não é um estudo aprofundado sobre o direito ao nome; é, apenas, uma análise do atual tratamento legislativo que é dispensado ao nome como mecanismo de concretização e de consolidação dos direitos fundamentais e dos direitos da personalidade.

1. Dos direitos da personalidade

Os direitos da personalidade estão previstos nos artigos 11 a 21 do Código Civil – Parte Geral, Livro I (Das pessoas), Título I (Das pessoas naturais), Capítulo II (Dos direitos da personalidade) – que os tratam de forma geral, mas não exaustiva, neles incluídos o direito à vida, à integridade física, à integridade moral, ao nome, à imagem e à vida privada.

Independentemente de o Código Civil não ter indicado parâmetros de ponderação para as cada vez mais frequentes hipóteses de colisão entre eles e do tratamento abstrato e meramente formal que lhes dispensa – resultado, talvez, da deliberada intenção de delegar a solução e o aprimoramento para as leis especiais do porvir –, reconhece-se o mérito de ele os ter disciplinado após o silêncio sepulcral do Código Civil revogado e, principalmente, após a consagração constitucional da dignidade da pessoa humana como fundamento da República Federativa do Brasil (CF, art. 1º, III).

Os direitos da personalidade levam em consideração a personalidade em sentido absoluto que difere da personalidade em sentido subjetivo (personalidade civil ou personalidade jurídica), porque esta é aptidão genérica atribuível à pessoa natural que, em razão dela, é considerada sujeito de direitos e de obrigações. Aquela, por sua vez, como ensina Anderson Schreiber, "*é o conjunto de atributos próprios e exclusivos da pessoa humana merecedores de especial proteção da ordem jurídica.*"[516]

[516] **Manual de Direito Civil Contemporâneo**. São Paulo: SaraivaJur, 2018. p. 99.

A partir disso, os direitos da personalidade, fundamentais, existenciais e inerentes aos sujeitos de direito e de obrigações, são definidos por Rui Geraldo Camargo Viana da seguinte forma:

> Seja qual for a expressão utilizada – o Professor se refere aqui à expressão "toda pessoa" prevista no artigo 1º do Código Civil que substitui a expressão "todo homem" então prevista no artigo 2º do Código Civil revogado – certo é que a personalidade, como essência do ser humano, é juridicamente tutelada e protegida, dela irradiando direitos que são, por definição, absolutos, extrapatrimoniais, intransmissíveis, inalienáveis, impenhoráveis, vitalícios e oponíveis erga omnes.
> Os direitos da personalidade, conforme clássica lição de Limongi França, são basicamente: a) direito à integridade física (vida, próprio corpo, partes do corpo); b) direito à integridade intelectual (liberdade de pensamento, direitos autorais); e c) direito à integridade moral (honra, recato, imagem, identidade pessoal, familiar e social).[517]

Muito embora a proposta, aqui, não seja a de aprofundar o estudo dos direitos da personalidade, não se pode deixar de chamar a atenção para o paradoxo que eles estão a atravessar, como tal apontado por Cláudio Luiz Bueno de Godoy nos seguintes e preocupantes termos:

> [...] por ora cabe deixar marcado o paradoxo descrito e os problemas que suscita. Se se agudiza a necessidade de pleno reconhecimento dos direitos da personalidade diante de novos riscos a que expostos e, neste contexto, expandindo-se sua compreensão a manifestações autônomas a tutelar, cada vez mais crescentes, simultaneamente se colhe dessa hipertrofia a consideração de direitos como da personalidade, mas que, na realidade, não o são. E mesmo quando deles se

[517] **Novos direitos da personalidade: direito à identidade sexual**. In: CORREIA, Atalá; CAPUCHO, Fábio Jun (Coordenadores). Direitos da Personalidade: A contribuição de Silmara J. A. Chinellato. Barueri/SP: Manole, 2019, p. 88-89.

> cuida, seu acento nodal na vontade, funcionalizada a escolhas completamente livres e incontidas, reforça a perda da sua essência, o desvio de sua finalidade, transformando-o em instrumento de real exercício de poder de uns sobre os outros. Ou, em contrapartida, sem o preciso entendimento do que sejam, apequenam-se todas as suas variadas possibilidades para a expansão do ser humano enquanto tal.[518]

Dos direitos da personalidade, como tais aqui considerados e apesar dos problemas que estejam a enfrentar na atualidade em decorrência das expansões dos seus exercícios e de suas concretizações, interessa o direito ao nome e, mais precisamente, a recente alteração legislativa a que se submeteu.

2. Do direito ao nome

O direito ao nome é tratado nos artigos 16 a 19 do Código Civil e nos artigos 55 a 63 da Lei nº 6.015/73 (Lei de Registros Públicos); é expressão de direito fundamental e de direito da personalidade[519], daí o porquê, também, de as leis de regência respectivas se complementarem apesar de terem natureza distinta.

O direito ao nome é indisponível e irrenunciável, de modo que ninguém tem a faculdade de não o ter ou de deixar de adquiri-lo e de usá-lo; é, pois, obrigatório, até porque decorre, também, da obrigatoriedade do registro de nascimento, cuja declaração deve contê-lo (Lei nº 6.015/73, arts. 50 e 54).

O nome designa e identifica o seu titular na sociedade; ele assegura a identidade pessoal e, conquanto não esteja expresso na Constituição Federal, concretiza a dignidade da pessoa humana, fundamento em torno do qual se concentram e se desenvolvem todos os direitos fundamentais e os direitos da personalidade, positivados ou não.

Como ensinam Nelson Nery Júnior e Rosa Maria Andrade Nery:

> [...] o nome da pessoa é sua principal identificação e é a porta de entrada para os segredos de sua intimidade pessoal e da reserva de sua vida privada. Pelo nome,

[518] **Desafios atuais dos direitos da personalidade**. In: CORREIA, Atalá; CAPUCHO, Fábio Jun (Coordenadores). Direitos da Personalidade: A contribuição de Silmara J. A. Chinellato. Barueri/SP: Manole, 2019, p. 7-8.

[519] Diz-se expressão de direito fundamental, porque corolário da dignidade da pessoa humana, fundamento constitucional da República Federativa do Brasil (CF, art. 1º, III); diz-se expressão do direito da personalidade, porque compreendido na conservação e no desenvolvimento da personalidade, atributo essencial da pessoa natural.

> a imagem se revela; pelo nome a pessoa se faz presente no espaço moral e jurídico de sua experiência humana e, pelo nome, aflora a fama, que contribui, de toda maneira, para a identificação total da pessoa.[520]

O direito ao nome desdobra-se, ainda, em direito a um nome e em direito de pôr ou tomar o nome. É o que Renata Mota Maciel e Tânia Mara Ahualli, fundamentadas no escólio de Leonardo Brandelli, observam e explicam, a saber:

> Nesse sentido, o direito ao nome decorreria do direito à identificação pessoal, constituindo desdobramento dos direitos da personalidade. A propósito, esse é o aspecto previsto no artigo 16 do Código Civil ao dispor que 'toda pessoa tem direito ao nome, nele compreendidos o prenome e o sobrenome'.
> O direito a um nome, por sua vez, está relacionado ao direito a determinado nome ou ao seu próprio nome, a partir do registro civil realizado no Registro Civil das Pessoas Naturais.
> O autor acima mencionado esclarece que mesmo o patronímico, que decorre naturalmente do nome de família, só é apropriado efetivamente pela pessoa a partir do registro, sobretudo porque a adoção dos patronímicos podem variar e normalmente não são adotados todos os patronímicos a que a pessoa tem direito.
> Quanto ao direito de pôr e de tomar o nome, o primeiro é o direito de determinada pessoa atribuir nome a outra pessoa e o segundo é o que tem determinada pessoa de atribuir a si própria um prenome ou nome de família.[521]

Trata-se de observação interessante que impacta especialmente na formação do nome[522] e na ostentação dele pelo titular respectivo.

[520] **Instituições de Direito Civil**. v. 1 – Tomo II: parte geral. São Paulo: Revista dos Tribunais, 2015. p. 20.

[521] **Direito ao nome**: Da imutabilidade à dignidade da pessoa humana, In: AHUALLI, Tânia Mara; BENACHIO, Marcelo (Coordenadores) Direito Notarial e Registral: Homenagem às Varas de Registros Públicos da Comarca de São Paulo. São Paulo: Quartier Latin, 2016, p. 570-571.

[522] A enunciação, aqui, dos elementos constitutivos do nome é meramente ilustrativa e é feita, tanto quanto possível, com base no nome do homenageado. O artigo 16 do Código Civil enumera

Nesse sentido, o prenome é livremente escolhido por quem faz a declaração do nascimento – trata-se, no entanto, de liberdade relativa, porque é defeso o registro de *"prenomes suscetíveis de expor ao ridículo os seus portadores"* –, é sucedido pelo nome de família (paterno, materno ou de ambos, independentemente de ordem de nomeação) e por eventuais elementos facultativos e é ostentado por quem o recebeu e sobre ele não teve qualquer ingerência.

A questão a saber, agora, é se o nome, especialmente o prenome, é mutável

3. Da alteração do nome

O entendimento dominante inserto na positivação do nome foi o da imutabilidade, especialmente a do prenome, e se assentou nos dogmas da segurança social e do formalismo, então entendidos como fundamentais para assegurar-se a efetividade das relações jurídicas, com a consequente diminuição dos conflitos que delas pudessem surgir.

Essa imutabilidade e as poucas hipóteses que a relativizavam estavam expressas na redação original da Lei nº 6.015/73.[523]

A doutrina e a jurisprudência tiveram fundamental importância e atuação na flexibilização da imutabilidade do nome além das hipóteses legais, até porque foram elas que, antes da vigência da atual Constituição Federal, desenvolveram e aprofundaram os direitos fundamentais e os direitos da personalidade. São elas que, a partir da Constituição Federal em vigor, continuam a desenvolver e aprofundar os direitos fundamentais e os direitos da personalidade; são elas que ouvem e ecoam as vozes das minorias que estão a libertar-se do autoritarismo estrutural em um processo de transformação social que, oxalá, erradicará toda forma de ódio e discriminação.

Nesse sentido é que, mesmo antes da modificação legislativa aqui analisada, Thamis Dalsenter Viveiros de Castro e Vitor Almeida observaram que:

o prenome (Rui Geraldo – composto) e o sobrenome, patronímico ou nome de família (Camargo Viana) como elementos essenciais do nome. Mas existem, ainda, os facultativos, quais sejam, o agnome (Filho, Neto, Júnior etc.), o axionômico (títulos nobiliárquicos e honoríficos), as partículas (De, Da etc.), a alcunha ou apelido (Rui Matraca), o epíteto (aposto ao nome como designação qualificativa), o hipocorístico (diminutivo do nome) e o nome vocatório (Des. Camargo Viana).

[523] Art. 57. O interessado, no primeiro ano após ter atingido a maioridade civil, poderá, pessoalmente ou por procurador bastante, alterar o nome, desde que não prejudique apelidos de família, averbando-se a alteração que será publicada na imprensa.

Art. 58. Qualquer alteração posterior de nome só por exceção e motivadamente, após audiência do Ministério Público, será permitida por sentença do Juiz a que estiver sujeito o registro, arquivando--se o mandado e publicando-se a alteração pela imprensa.

Art. 59. O prenome será imutável.

Parágrafo único. Quando, entretanto, for evidente o erro gráfico, admite-se a retificação, bem como a sua mudança mediante sentença do Juiz, a requerimento do interessado, no caso do parágrafo único do artigo 56, se o oficial não o houver impugnado.

> [...] o nome deve refletir as próprias escolhas direcionadas do projeto de vida, não podendo servir como um fator de discriminação e exclusão sociais, na medida em que aquele nome registral não mais condiz com a identidade exteriorizada pela pessoa. Portanto, a verdade registral do nome da pessoa humana só encontra relevância e cumpre sua função se corresponder à sua identidade e verdade pessoais.[524]

É nesse contexto de evolução e de transformação que surge a Lei nº 14.382, de 27 de junto de 2022, e ela, ao ensejo de dispor "*sobre o Sistema Eletrônico dos Registros Públicos (Serp), de que trata o art. 37 da Lei nº 11.977, de 7 de julho de 2009, bem como moderniza e simplifica os procedimentos relativos aos registros públicos de atos e negócios jurídicos, de que trata a Lei nº 6.015, de 31 de dezembro de 1973 (Lei de Registros Públicos), e de incorporações imobiliárias, de que trata a Lei nº 4.591, de 16 de dezembro de 1964*" (art. 1º), de aplicar-se "*às relações jurídicas que envolvam oficiais dos registros públicos*" e "*aos usuários dos serviços de registros públicos*" (art. 2º), com o objetivo, dentre outros nela expressos, de viabilizar "*a interoperabilidade das bases de dados entre as serventias dos registros públicos e entre as serventias dos registros públicos e o Serp;*" (art. 3º, I), alterou significativamente a Lei nº 6.015/73 também em relação ao nome – especialmente, mas não exclusivamente, o artigo 56 e seus parágrafos que passaram a ter a seguinte redação:

> Art. 56. A pessoa registrada poderá, após ter atingido a maioridade civil, requerer pessoalmente e imotivadamente a alteração de seu prenome, independentemente de decisão judicial, e a alteração será averbada e publicada em meio eletrônico.
> §1º A alteração imotivada de prenome poderá ser feita na via extrajudicial apenas 1 (uma) vez, e sua desconstituição dependerá de sentença judicial.
> §2º A averbação de alteração de prenome conterá, obrigatoriamente, o prenome anterior, os números de documento de identidade, de inscrição no Cadastro de Pessoas Físicas (CPF) da Secretaria Especial da

[524] **O direito ao esquecimento da pessoa transexual**. In: TEPEDINO, Gustavo; TEIXEIRA, Ana Carolina Brochado; ALMEIDA, Vitor (Coordenadores). Da dogmática à efetividade do Direito Civil: Anais do Congresso Internacional de Direito Civil Constitucional – IV Congresso do IBDCIVIL. Belo Horizonte: Fórum Conhecimento Jurídico, 2017, p. 82.

> Receita Federal do Brasil, de passaporte e de título de eleitor do registrado, dados esses que deverão constar expressamente de todas as certidões solicitadas.
> §3º Finalizado o procedimento de alteração no assento, o ofício de registro civil de pessoas naturais no qual se processou a alteração, a expensas do requerente, comunicará o ato oficialmente aos órgãos expedidores do documento de identidade, do CPF e do passaporte, bem como ao Tribunal Superior Eleitoral, preferencialmente por meio eletrônico.
> §4º Se suspeitar de fraude, falsidade, má-fé, vício de vontade ou simulação quanto à real intenção da pessoa requerente, o oficial de registro civil fundamentadamente recusará a retificação.

Focada a análise exclusivamente nessa modificação, vê-se que o titular do nome, após ter atingido a maioridade, tem o direito de imotivada e extrajudicialmente alterar o prenome que lhe fora atribuído por ocasião do registro de seu nascimento.

Trata-se de direito não mais sujeito ao prazo ânuo decadencial, o qual assegura ao titular a concretização da identidade pessoal – entendida, aqui resumidamente, como o direito que a pessoa tem de ser ela mesma a qualquer tempo e em quaisquer circunstâncias, inclusive com o nome com o qual passa a identificar-se ou do qual quer esquecer-se –, vedadas, no entanto, a reiteração, a mudança fraudulenta e a mudança em dissintonia com a real vontade de mudar. Essa mudança, ademais, abrandou os dogmas da segurança social e do formalismo, com todas as restrições e limitações que eles geram, e concretizou, pelo nome e tudo aquilo que ele representa de bom ou de ruim ao seu titular, cada vez mais a dignidade da pessoa humana.

A mudança legislativa é bem-vinda, até porque consolida o entendimento doutrinário, jurisprudencial e administrativo-registral sobre o tema. Em certa medida, oferece uma solução evoluída e menos tormentosa para o nome social que intrinsicamente é o que se relaciona à identidade de gênero; em verdade, não só para ele, porque ela extensível à autonomia da vontade privada real e lícita, a qual prevalece e se realiza na concretização dos direitos da personalidade, porque, não se pode olvidar jamais, o nome identifica e principalmente dignifica!

Conclusões

À guisa de conclusão, a intenção deste trabalho é agradecer o Professor Rui Geraldo Camargo Viana por ter dedicado, e ainda dedicar, sua vida acadêmica ao Direito Civil em geral e aos direitos da personalidade em particular; por ter sido o magistrado e o advogado que foi e por ser a pessoa que é e que inspirou e ainda inspira incontáveis alunos, pares, colaboradores, familiares e amigos.

Com seu espírito vanguardista, o Professor Rui Geraldo Camargo Viana certamente aplaude a alteração legislativa aqui comentada, porque ela concretiza o direito ao nome como direito fundamental e direito da personalidade; porque ela dignifica a existência do titular do nome ao atribuir-lhe a faculdade de escolhê-lo, porque com ele não mais se identifica ou porque quer esquecê-lo.

A *ratio legis* é, pois, a de concretizar e de valorizar a identidade pessoal, calando, tanto quanto possível, as vozes reacionárias que não a reconhecem sob o fundamento do ódio.

REFERÊNCIAS

CASTRO, Thamis Dalsenter Viveiros de; ALMEIDA, Vitor. **O direito ao esquecimento da pessoa transexual**. *In*: TEPEDINO, Gustavo; TEIXEIRA, Ana Carolina Brochado; ALMEIDA, Vitor (Coordenadores). Da dogmática à efetividade do Direito Civil: Anais do Congresso Internacional de Direito Civil Constitucional – IV Congresso do IBDCIVIL. Belo Horizonte: Fórum Conhecimento Jurídico, 2017.

GODOY, Cláudio Luiz Bueno de. **Desafios atuais dos direitos da personalidade**. *In*: CORREIA, Atalá; CAPUCHO, Fábio Jun (Coordenadores). Direitos da Personalidade: A contribuição de Silmara J. A. Chinellato. Barueri/SP: Manole, 2019.

MACIEL, Renata Mota; AHUALLI, Tânia Mara. **Direito ao nome: Da imutabilidade à dignidade da pessoa humana**. *In*: AHUALLI, Tânia Mara; BENACHIO, Marcelo (Coordenadores). Direito Notarial e Registral: Homenagem às Varas de Registros Públicos da Comarca de São Paulo. São Paulo: Quartier Latin, 2016.

NERY JÚNIOR, Nelson; NERY, Rosa Maria Andrade. **Instituições de direito civil**. v. 1. Tomo II: parte geral. São Paulo: Revista dos Tribunais, 2015.

SCHREIBER, Anderson. Manual de **Direito civil contemporâneo**. São Paulo: SaraivaJur, 2018.

VIANA, Rui Geraldo Camargo. **Novos direitos da personalidade: direito à identidade sexual**. *In*: CORREIA, Atalá; CAPUCHO, Fábio Jun (Coordenadores). Direitos da Personalidade: A contribuição de Silmara J. A. Chinellato. Barueri/SP: Manole, 2019.

27. ACEITAÇÃO E RENÚNCIA À HERANÇA

NELSON NERY JUNIOR
ROSA MARIA DE ANDRADE NERY

Para nós é uma honra e um prazer dedicar este estudo ao eminente amigo e companheiro de magistério e de advocacia, o Professor Doutor Rui Geraldo Camargo Viana.

A homenagem que nesta obra coletiva todos prestamos ao Prof. Rui Geraldo é merecida, seja pelo jurista, pelo professor, pelo magistrado, pelo advogado e pelo ser humano de extrema bondade e mansidão, atributos de nosso homenageado.

1. Aceitação ou adição da herança

Com o falecimento do *de cuius* entende-se por aberta a sucessão (CC 1784). Nesse momento os herdeiros e legatários – legítimos e testamentários – passam a ter direito à herança (*droit de saisine*), mas não têm, ainda, direito *sobre* a herança, que somente ocorre com a *adição* ou *aceitação* da herança.[525]

Aceitação da herança "é o negócio jurídico unilateral não receptício, irrevogável *(CC 1812), pelo qual o herdeiro aceita essa condição, recebendo sua parte do patrimônio e das dívidas deixadas pelo falecido, confirmando o direito de* saisine, *segundo o qual a herança já lhe fora transmitida desde a morte do sucedido (CC 1784)*".[526] Por isso o negócio jurídico unilateral de aceitação da herança tem eficácia *ex tunc*, retroagindo

[525] Francisco de Paula Lacerda de Almeida. *Successões (Exposição doutrinária desta parte do Direito Civil)*, Rio de Janeiro: Revista dos Tribunaes, 1915, § 15, pp. 90/91.

[526] Nelson Nery Junior e Rosa Maria de Andrade Nery. *Código Civil Comentado*, 14.ª ed., São Paulo: Ed. Revista dos Tribunais/Thomson Reuters, 2022, coment. 2 CC 1804, pp. 2274/2275.

à data da abertura da sucessão. O mesmo raciocínio é válido para o negócio jurídico unilateral de renúncia à herança que, tal como o de aceitação, tem eficácia *ex tunc*:[527] é como se o renunciante nunca tivesse sido herdeiro, para utilizar-se expressão legal do CC francês[528] e do CC italiano[529].

É negócio jurídico independente e também unilateral, do qual depende, "*não a perfeição ou eficácia do testamento, mas a aquisição da herança ou do legado*" [530] (grifamos). Portanto, o herdeiro somente adquire o direito sobre a herança, depois de aceitá-la.

Para confirmar o direito de *saisine*, que ocorre com a abertura da sucessão (CC 1784), o herdeiro deve aceitar, expressa– ou tacitamente a herança. A lei exige que a aceitação expressa deva ser feita por escrito (CC 1805 *caput*), forma que não é exigida da aceitação tácita da herança, que pode decorrer de atos ou conjunto de atos que demonstrem, inequivocamente, que o herdeiro a aceitou.

A aceitação tácita da herança deve resultar de *facta concludentia*, fatos que denotam, de forma absolutamente *inequívoca*, que o herdeiro aceitou mesmo a herança.[531] Conjecturas não podem caracterizar aceitação tácita da herança.

São atos que denotam aceitação tácita da herança, entre outros: a) a outorga de procuração a advogado, com o fim específico de defender os direitos hereditários do herdeiro no inventário do *de cuius*; b) ceder direitos hereditários a terceiros.[532] De outra parte, já afirmamos em sede doutrinária, que não configura ato de aceitação tácita da herança, "*a mera nomeação de advogado, apenas para intervir no inventário*".[533]

[527] Mairan Gonçalves Maia Junior. *Sucessão legítima (as regras da sucessão legítima, as estruturas familiares contemporâneas e a vontade)*, São Paulo: Ed. Revista dos Tribunais/Thomson Reuters, 2018 (prefácio de Nelson Nery Junior), n. 6.1.3, p. 229. No mesmo sentido, a lei italiana é expressa: CC italiano 521, transcrito na nota 5, abaixo.

[528] **CC francês: "Art. 805**. *L'héritier qui renonce est censé n'avoir jamais été héritier*" (redação dada pela L 728, de 23.6.2006) [tradução livre: 'O herdeiro que renuncia é considerado como se nunca tivesse sido herdeiro'].

[529] **CC italiano: "Art. 521** (***Retroattività della rinunzia***) *Chi rinunzia all'eredità è considerato como se non vi fosse mai stato chiamato*" [tradução livre: '(Retroatividade da renúncia) Quem renuncia à herança é considerado como se nunca tivesse sido chamado a herdar'].

[530] Orosimbo Nonato. *Estudos sobre sucessão testamentária*, v. I, Rio de Janeiro: Forense, 1957, n. 60, p. 109.

[531] Manuel Antunes Domingues de Andrade. *Teoria da relação jurídica*, v. II (*Facto Jurídico, em especial Negócio Jurídico*), Coimbra: n. 93, pp. 132/134.

[532] Nelson Nery Junior e Rosa Maria de Andrade Nery. *Instituições de Direito Civil*, v. 4 (*Família e Sucessões*), 3.ª ed., São Paulo: Ed. Revista dos Tribunais/Thomson Reuters, 2022, n. 182, p. 683; Nelson Nery Junior e Rosa Maria de Andrade Nery. *Código Civil Comentado*, 14.ª ed., São Paulo: Ed. Revista dos Tribunais/Thomson Reuters, 2022, coment. 3 CC 1805, p. 2276.

[533] Nelson Nery Junior e Rosa Maria de Andrade Nery. *Instituições de Direito Civil*, v. 4 (*Família e Sucessões*), 3.ª ed., São Paulo: Ed. Revista dos Tribunais/Thomson Reuters, 2022, n. 182, pp. 683/684; Nelson Nery Junior e Rosa Maria de Andrade Nery. *Código Civil Comentado*, 14.ª ed., São Paulo: Ed.

A procuração para o foro em geral, sem nenhuma especificação quanto à intenção de que o outorgante tenha querido aceitar a herança, não vale e nem tem eficácia de aceitação tácita.[534 e 535]

A procuração que pode caracterizar aceitação tácita é a outorgada com poderes especiais para o outorgado representar o outorgante nos autos do inventário do *de cuius*, bem como de, nesse inventário, defender os seus direitos hereditários. Esta, sim, é a procuração de enseja e caracteriza a aceitação da herança.

A jurisprudência portuguesa já firmou entendimento no sentido de habilitação no inventário e aceitação da herança são atos distintos e que, consequentemente, a simples habilitação do herdeiro no inventário do *de cuius* "*tomada isoladamente, não é índice, só por si, seguro de aceitação tácita da herança*".[536]

A aceitação – e a renúncia também – não pode ser *parcial* (de apenas alguns bens do espólio), nem *sub conditione* (CC 1808 *caput*), vale dizer, não se admite sucessão parcial, com aceitação parcial da herança.

A conclusão a que chegamos sobre o ponto é a de que *não houve aceitação da herança* por parte de Carlos Renato Gonçalves Guimarães e de Adriana Gonçalves Guimarães, dado que renunciaram à herança e não demonstraram haverem aceitado tacitamente a herança de José Carlos Guimarães.

2. Renúncia à herança

A renúncia à herança pode ser formalizada por escritura pública ou particular. É muito comum a escritura pública de renúncia à herança ser expressa com a cláusula tabelioa que encerra hipótese de *renúncia abdicativa* à herança, como quando no instrumento existe a seguinte expressão:

Revista dos Tribunais/Thomson Reuters, 2022, coment. 3 CC 1805, p. 2276. No mesmo sentido, de que a mera procuração para intervir no inventário não configura aceitação tácita da herança, mas somente a "*nomeação de advogado para intervir no inventário em defesa dos seus direitos hereditários*": Giselda Maria Fernandes Novaes Hironaka. *Comentários ao Código Civil*, v. 20 (arts. 1784 a 1856), coleção coordenada por Antonio Junqueira de Azevedo, 2.ª ed., São Paulo: Saraiva, 2007, coment. B CC 1805, pp. 118/120.

[534] Nelson Nery Junior e Rosa Maria de Andrade Nery. *Instituições de Direito Civil*, v. 4 (*Família e Sucessões*), 3.ª ed., São Paulo: Ed. Revista dos Tribunais/Thomson Reuters, 2022, n. 182, pp. 683/684; Nelson Nery Junior e Rosa Maria de Andrade Nery. *Código Civil Comentado*, 14.ª ed., São Paulo: Ed. Revista dos Tribunais/Thomson Reuters, 2022, coment. 3 CC 1805, p. 2276.

[535] No mesmo sentido, de que a mera procuração para intervir no inventário não configura aceitação tácita da herança, mas somente a "*nomeação de advogado para intervir no inventário em defesa dos seus direitos hereditários*": Giselda Maria Fernandes Novaes Hironaka. *Comentários ao Código Civil*, v. 20 (arts. 1784 a 1856), coleção coordenada por Antonio Junqueira de Azevedo, 2.ª ed., São Paulo: Saraiva, 2007, coment. B CC 1805, pp. 118/120.

[536] Supremo Tribunal de Justiça de Portugal, Acórdão de 8.7.1975, in Boletim do Ministério da Justiça, v. 249, p. 502.

> [...] Pelo(s) Outorgante(s) Mandante(s), me foi dito: que na qualidade de herdeiros do finado, *xxx*, falecido aos xx de xx de 2023, conforme Certidão de Óbito Termo n. xxx, lavrada às fls. xx do livro n. C/2023, no Serviço Notarial – x.º Ofício de Notas de xxx, cujo inventário se processa pelo Juízo de Direito da x.ª Vara Especializada de Família e Sucessões da comarca de xx – processo n. xx/2023, e que não desejando eles Outorgantes participar na sucessão do referido finado, pela presente e nos melhores termos de direito, e de modo *irrevogável* e *irretratável, renunciam em favor do monte mor,* todos os direitos e ação à herança que possam ter na sucessão do referido finado, e se obrigam por si, herdeiros e sucessores, a fazer esta escritura de renuncia sempre boa, firme e valiosa a todo tempo. Assim disseram do que dou fé. Pediram-me lhes lavrasse nestas notas esta escritura à qual lhe(s) sendo lida por mim em voz alta, achou(aram)-na conforme, aceitou(aram) e assina(m). E eu (a.),_que a fiz lavrar.

A renúncia à herança, termo criticado por parcela da doutrina, que aponta como denominação correta e adequada o "*repúdio*" à herança.[537]

O que o nosso Código Civil denomina de renúncia à herança é tão somente a *renúncia abdicativa*, que é a verdadeira renúncia à herança (CC 1806). Já no regime revogado, o CC/1916 1581 e 1583 referiam-se à renúncia à herança, interpretados esses dispositivos pela doutrina como tratando somente da renúncia *abdicativa*, pois o abrir mão da herança para outrem sempre significou *cessão de direitos hereditários.*[538]

[537] *Repúdio* é o termo adotado na legislação de Portugal (**CC português 2062:** "*Os efeitos do repúdio da herança retrotraem-se ao momento da abertura da sucessão, considerando-se como não chamado o sucessível que a repudia, salvo para efeitos de representação*"). O Código Civil alemão nomina o instituto de *Ausschlagung* (repúdio) e não de *Verzicht* (renúncia) (**BGB: [Anfall und Ausschlagung der Erbschaft] § 1942** *Die Erbschaft geht auf den berufenen Erben unbeschadet des Rechts über, sie auszuschalgen [Anfall der Erbschaft]*) [tradução livre: **{Acúmulo e repúdio da herança}**. *A herança passa para o herdeiro nomeado, sem prejuízo do direito de rejeitá-la (a herança é acumulada)*].

[538] "*O fato é que a renúncia ou o repúdio da herança, referido nos arts. 1581 e 1583 do Código Civil* [CC/1916], *compreende tão-sòmente a renúncia abdicativa*" (Francisco Campos. *Legado universal e legado a título universal, Legatário universal e herdeiro instituído. Renúncia à herança. Renúncia em parte, sob condição ou a termo. Renúncia abdicatória e renúncia translativa. Transação*, in *Direito Civil,* Rio de Janeiro-São Paulo: Livraria Freitas Bastos, 1956, p. 299).

Depreende-se do CC 1784 (*droit de saisine*), que o herdeiro adquire sua parte na herança assim que aberta a sucessão. Essa "aquisição" somente se concretiza com a aceitação da herança, que produz eficácia *ex tunc*, retroagindo à data da abertura da sucessão.

De outra banda, a renúncia – que também tem eficácia *ex tunc* – encerra *condição resolutiva*: o herdeiro tinha a herança, mas deixou de tê-la, como se nunca a tivesse tido, quando a ela renuncia.[539] Por isso é que a renúncia é irrevogável (CC 1812): se com ela se resolveu o *droit de saisine*, extinguindo-o, como se poderá tornar-se, posteriormente, a dele ser titular?

Pedimos licença para transcrever Importante lição de autorizado civilista brasileiro, que escreveu antes do CC/1916, mas cujas lições continuam válidas, *verbis*: "*Os herdeiros necessários podem repudiar; a acquisição de pleno direito é para elles um favor da lei e não um percalço ou uma imposição. Mas por isso que chagaram a adquirir, a declaração de repúdio desfaz a acquisição já consumada, opera como condição resolutiva*".[540]

Renúncia é renúncia. Abdicativa. Não necessita de epítetos.[541] Daí a impertinência do entendimento de parcela da doutrina em qualificar ato de alienação, de cessão da posição contratual ou de direitos, como renúncia translativa. A qualificação não cabe. Renúncia translativa não é renúncia: é negócio jurídico de alienação. Aliás, é o próprio qualificativo que desnatura a declaração de vontade como renúncia, pois *translativa*, para qualificar a renúncia, indica *alienação, transferência*. Há, por assim dizer, *contradictio in terminis* e também ao mesmo tempo *contradictio in adiecto*, quando se nomina a cessão de direitos hereditários de renúncia translativa.

A renúncia ocasiona a *extinção do direito* que dela foi objeto. Significa que o direito a que se renuncia passa a não mais existir, diferentemente da alienação que encerra a *perda* do direito: existia, mas se o perdeu para outrem, que o adquiriu.[542]

Por isso é que a renúncia à herança é abdicativa, isto é, extingue o direito do herdeiro à herança, ao passo que tudo o que se fizer diferentemente da renún-

[539] Sobre a renúncia encerrar *condição resolutiva*, a doutrina é profusa. Ver, por exemplo: Carl Friedrich Ferdinand Sintenis. *Das Practische Gemeine Civilrecht*, v. III (*Das Familienrecht und das Erbrecht*), 3.ª ed., Leipzig: Verlag von Bernhard Tauchnitz, 1869, § 201, n. 3, pp. 642/643.

[540] Francisco de Paula Lacerda de Almeida. *Successões (Exposição doutrinária desta parte do Direito Civil)*, Rio de Janeiro: Revista dos Tribunaes, 1915, § 15, pp. 92/93.

[541] Roberto de Ruggiero e Fulvio Maroi. *Istituzioni di diritto privato*, v. 1.º (*Introduzione e parte generale. Diritto delle persone. Diritto di famiglia. Diritto ereditario. Diritti reali*), 7.ª ed., Milano-Messina: Casa Editrice Giuseppe Principato, 1948, § 23, n. 1, p. 86. Na tradução brasileira: Roberto de Ruggiero. *Instituições de direito civil*, v. I (*Introdução. Parte geral. Direito das pessoas*), tradução de Ary dos Santos, 3.ª ed. revista e adaptada pelos Profs. Antonio Chaves e Fábio Maria de Mattia, São Paulo: Saraiva, 1971, § 23, p. 209.

[542] Luigi Cariota Ferrara. *Il negozio giuridico nel diritto privato italiano*, Napoli: A. Morano Editore, 1949, n. 6, p. 20.

cia, declinando-se da qualidade de herdeiro, importará em *perda* do direito do herdeiro para outrem, coerdeiro ou não. Daí por que a impropriamente denominada *renúncia translativa* deve possuir todos os característicos de verdadeira alienação. Nunca de renúncia.

Não se considera a renúncia como transmissão de propriedade, dádiva, liberalidade ou doação.[543] Isto é cessão de direitos hereditários a título gratuito (doação) ou a título oneroso (alienação onerosa). Renunciar à herança é, simplesmente, abrir-se mão do direito à herança, extinguindo-o. Não é perder, para outrem, o direito de herdar.

O repúdio ou renúncia à herança é um direito que o herdeiro tem de não querer ostentar essa qualidade. O renunciante tem o direito de perder um direito,[544] produzindo, assim, um efeito "*dismissivo*"[545] (o renunciante é demitido do direito de herdar), isto é, o direito potestativo do renunciante de não modificar uma situação jurídica, mas apenas da perda do direito renunciado.[546] Quando se renuncia à herança, isso impede que os direitos hereditários entrem no patrimônio jurídico do renunciante: a sua renúncia, por isso, não deixa nenhuma dúvida e faz com que sua esfera jurídica permaneça inalterada, como se ele não fosse chamado a herdar.[547]

"*Renúncia de herança* é o ato solene pelo qual uma pessoa, chamada à sucessão de outra, declara que a não aceita. Segundo opinião generalizada, para que a renúncia se caracterize como tal é preciso ser pura e simples, sem condição nem termo, pois, se a renúncia é modal, se nela se encontram cláusulas criando ônus, ou se o renunciante declara que deseja beneficiar um herdeiro mais do que os outros, não se pode falar em renúncia".[548]

[543] Carlos Maximiliano Pereira dos Santos. *Direito das Sucessões*, v. I, 4.ª ed., Rio de Janeiro-São Paulo: Livraria Freitas Bastos, 1958, n. 39, pp. 62/63.

[544] Cristina Coppola. *La rinunzia all'eredità*, in Giovanni Bonilini (diretor). *Trattato di diritto delle successioni e donazioni*, v. I (*La sucessione ereditaria*), Milano: Giuffre, 2009, Capitolo XVI, Sezione I, I, p. 1529.

[545] Francesco Macioce. *Il negozio di rinuncia nel diritto privato*, v. I (*Parte Generale*), Napoli: Edizioni Scientifiche Italiane, 1992, p. 60. No mesmo sentido: Cristina Coppola. *La rinunzia all'eredità*, in Giovanni Bonilini (diretor). *Trattato di diritto delle successioni e donazioni*, v. I (*La sucessione ereditaria*), Milano: Giuffre, 2009, Capitolo XVI, Sezione I, I, p. 1530.

[546] Francesco Macioce. *Il negozio di rinuncia nel diritto privato*, v. I (*Parte Generale*), Napoli: Edizioni Scientifiche Italiane, 1992, p. 60. No mesmo sentido: Cristina Coppola. *La rinunzia all'eredità*, in Giovanni Bonilini (diretor). *Trattato di diritto delle successioni e donazioni*, v. I (*La sucessione ereditaria*), Milano: Giuffre, 2009, Capitolo XVI, Sezione I, I, p. 1530.

[547] Francesco Atzeri-Vacca. *Delle rinunzie (secondo il codice civile italiano)*, 2.ª ed., Torino: Unione Tipografico-Editrice Torinese (UTET), 1915, n. 12, p. 31.

[548] Silvio Rodrigues. *Renúncia de herança*, in *Direito Civil Aplicado*, v. 6, São Paulo: Saraiva, 1994, Parecer n. 21, pp. 209/214, especialmente n. 6, pp. 210/211.

Por isso é que a renúncia feita de maneira genérica, a todos os demais herdeiros, por exemplo, se caracteriza como abdicativa e não como translativa. "*Ora está bem de ver que um negócio com esta configuração não representa uma verdadeira renúncia abdicativa (neste caso um* repúdio *abdicativo): o efeito que se produz aqui, não é naturalmente apto a produzi-lo um puro repúdio sucessório. Com efeito, só mediante uma aceitação inicial da herança, e a sua subsequente alienação em favor de algum ou alguns dos sucessíveis que seriam chamados na sua falta, é que é possível esse* específico efeito de atribuir *a herança, ou um quinhão dela, a pessoas* diversas *dos beneficiários normais do repúdio*".[549] É necessário que primeiro se aceite a herança para, depois, aliená-la a pessoa determinada e perfeitamente identificável, para que se possa falar em *cessão de direitos hereditários*, ou como se denomina no jargão mais popular, de *renúncia translativa*".

Quando o outorgante de escritura pública faz dela constar a cláusula tabelioa no quadro acima destacado, que "de modo *irrevogável* e *irretratável*, *renunciam em favor do monte mor*", realiza a *renúncia abdicativa*, isto é, renúncia pura e simples à herança do falecido, dado que não se poderia fazer nenhuma reserva ou condição, conforme determina o CC 1808.

Caso o outorgante nomine pessoa certa, determinável, perfeitamente identificável como beneficiária daquele ato, estar-se-ia diante de *cessão de direitos*, ou da impropriamente denominada *renúncia translativa*, que de renúncia não tem nada.

Tratemos agora da *cessão de direitos hereditários*, (CC 1793), impropriamente denominada de *renúncia translativa* (ou *atributiva*) da herança.

A *renúncia translativa* não é propriamente renúncia. É, na verdade, negócio jurídico de alienação e translação, e não renúncia. É negócio jurídico de alienação, pelo qual o renunciante (*rectius*: alienante) abre mão de sua quota-parte (quinhão) na herança em favor de alguém perfeitamente individualizado (pessoa física ou jurídica). Esse negócio jurídico implica prévia aceitação da herança e posterior alienação do quinhão hereditário ao favorecido individualizado.[550] Negócio jurídico bilateral, que pressupõe a aceitação da herança. Não havendo omissão ou ato que demonstre inequivocamente ter havido aceitação da herança, não se poderia ceder o que não se tinha. Ninguém aliena o que não tem. "*A cessão gratuita, pura e simples, da herança em favor de todos os herdeiros caracteriza renúncia abdicativa, razão pela qual referida cessão não implica aceitação da herança (CC 1805 § 2.º)*".[551]

[549] Rabindranath Capelo de Sousa. *Lições de direito das sucessões*, v. II, 2.ª ed., Coimbra: Coimbra Editora, 1993, p. 29.

[550] Nelson Nery Junior e Rosa Maria de Andrade Nery. *Instituições de Direito Civil*, v. 4 (*Família e Sucessões*), 3.ª ed., São Paulo: Ed. Revista dos Tribunais/Thomson Reuters, 2022, n. 185, p. 689.

[551] Nelson Nery Junior e Rosa Maria de Andrade Nery. *Instituições de Direito Civil*, v. 4 (*Família e Sucessões*), 3.ª ed., São Paulo: Ed. Revista dos Tribunais/Thomson Reuters, 2022, n. 173, p. 659.

A renúncia translativa é denominada também de renúncia *in favorem*, justamente porque tem de indicar expressamente quem é o beneficiado com o negócio jurídico de translação, de alienação. Como é negócio bilateral, solene, tem de ser feito por escritura pública e, receptício que é, necessita de aceitação expressa e igualmente solene do beneficiário. "*A renúncia translativa caracteriza-se quando o herdeiro indica determinada pessoa (sucessor, ou não), em favor de quem renuncia a herança (*in favorem*). Verificada a aceitação e, em seguida, a doação, existirão na verdade dois atos jurídicos, tendo como consequência a incidência do imposto* causa mortis, *como também do* inter vivos".[552]

"*Para haver a renúncia* in favorem, *é mister que haja aceitação tácita da herança pelos herdeiros que, em ato subsequente, transferem os direitos hereditários a beneficiário certo, configurando verdadeira doação*".[553] Sem a menção de beneficiário certo, isto é, sem o *elemento subjetivo*, a figura do *cessionário*, imprescindível para a caracterização da renúncia como translativa, o negócio jurídico de que se fala é caracterizador de renúncia *pura, abdicativa*.

A cessão gratuita, pura e simples, da herança em favor de todos os herdeiros caracteriza renúncia abdicativa, razão pela qual referida cessão não implica aceitação da herança (CC 1805 § 2.º).

Como a *cessão de direitos hereditários* (renúncia *translativa*) pressupõe a aceitação da herança, não se pode falar em cessão de direito se aquele que cede não aceitou a herança. Só se pode transferir aquilo que se tem. Como, no exemplo dado acima, a procuração genérica para o foro em geral não é ato caracterizador de aceitação tácita da herança, o outorgante dessa procuração não pode transferir a herança; não aceitou a herança e, *ipso facto*, não pode transferir o que não tem.

Daí por que "*o herdeiro que aceitar a herança e, em seguida, não quiser ostentar essa situação poderá celebrar negócio jurídico de doação, transferência, alienação ou de cessão dos direitos hereditários de que seja titular (v. CC 1793). Nessa hipótese, o renunciante menciona quem seja o destinatário da herança renunciada, e o negócio jurídico não tem natureza jurídica de renúncia, muito embora se tenha na praxe a expressão 'renúncia translativa'*".[554]

Transcrevemos e comentamos outro interessante julgado do STJ a respeito do tema.

A Colenda 3.ª Turma do Egrégio Superior Tribunal de Justiça julgou caso que envolvia a questão da natureza da renúncia – se abdicativa ou translativa – questão essa que, em verdade, não foi examinada pelo STJ. Considerações sobre o CC

[552] Nelson Nery Junior e Rosa Maria de Andrade Nery. *Instituições de Direito Civil*, v. 4 (*Família e Sucessões*), 3.ª ed., São Paulo: Ed. Revista dos Tribunais/Thomson Reuters, 2022, n. 185, p. 689.

[553] STJ, 3.ª T., REsp 33698-MG, rel. Min. Cláudio Santos, j. 29.3.1994, v.u., DJU 16.5.1994, p. 11759.

[554] Nelson Nery Junior e Rosa Maria de Andrade Nery. *Instituições de Direito Civil*, v. 4 (*Família e Sucessões*), 3.ª ed., São Paulo: Ed. Revista dos Tribunais/Thomson Reuters, 2022, n. 182, p. 683.

112 e 113 caracterizam-se, no julgado do STJ, como *obter dicta*, sendo inútil para fixar o entendimento do Tribunal da Cidadania sobre o tema. O STJ conheceu parcialmente do recurso e, na parte conhecida, negou-lhe provimento. Pedimos *venia* para transcrever o conteúdo completo da ementa oficial do referido julgado:

> Civil. Processual Civil. Inadmissibilidade do agravo por diferentes preclusões. Ausência de prequestionamento. Inocorrência em virtude dos distintos objetos recursais. Renúncia à herança dos herdeiros em favor da cônjuge sobrevivente, Cessão de direitos hereditários. Renúncia abdicativa. Inocorrência. Surgimento posterior de novo herdeiro. Erro substancial quanto ao objeto da renúncia configurado. Anulação dos atos decisórios na ação de inventário, com a consequente invalidação da renúncia anteriormente realizada. Dissídio jurisprudencial não demonstrado. 1. Ação distribuída em 1.2.2011. Recurso especial interposto em 22.5.2013 e atribuído à Min. relatora em 25.8.2016. 2. Os propósitos recursais consistem em definir se o agravo de instrumento interposto pelos recorridos era admissível diante da alegação de ocorrência de preclusão e, ainda, se a renúncia anteriormente realizada pelos herdeiros foi abdicativa, em favor do monte-mor, ou translativa, mediante cessão de direitos hereditários feita em favor especificamente da viúva meeira. 3. A alegada existência de preclusão em virtude de ter o juízo de 1º grau enfrentado a questão controvertida em momento anterior não foi examinada pelo acórdão recorrido, o que torna inviável o recurso especial, nesse particular, por ausência de prequestionamento. Incidência da Súmula STJ 211. 4. Havendo substanciais diferenças entre o que fora decidido pelo Tribunal na apelação, por meio da qual foram nulificados todos os atos decisórios tomados na ação de inventário em função da ausência de litisconsorte passiva necessária, e o que fora decidido no agravo, em que se reconheceu a invalidade da renúncia à herança anteriormente realizada pelos herdeiros em favor da genitora, igualmente não há que se falar em preclusão e em violação ao CPC/1973 522, 527 I e 557. 5. Apurada

> a intenção dos demais herdeiros era de renunciar à herança especificamente em favor da genitora e cônjuge sobrevivente, o que configura a renúncia translativa ou cessão de direitos hereditários, a eventual existência de vícios de linguagem na celebração do negócio jurídico que poderiam induzir à existência de renúncia abdicativa pode ser relevada, a fim de que seja atingido o propósito efetivamente almejado pelas partes. 6. Caracteriza-se a existência de erro substancial quanto ao objeto principal da declaração apto a invalidar o negócio jurídico na hipótese em que, renunciada a herança pelos demais herdeiros em favor da cônjuge sobrevivente – renúncia translativa ou cessão de direitos hereditários – descobre-se, posteriormente, a existência de herdeiro de que não se tinha ciência inequívoca no momento do ato de disposição. 7. O Tribunal na origem, ao nulificar todos os atos decisórios em virtude da ausência de litisconsorte passiva necessária, também decretou por arrastamento a nulidade da própria renúncia à herança anteriormente realizada, pois, a despeito de se tratar de ato de disposição de natureza preponderantemente material, a renúncia à herança também possui um requisito de validade específico de índole processual, a saber, a exigência legal de que ocorra por meio de termo judicial. 8. Não se conhece do recurso especial interposto ao fundamento de dissídio jurisprudencial se ausente o cotejo analítico dos julgados tidos por divergentes. 9. Recurso especial conhecido em parte e, na parte conhecida, desprovido.[555]

Este acórdão, na verdade, não discute a renúncia ocorrida nos autos do processo na origem, porque a matéria não foi prequestionada, razão pela qual o STJ, nesta parte, não conheceu do REsp e aplicou o comando emergente da súmula STJ 211,[556] porquanto não houve oposição de embargos de declaração quanto ao ponto, no tribunal de origem (TJRN), tampouco existia, ainda e nem estava em vigor, a

[555] STJ, 3.ª T., REsp 1402675-RN, rel. Min. Nancy Andrighi, j. 12.12.2017, v.u., DJUe 18.12.2017.

[556] **STJ 211:** "*Inadmissível recurso especial quanto à questão que, a despeito da oposição de embargos declaratórios, não foi apreciada pelo Tribunal* a quo".

técnica procedimental prevista no vigente CPC 1025,[557] que pressupõe julgamento ficto de embargos de declaração quando o tribunal deveria fazê-lo mas não o fez.

A renúncia, no processo de inventário potiguar, que correu até então sob o rito do arrolamento, não foi realizada por instrumento público, tampouco por termo nos autos, o que a tornou *per se* írrita, nula e sem eficácia. Houve sentença homologatória no inventário, que não fez nenhuma referência à "renúncia" manifestada naqueles autos. Ao prover o recurso de apelação da herdeira omitida contra a sentença homologatória do inventário, o TJRN anulou todo o processo. Em suma, no processo analisado superficialmente pelo STJ, a renúncia manifestada pelos herdeiros nos autos do inventário sem a formalidade legal (escritura pública ou por termo nos autos, homologado pelo juiz), teve sua invalidade reconhecida e sobre isso o STJ nada pode fazer. E não fez. Teceu considerações sobre o CC 112. Pensou alto. Nada decidiu porque, neste ponto, não havia nada a decidir.

Permitimo-nos transcrever decisão do juízo do inventário do Rio Grande do Norte, para que fique mais claro o que queremos significar com a não decisão sobre o mérito da questão da renúncia à herança no referido REsp 1402675-RN, *verbis*:

> Não há campo para ilações acerca de 'suposta herdeira' do falecido, pois a herdeira omitida habilitou-se após o julgamento do feito, em sede recursal, comprovando o vínculo parental para com o obituado mediante certidão de casamento (fls. 70), sem qualquer anotação de que os dados de filiação tenham sido incluídos por determinação judicial, mas resultado de reconhecimento voluntário por parte do seu genitor, considerando que seu nome de solteira já apresenta o sobrenome paterno. Embora o acórdão [refere-se ao acórdão que deu provimento à apelação da herdeira omitida] referencie error in procedendo do juízo a quo por ausência de intimação da herdeira acima referida, não havia nos autos, até o momento da interposição da apelação, qualquer informação acerca de sua existência, o feito até então tramitou sob a forma de arrolamento sumário e nas primeiras declarações prestadas pelo cônjuge supérstite, constantes na exordial, foram listados como herdeiros do obituado apenas Helena Maria Soares Vila Nova, Nadja Soares Vila Nova e

[557] **CPC: "Art. 1025.** *Consideram-se incluídos no acórdão os elementos que o embargante suscitou, para fins de pré-questionamento, ainda que os embargos de declaração sejam inadmitidos ou rejeitados, caso o tribunal superior considere existentes erro, omissão, contradição ou obscuridade*".

Alexandre Soares Vila Nova, não tendo, portanto, como citar ou intimar quem não existe no mundo processual. Tecidas tais ponderações, abordemos os termos do acórdão. Conforme figura na parte dispositiva do acórdão 'à luz do exposto, conheço e concedo provimento parcial ao recurso ofertado, a fim de tornar nulos os atos decisórios no processo de inventário de n. 001.11.003136-0 e, via de consequência, determinar a remessa dos autos à Vara de origem, de modo a retomar o julgamento com a participação da herdeira necessária recorrente'. Destarte, é preciso esclarecer que a pretensão recursal da herdeira omitida era de desconstituir a sentença, com a anulação de todos os atos processuais praticados desde a peça vestibular. Confrontando-se o objeto do recurso com o dispositivo do acórdão observa-se que a anulação limitou-se apenas aos atos decisórios, não contemplando os demais. A disposição de redução a termo da renúncia manifestada pelos herdeiros na petição inicial, embora incluída na parte final do decisum de fls. 31/33, não contém qualquer conteúdo decisório, mas apenas constitui ato de conteúdo procedimental, considerando que o art. 1.806 do CC impõe para perfectibilização da renúncia e produção de efeitos que esta seja concretizada por instrumento público ou termo judicial. Assim, os atos de renúncia não se encontram açambarcados pelo acórdão [Encontram-se sim. Ver acórdão do STJ afirmando que a renúncia foi anulada pelo acórdão do TJRN que julgou a apelação]. Conforme preleciona Cézar Fiúza: "A renúncia é ato jurídico formal, dando-se por instrumento público, lavrado por notário de qualquer localidade, ou por termo nos autos do processo de inventário ou de qualquer ação que verse sobre a herança. É requisito substancial, sem o que não tem valor a renúncia. Quanto a sua natureza jurídica, a renúncia é declaração unilateral de vontade. Não há necessidade de ser homologada em juízo. Completa-se por si mesma" (in Direito das Sucessões, p. 995). Assim, mantenho os termos da decisão de fls. 111, devidamente preclusa pela não invalidação da renúncia e, portanto, desnecessidade de citação dos herdeiros renunciantes. Cumpra-se a parte final

> da referida decisão, com vista à Fazenda Estadual. P.I. Natal/RN, 17 de outubro de 2012. Roberto Francisco Guedes Lima Juiz de Direito.[558]

A matéria foi ao STJ porque a parte contrária à herdeira omitida, que venceu a apelação para invalidar todo o inventário, não se conformou com a anulação do inventário e, consequentemente, com a invalidação da renúncia. A matéria da natureza da renúncia – se abdicativa ou translativa – não foi objeto do recurso especial, de sorte que o que se mencionou no acórdão da Colenda 3ª Turma, deve ser recebido com *obter dictum*, considerações e conjecturas sem força de decisão ou de entendimento do tribunal.

Tivesse subido ao STJ a matéria *efetiva* da natureza da renúncia, poderíamos fazer outros comentários. Mas da forma como ocorreu, permitimo-nos, com a devida *venia*, afirmar que esse entendimento não pode ser levado em conta porque não se presta a demonstrar o entendimento do STJ nessa matéria.

No item 6 da ementa oficial do v. acórdão do STJ consta expressamente menção a "erro substancial" na emissão da declaração de vontade, o que indica necessariamente o ajuizamento de ação judicial para que seja desfeito o negócio jurídico viciado por erro.

Fazendo, aqui, um parêntese, há sistemas legais que não admitem a anulação da renúncia à herança com fundamento no erro na declaração de vontade, mas apenas no dolo e na coação, a indicar não ser importante esse tipo de vício do negócio jurídico, quando se tratar de renúncia à herança.[559]

Conforme se depreende do item n. 7 da ementa oficial do v. acórdão do STJ, no caso potiguar, a "renúncia" à herança não foi realizada por instrumento público nem homologada no juízo do inventário.

[558] Disponível em: https://www.jusbrasil.com.br/processos/240571040/processo-n-0003136-8720118200001-do-tjrn?topi-monitoring-flow=0003136-87.2011.8.20.0001&s=paid. Acesso em: 23 mai. 2023.

[559] **CC português: "Art. 2065. (Anulação por dolo ou coacção)** *O repúdio da herança é anulável por dolo ou coacção, mas não com fundamento em simples erro*". No mesmo sentido o direito italiano: **CC italiano: "Art. 482 (Impugnazione per violenza o dolo)** *La accettazione dell'eredità si può impugnare quando e effetto di violenza o di dolo (1434 e seguenti)*". ... "**Art. 483 (Impugnazione per errore)** *L'accettazione dell'eredità non si può impugnare se è viziata da errore*". ... "**Art. 526 (Impugnazione per violenza o dolo)** *La rinunzia all'eredità si può impugnare solo se è l'effetto di violenza o di dolo (1434 e seguenti)*". [tradução livre: "**Art. 482 (Impugnação por coação ou dolo)** *A aceitação da herança pode ser impugnada quando oriunda de coação ou de dolo (1434 e seguintes)*"; "**Art. 483 (Impugnação por erro)** *A aceitação da herança não pode ser impugnada se é viciada por erro*"; "**Art. 526 (Impugnação por coação ou dolo)** *A renúncia à herança pode ser impugnada somente se é oriunda de coação ou de dolo*".] O CC ital. 483 e 526 admitem que possa haver vício da vontade por erro na aceitação e na renúncia à herança, mas ainda assim não permite que se possa anulá-las por esse vício.

O STJ não se pronunciou, no acórdão aqui comentado, sobre a renúncia exteriorizada por *escritura pública*. Interpretar a vontade segundo o CC 112, ainda que *ad argumentandum tantum*, é o que está na declaração negocial, e não na vontade interna dos declarantes.

Segundo a teoria da vontade (*Willenstheorie*), não adotada pelo Código Civil brasileiro, havendo divergência entre a vontade interna e a declarada, deve prevalecer a vontade interna.[560]

Segundo a teoria da declaração (*Erklärungstheorie*), francamente adotada pelo Código Civil brasileiro e pela quase totalidade da legislação democrática ocidental, obtemperada com a teoria da confiança (*Vertrauenstheorie*)[561] (CC 112, 113 e 422) e da culpa *in contrahendo* (Jhering)[562] (CC 422) havendo divergência entre a vontade interna e a declarada, deve prevalecer a consubstanciada na declaração.[563]

A busca da vontade interna do declarante (CC 112) é critério de interpretação do negócio jurídico, mas não de definição do conteúdo nem dos *efeitos* da vontade,[564] que devem estar, sim, na própria declaração expressamente manifestada.

A exteriorização da vontade (vontade declarada) é a base da segurança jurídica que o sistema brasileiro adota como premissa básica do negócio jurídico: vale o que está declarado no negócio e não o que está escondido, na vontade interna do declarante. Adotou-se, no Brasil a *Erklärungstheorie* (teoria da declaração) e não a

[560] Friedrich Carl von Savigny. *System des heutigen Römischen Rechts*,v. III, Berlin: bei Veit und Comp., 1840, §§ 134 (*Willenserklärungen – Erkläriung ohne Willen-Absichtliche*) e 135 (*Willenserklärungen – Erklärung ohne Willen-Unabsichtliche*), pp. 257-268, Na tradução francesa: F. C. de Savigny. *Traité de droit romain*, tradução de Charles Guénoux, t. III, Paris: Firmin Didot Frères, 1845, §§ CXXXIV (*Déclaratios de volonté – Déclaration sans volonté – Faite avec intention*) e CXXXV (*Déclarations de volonté – Déclaration sans volonté – Sans intention*), pp. 269-281. Na tradução italiana: Federico Carlo di Savigny. *Sistema del diritto romano attuale*, tradução de Vittorio Scialoja, v. III, 2.ª tiragem, Torino: Unione Tipografico-Editrice, 1900, §§ 134 (*Dichiarazioni di volontà – Dichiarazione senza volontà - Intenzionale*) e 135 (*Dichiarazioni di volontà – Dichiarazione senza volontà – Non intenzionale*), pp. 342-356.

[561] Ver por todos: Claus-Wilhelm Canaris. *Die Vertrauenshaftung im deutschen Privatrecht*, München: Beck, 1971, *passim*.

[562] Rudolf von Jhering. Culpa in contrahendo *oder Schadenersatz bei nichtigen oder nicht zur Perfection gelangten Verträgen*, in *Gesammelte Aufsätze aus den Jahrbüchern für di Dogmatik des heutigen römischen und deutschen Privatrechts*, v. I, Jena: 1881, estudo n. VI, pp. 327-425. Na tradução francesa: R. von Jhering. *De la* culpa in contrahendo *ou des dommages-intérêts dans les conventions nulles ou restées imparfaites (1860)*, in Œuvres choisies, tradução de Octave de Meulenaere, t. II, estudo n. V, pp. 1-100. Para o direito moderno, brasileiro e estrangeiro, v. sobre a teoria de Jhering: Karina Cristina Nunes Fritz. *Die* culpa in contrahendo *im deutschen und brasilianischen Recht: ein Vorvertragsregime auf der Grundlage der deutschen Schuldrechtsdogmatik*, Berlin: Walter de Gruyter, 2018, *passim*.

[563] Sobre as diversas teorias sobre a declaração da vontade e o negócio jurídico v. Nelson Nery Junior. *Vícios do ato jurídico e reserva mental*, São Paulo: Ed. Revista dos Tribunais, 1983, n. 2.1 e ss., p. 6 e ss.

[564] Antônio Junqueira de Azevedo. *Negócio jurídico e declaração negocial (noções gerais e formação da declaração negocial)*, Tese para Concurso de Professor Titular, São Paulo: Universidade de São Paulo, 1986, Seção 3.ª, p. 21.

Willenstheorie (teoria da vontade), de sorte que a vontade é importante para determinar o alcance do que restou declarado (CC 112). Nem poderia ser diferente.

"O caminho, repetindo o raciocínio, é o seguinte: no negócio jurídico, em princípio, há declaração de vontade, porque o agente, por meio dela, visa obter determinados efeitos, mas, como esses efeitos, in casu, *são efeitos jurídicos e como os efeitos jurídicos, para serem obtidos, exigem um 'molde' dado socialmente, tem-se uma declaração de vontade que não se caracteriza pela 'intenção de efeitos', e sim, pelo fato de ser socialmente vista como destinada a produzir efeitos jurídicos. É a declaração negocial".*[565]

O que importa, em suma, é a *declaração.* Ela é que será objeto de interpretação do negócio jurídico e não a vontade pura e simples, interna, do declarante.[566] É nisso que reside a dicção do CC 112.

Ao propósito, José Carlos Moreira Alves, responsável pela elaboração e redação da parte geral do CC, esclarece que o CC 112 [art. 110 do Projeto] tem por escopo regrar que "*nas declarações de vontade se atenderá mais à intenção nelas consubstanciadas* [grifado no original] *do que ao sentido literal da linguagem ...visou ele a deixar bem explícito que a regra determina que se atenda à intenção consubstanciada na declaração, e não ao pensamento íntimo do declarante* [grifo nosso] *como observa Eduardo Espínola, ao interpretar o art. do Código Civil vigente* [de 1916]".[567]. É a manifestação externa da vontade que nos fornece elementos pelos quais pode ser compreendida a intenção do declarante.[568] "*A lei não pode autorizar o exercício duma acção destinada a causar damno, que depois por outra acção se deverá reparar. E, por esse motivo, uma vez declarada a vontade, prevalece, com as restricções acima indicadas, tal como consta do acto de declaração*".[569]

Voltando ao exemplo da cláusula tabelioa mencionada no quadro destacado acima, o que importa é a vontade de não aceitar a herança e a ela renunciar. É disto que se fala. De exteriorização da vontade, expressa em escritura pública. É isso que deve ser interpretado e não a vontade interna que o outorgante venha futuramente a expressar, alegando haver-se equivocado ao declarar a renúncia abdicativa à herança.

[565] Antônio Junqueira de Azevedo. *Negócio jurídico e declaração negocial (noções gerais e formação da declaração negocial),* Tese para Concurso de Professor Titular, São Paulo: Universidade de São Paulo, 1986, Seção 3.ª, p. 21.

[566] Eduardo Ribeiro de Oliveira. *Comentários ao Novo Código Civil,* v. II (Arts. 79 a 137) (*Dos bens. Dos fatos jurídicos. Do negócio jurídico. Disposições gerais. Da representação. Da condição. Do termo e do encargo),* Rio de Janeiro: Forense, 2008, coleção coordenada por Sálvio de Figueiredo Teixeira, coments. CC 112, p. 248.

[567] José Carlos Moreira Alves. *A parte geral do Projeto de Código Civil brasileiro (subsídios históricos para o novo Código Civil brasileiro,* 2.ª ed., São Paulo: Saraiva, 2003, Capítulo VII, n. 3, p. 108.

[568] Eduardo Espínola. *Sistema do Direito Civil Brasileiro,* v. II (*Parte Geral do Direito Civil: estrutura do direito*), 4.ª ed., Rio de Janeiro: Conquista, 1961, n. 314, p. 287.

[569] Eduardo Espínola. *Comentários ao Código Civil,* in Paulo de Lacerda (coordenador). *Manual do Código Civil* Brasileiro, v. III, Parte Primeira (Arts. 74 a 160) (*Parte Geral: Dos Factos Jurídicos*), coment. n. 45 CC/1916 85, p. 185.

Não se pode interpretar aquilo que não está escrito, conforme salientado por Moreira Alves. Interpreta-se a vontade *consubstanciada na declaração* que, no exemplo aqui referido, se trata de renúncia verdadeira, *abdicativa*, de não querer a *adictio* à herança. É isso o que consta da declaração externada pelo instrumento público de modelo, tantas vezes aqui referido.

No acórdão do STJ aqui comentado (REsp 1402675-RN), a nobre relatora, Min Nancy Andrighi, faz referência à eventual existência de *erro* na declaração de renúncia nos autos do inventário, e que poderia ser anulado o negócio jurídico de acordo com o *due process* de anulação dos negócios jurídicos: ação judicial de anulação da escritura de renúncia por erro (CC 138), exercida dentro do prazo de quatro anos, a contar da realização do negócio jurídico (CC 178 II). O STJ sugeriu anulação da renúncia por erro que somente ocorre por ação e não por exceção (defesa).

Quando ocorre renúncia de todos os herdeiros da mesma classe, o sistema do direito das sucessões determina que a herança dos renunciantes (*v.g.* filhos) passa para a classe seguinte (netos), que herdam por direito próprio e por cabeça.

É essa a dicção da lei brasileira. CC: "Art. 1811. *Ninguém pode suceder, representando herdeiro renunciante. Se, porém, ele for o único legítimo da sua classe, ou se todos os outros da mesma classe renunciarem a herança, poderão os filhos vir à sucessão, por direito próprio, e por cabeça*".

No exemplo dado, se todos os filhos do *de cuius* – herdeiros da mesma classe – renunciam à herança, seus filhos são chamados a suceder por direito próprio e por cabeça. Portanto, os netos do autor da herança são chamados a suceder o avô, tendo direito cada um à quota-parte que seus pais renunciantes teriam se tivessem aceitado a herança, garantida a parte do cônjuge supérstite, de acordo com a sistemática da sucessão em razão do regime de bens do casamento do supérstite com o falecido.

Transcrevemos caso julgado pelo Superior Tribunal de Justiça, que envolvia a discussão de renúncia de todos os herdeiros da mesma classe e da não transmissão para a viúva-meeira, *verbis*:

> A renúncia de todos os herdeiros da mesma classe, em favor do monte, não impede seus filhos de sucederem por direito próprio ou por cabeça. Homologada a renúncia, a herança não passa à viúva, e sim aos herdeiros remanescentes. Esta renúncia não configura doação ou alienação à viúva, não caracterizando o fato gerador do ITBI, que é a transmissão da propriedade ou do domínio útil de bens imóveis. [570]

[570] STJ, 1.ª T., REsp 36076-MG, rel. Min. Garcia Vieira, j. 3.12.1998, m.v., DJU 29.3.1999.

REFERÊNCIAS

ALVES, José Carlos Moreira. **A parte geral do Projeto de Código Civil brasileiro** (subsídios históricos para o novo Código Civil brasileiro), 2.ª ed., São Paulo: Saraiva, 2003,

ANDRADE, Manuel Antunes Domingues de. **Teoria da relação jurídica**, v. II (Facto Jurídico, em especial Negócio Jurídico), Coimbra: n. 93.

ATZERI-VACCA, Francesco. **Delle rinunzie** (secondo il codice civile italiano), 2.ª ed., Torino: Unione Tipografico-Editrice Torinese (UTET), 1915.

AZEVEDO, Antônio Junqueira de. **Negócio jurídico e declaração negocial** (noções gerais e formação da declaração negocial), Tese para Concurso de Professor Titular, São Paulo: Universidade de São Paulo, 1986.

CAMPOS, Francisco. Legado universal e legado a título universal, Legatário universal e herdeiro instituído. Renúncia à herança. Renúncia em parte, sob condição ou a termo. Renúncia abdicatória e renúncia translativa. Transação, *in*: **Direito Civil**, Rio de Janeiro-São Paulo: Livraria Freitas Bastos, 1956.

CANARIS, Claus-Wilhelm. **Die Vertrauenshaftung im deutschen Privatrecht**, München: Beck, 1971.

COPPOLA, Cristina. La rinunzia all'eredità, in Giovanni Bonilini (diretor). **Trattato di diritto delle successioni e donazioni**, v. I (La sucessione ereditaria), Milano: Giuffre, 2009.

ESPÍNOLA, Eduardo. **Comentários ao Código Civil**, in Paulo de Lacerda (coordenador). Manual do Código Civil Brasileiro, v. III, Parte Primeira (Arts. 74 a 160) (Parte Geral: Dos Factos Jurídicos), coment. n. 45 CC/1916, 85.

ESPÍNOLA, Eduardo. **Sistema do Direito Civil Brasileiro**, v. II (Parte Geral do Direito Civil: estrutura do direito), 4.ª ed., Rio de Janeiro: Conquista, 1961.

FERRARA, Luigi Cariota. **Il negozio giuridico nel diritto privato italiano**, Napoli: A. Morano Editore, 1949.

FRITZ, Karina Cristina Nunes. **Die culpa in contrahendo im deutschen und brasilianischen Recht**: ein Vorvertragsregime auf der Grundlage der deutschen Schuldrechtsdogmatik, Berlin: Walter de Gruyter, 2018.

HIRONAKA, Giselda Maria Fernandes Novaes. **Comentários ao Código Civil**, v. 20 (arts. 1784 a 1856), coleção coordenada por Antonio Junqueira de Azevedo, 2.ª ed., São Paulo: Saraiva, 2007.

JHERING, Rudolf von. Culpa in contrahendo oder Schadenersatz bei nichtigen oder nicht zur Perfection gelangten Verträgen, in: **Gesammelte Aufsätze aus den Jahrbüchern für di Dogmatik des heutigen römischen und deutschen Privatrechts**, v. I, Jena: 1881, estudo n. VI, pp. 327-425.

JHERING, Rudolf von. De la culpa in contrahendo ou des dommages-intérêts dans les conventions nulles ou restées imparfaites (1860), in: **Euvres choisies, tradução de Octave de Meulenaere**, t. II, estudo n. V, pp. 1-100.

LACERDA DE ALMEIDA, Francisco de Paula. **Successões** (Exposição doutrinária desta parte do Direito Civil). Rio de Janeiro: Revista dos Tribunaes, 1915.

MACIOCE, Francesco. **Il negozio di rinuncia nel diritto privato**, v. I (Parte Generale), Napoli: Edizioni Scientifiche Italiane, 1992.

MAIA JUNIOR, Mairan Gonçalves. **Sucessão legítima** (as regras da sucessão legítima, as estruturas familiares contemporâneas e a vontade), São Paulo: Ed. Revista dos Tribunais/Thomson Reuters, 2018 (prefácio de Nelson Nery Junior).

NERY JUNIOR, Nelson. **Vícios do ato jurídico e reserva mental**, São Paulo: Ed. Revista dos Tribunais, 1983.

NERY JUNIOR, Nelson; ANDRADE NERY, Rosa Maria de. **Código Civil Comentado**. 14. ed. São Paulo: Ed. Revista dos Tribunais/Thomson Reuters, 2022.

NERY JUNIOR, Nelson; NERY, Rosa Maria de Andrade. **Código Civil Comentado**, 14.ª ed., São Paulo: Ed. Revista dos Tribunais/Thomson Reuters, 2022.

NERY JUNIOR, Nelson; NERY, Rosa Maria de Andrade. **Instituições de Direito Civil**, v. 4 (Família e Sucessões), 3.ª ed., São Paulo: Ed. Revista dos Tribunais/Thomson Reuters, 2022, n. 182, p. 683.

NONATO, Orosimbo. **Estudos sobre sucessão testamentária**, v. I, Rio de Janeiro: Forense, 1957.

OLIVEIRA, Eduardo Ribeiro de. **Comentários ao Novo Código Civil**, v. II (Arts. 79 a 137) (Dos bens. Dos fatos jurídicos. Do negócio jurídico. Disposições gerais. Da representação. Da condição. Do termo e do encargo), Rio de Janeiro: Forense, 2008, coleção coordenada por Sálvio de Figueiredo Teixeira.

RODRIGUES, Silvio. Renúncia de herança, *in*: **Direito Civil Aplicado**, v. 6, São Paulo: Saraiva, 1994, Parecer n. 21, pp. 209/214.

RUGGIERO, Roberto de; MAROI, Fulvio. Istituzioni di diritto privato, v. 1.º (Introduzione e parte generale. Diritto delle persone. Diritto di famiglia. Diritto ereditario. Diritti reali), 7.ª ed., Milano-Messina: Casa Editrice Giuseppe Principato, 1948, § 23, n. 1, p. 86. Na tradução brasileira: Roberto de Ruggiero. **Instituições de direito civil**, v. I (Introdução. Parte geral. Direito das pessoas), tradução de Ary dos Santos, 3.ª ed. revista e adaptada pelos Profs. Antonio Chaves e Fábio Maria de Mattia, São Paulo: Saraiva, 1971.

SANTOS, Carlos Maximiliano Pereira dos. **Direito das Sucessões**, v. I, 4.ª ed., Rio de Janeiro-São Paulo: Livraria Freitas Bastos, 1958.

SAVIGNY, Friedrich Carl von. **Sistema del diritto romano attuale**, tradução de Vittorio Scialoja, v. III, 2.ª tiragem, Torino: Unione Tipografico-Editrice, 1900.

SAVIGNY, Friedrich Carl von. **System des heutigen Römischen Rechts**, v. III, Berlin: bei Veit und Comp., 1840.

SAVIGNY, Friedrich Carl von. **Traité de droit romain**, tradução de Charles

Guénoux, t. III, Paris: Firmin Didot Frères, 1845.

SINTENIS, Carl Friedrich Ferdinand. Das **Practische Gemeine Civilrecht**, v. III (Das Familienrecht und das Erbrecht), 3.ª ed., Leipzig: Verlag von Bernhard Tauchnitz, 1869.

SOUSA, Rabindranath Capelo de. **Lições de direito das sucessões**, v. II, 2.ª ed., Coimbra: Coimbra Editora, 1993.

28. DIREITOS DA PERSONALIDADE: O DIREITO AO NOME DA PESSOA NATURAL

PAULO DIAS DE MOURA RIBEIRO

Apresentação

Honrado que fui com o convite que me foi dirigido pelo estimado Ministro DIAS TOFFOLI para participar de obra coletiva sobre os direitos da personalidade e seus reflexos nos Direitos Públicos e Privados, em homenagem ao meu caro Professor no pós-graduação da Pontifícia Universidade Católica de São Paulo, o Desembargador RUI GERALDO CAMARGO VIANA, logo arregacei as mangas e me pus a trabalhar no tema que me é bastante grato, já que com ele logrei obter o título de pós-doutor pela Universidade de Lisboa, sob a orientação do Professor VERA-CRUZ.

Para logo me lembrei dos Enunciados aprovados na I Jornada de Direito Notarial e Registral que se debruçou sobre inúmeros temas de relevância social, mais especificamente no que tange ao Registro Civil das Pessoas Naturais, cuja mesa presidi.

Apesar dos inúmeros casos julgados pelo Superior Tribunal de Justiça a respeito de alteração de nomes, correções, inclusões, não se pode esquecer o surgimento da nova Lei de Registros Públicos (Lei nº 13.484/2017), que implementou em vários aspectos a cidadania e a dignidade humana, fundamentos do nosso Estado Democrático de Direito, consoante reza o art. 1º da Constituição Federal:

> A República Federativa do Brasil, formada pela união indissolúvel dos Estados e Municípios e do Distrito

> Federal, constitui-se em Estado Democrático de Direito e tem como fundamentos:
> II – a cidadania;
> III – a dignidade da pessoa humana.

1. Breves palavras sobre a Lei nº 13.484/2017

Como juiz de carreira com mais de 40 anos de serviço, sendo quase 10 deles como Ministro Superior Tribunal de Justiça, não tenho dúvida em afirmar a grandeza e a importância social do Registro Civil das Pessoas Naturais para a todos os brasileiros e estrangeiros aqui residentes.

Nos últimos 50 anos – tempo de vigência da Lei nº 6.015/73 – o Registrador Civil das Pessoas Naturais, guardião estático da evolução histórica humana do cidadão e seus principais acontecimentos jurídicos personalíssimos (como o nascimento, emancipação, adoção, casamento, união estável e morte), tornou-se Oficial do Ofício da Cidadania (conforme dispõe a Lei nº 13.484/2017), ativista legítimo na contemplação de direitos constitucionais e infraconstitucionais. O incremento da nomenclatura conferida ao Registrador Civil decorre do protagonismo assumido nas últimas décadas pelo RCPN – com notório reconhecimento do Poder Legislativo, Executivo e Judiciário – afinal, muitas foram as atribuições conferidas ao Registrador Civil por leis e atos normativos nacionais, além da autorização conferida pela Lei nº 13.484/2017 para que o Registro Civil firme convênios com órgãos públicos para emissão de documentos oficiais.

O Registrador das Pessoas Naturais - presente em todos os Municípios e Distritos da República Federativa do Brasil – tornou-se protagonista na legitimação da cidadania de maneira *lato sensu:* reconhecimento de paternidade, mudança de nome e sexo, confecção de termo declaratório de união estável, conciliação e mediação, dentre tantas outras atribuições de desjudicialização bem-sucedidas.

Vê-se, portanto, que o Registro Civil encontra sua raiz constitucional na norma acima transcrita, fonte de distribuição do bem-estar da população.

Claro está, pois, que todo este arcabouço vai encontrar suas origens nos Direitos da Personalidade, que os gregos engendraram desde agora, até que foram devidamente polidos pelos romanos.

2. Conceito e alcance do direito da personalidade

Importa, desde logo, exprimir o sentido da palavra personalidade e como ela surgiu no mundo jurídico para a sua melhor compreensão.

No ensinamento de Renan Lotufo, ao analisar a raiz etimológica da palavra "pessoa", chega-se ao latim "persona", cujo significado pode ser resumido em máscara de teatro; assim, com a evolução desse sentido, nota-se a intenção do legislador em designar o termo "pessoa" como o sujeito de direito nas relações jurídicas, sujeito este com papel dentro da sociedade.[571]

Com maior elastério, também ao tratar da palavra "pessoa", adverte Washington de Barros Monteiro que ela advém do latim *persona*, emprestada à linguagem teatral na antiguidade romana. Primitivamente, significa *máscara*. Os atores adaptavam ao rosto uma máscara, provida de disposição especial, destinada a dar eco às suas palavras. *Personare* queria dizer, pois, ecoar, fazer ressoar. A máscara era uma *persona*, porque fazia ressoar a voz.

Prosseguindo, lembra o mesmo autor que por curiosa transformação no sentido, o vocábulo passou a significar o papel que cada ator representava e, mais tarde, exprimiu a atuação de cada indivíduo no cenário jurídico. Por fim, completando a evolução, a palavra passou a expressar o próprio indivíduo que representa esses papéis. E, conclui, é nesse sentido que a empregamos atualmente.[572]

Rubens Limongi França também faz a mesma anotação ao ponderar que *pessoa* vem do latim *persona-ae*, que por sua vez tem a origem no verbo *personare* (*per* + *sonare*), que quer dizer *soar com intensidade*. Servia aquele vocábulo incialmente para designar a máscara usada pelos atores teatrais, graças à qual lhes era assegurado o aumento do volume da voz. Por analogia, passou a palavra a ser utilizada no Direito para designar o ser humano, enquanto desempenha o seu papel no teatro da vida jurídica.[573]

A propósito, lembra Ebert Chamoun que chama-se sujeito de direito quem o sistema jurídico considera apto a ser titular de direito subjetivo, isto é, quem, na terminologia moderna é capaz de direitos (*capax*, entretanto, em Roma se referia apenas à idoneidade necessária para adquirir doações, heranças ou legados). O direito moderno, prossegue ele, denomina pessoa o sujeito de direito, reconhecendo que a substância da personalidade é a capacidade. E, na sequência, destaca que os romanos com as palavras *persona* e *caput*, significavam o homem em geral e eis por que Gaio, em suas Instituições, enumera entre as *personae* o escravo que não era sujeito de direito, mas coisa.[574]

No sentir de Clovis Bevilaqua personalidade é a aptidão, reconhecida pela ordem jurídica a alguém para exercer direitos e contrair obrigações, adiantando que todo ser humano é pessoa porque não há homem excluído da vida jurídica.[575]

[571] LOTUFO, Renan. **Código civil comentado**: parte geral. v. I. Saraiva, 2003. p. 8-9.

[572] BARROS MONTEIRO, Washington de. **Curso de direito civil**: parte geral. v. 1. 39. ed. rev. e atual. São Paulo: Saraiva, 2003. p. 61.

[573] FRANÇA, Rubens Limongi. **Instituições de direito civil**. 5. ed. rev. e atual. **São:** Saraiva, 1999, p. 41.

[574] CHAMOUN, Ebert. **Instituições de direito romano**. Editora Rio. abril 1977, p. 47.

[575] BEVILAQUA, Clovis. **Código Civil dos Estados Unidos do Brasil**. Livraria Francisco Alves, Editora Paulo de Azevedo Ltda., 1959, v. I. p. 138.

No dizer interpretativo do art. 4º do Código Civil de 1916, segundo a inteligência de Carvalho Santos, a personalidade civil é a idoneidade para ser sujeito de direito subjetivo, ou ainda, é a capacidade de adquirir direitos. E prossegue, para destacar que a personalidade constitui o mais importante "estado" de pessoa; basta lembrar que ela existe de direito em qualquer pessoa natural, como um corolário necessário desta outra verdade: a capacidade de ser sujeito de direito e obrigações pressupõe, excetuadas as disposições concernentes às pessoas jurídicas, a existência de um ser humano.[576]

Em suma, para o exercício do direito da personalidade, basta o nascimento com vida porque o direito se preocupa com o social e não com o biológico. Daí a razão pela qual discussões sobre a viabilidade não repercutem no direito porque se do ponto de vista médico o indivíduo vier a ser considerado inapto para viver, enquanto viver, merece a proteção do direito, quer no campo penal, quer no campo civil, como adverte Carvalho Santos.[577]

No particular, inviável se esquecer que a pessoa, vivendo em sociedade, perante as demais pessoas, com elas cria uma imensidão de relações jurídicas que são prestigiadas pelo Direito. Quanto a este, há os que se aninham na própria pessoa humana, são a ela inerentes, sendo chamados de direitos da personalidade, como o direito à vida, à liberdade, ao decoro, ao nome, à disposição do próprio corpo, e de tanto outros, que integram a pessoa em seu interior, em sua parte mais íntima, como adverte Álvaro Villaça Azevedo.[578]

Por seu turno, Eduardo Vera-Cruz Pinto qualifica os direitos da personalidade como direitos subjetivos especiais (direito à vida, ao nome, à integridade física, à privacidade, à inviolabilidade de domicílio e correspondência, ao repouso etc).[579]

Por fim, soa coerente, então, destacar o direito da personalidade como aquele que o próprio homem exerce sobre ele mesmo, e que os demais devem respeitar. Por isso mesmo, Maria Helena Diniz ensina que os direitos da personalidade são *direitos subjetivos "excludendi alios"*, ou seja, direitos de exigir um comportamento negativo dos outros, protegendo um bem inato, valendo-se de ação judicial.[580]

[576] CARVALHO SANTOS, J.M. **Código civil brasileiro interpretado**. 6. ed. Livraria Freitas Bastos S.A., 1953. v. I. p. 245.

[577] CARVALHO SANTOS, J.M. *Opus cit.*, págs. 248 e 249.

[578] **Teoria Geral das Obrigações e Responsabilidade Civil**. 11. ed. São Paulo: Atlas, 2008, p. 2.

[579] VERA-CRUZ PINTO, Eduardo. **Considerações Genéricos sobre os Direitos da Personalidade**. Revista do Centro de Estudos Judiciários do Conselho da Justiça Federal, ano VIII, Junho de 2004, pág. 71.

[580] DINIZ, Maria Helena. **Curso de direito civil brasileiro**. Teoria Geral do Direito Civil. 30. ed. São Paulo: Saraiva, 2013. p. 135.

3. Nome e exercício da cidadania – casos julgados no Superior Tribunal de Justiça

Vários acórdãos do Superior Tribunal de Justiça foram proferidos em torno do nome, matéria hoje tratada com mais facilidade para o cidadão diretamente no Cartório de Registro Civil.

Trago à baila alguns deles que tiveram repercussão.

As ementas são autoexplicativas:

> RECURSO ESPECIAL - REGISTROS PÚBLICOS - AÇÃO DE RETIFICAÇÃO DE NOME - DUPLICAÇÃO DE CONSOANTE INSERTA NO APELIDO DE FAMÍLIA - PRETENDIDA CONCILIAÇÃO ENTRE ASSINATURA ARTÍSTICA E NOME REGISTRAL - INSTÂNCIAS ORDINÁRIAS QUE JULGARAM IMPROCEDENTE O PEDIDO. INSURGÊNCIA DO AUTOR. PRINCÍPIO DA IMUTABILIDADE RELATIVA - CARÁTER EXCEPCIONAL E DEVIDAMENTE FUNDAMENTADO EM JUSTO MOTIVO - AUSÊNCIA - PREJUÍZO A APELIDO DE FAMÍLIA - IMPROCEDÊNCIA MANTIDA.
> Hipótese: trata-se de pedido de alteração de patronímico de família, com a duplicação de uma consoante, a fim de adequar o nome registral àquele utilizado como assinatura artística.
> 1. Atualmente, ante o feixe de proteção que irradia do texto constitucional, inferido a partir da tutela à dignidade da pessoa humana (art. 1º, inc. III, da CRFB/88), o direito ao nome traduz-se como uma de suas hipóteses de materialização/exteriorização e abrange a garantia ao livre desenvolvimento da personalidade, devendo refletir o modo como o indivíduo se apresenta e é visto no âmbito social. Todavia, embora calcado essencialmente na tutela do indivíduo, há uma inegável dimensão pública a indicar que, associado ao direito ao nome, encontra-se o interesse social na determinação da referida identidade e procedência familiar, especificamente sob a perspectiva daqueles que possam vir a ter relações jurídicas com o seu titular.
> 2. O princípio da imutabilidade do nome não é absoluto no sistema jurídico brasileiro, de modo que o

nome civil, conforme as regras insertas nos artigos 56 e 57 da Lei de Registros Públicos, pode ser alterado: a) no primeiro ano após o alcance da maioridade, desde que não prejudique os apelidos de família; ou b) ultrapassado esse prazo, excepcionalmente, por justo motivo, mediante oitiva do representante do Ministério Público e apreciação judicial.

2.1 O sobrenome, apelido de família ou patronímico, enquanto elemento do nome, transcende o indivíduo, dirigindo-se, precipuamente, ao grupo familiar, de modo que a admissão de alterações/modificações deve estar pautada pelas hipóteses legais, via de regra, decorrente da alteração de estado (adoção, casamento, divórcio), ou, excepcionalmente, em havendo justo motivo, preceituado no artigo 57 da Lei nº 6.015/73. Tratando-se, portanto, de característica exterior de qualificação familiar, afasta-se a possibilidade de livre disposição, por um de seus integrantes, a fim de satisfazer interesse exclusivamente estético e pessoal de modificação do patronímico.

2.2 Nada obstante os contornos subjetivos do nome como atributo da personalidade e elemento fundamental de identificação do sujeito - seja no âmbito de sua autopercepção ou no meio social em que se encontra inserido -, o apelido de família, ao desempenhar a precípua função de identificação de estirpe, não é passível de alteração pela vontade individual de um dos integrantes do grupo familiar.

2.3 Na hipótese dos autos, a modificação pretendida altera a própria grafia do apelido de família e, assim, consubstancia violação à regra registral concernente à preservação do sobrenome, calcada em sua função indicativa da estirpe familiar, questão que alcança os lindes do interesse público. Ademais, tão-somente a discrepância entre a assinatura artística e o nome registral não consubstancia situação excepcional e motivo justificado à alteração pretendida.

3. O nome do autor de obra de arte, lançado por ele nos trabalhos que executa (telas, painéis, etc), pode ser neles grafado nos moldes que bem desejar, sem que tal

prática importe em consequência alguma ao autor ou a terceiros, pois se trata de uma opção de cunho absolutamente subjetivo, sem impedimento de qualquer ordem. Todavia, a utilização de nome de família, de modo geral, que extrapole o objeto criado pelo artista, com acréscimo de letras que não constam do registro original, não para sanar equívoco, mas para atender a desejo pessoal, não está elencado pela lei a render ensejo à modificação do assento de nascimento.
4. Recurso especial desprovido.
(REsp n. 1.729.402/SP, relator Ministro MARCO BUZZI, Quarta Turma, julgado em 14/12/2021, DJe de 1/2/2022)

RECURSO ESPECIAL. REGISTRO CIVIL. NOME CIVIL. RETIFICAÇÃO. DUPLA CIDADANIA. ADEQUAÇÃO DO NOME BRASILEIRO AO ITALIANO. ALTERAÇÃO DO SOBRENOME INTERMEDIÁRIO. JUSTA CAUSA. PRINCÍPIO DA SIMETRIA. RAZOABILIDADE DO REQUERIMENTO.
1. Pedido de retificação de registro civil, em decorrência da obtenção da nacionalidade italiana (dupla cidadania), ensejando a existência de sobrenomes intermediários diferentes (Tristão ou Rodrigues) nos documentos brasileiros e italianos.
2. Reconhecimento da ocorrência de justa causa, em face dos princípios da verdade real, da simetria e da segurança jurídica, inexistindo prejuízo a terceiros.
3. Precedentes do STJ.
4. Recurso especial provido.
(REsp n. 1.310.088/MG, relator Ministro JOÃO OTÁVIO DE NORONHA, relator para acórdão Ministro PAULO DE TARSO SANSEVERINO, Terceira Turma, julgado em 17/5/2016, DJe de 19/8/2016)

RECURSO ESPECIAL. DIREITO CIVIL. REGISTRO CIVIL. NOME. ALTERAÇÃO. SUPRESSÃO DO PATRONÍMICO PATERNO. ABANDONO PELO PAI NA INFÂNCIA. JUSTO MOTIVO. RETIFICAÇÃO DO ASSENTO DE NASCIMENTO.

INTERPRETAÇÃO DOS ARTIGOS 56 E 57 DA LEI N.º 6.015/73. PRECEDENTES.
1. O princípio da imutabilidade do nome não é absoluto no sistema jurídico brasileiro.
2. O nome civil, conforme as regras dos artigos 56 e 57 da Lei de Registros Públicos, pode ser alterado no primeiro ano após atingida a maioridade, desde que não prejudique os apelidos de família, ou, ultrapassado esse prazo, por justo motivo, mediante apreciação judicial e após ouvido o Ministério Público.
3. Caso concreto no qual se identifica justo motivo no pleito do recorrente de supressão do patronímico paterno do seu nome, pois, abandonado pelo pai desde tenra idade, foi criado exclusivamente pela mãe e pela avó materna.
4. Precedentes específicos do STJ, inclusive da Corte Especial.
5. RECURSO ESPECIAL PROVIDO.
(REsp n. 1.304.718/SP, relator Ministro PAULO DE TARSO SANSEVERINO, Terceira Turma, julgado em 18/12/2014, DJe de 5/2/2015)

CIVIL. PROCESSUAL CIVIL. DIREITO DE FAMÍLIA. VÍCIO DE FUNDAMENTAÇÃO E OMISSÃO. INOCORRÊNCIA. ACÓRDÃO SUFICIENTE E JURIDICAMENTE MOTIVADO. DIREITO AO NOME. ELEMENTO ESTRUTURANTE DOS DIREITOS DA PERSONALIDADE E DA DIGNIDADE DA PESSOA HUMANA. MODIFICAÇÃO DO NOME DELINEADA EM HIPÓTESES RESTRITIVAS E EM CARÁTER EXCEPCIONAL. FLEXIBILIZAÇÃO JURISPRUDENCIAL DAS REGRAS. POSSIBILIDADE. INTERPRETAÇÃO HISTÓRICO-EVOLUTIVA DO PRINCÍPIO DA INALTERABILIDADE. PREVALÊNCIA DA AUTONOMIA PRIVADA SOPESADA COM A SEGURANÇA JURÍDICA E A SEGURANÇA A TERCEIROS. PARTE QUE SUBSTUTUIU PATRONÍMICO FAMILIAR PELO DO CÔNJUGE NO CASAMENTO E PRETENDE RETOMAR O NOME DE SOLTEIRO AINDA NA CONSTÂNCIA

DO VÍNCULO. JUSTIFICATIVAS FAMILIARES, SOCIAIS, PSICOLÓGICAS E EMOCIONAIS PLAUSÍVEIS. PRESERVAÇÃO DA HERANÇA FAMILIAR E DIFICULDADE DE ADAPTAÇÃO EM VIRTUDE DA MODIFICAÇÃO DE SUA IDENTIDADE CIVIL. AUSÊNCIA DE FRIVOLIDADE OU MERA CONVENIÊNCIA. AUSÊNCIA DE RISCOS OU PREJUÍZOS A SEGURANÇA JURÍDICA E A TERCEIROS. DISSÍDIO JURISPRUDENCIAL PREJUDICADO.

1- Ação proposta em 01/11/2017. Recurso especial interposto em 11/03/2019 e atribuído à Relatora em 12/12/2019.

2- Os propósitos recursais consistem em definir: (i) se há vício de fundamentação do acórdão recorrido; (ii) se é admissível o retorno ao nome de solteiro do cônjuge na constância do vínculo conjugal, substituindo-se o patronímico por ele adotado por ocasião do matrimônio.

3- Não há que se falar em vício de fundamentação e em omissão na hipótese em que o acórdão recorrido se encontra suficiente e juridicamente motivado, declinando, ainda que sem referência expressa às disposições legais, as razões jurídicas que levaram à improcedência do pedido.

4- O direito ao nome é um dos elementos estruturantes dos direitos da personalidade e da dignidade da pessoa humana, pois diz respeito à própria identidade pessoal do indivíduo, não apenas em relação a si, como também em ambiente familiar e perante a sociedade.

5- Conquanto a modificação do nome civil seja qualificada como excepcional e as hipóteses em que se admite a alteração sejam restritivas, esta Corte tem reiteradamente flexibilizado essas regras, interpretando-as de modo histórico-evolutivo para que se amoldem a atual realidade social em que o tema se encontra mais no âmbito da autonomia privada, permitindo-se a modificação se não houver risco à segurança jurídica e a terceiros. Precedentes.

6- Na hipótese, a parte, que havia substituído um de seus patronímicos pelo de seu cônjuge por ocasião do

matrimônio, fundamentou a sua pretensão de retomada do nome de solteira, ainda na constância do vínculo conjugal, em virtude do sobrenome adotado ter se tornado o protagonista de seu nome civil em detrimento do sobrenome familiar, o que lhe causa dificuldades de adaptação, bem como no fato de a modificação ter lhe causado problemas psicológicos e emocionais, pois sempre foi socialmente conhecida pelo sobrenome do pai e porque os únicos familiares que ainda carregam o patronímico familiar se encontram em grave situação de saúde.
7- Dado que as justificativas apresentadas pela parte não são frívolas, mas, ao revés, demonstram a irresignação de quem vê no horizonte a iminente perda dos seus entes próximos sem que lhe sobre uma das mais palpáveis e significativas recordações - o sobrenome -, deve ser preservada a intimidade, a autonomia da vontade, a vida privada, os valores e as crenças das pessoas, bem como a manutenção e perpetuação da herança familiar, especialmente na hipótese em que a sentença reconheceu a viabilidade, segurança e idoneidade da pretensão mediante exame de fatos e provas não infirmados pelo acórdão recorrido.
8- O provimento do recurso especial por um dos fundamentos torna despiciendo o exame dos demais suscitados pela parte (na hipótese, divergência jurisprudencial). Precedentes.
9- Recurso especial conhecido e parcialmente provido. (REsp n. 1.873.918/SP, relatora Ministra NANCY ANDRIGHI, Terceira Turma, julgado em 2/3/2021, DJe de 4/3/2021)

REsp RECURSO ESPECIAL. FAMÍLIA. ALIMENTOS. REGISTRO PÚBLICO. SOBRENOME. ACRÉSCIMO. HOMENAGEM. INTERESSE EXCLUSIVO. IMPOSSIBILIDADE. HONORÁRIOS ADVOCATÍCIOS. PREQUESTIONAMENTO. AUSÊNCIA.
1. Recurso especial interposto contra acórdão publicado na vigência do Código de Processo Civil de 2015 (Enunciados Administrativos nºs 2 e 3/STJ).

> 2. É indispensável a demonstração de justo motivo para a inclusão de sobrenome de linhagem do genitor, que não adota o patronímico que deseja registrar ao nome de filho, a fim de prestar homenagem a parente, no caso, ao bisavô paterno do menor.
> 3. No caso concreto, a ancestralidade da criança foi preservada, pois foram acrescidos os sobrenomes do pai e da mãe ao filho do ex-casal.
> 4. A ausência de prequestionamento da matéria suscitada no recurso especial impede o seu conhecimento.
> 5. Rever o entendimento adotado pelo tribunal local acerca da ausência de motivação para a mudança no patronímico do menor encontra óbice na Súmula nº 7/STJ.
> 6. Recurso especial não provido.
> (REsp n. 1.721.829/DF, relator Ministro RICARDO VILLAS BÔAS CUEVA, Terceira Turma, julgado em 12/3/2019, DJe de 15/3/2019)

O leitor saberá compreender o quão foi importante para aqueles que bateram às portas do Superior Tribunal de Justiça para ver a alteração de seus nomes, sobrenomes, redação para a satisfação pessoal que tanto os incomodava.

Esse direito da personalidade, felicidade, não pode ser esquecido pelo Judiciário, tanto que pedido emulativo, como se vê no REsp de Relatoria do Ministro Villas Bôas Cueva não foi acolhido.

Em arremate, em termos de cidadania explícita proporcionada pela Lei nº 13.484/2017, não posso deixar de trazer à colação, alguns dos Enunciados aprovados na I Jornada de Direito Notarial e Registral realizada pelo Conselho da Justiça Federal, especificamente quanto a implementação da dignidade humana, de forma rápida, sem burocracias, aproximou o cidadão do mundo jurídico.

4. Enunciados Aprovados – Registro Civil das Pessoas Naturais

Alguns enunciados de importância solar para o exercício da cidadania, como dito acima, merecem ser transcritos, porque emolduram um dos objetivos fundamentais da República Federativa do Brasil, porque expressam a igualdade em seu mais elevado patamar, conforme os incisos I, II, III e IV, do art. 3º, que seguem:

> Art. 3º Constituem objetivos fundamentais da República Federativa do Brasil:

> I - construir uma sociedade livre, justa e solidária;
> II - garantir o desenvolvimento nacional;
> III - erradicar a pobreza e a marginalização e reduzir as desigualdades sociais e regionais;
> IV - promover o bem de todos, sem preconceitos de origem, raça, sexo, cor, idade e quaisquer outras formas de discriminação.

De se ver como os Enunciados abaixo transcritos se amoldam àqueles objetivos fundamentais:

> ENUNCIADO 1 – É possível trasladar os registros civis estrangeiros de nascimento, casamento e óbito de brasileiros naturalizados no Livro E do Ofício de Registro Civil das Pessoas Naturais competente mediante a apresentação do certificado de naturalização e dos demais documentos exigidos na Resolução CNJ n. 155/2012.

> ENUNCIADO 2 – Não obstante a ausência de previsão legal, é facultado aos pais a atribuição de nome ao natimorto, a ser incluído em registro que deverá ser realizado no Livro C-Auxiliar.

> ENUNCIADO 3 – Podem ser objeto de apostilamento pelos serviços notariais e registrais, após análise formal, documentos e peças judiciais, aferida a autenticidade dos elementos exigidos pela Convenção da Haia.

> ENUNCIADO 4 – É admissível a averbação no assento de nascimento, bem como nos registros subsequentes, da aquisição de nacionalidade originária estrangeira.

> ENUNCIADO 5 – É possível a transcrição no Livro E do Ofício de Registro Civil. das Pessoas Naturais, do assento de nascimento de registrado estrangeiro que foi adotado por brasileiro.

Conclusões

Os princípios constitucionais antes destacados, que se harmonizam com a nova Lei de Registros Públicos, assim entendido como normas que projetam medidas que devem ser realizadas são vetores preocupantes que acompanham o ser humano de há muito que lhes conferiu grau de norma jurídica para que possam ser, mais que garantidos, efetivados e protegidos.

Penso que nos rabiscos aqui traçados, a ideia de respeito aos direitos do ser humano vieram bem trajados na nova Lei de Registros Públicos.

Melhor dirá o leitor.

REFERÊNCIAS

AZEVEDO, Álvaro Villaça. **Teoria geral das obrigações e responsabilidade civil**. 11. ed. São Paulo: Editora Atlas, 2008.

BARROS MONTEIRO, Washington de. **Curso de direito civil**: parte geral. v. 1. 39. ed. rev. e atual. São Paulo Saraiva, 2003.

BEVILAQUA, Clovis. **Código Civil dos Estados Unidos do Brasil**. Livraria Francisco Alves, Editora Paulo de Azevedo Ltda., 1959, v. I.

CHAMOUN, Ebert. **Instituições de direito romano**. Editora Rio, abril 1977.

CARVALHO SANTOS, J.M. **Código civil brasileiro interpretado**. 6. ed. Livraria Freitas Bastos S.A., 1953. v. I.

DINIZ, Maria Helena. **Curso de direito civil brasileiro**: teoria geral do direito civil. 30. ed. São Paulo: Saraiva, 2013.

FRANÇA, Rubens Limongi. **Instituições de direito civil**. 5. ed. rev. e atual. São Paulo: Saraiva, 1999.

LOTUFO, Renan. **Código civil comentado**: parte geral. São Paulo: Saraiva, 2003, v. I.

VERA-CRUZ PINTO, Eduardo. **Considerações genéricos sobre os direitos da personalidade**. Revista do Centro de Estudos Judiciários do Conselho da Justiça Federal, ano VIII, Junho de 2004.

29. CAPACIDADE PARA TESTAR E SÍNDROME DEMENCIAL NA MELHOR IDADE: A AVALIAÇÃO MÉDICA ESPECIALIZADA COMO MEIO DE PROTEÇÃO DA AUTONOMIA DO IDOSO

PRISCILA DOMINGUES MENDES DE OLIVEIRA

Introdução

Atualmente mais de 57 milhões de pessoas no mundo sofrem de síndrome demencial, devendo este dado triplicar até 2050. No Brasil, são mais de 1,8 milhão de indivíduos acometidos pelo mal, devendo chegar a mais de 5,6 milhões em 2050. Apesar de também afetar a população jovem, a demência é mais frequente em idosos, com aumento exponencial significativo após os 60 anos.[581]

Neste estudo, nos preocupamos com as falácias e preconceitos sociais que, apoiados nos dados acima ofertados, procuram relacionar velhice e incapacidade para exploração patrimonial do idoso. Não rara é a tentativa de invalidação dos negócios jurídicos firmados por idosos com base na alegação de sua falta de discernimento para o ato. E no âmbito da sucessão testamentária o cenário tem gravidade ainda mais acentuada, uma vez que os efeitos do negócio jurídico -e, por consequência, sua tentativa de invalidação- ocorrem apenas quando falecido seu autor.

[581] GBD 2019 DEMENTIA FORECASTING COLLABORATORS. Estimation of the global prevalence of dementia in 2019 and forecasted prevalence in 2050: an analysis for the Global Burden of Disease Study 2019. 2022. Disponível em: https://www.thelancet.com/journals/lanpub/article/PIIS2468-2667(21)00249-8/fulltext#%20. Acesso em: 3 abr. 2023.

Apontamos nestas breves linhas, uma das falhas sistemáticas que corroboram para a formação do cenário acima indicado. Apesar da alta complexidade da avaliação neuropsiquiátrica do idoso para diagnóstico diferencial de demência – que envolve exames de triagem, clínicos e laboratoriais específicos –, no direito a análise de discernimento do testador idoso ocorre de forma ainda muito simples, quiçá ingênua. Mesmo no âmbito do testamento público, lavrado pelo profissional responsável por velar pela segurança jurídica nas relações privadas, o notário, a aferição de discernimento do testador ocorre sem a participação de profissional de saúde competente para tal.

A consequente judicialização da lide para anulação do testamento do idoso por aqueles que se julgam prejudicados é certa. E ainda que o judiciário mantenha a validade do ato, a memória da pessoa resta abalada pelas alegações ocorridas no âmbito do processo.

Visando atenuar o quadro, propomos a introdução de dever ao tabelião de notas consistente em orientação do idoso sobre os benefícios da avaliação neuropsiquiátrica ao testar. A aferição de discernimento pelo profissional adequado no âmbito das preparações para lavratura de testamento público agrega segurança jurídica ao ato.

1. Síndrome demencial em idosos e discernimento para testar

A síndrome demencial é um grupo de sintomas de natureza crônica, relacionados ao déficit progressivo na função cognitiva e alterações de personalidade. O diagnóstico, portanto, é clínico, feito através da análise detalhada de inúmeros fatores relacionados a queixas de alteração comportamentais persistentes, com piora progressiva no tempo.[582]

Dentre as alterações que afetam as atividades pessoais, laborais e sociais da pessoa, encontra-se o comprometimento da memória associado ao menos à alguma outra função cognitiva como déficits de atenção, concentração ou em funções executivas.[583] Os déficits adquiridos pelos pacientes diagnosticados com demência comprometem seu nível de consciência com deterioração severa suficiente para afetar sua competência social e/ou laboral. São sintomas frequentes: dores de cabeça, problemas de sono, tontura, fraqueza, e dormência, alterações na fluência verbal, dentre outros.[584]

[582] BASSITT, Débora Pastore; BOTTINO, Cássio. **Transtornos do envelhecimnto e demência**. In "Psiquiatria Forense: interfaces jurídicas, éticas e clínicas". Org. BARROS, Daniel Martins de; CASTELLANA, Gustavo Bonini. 2. ed. Porto Alegre: Artmed, 2020. p. 321

[583] *Id.*, p. 321.

[584] THEES, V. THEES, V. **Alterações na fluência verbal podem ser a 1ª pista de demência**. PEBMED, 2018. Disponível em: https://pebmed.com.br/alteracoes-na-fluencia-verbal-podem-ser-a-1a-pista-de-demencia/?utm_source=artigoportal&utm_medium=copytext. Acesso em: 08 mai. 2022.

Apesar da prevalência em idosos, a síndrome demencial também afeta a população jovem. Nestes, a demência apresenta causa variada.[585] Nos idosos, por seu turno, a demência costuma estar associada à Doença de Alzheimer e a Acidentes Vasculares Cerebrais.[586]

Estudos mostram que a prevalência do acometimento do Alzheimer na população idosa praticamente dobra a cada 5 anos.[587] Vislumbra-se que as alterações genéticas ocorridas ao longo dos anos sejam as responsáveis.[588] Os sintomas da doença variam com o avançar do quadro, usualmente dividido em quatro estágios na literatura médica.[589] Sua progressividade clínica indica sintomas de alterações da memória e personalidade e habilidades espaciais e visuais afetadas logo no primeiro estágio. Consequentemente, é frequente a aferição de quadro de demência em portadores de Alzheimer já neste estágio.

Popularmente conhecido como "derrame", o acidente vascular cerebral é anormalidade usualmente súbita decorrente da alteração do fluxo de sangue na região encefálica. Sendo condição crônica, gera distúrbios focais e/ou globais da função encefálica por períodos superiores a 24h devido a interrupção da circulação local, no AVC isquêmico, ou, ainda, como reflexos de hemorragias, no AVC hemorrágico.[590]

De acordo com as áreas e extensão da lesão, o AVC pode resultar em alterações cognitivas e sensório-motoras. Os prejuízos ao trabalho, às ações de autocuidado e à realização de tarefas cotidianas são mero reflexos de sintomas graves que envolvem perda de força muscular com fraqueza ou perda de sensibilidade de um lado do corpo, alterações motoras que podem chegar à paralisia de um lado do corpo, deficiências na linguagem e dificuldade para falar, distúrbios sensiti-

[585] MCMURTRAY, Aaron et al. **Early-onset dementia: frequency and causes compared to late--onset dementia**. Dementia and Geriatric Cognitive Disorders. vol. 21, 2005. p. 59–64.

[586] Em estudo realizado pelo Instituto de psiquiatria da Universidade de São Paulo em um grupo de 107 pacientes idosos diagnosticados com demência, constatou-se que a síndrome demencial é mais frequente em pacientes com Alzheimer (DA), correspondente a 59,8% dos integrantes do grupo, seguido por idosos com demência vascular em 15,9% do total e de 8,4% de pacientes com DA associada à demência vascular. BASSITT, *Op. Cit.*, p. 322.

[587] AGNOLLITO, M. I. S. S. **Influência do fluxo sanguíneo cerebral na perda volumétrica encefálica relacionada à doença de Alzheimer**. 2021. 80 f. Tese (Doutorado em Ciências) – Universidade de São Paulo, Ribeirão Preto, 2022, p. 20.

[588] ALZHEIMER'S ASSOCIATION. 2022 **Alzheimer's Disease Facts and Figures**. Chicago, 2022, p. 13.

[589] BUDSON, A. E., SOLOMON, P. R. **Perda da memória, Doença de Alzheimer e demência**: Guia prático para clínicos. 2. ed. Rio de Janeiro: Elsevier, 2018. *Ebook*. p. 55.

[590] CARDOSO, N. S. **Itinerários terapêuticos de pessoas que foram hospitalizadas por acidente vascular cerebral**: as trajetórias singulares prévias ao evento. 2021. 136 f. Tese (Doutorado em Saúde Pública) – Universidade de São Paulo, Ribeirão Preto, 2022, p. 29.

vos que podem chegar à perda de visão e alteração de nível de consciência com mudanças de comportamento e alterações de humor.[591]

A ampla gama de sintomas acima referidos, em conjunto, pode resultar no diagnóstico de síndrome demencial.[592] Dentre os fatores de risco, a idade destaca-se de forma preocupante na possibilidade de ocorrência de AVC, aumentando a probabilidade de ocorrência com o passar dos anos pelo progressivo aumento do espessamento e rigidez da parede arterial não relacionado à esclerose em indivíduos saudáveis.[593]

Portanto, síndrome demencial não é doença, mas conjunto de sintomas frequentemente derivados da doença de Alzheimer e AVC na população idosa. O que não significa, de forma alguma, que o idoso diagnosticado com Alzheimer ou AVC apresentará, necessariamente, os sintomas da referida síndrome. Também resta claro que a demência não deriva do simples fato da idade avançada, atingindo, inclusive, indivíduos jovens. Em outros termos, a demência deve ser considerada na perspectiva das alterações de consciência afetas a todos os indivíduos, jovens ou idosos.

Ainda assim, não raras são as tentativas de invalidação de testamento de idosos pela indicação genérica de demência. Por isto, âmbito da jurisprudência, os fatos acima indicados são há muito debatidos. Relativamente à relação entre demência e envelhecimento o entendimento dos tribunais é pacífico no sentido de que o simples fato da pessoa apresentar idade avançada não é, de forma alguma, indício de falta de discernimento. Tutela o judiciário neste ponto o direito do idoso, em respeito à sua dignidade, com a devida proteção a seus direitos civis.[594]

Da mesma forma, os tribunais reconhecem as mutações de estado de consciência próprias do ser humano ao aplicar a regra indicativa de que a capacidade testamentária é aferida no momento de sua lavratura, não importando as ocorrências pretéritas ou posteriores para validade do ato.[595] Por fim, a jurisprudência

[591] **O que é o acidente vascular cerebral, quais os tipos, como prevenir e tratar**. Pfizer, 2019. Disponível em: https://www.pfizer.com.br/noticias/ultimas-noticias/o-que-e-acidente-vascular-cerebral-AVC-tipos-prevencao-tratamento. Data de acesso: 08 maio 2022.

[592] ANDRÉ, C. **Demência vascular: dificuldades diagnósticas e tratamento**. Arq Neuropsiquiatria. v. 56. 1998. p. 498-510.

[593] ZORIKI, C. K. S. **Associação entre doença cardiovascular e demência: um estudo clinicopatológico**. 2010. Tese (Doutorado em Ciências). Universidade de São Paulo, São Paulo, 2022. p. 27.

[594] Nesse sentido vide: BRASIL. STJ. AREsp 1692848, Relator Ministro MOURA RIBEIRO, publicado no DJe de 21/08/2020.

[595] Vide: BRASIL. TJSP. 7ª Câmara de Direito Privado. Embargos Declaratórios Nº: 0036713-19.2009.8.26.0564/50000. Relatora: Desembargadora Mary Grün - São Paulo. Julgado em 07/10/2020.

pátria também converge no entendimento de que a existência de doença subjacente não implica, por si só, em falta de discernimento do testador.[596]

Ocorre que na busca pelo pleno discernimento do testador, os tribunais prezam pela prova médica especializada, que prevalece mesmo diante da aferição de capacidade para testar realizada por tabelião de notas no âmbito da lavratura de testamento público. Inclusive, mesmo o laudo pericial indireto, realizado após a morte do testador por meio de documentos médicos, prevalece sobre a aferição do notário, realizada em vida por contato direto com o indivíduo.[597]

Não olvidamos que no exercício da atividade notarial a prova realizada pelo profissional tem caráter relativo, admitindo, portanto, prova contrária. Contudo, quando a prova que refuta o ato notarial é um documento específico e de fácil acesso, vislumbramos falha sistêmica no dever de cautela do profissional. Afinal, cabe ao tabelião zelar pela segurança do ato ao protegê-lo frente ao maior número de variáveis possíveis.

2. Aferição de discernimento para testar pelo notário e pelo médico psiquiatra

O testamento público é modalidade de testar prevista no art. 1864 e seguintes do CC/02, pela qual as disposições de última vontade da pessoa são levadas a termo pelo tabelião de notas em ato protocolar. Tal fato faz do testamento público uma alternativa segura para o interessado, uma vez que prima pela guarda daquilo quanto disposto frente ao profissional dotado de fé pública.

Ademais, o cumprimento do testamento também fica assegurado pelo dever do tabelião de comunicar a lavratura do testamento público à central eletrônica própria (RCTO). E, não se olvide, que a segurança jurídica sistêmica também conta com a obrigação de apresentação da certidão indicativa da existência ou inexistência de testamento do de cujos no momento de instrumentalização da sucessão, seja pela via judicial ou extrajudicial.[598]

Para além da guarda das deixas testamentárias e certificação de sua existência no momento da partilha ou adjudicação da herança, ao tabelião cabe também a aferição da capacidade testamentária na lavratura de testamento público. No âmbito do mesmo diploma civilista, a capacidade testamentária ativa difere da capacidade geral por consistir na somatória da capacidade civil e discernimento para o ato (Art. 215, § 1º, II, CC/02).

A capacidade civil prova-se formalmente, mediante a apresentação de documentos originais comprobatórios da idade e inexistência de interdição. Desta-

[596] Vide: BRASIL. TJSP. 5ª Câmara de Direito Privado. Apelação nº 0019106-90.2010.8.26.0100-Relatora: Desembargadora Fernanda Gomes Camacho. Jul. 11/10/2017.

[597] Nesse sentido, vide os julgados acima indicados.

[598] Provimento 18/2012 e Provimento 56/2016, ambos do CNJ.

cam-se como documento de identidade usualmente apresentados o registro geral (RG), a CNH (ainda que vencida), a carteira profissional expedida pelos órgãos de classe e o RNM (Registro Nacional de Migração). A prova de inexistência de interdição é desnecessária, por constituir prova negativa.

Ainda assim, a cautela inerente a atividade tabelioa sugere que o profissional verifique o maior número de variáveis possíveis para a segurança do ato praticado. Constitui indício seguro de inexistência de interdição a apresentação de certidão atualizada de registro relativo ao testador, emitida pelo registro civil das pessoas naturais, na qual não conste anotação de interdição. Frise-se que no âmbito do direito registral as anotações não fazem prova dos fatos nela transcritos, mas servem de indício dos fatos registráveis no registro civil, seja quanto a sua existência ou inexistência.

O discernimento, por seu turno, acaba por restar-se aferido pelo profissional mediante o contato direto que tem com o testador no momento de lavratura do ato. Entretanto, no caso de idosos portadores de síndrome demencial nem mesmo a avaliação clínica de médico especializado é condição suficiente para diagnóstico do paciente, por envolver inúmeras etapas de alto grau de especialidade e complexidade, dentre as quais exames de triagem, exame clínico, exames físicos, laboratoriais e de imagem.

Mais fidedigna à realidade fática, a avaliação médica especializada para aferição de discernimento do testador iniciar-se com a avaliação psiquiátrica padrão do indivíduo para averiguação de eventual transtorno mental. Compõem a anamnese do paciente os testes de triagem pré-clínicos. Não havendo teste padrão específico, são adaptados testes existentes no mercado desenvolvidos para as mais diversas sortes de doenças. Dentre eles, são os mais utilizados de forma isolada ou combinada: Mini-Exame do Estado Mental (MEEM), Teste do desenho do relógio (TDR), Fluência verbal (FV) e Avaliação Cognitiva de Montreal (MoCA).[599]

Igualmente importante é a busca por doenças adjacentes frequentemente associadas a diagnósticos de demências, como o Alzheimer e o Acidente Vascular Cerebral. Cabe enfatizar que apesar de indicativas de probabilidade de síndrome demencial, a simples ocorrência de patologia pré-existente não faz com que o paciente necessariamente esteja sofrendo do mal ora trabalhado. Não podem ser descartadas outras possibilidades no momento de aferição do quadro, que, como visto, apresenta itinerário de alta complexidade.

[599] DAMASCENO, L. A., Papel dos testes de triagem no diagnóstico clínico pré-demencial. PEBMED, 2018. Disponível em: https://pebmed.com.br/papel-dos-testes-de-triagem-no-diagnostico-clinico-pre-demencial/?utm_source=artigoportal&utm_medium=copytext?utm_source=artigoportal&utm_medium=copytext. Acesso em 08 mai. 2022.

Também outros exames podem ser realizados, a critério do médico. Sobre o tema, calham os ensinamentos de Cassio Bottino e Débora Pastore Bassitt:[600]

> [...] a investigação inicial de um quadro de demência deve incluir: (1) anamnese detalhada com o paciente e um familiar/informante; (2) exame físico e neurológico; (3) avaliação objetiva do estado mental; (4) exames laboratoriais (hemograma completo, creatina sérica, hormônio estimulante da tireoide [TSH], albumina, enzimas hepáticas, vitamina B12, ácido fólico, cálcio, reações sorológicas para sífilis e, em pacientes com menos de 60 anos, com apresentações clínicas atípicas ou sintomas sugestivos, sorologia para o vírus da imunodeficiência humana [HIV]; e (5) exame de neuroimagem estrutural, tomografia computadorizada (TC) ou, preferencialmente, ressonância magnética, indicados na investigação diagnóstica de síndrome demencial, para exclusão de causas secundárias. (...) Outros exames podem ser solicitados para auxiliar no diagnóstico diferencial: (1) exames de neuroimagem funcional (tomografia computadorizada por emissão de fóton único [SPECT] e tomografia por emissão de pósitrons [PET], que aumentam a confiabilidade diagnóstica e auxiliam no diagnóstico diferencial de demência; (2) exame do líquido cerebrospinal, preconizado em casos de demência de início pré-senil, com apresentação ou curso clínico atípicos, hidrocefalia comunicante e quando há suspeita de doença inflamatória, infecciosa ou priônica do sistema nervoso central (SNC); e (3) eletroencefalografia (EEG) que pode auxiliar no diagnóstico diferencial de síndrome demencial com outras condições que interferem no funcionamento cognitivo.

Após as buscas por sintomas de demências em sentido amplo, o médico buscará, ainda, estabelecer o discernimento da pessoa para o ato específico de testar. Neste momento, haverá o esclarecimento de questões tanto de cunho objetivo e subjetivo. As primeiras serão aquelas ligadas à conscientização do sujeito sobre

[600]BASSITT, 2020, *Op. Cit*, p. 322.

patrimônio e consequências econômicas das disposições pretendidas. As últimas, relacionam-se aos valores pessoais do examinando em seu contexto de vida atual e pretérita para formação de seu histórico clínico.[601]

A importância da aferição específica de discernimento para o ato de testar é ímpar, pois o indivíduo poderá ter preservada funções cognitivas suficientes para prática do ato apesar do comprometimento de outras áreas. Tratando-se de pessoas com demência leve a capacidade de decisão poderá, inclusive, restar-se mantida.[602].

A complexidade da aferição de um quadro de demência leva à necessidade de trabalho realizado por profissional médico específico. Ao tabelião, nos limites da ciência que exerce, resta avaliar o discernimento do testador em grau e profundidade dado a qualquer do povo, a despeito do zelo e criatividade do notário[603]. Sua atuação é deveras limitada ao ponto de chegarmos a fatídica conclusão de que sua a fé pública reflete não na presunção de veracidade do discernimento do testador, mas em verdadeira ficção jurídica.

[601] TABORDA, José G. V. et al. **Avaliação de capacidade civil**. *In*: ABDALLA FILHO, Elias; CHALUB, Miguel; TELLES, Lisieux E. de Borba. **Psiquiatria forense de Taborda**. 3. ed. Porto Alegre: Artmed, 2016. p. 201-2015. p. 213.

[602] A capacidade geral e específica para decidir a respeito de aspectos do tratamento e para prática de outros atos da vida civil dependem da presença da demência e do grau de prejuízo do discernimento que a doença pode causar. (...) No entanto, em muitos casos, o comprometimento cognitivo não é tão grave e evidente, o que pode levar a dificuldades para determinar a capacidade de discernimento do paciente. Os pacientes com demência leve geralmente mantêm a capacidade de decisão, sobretudo quando a crítica está preservada, mas, em certos casos, pode haver comprometimento da capacidade de realizar atos mais complexos da vida civil, como administrar as finanças e o patrimônio (emprestar, transigir, dar quitação, alienar, hipotecar, demandar ou ser demandado e praticar, em geral, os atos que não seja de mera administração). Quando a demência é moderada, a capacidade de decidir fica comprometida, tanto em relação a aspectos do tratamento, internação e outros procedimentos como em relação a vários atos da vida civil, incluindo lidar com dinheiro, sair desacompanhado e marcar compromissos. Considerando que as demências podem ter várias causas e que os déficits cognitivos podem ser heterogêneos, com acometimento maior de algumas funções cognitivas e preservação de outras (notadamente na demência vascular, mas também nas outras demências) uma avaliação objetiva breve desses déficits pode ajudar na caracterização do grau de comprometimento na vida do indivíduo decorrente dos déficits cognitivos causados pela demência, auxiliando a avaliação do estágio da doença. BASSITT, 2020, *Op. Cit*, p. 326 e 327.

[603] "Ainda que assim não fosse, é cediço que, por diversas vezes, as circunstâncias que revelam eventual incapacidade da parte não são facilmente percebidas pelos profissionais do Tabelionato responsáveis pela lavratura dos atos, uma vez que funcionários, além de não possuírem conhecimento técnico para diagnosticar e constatar a enfermidade geradora de déficit de discernimento, desconhecem o histórico médico e familiar dos interessados". BRASIL. TJSP. 2VRPSP - Pedido de Providências: 0038236-51.2019.8.26.0100. Relator: Leticia Fraga Benitez. Data de Julgamento: 30/08/2019 Data DJ: 30/08/2019.

3. Garantindo o acesso do idoso ao serviço público de notarial

A busca pelo aperfeiçoamento da segurança jurídica inerente aos atos praticados pelo tabelião de notas reflete, invariavelmente, na adequação do plano fático ao jurídico. Solução viável seria a imposição de dever ao tabelião, de cunho administrativo. Por ele, o profissional deveria orientar o testador quanto à possibilidade e benefício de avaliação médica que ateste seu discernimento para testar, sempre que o testador seja pessoa maior de 60 anos.

Em primeiro plano, evidencie-se que a proposta não conclui pela exigência de avaliação médica, mas pela mera orientação quanto à conveniência do documento. Isso porque compreendemos que o dever de proteção às populações vulneráveis precisa ser interpretado em conformidade com a legalidade aplicável às relações privadas. Pode a pessoa realizar tudo o que não seja proibido por lei, não havendo como privá-la de seu direito de utilização do serviço delegado ao notário que é público, por natureza.

Ainda assim, com a imposição do referido dever de orientação, enxergamos como perfeitamente tutelado o direito do idoso frente às variáveis que o colocam em posição de vulnerabilidade na velhice. Uma vez devidamente instruído, o idoso com plena higidez mental poderá decidir pela realização de avaliação médica que corrobore com a assertiva de discernimento atestada pelo tabelião, ou, ainda, deixar de fazê-la, a seu critério. Terá, portanto, o testador maior controle quanto à validade de seu testamento para que prevaleça sua vontade mesmo após a sua morte.

Da mesma forma, o idoso com discernimento prejudicado não percebido pelo notário terá maior proteção caso realize a avaliação médica. E aos prejudicados a via judicial continua viável por tratar-se a proposta de mero dever de caráter administrativo. Não há, pois, prejuízos, apenas instrução da população para salvaguarda de seus direitos.

Não se olvide, contudo, que a medida indicada deve subsistir com a formulação de exigência de atestado médico pelo notário sempre que entender necessário para a lavratura do testamento público com segurança. Já realizada na atualidade, a diligência em voga difere do dever de orientação acima exposto por seu caráter específico, enquanto aquele é qualificado pelo critério da generalidade. Explico.

Para a elaboração do testamento público, como visto, o tabelião tem o dever legal de atestar a plena capacidade do testador para prática do ato. Havendo dúvidas quanto à sua capacidade, o tabelião fica impedido de lavrá-lo.[604] A avaliação

[604] "Se havia dúvidas sobre a manifestação de vontade do testador e considerando a prova documental esta dúvida certamente existia, cabia à tabeliã recusar a prática do ato, na forma do item 1.3 do Capítulo XVI." BRASIL. TJSP. Corregedoria Geral de Justiça. Recurso Administrativo: 0012317-06.2019.8.26.0506. Relator: Ricardo Mair Anafe. Data de Julgamento: 25/02/2021 Data DJ: 25/02/2021.

médica é considerada argumento bastante para afastamento de qualquer dúvida quanto ao discernimento do testador para o ato de testar. É utilizada como prova suficiente para formação de juízo de certeza de capacidade para testar pelo tabelião, possibilitando a lavratura do ato.[605]

Dada a utilidade da medida, cumpre o dever afastar a visão de que seria discriminatória ao idoso por abalar a presunção de capacidade pelo simples fato da velhice. Indicamos, pois, que a exigência de avaliação médica que ateste o discernimento do testador em casos de dúvida do tabelião, vem a prestigiar o direito do idoso e não a discriminá-lo. Em verdade, para longe de afastar a possibilidade de utilização do serviço público de notas vem em sentido contrário: garante que a disposição de última vontade do idoso possa revestir-se da forma pública sempre que suas faculdades mentais estejam preservadas em grau suficiente para tal.

Em adição, não se olvide que não raros são os casos nos quais a pessoa idosa sofre medidas restritivas de viés protetivo. Por elas, há imposição de prova para realização dos atos cotidianos, a despeito de presunção de capacidade vigente no ordenamento jurídico. A título de exemplo, temos a exigência de prova de vida pela previdência social (art. 69, § 8º, Lei nº 8212/03). Também nas normas de serviço da corregedoria paulista voltada aos cartórios extrajudiciais observa-se orientação para os notários do estado abstenham-se de lavrar procurações com prazo superior a 1 ano quando o outorgante se tratar pessoa idosa.[606]

A exigência de documento médico que comprove o discernimento do testador em caso de dúvida do tabelião é, pois, específica no sentido de que exigida apenas a alguns indivíduos. Já aquela relativa ao dever de instrução do testador pelo notário é genérica por ser referente a todo e qualquer idoso que queira testar pela forma pública, sem restrições.

Conclusões

Em resumo, abaixo descrevemos as situações possíveis encontradas pelo tabelião na aferição da capacidade de testar do idoso, seguida do protocolo que deve seguir e dos benefícios resultantes da medida.

No primeiro cenário, o tabelião entende que o testador é capaz para o ato de testar. Deve orientá-lo quanto a possibilidade de realização de avaliação médica que ateste seu pleno discernimento para prática do ato de testar. A realização do laudo agrega segurança jurídica ao ato.

[605] "Na atualidade, há tabeliães que, inclusive, já realizam a diligência preposta. Nesse sentido: Finalmente, conquanto algumas Serventias Extrajudiciais, exijam documentos comprobatórios da sanidade mental dos interessados em determinadas situações, não há regramento legal ou normativo que imponha tal obrigatoriedade". TJSP. 2VRPSP - Pedido de Providências: 0038236-51.2019.8.26.0100, *Op.Cit.*

[606] TJSP. CGJ. Provimento nº 58/89. p. 194.

No segundo cenário, o tabelião está em dúvida quanto à capacidade para testar do testador. Deve exigir avaliação médica que ateste seu pleno discernimento para prática do ato de testar caso queira testar sob a forma pública. A apresentação de documento médico que ateste o pleno discernimento do idoso para prática do ato permite que possa realizá-lo.

Por fim, no terceiro cenário, o tabelião conclui pela incapacidade do testador para testar. Deve negar a prática do ato e orientar o testador quanto à possibilidade de realização de avaliação médica que ateste seu pleno discernimento para prática do ato de testar. A apresentação de documento médico que ateste o pleno discernimento do idoso para prática do ato pode alterar a qualificação notarial ou servir como meio de prova em procedimento administrativo ou judicial no qual se discuta a conduta do tabelião e venha, a depender da decisão proferida, a permitir que o idoso teste sob a forma pública.

Desta feita, a exigência de avaliação médica que ateste o discernimento do testador deriva da obrigação legal do tabelião de atestar a capacidade do testador no instrumento público, sendo aplicável quando a qualificação notarial se restar negativa. Já o dever de orientação do benefício agregado à realização de testamento público do idoso tem espaço quando a qualificação notarial é positiva e tem por base o dever constitucional de proteção dos vulneráveis somado ao dever de orientação das partes do ato notarial, consagrado na lei dos cartórios.

REFERÊNCIAS

AGNOLLITO, M. I. S. S. **Influência do fluxo sanguíneo cerebral na perda volumétrica encefálica relacionada à doença de Alzheimer**. 2021. 80 f. Tese (Doutorado em Ciências) – Universidade de São Paulo, Ribeirão Preto, 2022.

ALZHEIMER'S ASSOCIATION. **Alzheimer's Disease Facts and Figures**. Chicago, 2022.

ANDRÉ, C. **Demência vascular: dificuldades diagnósticas e tratamento**. Arq Neuropsiquiatria, v. 56, 1998. p. 498-510.

BASSITT, Débora Pastore; BOTTINO, Cássio. **Transtornos do envelhecimento e demência**. *In*: "Psiquiatria Forense: interfaces jurídicas, éticas e clínicas". Org. BARROS, Daniel Martins de; CASTELLANA, Gustavo Bonini. 2ª edição. Porto Alegre: Artmed, 2020. Pág.321-329. P 326 e 327.

BUDSON, A. E., SOLOMON, P. R. Perda da memória, Doença de Alzheimer e demência: Guia prático para clínicos. 2. ed. Rio de Janeiro: Elsevier, 2018. *Ebook*.

CARDOSO, N. S. **Itinerários terapêuticos de pessoas que foram hospitalizadas por acidente vascular cerebral: as trajetórias singulares prévias ao evento**. 2021. 136 f. Tese (Doutorado em Saúde Pública) – Universidade de São Paulo, Ribeirão Preto, 2022.

DAMASCENO, L. A., **Papel dos testes de triagem no diagnóstico clínico pré-demencial**. PEBMED, 2018. Disponível em: https://pebmed.com.br/papel-dos-testes-de-triagem-no-diagnostico-clinico-pre-demencial/?utm_source=artigoportal&utm_medium=copytext?utm_source=artigoportal&utm_medium=copytext. Data de acesso: 08 maio 2022.

GBD 2019 DEMENTIA FORECASTING COLLABORATORS. **Estimation of the global prevalence of dementia in 2019 and forecasted prevalence in 2050**: an analysis for the Global Burden of Disease Study 2019. 2022. Disponível em: https://www.thelancet.com/journals/lanpub/article/PIIS2468-2667(21)00249-8/fulltext# %20. Data de acesso: 08 de maio de 2022.

MCMURTRAY, Aaron *et al.* **Early-onset dementia: frequency and causes compared to late-onset dementia**. Dementia and Geriatric Cognitive Disorders. v. 21, 2005. p. 59–64.

O que é o acidente vascular cerebral, quais os tipos, como prevenir e

tratar. Pfizer, 2019. Disponível em: https://www.pfizer.com.br/noticias/ultimas-noticias/o-que-e-acidente-vascular-cerebral-AVC-tipos-prevencao-tratamento. Data de acesso: 08 maio 2022.

STJ. AREsp 1692848, Relator Ministro MOURA RIBEIRO, publicado no DJe de 21/08/2020.

TJSP. 2VRPSP - Pedido de Providências: 0038236-51.2019.8.26.0100. Relator: Leticia Fraga Benitez. Data de Julgamento: 30/08/2019 Data DJ: 30/08/2019

TJSP. 5ª Câmara de Direito Privado. Apelação nº 0019106-90.2010.8.26.0100- Relatora: Desembargadora Fernanda Gomes Camacho. J. 11/10/2017.

TJSP. 7ª Câmara de Direito Privado. Embargos Declaratórios Nº: 0036713-19.2009.8.26.0564/50000. Relatora: Desembargadora Mary Grün - São Paulo. Julgado em 07/10/2020.

TJSP. Corregedoria Geral de Justiça. Recurso Administrativo: 0012317-06.2019.8.26.0506. Relator: Ricardo Mair Anafe. Data de Julgamento: 19/02/2021 Data DJ: 25/02/2021.

TABORDA, José G. V. et al. **Avaliação de capacidade civil**. *In*: ABDALLA FILHO, Elias; CHALUB, Miguel; TELLES, Lisieux E. de Borba. **Psiquiatria forense de Taborda**. 3. ed. Porto Alegre: Artmed, 2016. P. 201-2015.

THEES, V. THEES, V. **Alterações na fluência verbal podem ser a 1ª pista de demência**. PEBMED, 2018. Disponível em: https://pebmed.com.br/alteracoes-na-fluencia-verbal-podem-ser-a-1a-pista-de-demencia/?utm_source=artigoportal&utm_medium=copytext. Acesso em 08 de maio de 2022.

ZORIKI, C. K. S. **Associação entre doença cardiovascular e demência**: um estudo clinicopatológico. 2010. Tese (Doutorado em Ciências). Universidade de São Paulo, São Paulo, 2022.

30. OS REGISTROS PÚBLICOS EM FACE DOS DIREITOS DA PERSONALIDADE

RENATA HONÓRIO FERREIRA CAMARGO VIANA

Em primeiro lugar, imperativo enfatizar o imenso privilégio e a honra de poder participar dessa merecida homenagem ao Professor Rui Geraldo Camargo Viana que, além de ter sido meu mestre na Faculdade de Direito da USP e ser meu eterno professor na arte de bem viver, também é meu marido, pai dos meus filhos e o amor da minha vida.

Introdução

Considerando que a garantia dos direitos da personalidade é uma das principais preocupações da sociedade contemporânea, tem-se que os registros públicos desempenham papel crucial na proteção desses direitos. Eles são responsáveis por assegurar a segurança jurídica, a publicidade, a autenticidade, a efetividade, a identidade civil e a preservação da memória documental, dentre outros. Além disso, esses registros são vitais para a investigação de crimes e para a aplicação da justiça.

Os registros públicos são regulamentados pela Lei Federal nº 6.015/73 (também conhecida como Lei de Registros Públicos), outras leis federais especiais[607] e, em âmbito estadual, pelas normas de serviços extrajudiciais das respectivas

[607] Por exemplo, a Lei dos Notários e Registradores sob n. 8.935/94; a Lei dos Protestadores, sob n. 9.492/97, dentre outras.

corregedorias gerais de justiça de cada unidade da federação brasileira. Esta legislação específica dos serviços públicos prestados pelos cartórios definem as regras de competência, elaboração, gestão e consulta dos registros públicos. Além disso, ela estabelece a obrigatoriedade de diversos tipos de registro, os quais são atualizados regularmente para garantir a sua precisão e confiabilidade, o que é importante para evitar fraudes, reconhecer direitos e fazer valer as obrigações.

Vale esclarecer, *ab initio*, que o arcabouço registral público brasileiro traz além da celeridade, dos benefícios sociais e das vantagens jurídicas, importantes benefícios pecuniários para o País. O titular de uma serventia extrajudicial assume a função por intermédio de um concorrido concurso público, o que já garante, *per se*, a capacidade profissional imprescindível para o exercício do cargo. Referido concursado exerce os serviços públicos registrais em caráter privado. "Essa ocorrência compõe uma *hipótese não ortodoxa de delegação*"[608] e significa que o Estado não faz qualquer investimento nestes serviços. Pelo contrário, seu papel em termos financeiros é o de arrecadação. Percentual significativo das custas de cartório são repassados para o Estado, para o Município, para a Receita Federal, para o Tribunal de Justiça, para o Ministério Público, para a Santa Casa. Da parte que fica para o titular do cartório, intitulada de emolumentos, retira-se toda a despesa de manutenção desta prestação de serviços, tais como aluguel, luz, água, material de trabalho, folha de pagamento, mobiliário, maquinário, impostos, melhorias etc. O "modelo de negócio" é tão bom para o Poder Público que novamente aqui, como já fiz alhures, sugiro seja copiado para outros serviços públicos.

Não bastassem as vantagens financeiras para o Estado, também são conveniências inafastáveis dos serviços extrajudiciais: a. Agilidade - O principal benefício do serviço extrajudicial é a rapidez na realização de transações, pois não há a necessidade de aguardar um processo judicial; b. Economia - O custo do serviço extrajudicial é menor em comparação ao processo judicial e os valores das taxas são menores; c. Resolução de conflitos: O serviço extrajudicial é uma alternativa eficaz na resolução de conflitos, pois oferece soluções consensuais e negociadas para questões jurídicas; d. Simplificação: O serviço extrajudicial torna o processo mais simples e direto, eliminando a burocracia e morosidade do processo judicial; e. Flexibilidade: A flexibilidade oferecida pelo serviço extrajudicial permite que as partes envolvidas encontrem soluções personalizadas para suas necessidades específicas; f. Privacidade: O serviço extrajudicial também é uma opção mais privada, pois os assuntos tratados não são de domínio público, como no caso do processo judicial; g. Maior controle sobre a resolução: Com o serviço extrajudicial, as partes envolvidas têm mais controle sobre o resultado final do processo, o que pode levar a soluções mais satisfatórias para todos os envolvidos.

[608] DIP, Ricardo. **Concessão de Gratuidades no Direito Civil**. São Paulo: Quartier Latin, 2017. p. 99.

Pois bem, por todas as razões supra expendidas, este trabalho visa a explorar a importância dos registros públicos no que concerne aos direitos da personalidade, examinando seus aspectos jurídicos e práticos, já que esses registros podem incluir documentos sobre a existência formal do indivíduo, o estado civil, a nacionalidade, a autenticidade de documentos, dentre tantos outros aspectos.

Ademais, os registros públicos são importantes para a preservação da memória documental. Eles armazenam documentos históricos fundamentais para a compreensão do passado e a cronologia dos atos civis da vida de cada um, o que é essencial para a formulação de políticas públicas.

Em verdade, os mais importantes atos da vida civil requerem a chancela dos registros públicos para existirem *erga omnes*. Nascer, unir-se a outra pessoa, adquirir e transferir bens, morrer, *verbi gratia*, são circunstâncias que precisam, necessariamente, dos serviços públicos extrajudiciais.

1. Sistemática público-registral brasileira

Os Registros Públicos são um importante instrumento de garantia dos direitos da personalidade. Eles são responsáveis por registrar e garantir a veracidade e autenticidade de atos e fatos relacionados às pessoas físicas e jurídicas. Esses registros são fundamentais para proteger a identidade e privacidade das pessoas, bem como para evitar fraudes e irregularidades.

O sistema de registros públicos no Brasil é bastante extenso e diversificado e é responsável por garantir a autenticidade e a veracidade de documentos e dados relacionados às pessoas físicas e jurídicas. Entre os principais registros públicos no Brasil estão:

O Registro Civil das Pessoas Naturais, responsável por registrar os atos e fatos relacionados às pessoas físicas. Ele é responsável, por exemplo, pelo registro de nascimento, união estável, casamento, divórcio, óbito, emancipação, interdição, sentenças de ausência e morte presumida, opções de nacionalidade. Esse registro é fundamental para garantir a identidade e a autenticidade dos documentos relacionados à pessoa. Por isso, é um instrumento fundamental para a salvaguarda dos direitos da personalidade, pois é por meio dele que a pessoa adquire personalidade jurídica, isto é, passa a ser reconhecida pelo Estado como uma pessoa dotada de capacidade de direito e obrigações, como cidadão do país.

O registro civil de pessoas naturais é responsável por registrar fatos de suma importância na vida da pessoa, além de fornecer a documentação necessária para o exercício de diversos direitos e deveres, como o direito ao voto, ao trabalho e à educação.

Neste contexto, irretorquível que o registro civil de pessoas naturais é um instrumento importante para a proteção dos direitos da personalidade, pois garante que a identidade de uma pessoa seja preservada e reconhecida legalmente. Com o registro de nascimento, por exemplo, é possível comprovar a filiação, a nacionalidade e a identidade de uma pessoa. Já o registro de casamento garante o reconhecimento legal do estado civil e dos direitos e obrigações decorrentes dele, enquanto o registro de óbito comprova o falecimento de uma pessoa e os eventuais direitos à sucessão.

Dessa forma, o registro civil de pessoas naturais é fundamental para que os direitos da personalidade tenham efetividade, garantindo a preservação e o reconhecimento individualizado da pessoa.

Caio Mário da Silva Pereira[609], aduz que:

> As pessoas naturais passam, no correr de sua existência, por várias situações ligadas à sua condição na sociedade, que há interesse individual e público em perpetuar, através dos registros públicos.
>
> Em todas as civilizações, na verdade, encontramos providências adotadas para a anotação dos dados pessoais dos membros da comunidade. A Bíblia nos dá notícia do censo e registro da assembleia dos filhos de Israel, segundo suas famílias e suas casas, com indicação de nome e filiação dos varões de 20 anos e acima (Números, versículos 1, 2 e 3).

O Registro de Imóveis, fundamental para proteger o direito ao patrimônio, é responsável por registrar as informações sobre imóveis e seus proprietários, garantindo a autenticidade da propriedade e impedindo os conflitos de posse. Trata-se, portanto, de importante instrumento na garantia dos direitos da personalidade.

O registro imobiliário é um ato público e solene, que tem como finalidade garantir a transparência e a segurança das transações imobiliárias. Quando uma propriedade é registrada, ela é identificada de forma precisa e individualizada, o que permite a verificação da cadeia de titularidade do imóvel ao longo do tempo. Isso evita conflitos envolvendo a propriedade, possibilitando que o proprietário defenda seus direitos caso haja uma tentativa de fraude ou desapropriação indevida.

O registro de imóveis, *ipso facto*, é fundamental também na proteção da dignidade da pessoa humana, um dos direitos da personalidade mais relevantes, vez que garante, ao proprietário, o desfrute da propriedade sem interferências ilegais ou arbitrárias, assegurando assim a sua liberdade e autonomia.

Além disso, o registro de imóveis é um instrumento importante na proteção da intimidade e da privacidade, na medida em que impede que terceiros possam invadir a propriedade sem autorização, garantindo assim a tranquilidade e a segurança do proprietário. Destarte, o registro de imóveis é parte fundamental na garantia

[609] PEREIRA, Caio Mário da Silva. **Instituições de direito civil**. 24. ed. Rio de Janeiro: Forense, 2002. p. 197.

dos direitos da personalidade, uma vez que protege o direito à propriedade e, por corolário, à dignidade da pessoa humana, à liberdade, à autonomia e à intimidade.

O Registro de Títulos e Documentos é responsável por registrar contratos particulares para a prova de obrigações convencionais de qualquer valor, de penhor sobre bens móveis, parceria agrícola, arrendamento, bem como registro de documentos privados importantes com objetivo de guarda e conservação, dentre outras atribuições legais[610]. Esse registro é fundamental para garantir a autenticidade e veracidade dos documentos e contratos, além de garantir sua segurança e proteção contra fraudes e litígios.

O cartório de registro de títulos e documentos também é responsável por registrar as alterações e atualizações de documentos já registrados, bem como cancelamentos e anulações.

Além disso, o cartório pode fornecer certidões de registro, que são documentos comprobatórios da existência e validade de um registro em específico.

O Registro Civil de Pessoas Jurídicas é responsável por registrar as informações sobre as empresas[611] e seus sócios. Ele é fundamental para garantir a legalidade, transparência e a autenticidade das informações relacionadas às empresas, jornais e demais periódicos, bem como para permitir seu acesso a serviços e recursos oferecidos pelo Estado.

Vale destacar que a despeito das pessoas jurídicas não possuírem direitos da personalidade, a elas são aplicáveis esses direitos por via reflexa. Afinal, todos os acontecimentos atinentes à uma empresa, guardam relação com a imagem e reputação da pessoa jurídica, assim como de seus sócios.

O Tabelionato de Notas é uma instituição essencial para garantir os direitos da personalidade, pois é o responsável por registrar e autenticar atos que envolvem a manifestação desses direitos.

Entre as principais atribuições do tabelionato de notas está a lavratura de escrituras públicas, que são documentos com valor jurídico e probatório para

[610] RIZATO, Bianҫa M.C. **Registros Públicos** – Capítulo 4 – Registro de Títulos e Documentos. São Paulo: Método. 2020. pp. 278 a 294.

[611] No Registro Civil de Pessoas Jurídicas são registrados os atos constitutivos, contratos sociais e estatutos das sociedades simples; das sociedades simples revestidas das formas empresárias, conforme estabelecido no Código Civil, com exceção das sociedades anônimas e das sociedades em comandita por ações; das associações, incluídos os sindicatos; dos partidos políticos e seus diretórios; das organizações religiosas; das fundações de direito privado; das empresas individuais de responsabilidade limitada, de natureza simples; matricular jornais, revistas e demais publicações periódicas, oficinas impressoras, empresas de radiodifusão que mantenham serviços de notícias, reportagens, comentários, debates e entrevistas, e as empresas que tenham por objeto o agenciamento de notícias, dentre outras atribuições. *In* Normas de Serviços dos Cartórios Extrajudiciais – Corregedoria Geral de Justiça do Estado de São Paulo – Tomo II – Capítulo XVIII, item 1.

comprovar a manifestação da vontade das pessoas em relação a diversos aspectos da vida civil, como contratos, declarações, inventários, testamentos e procurações. A escolha do tabelionato como local para a lavratura desses documentos é uma garantia de segurança jurídica, devido à sua imparcialidade, profissionalismo, responsabilidade e capacitação para assessorar juridicamente o interessado.

Além disso, o tabelionato de notas é responsável por realizar a autenticação de documentos, que é o ato de atestar a veracidade e a autenticidade de um documento original e de sua cópia. Esse serviço é fundamental para evitar fraudes e falsificações, protegendo os direitos da personalidade dos indivíduos, garantindo a validade e a confiabilidade dos documentos.

O tabelionato de notas também tem o papel de registrar e arquivar diversos tipos de documentos, como contratos, escrituras, testamentos e procurações, o que torna o acesso a esses documentos mais ágil e eficiente em caso de necessidade. Esse registro e arquivamento também é importante para preservar a memória e a história das pessoas e das famílias, contribuindo para a valorização do patrimônio cultural e social do país.

Esta mesma Serventia também é responsável pela lavratura das atas notarias, a qual possui grande importância no mundo jurídico por constituir prova expressamente prevista no diploma processual brasileiro. Trata-se de um documento público elaborado pelo tabelião de notas, que atesta a veracidade e a autenticidade de um determinado ato, fato ou documento, conferindo-lhe fé pública.[612]

No que tange aos direitos da personalidade, a ata notarial é uma ferramenta valiosa para comprovar eventuais violações a esses direitos. Por exemplo, em casos de *cyberbullying*, é possível registrar através de uma ata notarial as ofensas e ameaças recebidas via *internet*, garantindo assim uma prova robusta para as medidas judiciais cabíveis.

Isto posto, tem-se que o tabelionato de notas é uma instituição fundamental na garantia e efetividade dos direitos da personalidade, vez que essas atividades contribuem para a segurança jurídica, a proteção dos indivíduos e seus direitos, além do desenvolvimento social e cultural do país.

O Tabelionato de Protesto exerce atividade regulamentada pela Lei nº 9.492/1997, que estabelece que os tabeliães de protesto têm competência para prestar serviços de natureza extrajudicial, inclusive para lavrar protestos de títulos e outros documentos de dívida.

Embora não seja diretamente relacionado aos direitos da personalidade, o tabelionato de protestos pode ter um papel importante na proteção desses direitos. Isso ocorre porque o tabelião de protestos é responsável por verificar

[612] KÜMPEL, Vitor F.; FERRARI, Carla Modina. **Tratado Notarial e Registral**. São Paulo: YK Editora, 2017. p. 550.

a autenticidade dos documentos apresentados para protesto, inclusive quanto à assinatura do emitente.[613]

Assim, se um documento que contenha informações falsas ou ofensivas à honra e à reputação de alguém for apresentado para protesto, o tabelião pode se recusar a lavrá-lo e comunicar às autoridades competentes sobre a tentativa de fraude ou abuso de direito.

2. Direitos da personalidade e as garantias constitucionais fundamentais

Os direitos da personalidade, abarcados pelas garantias e direitos fundamentais previstos na Constituição Federal, implicam um conjunto de prerrogativas intrinsecamente relacionado à pessoa humana. Eles buscam assegurar o respeito à dignidade humana, à honra, à privacidade, à intimidade, à imagem, à identidade, a proteção contra a tortura, maus-tratos e violência, a liberdade de expressão, a inviolabilidade do domicílio, a liberdade de religião e crença, a proteção contra a discriminação, entre outros aspectos relacionados à vida e à integridade física e psicológica do indivíduo.[614]

Esses direitos são inerentes à pessoa e não podem ser alienados ou renunciados, o que significa que esses direitos não podem ser transferidos ou abdicados por uma pessoa em benefício de outra ou em seu próprio prejuízo, respectivamente. Não é possível, por exemplo, uma pessoa renunciar ao seu direito à integridade física ou à imagem em favor de outra pessoa, pois tais direitos são inseparáveis da sua própria condição humana.

Além disso, a renúncia aos direitos da personalidade é considerada como contrária à ordem pública e à Constituição Brasileira, que traz como fundamento a dignidade da pessoa humana e preconiza a proteção desses direitos como um dos pilares do Estado Democrático de Direito.

Há exceções, entretanto, em casos especificamente previstos em lei, como no caso de doação de órgãos após a morte, em que a pessoa pode expressar sua von-

[613] SOUZA NETO, João Baptista de Mello (Coord.). **Manual de Protesto de Letras e Títulos**. São Paulo: Quartier Latin, 2017. pp. 455 e ss.

[614] "É praticamente pacífico entre os estudiosos do direito e da sociologia jurídica, o entendimento de que não há sociedade sem direito: *ubi societas ibi jus*. (...) Indaga-se desde logo, portanto, qual a causa dessa correlação entre sociedade e direito. E a resposta está na função que o direito exerce na sociedade: a *função ordenadora*, isto é, de coordenação dos interesses que se manifestam na vida social, de modo a organizar a cooperação entre pessoas e compor os conflitos que se verificarem entre seus membros. Em outras palavras a tarefa da ordem jurídica consiste exatamente em harmonizar as relações sociais intersubjetivas, a fim de ensejar a máxima realização dos valores humanos com o mínimo de sacrifício e desgaste." *In*: DINAMARCO, Cândido Rangel; BADARÓ, Gustavo Henrique Righi Ivahi; LOPES, Bruno Vasconcelos Carrilho. **Teoria geral do processo**. 34. ed. São Paulo: Malheiros, 2023. p.42.

tade de renunciar ao direito à integridade física em prol da vida de outra pessoa, sob certas condições impostas na lei.

Por tais razões, o Estado tem a responsabilidade de proteger esses direitos e garantir que a pessoa possa exercê-los plenamente. Para tanto, o ordenamento jurídico brasileiro prevê diversas medidas de proteção, inclusive o direito ao esquecimento. Esse direito garante que a pessoa possa esquecer fatos passados que possam prejudicá-la em sua vida presente ou futura.

O direito à vida, o mais fundamental dentre os fundamentais, já que dele depende a possibilidade de exercício dos demais direitos, vem esculpido na Carta Magna que dispõe "que todos são iguais perante a lei, sem distinção de qualquer natureza, garantindo-se aos brasileiros e estrangeiros residentes no País, a inviolabilidade do direito à vida, à liberdade, à igualdade, à segurança e à propriedade."[615]

Além disso, a Constituição prevê a possibilidade de reparação por danos morais e materiais em caso de violação dos direitos da personalidade, o que demonstra a importância dada pelo ordenamento jurídico brasileiro à proteção desses direitos.

Transgredir os direitos da personalidade pode levar a diversas consequências, tanto jurídicas quanto emocionais. Entre as possíveis consequências, estão: a. Processos judiciais: quando alguém viola os direitos da personalidade de outra pessoa, a vítima pode recorrer ao judiciário para buscar reparação. Dependendo da gravidade da situação, o infrator pode ter que pagar uma indenização ou responder a processos criminais; b. Danos emocionais: muitas vezes, as violações dos direitos da personalidade podem gerar danos emocionais profundos nas vítimas. Por exemplo, a difamação ou calúnia pode causar graves efeitos psicológicos, como depressão e ansiedade; c. Perda de reputação: se alguém transgride os direitos da personalidade de outra pessoa publicamente, isso pode gerar uma perda de reputação significativa. A depender do caso, essa perda pode ser irreparável; d. Rompimento de relações: a violação dos direitos da personalidade pode levar ao rompimento de relações interpessoais. Por exemplo, se alguém fere a autodeterminação de outra pessoa, essa relação pode se tornar insustentável; e. Criminalização de condutas: em alguns casos, as violações dos direitos da personalidade podem ser enquadradas como crimes. É o caso, por exemplo, do crime de injúria, que consiste em ofender a honra de alguém. Dependendo da gravidade da situação, o infrator pode ser responsabilizado criminalmente.

3. Direitos da personalidade nos registros públicos

Conforme acima explanado, os direitos da personalidade são aqueles que dizem respeito à dignidade e à integridade da pessoa. Eles visam a proteger os aspectos

[615] MORAES, Alexandre de. **Direito constitucional**. 23. ed. São Paulo: Atlas, 2008. p. 35.

mais íntimos da personalidade. Estão garantidos pela legislação brasileira no art. 5º da Carta da República e no Código Civil, mais precisamente em seus artigos 11 a 21. Esses direitos são considerados como inatos, irrenunciáveis, intransmissíveis e imprescritíveis. São eles: Direito à vida; à integridade física; à integridade moral; à imagem; à privacidade; à honra; à liberdade e à identidade pessoal.

O nome civil, por exemplo, é um elemento fundamental da identidade, individualização e reconhecimento da personalidade jurídica de uma pessoa. Ele está diretamente relacionado aos direitos da personalidade, pois é através dele que a pessoa é identificada perante a sociedade, está vinculado à imagem da pessoa, já que é através dele que ela é reconhecida pelos demais. Além disso, o nome civil também está relacionado à honra, uma vez que ele é um aspecto da personalidade que está diretamente relacionado à reputação da pessoa.

O nome civil é um direito fundamental, que deve ser protegido juridicamente e respeitado em qualquer circunstância, pois visa a garantir a proteção da dignidade humana. Ele é utilizado desde o nascimento e mantém-se inalterado durante toda a vida, exceto em casos específicos previstos em lei, como a retificação ou mudança de nome.[616]

O direito ao nome é previsto na Constituição Federal de 1988, que em seu artigo 5º, inciso X, assegura "a inviolabilidade do direito à vida, à liberdade, à igualdade, à segurança e à propriedade". O nome civil está diretamente relacionado a esses direitos, pois é através dele que a pessoa pode garantir o reconhecimento de sua existência perante a sociedade. Seja para obtenção de documentação pessoal, seja para abertura de uma conta bancária.

Podemos citar como exemplo a situação de uma pessoa que tem o nome constrangido por comentários negativos ou pela utilização indevida do seu nome por terceiros. Nesses casos, a pessoa tem direito de exigir a reparação de danos morais, pois houve uma violação aos seus direitos da personalidade.

De forma complementar, o nome civil também está relacionado ao direito à privacidade e à intimidade. A identidade de uma pessoa é um aspecto íntimo e pessoal, que deve ser preservado e respeitado pelos demais. Nesse sentido, o nome civil é uma forma de proteger a privacidade e a intimidade da pessoa, pois através dele é possível identificá-la de forma adequada, sem a necessidade de utilização de informações ou dados pessoais que possam comprometer a sua privacidade.

A importância do nome civil também está relacionada à proteção dos direitos patrimoniais da pessoa. O nome é um elemento fundamental para a realização de negócios jurídicos. Sem um nome civil, a pessoa não poderia realizar contratos, abrir contas bancárias, realizar compras, entre outras atividades cotidianas.

[616] NALINI, José Renato (Org.). **Sistema Eletrônico de Registros Públicos: comentado por notários, registradores, magistrados e profissionais**. Rio de Janeiro: Forense, 2023. p. 93 e ss.

Por fim, o nome civil também está relacionado à proteção da personalidade jurídica da empresa. A empresa é uma entidade criada com um objetivo específico, e seu nome é fundamental para a realização de negociações e para a sua identificação perante a sociedade. Quando o nome de uma empresa é utilizado de forma indevida por terceiros, danos morais e patrimoniais podem advir.

A Corte Suprema decidiu pela possibilidade de alteração de nome e gênero de pessoas transexuais nos registros civis, sem a necessidade de autorização judicial ou cirurgia de redesignação sexual (ADI 4.275/2018). Tais ações também se concretizam no registro civil de pessoas naturais, contribuindo de forma significativa para o respeito à dignidade humana.

A privacidade é um dos direitos da personalidade mais importantes. Ela se refere ao direito de toda pessoa de ter sua vida privada e familiar protegida. Isso inclui o direito à intimidade e ao sigilo das informações pessoais.

Os registros públicos têm um papel fundamental em garantir a privacidade das pessoas. Eles são responsáveis por proteger as informações pessoais e impedir a divulgação não autorizada dessas informações. Isso é essencial para garantir a integridade da pessoa e evitar problemas relacionados a fraudes, *stalking* e outros crimes digitais.

A intimidade é outro direito da personalidade que é protegido pelos registros públicos. Ela se refere ao direito das pessoas de manter sua vida privada de acordo com sua vontade, sem interferências externas.

Os registros públicos são responsáveis por garantir a autenticidade dos documentos e impedir a divulgação não autorizada de informações pessoais. Isso é fundamental para proteger a intimidade das pessoas e evitar que informações pessoais sejam divulgadas sem consentimento.

A honra é outro direito da personalidade que é protegido pelos registros públicos. Ela se refere ao direito das pessoas de ter sua reputação respeitada e protegida. Os registros públicos são importantes para garantir a autenticidade dos documentos e evitar fraudes e alterações não autorizadas. Isso é fundamental para proteger a honra das pessoas e impedir que informações falsas ou prejudiciais sejam divulgadas.

A imagem é outro direito da personalidade que é protegido pelos registros públicos, que podem ser utilizados como meio de comprovar a existência ou titularidade desse direito. Garante que nenhuma pessoa possa ter sua imagem utilizada sem autorização prévia e expressa, salvo em casos excepcionais previstos em lei (como em casos de interesse público).

Para proteger esse direito, é possível recorrer a diversas medidas legais, como ação de indenização por danos morais e materiais, tutela antecipada, liminares, entre outras. Caso existam registros públicos que comprovem que uma pessoa é titular de determinada imagem, isso pode ser utilizado como meio de comprovar a violação desse direito e buscar a reparação pelos danos causados.

Além disso, a lei de proteção de dados pessoais, em vigência desde 2020 no Brasil, também possui dispositivos que podem ser utilizados para proteger o direito à imagem, visto que o tratamento de dados pessoais, como a imagem, sem autorização ou consentimento da pessoa é proibido, razão por que quem sentir-se prejudicado pode buscar a reparação pelos danos causados em caso de violação.

Conclusões

Os serviços públicos exercidos pelas serventias extrajudiciais são imprescindíveis para a efetividade dos direitos da personalidade, vez que garantem a segurança jurídica das relações sociais e dos negócios jurídicos, sem onerar o Estado.

Os cartórios são responsáveis por realizar diversos atos extrajudiciais, como autenticação de documentos, reconhecimento de firmas, registro de atos sumamente importantes na vida civil, registro de títulos e documentos, lavratura de escrituras e atas notariais e registros de imóveis, dentre outras atribuições.

Esses serviços garantem a veracidade de documentos e idoneidade dos negócios, proteção dos direitos individuais e da propriedade. Por exemplo, o registro de um imóvel garante a segurança do proprietário em relação a possíveis disputas de propriedade.

Além disso, os cartórios são importantes instrumentos para a efetivação e simplificação de processos judiciais, como ações de divórcio, inventário e de usucapião, desafogando o Judiciário.

Os registros públicos implicam proteção dos direitos da personalidade, também porque além de formalizarem a existência jurídico-formal da pessoa, *conditio sine qua non* para o exercício de prerrogativas legais, outrossim, são utilizados para comprovar que determinada pessoa é detentora de determinado direito.

Os direitos da personalidade são protegidos principalmente pelos direitos fundamentais previstos na Constituição Brasileira, como a dignidade da pessoa humana, a inviolabilidade da intimidade, imagem, honra, vida privada, livre desenvolvimento da personalidade, entre outros direitos relacionados à preservação da individualidade e dignidade da pessoa.

A proteção dos direitos da personalidade acontece por meio de diversas normas jurídicas, como as leis civis, penais e trabalhistas, que estabelecem diversas sanções e medidas para proteger esses direitos, como a responsabilização civil e criminal por violação dos direitos da personalidade, indenizações por danos materiais e morais, além de medidas cautelares e ações judiciais, sendo todo esse arcabouço jurídico alicerçado pelos serviços prestados pelas serventias judiciais.

Portanto, os registros públicos são essenciais como forma de comprovar a existência de pessoa e, por via de consequência, titularidade de determinados direitos da personalidade, premissa fundamental para salvaguarda e reivindicação de prerrogativas legais presente no ordenamento jurídico.

Por tais razões, os serviços públicos extrajudiciais exercidos pelos cartórios são fundamentais para a garantia dos direitos da personalidade e para a segurança jurídica das relações sociais, desempenhando importante papel na prevenção de litígios e combatendo a fraude documental.

REFERÊNCIAS

DINAMARCO, Cândido Rangel; BADARÓ, Gustavo Henrique Righi Ivahi; LOPES, Bruno Vasconcelos Carrilho. **Teoria geral do processo**. 34. ed. São Paulo: Malheiros, 2023.

DIP, Ricardo. **Concessão de gratuidades no direito civil**. São Paulo: Quartier Latin. 2017.

JACOMINO, Sérgio; DIP, Ricardo. **Registros públicos e legislação correlata**. 4. ed. São Paulo: RT, 2015.

KÜMPEL, Vitor F.; FERRARI, Carla Modina. **Tratado notarial e registral**. São Paulo: YK Editora, 2017.

LENZA, Pedro. **Direito constitucional esquematizado**. 17. ed. São Paulo: Saraiva, 2013.

MORAES, Alexandre de. **Direito constitucional**. 23. ed. São Paulo: Atlas, 2008.

NALINI, José Renato (Org.). **Sistema Eletrônico de Registros Públicos: comentado por notários, registradores, magistrados e profissionais.** Rio de Janeiro: Forense, 2023.

NORMAS de Serviços Extrajudiciais da Corregedoria Geral (NSCGJ/SP) – Tomo II – Provimento 58/89 - Disponível em 24/04/203 às 17h18, no endereço eletrônico https://api.tjsp.jus.br/Handlers/Handler/FileFetch.ashx?codigo=144760

PEREIRA, Caio Mário da Silva**. Instituições de Direito Civil**. 24. ed. Rio de Janeiro: Forense, 2002.

RIZATO, Biança M.C.. **Registros Públicos** – Capítulo 4 – Registro de Títulos e Documentos. São Paulo: Método, 2020.

SOUZA NETO, João Baptista de Mello (Coord.). **Manual de protesto de letras e títulos**. São Paulo: Quartier Latin. 2017.

31. A VIOLAÇÃO AOS DIREITOS DA PERSONALIDADE DOS DETENTOS E SEUS REFLEXOS NA SOCIEDADE

ROGÉRIO DONNINI

Introdução

A sociedade vislumbra naquele que comete um crime alguém diferente, desprezível, até mesmo passível de eliminação para alguns, verdadeiro inimigo que não merece qualquer proteção, um ser indigno. Ao transgredir os valores essenciais de uma sociedade, quem comete um delito causa um dano a outrem e, como consectário, um sofrimento. Se muitas pessoas têm esse sentimento, é natural que o desprezo e o abandono sejam a tônica, mesmo nos países considerados mais avançados econômica e socialmente.

Trata-se de um sentimento normal do ser humano, instintivo, perante uma pessoa que rompe a harmonia social com atos que ferem a ideia de civilidade, de *civile*, isto é, a contrário senso, aquele que transgride as normas sociais, incivilidade. A ânsia de vingança da vítima ou seus familiares, no caso, *verbi gratia*, na hipótese de homicídio ou qualquer crime natureza grave, embora compreensível, não deve extrapolar e atingir a dignidade do detento, com o desrespeito à sua integridade física e moral, visto que qualquer pessoa pode praticar um crime, seja ele culposo ou doloso, assim como ser injustamente sentenciado como um criminoso. Basta viver em sociedade para ter de suportar as agruras de um processo criminal, ser condenado, cumprir uma pena privativa de liberdade e continuar a ser pessoa, pois na própria definição de crime o ato é humano, típico, antijurídico e culpável.

Por mais estranho que possa parecer, mesmo nos delitos mais reprováveis, que causam justificada revolta na sociedade, a pena não deve gerar a permanência do detento em celas superlotadas, sem condições mínima de higiene e com a propagação de graves doenças, em flagrante ofensa aos direitos da personalidade, cuja proteção está prevista em nossa lei civil substantiva, nas normas de Direito Constitucional e de Direitos Humanos.

Embora paradoxal, se uma pessoa da família ou de seu convívio, incluindo aquelas que são simpáticas ideologicamente, comete um crime, continua, em regra, a ser tratada como um igual e não um diferente. Todavia, o mesmo não sucede se for alguém desconhecido, que passa a ser, muitas vezes, execrado.

Essa visão da sociedade pelo apenado ou mesmo para aqueles que sequer têm uma condenação, como no caso das denominadas prisões cautelares, traz como consequência pouco investimento na melhoria das penitenciárias existentes ou na criação de novos estabelecimentos dignos do cumprimento de uma pena, em evidente omissão inaceitável do Poder Público.

1. Direitos da personalidade e dignidade humana

Os direitos da personalidade representam o conjunto de elementos inerentes ao ser humano. A personalidade não é considerada um simples direito subjetivo, entendido este como o poder legalmente conferido à pessoa de defender seus bens materiais ou imateriais, mas a fonte e o pressuposto de todos os direitos subjetivos[617]. São, portanto, direitos essenciais e inatos,[618] que nascem, em sua maioria, com a própria pessoa e integram a natureza do ser humano,[619] além de intransmissíveis e irrenunciáveis (art. 11 do Código Civil), absolutos, em face de seu caráter *erga omnes*, bem como perpétuos, pois não podem ser extintos, assim como insuscetíveis de apropriação, uma vez que não podem ser expropriados ou passíveis de constrição judicial. Os direitos da personalidade são, em verdade, uma vertente especial dos direitos subjetivos, construída na dignidade da pessoa humana, com a finalidade de garantir o seu respeito e sua proteção em todas as suas expressões físicas ou espirituais,[620]

[617] RUGGIERO, Roberto de. **Instituições**. v. 1. Trad. Ary dos Santos. São Paulo: Saraiva, 1971. p. 305 e 306.

[618] DE CUPIS, Adriano. **Os direitos da personalidade**. Trad. Adriano Vera Jardim e António Miguel Caeiro, Lisboa: Livraria Morais Editora, 1961. p. 20 e 21.

[619] Como, por exemplo, a vida, a liberdade e honorabilidade. Podem ser, ainda, derivados, quando surgem posteriormente ao nascimento da personalidade, v.g., direito moral do autor. V. NERY JUNIOR, Nelson; NERY, Rosa Maria de Andrade. **Código civil comentado**. 14. ed. São Paulo: Revista dos Tribunais, 2022, p. 180.

[620] PUECHE, José Henrique Bustos. **Manual sobre bienes y derechos de la personalidad**. Madrid: Dykinson, 1997, p. 43.

Há evidente conexão entre os direitos da personalidade e a dignidade da pessoa humana, uma vez que esta se concretiza com aqueles, no âmbito do Direito Civil.[621] Diante de uma noção aberta da dignidade humana, cuja concreção nem sempre é fácil e, algumas vezes, dá margem à sua aplicação de maneira pouco precisa, é que fez crescer o interesse, a partir do Código Civil de 2002, pelos direitos da personalidade, pois a transgressão a vários desses direitos resulta na ofensa à dignidade humana.

A partir da constitucionalização dos direitos fundamentais, vários dos direitos da personalidade passaram a integrá-los (vida, honra, imagem, privacidade, intimidade, liberdade, direito moral de autor, direito ao sigilo, direito à identificação pessoal e direito à integridade físico-psíquica, entre outros considerados implícitos). Sendo assim, diante da proteção constitucional da dignidade humana (art. 1º, III, da CF),[622] chegou-se a imaginar que os direitos da personalidade[623] não mais teriam importância, mas é exatamente o inverso, pois estes se apresentam nas relações privadas, por meio daquela.

A dignidade humana, que é aplicada nos moldes de uma cláusula geral,[624] se dirige às relações de Direito Civil por intermédio dos direitos da personalidade, que exercem função primordial, mesmo porque, além da prevenção de danos à pessoa (art. 12 do Código Civil), é a partir da violação desses direitos que surge o dever de repará-los, mediante a fixação de uma indenização. Em outras pala-

[621] LÔBO, Paulo. **Direito civil**: parte geral. São Paulo: Saraiva, 2009. p. 137.

[622] Foi somente a partir do século XVIII que sucedeu o desenvolvimento mais efetivo do princípio da dignidade humana, em especial por meio de Kant, cuja noção principia da autonomia ética, ao estabelecer o homem como um fim em si mesmo e não como instrumento ou meio de outra pessoa, ao afirmar: "Age de tal maneira que possas usar a humanidade, tanto em tua pessoa como na pessoa de qualquer outro, sempre e simultaneamente como fim e nunca simplesmente como meio". (KANT, Immanuel. **Fundamentação da metafísica dos costumes e outros escritos**. Trad. Leopoldo Holzbach. São Paulo: Martin Claret, 2004, p. 59). A dignidade humana tem suas bases centradas no cristianismo, segundo o qual a dignidade implica na igualdade dos homens diante de Deus, impondo, dessa forma, a proteção e o respeito da pessoa, o que fomentou a igualdade civil (ISRAEL, Jean Jacques. **Direito das liberdades fundamentais**. Trad. Carlos Souza. Barueri, SP: Editora Manole, 2005, p. 57).

[623] Arts. 11/21 do Código Civil de 2012.

[624] Apesar do desenvolvimento do tema atinente à dignidade humana ter-se iniciado há muito tempo, somente depois da Segunda Grande Guerra, após um período de transgressão incomparável ao direito de humanidade, é que muitos países inseriram em suas constituições federais o princípio da dignidade humana, entre eles o Brasil, embora tardiamente. No texto constitucional brasileiro, embora haja expressa previsão legal (art. 1º, III, da Constituição Federal) e de sua inegável importância e magnitude, há uma verdadeira busca incessante por sua definição. No entanto, por ser o conteúdo de sua noção formado por contornos abertos e vagos, não é passível de um conceito, ao menos de uma maneira rigorosa, estática, mas sim mediante sua concretização pela prática constitucional e infraconstitucional, normalmente a partir de sua inobservância.

vras, os danos morais e, eventualmente, materiais exsurgem da transgressão a qualquer direito da personalidade.

2. Ofensa à dignidade dos detentos e a violação aos princípios da igualdade, solidariedade e *neminem laedere*

Além do vínculo existente entre os direitos da personalidade e a dignidade humana,[625] há também um liame entre esta, os princípios da igualdade e da solidariedade, a ideia de não lesar (princípio *neminem laedere*)[626] e bem comum. A dignidade humana está centrada no ideal de liberdade e igualdade, segundo o qual toda pessoa tem, diante de sua simples existência, o direito ao respeito à sua dignidade.[627] Esse princípio fundamenta-se, portanto, na proteção da pessoa (*iustitia protectiva*), que deriva dos direitos fundamentais do homem,[628] uma vez que é ele identificado a partir de sua violação.[629] Decorrem do princípio da

[625] Os direitos da personalidade possuem como fundamento constitucional a dignidade humana.

[626] V. DONNINI, Rogério. **Prevenção de danos e a extensão do princípio** neminem laedere. *In*: DONNINI, Rogério; NERY, Rosa Maria de Andrade. **Responsabilidade civil: Estudos em homenagem ao professor Rui Geraldo Camargo Viana**. São Paulo: Revista dos Tribunais, 2009, p. 483-503.

[627] KRIELE, Martin. **Introdução à Teoria do Estado** – Os fundamentos históricos da legitimidade do Estado Constitucional Democrático. Trad. de Urbano Carvelli. Porto Alegre: Sergio Antonio Fabris Editor, 2009, p. 284.

[628] A noção de *iustitia protectiva* vem sendo desenvolvida desde o Renascimento e tem por finalidade obstar um poder absoluto do Estado. A *justiça protetiva* impõe uma vida digna, centrada no princípio *neminem laedere*, na ideia, assim, de não lesar a outrem e na prevenção e precaução de lesões, com a finalidade também de evitar comportamentos antissociais. Há, portanto, um vínculo direto entre responsabilidade, socialidade, derivada esta da noção de solidariedade, e no dever de não causar danos a outrem. V. COING, Helmut. **Elementos fundamentais da filosofia do direito**. Trad. Elisete Antoniuk, Porto Alegre: Sergio Antonio Fabris Editor, 2002, p. 250. V. DONNINI, Rogério. **Responsabilidade civil na pós-modernidade - Felicidade, Proteção, Enriquecimento com causa e Tempo perdido**. 1. ed. Rio Grande do Sul: Sergio Antonio Fabris Editor, 2015, p. 81 e ss.

[629] O posicionamento especial do ser humano no cosmo já era identificado na Antiguidade, em Sócrates, Platão, Aristóteles e Cícero. No pensamento Estoico, seguido por este último, já eram encontradas posições acerca da dignidade e do valor do homem como ideia filosófica (WHITE, Michael J. **Os estoicos**. Brad Inwood (org.). Trad. de Paulo Fernando Tadeu Ferreira e Raul Fiker. São Paulo: Odysseus, 2006, p. 162). Na Idade Média, Santo Tomás de Aquino já afirmava que a dignidade é justamente a superioridade do homem por ser livre, pelo fato de agir por si mesmo, por possuir o domínio de seus atos e não pelo comando de outros seres, identificando-a, assim, com a razão, com a capacidade da pessoa de conhecer o que está ao seu redor. (*Suma Teológica*, I, 29,3). Antes do Iluminismo, Giovanni Pico della Mirandola, no ano de 1486, em seu *Discurso sobre a dignidade do homem*, contribuiu de maneira original ao desenvolvimento desse tema, com viés antropocêntrico, não apenas quando afirmava que o homem é livre para suas escolhas, mas que, ao optar por um dado caminho, encontrava a sua própria essência, por estar acima do mundo físico-biológico. Em sendo assim, para esse autor, se a liberdade, a autodeterminação, é um dom

dignidade da pessoa humana os princípios da solidariedade e da igualdade, verdadeiros instrumentos de uma efetiva proteção ao ser humano. A solidariedade, por sua vez, prevista no texto constitucional (art. 3º, I), é considerada um dos objetivos fundamentais de nossa Carta Magna.[630] O princípio da igualdade deve ser visto, assim, como um princípio de justiça social, na medida em que está compreendido no ideal de igual dignidade social da pessoa humana, que possui como finalidade realizar a igual dignidade do ser humano.

Dessa forma, a percepção de sua aplicação sucede inexistindo respeito pela vida, integridade física ou moral, bem assim na hipótese de falta de condições mínimas para uma existência digna, em desrespeito aos direitos fundamentais e ao princípio *neminem laedere* (a ninguém lesar), cujo fundamento infraconstitucional consta dos artigos 186 e 927 do Código Civil, além do artigo 5º, V e X do Constituição Federal, bem como a noção de prevenção de danos (arts. 12 do Código Civil e 5º XXXV do texto constitucional[631]). É o que acontece com o tratamento indigno dispensado aos detentos em alguns países europeus e na quase totalidade da América Latina, em cristalina ofensa aos direitos fundamentais previstos nas respectivas Constituições Federais, lesões essas passíveis de reparação por danos materiais e morais.

O respeito à dignidade humana propicia, como consequência, o cumprimento do disposto no art. 5º da Lei de Introdução às Normas do Direito Brasileiro (LINDB), ao determinar que o juiz atenderá, na aplicação da lei, aos fins sociais a que ela se dirige e às exigências do bem comum, previsão essa também atendida no Código Civil, em suas bases de eticidade, socialidade e operabilidade[632].

A dignidade do detento será preservada se o Estado o tratar realmente como um ser humano, com igualdade, ou seja, dentro do ideal de justiça social e solidariedade, pois, caso inexista esse tratamento, estará a administração pública a cometer um ilícito passível de reparação.

recebido, a dignidade está em saber utilizá-la adequadamente, transformando o mundo e a si mesmo em direção ao melhor (MIRANDOLA, Giovanni Pico della. **Discurso sobre a dignidade do homem** *(Oratio de Hominis Dignitate)*. Trad. de Maria de Lourdes Sirgado Ganho. Lisboa: Edições 70, LDA, 2010, p. 57).

[630] O *princípio da responsabilidade* por nós proposto está associado à responsabilidade civil geral, em sua vertente mais contemporânea, que impõe um comportamento solidário, que visa à proteção das pessoas (*iustitia protectiva*) na atualidade e para o futuro (próximas gerações), com a finalidade de não apenas reparar adequadamente os danos suportados, mas, antes de tudo, preveni-los, cuja origem está no sempre atual princípio *neminem laedere*. (DONNINI, Rogério, ob. cit., p. 80)

[631] "A lei não excluirá de apreciação do Poder Judiciário lesão ou ameaça a direito". Embora esse dispositivo trate do acesso à justiça, versa também sobre a prevenção de danos (DONNINI, Rogério, ob. cit., p. 492).

[632] REALE, Miguel. **O novo Código Civil**. Encarte da revista *Problemas Brasileiros* n. 353. setembro/outubro de 2002.

3. A inaceitável situação deplorável dos presídios

Os presídios, desde a Antiguidade, são locais em que, aos olhos da sociedade, os infratores deveriam ser punidos não apenas com a privação da liberdade, mas com o sofrimento físico e psicológico, em um ambiente impróprio para a existência humana, insalubre, mal iluminado e sem as mínimas condições de higiene, em verdadeiro acessório ao processo de punição. Na Idade Média não se alterou essa situação e surgiram dois tipos de prisões: a Estatal e a Eclesiástica. Enquanto a primeira tinha por objetivo custodiar os inimigos do rei ou do senhor feudal, a segunda era destinada aos clérigos insurgentes.[633]

Na modernidade, apesar da inegável evolução no cumprimento da pena, por razões de ordem econômica e transformações sociais, além da forte contribuição da Igreja, ao reforçar a necessidade de fraternidade, redenção e caridade para com os presos, com o aparecimento do argumento de que o condenado deveria ser reabilitado para conviver novamente em sociedade,[634] o cárcere continuou a ser um *locus* pouco adequado ao sentenciado.

Atualmente, no plano mundial, as prisões normalmente são verdadeiras masmorras, salvo exceções. Na Europa há situações diferentes e, portanto, inexiste uma única visão desse fato, embora a superlotação dos presídios e suas condições precárias de higiene estejam presentes em alguns países. São os casos, por exemplo, da Itália e de Portugal, que enfrentam esse grave problema, o que tem despertado real preocupação na Comunidade Europeia, diante da clara violação aos direitos humanos, com consequências nefastas também para a segurança pública.

A mera superlotação dos presídios propicia condições de insalubridade aos detentos, o que gera o maior número de doenças e um atendimento médico ineficaz, o que aumenta a incidência de violência dentro e fora dos presídios. A Comunidade Europeia, por intermédio da *Convenzione Europea per la salvaguardia dei diritti dell'uomo e delle libertà fondamentali* (CEDU), em seu art. 3º, põe a critério de cada autoridade nacional o dever de assegurar que cada um dos detentos seja colocado em condições compatíveis com o respeito à dignidade humana, em celas adequadas de higiene, iluminação, ventilação e espaço mínimo per capita de 3 m^2. Na realidade, há escassos recursos para o sistema carcerário, no sentido de sanar ou, pelo menos, minorar essa situação, o que provoca efetiva dificuldade na reabilitação dos presos.[635]

[633] BITENCOURT, Cezar Roberto. **Falência da pena de prisão causas e alternativas**. 2. ed. São Paulo: Saraiva, 2001, p. 34. V. BURACCHI, Tommaso *In*: http://www.adir.unifi.it/rivista/2004/buracchi/cap2.htm.

[634] CHIAVERINI, Tatiana. **Origem da pena de prisão**. Dissertação de Mestrado em Filosofia. Pontifícia Universidade Católica de São Paulo (PUC-SP), 2009. p. 8.

[635] Carceri italiane: situazione critica tra caldo, sovraffollamento e suicidi (osservatoriodiritti.it)

O problema da superlotação dos presídios, sejam eles da Europa ou da América Latina, tem, como consectário, provocado a ineficiência do sistema penal, mesmo porque muitos dos encarcerados não possuem uma condenação definitiva,[636] o que tem sido objeto de muitas críticas de organizações internacionais de direitos humanos.

Essa triste realidade europeia não tem, contudo, semelhança com a situação dramática enfrentada pelos presos na América Latina, visto que, na maioria das prisões, além de superlotadas, não existem as mínimas condições para o cumprimento da pena, pois são verdadeiros calabouços. No Brasil, onde existem aproximadamente 800.000 detentos,[637] raros são os presídios adequados e a situação das penitenciárias é degradante, onde impera o desrespeito à dignidade daqueles que cometeram crimes e já foram julgados, bem como os que aguardam um julgamento, em claro desrespeito à Constituição Federal, que impõe um tratamento condizente com os acusados e condenados.

Essa prática reiterada do Estado, que nunca primou pelo tratamento digno dos presidiários, tem como reflexos a violência carcerária e o fortalecimento de grupos criminosos que atuam dentro e fora dos estabelecimentos prisionais.

4. Responsabilidade civil do Estado: *the king can do wrong*, boa-fé e princípio da moralidade

Se nos Estados despóticos e absolutivas o rei não errava (*The king can do no wrong*[638]) e os administrados podiam acionar apenas o funcionário causador da lesão, atualmente o "rei" (governante) não apenas erra (*the king can do wrong*), como sua responsabilidade (do Estado) é objetiva, conforme previsão expressa da Constituição Federal (art. 37, § 6º)[639] e art. 15 do Código Civil.[640] Em que pese a tentativa de parte da doutrina em estabelecer que se o ato da Administração Pública fosse omissivo, seria analisada eventual culpa, o que resultaria em uma responsabilidade subjetiva (aquiliana); se, por outro lado, fosse o ato comissivo, estar-se-ia diante de uma responsabilidade objetiva. Todavia, o texto constitucional brasileiro não fez essa distinção e, portanto, quando a norma dispõe de modo amplo,

[636] Il carcere in Europa: pubblicato il rapporto SPACE I 2021 | Sistema Penale | SP

[637] Sim, chegamos a 800 mil presos no sistema prisional brasileiro (canalcienciascriminais.com.br)

[638] *Le roi ne peut mal faire.*

[639] "As pessoas jurídicas de Direito Público e as de Direito Privado prestadoras de serviços públicos responderão pelos danos que seus agentes, nessa qualidade, causarem a terceiros, assegurando o direito de regresso contra o responsável nos casos de dolo ou culpa."

[640] "As pessoas jurídicas de direito público são civilmente responsáveis por atos de seus representantes que nessa qualidade causem danos a terceiros, procedendo de modo contrário ao direito ou faltando a dever prescrito em lei, salvo o direito regressivo contra os causadores do dano".

sem limitações, não se permite ao intérprete restringi-la quando o legislador não o fez (*ubi lex non distinguit nec nos distinguere debemus*).[641]

Dessa forma, mesmo em se tratando de um ato lícito da administração que cause dano, deve este ser reparado, embora existam causas excludentes, tais como força maior, culpa da vítima, fato de terceiro, além de outras hipóteses como a ausência de relação de oficialidade entre o agente e o dano, ou quando este for inevitável.

O tratamento desumano dispensado aos detentos no plano mundial fere a ideia de correção. A cláusula geral de boa-fé transcende o direito privado (art. 422 do Código Civil) e abarca qualquer situação jurídica, visto que impõe um comportamento correto, honesto, equânime, proporcional.[642] No direito público, o agir segundo a *bona fides* há muito é condição indispensável em qualquer democracia, uma vez que que é inadmissível uma convivência entre pessoas, seja no âmbito privado ou público, seja na relação entre governantes e governados ou no exercício do poder, desprovida de um comportamento ético, transparente, de confiança. Para tanto, a extensão da boa-fé se realiza na Constituição brasileira por meio do princípio da moralidade (art. 37 da Constituição Federal).[643]

A responsabilidade civil da Administração Pública tem sido pautada pelo debate entre os administrativistas e civilistas. Os primeiros tendem a dar maior destaque à questão orçamentária e a possibilidade ou não de reparação em determinadas situações e sua relação com o possível valor indenizatório, enquanto os segundos dispensam tal argumento. Contudo, em existindo lesão a outrem provocada pelo Estado, cabe a fixação de uma justa indenização, seja o ato omissivo ou comissivo.

As funções atuais da responsabilidade civil abrangem não apenas a reação ao ato ilícito cometido, com a reparação do dano suportado pela vítima e volta ao *statu quo ante*, quando possível, mas também ratificar o poder punitivo do Estado, além da prevenção de novos danos, ao se desestimular novas lesões (*deterrence*)[644]. Portanto, se a Administração Pública causa danos aos detentos, pode e deve ser responsabilizada.

[641] MAXIMILIANO, Carlos. **Hermenêutica e aplicação do direito**. 18. ed. Rio de Janeiro: Forense, 2000. p. 246.

[642] DONNINI, Rogério. ***Bona fides*: do Direito Material ao Processual**. *In*: Revista de Processo, v. 251. p. 113-126, 2016.

[643] "A moralidade administrativa consiste no dever que o agente político, funcionário ou servidor têm de agir de modo legal, escorreito, honesto, sem aproveitar-se das vantagens de seu cargo ou função para si ou para outrem e sem favorecer ou prejudicar alguém. A atitude do improbo administrativo é punida na forma da CF 37 § 4º e da lei. Os regulamentos internos do poder público relativos à ética e moralidade administrativas complementam o princípio constitucional." (NERY JUNIOR, Nelson; NERY, Rosa Maria de Andrade. **Constituição federal comentada e legislação constitucional**. 2. ed. São Paulo: Revista dos Tribunais, 2009. p. 357).

[644] ALPA, Guido. **La responsabilità civile**: parte generale. Milano: UTET Giuridica, 2010. p. 159 e 160.

5. A violação aos direitos materiais e imateriais do detento. *Alterum laedere*? Lesar a outrem (*alterum laedere*), causando-lhe danos patrimoniais ou morais, é vedado, salvo nas hipóteses permissivas.[645] No que se refere aos danos imateriais, com a transgressão dos direitos da personalidade é que surge o dever de repará-los, mediante a fixação de uma quantia indenizatória. Em outras palavras, o dano moral subjetivo, o biológico e o existencial exsurgem por ocasião da violação a qualquer direito da personalidade. Entre eles estão os direitos à integridade física e à saúde,[646] que têm sido transgredidos pela Administração Pública, ao permitir um número exagerado de detentos em espaços incompatíveis com a sua dignidade, além das péssimas condições estruturais dos presídios.

A personalidade, como dissemos, não é apenas um direito, mas um valor fundamental de todo o ordenamento jurídico,[647] motivo pelo qual há uma necessidade constante na sua proteção, verdadeiro dever de cuidado que, bem de ver, deve ser exercido por todos: governantes e governados. Em verdade, o que se tutela é o valor da pessoa humana. Permite-se, destarte, que, com a evolução social, qualquer manifestação ou exigência da pessoa seja passível de proteção, de tutela,[648] mesmo nas hipóteses não previstas em lei, se dano advier.

[645] As excludentes de culpabilidade no Direito Penal são: a) a legítima defesa; b) o estado de necessidade; c) o estrito cumprimento do dever legal; e d) o exercício regular de direito.

[646] A palavra saúde advém do latim *salus*, íntegro, integridade (http://etimo.it/?term=salute&find=Cerca) e tem o significado de preservação, de conservação da vida, o bem-estar da pessoa nas funções físicas, afetivas, mentais e sociais. Diante da integração das pessoas ao meio ambiente e dos riscos inerentes à existência humana, sempre foi inevitável a proteção da saúde, para a preservação da espécie humana. A noção de saúde, portanto, não se enquadra apenas na ausência de doença, enfermidade, mas na eficácia das funções orgânicas, culturais, físicas e relacionais. O fato de alguém não ter uma moléstia não caracteriza, por si só, uma vida com saúde, visto que é *conditio sine qua non* o efetivo funcionamento de todas essas funções. A Constituição Federal, em seu artigo 6º, prevê: "São direitos sociais a educação, a saúde, a alimentação, o trabalho, a moradia, o transporte, o lazer, a segurança, a previdência social, a proteção à maternidade e à infância, a assistência aos desamparados, na forma desta Constituição."

[647] CAPELO DE SOUSA conceitua o bem da personalidade humana "como o real e o potencial físico e espiritual de cada homem em concreto, ou seja, o conjunto autônomo, unificado, dinâmico e evolutivo dos bens integrantes da sua materialidade física e do seu espírito reflexivo, socioambientalmente integrados" (CAPELO DE SOUSA, Rabindranath V. A. **O direito geral de personalidade**. Coimbra: Coimbra Editora, 1995. p. 116-117). Pontes de MIRANDA, por sua vez, enumera alguns direitos da personalidade essenciais, tais como: o direito à vida; o direito à integridade física; o direito à integridade psíquica; o direito à liberdade; o direito à verdade; o direito à igualdade formal; o direito à igualdade material; o direito de ter nome e o direito ao nome; o direito à honra; o direito à própria imagem; o direito à intimidade; e o direito autoral de personalidade (MIRANDA, Pontes de. **Tratado de direito privado**: 3. ed. Rio de Janeiro: Editor Borsoi, 1971. Parte Especial. v. 7. tomo VII. p. 12 e ss.

[648] PERLINGERI, Pietro. **O direito civil na legalidade constitucional**. Trad. Maria Cristina De Cicco. Rio de Janeiro: Renovar, 2008. p. 764 e 765.

A efetiva proteção aos direitos da personalidade se perfaz antes do fato danoso (*ex ante*), com a prevenção (*deterrence*) e a reparação de danos. Portanto, a ideia é a de não lesar e não ser lesado, constante do princípio *neminem laedere*. Desta forma, não ofender a outrem, considerado elemento negativo da justiça, idealizado muito antes do *Digesto* na filosofia grega,[649] nos mostra a exata noção desse princípio, que indica verdadeiro limite, real empecilho à livre ação ou omissão que prejudique outrem, que abrange não apenas a noção de reparação do dano, mas, antes de tudo, sua prevenção.[650]

O princípio *neminem laedere* guarda clara correspondência com a dignidade da pessoa humana, haja vista que deriva da justiça e do respeito,[651] consideração pelas pessoas, relacionado à proibição de violar a vida, o corpo ou ainda os direitos de outrem.[652]

O Supremo Tribunal Federal (STF), na Arguição de Descumprimento de Preceito Constitucional (ADPF 347 MC/DF), em 2015, reconheceu a superlotação carcerária e as condições desumanas de custódia e, como consequência, a violação de direitos fundamentais, as falhas de estrutura do sistema penitenciário e um estado de coisas inconstitucional. Essa mesma Corte firmou a tese ao julgar, com repercussão geral, o RE 580252/MS, em 2017, que é dever do Estado manter em seus presídios os padrões mínimos de humanidade previstos no ordenamento jurídico, assim como é de sua responsabilidade, nos termos do art. 37, § 6º, da Constituição Federal, a obrigação de ressarcir os danos, inclusive morais, comprovadamente causados aos detentos em decorrência da falta ou insuficiência das condições legais de encarceramento.

Talvez a decisão unânime do Supremo Tribunal Federal, na Ação de Descumprimento de Preceito Fundamental (ADPF) n. 334, que declarou ser incompatível com a Constituição da República de 1988 a previsão do Código de Processo Penal que previa a prisão especial para "os diplomados por qualquer das faculdades superiores da República", uma vez que havia evidente privilégio inaceitável, seja um marco importante para que o Poder Executivo comece a tratar todos os prisioneiros com dignidade.

[649] Embora faça parte do *Digesto* (Ulpiano: 1.1.10.1), a origem do preceito *alterum non laedere*, juntamente com *honeste vivere* e *suum cuique tribuere*, é grega. Em meados da República (510 a.C. até 27 a.C.), a conquista da Grécia pelos romanos fez com que eles absorvessem a cultura do período *helenista*, especialmente na retórica, didática, filosofia, oratória e literatura. Na filosofia, os destaques foram as lições trazidas com o Epicurismo e com o Estoicismo.

[650] DONNINI, Rogério. **Responsabilidade civil pós-contratual**, 3. ed. São Paulo: Saraiva, 2011. p. 41 e ss.

[651] A palavra respeito, advém de *re* (de novo), mais *spicere* (olhar), isto é, olhar de novo, considerar o ato a ser tomado. (Ottorino Pianigiani, **Vocabolario Etimologico della Lingua Italiana**. *In:* https://www.etimo.it/?term=rispetto&find=Cerca.

[652] COING, Helmut, ob., p. 248.

Conclusões

A mera existência de superlotação carcerária já possibilita ao detento um pleito indenizatório contra o Estado. Basta, assim, a prova da superlotação para a configuração do dano imaterial. Em razão desse fato, normalmente agravado com a falta de condições de higiene, além de ventilação e alimentação inadequadas, tratamento esse desumano dispensado aos presos, que representam nesse caso a parte mais vulnerável, que, bem de ver, merecem proteção, a Administração Pública transgride também o direito fundamental à saúde, estatuído na Constituição Federal (art. 6º),[653] o que permite ao lesado invocar a tutela jurisdicional para que sejam reparados os danos materiais e imateriais eventualmente configurados, tais como o dano moral subjetivo, o biológico (dano à saúde) e o existencial.

A responsabilidade civil possui novos paradigmas e entre eles estão a primazia do interesse da vítima e a solidariedade social. Sendo assim, a condenação da Administração Pública diante da violação da dignidade dos detentos opera também como um inibidor para que essa costumeira e nefasta prática cesse, o que se coaduna com as funções preventiva e reparatória da responsabilidade civil.

Se o Estado, na condição de protetor dos direitos fundamentais, lesa a pessoa humana encarcerada, por ação ou omissão, deve ser reparada essa ofensa mediante a fixação de uma indenização ao detento por danos morais e, eventualmente, materiais.

[653] "São direitos sociais a educação, a saúde, a alimentação, o trabalho, a moradia, o transporte, o lazer, a segurança, a previdência social, a proteção à maternidade e à infância, a assistência aos desamparados, na forma desta Constituição".

REFERÊNCIAS

ALPA, Guido. **La responsabilità civile**. Parte Generale. Milano: UTET Giuridica, 2010.

BITENCOURT, Cezar Roberto. **Falência da pena de prisão causas e alternativas**. 2. ed. São Paulo: Saraiva, 2001.

BURACCHI, Tommaso. **La penalità nell'epoca feudale**. *In*: http://www.adir.unifi.it/rivista/2004/buracchi/cap2.htm.

CAPELO DE SOUSA, Rabindranath V. A. **O direito geral de personalidade**. Coimbra: Coimbra Editora, 1995.

CHIAVERINI, Tatiana. **Origem da pena de prisão**. Dissertação de Mestrado em Filosofia. Pontifícia Universidade Católica de São Paulo (PUC-SP), 2009.

COING, Helmut. **Elementos fundamentais da filosofia do direito**. Trad. Elisete Antoniuk. Porto Alegre: Sergio Antonio Fabris Editor, 2002.

DONNINI, Rogério. **Responsabilidade civil na pós-modernidade – Felicidade, Proteção, Enriquecimento com causa e Tempo perdido**. 1. ed. Rio Grande do Sul: Sergio Antonio Fabris Editor, 2015.

______. Bona fides: **do direito material ao processual**. Revista de Processo. v. 251. p. 113-126. 2016.

______. **Responsabilidade civil pós-contratual**. 3. ed. São Paulo: Saraiva, 2011.

______; NERY, Rosa Maria de Andrade. **Responsabilidade civil: Estudos em homenagem ao professor Rui Geraldo Camargo Viana**. São Paulo: Revista dos Tribunais, 2009.

ISRAEL, Jean Jacques. **Direito das Liberdades Fundamentais**. Trad. de Carlos Souza, Barueri, SP: Editora Manole, 2005.

KANT, Immanuel. **Fundamentação da metafísica dos costumes e outros escritos**. Trad. Leopoldo Holzbach. São Paulo: Martin Claret, 2004.

KRIELE, Martin. **Introdução à Teoria do Estado** – Os fundamentos históricos da legitimidade do Estado Constitucional Democrático. Trad. de Urbano Carvelli. Porto Alegre: Sergio Antonio Fabris Editor, 2009.

MAXIMILIANO, Carlos. **Hermenêutica e aplicação do direito**. 9. ed. Rio de Janeiro: Forense, 1980.

MIRANDA, Pontes de. **Tratado de direito privado**. 3. ed. Rio de Janeiro: Editor Borsoi, 1971. v. 7. Parte Especial. tomo VII.

MIRANDOLA, Giovanni Pico della. **Discurso sobre a dignidade do homem** (Oratio de Hominis Dignitate). Trad. de

Maria de Lourdes Sirgado Ganho. Lisboa: Edições 70, LDA, 2010.

NERY JUNIOR, Nelson; NERY, Rosa Maria de Andrade. **Constituição federal comentada e legislação constitucional**. 2. ed. São Paulo: Revista dos Tribunais, 2009.

_________. **Código civil comentado.** 14. ed. São Paulo: Revista dos Tribunais, 2022.

PERLINGERI, Pietro. **O direito civil na legalidade constitucional**. Trad. Maria Cristina De Cicco, Rio de Janeiro: Renovar, 2008.

WHITE, Michael J. **Os estoicos**. Brad Inwood (org.). Trad. de Paulo Fernando Tadeu Ferreira e Raul Fiker. São Paulo: Odysseus, 2006.

32. A RESPONSABILIDADE CIVIL NO DIREITO DE FAMÍLIA: LESÃO AO DIREITO DE PERSONALIDADE NO ESPAÇO VIRTUAL DA INTERNET E NO CAMPO DA REALIDADE. BREVES REFLEXÕES

RÔMOLO RUSSO JUNIOR

Honra-me participar desta justa homenagem ao meu querido amigo e Professor RUI GERALDO CAMARGO VIANA, um sábio, um jurista, meu permanente professor-orientador, homem impecável no trato com todos, generoso, atento, modesto, sem presunção, qualidades que endossam o merecido tributo que aqui se dá, tão bem conduzido pelos nobres coordenadores desta obra coletiva.

Introdução

A ciência é uma obra aberta e inacabada. A ciência do Direito não é diferente. As normas de Direito positivo, expressão da legalidade estrita, não acompanham – e não poderiam acompanhar – o dinamismo, a velocidade e as transformações dos fatos da vida.

A doutrina é âncora inicial para pensar, refletir, meditar sobre o que se apresenta em cada qual linha doutrinária. Atua na compreensão do direito posto, enquanto os precedentes jurisprudenciais regem a concreta aplicabilidade da Lei ante o fato tratado no devido processo legal.

No liminar de duas décadas de um novo século, o artigo que se seguirá é uma breve seleção exemplificativa dos atos ilícitos que ocorrem na vida familiar a dois ou mais, independentemente do modelo de convívio e que importam em lesão a direito de personalidade, sobretudo no espaço virtual da internet. É superlativo identificar, nestas situações específicas, a desonra, o ultraje, o menoscabo à personalidade e os correlatos efeitos deletérios do ato ilícito incidente sobre a dignidade humana da pessoa do outro ser.

O dano-prejuízo moral centra-se no âmago do ser. É visível, porque representa transtorno à normalidade do dia-a-dia e é invisível na introspecção e no sofrimento interno e silencioso do lesado. Nomeadamente na fértil seara do direito de família, a expressão fática e jurídica da honra e dignidade, componentes anímicos da pessoa humana, exige o balanceamento cuidadoso dos respectivos atos lesivos e suas consequências, as quais vertem em todas as direções subjetivas.

A interpretação resultante há de se fortalecer na dignidade da pessoa humana, em coerente visão voltada à busca justiça real-substantiva. O saber por meio de novos acontecimentos é detalhe fundamental que deve impulsionar a mente e o espírito às novas incursões, ainda que sem o êxito desejado. Socorro-me da experiência de mais de 35 anos de judicatura no Estado de São Paulo, a qual traz a dura e por vezes cruel realidade decorrente de uma convivência marital desfeita.

Não há resposta-solução pronta. Vale a máxima: cada caso é um caso. Assim, de modo singelo, apresento-me ao leitor e à sua livre censura.

1. O caleidoscópio[654] do Direito

Antes de tocar no caleidoscópio, é fundamental recordar que a filosofia "é a crítica dos postulados das ciências particulares" e, por isso, precisa "abranger essas ciências, com o único fim de lhes *conhecer* os postulados", conforme crava o saudoso Professor GOFFREDO TELLES JUNIOR,[655] ao tempo no qual o filósofo é um pensador próprio.

ROSA MARIA DE ANDRADE NERY,[656] com a propriedade que lhe é própria, discorre que "somente a filosofia consegue, mercê da lógica e do método, ordenar o saber em sistema claro e didático e determinar o fim de outras ciências e, finalmente, reduzir o Direito à ciência. Ao cientista cabe dizer o que procura, e ao filósofo cabe dizer como é *racional* procurá-lo".

[654] HESPANA, Antonio Manuel. **O caleidoscópio do Direito**: O Direito e a Justiça nos dias e no mundo de hoje, Coimbra: Almedina, 2009.

[655] TELLES JUNIOR, Goffredo. **Tratado da consequência: curso de lógica formal**. 6. ed. Editora Juarez de Oliveira, 2003, p. 52.

[656] NERY, Rosa Maria de Andrade. **Noções preliminares de direito civil**. São Paulo: RT, 2002, p. 46.

A lógica, com JOÃO MENDES NETO: *"...é ciência e arte de bem pensar, bem julgar, bem raciocinar. Por ela se aprende a demonstrar a verdade de uma proposição, ou de uma tese"*.[657]

LOURIVAL VILANOVA[658]sustenta que tanto a lógica jurídica, como a lógica geral sejam mecanismos compensadores na experiência científico-dogmática, porque quando "providos de formas lógicas, temos parte do instrumental para percorrer agilmente todos os setores do conhecimento".[659]

Com este prólogo, quer à luz da lei, dos princípios-norma ou dos princípios gerais de direito, quer na reflexão doutrinária, ou no conteúdo dos precedentes jurisprudenciais, a relação intersubjetiva no direito de família traz uma espantosa variação de condutas lesivas, impondo-se vê-las na apreciação das contradições sociais, conflitos éticos, quadrante geográfico, contextura na qual se deram aquelas e realidade vivida.

O achego dos princípios como primeiro ângulo do raciocínio jurídico representa não só uma interlocução entre as Leis e os princípios constitucionais, mas principalmente o reconhecimento indireto da necessidade de ponderação axiológica, por força da qual não se desconheça o valor inserto nos princípios positivados na CF e que destes se irradiam para todo o restante do ordenamento infraconstitucional.

A atuação dos espelhos que formam o caleidoscópio permite que se veja o ato humano em face das inúmeras frentes parcelares e dele projetadas. A interface que dele se irradia, no vértice humano, confere uma visão ampla das linhas consequenciais do ato examinado.

É ou pode ser um método, uma técnica auxiliar e permissiva à identificação e à amplitude do ato comissivo que é danoso nas relações de família e que pode configurar o ato ilícito (art. 186, 187 e 927, *caput* do Código Civil).

Admitindo-se ou não essa via, o caso concreto deve ser equacionado de acordo com os fins sociais que a lei se dirige e às exigências do bem comum (art. 5º da LINDC,[660] na redação dada pela Lei Federal nº 12.376/2.010).

Frise-se que o pensamento jurídico há de levar em conta a lógica do razoável (RECANSÉS-SICHES), a teoria tridimensional do Direito (MIGUEL REALE), a nova retórica (CHAIM PERELMAN), o direito natural (MICHEL VILLEY),[661] com o *grano salis* e segundo a dialética de implicação,[662] anotando-se o predicado

[657]NETO, João Mendes. **Rui Barbosa e a lógica jurídica**. São Paulo: Saraiva, 1949, p. 15.

[658] VILANOVA, Lourival. **As estruturas lógicas e o sistema do direito positivo**. São Paulo: RT, 1977. p. 246.

[659] *Ibidem*, p. 252.

[660] Na aplicação da lei, o juiz atenderá aos fins sociais a que ela se dirige e às exigências do bem comum.

[661] CICCO, Cláudio de. **História do pensamento jurídico e da filosofia do direito**. 2006, pp. 299-301.

[662] REALE, Miguel. **Vida e morte dos modelos jurídicos**. Programa de Pós-Graduação em Direito PUC-SP, Direito n. 2. p. 257.

moral presente e futuro,[663] na chamada pós-modernidade, lembrando-se que "as respostas duram menos do que as perguntas, e geralmente atingem nível menos fundo", segundo explicita NELSON SALDANHA,[664] sendo certo que além de possuir múltiplos caminhos, cujas jornadas ainda estão por acontecer, o Direito é um mistério do princípio ao fim, daí seu fascínio, conforme adverte TÉRCIO SAMPAIO FERRAZ JÚNIOR.[665]

2. A responsabilidade civil: simples notas

A responsabilidade civil é instituto jurídico inesgotável. Evolui com o passar do tempo[666] – meio ambiente, saúde pública-sanitária, danos coletivos, dano social na pós-modernidade[667], etc. – e ajusta-se, em qualquer época, à história.[668] É a estrela do direito civil.[669]

No sistema de direito civil brasileiro, a responsabilidade civil é binária, objetivada ou subjetivada, tal e qual se verifica da previsão legal contida nos artigos 186, 187 e 927, parágrafo único, do Código Civil.

No quadrante do direito de família, a pertinência é exclusiva à responsabilidade civil subjetiva, a qual sempre estará atrelada aos direitos da personalidade, valendo conferir, nessa parte, as lições do saudoso Professor JOSÉ OLIVEIRA ASCENSÃO,[670] recentemente falecido.

Não se destacará, mercê da estreiteza destas linhas, sobre origem, história, teorias e funções da responsabilidade civil.

3. O princípio fundamental da dignidade da pessoa humana: vetor dos direitos da personalidade

O conteúdo intrínseco e extrínseco do princípio constitucional e fundamental da dignidade da pessoa humana (art. 1º, inciso III, da Constituição Federal), referência dos direitos da personalidade,[671] está em constante ebulição. É o núcleo do qual se dará o

[663] MIRANDA, Pontes de. **A moral do futuro**. 1. ed. F. Briguiet, 1913. reimpressão Intellectus.
[664] SALDANHA, Nelson. **Filosofia do direito**. 2. ed. rev. e ampl. Rio de Janeiro: Renovar, 2005, p. 3.
[665] FERRAZ JÚNIOR, Tércio Sampaio. **Introdução ao estudo do direito: técnica, decisão, dominação**. São Paulo: Atlas, 2003. p. 22-23.
[666] OST, François, **O tempo do direito**. Bauru, SP: Edusc, 2005.
[667] AZEVEDO, Antonio Junqueira de. **Por uma nova categoria de dano na responsabilidade civil: o dano social. O Código civil e sua interdisciplinaridade**. p. 120.
[668] AZEVEDO, Luiz Carlos de. **Introdução à história do direito**. 2. ed. São Paulo: RT, 2007.
[669] JOSSERAND, Louis. **Del abuso de los derechos y otros ensayos**. Bogotá: Editorial Temis. p. 60.
[670] ASCENSÃO, José Oliveira. **Os direitos da personalidade no código civil brasileiro**. Revista Forense, v. 342/125.
[671] Por todos ver: CUPIS, Adriano de. **Os direitos de personalidade**. São Paulo: Quorum, 2008; CAPELO DE SOUSA, Rabindranath Valentino Aleixo. **O direito geral de personalidade**. Coimbra Editora, 1995.

exame do ato ilícito à luz da dignidade humana, seu nexo de causalidade com o dano dele decorrente, moral e material, pressupostos elementares da responsabilidade civil. Pode alcançar subjetivamente pais, filhos, avós, cônjuges, conviventes, noivos, namorados, família paralela, monoparental ou não; o raio subjetivo não é exaustivo.

A lesão à expressão jurídica da honradez, boa fama, respeitabilidade, violação da vida privada (art. 20, caput e 21 do Código Civil) e indignidade, vista em senso amplo, exige a ponderação, o balanceamento da gravidade dos fatos capazes de negativar a honorabilidade daqueles. Sem exaurimento, exigem leitura as reflexões doutrinárias dos eminentes professores, a saber: As dimensões da dignidade (INGO WOLFGANG SARLET[672]), o princípio constitucional fundamental (FLADEMIR JERÔNIMO BELINATI MARTINS[673]), sua tutela (CARLOS ALBERTO BITTAR e CARLOS ALBERTO BITTAR FILHO[674]), substrato axiológico (MARIA CELINA BODIN DE MORAES[675]).

4. Responsabilidade civil no direito de família

A metamorfose que se verifica na responsabilidade civil no direito de família, particularmente nas últimas três (3) décadas, decorre, em paralelo com outros fatores concorrentes, de uma mudança de comportamento decorrente da chegada do espaço virtual da internet, no qual se lançam conteúdos ilícitos.[676] Ordinariamente, o lesante, em qualquer situação jurídica familiar, pratica o ato ilícito (art. 186, 187 e 927, *caput*, do Código Civil), na ordem de que excede manifestamente os limites impostos pela boa-fé, costumes, fim social e postura de decência que se espera daquele partícipe da família.

O interesse jurídico a ser tutelado deve conformar-se com a proteção da dignidade humana (art. 1º, inciso III, da Carta da República) do membro da família, em quaisquer de suas modelações, ao respeito mútuo e à consideração (art. 1.566, inciso V, do Código Civil), não só entre cônjuges e conviventes, mas igualmente entre todos os partícipes da entidade familiar. A ofensa incide sobre interesses de muito maior importância.

[672] SARLET, Ingo Wolfgang (org.). **Dimensões da Dignidade: Ensaios de filosofia do direito e direito constitucional**. Porto Alegre, 2005.

[673] MARTINS, Flademir Jerônimo Balinati. **Dignidade da pessoa humana: princípio constitucional fundamental**. Curitiba: Juruá, 2005.

[674] BITTAR, Carlos Alberto, **Tutela dos direitos da personalidade e dos direitos autorais nas atividades empresariais**. Atualizador Carlos Alberto Bittar Filho. São Paulo: RT, 2002.

[675] MORAES, Maria Celina Bodin de. Constituição e Direitos Fundamentais. Porto Alegre: Livraria do Advogado, 2010, p. 105.

[676] FACHANA, João, **A responsabilidade civil pelos conteúdos ilícitos colocados e difundidos na internet – em especial da responsabilidade pelos conteúdos gerados por utilizadores**. Coimbra, Portugal: Almedina, 2012.

O ato ilícito, para fins do dever de indenizar no direito de família, deve propalar-se para além das quatro paredes. Deve, pois, ganhar publicidade, difundindo-se a lesão a um número infinito de terceiros, admitindo-se quaisquer ferramentas virtuais, incluindo-se os grupos de *WhatsApp*, restritos ou não.

Obtempere-se o bem-estar, a paz possível, na linha de não ferir a personalidade humana de cada qual dentro de todo o grupo familiar. O senso-dever de responsabilidade e compromisso com o outro, ou outros, deve preponderar; impõe-se que se faça a reparação civil decorrente da instantaneidade impulsiva de ir às redes sociais para extravasar as próprias idiossincrasias, mormente entre os cônjuges e conviventes, em face do término de relação conjugal que tiveram, seja curta ou longeva. Veja-se, nesse tema, o clássico na doutrina de REGINA BEATRIZ TAVARES DA SILVA,[677] em sua tese de doutorado.

5. Situações fáticas

Apresenta-se ao leitor, na sequência, uma pequena coletânea de situações fáticas permissivas à procedência de cada pleito indenizatório, com as quais me deparei, por lesão à personalidade, sem, por evidente, nenhuma intenção de exauriência.

6. Desaparecimento do afeto que não gera direito substantivo à reparação moral

Não há base legal à busca de indenização pelo insucesso da vida a dois, ou em qualquer variação subjetiva de dois, três ou mais partícipes do elo de sentimento.

O desaparecimento do afeto não gera direito substantivo. A violação do companheirismo e da solidariedade material e emocional, crédito que deve caminhar do respeito e consideração mútuos, não serve de suporte fático a eventual pretensão indenizatória.

A falência da vida em comum - cônjuges, conviventes, relações intersubjetivas de noivado, namoros, longos ou não - em si, não está atrelada a nenhum suporte legal, de modo que a respectiva ruptura nada gera no campo do Direito.

O término da relação de afeto deve-se a ambos os atores familiares. É insucesso para o qual estes contribuem, independente da proporcionalidade e do peso atribuível àqueles.

A infidelidade, deste ou daquele, interessa exclusivamente a cada qual; se situada no restrito âmbito familiar, não é causa à procedência de ação de indenização por danos morais, malgrado a quebra do dever legal (art. 1.566, inciso I, do Código Civil), salvo quando perpassa para o intencional conhecimento de terceiros, no afã de ultrajar um ou outro, de acordo com as observações que se seguem.

[677] SILVA, Regina Beatriz Tavares da. **Reparação civil na separação e no divórcio**. São Paulo: Saraiva, 1999.

7. A exposição da figura familiar: a publicidade ilícita nas redes sociais

O campo de realização da vida a dois se dá no lar conjugal. No geral, o que ali acontece não deve ser levado a que terceiros venham a saber.

No entanto, vê-se que as rusgas, rancores, angústias e decepções de um em face do outro, ao cabo do elo de vida em comum, são levadas às redes sociais, ainda que em grupos do aplicativo de *WhatsApp*, segregados ou não. Postam-se em plataformas, aplicativos, *posts,* etc., por exemplo, detalhes depreciativos sobre a figura do outro, do adultério singular ou plural, com coloridos desairosos, em nítida vingança, em comentários com o objetivo de mácula, intencionalmente depreciativos sobre aquele em face de terceiros.

Nesta hipótese, quando o fato chega à quadra da vida social daqueles, em difusão pública-virtual querida e consumada, ainda que na via da falta de cuidado objetivo, signo da culpa, trata-se de causa concreta à ordem futura de indenizar o lesado.

8. A calúnia, injúria e difamação: os vocábulos grosseiros

Não mais se escreve uma carta para expressar uma opinião. O rito de hoje é lançar as opiniões na rede mundial-internet, em linha de quaisquer plataformas, aplicativos etc.

Na quadra do direito de família, tal e qual aqui já frisado, é ilícita a aposição de 'tarjas' depreciativas à figura de quem quer que seja.

Observam-se, em mera citação passageira, registros ultrajantes, os quais, em sua maioria, dizem respeito à figura feminina, com o uso de vocábulos chulos (vaca, vagabunda) e observações negativas sobre partes de seu corpo (nádegas, seios, odores). É comum ver a postagem de fotos do corpo da mulher, na conhecida erotização, em nudez completa ou parcial, às vezes propositadamente com a face não visível, mas possível a identificação quer por familiares, quer por terceiros, especialmente quando há, como hoje é tão comum, tatuagens identificadoras.

Em sociedade machista, tal conduta revanchista, *porn revenge*[678], de abrir a intimidade da ex-companheira (é o que mais se vê), ou do ex-companheiro, a parentes e terceiros, caracteriza pura vindita, em rancor leviano e inadmissível. A quebra do sigilo da intimidade do casal, portanto, caracteriza o dever à indenização compensatória-reparadora.

9. A importunação sexual: da agressão verbal à lesão à integridade física

Quando se tem desgaste do estado de união de pessoas, por vezes, anuncia-se que o homem pressiona e 'força' a relação íntima com a esposa, companheira etc. O terreno não tem colorido de ilegalidade.

[678] Em tradução livre: pornografia de vingança.

No entanto, a conduta é de um querer descomedido; a seguir, a importunação ganha a força de agressão verbal injuriosa (art. 139 do Código Penal), espargindo-se para o sofrimento físico-sexual, moral e lesão à incolumidade física (art. 129 do Código Penal) do outro, com ou sem vestígios, com a coligação da incidência das variadas hipóteses previstas na conhecida Lei Maria da Penha (Lei Federal nº 11.340/2.006); a capitulação do estupro (art. 213, *caput*, do Código Penal) merece nota. Trata-se de condutas típicas do machismo, negação à isonomia da vida em comum, ato covarde, postura ilegal e que dá ensejo direto ao reparo indenizatório.

10. O registro de filho de outrem

Não espanta ver-se que um filho havido durante o consórcio marital não é descendente biológico do respectivo pai registrário. A mãe, sempre certa, sonega a verdade ao pai, porque a gravidez é resultante de adultério seu, momentâneo ou não.

A subsequente, longeva ou não, descoberta de tal realidade biológica – a qual não maltrata o vínculo comum de amor entre o filho não biológico perante aquele que o acompanha como pai de fato – pode ser causa à indenização.

O direito material de saber a verdade biológica, tão cara ao filho é igualmente signo da verdade que é de titularidade de seu pai. O menoscabo da mãe, em sonegação reiterada, é omissão ilícita e autoriza a reparação civil ao suposto pai e ao próprio descendente.

11. O abandono moral-afetivo e material

O abandono, fato-típico na lei civil (art. 1638, inciso II, do Código Civil), no direito penal (art. 244 do Código Penal) e no ECA (art. 232-A), pode ser matriz indenizatória. Com efeito, se material (admite-se o auxílio *in natura*), ter-se-á que aferir se o pai, a mãe e todos os coobrigados (art. 1.694, 1.696, 1.697 e 1.698 do Código Civil), pobres ou não, chamados a colaborar e dispondo de recursos financeiros, escusaram-se, sem causa lícita, da sobrevivência daquele menor ou incapaz.

Incluam-se os pais, avós, todos idosos ou doentes, também eventualmente esquecidos da pessoa dos seus descendentes, ou de outros aptos a cumprir o dever de solidariedade familiar.

O aludido abandono material projeta, portanto, lesão à personalidade do filho menor ou incapaz; é base causal à indenização.

Noutra senda, está o abandono moral.

Neste, o pai, ou a mãe – via de regra ao término da vida em comum – dão as costas ao filho credor de atenção. Isolam-se egoisticamente do destino, da própria sorte deste.

Trata-se de padrão omissivo, o qual impregna o reflexo dano psíquico e comportamental, de expressão vagarosa, quer durante, ou depois da menoridade.

O incabível desinteresse, assim, reverbera em ilicitude, recomendando-se a interpretação cuidadosa e à luz de cada caso concreto, sendo fundamental ampla produção probatória (documental, testemunhal e pericial).

Evidentemente, se houver alienação parental, dentro do rol exemplificativo do art. 2º da Lei Federal nº 12.318/2.010, a hipótese também desagua no ilícito civil e poderá dar lastro à reparação do dano material e moral havido.

Não é possível afirmar-se, portanto, que todo abandono moral gera indenização, mas apenas que pode gerar.

Sem prejuízo, em simples parênteses, venho observando em casos tais, seja como relator ou não, que alguns pais fazem uso da alienação parental enquanto matéria para contrapor-se à definição de guarda do filho menor. É a ressalva.

12. A expulsão do lar conjugal e do local de trabalho

O fisicamente mais forte quer prevalecer.

Com efeito, a expulsão do lar conjugal comum, com o vácuo de onde morar, ainda mais quando o homem expulsa a mulher, retendo ou não a prole comum, é flagrantemente ilícita, pois que é induvidosa a lesão à sua dignidade pessoal.

O hiato da incerteza, as vezes sem ter acesso sequer aos bens elementares de uso pessoal, não se perde do dever de honrar a lesão moral e evidentemente aquela que for o núcleo do eventual dano material do respectivo ato ilícito.

Não se deve esquecer que há casais que trabalham juntos, como vendedores, normalmente em pequenos negócios, em sociedade unipessoal, de sorte que há também a ordem de expurgar um ou outro do trabalho e, portanto, do direito de sobrevivência daquele, com vivo reflexo ao direito de ser indenizado moral e materialmente.

13. A perda de uma chance

A teoria da perda de uma chance é bem difundida, tanto na doutrina, quanto nos precedentes,[679] ilícito extracontratual.[680] É perfeitamente aplicável nas hipóteses lesivas e tracejadas no âmbito da relação familiar.

De efeito. Ninguém desconhece o relevo resultante do ato ilícito em face da perda de uma chance real de firmar um contrato, de progresso na vida profissional, na aprovação em certame público ou privado, dentre outras situações práticas.

Naquilo que nos interessa, é suficiente sublinhar que a lesão à honra alheia decorrente de ilícito na órbita do direito de família, pode promover, com a devida comprovação (oral e pericial), um *déficit* cognitivo, psíquico-emocional, com dimi-

[679] Em face da estreiteza deste, não tratarei de sua origem, conceito, funções e hipóteses.

[680] NERY JUNIOR, Nelson; NERY, Rosa Maria de A. **Código civil comentado**. São Paulo: RT, 2014, p. 557. nota 11 ao art. 186.

nuição de desempenho em face da normalidade anterior ao ato ilícito. O lesado, assim, em decorrência da lesão à sua personalidade, tem sua produtividade reduzida ou anulada, porque fica deprimido, depressivo, apagado ou sem "força" interna para reverter o quadro. A lesão com nascente moral, portanto, desencadeia o reparo moral ao lado apuração do dano material havido, de ampla expressão.

Conclusões

Muito queria acrescer, quer no conteúdo, quer no quadrante do direito não nacional. No entanto, os limites da presente obra coletiva nos convidam a ficar por aqui.

A título de conclusão, a nós compete um olhar atento, de realidade substantiva, examinando-se cada situação posta em concreto dentro de balanceamento do respectivo suporte fático, com a cautela em cada ponto, apartando-se a conduta que é vivamente lesiva porque ultrajante, leviana, humilhante e depreciativa da qualidade de ser humano, em visibilidade em face de terceiros, daquela que, embora não merecedora de aplauso, apenas margeia o rancor, de cada qual dos respectivos partícipes.

Em uma sociedade complexa e quimérica,[681] carente de verdades substantivas, na qual se verificam juízos de valor instantâneos e irrefletidos, no desenrolar da 'vida virtual', o desafio dos Tribunais centra-se no encontro da solução justa sobre lesões à personalidade humana no âmbito do direito de família.

É parcelar no interlúdio entre o ato ilícito e seu nexo de causalidade com o dano dele decorrente e alcança a linha subjetiva de cônjuges, conviventes, noivos, namorados, pais, filhos biológicos ou não, avós, enteados, família paralela, famílias com as quais se relacionam, ao lado da via parental por afinidade.

O pleito de indenização por lesão à honra deve estar em eixo concordante com a vida familiar de cada qual, na busca de segura consecução do justo substantivo. Entenda-se que a Justiça é um ideal. Um horizonte. Uma ideia. Um valor. Deve ser medida com a expressão do caso concreto, à luz da realidade local e temporal. Precisa ser alcançada com humildade, prudência, sensibilidade e conhecimento. Não deve malbaratar postulados, mas é necessário verificar-se a evolução e atualidade dos fenômenos sociais.

[681] DURKHEIM, Emile. **Lições de sociologia**. São Paulo: Martins Fontes, p. LV. O autor escreve com a pertinência que me parecer estar ainda adequada, que: "Uma sociedade vazia e tão quimérica quanto um indivíduo estritamente solitário e estranho a qualquer sociedade".

REFERÊNCIAS

AMARAL, Francisco. *Direito civil: introdução*. Rio de Janeiro: Renovar, 2003.

NERY, Rosa Maria de Andrade. **Noções preliminares de direito civil**. São Paulo: RT, 2002.

ASCENSÃO, José Oliveira. **Os direitos da personalidade no código civil brasileiro**. Revista Forense, vol. 342.

AZEVEDO, Antonio Junqueira de. **Por uma nova categoria de dano na responsabilidade civil: o dano social**. *In*: O Código civil e sua interdisciplinaridade. FILOMENO, José Geraldo Brito et al. Belo Horizonte, Del Rey, 2004.

AZEVEDO, Luiz Carlos de. **Introdução à história do direito**. 2. ed. São Paulo: RT, 2007.

BITTAR, Carlos Alberto. **Tutela dos direitos da personalidade e dos direitos autorais nas atividades empresariais**. Atualizador Carlos Alberto Bittar Filho, São Paulo: RT, 2002.

CAPELO DE SOUSA, Rabindranath Valentino Aleixo. **O direito geral de personalidade**. Coimbra Editora, 1995.

CICCO, Cláudio de. **História do pensamento jurídico e da filosofia do direito**. 3. ed. reform. São Paulo: Saraiva, 2006.

CUPIS, Adriano de. **Os direitos de personalidade**. São Paulo: Quorum, 2008.

DURKHEIM, Emile. **Lições de sociologia**. São Paulo: Martins Fontes, 2002.

FACHANA, João. **A responsabilidade civil pelos conteúdos ilícitos colocados e difundidos na internet – em especial da responsabilidade pelos conteúdos gerados por utilizadores**. Coimbra, Portugal: Almedina, 2012.

FERRAZ JÚNIOR, Tércio Sampaio. **Introdução ao estudo do direito: técnica, decisão, dominação**. São Paulo: Atlas, 2003.

HESPANHA, Antonio Manuel. **O caleidoscópio do direito: o direito e a justiça nos dias e no mundo de hoje**. Coimbra: Almedina, 2009.

JOSSERAND, Louis. **Del abuso de los derechos y otros ensayos**. Bogotá: Editorial Temis, 1999.

MARTINS, Flademir Jerônimo Balinati. **Dignidade da pessoa humana – princípio constitucional fundamental**. Curitiba: Juruá, 2005.

MIRANDA, Pontes de. **A moral do futuro**. 1. ed. F. Briguiet, 1913. reimpressão Intellectus.

MORAES, Maria Celina Bodin de. **Constituição, direitos fundamentais e direito privado**. Porto Alegre: Livraria do Advogado, 2010.

OST, François. **O tempo do direito**. Bauru, SP: Edusc, 2005.

NERY JUNIOR, Nelson Junior; NERY, Rosa Maria de A. **Código civil comentado**. 11. ed. rev., ampl. e atual. São Paulo: RT, 2014.

NETO, João Mendes. **Rui Barbosa e a lógica jurídica**. São Paulo: Saraiva, 1949.

REALE, Miguel. **Vida e morte dos modelos jurídicos**. Programa de Pós-Graduação em Direito PUC-SP. Direito n. 2. 1998.

SALDANHA, Nelson. **Filosofia do direito**. 2. ed. rev. e ampl. Rio de Janeiro: Renovar, 2005.

SARLET, Ingo Wolfgang (org.). **Dimensões da Dignidade – Ensaios de filosofia do direito e direito constitucional**. Porto Alegre: Livraria do advogado, 2005.

SILVA, Regina Beatriz Tavares da. **Reparação civil na separação e no divórcio**. São Paulo: Saraiva, 1999.

TELLES JÚNIOR, Goffredo. **Tratado da consequência – curso de lógica formal**. 6. ed. São Paulo: Juarez de Oliveira, 2003.

VILAVONA, Lourival. **As estruturas lógicas e o sistema do direito positivo**. São Paulo: RT, 1977.

33. O DIREITO À MORADIA COMO REFLEXO DA DIGNIDADE DA PESSOA HUMANA

RUI GUSTAVO CAMARGO VIANA

É com muita honra e alegria que participo dessa coletânea em homenagem ao Professor Rui Geraldo Camargo Viana, meu amado pai, inspiração e exemplo de determinação, trabalho e hombridade.

Introdução

Consabido que os direitos da personalidade e a dignidade da pessoa humana estão diretamente relacionados, pois ambos têm como objetivo proteger e garantir a valorização do ser humano em sua individualidade.

Fábio Ulhoa Coelho explica que "a partir do fim do século XIX, em especial da contribuição do civilista alemão Otto von Gierke, determinados direitos passaram a ser catalogados como *direitos da personalidade*."[682]

Maria Helena Diniz define os direitos da personalidade como "direitos subjetivos *excludendi alios*, ou seja, direitos de exigir um comportamento negativo dos outros, protegendo um bem inato, valendo-se de ação judicial".[683] Trata-se, portanto, de direitos inatos, vitalícios, absolutos e indisponíveis, que transcendem a órbita patrimonial, pois são normas jurídicas que têm por objetivo proteger bens imateriais inerentes à pessoa, como a vida, a integridade física, a honra, a

[682] COELHO, Fábio Ulhoa. **Curso de direito civil**. 4. ed. São Paulo: Saraiva, 2003. p. 195.
[683] DINIZ, Maria Helena. **Manual de direito civil**. São Paulo: Saraiva, 2011. p. 28.

privacidade, a imagem, a liberdade, a autodeterminação e a igualdade. Direitos essenciais para que a pessoa possa desenvolver livremente sua personalidade e ter uma existência digna e plena.[684]

A dignidade da pessoa humana, por sua vez, é um princípio fundamental do ordenamento jurídico brasileiro, consagrado na Constituição Federal de 1988. Esse princípio reconhece que cada indivíduo possui um valor intrínseco e inalienável, independentemente de qualquer condição social, econômica, política ou cultural. A dignidade da pessoa humana é um princípio que orienta toda a ordem jurídica e tem a finalidade de assegurar a proteção e o desenvolvimento da pessoa em todas as suas dimensões.

Segundo Carlos Alberto Bittar: "Em verdade, a dignidade da pessoa humana é o valor supremo que fundamenta todos os direitos da personalidade, garantindo que todos os demais direitos e garantias fundamentais sirvam à sua promoção e proteção."[685]

Tem-se, portanto, a dignidade da pessoa humana como verdadeira *éminence grise* do ordenamento jurídico pátrio, alicerce de prerrogativas fundamentais do indivíduo, base dos direitos da personalidade.

A falta de acesso à moradia colide com a ideia de dignidade da pessoa humana notadamente porque a moradia é um direito fundamental previsto na Constituição Federal[686] e na Declaração Universal dos Direitos Humanos.[687] Sem um lugar adequado para viver, uma pessoa não tem condições mínimas de saúde, segurança e bem-estar. Isso pode levar a diversos problemas, como a exposição a condições insalubres, violência urbana, falta de acesso a serviços básicos, entre outros. Não bastasse, a falta de moradia pode gerar exclusão social e impedir o exercício de outros direitos, como o direito ao trabalho e à educação. Portanto, o acesso à moradia é essencial para que a pessoa possa viver com dignidade e exercer plenamente seus direitos e liberdades.

[684] SOBRAL PINTO, Cristiano Vieira. **Direito civil sistematizado**. 2. ed. Rio de Janeiro: Forense, 2011. p. 51 e ss.

[685] BITTAR, Carlos Alberto. **Os direitos da personalidade**. 7. ed. rev. atual. e ampl. São Paulo: Forense Universitária, 2003. p. 37.

[686] O art. 6º da CF/88 estabelece que são direitos sociais a educação, a saúde, a alimentação, o trabalho, **a moradia**, o lazer, a segurança, a previdência social, a proteção à maternidade e à infância, e a assistência aos desamparados. G.N.

[687] Artigo 25.º: Toda a pessoa tem direito a um nível de vida suficiente para lhe assegurar e à sua família a saúde e o bem-estar, principalmente quanto à alimentação, ao vestuário, ao alojamento, à assistência médica e ainda quanto aos serviços sociais necessários, e tem direito à segurança no desemprego, na doença, na invalidez, na viuvez, na velhice ou noutros casos de perda de meios de subsistência por circunstâncias independentes da sua vontade. A maternidade e a infância têm direito a cuidados e assistência especiais. Todas as crianças, nascidas dentro ou fora de matrimónio, gozarão da mesma proteção social." - Declaração Universal dos Direitos Humanos de 1948.

Neste contexto, a regularização fundiária está diretamente relacionada à dignidade da pessoa humana, vez que viabiliza oportunidade de alcançar moradia adequada e legalizada. Quando há irregularidades na documentação dos imóveis, famílias podem ficar em situação de vulnerabilidade, sem segurança jurídica e com dificuldades para ter acesso a serviços públicos básicos, como água, energia elétrica e transporte. A regularização fundiária busca garantir o direito à moradia digna, promover a regularização da ocupação do solo urbano e a inclusão social, além de contribuir para o desenvolvimento urbano sustentável.

1. Legislação urbanística – prós e contras

Existem diversas leis que tratam do acesso à moradia no contexto urbanístico, entre elas: a.) Lei nº 10.257/2001 - Estatuto das Cidades: Fruto da regulamentação dos arts. 182 e 183 da Carta Magna de 1988[688], esta lei define as diretrizes que devem ser seguidas na elaboração do plano diretor das cidades brasileiras, incluindo a criação de programas habitacionais de interesse social, melhorias nas condições habitacionais e a valorização das funções sociais da cidade; b.) Lei nº 11.977/2009 - Programa Minha Casa Minha Vida: Esta lei instituiu o programa habitacional de mesmo nome, que tem como objetivo facilitar o acesso à moradia para famílias de baixa renda. O programa inclui a construção de habitações populares, financiamentos e subsídios para aquisição de imóveis; c.) Lei nº 13.465/2017 - Regularização fundiária: Esta lei estabelece as regras para a regularização fundiária de imóveis urbanos, de modo a garantir o acesso à moradia para as famílias que ocupam áreas informais, como favelas e loteamentos irregulares; d.) Lei nº 10.188/2001 - Consórcios imobiliários: Esta lei permite a criação de consórcios imobiliários, nos quais várias pessoas se unem para adquirir um terreno e construir suas próprias moradias, por meio de financiamentos coletivos; e.) Lei nº 11.888/2008 - Acesso à assistência técnica para habitação de interesse social: Esta lei garante às famílias de baixa renda o direito à assistência técnica gratuita para construção, reforma ou ampliação de suas moradias; f.) Lei nº 6766/69- trabalha o parcelamento do solo ao implementar regras de caráter público para a devida divisão da terra de forma sustentável e acessível.

Paulo Affonso Leme Machado[689] entende que o Estatuto da Cidade é a mais importante lei de política urbana jamais promulgada no Brasil, pois é a primeira a fazer opções em favor da cidade real, da cidade dos cidadãos, em detrimento da cidade formal, da cidade dos empresários. Machado elogia a lei, como a maioria dos estudiosos do direito urbanístico e ambiental, por estabelecer o direito à cidade como um dos eixos centrais do desenvolvimento urbano e por buscar

[688] BALBINO FILHO, Nicolau. **Registro de imóveis – doutrina, prática e jurisprudência**. São Paulo: Saraiva, 2014. p. 673.

[689] MACHADO, Paulo Affonso Leme. **O Futuro da Cidade**. São Paulo: Contexto, 2000.

maior equidade social e ambiental nas cidades brasileiras, promovendo a democratização do acesso à cidade e ao espaço urbano.

Rui Geraldo Camargo Viana, ao comentar a *Lei de Parcelamento do Solo*, defende a compatibilização da Lei 6.766/69 com o interesse coletivo e a ordem urbanística, garantindo a efetivação do direito social à moradia. Ele enfatiza a importância da função social da propriedade para a promoção da justiça social.

Carlos Roberto Monteiro de Andrade[690] preconiza que a Lei 6.766/69 precisa ser interpretada à luz da Constituição Federal e compatibilizada com os princípios do Estatuto da Cidade (Lei 10.257/01), a fim de que possa servir de instrumento para promover a regularização fundiária urbana de áreas ocupadas por população de baixa renda, e ao mesmo tempo, preservar o meio ambiente urbano e a integridade urbanística da cidade.[691]

Em apertada síntese, dentre as vantagens oriundas das leis encimadas está o planejamento do uso do solo. A legislação urbanística permite que as autoridades planejem o uso do solo de uma área, garantindo que a infraestrutura necessária seja instalada antes da ocupação, evitando problemas futuros de trânsito, poluição e escassez de recursos.

O patrimônio histórico e cultural também está protegido. A legislação urbanística ajuda a proteger edifícios e lugares históricos e culturais da demolição e do impacto do desenvolvimento imobiliário, preservando a identidade e a história da cidade.

A legislação urbanística também melhora a qualidade de vida dos habitantes de uma cidade, preconizando a criação de áreas verdes, acessibilidade, espaços de lazer e segurança, garantindo que o desenvolvimento urbano seja justo e equitativo, através da inclusão de políticas que promovam o acesso igualitário à moradia, serviços públicos e transporte.

Por outro lado, a legislação urbanística pode restringir a liberdade dos proprietários de terra para desenvolver suas propriedades da maneira que desejarem, o que implica, geralmente, descontentamento e desafios legais.

A legislação urbanística também pode atrasar processos de construção, resultando em atrasos e aumento do custo das propriedades e da construção, tornando-os menos acessíveis a pessoas de baixa renda e restringindo o desenvolvimento econômico em algumas áreas da cidade.

Outro embate acarretado pelas leis urbanísticas é o conflito entre o desenvolvimento econômico e a preservação ambiental e histórica, tornando difícil encontrar um equilíbrio.

[690] ANDRADE, Carlos Roberto Monteiro de. **Comentários à lei da cidade**. São Paulo: Malheiros, 2005.
[691] VIANA, Rui Geraldo Camargo. **A participação do particular no urbanismo**. São Paulo: AASP, 1985.

2. Regularização fundiária – evolução legislativa

A regularização fundiária no Brasil tem uma história complexa e longa e evoluiu de maneira significativa ao longo dos anos. Desde que o País foi colonizado por Portugal, a ocupação das terras tem sido uma questão central e muito disputada. As leis que regem essa ocupação passaram por diversas mudanças ao longo do tempo.

Durante o período colonial, grande parte das terras era de propriedade do Estado português, mas com a independência do Brasil em 1822, a propriedade passou para o Estado brasileiro. A distribuição das terras passou a ser feita de acordo com leis e regulamentos específicos, que foram evoluindo ao longo do tempo.

Ao longo do século XIX, a legislação fundiária evoluiu para permitir a posse e a aquisição de terras por meio de processos mais simples. A Lei de Terras de 1850 estabeleceu as bases para a regularização fundiária no Brasil, criando o sistema de concessão de terras públicas. O objetivo era incentivar a produção agrícola no país. No entanto, a lei também criou barreiras para pequenos agricultores, que tinham dificuldades em obter a posse de terras.

No início do século XX, a questão fundiária se tornou um problema social e político importante. Em 1915, a Lei de Terras foi reformada para permitir o registro de propriedades rurais ocupadas por posse ilegal. O processo era caro e complexo, o que tornava difícil para pequenos agricultores obterem a propriedade de suas terras.

Na década de 1960, houve uma tentativa de solucionar o problema da regularização fundiária no Brasil com a promulgação da Lei de Reforma Agrária, também conhecida como Estatuto da Terra.[692] A lei previa a desapropriação de terras não produtivas para distribuí-las aos agricultores sem-terra. Foi uma das primeiras iniciativas do governo brasileiro para regularizar a propriedade da terra e garantir melhores condições de vida para os trabalhadores rurais. No entanto, a lei foi pouco implementada e desrespeitada pelos governos sucessivos (a efetivação da reforma agrária não era uma prioridade política do governo na época), além de padecer com severas críticas por não ter um alcance suficiente para resolver os principais problemas relacionados à concentração de terras e à exclusão dos trabalhadores rurais.

Ademais, o processo de desapropriação previsto na lei foi considerado demasiadamente lento e burocrático, o que dificultava a efetivação da reforma agrária.

De fato, o Estatuto da Terra não conseguiu promover uma transformação estrutural do meio rural brasileiro, mantendo-se intacta a concentração de terras em grandes latifúndios e a exclusão dos trabalhadores rurais, razão por que a Lei de Reforma Agrária de 1960, vem sendo rediscutida e atualizada ao longo

[692] NOGUEIRA, Fábio. **Estatuto da terra: comentários e análise crítica**. São Paulo: Atlas, 2007.

dos anos, com o objetivo de responder aos desafios que ainda se apresentam na relação do homem com a terra no Brasil.

Ao longo da década de 1980, a questão fundiária foi colocada em pauta novamente. A Constituição de 1988 estabeleceu o direito à propriedade e determinou que a terra deve cumprir sua função social. A partir daí, foram criados instrumentos como o Estatuto da Terra, que estabeleceu regras para a reforma agrária e a regularização fundiária.

Nos últimos anos, a questão fundiária vem ganhando cada vez mais visibilidade no Brasil[693] devido aos conflitos agrários e à necessidade de regularizar a posse de terra e garantir o acesso à propriedade a pequenos produtores rurais.

Por tais razões, o problema da falta de regularização fundiária vem sendo enfrentado por diversos programas governamentais, dentre os quais destacam-se: a.) Programa Terra Legal: criado em 2009 pelo Governo Federal, o programa tem por objetivo regularizar as terras que estão ocupadas por posseiros em áreas da União. Ele busca promover a cidadania, a justiça social e o desenvolvimento sustentável da região; b.) Programa Nacional de Crédito Fundiário (PNCF): criado em 2003, o programa oferece crédito para a compra de terras para agricultores familiares que não possuem recursos financeiros para adquiri-las. Além disso, o programa também oferece apoio técnico e social para os beneficiários; c.) Programa de Regularização Fundiária (REURB): criado em 2017 pela Lei nº 13.465, o programa tem como objetivo facilitar a regularização de imóveis urbanos e rurais. Ele se divide em duas modalidades: o REURB-S (simplificado), para áreas ocupadas por famílias de baixa renda, e o REURB-E (especial), para áreas rurais com produção econômica; d.) Programa Nacional de Reforma Agrária (PNRA): criado em 1995, o programa tem como objetivo promover a reforma agrária no Brasil por meio da desapropriação de terras consideradas improdutivas ou mal utilizadas e a sua distribuição para famílias de agricultores sem-terra; e.) Programa de Desenvolvimento Sustentável do Semiárido (PDSA): criado em 2004, o programa tem como objetivo viabilizar o acesso das famílias agricultoras do semiárido brasileiro a terras, água, crédito e assistência técnica, com o objetivo de promover o desenvolvimento sustentável da região.

Esses programas são importantes para garantir o acesso à terra e melhorar as condições de vida das famílias que vivem em áreas rurais. No entanto, ainda há muitos desafios a serem superados para que a regularização fundiária se torne uma realidade para todos os brasileiros.

[693] D'OTTAVIANO, Maria Camila Loffredo; SILVA, Sérgio Luís Quaglia. **Regularização Fundiária no Brasil: Velhas e Novas Questões**. Disponível em: https://www.ipea.gov.br/ppp/index.php/PPP/article/view/172/185. Acesso em: 06 mai. 2023.

3. Aspectos registrais

A lei que regulamenta a regularização fundiária na atualidade é a Lei nº 13.465 de 2017.

José Guilherme Zagallo[694] destaca que a Lei 13.465/2017 representa um avanço importante para a regularização fundiária no País, pois estabeleceu novos procedimentos para a regularização de imóveis e criou um marco legal que permite maior segurança jurídica aos proprietários e ocupantes de terras. O autor também ressalta que referida Lei busca promover maior eficiência e transparência no processo de regularização fundiária, estabelecendo prazos para a análise dos processos e determinando a participação dos ocupantes e outros órgãos na elaboração dos projetos. Ele ainda destaca que a Lei sob análise é importante para o desenvolvimento das cidades brasileiras, uma vez que permite a regularização dos imóveis e a inclusão dos seus habitantes nas políticas públicas de urbanização e saneamento, contribuindo para a melhoria da qualidade de vida nas áreas urbanas e rurais do País.

Na sistemática atual, cabe à prefeitura o protagonismo dos atos procedimentais relativos à incorporação dos núcleos urbanos informais e titulação de seus ocupantes, diferentemente daquilo quanto ocorria na legislação anterior (a Lei nº 11.952/2009 atribuía tais funções aos registros de imóveis). Essa alteração legal tem razão de ser na medida em que regularização de terras é tarefa relacionada a políticas públicas que devem ser desenvolvidas pelo poder eleito administrativo, verdadeiro reflexo da vontade do povo, em benefício da gestão democrática das cidades.

A despeito dos esforços empregados, a implementação da Lei 13.465 ainda sofre desafios, como a necessidade de recursos financeiros para a realização dos procedimentos de regularização e articulação entre os órgãos envolvidos. Sobre o tema, vale a lembrança de que na modalidade de regularização de interesse específico, denominada Reurb-e, as partes interessadas são responsáveis pelo pagamento das despesas inerentes ao procedimento.

Já na modalidade Reurb-s, voltada às classes menos favorecidas, os custos são enfrentados pelo poder público e pelos registros de imóveis, havendo gratuidade dos atos realizados.

Relativamente a articulação dos órgãos envolvidos, o pioneirismo dos cartórios de registro de imóveis mais uma vez tem destaque. Encontra-se disponível na internet por meio do acesso ao endereço eletrônico https://registradores.onr.org.br as informações referentes às áreas já regularizadas no meio urbano e àquelas relativas às áreas rurais. Sendo módulos do registro eletrônico de imóveis, os cadastros de regularização fundiária urbana e rural é alimentado, promovido e custeado pelos registradores de todo o país.

[694] ZAGALLO, José Guilherme. **Regularização Fundiária em áreas urbanas: A Lei 13.465, de 11 de julho de 2017**. Minas Gerais: Editora Fórum, 2018. p.17.

No concernente aos aspectos procedimentais, na primeira fase, com o requerimento dos legitimados, o processo legislativo se desenvolve no âmbito da administração pública municipal. Nos termos do art. 14 da legislação em voga,[695] são legitimados para deflagrar o procedimento: a União, os Estados, o Distrito Federal e os Municípios, diretamente ou por meio de entidades da administração pública indireta; os beneficiários da regularização, individual ou coletivamente, diretamente ou por meio de cooperativas habitacionais, associações de moradores, fundações, organizações sociais, organizações da sociedade civil de interesse público ou outras associações civis que tenham por finalidade atividades nas áreas de desenvolvimento urbano ou regularização fundiária urbana; os proprietários de imóveis ou de terrenos, loteadores ou incorporadores; a Defensoria Pública, em nome dos beneficiários hipossuficientes; e o Ministério Público.

Ademais, caberá ao município identificar o tipo de regularização, se Reurb-S ou Reurb-e. Com o processamento administrativo do requerimento, serão conferidos prazos para manifestação dos titulares de domínio dos imóveis a serem regularizados, bem como dos demais titulares de outros direitos reais a eles relativos. Far-se-á, também, a notificação dos titulares de domínio e outros direitos reais reativos aos imóveis confrontantes para sua ciência quanto à existência da regularização e de seus termos.

A elaboração do projeto de regularização fundiária abrange o mapeamento da área, com georreferenciamento, realizado por profissional habilitado, com as unidades, construções, sistema viário, áreas públicas, acidentes geográficos e demais elementos que venham a possibilitar a caracterização adequada do núcleo urbano a ser regularizado. Por tratar-se de ato de alta complexidade, a lei impõe a apresentação de farta documentação, a saber: 1º) Levantamento planialtimétrico e cadastral, com georreferenciamento, subscrito por profissional competente, acompanhado de Anotação de Responsabilidade Técnica (ART) ou Registro de Responsabilidade Técnica (RRT) e memoriais descritivos; 2º) Planta do perímetro do núcleo urbano informal com demonstração das matrículas ou transcrições atingidas, quando for possível- impar a participação ativa dos registro de imóveis nas buscas em seu acervo para a completa identificação jurídica dos imóveis envolvidos; 3º) Estudo preliminar das desconformidades e da situação jurídica, urbanística e ambiental; projeto urbanístico; estudo técnico para situação de risco, quando for o caso; estudo técnico ambiental, quando for o caso; 4º) Proposta de soluções para questões ambientais, urbanísticas e de reassentamento dos ocupantes, quando for o caso; cronograma físico de serviços e implantação de obras de infraestrutura essencial, compensações urbanísticas, ambientais e outras, quando houver, definidas por ocasião da aprovação do projeto de regu-

[695] Lei nº 13.465 de 2017.

larização fundiária; e termo de compromisso a ser assinado pelos responsáveis, públicos ou privados, pelo cumprimento do cronograma físico.

Fica claro que o objetivo da lei não é apenas regularizar, mas garantir acesso a moradia digna à população envolvida. O desenvolvimento sustentável das cidades é tutelado, nesse contexto, por meio dos estudos ambientais e propostas de resolução dos problemas encontrados para que possível a concretização do procedimento.

Da mesma forma, com a realização de estudo urbanístico completo pode-se identificar as falhas estruturais do local e suprir a ausência do poder público com a implementação dos equipamentos urbanos de primeira necessidade, como sistema de água e esgoto, iluminação pública e energia elétrica, coleta de lixo, vias de circulação suficientes, escolas e unidades básicas de saúde. Em outros termos, a regularização hoje almejada vai muito além da conformidade jurídica: sai do papel e adentra o cotidiano dos envolvidos, trazendo uma vida mais saudável do ponto de vista físico e mental.

É feito, em sequência, o procedimento com a identificação e declaração dos ocupantes das áreas que saem do anonimato e passam a protagonizar a política pública de acesso a terra aqui desenvolvida. Não há Reurb sem indicação dos titulares dos direitos reais em manifesta expressão da lei a realmente alterar a realidade dos envolvidos, em oposição à simples regularização sem titulação que ocorria na sistemática da lei anterior.

Por fim, a autoridade administrativa competente irá se pronunciar quanto aos atos realizados, seguindo-se com a consequente emissão da Certidão de Regularização Fundiária – CRF.[696]

Com o protocolo da certidão de regularização fundiária no registro de imóveis competente há início da segunda etapa.[697] Nela, o registrador deverá realizar a autuação de procedimento registral específico para a devida qualificação registral do documento, atividade de caráter complexo.

De acordo com Vitor Frederico Kümpel, o processo de regularização fundiária nos registros de imóveis envolve diversas etapas para a efetivação dos direitos de propriedade.[698] O autor destaca que a regularização fundiária pode envolver ações de natureza administrativa, civil e criminal, que devem ser adequadamente gerenciadas para garantir a segurança jurídica das transações imobiliárias.

[696] O procedimento de registro da Certidão de Regularização Fundiária (CRF), da Regularização Fundiária de interesse social ou específico deve observar o disposto na Lei nº 13.465, de 2017, no Decreto 9.310/2018, e nas normas técnicas editadas pelas Corregedorias Gerais de Justiça de cada um dos estados da federação brasileira.

[697] NSCGJ/SP – Tomo II – Capítulo XX – itens 267 e ss. Disponível em: https://api.tjsp.jus.br/Handlers/Handler/FileFetch.ashx?codigo=144760. Acesso em: 20 abr. 2023.

[698] KÜMPEL, Vitor Frederico. **Regularização fundiária**. São Paulo: Saraiva, 2017. p. 379.

Kümpel ainda ressalta que a regularização fundiária é um processo que deve ocorrer em estreita colaboração entre as autoridades públicas, os proprietários dos imóveis e as comunidades locais, com a realização de audiências públicas e outras formas de participação social. Portanto, segundo o autor, o Registro de Imóveis tem um papel importante no processo de regularização fundiária, cabendo a ele zelar pela segurança jurídica das transações e garantir que as exigências legais sejam cumpridas.

Enfatiza-se, mais uma vez, a necessidade de atuação conjunta dos órgãos públicos envolvidos e unidade de registro de imóveis competente logo na primeira etapa, a fim de evitar prolongamento desnecessário da segunda fase referente ao registro da certidão de regularização fundiária. O diálogo é fundamental para a elaboração do documento da forma mais completa possível, evitando equívocos desnecessários que atrasam o procedimento.

Ainda assim, caso não notificados na primeira etapa, os titulares de direitos reais relativos ao imóvel a ser regularizado e/ou titulares de imóveis confrontantes serão nesta oportunidade notificados pelo registrador de imóveis. Da mesma forma, eventuais terceiros interessados devem ser notificados sobre o procedimento que, no registro de imóveis, tem prazo legal de 60 (sessenta) dias.

Observa-se, portanto, em resumo, que a Lei 13.465/17 representa um avanço na regularização fundiária brasileira. Traz regras claras e objetivas para a completa regularização com identificação completa do local e titulação de seus ocupantes por meio de mecanismos eficientes que agilizam o andamento do procedimento. Garante a moradia digna e legalização das terras para milhões de brasileiros com efetiva alteração sensível de seu cotidiano pela integralização das políticas públicas de efetivo acesso à moradia, bem como aos serviços públicos.

Conclusões

O planejamento urbanístico é fundamental para garantir o desenvolvimento ordenado das cidades, evitando problemas como congestionamentos, poluição, falta de equipamentos públicos e desigualdades sociais. Além disso, ele possibilita a criação de áreas verdes, a definição de zonas comerciais, industriais e residenciais, e a melhoria da circulação de pessoas e veículos.

Já a regularização fundiária é importante para garantir que a população tenha acesso à moradia digna e para combater a ocupação irregular do solo. Com a regularização, é possível estabelecer regras claras de uso do solo, garantindo a segurança jurídica dos moradores e permitindo que o Estado possa atuar nas áreas de risco e de preservação ambiental.

Tanto o planejamento urbanístico quanto a regularização fundiária são essenciais para garantir a qualidade de vida da população e o desenvolvimento sustentável das cidades. Sem essas medidas, as cidades podem se tornar caóticas, desorganizadas, inseguras e insalubres para seus habitantes.

A questão da moradia é um tema fundamental para a garantia da dignidade da pessoa humana. O direito à moradia é reconhecido como direito humano, o que significa que deve ser assegurado a todas as pessoas, independentemente de sua condição social ou econômica.

Contudo, a legislação sobre propriedade e regularização fundiária muitas vezes não contempla todos os indivíduos que precisam de um lar. Existem muitas pessoas que vivem em ocupações irregulares ou em situação de vulnerabilidade, que não têm acesso aos serviços públicos e são excluídas socialmente.

A Lei 13.465/2017, que dispõe sobre a regularização fundiária rural e urbana no Brasil, apresenta alguns desafios importantes para a sua implementação, tais como burocracia e lentidão no processo de regularização, dificuldades de acesso à informação, problemas na titulação da propriedade, falta de recursos financeiros e humanos, conflitos fundiários e sociais.

A superação desses obstáculos exige ações conjuntas dos setores público e privado, com a criação de políticas públicas efetivas, promoção do diálogo entre os diferentes atores envolvidos e aumento dos canais de acesso à informação.

Nesse contexto, o poder público municipal é fundamental na implementação da regularização fundiária no Brasil, sendo um agente estratégico para garantir a articulação entre as diferentes esferas de governo, bem como entre as comunidades envolvidas.

Por seu turno, os cartórios de registro de imóveis desempenham papel importante na regularização fundiária e na garantia do direito à moradia. Eles atuam como intermediários entre os proprietários e os moradores, facilitando a concessão de títulos de posse e de propriedade.

No entanto, é importante ressaltar que as políticas públicas visando a construção de habitações populares, a melhoria dos serviços públicos nos bairros mais pobres e a conscientização da população sobre seus direitos implicam *conditio sine qua non* para a efetiva implementação do instituto da regularização fundiária.

Além disso, é fundamental que a regularização fundiária seja realizada com respeito aos direitos humanos e à dignidade da pessoa humana. Os moradores precisam ter voz ativa e participação no processo de regularização, para que sejam respeitadas suas necessidades e demandas.

Por fim, é importante destacar que o direito à moradia é um direito humano fundamental e deve ser garantido a todas as pessoas. A legislação sobre propriedade e regularização fundiária, assim como os serviços dos cartórios, devem atuar para garantir esse direito, mas sem jamais violar outros direitos e garantias fundamentais. A promoção da dignidade da pessoa humana deve sempre ser o objetivo principal na abordagem destas questões.

REFERÊNCIAS

ANDRADE, Carlos Roberto Monteiro de. **Comentários à lei da cidade**. São Paulo: Malheiros, 2005.

BALBINO FILHO, Nicolau. **Registro de imóveis – doutrina, prática e jurisprudência**. São Paulo: Saraiva, 2014.

BITTAR, Carlos Alberto. **Os direitos da personalidade**. 7. ed. rev. atual. e ampl. São Paulo: Forense Universitária, 2003.

COELHO, Fábio Ulhoa. **Curso de direito civil**. 4. ed. São Paulo: Saraiva, 2003.

DINIZ, Maria Helena. **Manual de direito civil**. São Paulo: Saraiva, 2011.

D'OTTAVIANO, Maria Camila Loffredo; SILVA, Sérgio Luís Quaglia. **Regularização fundiária no Brasil: velhas e novas questões**. Disponível em: https://www.ipea.gov.br/ppp/index.php/PPP/article/view/172/185. Acesso em: 06 mai. 2023.

KÜMPEL, Vitor Frederico. **Regularização fundiária**. São Paulo: Saraiva, 2017

MACHADO, Paulo Affonso Leme. **O futuro da cidade**. São Paulo: Contexto, 2000.

NOGUEIRA, Fábio. **Estatuto da terra: comentários e análise crítica**. São Paulo: Atlas, 2007.

NSCGJ/SP – Tomo II – Capítulo XX – itens 267 e ss. Disponível em: https://api.tjsp.jus.br/Handlers/Handler/FileFetch.ashx?codigo=144760. Acesso em 20 abr. 2023

SOBRAL PINTO, Cristiano Vieira. **Direito civil sistematizado**. 2. ed. Rio de Janeiro: Forense, 2011.

VIANA, Rui Geraldo Camargo. **A participação do particular no urbanismo**. São Paulo: AASP, 1985.

UNESCO - **Declaração Universal dos Direitos Humanos**. Paris: Unesco, 1948.

ZAGALLO, José Guilherme. **Regularização Fundiária em áreas urbanas: A Lei 13.465, de 11 de julho de 2017**. Minas Gerais: Editora Fórum, 2018.

34. INTERRUPÇÃO VOLUNTÁRIA DA GRAVIDEZ E OS DIREITOS DA PERSONALIDADE

SILVANO ANDRADE DO BOMFIM

Introdução

Com a promulgação da Lei nº 10.406, de 10 de janeiro de 2002, que instituiu o vigente Código Civil após inúmeros anos de tramitação do Projeto no Parlamento, e que entraria em vigor em janeiro de 2003, após um ano de *vacatio legis*, o Professor Catedrático[699] Rui Geraldo Camargo Viana inaugurou no curso de Pós-Graduação da Faculdade de Direito do Largo de São Francisco, em nível de mestrado e doutorado, as matérias "Código Civil – Avanços e Retrocessos I" e "Código Civil – Avanços e Retrocessos II", pelas quais dissecava todos os grandes temas do direito à luz no novo ordenamento, além de proferir inúmeras palestras em diversos cantos do país sobre o novel *Codex*. E foi justamente em uma dessas palestras, na Associação dos Advogados de São Paulo (AASP) em 2003, que conhecemos o ora homenageado, o qual convidou-nos, com a humildade e simpatia que lhe são peculiares, a assistir suas concorridas aulas ministradas às quintas-feiras, e das quais não nos apartaríamos pelos próximos lustros, e através de sua orientação obtivemos o grau de mestre e doutor em direito civil pela USP. As singelas reflexões lançadas nas páginas que se seguem representam uma pequena homenagem, fruto da gratidão do discípulo ao mestre, que permitiu a um humilde e curioso estudante o acesso à

[699] Preferimos a expressão Professor Catedrático" à "Professor Titular" em razão da dimensão muito mais abrangente que aquela possui do ponto de vista histórico, sociológico e antropológico.

constelação do conhecimento e às estrelas jurídicas, bem como a honra de desfrutar de sua amizade, e de atuar em conjunto em alguns processos judiciais.

A cada controverso tema que parecia ser insolúvel o Professor Rui Geraldo trazia à lembrança as palavras de seu saudoso Orientador na PUC-SP, o Professor Agostinho Alvim, o qual afirmava a seus alunos: *lex dat semper remedium*.[700] Um dos avivados temas nas aulas de Pós-Graduação do Professor Rui Geraldo era o aborto, com debate inserido na perspectiva dos direitos da personalidade, ou seja, se o direito à liberdade, autonomia e autodeterminação feminina poderia sobrepor-se ao direito à vida do *conceptus*, do feto, do nascituro.

A atenção do ordenamento jurídico relativamente ao direito do corpo é antiga e óbvia, conforme nos lembra Stefano Rodotà,[701] sendo inevitável a juridificação do corpo humano; antiga, pois se pode bem dizer que em todos os tempos e em todos os lugares, toda norma destinada a regular a organização social se ocupa de maneira variada do corpo, sendo que a obviedade deriva do fato de que a referência à pessoa, sujeito e objeto da disciplina jurídica, inevitavelmente traz consigo a consideração de sua corporeidade. A referência das leis com relação ao corpo na antiguidade pode ser encontrada, por exemplo, no código de Hamurabi e nas leis de Moisés, que possuíam, cada qual, diversas regras sobre o corpo.

É justamente neste conceito de *corpo juridificado* que se insere o tema da interrupção voluntária da gravidez, em que o Estado, desde tempos imemoriais, por vezes se arvorou na função de gestor do ventre feminino,[702] tendo em vista fundamentos sociais, econômicos, políticos, religiosos, militares e, em alguns casos, supersticiosos. E não se olvide que o cristianismo exerceu forte influência no direito dos povos, a começar pelo direito romano, como nos informa Troplong.[703]

[700] A expressão latina, que também pode ser grafada como *lex semper dabit remedium*, significa "a lei dará sempre remédio".

[701] RODOTÀ, Stefano. Il corpo "giuridificato". *In*: **Tratatto di biodiritto**. Diretto da Stefano Rodotà; Paolo Zatti. Tomo I. Giuffrè Editore: Milano. 2011. p. 51-76.

[702] É bem verdade que preocupação estatal ao regrar acerca da liberdade individual sobre o corpo independia do gênero, e Stefano Rodotà sobre isso traz à lembrança a relação entre o surgimento em 1939 da regra contida no art. 5o do Código Civil italiano, o qual veta atos de disposição do próprio corpo quando causam diminuição permanente da integridade física, ou quando sejam contrários à lei, à ordem pública e ao bom costume, com o fato ocorrido em Nápoles pouco tempo antes, em que um estudante universitário vendera um de seus testículos a um rico ancião que o implantara seduzido pela promessa de revigoramento de sua virilidade.

[703] TROPLONG, Raymond Théodore. **De l'influence du christianisme sur droit civil des romains**. Typographie de Plon Frères: Paris. 1855. Segundo o autor, quando apareceu o cristianismo o direito romano começou a se separar muito dos elementos religiosos e aristocráticos. Informa-nos o autor que antes da Idade Média podia se verificar muitas vezes que a sociedade era mais cristã do que suas leis ou as leis eram mais cristãs do que a sociedade. O direito romano foi melhor na época cristã do que nas eras anteriores mais brilhantes, mas são inferiores às leis modernas, ensina

A decisão proferida pela Suprema Corte dos Estados Unidos da América em 24 de junho de 2022, no caso *Dobbs v. Jackson Women's Health Organization*,[704] que suplantou o julgamento proferido no caso *Roe v. Wade* – que asseverava estar implícito na Constituição o direito da mulher decidir praticar livremente o aborto até o terceiro mês de gestação –,[705] bem como revogou a decisão proferida no caso *Planned Parenthood of Southeastern Pennsylvania v. Casey*,[706] aliada à recente decisão pela mesma Corte em caráter liminar a qual permitiu a continuidade da comercialização da pílula abortiva *mifepristone* (RU-486) naquele país, cuja venda fora proibida por juiz federal, demonstram que a questão do aborto estará em pauta novamente nos estados e tribunais norte-americanos na interminável batalha pelos direitos reprodutivos das mulheres.

No Brasil a questão não é diferente e a experiência norte-americana avivará os debates em nosso território, sobretudo diante da expectativa de julgamento do tema pelo Supremo Tribunal Federal, sendo mais progressista ou menos progressista a solução que se dê a partir dos contornos jurídicos, éticos, morais e religiosos.

O presente artigo, longe de pretender o esgotamento do controvertido tema, tem por objetivo lançar tão somente breves reflexões sobre os direitos da personalidade no âmbito da interrupção voluntária da gravidez.

1. Escorço histórico das relações familiares: do culto à fertilidade ao liberalismo abortista

O estudo da interrupção da gravidez impõe, necessariamente, um olhar sobre o fato de que, nos dizeres de Eduardo de Oliveira Leite,[707] a história da humanidade sempre revelou uma intensa preocupação com a questão da fecundi-

Troplong, pois estas são nascidas à sombra do cristianismo, sendo melhores penetradas por seu espírito. A citação encontra-se às pp. 2-4.

[704] Supreme Court of United States of America. 597 U. S. ___ (2022). A Suprema Corte norte-americana afirmou que "o aborto apresenta uma profunda questão moral, e a Constituição não proíbe os cidadãos de cada estado de regular ou proibir o aborto", o que tornaria indevido a Corte ter arrogado esta autoridade em 1973, razão pela qual decidiu devolver o poder e autoridade para regular o aborto ao povo e aos seus representantes, nos estados, o que tem causado díspares entendimentos nas leis emanadas dos parlamentos estaduais desde junho de 2022, fazendo aumentar o "turismo do aborto", ou seja, moradoras de estados com leis proibitivas que viajam aos estados liberais para interromperem a gravidez.

[705] Supreme Court of United States of America. 410 U. S. 113 (1973). Neste julgamento a Suprema Corte norte-americana afirmou que o direito ao aborto é parte integrante do direito à privacidade que emana da Primeira, Quarta, Quinta, Nona e Décima Quarta Emendas da Constituição daquele país.

[706] Supreme Court of United States of America. 505 U. S. 833 (1992). Neste julgamento, ocorrido em 29 de junho de 1992, a Corte afirmou que o aborto é parte do direito de liberdade de fazer escolhas pessoais e íntimas que são centrais à dignidade e autonomia pessoais, liberdade essa que decorre da Décima Quarta Emenda da Constituição.

[707] LEITE, Eduardo de Oliveira. **Procriações artificiais e o direito: aspectos médicos, religiosos, psicológicos, éticos e jurídicos**. São Paulo: Editora Revista dos Tribunais. 1995. p. 17.

dade e, inversamente, temeu o risco da esterilidade, motivo de degradação no grupo familiar e social. As primeiras manifestações de arte, que remontam à época primitiva, representam a mulher fecunda, grávida, capaz de gerar novos seres à exemplo da mãe natureza. Assim, desde as épocas mais remotas, lembra o autor, a esterilidade foi considerada como um fator negativo, sendo ora considerada maldição atribuída à cólera dos antepassados, ora à influência das bruxas, ora aos desígnios divinos, sendo a mulher estéril encarada como ser maldito que precisava ser banida do convívio social. Por outro lado, a fecundidade era vista com intensa benevolência, posto que a chegada dos filhos sempre fora vinculada às noções de fortuna, riqueza, prazer, alegria, fartura, privilégio e dádiva divina. Para os judeus, leciona o autor, a esterilidade era considerada castigo de Deus.[708]

Herbert Cutner,[709] em estudo sobre a adoração do sexo ou falicismo, afirma que entre os antigos, famílias numerosas eram tão enaltecidas quanto grandes rebanhos, pois representavam fonte de riqueza ao indivíduo e à comunidade. Ser estéril significava estar sob uma forma de maldição divina, fosse um homem impotente ou uma mulher incapaz de ter filhos, e a continência, longe de ser vista como virtude, era tida como um risco à sociedade. As autoridades visavam o aumento populacional constante, e como resultado do ativo interesse na fertilidade humana grande honra foi prestada aos órgãos generativos. Essa adoração do *lingam* (órgão masculino) e da *yoni* (órgão feminino), associadas à quase completa negligência às roupas e à consequente exposição dos órgãos sexuais influenciaram profundamente a vida social das primitivas comunidades, com o surgimento de estátuas obscenas e pinturas e afrescos indecentes.

A sensação de fecundidade e esterilidade, sendo aquela ligada ao bem ou bênção e esta ligada à noção de mal, ganha foro de autenticidade e legitimidade com a florescência da cultura clássica, representada pelos povos gregos e romanos. Eduardo de Oliveira Leite ainda nos informa que em Roma a esterilidade condenava a mulher à mais trágica posição, justificando até mesmo o repúdio pelo marido, advindo uma rejeição institucionalizada da infertilidade. Na Idade Média continua o pensamento de rejeição à mulher infértil, com tentativas de curas a partir de chás, ervas e outras superstições como pedras preciosas, metais, flagelações, rituais e invocações religiosas, pois não se sabia ser possível a exis-

[708] A importância da plenitude do órgão sexual na cultura hebraica era de tal sorte que a lei mosaica proibia aquele que que tivesse grave lesão nos testículos ou tivesse o membro amputado de participar das assembleias santas (Deut. xxiii, 1), ou de servir como sacerdote (Lev. xxi, 20). Também neste povo o juramento ou voto era feito repousando o promitente as mãos no pênis daquele a quem o juramento era prestado, significando, possivelmente, que o juramento vinculava o promitente à toda semente ou descendência do prometido.

[709] CUTNER, H. **A short history of sex-worship**. London: Watts & Co. 1940. p. 48.

tência de infertilidade masculina, decorrente de escassez ou ausência de espermatozoides, o que somente seria descoberto cientificamente no século XVII.[710]

Nas civilizações antigas havia não apenas a preocupação com a fecundidade, mas sobretudo a necessidade dela, seja para a continuidade da cultura agropastoril, para o culto aos antepassados, para garantia da defesa e proteção familiar e comunitária, e para manutenção e formação de um número desejável de cidadãos, tributários, guerreiros, soldados e defensores de cada tribo, povo, nação ou estado. Em outras palavras, a paternidade e a maternidade se mostravam como base original da sociedade, e a ideia de que cumpria à sociedade cultuar a fertilidade concedida à terra pela natureza fez surgir um verdadeiro culto à fecundidade. Este culto à fertilidade da natureza levou à criação, em determinados povos desde a antiguidade – da Fenícia à Grécia e Roma –, de divindades da fertilidade, com templos específicos que lhe eram dedicados, com cerimônias fálicas ou cultos fálicos, sacerdotes e sacerdotisas cultuais, também chamados prostitutos e prostitutas cultuais, com a realização de intercurso nas dependências de tais templos, sendo avassaladora a influência da *prostituição sagrada* ou *prostituição religiosa* nas sociedades antigas.[711]

[710] LEITE, Eduardo de Oliveira. **Procriações artificiais**..., p. 18.

[711] Confira-se: CUTNER, H. **A short history of sex-worship**. O autor aponta algumas divindades que se supõe representar o órgão masculino (*lingam* ou *phallus*), a saber, Príapo, Dionísio, Hercules, Shiva, Osíris, Júpiter, Baal, Asur e Madeva. Os egípcios, além do culto à fertilidade prestado a Isis e Osíris adoravam o touro, chamado Apis, como um símbolo de fertilidade. Entre os gregos encontramos o touro sagrado Cadmo, com o mesmo significado. É, portanto, significativo o relato do Velho Testamento de que os israelitas, quando saíram do Egito, fizeram no deserto um bezerro (divindade fálica) de ouro para adorar, tendo em vista a demora de Moisés retornar do Monte Sinai (Ex. xxxii). A adoração fálica persistiu no Egito até o quarto século, quando o cristianismo se tornou a religião mais ou menos dominante. A citação encontra-se à p. 10-1 e 18. Ao longo das eras encontramos entre os povos também as divindades femininas, como Isis, Istar, Asera, Vênus, Astarte, Afrodite, Ártemis, Diana, Cibele, Milita, Alilate, Mitra, entre outras, adoradas como deusas da fertilidade. Heródoto (L. 1, 199) relata que na Babilônia as mulheres nascidas no país deveriam ir ao templo de Milita ao menos uma vez na vida, e prostituir-se com estrangeiros, sendo que o dinheiro ofertado não poderia ser recusado, ainda que ínfimo, pois era considerado sagrado, sendo aplicado nas atividades religiosas. As mulheres formosas cumpriam seu mister em poucos dias e retornavam para casa, enquanto aquelas desprovidas de beleza chegavam a permanecer três a quatro anos no templo até se desincumbirem desta obrigação religiosa. Na ilha de Chipre havia semelhante costume. Na Assíria e na Pérsia os órgãos generativos de ambos os sexos eram sagrados, tendo como símbolos o sol, Saturno e Vênus. Eram populares em Roma o festival dedicado à deusa Vênus (também chamada *Libera*) e o festival ao deus Baco (também chamado *Liber*), tendo das festas bacanálias ou bacanais se originado o termo "bacanal" com o significado de devassidão e orgia que conhecemos hoje. Multidões procuravam participar das abomináveis orgias religiosas, o que se tornou um mal social, levando o Senado romano a proibir as festividades bacanálias, sem, contudo, proibir o culto a Vênus. Confira-se ainda: WALL, O. A. **Sex and sex worship: phallic worship**. St. Louis (EUA): C. V. Mosby Company. 1922. SCOTT, George Ryley. **Phallic worship: a history of sex and sex rites in relation to the religions of all races from antiquity to the present day**.

A importância da fecundidade no ambiente familiar e conjugal era de tal sorte, que entre diversos povos primitivos havia a chamada *lei do levirato* ou do *cunhadio*, que impunha ao irmão do falecido desposar a cunhada viúva que não tivesse filhos para suscitar descendência ao morto. O costume do casamento levirata ou levirático, existente em várias formas entre nações da antiguidade, havia por exemplo entre os hebreus e os hititas, tendo sobrevivido até os tempos modernos entre os descendentes de alguns dos primitivos povos da Índia; a prática também existia na África, como se verificou em Madagascar, e até mesmo em outros povos, como os ossetas.[712] Tinha referido costume por objetivo providenciar um sucessor ao morto, de sorte que o primeiro filho do casamento levirata recolhia inteiramente a herança, perpetuando, dessa forma, a família do falecido e a liderança no núcleo familiar.[713]

Escrevendo sobre a história da moral europeia, William Edward Hartpole Lecky leciona que a questão da criminalização do aborto tem sido consideravelmente afetada por especulações fisiológicas, como quanto ao tempo em que o feto no útero adquire natureza própria, e, portanto, direitos de um ser separado. De acordo com autor, a opinião geral entre os antigos parece ter sido no sentido de que o feto era nada mais além de parte da mãe, e que ela tinha o mesmo direito de destruí-lo tanto quanto cauterizar um tumor em seu corpo. Platão e Aristóteles admitiram a prática do aborto como forma de controle de natalidade pelo estado. A lei romana não continha previsão contra o aborto voluntário até o tempo de Ulpiano. Os estoicos pensavam que o infante recebia sua alma quando a respira-

Great Britain: T. Werner Laurie Ltd. 1941. O autor leciona que em alguns povos as mulheres casadas, desejando a cura para a esterilidade, recorriam aos templos da fertilidade e, em muitos casos, lá passavam a noite, onde eram "visitadas" pelo "deus", representado pelos sacerdotes cultuais, os quais, pensava-se, curavam o defeito da mulher ou de seu marido. A citação encontra-se à p. 60.

[712] SEVENTH-DAY ADVENTIST BIBLE COMMENTARY, v. 1. Review and Herald Publishing Association: Hagerstown, Maryland (USA). 1978. pp. 435 e 1041. FLACH, Jacques. **Les institutions primitives: le lévirat et les origins de la famille**. Paris: Félix Alcan, Éditeur. 1900. p. 8. WESTERMARCK, Edward. **The history of human marriage**. London: Macmillan and Co., Limited. 1901. p. 513-4.

[713] O costume do casamento levirata aparece no registro hebreu pela primeira vez no Pentateuco ou *Torah*, no relato contido no Livro do Genesis (xxxviii), segundo o qual Judá, em razão do falecimento de seu filho primogênito, chamado Er, sem deixar filhos, entrega à viúva Tamar seu segundo filho, Onã, o qual, recusando-se a suscitar descendência a ser irmão, talvez também na tentativa de evitar que toda a herança paterna fosse entregue ao filho-sobrinho que viesse a nascer, praticava o coito interrompido, derramando em terra a semente da vida, o que gerou, segundo o registro bíblico, a desaprovação de Deus, vindo Onã a falecer. Advém do nome Onã a expressão *onanismo*, que significa propriamente "coito interrompido", embora alguns dicionários prefiram identificar a expressão com a masturbação masculina. Assim, o sistema hebreu adotou o costume dos povos e posteriormente incorporou na lei mosaica a regra do casamento levirático (Deut. xxv, 5-10). Entre os hindus a regra do casamento levirático encontrava-se nas Leis de Manu (ix, 59-63), conforme aduz Edward Westermarck, o qual informa-nos ainda que entre os hindus o "levir" não tomava a viúva de seu irmão como esposa, mas apenas mantinha intercurso com ela, prática chamada de "niyoga".

ção iniciava. O código de Justiniano fixou esta animação aos quarenta dias após a concepção. Nas legislações modernas o feto é tratado como um ser distinto a partir do momento da concepção. Aduz o autor irlandês, todavia, ser óbvio que a solução sobre tais questões, embora afetem nossos julgamentos morais, deva ser buscada inteiramente fora do âmbito dos sentimentos morais.[714]

Edward Westermarck,[715] ao discorrer sobre a origem e desenvolvimento das ideias morais, leciona que de mãos dadas com o costume de infanticídio estava o de feticídio, que prevalecia extensivamente entre o mundo selvagem, sendo que a mulher buscava o aborto para evitar os desagradáveis incidentes que acompanham a gravidez ou, frequentemente, para esconder intercurso ilícito. Informa-nos o autor que na Pérsia cada gravidez ilícita terminava com o aborto, ato que era praticado quase publicamente e sem obstáculo. Na Turquia, pobres e ricos praticavam o aborto, e mesmo mulheres casadas muito comumente procuravam o aborto após terem tido dois filhos, dos quais um deles menino, prática vista com indiferença pelas autoridades. Na antiga Grécia o feticídio era sob certas circunstâncias recomendado por Platão e Aristóteles em preferência ao infanticídio, e mesmo o voto de Hipócrates,[716] considerado o pai da medicina científica, de não ministrar substâncias abortivas às mulheres, não foi capaz de afastar a cultura grega da prática do aborto. Em Roma – onde o produto da concepção, o feto, era considerado parte do corpo da gestante, e não como um ser autônomo, e, considerada parte das vísceras da mulher o produto da gravidez (*portio viscerum matris*), aquela que abortava nada mais fazia do que dispor de seu próprio corpo, exercitando o *jus in se ipsa*, tendo-se tornado muito comum o aborto, tanto para prolongar a beleza corporal da mulher, como para expelir a indesejada gestação – a prática de aborto voluntário foi proibida por Sétimo Severo e por Antonino, mas a proibição parece referir-se apenas às mulheres casadas que, ao procurarem o aborto, fraudavam seus maridos de filhos.[717] Cícero defendia que a pena

[714] LECKY, William Edward Hartpole. **History of european morals from Augustus to Charlemagne**. 3. ed. rev. v. 1. D. Appleton and Company: London. 1917. p. 92-3. Leciona o autor, à p. 264, que em certo momento histórico havia impregnada entre a população de Roma a prática geral do aborto entre os ricos, e infanticídio e exposição em todas as classes. Confira-se ainda: LEGA, Carlo. **Manuale di bioética e deontologia medica**. Milano: Giuffrè Editore, 1991. p. 233-74.

[715] WESTERMARCK, Edward. **The origin and development of moral ideas**. v. 1. London: Macmillan and Co., Limited. 1906. p. 413-4.

[716] Hipócrates era, de acordo com Platão, um *Asclepiadiano*, ou seja, pertencente à prestigiada casta de médicos-sacerdotes dos templos de Asclépio.

[717] Confira-se: BRUTTI, Massimo. **Il diritto privato nell'antica Roma**. 3. ed. Torino: G. Giappichelli Editore. 2015. p. 110-7. Ao tratar da proibição ao aborto nas leis de Justiniano, o autor aponta que a penalização ao comportamento feminino obedece, no discurso justinianeo, a razões que não se identificam com a tutela da vida, pois dizem respeito às relações entre os cônjuges e à diminuição do *consensus* que une o casal, posto que a gestação interrompida é como o rompimento de um pacto,

imposta a fim de impedir a prática de aborto não era uma injustiça, posto que a mulher havia "destruído a esperança de um pai, a memória de um nome, a garantia de uma raça, o herdeiro de uma família e um cidadão destinado ao Estado".[718] Durante o império pagão o aborto era extensivamente praticado, em decorrência de pobreza, licenciosidade ou vaidade. De qualquer forma, o aborto recebia entre as nações tratamento díspare, vez que enquanto alguns o praticavam, outros o evitavam, como por exemplo ocorria na Groenlândia, cuja sociedade acreditava que o feto abortado era transformado em um espírito mal chamado *ángiaq*, com o propósito de vingar-se do crime, o que colocaria em risco a paz social.

Os cristãos, todavia, possuíam opinião muito diferente, pois defendiam a santidade ligada à vida humana desde o seu início, ideia que não se ouvia entre os povos.[719] Tertuliano dizia que prevenir o nascimento era uma precipitação de assassinato, pouco importando se uma vida era lançada fora quando formada ou em formação, pois é um homem que está para existir, comparando com o fato de que mesmo cada fruto já existe na semente. Por outro lado, Santo Agostinho faz distinção entre um embrião que já foi formado e um embrião em formação. Para ele, da criação de Adão se extrai que o corpo é feito antes da alma, sendo que, antes do embrião ter sido dotado de alma é chamado *embryo informatus*, e seu aborto artificial deveria ser punido apenas com multa, enquanto o *embryo formatus* é um ser animado e sua destruição é nada menos do que assassinato, crime punível com a morte. Esta distinção entre feto animado e inanimado foi adotada no *Canon* e no código de Justiniano, e passou posteriormente aos vários códigos, de sorte que a mulher que destruía seu embrião animado era punida com a morte. A criminalização do aborto artificial foi aumentada com a crença de que um *embryo formatus*, sendo uma pessoa dotada de uma alma imortal, carecia do batismo para sua salvação, pois, embora não tendo na verdade pecado, trazia consigo a condenação pelo pecado original desde a concepção.[720]

2. A interrupção da gravidez no ordenamento jurídico brasileiro

No Brasil a interrupção voluntária da gravidez é admitida em determinadas circunstâncias pelo ordenamento jurídico. Os debates que decorrem do aborto passam pela discussão constitucional em torno da garantia do direito à vida e da

pois se entende que seja contra a vontade do outro contraente – o homem – sendo por isso objeto de condenação, permitindo até mesmo o divórcio unilateral pelo marido pela *culpa* condenada pelas leis imperiais. A citação encontra-se à p. 117.

[718] HUNGRIA, Nélson. **Comentários ao código penal**. 4. ed. v. 5. Rio de Janeiro: Forense. 1958. p. 269.

[719] Veja-se que mesmo o vigente *Codex Juris Canonici*, de 1983, ao tratar dos delitos contra a vida e a liberdade do homem, estabelece no cânone 1398: "Quem procurar o aborto, seguindo-se o efeito, incorre em excomunhão *latae sententiae*".

[720] WESTERMARCK, Edward. **The origin and development of moral ideas**. v. 1. p. 416.

dignidade da pessoa humana. Isso porque, estabelece o art. 1º, III, da Constituição da República brasileira, dignidade da pessoa humana como fundamento da Nação, enquanto o art. 5º, *caput*, da mesma Carta Política, estabelece a garantia da inviolabilidade do direito à vida. Outrossim, os direitos do nascituro, garantidos desde a concepção, a teor do que dispõe o art. 2º, do Código Civil, têm sido objeto de avivados debates, no sentido de se perquirir se entre eles estaria incluído o direito à vida ou existência extrauterina.[721]

Carlos Alberto Bittar aponta que dentre os direitos de ordem física, ocupa posição de primazia o direito à vida, como bem maior na esfera natural e também na jurídica, pois em seu entorno e como consequência de sua existência gravitam todos os demais direitos, respeitados aqueles que dele extrapolam, embora constituídos ou adquiridos durante seu curso, tais como o direito à honra, à imagem, e até mesmo o direito de autor.[722]

Classificado entre os crimes contra a vida, que são uma subespécie dos crimes contra a pessoa, o aborto é tipificado nos arts. 124, 125 e 126, do Código Penal brasileiro, trazendo o art. 128 situações excepcionais em que o aborto não é punido – portanto, são hipóteses em que o aborto é permitido –, qual seja, (*i*) se não há outro meio de salvar a vida da gestante, chamado de aborto necessário, em que a lei deposita no médico, em relação ao feto, o *jus necis et vitae*;[723] (*ii*) se a gravidez resulta de estupro e o aborto é precedido de consentimento da gestante ou, quando incapaz, de seu representante legal, chamado aborto humanitário, sentimental, ético ou piedoso. No art. 124 encontra-se a regência do aborto praticado pela gestante ou com seu consentimento, com pena de detenção de um a três anos. No art. 125 encontra-se a tipificação do aborto praticado por terceiro, sem o consentimento da gestante, com pena de reclusão de três a dez anos. E, no art. 126 há tipificação do aborto com o consentimento da gestante, com pena de reclusão de um a quatro anos, estabelecendo o parágrafo único do referido dispositivo que a pena será aquela do artigo antecedente se a gestante não é

[721] Sobre o tema, confira-se: MARTINS, Ives Gandra da Silva. O direito à vida no código civil à luz da constituição. *In*: **Direito à privacidade**. MARTINS, Ives Gandra da Silva; PEREIRA JUNIOR, Antonio Jorge (coords.). Aparecida/SP: Ideias & Letras; São Paulo: Centro de Extensão Universitária. 2005. p. 57-83. HUNGRIA, Nélson. Comentários ao código penal. 4. ed. v. 5. Para este autor, deve ser entendido que o feto não é apenas *pars mulieris*, mas também *pars patris*, por ser igualmente um depósito de vida paterna. O argumento de que a criminalização do aborto é inócua para inibir sua frequência é combatido com o argumento de que, caso verdadeiro fosse este raciocínio ter-se-ia de concluir pela abolição dos códigos penais, pois estes não conseguem eliminar a criminalidade geral. A citação encontra-se à p. 281.

[722] BITTAR, Carlos Alberto. **Os direitos da personalidade**. 8. ed. rev. aum. e mod. por Eduardo C. B. Bittar. São Paulo: Saraiva. 2015. p. 119.

[723] HUNGRIA, Nélson. **Comentários ao código penal**. 4. ed. v. 5. p. 309.

maior de catorze anos, ou é alienada ou débil mental, ou se o consentimento é obtido mediante fraude, grave ameaça ou violência. O art. 127, por sua vez, trata do aborto qualificado, ao estabelecer que "as penas cominadas nos dois artigos anteriores são aumentadas de um terço se, em consequência do aborto ou dos meios empregados para provocá-lo, a gestante sofre lesão corporal de natureza grave; e são duplicadas, se, por qualquer dessas causas, lhe sobrevém a morte". Aqui prevalece o entendimento de que o evento lesão corporal ou mesmo a morte não tenha sido desejado, nem mesmo eventualmente, pelo agente, sendo hipótese de crime preterintencional ou qualificado pelo resultado, também chamado de preterdoloso pela existência de dolo do antecedente e culpa no consequente. Este aumento de pena não é aplicado à mulher, apenas no agente que pratica o aborto ou que o instiga ou auxilia.

A terceira hipótese de permissão à pratica do aborto ou interrupção terapêutica da gravidez foi criada pelo Supremo Tribunal Federal relativamente ao feto anencefálico, no julgamento da Arguição de Descumprimento de Preceito Fundamental (ADPF) nº 54, pelo Plenário daquela Corte nos dias 11 e 12 de abril de 2012, no qual foi relator o eminente Ministro Marco Aurélio.[724] Assim, a Suprema Corte brasileira, fazendo distinção entre aborto e antecipação terapêutica do parto, entendendo ser esta e não aquela a hipótese dos autos, deu interpretação conforme a Constituição aos dispositivos do diploma penal de forma que fosse excluída de sua incidência incriminadora a antecipação terapêutica do parto de

[724] STF. Plenário. ADPF 54/DF. Rel. Min. Marco Aurélio. j. 12.04.2012. DJ 30.04.2013. maioria de votos. O Código Penal, conforme ensina Nélson Hungria, não inclui entre os casos de aborto legal o chamado "aborto eugênico" ou "aborto eugenésico", amplamente aplicado na Alemanha nazista e que segundo projeto de lei dinamarquês de 1936 deveria ser permitido quando existente perigo certo de que o filho, em razão de predisposição hereditária, padecerá de enfermidade mental, imbecilidade ou outra grave perturbação psíquica, epilepsia ou perigosa e incurável enfermidade corporal. Todavia, após o julgamento retro mencionado manifestaram-se vozes em defesa do que nomeiam *slippery slope*, significando a aplicação da referida decisão às doenças graves, tais como as síndromes de Patau, Edwards, *Body Saltk*, displasia esquelética do tipo letal, agenesia bilateral (ausência de ambos os rins), anidrâmnio (ausência de líquido amniótico), hipoplasia pulmonar etc., que, igualmente, inviabilizam a vida extrauterina. O Tribunal de Justiça do Estado de São Paulo tem autorizado o aborto em tais situações, independentemente do tempo de gestação, reformando decisões de primeira instância que negam à gestante o pedido de interrupção da gravidez. Confira-se, por exemplo: TJSP, 2a Câmara de Direito Criminal, *Habeas Corpus* nº 2007990-08.2023.8.26.0000, rel. Des. André Carvalho e Silva de Almeida, votação unânime, j. 09.03.2023; TJSP, 14a Câmara Criminal, *Habeas Corpus* nº 2052146-81.2023.8.26.0000, rel. Freire Teotônio, votação unânime, j. 10.03.2023; TJSP, 11a Câmara Criminal, *Habeas Corpus* nº 2304191-15.2022.8.26.0000, rel. Tetsuzo Namba, votação unânime, j. 02.02.2023; TJSP, 15a Câmara Criminal, *Habeas Corpus* nº 2062326-59.2023.8.26.0000, rel. Bueno de Camargo, votação unânime, j. 23.03.2023; TJSP, 9a Câmara de Direito Criminal, Mandado de Segurança nº 2069675-50.2022.8.26.0000, rel. Fátima Gomes, votação unanime, j. 20.04.2022.

feto anencéfalo, e declarou, por maioria de votos, com eficácia *erga omnes* e efeito vinculante, ser inconstitucional a interpretação segundo a qual a interrupção da gravidez de feto anencéfalo é conduta tipificada nos arts. 124, 126 e 128, incisos I e II, do Código Penal. De acordo com o voto do eminente ministro relator, o anencéfalo jamais se tornará uma pessoa, não se cuidando, em síntese, de vida em potencial, mas de morte segura.[725] O Conselho Federal de Medicina, sobre o tema, editou a Resolução nº 1989/2012, publicada no Diário Oficial da União em 14.05.2012, estabelecendo as regras relativas ao aborto de fetos com diagnóstico de anencefalia.

A quarta hipótese de permissão à prática de aborto foi inaugurada por construção recente do Supremo Tribunal Federal no *Habeas Corpus* 124.306/RJ, e refere-se à possibilidade de interrupção da gravidez no primeiro trimestre de gestação.[726]

[725] Anteriormente à ADPF 54 o Supremo Tribunal Federal já havia sido provocado em 2004 sobre o tema do aborto de feto com diagnóstico de anencefalia, ausência da calota craniana e cérebro rudimentar, através do *Habeas Corpus* 84.025/RJ, de relatoria do eminente ministro Joaquim Barbosa. Diante da guerra jurídica que se tornou o caso na justiça do Rio de Janeiro e no Superior Tribunal de Justiça, com terceiros que pretendiam o controle do ventre materno da gestante, quando o caso foi julgado pelo Supremo Tribunal Federal o bebê anencéfalo já havia nascido e falecido após sete minutos de existência extrauterina. O *writ* foi julgado prejudicado, havendo grande prejuízo à sociedade brasileira, pois esta questão já teria sido sedimentada cerca de oito anos antes da ADPF 54. O ministro Joaquim Barbosa, em trecho do voto proferido no HC 84.025/RJ, após discorrer sobre a viabilidade da vida e a proteção conferida pela lei, afirmou que "o feto anencefálico, mesmo estando biologicamente vivo (porque feito de células e tecidos vivos), não tem proteção jurídica", de sorte que seria violar o direito da mulher obrigá-la a manter gestação de feto que se sabe não ter viabilidade de vida.

[726] STF. Primeira Turma. HC 124.306/RJ. Rel. Min. Marco Aurélio. Red. p/ Acórdão Min. Roberto Barroso. Maioria de votos. j. 29.11.2016. DJ 17.03.2017. A Turma julgadora conferiu interpretação conforme a Constituição aos arts. 124 a 126 do Código Penal, que tipificam o crime de aborto, para excluir de seu âmbito de incidência a interrupção voluntária da gestação efetivada no primeiro trimestre, ao entendimento de que *(i)* a criminalização da mulher viola diversos direitos fundamentais, tais como os direitos sexuais e reprodutivos da mulher, que não pode ser obrigada pelo Estado a manter gravidez indesejada; *(ii)* autonomia da mulher, que deve conservar o direito de fazer suas escolhas existenciais; *(iii)* integridade física da gestante, por ser a única a sofrer em seu corpo e no seu psiquismo, os efeitos da gravidez; *(iv)* igualdade da mulher, já que homens não engravidam e, portanto, a equiparação plena de gênero depende de se respeitar a vontade da mulher em matéria de gravidez. Em resumo, afirma o Acórdão que "ter um filho por determinação do direito penal constitui grave violação à integridade física e psíquica da mulher". Para a maioria da Turma julgadora o Estado e a sociedade não têm o direito de interferir na autonomia da mulher, e, indaga o Voto vencedor, "como pode o Estado – isto é, um delegado de polícia, um promotor de justiça ou um juiz de direito – impor a uma mulher, nas semanas iniciais da gestação, que a leve a termo, como se tratasse de um útero a serviço da sociedade, e não de uma pessoa autônoma, no gozo de plena capacidade de ser, pensar e viver a própria vida?" O caso dizia respeito a um casal de médicos presos em flagrante em 14.03.2014, acusados de manter clínica de aborto na cidade

Cumpre mencionar, finalmente, a existência, no Supremo Tribunal Federal, de Ação de Descumprimento de Preceito Fundamental que reaviva em sede de controle abstrato, no qual se atingirá eficácia *erga omnes* e efeito vinculante, a questão do aborto. Trata-se da ADPF 442/DF,[727] proposta pelo Partido Socialismo e Liberdade (PSOL), sendo relatora a eminente ministra Rosa Weber, tendo a ação por objetivo a declaração de não recepção parcial dos arts. 124 e 126, do Código Penal, no caso de interrupção da gestação realizada nas primeiras doze semanas, ao argumento de que os textos legais violam diversos direitos fundamentais da mulher, tais como a dignidade humana, a cidadania, a não discriminação, a inviolabilidade da vida, a liberdade, a igualdade, a proibição de tortura ou o tratamento desumano e degradante, a saúde e o planejamento familiar das mulheres, e os direitos sexuais e reprodutivos. Utiliza a ação como fundamentos e paradigmas as discussões e decisões proferidas pelo Supremo Tribunal Federal no HC 84.025/RJ, bem como na ADI 3510, que permitiu pesquisa com células-tronco embrionárias.

As recentes modificações havidas no sistema jurídico brasileiro no que se refere à liberdade individual e aos direitos reprodutivos têm cada vez mais impulsionado aqueles que defendem o alargamento das hipóteses de controle privado das capacidades generativas. Um exemplo recente é a Lei nº 14.443/2022, que entrou em vigor no início de março de 2023, e revogou o § 5º, do art. 10, da Lei nº 9.263/1996, alcunhada de "lei do planejamento familiar", deixando de exigir o consentimento do cônjuge daquele que busca a esterilização voluntária, e conferindo nova redação ao inciso I, reduzindo o requisito etário de 25 para 21 anos.

No caso da interrupção voluntária da gravidez tem-se, em nosso sentir, conflito entre direitos fundamentais, ou seja, o direito à liberdade e autodeterminação da

de Duque de Caxias, no Estado do Rio de Janeiro. Embora não possua eficácia *erga omnes* e efeito vinculante, tendo aplicação apenas e tão somente ao caso apreciado, trata-se de importante precedente que indica os novos rumos do Pretório Excelso caso o debate seja instaurado em controle abstrato, tendente a permitir o aborto sem criminalizar a gestante, desde que decida interromper a gravidez até o terceiro mês de gestação, na esteira de diversos países. Embora inovadora, no Brasil, a decisão proferida pelo Supremo Tribunal Federal foi, em nosso sentir, tímida do ponto de vista processual, pois, na prática, não houve o trancamento da ação penal e os réus apenas receberam o direito de responder ao processo em liberdade. É bem verdade que responder a ação penal em liberdade já é um benefício importante, mas, uma vez considerada inconstitucional a interpretação que tipifica a conduta do aborto durante o primeiro trimestre de gestação, teria sido muito melhor aos réus o trancamento da ação penal, eximindo-os de responder judicialmente pelo fato praticado, o que resolveria o caso de uma vez por todas.

[727] Por considerar a eminente ministra relatora ser esta discussão um dos temas jurídicos mais sensíveis e delicados, por envolverem razões de ordem ética, moral, religiosa e de saúde pública, e ainda de tutela de direitos fundamentais individuais, foi promovida audiência pública nos dias 03 e 06 de agosto de 2018, para colheita de elementos e subsídios que permitam ao Supremo Tribunal Federal decidir sobre a descriminalização do aborto até a 12ª semana de gestação.

mulher e aos seus direitos reprodutivos, e, do lado oposto, os direitos do nascituro, sendo que quanto a estes, conforme aponta Ives Gandra da Silva Martins,[728] não se imagina que a ordenamento jurídico teria conferido todos os direitos exceto o direito à vida. O que se verifica, todavia, é que tanto o Código Penal quanto o entendimento do Supremo Tribunal Federal em sede de controle concentrado têm sido hábeis a resolver os conflitos que se apresentam na sociedade, havendo os tribunais brasileiros aplicado os princípios da razoabilidade e proporcionalidade em cada caso, mostrando-se duvidoso quanto aos efetivos benefícios sociais o extremo alargamento das hipóteses de abortamento já contempladas pelo ordenamento jurídico.

Conclusões

Verifica-se, pois, não ser pacífica nem fácil a controvérsia jurídica, filosófica, política, moral, ética e religiosa quando o assunto é aborto. Mostram-se respeitáveis os argumentos utilizados pelos defensores da irrestrita interrupção da gravidez no que diz respeito à plena liberdade e autodeterminação das mulheres, como forma de concretude à dignidade humana e respeito a seus direitos reprodutivos, quer sejam aqueles que recortam no espaço temporal a permissão do aborto ao interregno de três meses, quer sejam aqueles que defendem prazo mais alargado ao entendimento de que deva ser livre a escolha da mulher. Igualmente, mostram-se respeitáveis os argumentos utilizados pelos defensores da manutenção do controle estatal na defesa da vida intrauterina, desde a concepção, ou mesmo daqueles que defendem o aumento do rigor legal à prática do aborto na esperança de proibição total.

Todavia, nos termos do ordenamento jurídico inexiste direito absoluto; nem mesmo a vida é exceção, vez que o ditado constitucional prevê no inciso XLVII, alínea "a", do art. 5º, em caráter excepcional, a pena de morte no Brasil em caso de guerra declarada pelo Presidente da República, e o Código Penal Militar, instituído pelo Decreto-lei nº 1.001, de 21 de outubro de 1969, recepcionado pela Constituição Federal de 1988, não apenas estabelece em seu art. 55 a pena de morte entre as principais penas, afirmando o art. 56 que sua execução se dá por fuzilamento, como nos arts. 355 e seguintes tipifica os inúmeros crimes punidos com a pena capital. Por sua vez, o Código de Processo Militar, instituído pelo Decreto-lei nº 1.002, de 21 de outubro de 1969, igualmente recepcionado pela Carta Magna, estatui em seu art. 707 regras para a execução da pena de morte.

Daí porque em situações excepcionais, como a gravidez resultante de estupro e a gravidez que acarreta risco à vida da gestante, o legislador brasileiro estabeleceu no Código Penal as hipóteses em que não é punido o aborto, bem como a

[728] MARTINS, Ives Gandra da Silva. O direito à vida no código civil à luz da constituição. p. 57-83.

Suprema Corte asseverou inexistir crime no aborto de feto diagnosticado com anencefalia, estando portanto, em nosso sentir – e com a devida *venia* aos entendimentos contrários –, dotadas de razoabilidade e proporcionalidade as decisões que conferem a garantia legal à mulher, estando igualmente fundamentadas nos referidos princípios até mesmo as decisões judiciais que aplicam a tese do *slippery slope* e estendem referida interpretação aos casos de severa anormalidade fetal e doenças graves, tais como as síndromes de Patau, Edwards, *Body Saltk*, displasia esquelética do tipo letal, agenesia bilateral (ausência de ambos os rins), anidrâmnio (ausência de líquido amniótico), hipoplasia pulmonar e outras, as quais tornam inviável a vida extrauterina. Em todas essas hipóteses, forçar a manutenção da gravidez à gestante que conscientemente não a quer, ou mesmo o desprezo à firme decisão dos representantes legais daquelas que não possam por si decidir, como ocorre nos casos de incapacidade decorrente de deficiência psíquica, mental ou intelectual, ou ainda nos casos de menoridade, equivale a verdadeira crueldade sob o manto da pseudo moral e da ética, não admitidas no direito e tampouco amparada pela justiça, que tem por base, nessas situações, a *clementia* para com a gestante.

Em outras palavras, o reino privado da vida pessoal e familiar é, por vezes, local intocável, no qual não pode entrar o Estado, sendo vedado arrogar para si, nos casos acima, a função de gestor incondicional do ventre feminino, violando direito personalíssimo da mulher.

Por outro lado, havendo plena independência e harmonia entre os poderes da República, tal qual previsto no art. 2º da Constituição Federal, compete ao Congresso Nacional, constituído por representantes eleitos pelo povo, debater e elaborar leis sobre eventual descriminalização mais alargada do aborto ou mesmo sobre o aumento do rigor estatal no que diz respeito ao tema. É bem verdade que por vezes o Parlamento mostra-se tardio no debate de temas que representam tabu na sociedade como forma de, não raras vezes, evitar desgaste social e político, não podendo, todavia, a inércia do poder legislativo levar à imputação de ativismo judicial pelo Supremo Tribunal Federal ou qualquer outro órgão do Poder Judiciário quando instados a exercer sua precípua função constitucional.

REFERÊNCIAS

BITTAR, Carlos Alberto. **Os direitos da personalidade**. 8. ed. rev. aum. e mod. por Eduardo C. B. Bittar. São Paulo: Saraiva. 2015.

BRUTTI, Massimo. **Il diritto privato nell'antica Roma**. 3. ed. Torino: G. Giappichelli Editore. 2015.

CUTNER, H. **A short history of sex-worship**. London: Watts & Co. 1940.

FLACH, Jacques. **Les institutions primitives: le lévirat et les origins de la famille**. Paris: Félix Alcan, Éditeur. 1900.

HUNGRIA, Nelson. **Comentários ao código penal**. 4. ed. v. 5. Rio de Janeiro: Forense. 1958.

LECKY, William Edward Hartpole. **History of european morals from Augustus to Charlemagne**. 3. Ed. rev. v. 1. D. Appleton and Company: London. 1917.

LEGA, Carlo. **Manuale di bioética e deontologia medica**. Milano: Giuffrè Editore, 1991.

LEITE, Eduardo de Oliveira. **Procriações artificiais e o direito: aspectos médicos, religiosos, psicológicos, éticos e jurídicos**. São Paulo: Editora Revista dos Tribunais. 1995.

MARTINS, Ives Gandra da Silva. O direito à vida no código civil à luz da constituição. In: **Direito à privacidade**. MARTINS, Ives Gandra da Silva; PEREIRA JUNIOR, Antonio Jorge (coords.). Aparecida/SP: Ideias & Letras; São Paulo: Centro de Extensão Universitária. 2005. p. 57-83.

RODOTÀ, Stefano. Il corpo "giuridificato". *In*: **Tratatto di biodiritto.** Diretto da Stefano Rodotà; Paolo Zatti. Tomo I. Giuffrè Editore: Milano. 2011.

SCOTT, George Ryley. **Phallic worship: a history of sex and sex rites in relation to the religions of all races from antiquity to the present day**. Great Britain: T. Werner Laurie Ltd. 1941.

SEVENTH-DAY ADVENTIST BIBLE COMMENTARY, v. 1. Review and Herald Publishing Association: Hagerstown, Maryland (USA). 1978. pp. 435 e 1041.

TROPLONG, Raymond Théodore. **De l'influence du christianisme sur droit civil des romains**. Typographie de Plon Frères: Paris. 1855.

WALL, O. A. **Sex and sex worship: phallic worship**. St. Louis (EUA): C. V. Mosby Company. 1922.

WESTERMARCK, Edward. **The history of human marriage**. London: Macmillan and Co., Limited. 1901.

______. **The origin and development of moral ideas**. v. 1. London: Macmillan and Co., Limited. 1906.

35. A TUTELA ADEQUADA DOS DIREITOS DA PERSONALIDADE

TERESA ARRUDA ALVIM
JOÃO RICARDO CAMARGO

Sobre o homenageado
Professor e Desembargador Rui Geraldo Camargo Viana sempre foi um ser humano muito especial. Alegre, comunicativo, professor amado pelos seus alunos, juiz acessível, que sempre tratou com civilidade os advogados e sempre decidiu com serenidade e sabedoria. Trata todos de maneira absolutamente igual: do presidente do Tribunal de Justiça do Estado de São Paulo aos motoristas dos Desembargadores.

Nossas famílias são amigas e houve tempos, no passado, em que éramos realmente muito próximos, víamo-nos com assiduidade e sempre com imenso prazer. Para mim é um motivo de orgulho ter sido convidada para participar de uma obra em homenagem a ele. E eu o faço também em nome do meu pai,[729] que o queria muito bem e, se ainda entre nós estivesse, com certeza se desincumbiria de escrever um artigo em homenagem a ele com muita alegria.

Convidei João Ricardo Camargo, estudioso de Direito Civil, para dividir comigo esse privilégio, porque não me aventuraria a mergulhar sozinha em área que não é da minha especialidade: por isso uma escolha de um tema misto!

[729] José Manoel de Arruda Alvim Netto (02.05.1936 – 01.09.2021).

1. Evolução dos tipos de proteção aos direitos lesados

A disciplina legislativa relativa à proteção dos direitos da personalidade veio sendo construída paulatinamente, no direito europeu continental, a partir, sobretudo, do início do séc. XX. A grande "força motriz" desse movimento foi a doutrina germânica por obra de Josef Kohler, Georg Karl Neuner, Karl Gareis e Otto Von Gierke.[730] Podemos dizer, assim, que os direitos da personalidade, como os conhecemos hoje, são uma herança da doutrina, em especial, da doutrina germânica.[731]

O interesse especial nesta constatação está em que um dos autores deste trabalho vem sustentando há décadas que o Direito é um fenômeno que se apoia num tripé, cujos pés são exata e precisamente a lei, a doutrina e a jurisprudência. Está-se, aqui, diante de um exemplo típico em que determinado direito começou a ser construído nas páginas dos livros de doutrina.

As leis costumam ser editadas não tanto ao influxo de reflexões, mas muito frequentemente como reação a algo marcante que tem lugar no plano empírico. É conhecido o episódio da artista que foi retratada nua, e que pediu que sua imagem fosse coberta imediatamente, fato este considerado a "bomba propulsora" a concepção da tutela cautelar na Itália.

No plano dos direitos da personalidade, houve um episódio marcante que levou o legislador alemão a editar uma importante lei sobre o direito de imagem, a primeira de que se tem conhecimento: Gesetz betreffend das Urheberrecht an Werken der bildenden Künste und der Photographie (Lei relativa aos direitos autorais sobre belas artes e fotografias), editada em 9.1.1907. O Código Civil alemão (BGB) tinha entrado em vigor em 1900, sem, contudo, incluir um dispositivo visando à proteção do direito da personalidade. Isso foi motivo de pesada crítica da doutrina de então e é objeto de discussão até hoje: há fundadas dúvidas sobre se o § 823, I do BGB pode ser considerado, realmente, um dispositivo que trata do direito geral da personalidade.[732]

[730] Há um tratado escrito por Helmut Coing que apresenta um panorama histórico desse movimento. COING, Helmut. Europäisches Privatrecht 1800 até 1914. 19. Jahrhundert. Überblick über die Entwicklung des Privatsrechts in den ehemals gemeinrechtlichen Ländern. Munique: C. H. Beck, 1989, tomo II, p. 516 e ss.

[731] Há, porém, quem atribua suas origens ao pensamento de Hugo Donellus, na obra *Commentarii de iure civili*. Cf., WEICK, Günter. Die Persönlichkeitsrechte. *In:* Julius von Staudingers Kommentar zum Bürgerlichen Gesetzbuch mit Einführungsgesetz und Nebengesetzen. HABERMANN, Norbert; HONSELL Heinrich; WEICK, Günter (Atualizadores). Berlin: Sellier, de Gruyter, 2004, tomo I, p. 171.

[732] O §823, I do BGB está assim redigido: "Wer vorsätzlich oder fahrlässig das Leben, den Körper, die Gesundheit, die Freiheit, das Eigentum oder ein sonstiges Recht eines anderen widerrechtlich verletzt, ist dem anderen zum Ersatz des daraus entstehenden Schadens verpflichtet". Em nossa tradução: „Quem, intencionalmente (dolosamente) ou por negligência, causar danos à vida, à integridade física, à saúde, à liberdade, à propriedade ou a outro direito, será responsável por indenizar pelos danos resultantes".

O episódio envolveu Otto von Bismarck, falecido em 1898. Poucas horas após seu falecimento, Bismarck jazia em seu quarto, enquanto dois fotógrafos, Willy Wilcke e Max Priester, com a anuência dos guardas que cercavam a casa, chegaram perto do seu leito de morte e, de forma inescrupulosa, tiraram uma foto do cadáver.

Os dois fotógrafos foram a Berlim e lá anunciaram a foto à venda. A foto foi anunciada como "*Bismarck auf dem Sterbebett*": no vernáculo, Bismarck em seu leito de morte. No anúncio, lia-se: "Für das einzig existierende Bild Bismarcks auf dem Sterbebette, Aufnahme einige Stunden nach dem Tode, Original-Photographie, wird ein Käufer resp. ein geeigneter Verleger gesucht"[733], no vernáculo, "Para a única foto existente de Bismarck em seu leito de morte, tirada poucas horas após a sua morte, fotografia original, procura-se um comprador ou editor adequado".

É interessante mencionar que as cópias de quase todas as decisões judiciais desse caso, que chegou até o Tribunal Imperial, são acessíveis, graças a um dos doutrinadores mencionados acima, Josef Kohler, que as anexou a um relevante ensaio sobre o caso.[734]

Os fundamentos adotados tanto pelo Landgericht (1ª instância – julgamento ocorrido em 8.9.1898) quanto pelo Oberlandesgericht (2ª instância – julgamento que se deu em 21.11.1898) analisavam a questão sob o ponto de vista do direito da personalidade, de modo particular, do direito à imagem.

A decisão do Tribunal Imperial, contudo, adotou outra fundamentação. Nas palavras de Hein Kötz[735], essa decisão teve uma intrincada fundamentação. Sabe-se que a decisão do Tribunal Imperial (RGZ – Entscheidungen des Reichgerichts in Zivilsachen, nº 45/170), não se apoiou em nenhum direto da personalidade.

A decisão do Tribunal Imperial determinou a retirada dos "negativos" de circulação, adotando como fundamento, à luz do direito alemão comum, vigente até então, o delito de invasão à propriedade, que tinha sido cometido pelos fotógrafos. Do direito romano, os magistrados trouxeram o fundamento da *conditio ob turpem vel injustam causam,* espécie do gênero *conditiones sine causa,* que caracterizava o que entendemos hoje por enriquecimento sem causa. Verificada a *conditio ob injustam causam* na circunstância de algo ter sido dado de forma honesta, porém foi recebido de forma injusta. Aquele que recebeu tinha, como entendemos hoje, a obrigação de restituir o que foi dado, porque o recebeu de forma desonesta.

[733] SEIFERT, Fedor. Das Recht am eigenen Bild: vom Foto des toten Bismarck zur DS-GVO. Zur Geschischte der §§22, 23 KUG. *In:* MEDER, Stephan (Org.). *Geschichte und Zukunft des Urheberrechts II.* Göttingen: Vandenhoeck & Ruprecht GmbH & Co., 2020, p. 139.

[734] KOHLER, Josef. Zum Autorrecht und Individualrecht, III. Der Fall der Bismarck-Photographie. *In: Gewerblicher Rechtsschutz und Urheberrecht*, 1900, vol. 5, p. 196 e ss.

[735] KÖTZ, Hein. Deliktsrecht. 7. ed. Berlim: Luchterhand, 1996, item 86.

O que chama a atenção é que a decisão do Tribunal Imperial foi prolatada em 28.12.1899. Não só porque foi julgada em um período, como se sabe, entre festas de final de ano, mas, sobretudo, porque o julgamento se deu apenas 3 dias antes de o BGB entrar em vigor. Segundo Fedor Seifert, é bem provável que os magistrados tivessem receio de que, com a entrada em vigor do BGB, a ação tivesse que ser julgada improcedente.[736]

Por causa desta fundamentação da decisão do Tribunal Imperial, que foi fruto de um certo "malabarismo", o Legislativo alemão reagiu, editando, em 9.1.1907, a "Gesetz betreffend das Urheberrecht an Werken der bildenden Künste und der Photographie" (Lei relativa aos direitos autorais sobre belas artes e fotografias). Com a lei, passou-se a exigir o consentimento daquele que foi registrado na arte ou na fotografia, como condição para a sua reprodução.

Mas foi apenas com o pós-guerra e com a teoria das esferas (*Sphärentheorie*) que, segundo Otavio Luiz Rodrigues Jr., definitivamente, consolidou-se, na Alemanha, a proteção dos direitos à imagem e à privacidade.[737]

No Brasil, a positivação dos direitos da personalidade também se deu de forma gradual. O Código Civil de 1916 já mencionava o direito do autor à obra literária, artística e científica (art. 649 e ss.), o direito à imagem e possibilidade de o titular ou sucessores oporem-se à reprodução de retratos ou bustos (art. 666, X) e o sigilo de correspondência (art. 671, parágrafo único). Com o tempo, leis esparsas foram sendo editadas: Lei da Remoção de Órgãos, Tecidos e Partes do Corpo Humano (Lei 9.434/97); Lei dos Direitos Autorais (Lei 9.610/98).

Foi, porém, somente, com a Constituição Federal de 1988 (art. 5º, X) e o Código Civil de 2002 (Livro I, Título I, Capítulo II - Dos Direitos da Personalidade) que se deu ao tema um tratamento específico e à altura de sua relevância.

Com o avanço da tecnologia nos últimos 20 anos, surgem novas formas de violação aos direitos da personalidade, às vezes não facilmente perceptíveis. Fala-se aqui de ofensas aos direitos à intimidade e à imagem. Análise de dados relacionados ao comportamento, no mundo digital, de clientes, como, por exemplo, horários de compras, espécies de produtos adquiridos, forma de aquisição, se através de car-

[736] No original: "Möglicherweise befürchteten die Richter des Reichsgerichts, unter der Herrschaft des BGB die Klage ganz oder teilweise abweisen zu müssen". (SEIFERT, Fedor. Das Recht am eigenen Bild: vom Foto des toten Bismarck zur DS-GVO. Zur Geschischte der §§22, 23 KUG. *In:* MEDER, Stephan (Org.). *Geschichte und Zukunft des Urheberrechts II.* Göttingen: Vandenhoeck & Ruprecht GmbH & Co., 2020, p. 142).

[737] RODRIGUES JR., Otavio Luiz. A mudança na jurisprudência sobre vida privada. *Conjur.* Disponível em: https://www.conjur.com.br/2012-jul-18/direito-comparado-mudanca-jurisprudencia--alema-vida-privada#_ftn3_7421. Acesso em: 12 mai. 2023. A respeito da "*Sphärentheorie*", veja-se o trabalho de: BARRETO, Wanderlei de Paula. Os direitos da personalidade na jurisprudência alemã contemporânea. *Revista Trimestral de Direito Civil,* Rio de Janeiro, v. 41, p. 135-159, 2010.

tão de crédito, débito ou de moedas virtuais... além, evidentemente, do vazamento de dados sensíveis, podem ensejar violações ao direito à intimidade e à imagem.

As violações dessa espécie podem dar-se tanto contra pessoa natural, quanto em desfavor de pessoa jurídica.[738] Registros fotográficos de plantas ou de projetos industriais feitas por funcionários ou terceiros encaixam-se na *fattispecie* dos direitos à intimidade e à imagem, protegidos civil e constitucionalmente.

Se a tutela ressarcitória já se revelou, no caso Bismarck, há mais de 120 anos, insuficiente, a tendência é que esta insuficiência se revele, de modo ainda mais gritante, no que diz respeito a essas violações em que o autor do ilícito se serve de métodos sutis.

2. A regra da tutela jurisdicional ressarcitória

Concordamos com Ortega y Gasset quando afirma que homem é ele mesmo e suas circunstâncias.[739] A tutela jurisdicional exclusivamente na forma ressarcitória é fruto, como não poderia deixar de ser, de sua época e do modo como o direito processual civil concebia os conceitos de ação e de jurisdição.

A noção de ação que havia na emergente ciência processual civil do séc. XIX e influenciou, inegavelmente, o direito processual civil brasileiro até o final do século XX, estava fortemente atrelada à ideia de *violação do direito.*

Como um retrato dessa época, podemos lembrar da clássica conceituação de Savigny de direito de ação: "Il rapporto qui descritto nascente dalla *lesione del diritto* si chiama *diritto ad agire* od anche *azione,* quando si riferisca questa espressione alla semplice facoltà dell'offeso". E, por fim, coloca como pressuposto da ação, um direito e uma lesão a esse direito: "Da questo punto di vista generale

[738] Compartilhamos dessa visão com: SZANIAWSKI, Elimar. Direitos da personalidade e sua tutela. 2. ed. São Paulo: Ed. RT, 2005, p. 193 e ss. Na doutrina alemã: CZERNIK, Ilja. Heimliche Bildafunahmen – ein beliebtes Ärgenis. *Gewerblicher Rechtsschutz und Urheberrecht*, v. 453, 2012, item I. Repare, o leitor, que se trata da mesma revista em que Kohler, há mais de 120 anos, publicou seu relevante ensaio sobre o direito do autor, mencionado na nota de rodapé 3, *supra.* Na jurisprudência, alemã e brasileira, confiram-se: No STJ, esse entendimento foi sumulado: Súmula 227, "a pessoa jurídica pode sofrer dano moral". Na jurisprudência alemã, a questão foi discutida no BVerfG (Supremo Tribunal Federal alemão) e no BGH (Superior Tribunal de Justiça alemão). Vejam-se as seguintes decisões do BVerfG: NJW 1994, 1784 – Jahresabschluss; ZUM 2007, 730 (733), publicado também na revista BeckRS 2007, 25690 – *Contergan*; GRUR 2008, 352 (353) – *Gegnerliste.* Do BGH, confiram-se as seguintes decisões: GRUR 1986, 759, também publicada na revista NJW 1986, 2951 – BMW; GRUR 1994, 394(395) – *Bilanzanalyse*; NJW 2008, 2110 (2111), também publicada na revista GRUR-RR 2008, 455 L – *Gen Milch.* Em sentido contrário, sustentando que pessoas jurídicas somente podem sofrer danos patrimoniais: SCHREIBER, Anderson. *Direitos da personalidade.* São Paulo: Atlas, 2011, p. 23.

[739] ORTEGA Y GASSET, J. Meditaciones del Quijote. *In: Obras completas de José Ortega y Gasset.* 7ª ed., Madrid: Revista de Occidente, vol. I, p. 312.

possono stabilisi due condizioni, che vengono presupposte in qualunque azione: un diritto in sè, e una lesione di esso".[740-741]

Ligava-se à ideia de jurisdição, em um momento histórico, pós-revolução francesa, a ideia de um juiz que era um verdadeiro "boneco autômato", que lembra a boneca de Hoffmann. Quem gosta de ópera certamente se lembrará da boneca Olympia, da peça "Les Contes d'Hoffmann", de Jacques Offenbach. A boneca Olympia apenas reproduzia comportamentos robóticos previamente estabelecidos pelo seu inventor, o Professor Coppélius.

O Poder Judiciário estava praticamente subordinado aos outros dois poderes, o que significava que o juiz deveria, de modo quase burocrático, *declarar* o que já estava contido da lei. A jurisdição, assim, tinha natureza apenas declaratória, com caráter *repressivo*. O poder jurisdicional deveria atuar apenas no momento em que o direito subjetivo já tinha sido *violado*, visando à restituição ao *status quo ante*.

Essa visão de jurisdição que, também, influenciou diretamente nosso direito processual civil deve-se, em grande medida, ao pensamento de Chiovenda.[742-743]

Foi sob esse paradigma e, nas palavras de Ovídio Baptista, por causa dessa "cegueira ideológica", que, por muitos anos, os processualistas viam com desconfiança a tutela preventiva, que fosse, ao mesmo tempo "cautelar e principal".[744]

740 VON SAVIGNY, Federico Carlo. *Sistema del diritto romano attuale*. SCIALOJA, Vittorio (trad.). Turim: Unione Tipografico: 1893, v. IV, §205, p. 5.

741 É inegável a força que teve essa conceituação no direito processual ocidental. No direito italiano, veja-se: SAREDO, Giuseppe. *Istituzioni di Procedura Civil*. Florença: G. Pellas, 1876, v. I, §5º, nº 204, p. 146. No direito francês: GARSONNET, Eugène. *Traité théorique et pratique de procédure*: organisation judiciaire, compétence et procédure em matière civile et commerciale. Paris: L. Larose, 1898, v. I, §289, p. 481. No direito brasileiro: MONTEIRO, João. Teoria do processo civil. 6. ed. Rio de Janeiro: Borsoi, 1956, §17, p. 78; BARROS, Benedicto. *Princípios de direito processual civil – da ação judicial*. Rio de Janeiro: Borsoi, 1959, p. 7.

742 CHIOVENDA, Giuseppe. *Istituzioni di diritto processuale civile*. 2. ed. São Paulo: Saraiva, 1965, v. I, item 82. Na versão do vernáculo, lê-se: "como a função do Estado que tem por escôpo a atuação da vontade concreta da lei por meio da substituição, pela atividade de órgãos públicos, da atividade de particulares ou de outros órgãos públicos, já no afirmar a existência da vontade da lei, já no torná-la, praticamente, efetiva". "Num e noutro caso, deve a sentença certificar a existência do direito, como preparação à obtenção do bem; por isso, *a sentença de condenação e a constitutiva equivalem, antes e acima de tudo, a sentenças de declaração*. (CHIOVENDA, Giuseppe. *Instituições de Direito Processual Civil*. 2. ed. MENEGALE, J. Guimarães (Trad.). São Paulo: Saraiva, 1965, p. 3;183).

743 Confira-se uma interessante crítica a visão de jurisdição de Chiovenda em: RAPISARDA, Cristina. Premesse allo studio della tutela civile preventiva. *Rivista di Diritto Processuale*, Padova, 1980, p. 103 e ss. No direito processual civil brasileiro, podemos citar, como influência da visão chiovendiana, a definição de jurisdição de Athos de Gusmão Carneiro, é "a atividade pela qual o Estado, com eficácia vinculativa plena, elimina a lide, *declarando* e/ou realizando o direito em concreto". (CARNEIRO, Athos Gusmão. *Jurisdição e Competência*. 17. ed. São Paulo: Saraiva, 2010, p. 6).

744 SILVA, Ovídio Araújo Baptista da. *Processo e ideologia*: o paradigma racionalista. Rio de Janeiro: Forense, 2004, p. 89 e ss.

Embora exista uma certa dose de afinidade entre as medidas cautelares e a tutela inibitória, ligada, esta última, a uma de decisão de mérito, que transita em julgado, e que tem por objetivo inibir o réu de realizar um ilícito, é evidente que se trata de institutos diferentes. As medidas cautelares foram concebidas com o objetivo específico de gerar um ambiente seguro no processo, para que a eficácia da decisão principal, final, não ficasse comprometida. Assim, entende--se que a função das medidas ou ações cautelares é de certo modo preventiva, já que evita que a realização concreta do mandamento contido na decisão final fique esvaziado. Portanto, as cautelares são preventivas em relação à eficácia do pronunciamento final do próprio processo a que se ligam.

No direito brasileiro, a disciplina do processo cautelar em livro apartado dos demais foi bastante elogiada, porque respondeu adequadamente às necessidades da época. Mas já havia aqueles que perceberam que essas medidas cautelares poderiam e deveriam, com seus pressupostos próprios, ser inseridas no próprio processo de conhecimento, isto é, na terminologia usada no CPC/15, fase de conhecimento do procedimento comum.

Quando se fala, todavia, em tutela inibitória, faz-se referência à possibilidade de o autor conseguir, por *sentença de mérito*, um comando no sentido de que o ilícito não seja realizado ou se já o estiver sendo, que o réu cesse a sua conduta. No primeiro caso, portanto, nada impede que o autor pleiteie a tutela inibitória independentemente da concessão de medida preventiva do tipo cautelar. No segundo caso, em que houve ato ilícito, a tutela inibitória pode ser pleiteada com medida cautelar, em que esta, embora não sirva, necessariamente, para impedir novas lesões, assegura que a tutela final relativa àquela lesão não seja inócua.[745]

E foi justamente no campo da proteção dos direitos da personalidade que mais se sentiu a necessidade de uma tutela jurisdicional que tivesse como objetivo *evitar o ilícito* e não, simplesmente, remediá-lo, através da reparação ou do ressarcimento, e, paradoxalmente, foi tardiamente que as legislações incorporaram essa solução.

[745] Barbosa Moreira esclarece que a tutela cautelar "tende a assegurar de modo imediato a eficácia do próprio processo, e só indiretamente protege o direito substantivo litigioso; assim, não postula a cabal demonstração de existência deste, e por outro lado é utilizável ainda quando ele já tenha sido lesado, objetivando aí evitar, não, é óbvio, o dano decorrente da lesão, mas um segundo dano, consistente na supressão ou na redução dos meios de que se dispõe para tentar compor o primeiro". A respeito da tutela inibitória, afirma que "visa a proteger de maneira direta a situação material em si, razão por que a providência judicial descansará no prévio acertamento do direito (*lato sensu*) e jamais assumirá feição de provisoriedade, nem podendo qualificar-se de instrumental senão no sentido genérico em que o é todo o processo, mas apresentando em qualquer caso caráter definitivo – ou, se quisermos usar a linguagem tipicamente carneluttiana, *satisfativo*". BARBOSA MOREIRA, José Carlos. Tutela sancionatória e tutela preventiva. *In: Temas de Direito Processual – segunda série.* São Paulo: Saraiva, 1988, p. 25.

Lúcidos e geniais processualistas há muito tempo fazem essa reivindicação. Em artigo escrito em 1990, Proto Pisani já defendia que "a tutela dos direitos da personalidade deve ser tão preventiva quanto possível, com o objetivo de evitar a violação ou sua continuação; em uma palavra, deve ter um conteúdo inibitório; seu foco não deve ser tanto a eliminação (embora necessária) dos efeitos de uma violação já cometida, mas sim evitar que a violação seja cometida, continue ou se repita".[746]

Aqui no Brasil, Barbosa Moreira já sustentava em 1979 que, no âmbito dos direitos da personalidade, "as providências jurisdicionais de índole puramente repressiva ou sancionatória têm nesse campo valor reduzido, se é que algum têm. Ora, o repertório legal das medidas preventivas, no Brasil e alhures, é sabidamente insatisfatório; e, por paradoxal que possa afigurar-se, a sua pobreza agrava-se justamente no domínio onde mais aguda se faz a necessidade prática da tutela: para proteger a posse, a propriedade ainda se dispõe de remédios prestadios, mas a farmacopeia jurídica chega em geral às raias da penúria no que concerne às relações não patrimoniais – precisamente numa área de problemas cuja solução, sem tais remédios, oscila entre os níveis de precariedade e da mistificação".[747]

À época, aquele que tinha justo receio de ser lesionado ou sofria ameaça de lesão praticada por *autoridade* coatora, restava apenas lançar mão de Mandado de Segurança preventivo, desde que pudesse demonstrar seu direito *líquido e certo* com prova documental pré-constituída. Não havia remédio constitucional equivalente ao Mandado de Segurança no caso de a ameaça de lesão ou a própria lesão ter vindo de *particular*.[748]

Não raro se lançava mão de tutela cominatória para a prevenção do ilícito. A tutela cominatória, porém, é ineficiente para prevenir o ilícito, visto que a multa só será aplicada "se configurar o descumprimento da decisão" (art. 537, §4º do CPC/15, correspondente ao art. 287 do CPC/73).

Barbosa Moreira ensinava que "nada de semelhante se prevê para a proteção do direito à preservação da intimidade" e, em nota de rodapé, desabafa: "nem vale insistir para os restantes direitos da personalidade, e em termos ainda mais gené-

[746] No original, lê-se: "la tutela dei diritti della personalità dovrà essere quanto più possibile preventiva, diretta a impedire la violazione o la sua continuazione; in una parola dovrà avere contenuto inibitorio; dovrà avere il suo fulcro non tanto nella (pur necessaria) eliminazione degli effetti di una violazione già compiuta quanto nell'impedire che la violazione sia posta in essere ovvero continui ovvero sia ripetuta". (PISANI, Andrea Proto. La tutela giurisdizionale dei diritti della personalità: strumenti e tecniche di tutela. *Il Foro Italiano*, Roma, 1990, v. CXIII, parte V, p. 7).

[747] BARBOSA MOREIRA, José Carlos. Processo civil e direito à preservação da intimidade. *Temas de direito processual – segunda série*. São Paulo: Saraiva, 1988, p. 5.

[748] GRINOVER, Ada Pellegrini. A tutela preventiva das liberdades: *habeas corpus* e mandado de segurança. *Revista de Processo*, São Paulo, v. 22, 1981, p. 27; BARBOSA MOREIRA, José Carlos. Processo civil e direito à preservação da intimidade. *Temas de direito processual – segunda série*. São Paulo: Saraiva, 1988, p. 6.

ricos para as relações jurídicas não patrimoniais: o legislador parece menos sensível à necessidade da tutela preventiva justamente no âmbito em que ela ressalta com maior clareza, sente a manifesta insuficiência das medidas 'reparatórias'".[749]

Nesse mesmo sentido, Sérgio Cruz Arenhart, em monografia sobre o tema escrita no ano 2000, sustenta que "essa impotência se mostra ainda mais sensível quando se pensa nos direitos da personalidade – e especialmente nos direitos à vida privada, à honra, à intimidade e à imagem, tão vastamente agredidos na nossa modernidade. Tais direitos não se contentam, de forma alguma, com a reparação do dano ocorrido. Carecem eles de tutela preventiva, que não se consegue usando apenas os institutos processuais disponíveis segundo os esquemas tradicionais concebidos secularmente por nosso Direito".[750]

3. A percepção de que há certos direitos, cuja incolumidade dever ser respeitada, porque são imprescindíveis ao *ser*

O Direito existe em função do ser humano.[751-752] O ser humano é, evidentemente, pré-existente ao Direito, consubstanciando-se este último num objeto criado por aquele. E é o próprio ser humano que se qualifica como pessoa, dotado de personalidade, no Direito que ele mesmo criou.

E assim, o Direito, criação humana que é, vai atribuindo personalidade aos seres humanos. Esta atribuição e a forma como ela se dá são reflexo dos valores civilizatórios de determinada sociedade, a partir dos constantes influxos da religião, da política, da ética...

Assim, a proteção dada pelo Direito à personalidade deve-se aos valores que a sociedade (*ethos dominante*) reputa, em determinado momento e espaço, imprescindíveis à pessoa, enquanto *ser*.

[749] BARBOSA MOREIRA, José Carlos. Processo civil e direito à preservação da intimidade. *Temas de direito processual – segunda série*. São Paulo: Saraiva, 1988, p. 6-7.

[750] ARENHART, Sérgio Cruz. *A tutela inibitória da vida privada*. São Paulo: Ed. RT, 2000, p. 36.

[751] A Encíclica Apostólica *Evangelium Vitae*, de S. João Paulo II, ensina-nos que "Mesmo por entre dificuldades e incertezas, todo o homem sinceramente aberto à verdade e ao bem pode, pela luz da razão e com o secreto influxo da graça, chegar a reconhecer, na lei natural inscrita no coração (cf. Rm 2, 14-15), o valor sagrado da vida humana desde o seu início até ao seu termo, e afirmar o direito que todo o ser humano tem de ver plenamente respeitado este seu bem primário. Sobre o reconhecimento de tal direito é que se funda a convivência humana e a própria comunidade política", publicada em 25.3.1995, item 2.

[752] Essa mesma visão é sustentada por José Castan Tobeñas, em obra monográfica sobre o tema, Los derechos de la personalidade. Madrid: Instituto Editorial Reus, 1952, p. 6. Confira-se, ainda, no mesmo sentido, trecho de ensaio de Judith Martins-Costa, para quem: "... a pessoa, considerada em si e (por) sua humanidade, constitui o 'valor fonte' que anima e justifica a própria existência do ordenamento jurídico". (Os danos à pessoa no direito brasileiro e a natureza da sua reparação. *In:* MARTINS COSTA, Judith (Org.). *A reconstrução do direito privado*. São Paulo: Ed. RT, 2002, p. 413).

Atualmente, quando nos referimos a direitos da personalidade, falamos em direito à vida, direito à integridade física, direito à liberdade, direito à honra, direito à intimidade, direito à imagem...isso, a nosso ver, significa que avançamos, do ponto de vista civilizatório, como sociedade.

Os direitos da personalidade têm sua gênese, portanto, nos valores tidos pela sociedade (*ethos dominante*) como imprescindíveis ao *ser* e que foram "juridicizados", por obra do labor do judiciário ou da atividade do legislador.

Não nos parece que o ordenamento jurídico brasileiro tenha previsto uma cláusula geral ou, para alguns, um "direito geral" da personalidade.[753] Da mesma

[753] Compartilhamos, assim, dessa visão com: CHINELLATO, Silmara Juny de Abreu. Comentários à Parte Geral - artigos 1º a 21 do Código Civil. *In:* CHINELLATO, Silmara Juny de Abreu. (Coord.); MACHADO, Antônio Cláudio da Costa (Org.). *Código Civil interpretado: artigo por artigo, parágrafo por parágrafo.* 5. ed. Barueri: Manole, 2012, p. 4; MIRANDA, Jorge; RODRIGUES JR., Otavio Luiz; FRUET, Gustavo Bonato. Principais problemas dos direitos da personalidade e estado-da-arte da matéria no direito comparado. *In:* MIRANDA, Jorge; RODRIGUES JR., Otavio Luiz; FRUET, Gustavo Bonato (Orgs.). *Direitos da personalidade.* São Paulo: Atlas, 2012, p. 18; RODRIGUES JR., Otavio Luiz. Direitos Fundamentais e Direitos da Personalidade. *In:* TOFFOLI, José Antonio Dias (Org.). *30 anos da Constituição brasileira – democracia, direitos fundamentais e instituições.* Rio de Janeiro: Forense, 2018, p. 687. Embora, a nosso ver, seja possível o reconhecimento de direitos da personalidade por obra do direito jurisprudencial. Nesse ponto, estamos parcialmente de acordo com Carlos Mário da Silva Velloso. Diferentemente do referido autor, não reputamos esse poder de criação ao princípio da dignidade humana, nem atribuamos à doutrina o poder de reconhecê-los. (Os direitos da personalidade no Código Civil português e no novo Código Civil brasileiro. *In:* ARRUDA ALVIM, José Manoel; CERQUEIRA CÉSAR, Joaquim Portes de; ROSAS, Roberto (Orgs.). *Aspectos controvertidos do novo Código Civil: escritos em homenagem ao Ministro José Carlos Moreira Alves.* São Paulo: Ed. RT, 2003, p. 123). Em sentido contrário, sustentando haver uma cláusula geral do direito da personalidade no ordenamento jurídico brasileiro, vejam-se: DE MATTIA, Fabio Maria de. Direitos da personalidade: aspectos gerais. *Revista Forense,* v. 262, 1978, p. 83; LOTUFO, Renan. *Código Civil comentado*: parte geral (arts. 1º a 232). São Paulo: Saraiva, 2003, p. 64; DONEDA, Danilo. Os direitos da personalidade no Código Civil. *In: A parte geral do novo Código Civil: estudos na perspectiva civil-constitucional.* 2. ed. Rio de Janeiro: Renovar, 2003, p. 59. Há, ainda, parte da doutrina que adota posição intermediária, reconhecendo o caráter dúplice dos direitos da personalidade, isto é, tanto como cláusula geral quanto através de espécies tipificadas: DANTAS, San Tiago. *Programa de direito civil*: teoria geral. 3. ed. Rio de Janeiro: Forense, 2001, p. 152. Esse debate também é intenso na doutrina italiana. Para a doutrina majoritária, haveria no ordenamento jurídico italiano uma cláusula geral da personalidade, confiram-se: GIAMPOCCOLO, Giorgio. La tutela giuridica della personal umana e il c. d. diritto alla riservatezza. *Rivista Trimestrale di Diritto e Procedura Civile,* 1958, item 4, p. 466 e ss.; PERLINGIERI, Pietro. *La personalità umana nell'ordinamento giuridico.* Napoli: Jovene, 1972, *passim*; CAPELO DE SOUSA, Rabidranath V. A. *O direito geral de personalidade.* Coimbra: Coimbra Editora, 1995, *passim*; BALDASSARE, Antonio. *Diritti della persona e valori constituzionali.* Turim: G. Giappichelli, 1997, *passim.* Em sentido contrário, há também prestigiada doutrina: MASSIMO BIANCA, Cesare. *Diritto civile I. La norma giuridica. I soggetti.* Milano: Giuffrè, 1990, p. 144-146; RESCIGNO, Pietro. Personalità (diritti della). *Enciclopedia giuridica.* Istituto dell'Enciclopedia Italiana, Roma, 1991, v. XXIV, p. 5.

forma que não identificamos, no §823, I do BGB uma "cláusula geral da personalidade", também não a vemos no art. 11 ou 12 do nosso CC.[754] Isso não nos afasta, entretanto, da ideia de que as espécies de direitos da personalidade mencionadas pelo legislador de 2002 são meramente exemplificativas. Novos direitos da personalidade podem ser reconhecidos pelo direito jurisprudencial, sempre no contexto das diretrizes do Código Civil e tendo em vista as transformações da sociedade.[755-756] É possível, ainda, que se recorra ao art. 5º, X da CF, se o Direito

[754] O §823, I do BGB está assim redigido: "Wer vorsätzlich oder fahrlässig das Leben, den Körper, die Gesundheit, die Freiheit, das Eigentum oder ein sonstiges Recht eines anderen widerrechtlich verletzt, ist dem anderen zum Ersatz des daraus entstehenden Schadens verpflichtet". Em nossa tradução: „Quem, intencionalmente (dolosamente) ou por negligência, causar danos à vida, à integridade física, à saúde, à liberdade, à propriedade ou a outro direito, será responsável por indenizar pelos danos resultantes".

Os arts. 11 e 12 do CC brasileiro preveem: "Art. 11. Com exceção dos casos previstos em lei, os direitos da personalidade são intransmissíveis e irrenunciáveis, não podendo o seu exercício sofrer limitação voluntária.

Art. 12. Pode-se exigir que cesse a ameaça, ou a lesão, a direito da personalidade, e reclamar perdas e danos, sem prejuízo de outras sanções previstas em lei.

[755] Sobre o poder criativo do juiz, remetemos às nossas obras: ARRUDA ALVIM, Teresa; DANTAS, Bruno. *Precedentes, Recurso Especial e Recurso Extraordinário*: novas funções dos Tribunais Superiores. 7. ed. São Paulo: Thomson Reuters Brasil, 2023, parte II, no prelo; "Dizer que o juiz pode criar o direito não pode levar à má compreensão da noção de liberdade de julgar. Como já dissemos, isso não permite que o juiz julgue conforme seus sentimentos. Se se pretende que a jurisprudência tenha valor como fonte do direito, é preciso aceitar a possibilidade de as decisões criarem o direito. Uma vez admitida a possiblidade de o juiz criar o direito, impõe-se agora demonstrar mais alguns limites à 'criação'". (CAMARGO, João Ricardo. O novo desenho estrutural dos Embargos de Divergência no STJ traçado pelo CPC/15. *Revista de Processo,* São Paulo, n. 272, p. 271-296).

[756] Tratando da diretriz da eticidade presente nos fundamentos do projeto de Código Civil, cuja origem encontra-se no pensamento de Jhering, veja-se: "É indispensável recorrer aquilo que costumo chamar, na minha concepção filosófico-jurídica, de modelos abertos e não de modelos cerrados. Posso usar – posso e devo – modelos cerrados, predeterminados, no campo do Direito Penal, onde deve haver o predomínio da tipicidade do delito e da tipicidade da norma; posso e devo usar os modelos cerrados em matéria de Direito Tributário, onde somente é exigível aquele tributo que esteja claramente definido. Mas essa tipicidade é incompatível com a vida civil, com o Direito Civil em sua amplitude, onde muitas vezes somos levados a preferir modelos abertos, que permitam à hermenêutica declarar-lhe o seu rigoroso significado. De forma que o Código surge com a ideia de deixar algo a cuido da doutrina e da jurisprudência, as quais virão a dar conteúdo vivo às normas, na sua expressão formal, para que se atinja a concreção jurídica, isto é, a correspondência adequada dos fatos às normas segundo o valor que se quer realizar". (REALE, Miguel. *O projeto de Código Civil – situação atual e seus problemas fundamentais*. São Paulo: Saraiva, 1986, p. 8-9). Sobre a influência do pensamento de Jhering, confira-se o que afirma Benjamin Herzog: "Eine neue Dynamik hat diese Huldigung Jherings zudem durch Miguel Reale erfahren, der sich bei seiner Entwicklung der sog. 'diretrizes' des neuen brasilianischen Zivilgesetzbuches maßgeblich an Jhering orientiert hat". (*Anwendung und Auslegung von Recht in Portugal und Brasilien – eine rechtsvergleichende Untersuchung*

Civil, como modelo normativo primário das relações privadas, não vier a ser suficiente. Lançar mão, indiscriminadamente, do princípio da dignidade da pessoa humana, para resolver conflitos atinentes aos direitos da personalidade, não nos parece que seja o "caminho" mais adequado, sob pena de se cair, nas palavras de Frankenberg, na "tirania da dignidade humana".[757]

Merece a nossa análise neste ensaio, porque reputamos a mais satisfatória e útil[758], a síntese primorosa feita por Proto Pisani dos elementos que caracterizam o direito da personalidade e que devem ser levados em consideração para que se conceba um tipo de tutela jurisdicional adequada a esses direitos.

Segundo Proto Pisani[759], os direitos da personalidade caracterizam-se (a) por serem direitos, cujo conteúdo e função não estão atrelados ao patrimônio; (b)

aus genetischer, funktionaler und postmoderner Perspektive. Tübigen: Mohr Siebeck, 2014, p. 641). No vernáculo, em nossa tradução livre: "Esta homenagem a Jhering também recebeu novo impulso de Miguel Reale, que se inspirou em grande parte em Jhering em seu desenvolvimento das chamadas "diretrizes" do novo Código Civil Brasileiro".

[757] FRANKENBERG, Günter. *A gramática da constituição e do direito.* ANTONIUK, Elisete (Trad.). Belo Horizonte: Del Rey, 2007, p. 307-320.

[758] A respeito, é clássica a lição de Genaro Carrió: "Las clasificaciones no son ni verdaderas ni falsas, son serviciales o inútiles; sus ventajas o desventajas están supeditadas al interés que guía a quien las formula, y a su fecundidad para presentar un campo de conocimiento de una manera más fácilmente compresible o más rica en consecuencias prácticas deseables". (*Notas sobre derecho y lenguaje.* 2. ed. Buenos Aires: Abeledo-Perrot, 1979, p. 99).

[759] "a) I diritti della personalità, ed in gèrene le situazioni di libertà, si caratterizzano innanzi tutti per essere diritti a contenuto e funzione non patrimoniale: anche se ovviamente la loro lesione può determinare danni patrimoniali ai sensi del' art. 2043 e non solo no patrimoniali. Sono questi dati istituzionali (non del tutto, però, scontati, come si vedrà infra 3.1.).
b) Il secondo elemento che caratterizza i diritti della personalità è dato dalla circostanza che l'interesse protetto da tali diritti è sempre o quasi confliggente con situazioni (uso volutamente questo termine generico) altrui di libertà (ovvero con contrapposití interessi collettivi o di categoria). Questo dato è stato già ampiamente evidenziato non solo nella prolusione di Barile ma anche nel corso direi di quasi tutte le relazioni e gli interventi di questi due giorni. Gli esempi sono molteplici. Il diritto alla riservatezza, all'identità personale, all'immagine sono (direi ontologicamente) confliggenti con la libertà di manifestazione del pensiero, con la libertà di stampa, con il diritto all'informazione. Il diritto alla libertà di pensiero è confliggente con le discriminazioni legittimamente operate, sulla base dell'intuitu personae, da parte di partiti politici, associazioni sindicali e similari associazioni di tendenza. La libertà sindicale è confliggente con la libertà d'imprensa. Il diritto dei genitori di istruire e educare i figli è confliggente col diritto dei minori ad essere educati nell'ambito di un ambiente familiare. Il diritto alla salute o all'ambiente confligge con l'interesse collettivo all'occupazione. L'interesse collettivo alla salute è confliggente con la libertà personale, ecc. Intrinseca conflittualità, quindi, dei diritti della personalità con interessi altrui anch'essi quasi sempre di marca personalistica, non proprietaria.
c) Sul piano della struttura, poi, i diritti della personalità si caratterizzano per il fatto che il loro godimento è assicurato quasi sempre da obblighi continuativi o iterativi di non fare o da obblighi di fare infungibili o difficilmente eseguibili nelle forme dell'esecuzione forzata. Il godimento delle

pelo interesse protegido estar, quase sempre, em conflito com direitos de outras pessoas; (c) são assegurados por obrigações de trato continuativo de não fazer ou de obrigações de fazer, cuja prestação seja infungível, personalíssima, sendo difícil de ser submetida à execução forçada; e, (d) pela lacuna que existe, normalmente, no direito material.

É certo que, em 1990 quando o artigo foi escrito, tanto na Itália, quanto no Brasil, o direito material não se ocupava dos direitos da personalidade. Sabemos, porém, que, nas décadas seguintes, o legislador pátrio foi generoso ao criar direitos da personalidade. Com a exceção deste aspecto, parece-nos que os demais elementos continuam, mesmo depois de 30 anos, a caracterizar esses direitos.

É oportuna, aqui, nova referência à literatura: O Mercador de Veneza, de Shakespeare, peça em que Antônio, um comerciante de Veneza, após se tornar fiador de Bassânio, que tomou um empréstimo com Shylock, não consegue pagar a dívida, por uma série de infortúnios envolvendo os seus navios.

Shylock, então, diante do inadimplemento, leva à questão ao doge (chefe político) de Veneza, exigindo a famigerada garantia: uma libra da carne de Antônio. Ao voltar para Veneza, Bassânio oferece, então, o dobro do valor devido a Shylock, que recusa, pois *"I would not draw them; I would have my bond"* (Ato IV, cena I).

Sabe-se que, ao final, a garantia não foi executada e que, após uma reviravolta, - diga-se de passagem sem direito à defesa-, Shylock senta-se no "banco dos réus" respondendo por crime de agiotagem.

libertà formali classiche è normalmente assicurato da obblighi di non fare, mentre il godimento di libertà sostanziali o di profili sociali delle libertà formali è normalmente assicurato da obblighi di fare i quali o sono infungibili in senso stretto, oppure, pur essendo astrattamente fungibili (cioè suscettibili di essere attuati in via sorrogatoria da parte di un terzo), presentano nella loro attuazione difficoltà qualitative o quantitative che evidenziano l'inadeguatezza dei processi di esecuzione forzata in forma specifica disciplinti dal terzo libro del Codice di Procedura Civile (si pensi per tutti ai problemi posti dal diritto di accesso e di rettifica con riguardo alle banche dati). Quindi sul piano della struttura i diritti della personalità sono diritti il cui godimento è assicurato da obblighi che o sono insuscettibili per definizione di essere attuati nelle forme dell'esecuzione forzata (obblighi di non fare e obblighi di fare infungibili) o presentano particulari difficoltà o ad essere attuati nelle forme dell'esecuzione forzata.
d) Il quarto ed ultimo dato che caratterizza i diritti della personalità è costituito dalla estrema lacunosità - almeno a livello di fonti scritte - della disciplina sostanziale; lacunosità che concerne anche la soluzione (o la indicazione delle linee di soluzione) dei conflitti tra libertà, e quindi anche l'individuazione dei limiti o della soglia minima di ciascuna libertà: l'unica indicazione al riguardo è costituita dal 3.° comma dell'art. 21 Cost. in tema di sequestro della stampa. Ciò significa che finisce per essere rimesso all'interprete (e quindi anche al giudice, spesso adito ex art. 700) il delicatissimo problema relativo alla risoluzione dei conflitti tra due libertà e quindi all'individuazione dei limiti di ciascuna libertà in ragione dell'esigenza di assicurare il godimento delle altre". (PISANI, Andrea Proto. La tutela giurisdizionale dei diritti della personalità: strumenti e tecniche di tutela. *Il Foro Italiano*, Roma, 1990, v. CXIII, parte V, p. 4).

Um relevante fundamento para se impedir a execução da garantia seria o de que o objeto do contrato era ilícito, envolvendo direito que não poderia ser negociado, afinal no caso inadimplemento teríamos, muito provavelmente, a morte de Antônio. Ou seja, a vida e a integridade física, indissociáveis da personalidade, não poderiam ser objetos de negociação.

Naquele contexto, considerou-se ser, a vida, direito cuja incolumidade deve ser respeitada, para que o *ser* possa existir enquanto tal.

4. Os direitos da personalidade e a adequação da tutela inibitória e utilização de medidas atípicas

De nada adianta haver previsão de um direito material no ordenamento jurídico se não houver a correlata ação para fazê-lo valer. Trata-se de uma lição clássica de Direito.

É sempre oportuno, quando tratamos da efetividade do processo, lembrar-nos da clássica lição de Chiovenda, *"il processo deve dare per quanto è possibile praticamente a chi ha un diritto tutto quello e proprio quello ch'egli ha diritto di conseguire"*.[760]

Na medida em que o ordenamento jurídico deixa de assegurar meios adequados e suficientes de proteção contra ilícito, lesão ou ameaça de lesão a direitos, compromete-se a eficácia do próprio direito material. Por isso é que Couture dizia que sem o processo, o direito material não existe: é por meio dele que o direito se faz valer.[761]

Essa preocupação – de que o ordenamento jurídico assegure meios efetivos de proteção de direitos – é relevante, sobretudo, quando se trata de direitos da personalidade, cuja incolumidade deve ser respeitada.

É por essa razão que o legislador de 2002 assegurou para proteção dos direitos da personalidade uma tutela processual abrangente.[762] O art. 12 do CC, não apenas garante formas de tutela reparatória, de ressarcitória, de inibitória e de remoção do ilícito, como prevê, ainda, que "Pode-se exigir que cesse a ameaça, ou a lesão, a direito da personalidade, e reclamar perdas e danos, *sem prejuízo de outras sanções previstas em lei*".

[760] CHIOVENDA, Giuseppe. Dell'azione nascente dal contratto preliminare. *In: Saggi di diritto processuale civile.* Milão: Giuffrè, 1993, p. 110. Em nossa tradução: "O processo deve dar, até onde seja praticamente possível, tudo aquilo e precisamente aquilo que ele tem direito de conseguir".

[761] COUTURE, Eduardo. El proceso como institución. *In: Studi in Onore di Enrico Redenti.* Milão : Giufré, 1951, vol. 1, p. 351-373.

[762] Para o Senador Josaphat Marinho, relator geral da Comissão Especial do Projeto de Código Civil, "não cabe indicação taxativa das medidas processuais admissíveis". (Os direitos da personalidade no projeto de novo Código Civil brasileiro. *Stvdia Ivridica: Boletim da Faculdade de Direito da Universidade de Coimbra*, Coimbra, v. 40, 2000, p. 260).

Visando à adequada proteção do direito à privacidade, o art. 21 do CC determina que "... o juiz, a requerimento do interessado, *adotará as providências necessárias* para impedir ou fazer cessar ato contrário a esta norma".

Da tutela ressarcitória já tratamos no item II e vimos como esse tipo de tutela, forjada no contexto em que predominava a concepção clássica do processo civil, concebida no final do séc. XIX[763], é insuficiente para que se proteja adequadamente os direitos da personalidade.

Em 1979, muito antes, portanto, da entrada em vigor do Código Civil, Barbosa Moreira já comentava: "uma proteção eficiente do direito à preservação da intimidade – e o mesmo se dirá dos direitos da personalidade, *in genere* – somente é concebível, em verdade, sob a forma da tutela *preventiva*".[764]

Dentre as tutelas ditas preventivas de mérito, está a tutela inibitória, voltada para o futuro, que proporciona a possibilidade de se impedir a prática, a continuidade ou repetição de ilícito. Como instrumento preventivo que é, quer-se com isso evitar o ilícito e não o dano.[765]

Ricardo Lorenzetti apresenta algumas características relevantes da tutela inibitória, que merecem transcrição: "a) em primeiro lugar, prescinde da verificação do dano na esfera jurídica do titular, sendo suficiente a ameaça; b) o ato ilícito se caracteriza normalmente por uma atividade continuada ou por uma plurali-

[763] VON BÜLOW, Oskar. *Die Lehre von den Processeinreden und die Processvoraussetzunge.* Emil Roth: Gießen, 1868; KOHLER, Josef. Der Prozess als Rechtsverhältnis Prolegomena zu einem System des Civilprozesses. Mannheim: Besheimer, 1888.

[764] BARBOSA MOREIRA, José Carlos. Processo civil e direito à preservação da intimidade. *Temas de direito processual – segunda série.* São Paulo: Saraiva, 1988, p. 5. Nas notas de atualização aos Temas de Direito Processual, segunda série, relativas ao artigo acima mencionado, Luiz Fux e Rodrigo Fux sintetizam a questão da efetividade do processo, *verbis*: "a efetiva solução do conflito, com a respectiva satisfação da pretensão do credor, é inerente à ideia de acesso à justiça e aproveita não apenas o 'vencedor' de uma ação especificamente, mas todo o sistema jurisdicional". (FUX, Luiz; FUX, Rodrigo. *Temas de Direito Processual – segunda série.* MENDES, Aluisio Gonçalves de Castro; BARBOSA MOREIRA, Carlos Roberto; ARAÚJO FILHO, Luiz Paulo da Silva (Coords.). 3. ed. Rio de Janeiro: GZ, 2023, p. 39-40).

[765] Pontes de Miranda esclarece que: "Não se identifiquem o *delito* (ato ilícito) e a *reparabilidade.* Pode haver delito, ou melhor, ato ilícito, sem dano, e pois sem que se possa reclamar a reparação. Então, a ilicitude só permite a *legítima defesa*, as ações de manutenção de posse, os preceitos cominatórios, o *habeas corpus* e outros remédio preventivos dos danos à pessoa ou ao patrimônio". (*Tratado de Direito Privado.* 3. ed. São Paulo: Ed. RT, 1984, tomo LIII, §5.501, p. 85).
Nas palavras de Sérgio Muritiba, "Toda ameaça de violação a um direito da personalidade gera um estado de ilicitude que necessita de proteção processual, independentemente da existência de um dano. Na verdade, o dano é simplesmente uma conseqüência eventual que pode advir de um ilícito, de modo que é possível a obtenção de tutela jurisdicional plena, ainda que ele não tenha sido verificado". (MURITIBA, Sérgio Silva. Tutela inibitória e os direitos da personalidade. *Revista de Processo,* São Paulo, v. 122, 2005, p. 22-40).

dade de atos suscetíveis de repetição, ou pela iminência de um ato ilícito. Este elemento é necessário porque tem relação com a possibilidade de prevenir; c) a ação ilícita deve ser suscetível de ser detida em seus efeitos futuros, seja evitando que se produzam novos danos ou diminuindo o já produzido; d) a culpa não tem nenhuma relevância na disciplina inibitória, já que não é possível avaliar o elemento subjetivo de uma conduta antijurídica futura; e) é habitual que se trate de prejuízos que, ao se concretizarem, não são quantificáveis monetariamente. Ainda que este elemento não seja essencial, é nesse campo onde maior desenvolvimento tem apresentado; f) também é habitual que haja referência a bens não fungíveis, porque neles se revela claramente a necessidade de prevenção".[766]

Por fim, merece menção a regra trazida pelo CPC de 2015 que generaliza a possibilidade de concessão de medidas de apoio: no art. 139, IV, previu que o juiz poderá "determinar todas as *medidas indutivas, coercitivas, mandamentais ou sub-rogatórias necessárias para assegurar o cumprimento de ordem judicial*, inclusive nas ações que tenham por objeto prestação pecuniária", cuja constitucionalidade foi, recentemente, declarada pelo STF na ADI 5941, de relatoria do Min. Luiz Fux, julgada em 9.2.2023.[767]

[766] LORENZETTI, Ricardo Luis. *Fundamentos do Direito Privado*. São Paulo: Ed. RT, 1998, p. 344-345.

[767] Da ementa lê-se: "AÇÃO DIRETA DE INCONSTITUCIONALIDADE. OS ARTIGOS 139, IV; 380, PARÁGRAFO ÚNICO; 400, PARÁGRAFO ÚNICO; 403, PARÁGRAFO ÚNICO; 536, *CAPUT* E §1º E 773, TODOS DO CÓDIGO DE PROCESSO CIVIL. MEDIDAS COERCITIVAS, INDUTIVAS OU SUB-ROGATÓRIAS. ATIPICIDADE DOS MEIOS EXECUTIVOS. PEDIDO DE DECLARAÇÃO DE INCONSTITUCIONALIDADE, SEM REDUÇÃO DE TEXTO, PARA AFASTAR, EM QUALQUER HIPÓTESE, A POSSIBILIDADE DE IMPOSIÇÃO JUDICIAL DE MEDIDAS COERCITIVAS, INDUTIVAS OU SUB-ROGATÓRIAS CONSISTENTES EM SUSPENSÃO DO DIREITO DE DIRIGIR, APREENSÃO DE PASSAPORTE E PROIBIÇÃO DE PARTICIPAÇÃO EM CONCURSOS PÚBLICOS OU EM LICITAÇÕES. AUSÊNCIA DE VIOLAÇÃO À PROPORCIONALIDADE. MEDIDAS QUE VISAM A TUTELAR AS GARANTIAS DE ACESSO À JUSTIÇA E DE EFETIVIDADE E RAZOÁVEL DURAÇÃO DO PROCESSO. INEXISTÊNCIA DE VIOLAÇÃO ABSTRATA E APRIORÍSTICA DA DIGNIDADE DO DEVEDOR. AÇÃO CONHECIDA E JULGADA IMPROCEDENTE. 1. O acesso à justiça reclama tutela judicial tempestiva, específica e efetiva sob o ângulo da sua realização prática. 2. A morosidade e inefetividade das decisões judiciais são lesivas à toda a sociedade, porquanto, para além dos efeitos diretos sobre as partes do processo, são repartidos pela coletividade os custos decorrentes da manutenção da estrutura institucional do Poder Judiciário, da movimentação da sua máquina e da prestação de assistência jurídica integral e gratuita aos que comprovarem insuficiência de recursos. 3. A efetividade e celeridade das decisões judiciais constitui uma das linhas mestras do processo civil contemporâneo, como se infere da inclusão, no texto constitucional, da garantia expressa da razoável duração do processo (artigo 5º, LXXVIII, após a Emenda Constitucional nº 45/2004) e da positivação, pelo Novo Código de Processo Civil, do direito das partes 'de obter em prazo razoável a solução integral do mérito, incluída a atividade satisfativa' (grifei). 4. A execução ou satisfação daquilo que devido representa verdadeiro gargalo na prestação jurisdicional brasileira, mercê de os estímulos gerados pela legislação não terem logrado suplantar o cenário

prevalente, marcado pela desconformidade geral e pela busca por medidas protelatórias e subterfúgios que permitem ao devedor se evadir de suas obrigações. 5. Os poderes do juiz no processo, por conseguinte, incluem 'determinar todas as medidas indutivas, coercitivas, mandamentais ou sub-rogatórias necessárias para assegurar o cumprimento de ordem judicial, inclusive nas ações que tenham por objeto prestação pecuniária' (artigo 139, IV), obedecidos o devido processo legal, a proporcionalidade, a eficiência, e, notadamente, a sistemática positivada no próprio NCPC, cuja leitura deve ser contextualizada e razoável à luz do texto legal. 6. A amplitude semântica das cláusulas gerais permite ao intérprete/aplicador maior liberdade na concretização da *fattispecie* – o que, evidentemente, não o isenta do dever de motivação e de observar os direitos fundamentais e as demais normas do ordenamento jurídico e, em especial, o princípio da proporcionalidade. 7. A significação de um mandamento normativo é alcançada quando se agrega, à filtragem constitucional, a interpretação sistemática da legislação infraconstitucional – do contrário, de nada aproveitaria a edição de códigos, microssistemas, leis interpretativas, meta-normas e cláusulas gerais. Essa assertiva assume ainda maior relevância diante do Direito codificado: o intérprete não pode permanecer indiferente ao esforço sistematizador inerente à elaboração de um código, mercê de se exigir do Legislador a repetição, ad nauseam, de preceitos normativos já explanados em títulos, capítulos e seções anteriores. 8. A correção da proporcionalidade das medidas executivas impostas pelo Poder Judiciário reside no sistema recursal consagrado pelo NCPC. 9. A flexibilização da tipicidade dos meios executivos visa a dar concreção à dimensão dialética do processo, porquanto o dever de buscar efetividade e razoável duração do processo é imputável não apenas ao Estado-juiz, mas, igualmente, às partes. 10. O Poder Judiciário deve gozar de instrumentos de *enforcement* e *accountability* do comportamento esperado das partes, evitando que situações antijurídicas sejam perpetuadas a despeito da existência de ordens judiciais e em razão da violação dos deveres de cooperação e boa-fé das partes – o que não se confunde com a punição a devedores que não detêm meios de adimplir suas obrigações. 11. A variabilidade e dinamicidade dos cenários com os quais as Cortes podem se deparar (e.g. tutelas ao meio ambiente, à probidade administrativa, à dignidade do credor que demanda prestação essencial à sua subsistência, ao erário e patrimônio públicos), torna impossível dizer, a priori, qual o valor jurídico a ter precedência, de modo que se impõe estabelecer o emprego do raciocínio ponderativo para verificar, no caso concreto, o escopo e a proporcionalidade da medida executiva, vis-à-vis a liberdade e autonomia da parte devedora. 12. *In casu*, o argumento da eventual possibilidade teórica de restrição irrazoável da liberdade do cidadão, por meio da aplicação das medidas de apreensão de carteira nacional de habilitação e/ou suspensão do direito de dirigir, apreensão de passaporte, proibição de participação em concurso público e proibição de participação em licitação pública, é imprestável a sustentar, só por si, a inconstitucionalidade desses meios executivos, máxime porque a sua adequação, necessidade e proporcionalidade em sentido estrito apenas ficará clara à luz das peculiaridades e provas existentes nos autos. 13. A excessiva demora e ineficiência do cumprimento das decisões judiciais, sob a perspectiva da análise econômica do direito, é um dos fatores integrantes do processo decisório de escolha racional realizado pelo agente quando deparado com os incentivos atinentes à propositura de uma ação, à interposição de um recurso, à celebração de um acordo e à resistência a uma execução. Num cenário de inefetividade generalizada das decisões judiciais, é possível que o devedor não tenha incentivos para colaborar na relação processual, mas, ao contrário, seja motivado a adotar medidas protelatórias, contexto em que, longe de apresentar estímulos para a atuação proba, célere e cooperativa das partes no processo, a legislação (e sua respectiva aplicação pelos julgadores) estará promovendo incentivos perversos, com maiores *payoffs* apontando para o descumprimento das determinações exaradas pelo Poder Judiciário. 14. A efetividade no cumprimento das ordens

Essa regra é harmônica com as feições que o legislador de 2002 deu à proteção dos direitos da personalidade, por que podem impedir, de modo efetivo, a ocorrência do ilícito, cuja proibição será garantida pela sentença final inibitória.

As medidas atípicas, de apoio e pressão, vêm agregar à tutela jurisdicional a força necessária para que a ordem judicial venha a se materializar, de forma adequada, satisfatória e célere, o que adquire imensa relevância no campo dos direitos da personalidade.

judiciais, destarte, não serve apenas para beneficiar o credor que logra obter seu pagamento ao fim do processo, mas incentiva, adicionalmente, uma postura cooperativa dos litigantes durante todas as fases processuais, contribuindo, inclusive, para a redução da quantidade e duração dos litígios. 15. *In casu*, não se pode concluir pela inconstitucionalidade de toda e qualquer hipótese de aplicação dos meios atípicos indicados na inicial, mercê de este entendimento, levado ao extremo, rechaçar quaisquer espaços de discricionariedade judicial e inviabilizar, inclusive, o exercício da jurisdição, enquanto atividade eminentemente criativa que é. Inviável, pois, pretender, aprioristica e abstratamente, retirar determinadas medidas do leque de ferramentas disponíveis ao magistrado para fazer valer o provimento jurisdicional. 16. Ação direta de inconstitucionalidade conhecida e, no mérito, julgada improcedente". (STF, ADI 5941, Tribunal Pleno, j. 9.2.2023, rel. Min. Luiz Fux, *DJe* 28.4.2023).

REFERÊNCIAS

ARENHART, Sérgio Cruz. **A tutela inibitória da vida privada**. São Paulo: Ed. RT, 2000.

ARRUDA ALVIM, Teresa; DANTAS, Bruno. **Precedentes, Recurso Especial e Recurso Extraordinário**: novas funções dos Tribunais Superiores. 7. ed. São Paulo: Thomson Reuters Brasil, 2023, no prelo.

BALDASSARE, Antonio. **Diritti della persona e valori constituzionali**. Turim: G. Giappichelli, 1997.

BARBOSA MOREIRA, José Carlos. Processo civil e direito à preservação da intimidade. **Temas de direito processual – segunda série**. São Paulo: Saraiva, 1988.

BARBOSA MOREIRA, José Carlos. Tutela sancionatória e tutela preventiva. *In: Temas de Direito Processual – segunda série*. São Paulo: Saraiva, 1988.

BARROS, Benedicto. **Princípios de direito processual civil – da ação judicial**. Rio de Janeiro: Borsoi, 1959.

BARRETO, Wanderlei de Paula. Os direitos da personalidade na jurisprudência alemã contemporânea. **Revista Trimestral de Direito Civil**, Rio de Janeiro, v. 41, 2010.

BITTAR, Carlos Alberto. **Os direitos da personalidade**. 4. ed. Rio de Janeiro: Forense Universitária, 2000.

BORGES, Roxana Cardoso. Dos direitos da personalidade. *In:* LOTUFO, Renan; NANNI, Giovanni Ettore (Coords.). **Teoria Geral do Direito Civil**. São Paulo: Atlas, 2008.

CAMARGO, João Ricardo. O novo desenho estrutural dos Embargos de Divergência no STJ traçado pelo CPC/15. **Revista de Processo**, São Paulo, n. 272.

CAPELO DE SOUSA, Rabidranath V. A. **O direito geral de personalidade**. Coimbra: Coimbra Editora, 1995.

CARNEIRO, Athos Gusmão. **Jurisdição e Competência**. 17. ed. São Paulo: Saraiva, 2010.

CARRIÓ, Genaro. **Notas sobre derecho y lenguaje**. 2. ed. Buenos Aires: Abeledo-Perrot, 1979.

CHINELLATO, Silmara Juny de Abreu. Comentários à Parte Geral - artigos 1º a 21 do Código Civil. *In:* CHINELLATO, Silmara Juny de Abreu. (Coord.); MACHADO, Antônio Cláudio da Costa (Org.). **Código Civil interpretado: artigo por artigo, parágrafo por parágrafo**. 5. ed. Barueri: Manole, 2012.

CHIOVENDA, Giuseppe. **Instituições de Direito Processual Civil**. 2. ed. MENEGALE, J. Guimarães (Trad.). São Paulo: Saraiva, 1965.

CHIOVENDA, Giuseppe. **Istituzioni di diritto processuale civile**. 2. ed. São Paulo: Saraiva, 1965.

CHIOVENDA, Giuseppe. Dell'azione nascente dal contratto preliminare. *In:* Saggi di diritto processuale civile. Milão: Giuffrè, 1993.

COING, Helmut. **Europäisches Privatrecht 1800 até 1914**. 19. Jahrhundert. Überblick über die Entwicklung des Privatsrechts in den ehemals gemeinrechtlichen Ländern. Munique: C. H. Beck, 1989, tomo II.

COUTURE, Eduardo. El proceso como institución. *In:* Studi in Onore di Enrico Redenti. Milão: Giufré, 1951, vol. 1.

CUPIS, Adriano. **Direitos da personalidade**. Lisboa: Morais, 1961.

CZERNIK, Ilja. Heimliche Bildafunahmen – ein beliebtes Ärgenis. **Gewerblicher Rechtsschutz und Urheberrecht**, v. 453, 2012.

DANTAS, San Tiago. **Programa de direito civil**: teoria geral. 3. ed. Rio de Janeiro: Forense, 2001.

DE MATTIA, Fabio Maria de. Direitos da personalidade: aspectos gerais. **Revista Forense**, v. 262, 1978.

DONEDA, Danilo. Os direitos da personalidade no Código Civil. *In:* **A parte geral do novo Código Civil: estudos na perspectiva civil-constitucional**. 2. ed. Rio de Janeiro: Renovar, 2003.

FRANKENBERG, Günter. **A gramática da constituição e do direito**. ANTONIUK, Elisete (Trad.). Belo Horizonte: Del Rey, 2007.

FRUET, Gustavo Bonato; MIRANDA, Jorge; RODRIGUES JR., Otavio Luiz. Principais problemas dos direitos da personalidade e estado-da-arte da matéria no direito comparado. *In:* MIRANDA, Jorge; RODRIGUES JR., Otavio Luiz; FRUET, Gustavo Bonato (Orgs.). **Direitos da personalidade**. São Paulo: Atlas, 2012.

FUX, Luiz; FUX, Rodrigo. **Temas de Direito Processual – segunda série**. MENDES, Aluisio Gonçalves de Castro; BARBOSA MOREIRA, Carlos Roberto; ARAÚJO FILHO, Luiz Paulo da Silva (Coords.). 3. ed. Rio de Janeiro: GZ, 2023.

GARSONNET, Eugène. **Traité théorique et pratique de procédure**: organisation judiciaire, compétence et procédure em matière civile et commerciale. Paris: L. Larose, 1898.

GIAMPOCCOLO, Giorgio. La tutela giuridica della personal umana e il c. d. diritto alla riservatezza. **Rivista Trimestrale di Diritto e Procedura Civile**, 1958.

GRINOVER, Ada Pellegrini. A tutela preventiva das liberdades: *habeas corpus* e mandado de segurança. **Revista de Processo**, São Paulo, v. 22, 1981.

HERZOG, Benjamin. *Anwendung und Auslegung von Recht in Portugal und Brasilien – eine rechtsvergleichende Untersuchung aus genetischer, funktionaler und postmoderner Perspektive*. Tübigen: Mohr Siebeck, 2014,

JOÃO PAULO II, Papa. Evangelium Vitae. Vaticano: 1995.

KOHLER, Josef. Der Prozess als Rechtsverhältnis Prolegomena zu einem System des Civilprozesses. Mannheim: Besheimer, 1888.

KOHLER, Josef. Zum Autorrecht und Individualrecht, III., Der Fall der Bismarck-Photographie. Gewerblicher Rechtsschutz und Urheberrecht, v. 5, 1900.

KÖTZ, Hein. Deliktsrecht. 7. ed. Berlim: Luchterhand, 1996.

LORENZETTI, Ricardo Luis. **Fundamentos do Direito Privad***o*. São Paulo: Ed. RT, 1998.

LOTUFO, Renan. **Código Civil comentado**: parte geral (arts. 1º a 232). São Paulo: Saraiva, 2003.

MARINHO, Josaphat. Os direitos da personalidade no projeto de novo Código Civil brasileiro. *Stvdia Ivridica:* **Boletim da Faculdade de Direito da Universidade de Coimbra**, Coimbra, v. 40, 2000.

MARTINS-COSTA, Judith. Os danos à pessoa no direito brasileiro e a natureza da sua reparação. *In:* MARTINS COSTA, Judith (Org.). **A reconstrução do direito privado**. São Paulo: Ed. RT, 2002.

MASSIMO BIANCA, Cesare. Diritto civile I. La norma giuridica. I soggetti. Milano: Giuffrè, 1990.

MONTEIRO, João. **Teoria do processo civil**. 6. ed. Rio de Janeiro: Borsoi, 1956.

MURITIBA, Sérgio Silva. Tutela inibitória e os direitos da personalidade. **Revista de Processo**, São Paulo, v. 122, 2005.

ORTEGA Y GASSET, J. Meditaciones del Quijote. *In:* Obras completas de José Ortega y Gasset. 7ª ed., Madrid: Revista de Occidente.

PERLINGIERI, Pietro. La personalità umana nell'ordinamento giuridico. Napoli: Jovene, 1972.

PISANI, Andrea Proto. La tutela giurisdizionale dei diritti della personalità: strumenti e tecniche di tutela. Il Foro Italiano, Roma, v. CXIII, 1990.

PONTES DE MIRANDA, Francisco C. **Tratado de Direito Privado**. 4. ed. São Paulo: Ed. RT, 1983, t. VII.

PONTES DE MIRANDA, Francisco C. **Tratado de Direito Privado**. 3. ed. São Paulo: Ed. RT, 1984, t. LIII.

RAPISARDA, Cristina. Premesse allo studio della tutela civile preventiva. Rivista di Diritto Processuale, Padova, 1980.

REALE, Miguel. *O projeto de Código Civil – situação atual e seus problemas fundamentais*. São Paulo: Saraiva, 1986.

RESCIGNO, Pietro, Personalità (diritti della). *In:* Enciclopedia giuridica. Istituto dell'Enciclopedia Italiana, Roma, v. XXIV, 1991.

RODRIGUES JR., Otavio Luiz. A mudança na jurisprudência sobre vida privada. **Conjur**. Disponível em: https://www.conjur.com.br/2012-jul-18/direito-comparado-mudanca-jurisprudencia-alema-vida-privada#_ftn3_7421.

RODRIGUES JR., Otavio Luiz. Direitos Fundamentais e Direitos da Personalidade. *In:* TOFFOLI, José Antonio Dias (Org.). **30 anos da Constituição brasileira – democracia, direitos fundamentais e instituições**. Rio de Janeiro: Forense, 2018.

SAREDO, Giuseppe. Istituzioni di Procedura Civil. Florença: G. Pellas, 1876, v. I.

SEIFERT, Fedor. Das Recht am eigenen Bild: vom Foto des toten Bismarck zur DS-GVO. Zur Geschischte der §§22, 23 KUG. *In:* MEDER, Stephan. (Org.). Geschichte und Zukunft des Urheberrechts II. Göttingen: Vandenhoeck & Ruprecht GmbH & Co., 2020.

SCHREIBER, Anderson. **Direitos da personalidade**. São Paulo: Atlas, 2011.

SILVA, Ovídio Araújo Baptista da. **Processo e ideologia**: o paradigma racionalista. Rio de Janeiro: Forense, 2004.

SZANIAWSKI, Elimar. **Direitos da personalidade e sua tutela**. 2. ed. São Paulo: Ed. RT, 2005.

TOBEÑAS, José Castan. Los derechos de la personalidade. Madrid: Instituto Editorial Reus, 1952.

VELLOSO, Carlos Mário da Silva. Os direitos da personalidade no Código Civil português e no novo Código Civil brasileiro. *In:* ARRUDA ALVIM, José Manoel; CERQUEIRA CÉSAR, Joaquim Portes de; ROSAS, Roberto (Orgs.). **Aspectos controvertidos do novo Código Civil**:

escritos em homenagem ao Ministro José Carlos Moreira Alves. São Paulo: Ed. RT, 2003.

VON BÜLOW, Oskar. Die Lehre von den Processeinreden und die Processvoraussetzunge. Emil Roth: Gießen, 1868.

VON SAVIGNY, Federico Carlo. **Sistema del diritto romano attuale**. SCIALOJA, Vittorio (trad.). Turim: Unione Tipografico: 1893, v. IV.

WEICK, Günter. Die Persönlichkeitsrechte. *In:* Julius von Staudingers Kommentar zum Bürgerlichen Gesetzbuch mit Einführungsgesetz und Nebengesetzen. HABERMANN, Norbert; HONSELL Heinrich; WEICK, Günter (Atualizadores). Berlin: Sellier, de Gruyter, 2004, t. I.

36. A CAPACIDADE PARA ESTAR EM JUÍZO E LEGITIMIDADE PROCESSUAL NO CPC/2015

THEREZA ALVIM

Introdução[768]

O art. 1º do CC/2002, consagra a regra de que "toda pessoa é capaz de direitos e deveres na ordem civil", o que significa que toda pessoa tem personalidade e pode ser titular de relação jurídica. Essa personalidade começa desde o nascimento com vida (mas lembremos que "a lei põe a salvo, desde a concepção, os direitos do nascituro" – art. 2º do CC/2002). Porém, saliente-se, nem sempre aqueles que podem ser partes em negócios jurídicos têm capacidade civil para a prática de atos jurídicos, devendo ser essa integrada na forma da lei material.

No campo do direito material, a capacidade (de direito) ou personalidade é abrangente de todos, eis que todos podem ter direitos ou assumir obrigações, mesmo que não possam exercê-los por si, devendo a capacidade, nessas hipóteses, ser integrada.[769]

[768] Muito nos honra poder homenagear, com o presente artigo, o ilustre Professor e brilhante civilista Rui Geraldo Camargo Viana.

[769] "Porque se supre a capacidade. A necessidade de tornar possível o exercício da personalidade a alguns que não poderíam por si exercê-la, em razão da capacidade, forçou o legislador a prever os meios de suprir, integrar a atividade jurídica daquelas pessoas. Do contrário, os incapazes ficariam afastados da comunhão social, verdadeiramente privados do exercício de seus direitos, se não houvesse uma pessoa designada pela lei, para dirigir sua pessoa, administrar seus bens e defender seus interesses; enfim uma pessoa que sirva de intermediário ou de assistente nas suas

As pessoas jurídicas e entes afins que também podem ter direitos e assumir obrigações, todavia, somente podem praticar atos jurídicos por meio de seus representantes, dirigentes ou administradores. Não há, quanto a estas, que se falar em integração de capacidade, pois, a única maneira viável de a pessoa jurídica se poder manifestar é através de representante,[770] figura que se aproxima daquela que integra a capacidade (em grau máximo) do absolutamente incapaz.

Conclui-se, em face do exposto, que no campo do direito material, todos podem ser titulares de direitos ou assumir obrigações, mesmo quando não possam exercê-los por si, quando, então, deverão ser representados ou ter a capacidade civil integrada, conforme a hipótese. O mesmo ocorre nas relações jurídicas processuais; uma vez que o conceito de parte processual restringe-se estritamente a este âmbito. Para que exista parte (pressuposto processual de existência), é essencial que esteja presente a capacidade de ser parte.

A lei processual também estipula requisitos (próprios) para que a parte possa ser considerada constituída, afim de que o processo possa se desenvolver validamente, preenchendo assim requisito essencial a denominada capacidade para estar em juízo. Requisito básico se encontra consubstanciado no art. 70, do Código de Processo Civil de 2015, isto é: "Toda pessoa que se acha no exercício dos seus direitos tem capacidade para estar em juízo". Tal artigo conceitua capacidade estar em juízo, baseando-se em conceitos de direito material (pois não se pode negar a existência de ligações de natureza teleológica e instrumental entre o direito civil e o processual),[771] mas, agora, esses conceitos assumem a natureza processual.[772]

1. A capacidade para estar em juízo e sua integração

A capacidade civil e a processual (capacidade para estar em juízo) são capacidades distintas, podendo, teoricamente, receber tratamento diverso por parte do

relações jurídicas com terceiros, agindo juridicamente em nome do incapaz ou em companhia dele". (CARVALHO SANTOS, J. M. **Código Civil Brasileiro Interpretado**. 8 ed. vol. I. São Paulo: Livraria Freitas Bastos S/A, 1958. p. 281).

[770] Figura a que Pontes de Miranda nomina de presentante: MIRANDA, Pontes de. *Tratado de Direito Privado*. T. I, São Paulo: Revista dos Tribunais, 1954. p. 412-413.

[771] ALVIM, Arruda. *Tratado de Direito Processual Civil*. 2 ed. vol. I. São Paulo: Ed. Revista dos Tribunais, 1990. p. 248-251.

[772] "Um primeiro aspecto que se deve ter presente no estudo da norma processual civil, é o de que ela é predominantemente uma norma de direito público e, de regra, uma norma cogente ou de ordem pública. [...] As 'normas cogentes', ou de 'ordem pública', desde que ocorram os pressupostos de seu funcionamento, necessariamente incide no caso concreto, uma vez verificados no plano empírico os fatos à que se referem os seus elementos definitórios, independentemente da vontade dos interessados e mesmo contra tais vontades, que são importantes (= irrelevantes) para impedir sua incidência, a qual é, assim, inexorável" (ALVIM, Arruda. *Manual de Direito Processual Civil*. 20 ed. São Paulo: Thomson Reuters Brasil, 2021. p. 216).

legislador.[773] No direito positivo brasileiro, entretanto, o processo civil encaminhou o conceito e a disciplina da capacidade, em grande parte, tal como regulados pelo direito material.

De acordo com a legislação processual civil, só tem capacidade para estar em juízo os que se acham no exercício de seus direitos (art. 70, do CPC/2015). Esta é correspondente à capacidade plena, tal como disciplinada pelo Direito Civil (art. 5º CC/2002). No entanto, é necessário acrescentar aqui, que esta capacidade se estabelece pela existência dos requisitos estabelecidos pela lei processual.[774]

Doutra parte, a incapacidade para estar em juízo, conforme sua intensidade, pode ser integrada, em maior ou menor grau. O art. 71, do CPC/2015, prevê deverem os incapazes ser representados ou assistidos por seus pais, tutores ou curadores, o que implica ter, o processo civil, também nesse passo, adotado, em relação à integração de capacidade, posição simétrica à do Direito Civil.[775]

[773] Cumpre lembrar que a Lei nº 7.244, de 07 de novembro de 1984, ao dispor sobre a criação e funcionamento do Juizado Especial de Pequenas Causas, havia conferido capacidade para estar em juízo ao menor relativamente capaz, depois de dezoito anos (art. 8º, § 2º), que poderia assim, nas ações ali encartáveis, ser parte *per se*, deixando, portanto, de ser assistido. Contudo, à época, vigia o CC/1916, que previa que a maioridade apenas se dava com 21 anos (art. 9º). Constata-se, neste caso específico, que a lei *supra* citada, de cunho processual, disciplinava a capacidade para estar em juízo não coincidentemente à lei processual civil e civil, considerando plenamente capaz para estar em juízo o relativamente incapaz (como titular dos direitos processuais). No mesmo sentido e com o mesmo alcance, dispõe o art. 8º, § 2º, da Lei 9.099, de 26 de setembro de 1995, que, disciplinando os Juizados Especiais Cíveis (e Criminais), expressamente revogou a Lei 7.244/84 (art. 97). O tratamento diferenciado permaneceu vigente até o CC/2002, que estipulou a maioridade civil com 18 anos (art. 5º). Ao comentar o tratamento da Lei 7.244/1984 Cândido Dinamarco destacava que "O dispositivo tem conteúdo e efeitos de direito substancial e não só processual, consistindo numa arrojada modernização de conceitos. A partir dos dezoito anos completos a pessoa não só poderá demandar no Juizado Especial, como ainda transigir, renunciar, desistir da ação, etc." (DINAMARCO, Cândido R.. **Manual das Pequenas Causas**, São Paulo: Ed. Revista dos Tribunais, 1986. p. 47; cf. também, do mesmo autor, **Juizado Especial de Pequenas Causas**, Coordenador Kazuo Watanabe. São Paulo: Ed. Revista dos Tribunais, 1985. p. 127). De resto, havia outras hipóteses em que esta descoincidência poderia ocorrer, como, exemplificativamente, em relação ao art. 792 da CLT (hoje revogado).

[774] "La capacidad para ser parte es, por lo tanto, la aptitud jurídica para ser titular de los derechos o de las obligaciones de carácter procesal que a las partes se refieren. Constituye el paralelo lógico, aunque no sea substancialmente idéntica, de la llamada capacidad jurídica que estabelece el derecho civil. El goce de la capacidad para ser parte hace, por ello, a um determinado ente, sujeto del proceso distinto del órgano jurisdicional y le atribuye, pues lo que en sentido estricto cabria llamar *personalidad procesal*." (GUASP, Jaime. **Derecho Procesal Civil**. 4 ed. revisada y adaptada a legilación vigente por Pedro Aragoneses. Tomo I. Madrid: Editorial Civitas S/A, 1998. p. 171)

[775] Não devemos deixar de mencionar que exatamente neste mesmo plano se coloca a curatela prevista pelos arts. 84 e 85 do Estatuto da Pessoa Com Deficiência (Lei 13.146/2015).

Assim, a integração da capacidade se dá no grau máximo em relação aos absolutamente incapazes, que serão representados em juízo, enquanto partes. Poder-se-ia dizer que se há incapacidade absoluta não se está em face de hipótese de integração de capacidade, pois esta, para a prática de atos processuais (e materiais) pelo menor, inexiste. Discorda-se dessa possível objeção, em primeiro lugar porque os absolutamente incapazes são, como todos, capazes de ter direitos e assumir obrigações, o que não lhes é admitido é a prática de atos, quer na vida civil, quer no processo. Consequentemente, há integração da capacidade mesmo levando em consideração absolutamente incapazes.

Já essa integração de capacidade se dará em menor grau, se a parte for relativamente incapaz (art. 71, 72º, do CPC/2015), eis que esta atua no processo conjuntamente com quem a assiste.

Pela leitura das normas legais, *supra* citadas, conclui-se que o sentido de capacidade para estar em juízo (também denominada capacidade processual) se lastreia, basicamente, nos conceitos de capacidade e integração desta, fornecidos pelo Direito Civil - como já foi dito - não sendo, contudo, essa razão, suficiente para descaracterizá-la como conceito eminentemente processual.

Entretanto, o CPC/2015, na esteira do CPC/1973, estabeleceu hipóteses outras de integração da capacidade para estar em juízo, não tendo o art. 71, *supra* referido, esgotado os casos que comportam essa espécie de integração. O art. 72 expressa que o juiz deverá nomear curador especial: I) ao incapaz, se não tiver representante legal ou se os interesses deste colidirem com os daquele, enquanto durar a incapacidade; e, ainda, II) ao réu preso revel, bem como ao réu revel citado por edital ou com hora certa, enquanto não for constituído advogado.

Claro está que esse dispositivo está ligado à capacidade para estar em juízo e sua integração, nas hipóteses nele especificadas. O inciso I, na primeira parte, nada mais faz do que apresentar solução para a falta de representante ou assistente do incapaz que vai ser parte no processo, possibilitando, dessa forma, a obediência ao já examinado art. 71 do CPC/2015.

A lei (art. 72º, I, do CPC/2015), nessa oportunidade, disse menos do que deveria, pois só estabelece que o juiz dará curador ao incapaz se não tiver ele representante legal.[776] Por usar da palavra "representante", poderia, a norma legal, levar a entendimento equivocado de que apenas o absolutamente incapaz estaria abrangido pela possibilidade da nomeação, para ver sua capacidade integrada, de curador especial. Ora, tanto o absolutamente incapaz como o relativamente incapaz, precisam ter sua capacidade integrada para que, no âmbito do direito material, possam exercer seus direitos, e, do processual, possam estar em juízo. Portanto, não comporta o inciso I, do artigo em questão, interpretação restritiva, devendo

[776] O CPC/2015 contém exatamente a mesma imprecisão presente no art. 9º, inciso I, do CPC/1973.

ser examinado à luz do previsto no art. 71, do CPC/2015, a fim de que abranja quer uma, quer outra espécie de integração da capacidade de estar em juízo.

Nesse mesmo inciso, vem prevista a possível colidência entre os interesses do incapaz (absoluta ou relativamente) e os do seu representante ou assistente, indicando, a lei, que o juiz, também aqui, dará curador especial para integrar a capacidade do incapaz ante a impossibilidade fático-jurídica de seu representante ou assistente integrá-la naquele processo. Observe-se que o Código Civil, por sua vez, no art. 1.692, já estabelecia a designação de curador especial, sempre que os interesses dos pais colidissem com os do filho, durante o exercício do poder familiar. Normas outras foram estabelecidas na lei civil, quanto aos tutores (que devem ser, no caso de colidência entre os interesses do tutelado e do tutor, exonerados), aplicáveis as mesmas regras aos curadores. Exemplo consiste na hipótese do art. 671 do CC/2002, que determina que o juiz nomeará curador especial ao ausente e ao incapaz quando existente colisão de interesses com seu representante.

Como se vê, há uma correspondência entre o direito material e o processual. Todavia, não é imprescindível essa correspondência, eis que a capacidade para estar em juízo encontra seu fundamento no Direito Processual Civil, podendo, em tese, ser absolutamente diversa da capacidade para a prática de atos jurídicos, em geral, como foi dito.

O inciso II do art. 72, do Código de Processo Civil, cria espécie integração da capacidade para estar em juízo em relação ao réu preso revel e a do "revel, citado por edital ou com hora certa, enquanto não constituído advogado", na medida em que prevê a atuação em relação a estes de curador especial.

Essa integração de capacidade está diretamente ligada ao escopo de ver-se garantido o amplo direito de defesa que, justamente pela condição do réu (preso), ou pela forma de citação (por edital ou hora certa), nos casos previstos pelo artigo *supra*, pode vir a ser prejudicado. Vem, então, este dispositivo (art. 72, do CPC) dar concretude, de forma abrangente, ao princípio constitucional do contraditório (art. 5º, XXXV e LV, da Constituição Federal de 1988), condição essencial para a manutenção do Estado de Direito.[777]

Diante do que foi dito, a presença do curador especial é indispensável nas hipóteses elencadas na lei, para integrar a capacidade da parte, visando a garantir seu direito de defesa; mas a lei processual, nesse item II, do art. 72, criou inte-

[777] "I. Momento constitutivo. - Principio del contraddittorio. - Come si é gia detto (p. 92), l'atto constitutivo del rapporto processuale é la domanda giudiziale: il momento in cui quel rapporto ha vita. Normalmente non si puó statuire sopra una domada se non sentita o debitamente citada la parte contro cui é proposta (princípio del contradittorio; *audiatur et altera pars*. Perciò la domanda giudiziale esiste nel momento in cui è comunicata regolarmente all'altra parte, e in quel momento esiste il rapporto processuale" (CHIOVENDA. Giuseppe. **Principii di Diritto Processuale Civile**. Napoli: Casa Editrice Dott. Eugenio Jovene, 1965. p. 624-625).

gração de capacidade para estar em juízo, diversa daquela que segue a esteira do direito material, tendo em vista a necessidade de dispensar tratamento diferenciado a réus, que, sem esta previsão legal, poderiam ficar em desigualdade de posições no processo. Enfim, a integração prevista neste inciso é inspirada, também, no princípio constitucional de paridade de tratamento das partes, da isonomia.

Deve-se atentar, agora, para outra forma de integração de capacidade, fundada na necessidade de preservação dos bens garantidores da subsistência familiar (interpretação teleológica) e, que, por essa mesma razão e nessa medida, encontra correspondência no direito material. O CPC/2015 previu no art. 73 que o "Cônjuge necessitará de consentimento do outro para propor ação que verse sobre direito real imobiliário, salvo quando casados sob o regime da separação absoluta de bens."

A norma legal, em sua *ratio essendi*, evidencia a necessidade do consentimento do cônjuge às ações que possam vir a importar, mesmo de forma indireta, em disposição de direito relativo a imóvel, em prejuízo à subsistência da família. Dizendo ações relativas direito real imobiliário, a lei quer significar não só o direito de propriedade, mas também qualquer direito real, versando imóvel do casal ou de um só dos cônjuges, e, até mesmo, direito real sobre imóvel alheio.

Descabe, porém, entender como contida no *caput* desse art. 73 as hipóteses de posse, pois o § 2º, destinou-se a determinar que nas "ações possessórias a participação do cônjuge, do autor ou do réu, somente" será "indispensável nos casos de composse ou de ato por ambos praticados".

Portanto, faz-se indispensável o consentimento do cônjuge para a propositura de ações que digam respeito a bens imóveis, que compreendem também as elencadas no art. 47, § 1º, do Código de Processo Civil, isto é, as que dizem respeito a direitos de vizinhança, servidão, nunciação de obra nova, divisória, demarcatória e, claro está, as de usucapião. Resulta inequívoco, do que foi exposto, que também se faz essencial o consentimento do cônjuge para a propositura de ações versantes direitos reais de terceiros sobre imóvel de um ou de ambos os cônjuges.

Assim, por força do próprio art. 73, do CPC/2015, é esse consentimento necessário, sempre que se estiver em face de ações que digam respeito a direitos reais imobiliários. A regra também se aplica à união estável comprovada nos autos, conforme expressa o § 3º, do art. 73, do CPC/2015.

2. Legitimação processual

Até agora foi examinada a capacidade para estar em juízo, que é essencial para o acionar a jurisdição,[778] consistindo em um pressuposto processual de validade

[778] "La capacidad para ser parte basta para tener plena aptitud como parte en un proceso. Es suficiente, sí, para figurar como tal parte, pero no para poder realizar eficazmente los actos procesales que a las partes están atribuídos. Pues esto exige un grado superior de capacidad, la capacidad

da relação jurídica processual. Entretanto, não é ela suficiente para que alguém possa atuar, agir em processo, devendo, para tanto, estar também presente a legitimação para o processo ou legitimidade processual,[779] que também integra o quadro dos pressupostos processuais de validade da relação jurídica processual (para que em seu âmbito seja decidida a lide).

Explicitando o que foi acima enunciado, pode-se dizer que a capacidade para estar em juízo é genérica, enquanto a legitimação processual é específica para aquele determinado processo.[780]

Ordinariamente, terá legitimação processual aquele que preenche o pressuposto da capacidade para estar em juízo, podendo agir processualmente em defesa (sentido lato) de afirmação de direito seu.[781] Normalmente, então, quem

de obrar procesalmente o *capacidad procesal*, sin más, como se dice en fórmula abreviada pero indubablemente equívoca" (GUASP, Jaime. **Derecho Procesal Civil.** 4 ed. revisada y adaptada a legilación vigente por Pedro Aragoneses. Tomo I. Madrid: Editorial Civitas S/A, 1998. p. 174-175).

779 " ... si la parte ... ha il potere di proporre la domanda (o, più esattamente, lo aveva prima di proporla), essa assume un diverso tipo di legittimazione, che si suole configurare a questo reguardo: La legittimazione processuale (*legitimatio ad processum*). La quale figura va tenuta ben distinta dalla legittimazione ad agire, poichè mentre quest'ultima, riconducendosi alle affermazioni contenute nella domanda, dipende da una coincidenza soggettiva in tali affermazioni, e si risolve nella titolarità dell'azzione, la legittimazione processuale dipende invece da un requisito anteriore alla proposizione della domanda - ossia un pressuposto processuale - vale a dire il potere di proporre la domanda; anche se poi si articola nella sucessiva serie dei poteri del processo. In sintesi, la legittimazione processuale è la posizione soggettiva di colui che, essendo titolare del potere di proporre una domanda, diviene, in quanto eserciti questo potere, titolare della serie ulteriore di poteri processuali" (MANDRIOLI, Crisanto. **Corso di Diritto Processuale Civile**. Vol. I, 2ª edizione. Torino: G. Giappichelli Editore. 1978. p. 207-208).

780 "A capacidade processual é conceito que não se confunde com o da legitimidade processual, mas é ele pressuposto da legitimidade processual. Aquela é a aptidão abstrata para agir no processo, reconhecida pela ordem jurídica (...); a legitimidade processual é, assim idéia necessariamente transitiva e cujos sujeitos *só podem ser* os que a uma dada situação objetiva estejam ligadas". (ALVIM, Arruda. **Tratado de Direito Processual Civil.** vol. I, 2 ed. São Paulo: Revista dos Tribunais,1991. p. 330).

781 "El requisito de la capacidad, en su doble grado de capacidad para ser parte y de capacidad procesal de obrar, resuelve el problema de la aptitud para figurar y actuar como parte en un proceso. Pero, por el mismo sentido de esta exigencia, tal aptitud se refiere a cualquier proceso en general y a ninguno en particular. Para poder figurar y actuar eficazmente como parte, no ya en un proceso cualquiera, sino en uno determinado, no basta con disponer de esta aptitud general, sino que es necesaria una condición más precisa, referida singularmente al litigio de que se trate. Tal condición, que afecta al proceso, no en su dimensión común, sino en lo que tiene de individual y determinado, es la que recibe el nombre de legitimación en causa o legitimación procesal" (Cf. Jaime Guasp, *Derecho Procesal Civil*, p. 192, 2ª ed., Instituto de Estudios Politicos, Madrid, 1961). "La legittimazione ad agire è ... l'appartenenza soggettiva dell'azione, cioè l'identità di colui che ha proposto la domanda con colui che con riferimento alla lesione di un suo diritto, ch'egli afferma esistente, possa domandato nei confronti di colui che è stato chiamato in giudizio. Tutto ciò che si è detto finora vale in via normale e si riferisce alla legittimazione ordinaria" (LIEBMAN, En-

tem capacidade para estar em juízo genérica, a tem específica: é o legitimado ordinário.[782] Claro está, no entanto, que se está relacionando esse pressuposto processual à pretensão ou à defesa, à afirmação de direito e pedido ou resistência a estes. Assim, a legitimação processual ordinária deve ser aferida tomando-se em consideração o mérito. Contudo, diz respeito, exclusivamente, à atuação no processo, ao agir processual, sendo, por essa razão, considerada pressuposto processual de validade da relação jurídica processual.

Note-se não poderem ser confundidos os conceitos de legitimação processual e legitimação para a causa. Em primeiro lugar, porque a primeira é pressuposto processual, enquanto a segunda, condição da ação. Isso se assevera por razão fundamental. A legitimação processual, a despeito de ser aferida em relação à lide, ao mérito, diz respeito exclusivamente ao agir, ao atuar no processo como parte, autora ou ré. Por sua vez, a legitimação para a causa nada mais é do que o relacionamento com a lide, desta dizer respeito àquelas partes, que, por isso, podem, uma acionar e a outra ser ré (A legitimação *ad causam* é tanto ativa quanto passiva - conforme o art. 17, do Código de Processo Civil).[783]

Do exposto, conclui-se serem diversos os conceitos de capacidade para estar em juízo, integração desta (arts. 71, 72, 73 e 671, todos do Código de Processo Civil), legitimação processual ou para o processo e legitimação para a causa.[784]

Como já ficou expresso, normalmente, todo aquele que tem capacidade para estar em juízo, ou após a sua integração, tem legitimação processual, a que se denomina de ordinária simples, para ser parte em processo versante sobre pretensão sua ou contra si.

rico Tullio. **Manuale di Diritto Processuale Civile**. Vol. I, 4. edizione, Milano: Dott. A. Giuffrè Editore. 1980. p. 141-142).

[782]"Na legitimidade ordinária coincidem a figura das partes com os pólos da relação jurídica, material ou processual, real ou apenas afirmada, retratada no pedido inicial. Em conseqüência, os efeitos da decisão judicial operam-se diretamente no patrimônio das partes, sem qualquer distinção entre efeitos processuais e materiais. A parte legitimada, direta ou ordinariamente, no processo suporta todos os efeitos da decisão judicial, sem exceções, de vez que postula em nome próprio direito próprio" (ARMELIN, Donaldo. **Legitimidade para Agir no Direito Processual Civil Brasileiro**. São Paulo: Ed. Revista dos Tribunais, 1979. p. 117).

[783] "... a legitimidade processual ativa é o *agir adequado*, em relação a uma situação e em face do outro partícipe da mesma situação, no mesmo caso concreto, isto é, há de se atuar em face do legitimado passivo; ... A legitimidade de alguém é, pois, identificável tendo em vista *esse alguém e o outro* e, também, à luz de uma situação que, em comum, lhes diz respeito."(Arruda Alvim, op. cit. p. 330)

[784]. "La distinzione tra capacità processuale e legittimazione formale diventa rilevante nei casi in cui la parte difetta di capacità processuale: l'esercizio dei suoi diritti processuali viene allora conferito dalla legge a terzi, i quali, in virtù appunto di tale investitura, acquistano la legittimazione formale e stanno nel processo, compiendo tutti gli atti processuali in nome e per conto della parte che essi rappresentano" (LIEBMAN, Enrico Tullio. **Manuale di Diritto Processuale Civile**. Vol. I, 4. ed. Milano: Dott. A. Giuffrè Editore, 1980. p. 78).

Cabe, nessa oportunidade, dizer que a legitimação processual ordinária pode competir a várias pessoas. Ser deferida por lei a várias pessoas como resultante da própria natureza da lide, do pedido. Isso ocorre toda vez que se depara com lide que diz respeito a mais de uma pessoa no mesmo polo da relação jurídica processual (unitariedade). Surge, nessa hipótese a legitimação processual ordinária concorrente.

Será também legitimação processual ordinária, oriunda da existência de parte plúrima, aquela conferida aos litisconsortes, considerados por lei necessários em face da unitariedade. Difere essa hipótese da anterior, porque a lei, aqui estabelece a obrigatoriedade do agir conjunto como parte (art. 47, do Código de Processo Civil). Cada litisconsorte além de ter capacidade para estar em juízo (ou ter essa integrada) tem legitimidade processual. Evidentemente, por força do litisconsórcio necessário a legitimidade processual ordinária não implica em todos deverem, efetivamente, praticar atos processuais, mas que integrem a relação processual em qualquer dos pólos da mesma (como parte).[785]

Considerações são aqui tecidas quanto à legitimação processual ordinária simples e concorrente, para verificar no que consiste a legitimação processual extraordinária.

A legitimação para o processo será extraordinária se não houver coincidência entre aquele que tem ou a respeito de quem se faz afirmação de direito e o que age no processo, como parte, por ter legitimação processual (capacidade para estar em juízo específica para aquele processo).

Alguém, a despeito de ter capacidade para estar em juízo, pode não a ter especificamente para determinado processo, que lhe diz respeito, tendo a lei outorgado esse agir processual a outrem.[786] Poderia haver, nesse caso, o que se pode denominar (o que fizemos anteriormente) de "agir obstado" daquele que deveria ser parte. Essa dissociação entre o interessado no objeto do processo, entre o

[785] "Assim, a problemática da legitimidade ordinária no processo, exceção feita à complexidade de situações resultante do litisconsórcio necessário, não oferece maiores dificuldades, levando-se em conta sempre que ela resulta do pedido do autor enfocado sob o prisma do contexto jurídico material em que aquele se inseriu" (ARMELIN, Donaldo. **Legitimidade para Agir no Direito Processual Civil Brasileiro**. São Paulo: Ed. Revista dos Tribunais, 1979. p. 121).

[786] "Quando a situação legitimante coincide com a situação deduzida em juízo, diz-se ordinária a legitimação; no caso contrário, a legitimação diz-se *extraordinária*. Ali, a regra concreta que se vier a formular na sentença incidirá diretamente sobre a esfera jurídica do próprio legitimado; aqui, incidirá diretamente sobre a esfera jurídica *de outra pessoa ou de outras pessoas*, conquanto possa, por via *indireta*, atingir a esfera do legitimado, e até seja tal a razão mais comum de reconhecer-se eficácia legitimante à situação subjetiva deste. O legitimado ordinário deve encontrar na sentença a disciplina da sua própria situação alheia, talvez suscetível de repercutir na sua." (MOREIRA, Barbosa Moreira. *Apontamentos para um Estudo Sistemático da Legitimação Extraordinária, in* **Direito Processual Civil (Ensaios e Pareceres)**, Editor Borsoi, 1971. p. 60).

titular da lide e aquele que pode agir em juízo,[787] só poderá ocorrer em havendo previsão legal. Nisso consiste a legitimação extraordinária exclusiva (tão somente o autorizado extraordinariamente por lei é que poderá ir a juízo, mesmo que o titular da lide tenha capacidade para estar em juízo), supressão de legitimidade cuja constitucionalidade, contudo, pode ser posta em dúvida.

Mas, a legitimação processual extraordinária também pode ser concorrente, dependendo de a lei ter deferido o poder de agir, em juízo, a várias pessoas. Ainda, poderá a lei conferir legitimação ordinária e extraordinária, ou extraordinárias, concorrentes, gerando, ação movida por um ou contra um, litispendência para as demais.

A legitimação processual extraordinária pode vir cumulada com a ordinária, como se dá, exemplificativamente, na hipótese de ação de declaração de nulidade de casamento, disciplinada no art. 1.549, do Código Civil, pelo qual podem mover a ação os legitimados processuais ordinários (cônjuges) e o extraordinário (membro do Ministério Público), gerando litispendência a ação proposta por um, para os outros.

O Ministério Público entendemos, não pode ser considerado legitimado ordinário em face da lide que só pode dizer respeito aos cônjuges. Mesmo considerando que atua, esse órgão, por força de lei e de suas funções, nem por isso a lide lhe diz respeito. O que a ele diz respeito é o interesse público, e por este fundamento seu atuar se aproxima do próprio legitimado extraordinário. Quando o Ministério Público move determinadas ações de anulação de casamento, ele tem legitimidade para o processo, mas a legitimação para a causa (*legitimatio ad causam*) é aferida em função dos cônjuges.[788]

Também será o caso do art. 1.314, do Código Civil, pelo qual poderá, cada condômino, ser parte em relação jurídica processual para a defesa da posse comum. Poderá litigar isoladamente, atuando como legitimado ordinário em relação à parte que lhe compete do condomínio e legitimado extraordinário em relação ao que diz respeito demais condôminos que não integram necessariamente a lide. Lembre-se, ainda, que a ação movida por um dos condôminos ou contra um deles nessa medida, gera litispendência em relação a outra ação igual ou outras ações iguais movidas pelos, ou contra os demais.

[787] "... in casi determinati, espressamente indicati dalla legge, può essere riconosciuta ad un terzo una legittimazione straordinaria, la quale gli conferisce il diritto di far valere in giudizio un diritto altrui". (LIBMAN, Enrico Tullio. **Manuale di Diritto Processuale Civile.** Vol. I, , 4ª edizione, Dott. A. Giuffrè Editore, Milano, 1980. p. 142).

[788] "Casamento - ação de anulação - Bigamia - Legitimidade *ad causam* do Ministério Público, ainda que já falecido um dos cônjuges - Proibição legal que só atinge a hipótese de matrimônio celebrado perante autoridade incompetente - Inteligência do art. 208 e parágrafo único, II do CC." Note-se que a jurisprudência classifica a legitimidade do Ministério Público, não só neste tipo de ação, como *ad causam* (Cf. RT 642/112).

Diversamente ocorre em se tratando de ações coletivas, quando o membro do Ministério Público (e os outros legitimados) atua por força de lei e de suas funções, mas, além disso, a legitimação lhe é própria, eis que a lide não diz respeito a somatória dos direitos individuais, mas aos direitos difusos e coletivos propriamente ditos, pelo que se denomina essa legitimação de autônoma.[789] Além disso, o indivíduo não é legitimado para a propositura da ação coletiva versante direitos difusos e coletivos.

Da exposição da matéria facilmente verificamos que a legitimação extraordinária se situa entre os pressupostos processuais e não, como comumente se afirma, dentre as condições da ação, tratando-se, pois, de legitimação processual extraordinária e não de legitimação *ad causam* extraordinária. Essa posição pode, até mesmo, sofrer crítica de que a condição da ação é averiguada em função do mérito, da lide, mas também a legitimação processual o é, tal qual a colocamos. Entretanto, constituem, a legitimação processual e a legitimação para a causa, categorias diversas: a primeira, pressuposto processual; a segunda, condição da ação. Recorde-se a razão de ser desse posicionamento, com a finalidade de aclarar algum ponto obscuro do que foi exposto.

Em dizendo ser a legitimação processual a capacidade para estar em juízo específica para determinada ação, está-se, evidentemente, concretizando essa capacidade, em função da lide, do resguardo à afirmação de direito pretendida por alguém.[790] já a legitimação para a causa, por sua vez, pode ser explicada, como a possibilidade (saneamento do processo) ou certeza (quando do julgamento) de a lide dizer respeito às partes no processo e, em assim sendo, de serem elas alcançadas pela decisão judicial nele proferida, na sua esfera jurídica.

[789] Segundo Nelson Nery Jr. e Rosa Maria de Andrade Nery defendem "Para as ações coletivas na tutela de direitos difusos e coletivos trata-se de *legitimação autônoma para condução do processo* (*selbständige Prozefsführungsbefugnis*), ordinária. Quando a ação coletiva for para a tutela de direitos individuais homogêneos (v. CDC 81, par. Um. III), haverá substituição processual, isto é, legitimação extraordinária. (NERY, Nelson Nery JR. NERY, Rosa Maria de Andrade. **Leis Civis Comentadas e Anotadas.** 5 ed. São Paulo: Thomson Reuters Brasil, 2019. p. 53).

[790]"O art. 6º correlaciona-se com o art. 7º, no sentido de se dever acentuar que, para *estar em juízo*, a pessoa deve achar-se no exercício dos seus direitos e que, como regra geral, tal exercício de direitos, projeta-se no campo processual (capacidade para estar em juízo ou capacidade processual, a qual é pressuposto da legitimidade processual). Assim, no sistema do CPC, em regra (art. 6º), só é outorgada esta capacidade para estar em juízo, ao que se afirma como próprio titular do direito alegado. somente por exceção legal (art. 6º) no sistema do CPC e *infra* constitucional, é que alguém poderá estar em juízo, para pleitear em nome de outrem. .... Por outras palavras, o art. 6º estabelece - salvo exceções legais - que a legitimação *ad causam* deverá sempre se encontrar subposta à legitimidade processual. A dissociação entre ambas, assim, somente poderá ser verificada nos casos em que a lei autoriza, como na substituição processual e na representação" (ALVIM, Arruda Alvim, *Tratado de Direito Processual Civil*, Vol. I, 2ª ed., São Paulo: Editora Revista dos Tribunais, 1990. p. 342).

Dada a concretização do atuar processual, pode-se afirmar que a legitimação processual é aferida em função dessa concretização. A legitimação para o processo é aferida em função de quem age ou deve agir, quem atua, seja ele legitimado ordinário ou extraordinário,[791] já a legitimação para a causa o é em função de quem afirma ou contra quem se afirma a titularidade da lide.

Conclusões

Os conceitos de capacidade de ser parte, capacidade para estar em juízo, legitimação processual e legitimidade ad causam não se confundem. Em verdade, se complementam. Dependem de elementos diversos a serem analisados que dizem respeito exclusivamente a cada um deles. Consistem, pois, em pressupostos diversos que devem necessariamente ser preenchidos para o regular trâmite processual sendo certo que cada qual possui com suas especificidades e variáveis estando, pois, em planos distintos, respectivamente, ou no plano da existência e ou no plano da validade do processo. Afina, a ausência de cada um deles traz consequências específicas e próprias para a relação jurídica processual.

[791] "Alimentos - Execução - Ajuizamento pelo Ministério Público em nome do menor - Execução fundada em título executivo judicial oriundo de acordo homologado em Juízo - Regularidade da representação. ... A jurisprudência deste Egrégio Tribunal, com efeito, já proclamou que o Curador, no interior do Estado, tem competência para propor ação em nome do incapaz, apenas se ressalvando que não pode ele atuar como parte e fiscal simultaneamente (RT 570/101). Ora, em face da natureza do pedido, ou seja, ingresso de execução de acordo homologado em Juízo, portanto, título executivo judicial, não havia razão para se coactar a iniciativa ministerial." (Cf. Lex, RJTJESP 129/273).

REFERÊNCIAS

ALVIM, Arruda. **Tratado de Direito Processual Civil**. 2. ed. vol. I. São Paulo: Ed. Revista dos Tribunais, 1990.

ALVIM, Arruda. **Manual de Direito Processual Civil**. 20. ed. São Paulo: Thomson Reuters Brasil, 2021.

ARMELIN, Donaldo. **Legitimidade para Agir no Direito Processual Civil Brasileiro**. São Paulo: Ed. Revista dos Tribunais, 1979.

CARVALHO SANTOS, J. M. **Código Civil Brasileiro Interpretado**. 8. ed. vol. I. São Paulo: Livraria Freitas Bastos S/A, 1958.

CHIOVENDA. Giuseppe. **Principii di Diritto Processuale Civile**. Napoli: Casa Editrice Dott. Eugenio Jovene, 1965.

DINAMARCO, Cândido R. **Manual das Pequenas Causas**. São Paulo: Ed. Revista dos Tribunais, 1986.

GUASP, Jaime. **Derecho Procesal Civil**. 4 ed. revisada y adaptada a legilación vigente por Pedro Aragoneses. Tomo I. Madrid: Editorial Civitas S/A, 1998.

MANDRIOLI, Crisanto. **Corso di Diritto Processuale Civile**. Vol. I. 2. edizione. Torino: G. Giappichelli Editore, 1978.

MIRANDA, Pontes de. **Tratado de Direito Privado**. T. I. São Paulo: Revista dos Tribunais, 1954.

MOREIRA, Barbosa Moreira. Apontamentos para um Estudo Sistemático da Legitimação Extraordinária. *In*: **Direito Processual Civil (Ensaios e Pareceres)**, Editor Borsoi, 1971.

NERY JR, Nelson Nery; NERY, Rosa Maria de Andrade. **Leis Civis Comentadas e Anotadas.** 5. ed. São Paulo: Thomson Reuters Brasil, 2019.

LIEBMAN, Enrico Tullio. **Manuale di Diritto Processuale Civile**. Vol. I. 4. edizione, Milano: Dott. A. Giuffrè Editore. 1980.

PINTO, Nelson Luiz. **Ação de Usucapião.** São Paulo: Revista dos Tribunais, 1991.

37. O DIREITO À AUTODETERMINAÇÃO DO NOME E SEUS REFLEXOS NOS REGISTROS PÚBLICOS

VITOR FREDERICO KÜMPEL

Introdução

A questão da composição e alteração do nome da pessoa natural recebeu diferentes roupagens ao longo da história, variando drasticamente entre diferentes culturas. Em Roma, no período arcaico, utilizava-se quase exclusivamente o prenome.[792] Mais tarde, a partir da República,[793] passou-se a utilizar um prenome (*praenomen*, o nome individual), sucedido por um nome (*nomen gentilicium*, que designava a *gens* ou clã), por sua vez seguido de um cognome (*cognomen*, que distinguia entre as diversas famílias de uma mesma *gens*), sendo possível ainda acrescentar um agnome (*agnomen*, referente a atos ilustres ou eventos memoráveis).[794] As mulheres, contudo, tinham apenas o *praenomen* feminino seguido do *nomen* e *praenomen* do pai que, quando casadas, eram substituídos pelo *nomen* e *praenomen* do marido. Posteriormente, passou-se a utilizar apenas o *nomen* e, já no fim

[792] Peck, Harry Thurston (ed.). **Harper's dictionary of classical literature and antiquities**. New York: Harper & Brothers, 1898. p. 1101.

[793] Pontes de Miranda, Francisco Cavalcanti. **Tratado de direito privado**. v.1. São Paulo: Revista dos Tribunais, 2012. pp. 351-353.

[794] Ravizza, João. **Gramática latina**. 14. ed. Niterói: Escola Industrial Dom Bosco, 1948. pp. 451-452.

da República, utilizava-se o *cognomen* do pai ou do marido ao lado do *praenomen* da mulher.[795-796]

O direito romano adotava o princípio da mutabilidade do nome.[797] O pensamento romano, sempre atento às questões de ordem prática, admitia, por influência da filosofia grega, que a designação das coisas acompanhasse sempre seu estado em determinado momento (aderência do nome à matéria)[798], mas não o nome dos homens,[799] visto como fruto, pelo menos em parte, do exercício do livre-arbítrio.[800] Chegou-se a afirmar ser livre para os particulares (*privatim*) a imposição do nome, cognome e nome, não sendo perigosa a mudança deles, desde que não acarretasse dano (*innocentibus*).[801] Em que pese essa orientação romanística, prevaleceu no direito moderno o princípio oposto, ou seja, a imutabilidade do nome.[802]

1. Origens e flexibilização do princípio da imutabilidade

O princípio da imutabilidade do nome remonta à *Ordonnance d'Amboise*, de 26 de março de 1555,[803] acerca da exigência, imposta a todas as pessoas, de não alterar o nome ou o brasão, salvo mediante autorização, sob pena de ser punido como falsário e perder títulos e privilégios nobiliárquicos.[804]

[795] Peck, Harry Thurston (ed.). Op. cit. p. 1102.

[796] Sobre o histórico do nome e sua evolução jurídica, cf. KÜMPEL, Vitor Frederico; FERRARI, Carla Modina. **Tratado Notarial e Registral**. v. 2, 2. ed. São Paulo: YK, 2022.

[797] Pontes de Miranda, Francisco Cavalcanti. **Tratado de direito privado**. v. 7. São Paulo: Revista dos Tribunais, 2012, p. 147.

[798] Madero, Marta. **Tabula Picta – Painting and Writing in Medieval Law**. (trad. Monique Dascha Inciarte e Roland David Valayre). Philadelphia: University of Pennsylvania, 2004. pp. 47-52.

[799] Cf. Ulp. 5 *ad Sab.*, D. 30, 4 pr.: "*(...) Rerum enim vocabula immutabilia sunt, hominum mutabilia*" [(...) As designações das coisas são imutáveis, as dos homens mutáveis].

[800] Pontes de Miranda, Francisco Cavalcanti. Op. cit. v. 7. p. 147.

[801] Cf. Diocl. et. Max, C. 9, 25 (293): "*Sicut initio nominis cognominis praenominis recognoscendi singulos impositio privatim libera est, ita eorum mutatio innocentibus periculosa non est. Mutare itaque nomen sive praenomen sine aliqua fraude licito iure, si liber es, secundum ea quae saepe statuta sunt minime prohiberis, nulli ex hoc praeiudicio futuro*" (Assim como, em princípio, é livre a imposição privada de nome, cognome e prenome, a fim de reconhecer cada indivíduo, também não é perigosa a sua alteração para aquilo que não cause prejuízo. Assim, se és livre, de forma alguma é proibido que alteres, com licitude, de acordo com aquilo que repetidas vezes foi estatuído, o nome ou o pronome, sem qualquer fraude, não devendo haver prejuízo algum para ninguém).

[802] Para Rubens Limongi França (**Do nome civil das pessoas naturais**. 3. ed. São Paulo: Revista dos Tribunais, 1975. p. 251), o princípio da imutabilidade do nome era a mais importante das regras que objetivam a regularidade da identificação das pessoas.

[803] Cf. Art. 3º d'une ordonnance d'Amboise, 26 mars 1555.

[804] Limongi França, Rubens (Coord.). **Enciclopédia Saraiva do Direito**. v. 54. São Paulo: Saraiva, 1981. p. 251.

Em termos práticos, o princípio da imutabilidade implica que, uma vez registrado, o nome não poderia ser modificado sem o crivo jurisdicional, afora expressa determinação legal. A defesa desse princípio partia da premissa de que uma liberdade de alteração desenfreada comprometeria a identificabilidade das pessoas, dificultando a imputação de direitos e deveres e, consequentemente, abalando a eficácia e a segurança das relações jurídicas. Vale dizer, a volatilidade do nome iria de encontro ao interesse social na estabilização do nome,[805] como meio de garantir uma individualização certa e precisa das pessoas.[806] Seria esse o principal argumento para justificar os limites à autonomia da vontade na determinação e alteração do nome. E, ao menos num primeiro momento, esse argumento mostrava-se coerente, já que o nome era o principal elemento de individualização da pessoa na sociedade.

No Brasil, o princípio da imutabilidade foi contemplado pelo Decreto nº 18.542, de 24 de dezembro de 1928, que peremptoriamente estabelecia que "O prenome será immutavel" (art. 72). O Decreto nº 4.857, de 9 de novembro de 1939, manteve a mesma redação, acrescendo um parágrafo único para admitir a retificação em caso de erro gráfico do prenome, desde que não houvesse alteração da pronúncia (art. 72).

O princípio também figurou na redação original do art. 59 da Lei nº 6.015/1973, que fazia expressa menção à imutabilidade do nome. Não obstante, o dispositivo já permitia, além da hipótese de retificação citada acima, mudança mediante sentença do juiz, a requerimento do interessado, desde que o oficial não o houvesse impugnado.

Importante mudança ocorreu com a entrada em vigor da Lei nº 9.708, de 18 de novembro de 1998, que alterou substancialmente o art. 58 da Lei nº 6.015/1973, estabelecendo que o nome é definitivo, porém admitindo sua substituição por apelidos públicos notórios, desde que não proibidos por lei.

Outra hipótese de mutação onomástica foi inaugurada pela Lei nº 9.807, de 13 de julho de 1999, que substituiu o parágrafo único do referido art. 58 da Lei nº 6.015/1973, passando a admitir a substituição do prenome em razão de fundada coação ou ameaça decorrente de colaboração com apuração de crime, desde que determinada em sentença de juiz competente e fosse ouvido o Ministério Público.

Com esta última mudança, chegou-se a afirmar que havia sido suprimido o princípio da imutabilidade, até porque a palavra "imutável", centenária no sis-

[805] Menezes Cordeiro, Antônio Manuel da Rocha. Títulos Nobiliárquicos e Registro Civil: A inconstitucionalidade da reforma de 2007. **Revista da Ordem dos Advogados,** v.69, 2009. Disponível em: https://portal.oa.pt/comunicacao/publicacoes/revista/ano-2009/ano-69-vol-iii/actualidade/antonio-menezes-cordeiro-titulos-nobiliarquicos-e-registo-civil-a-insconstitucionalidade-da-reforma-de-2007/. Acesso em: 05 maio 2023.

[806] Brandelli, Leonardo. **Nome civil da pessoa natural**. São Paulo: Saraiva, 2012. p. 157

tema jurídico brasileiro, foi substituída pela palavra "definitivo". Para outros, tratava-se de uma imutabilidade mitigada ou relativa, haja vista que, embora a lei e a jurisprudência restringissem, de forma significativa, a possibilidade de alterações indiscriminadas do nome registral, seriam admissíveis modificações excepcionais, desde que motivadas e mediante autorização judicial.

É o caso das alterações fundadas na regra do então parágrafo único do artigo 56 da LRP (atual § 1º do art. 55), segundo o qual os oficiais do registro civil não registrarão prenomes suscetíveis de expor ao ridículo os seus portadores. Ainda nesses casos, imperava como regra geral a imutabilidade do nome, de modo que a alteração não apenas dependia de decisão judicial, mas também precisava ser justificada. A doutrina e a jurisprudência entendiam que não bastava um mero desagrado ou constrangimento íntimo do portador para autorizar essa modificação, restringindo a possibilidade de alteração a situações de *bullying* ostensivo.

Entretanto, as flexibilizações ao princípio da imutabilidade do nome não pararam por aí. A promulgação do Código Civil de 2002 teve um impacto significativo nessa tendência, na medida em que reforçou o caráter de direito da personalidade do nome, assentando as premissas a partir das quais ganharia força a ideia de autodeterminação em detrimento da engessada imutabilidade.

2. A autodeterminação do nome como consectário da sua natureza jurídica de direito da personalidade

A pandectística influenciou fortemente o Código Civil alemão (BGB),[807] primeiro código civil a reconhecer o caráter de direito subjetivo ao nome.[808] Nele, o direito ao nome é um direito da personalidade[809]. Seguindo essa linha, o Código Civil de 2002 deixou assentada a natureza de direito da personalidade do nome, disciplinando-o nos arts. 16 a 19, exatamente no capítulo II ("Dos Direitos da Personalidade") do título I ("Das Pessoas Naturais") do Livro I ("Das Pessoas") da Parte Geral.

Embora tenham surgido, ao longo da história, uma miríade de teorias acerca da natureza jurídica do nome, prevaleceu a concepção do nome como principal elemento distintivo da pessoa e manifestação mais expressiva da personalidade.[810] E, considerando a topografia do instituto no atual Código Civil, não res-

[807] Wieacker, Franz. **História do Direito Privado Moderno**. (trad. António Manuel Botelho Hespanha). 2. ed. Lisboa: Calouste Gulbenkian, 1980. pp. 541-542.

[808] Traços dessa importância, contudo, parecem ter estado presentes em tempos mais remotos, cf. Pontes de Miranda, Francisco Cavalcanti. Op. cit. v. 1. p. 353.

[809] Cf. § 12 do BGB.

[810] Camargo Viana, Rui Geraldo. **Novos direitos da personalidade: direito à identidade sexual**. *In*: Correia, Atalá; Capucho, Fábio Jun (Coord.). **Direitos da personalidade**: a contribuição de Silmara J. A. Chinellato. Barueri: Manole, 2019. p. 94.

tam dúvidas quanto à sua natureza jurídica de direito da Personalidade, sendo a tese adotada pela quase unanimidade de doutrinadores.[811]

Essa natureza jurídica é a chave de compreensão da crescente prevalência da autodeterminação do nome no ordenamento jurídico brasileiro, em detrimento da antiga imutabilidade consagrada na redação original da Lei dos Registros Públicos (Lei nº 6.015/1973). Entendemos que é justamente a natureza de direito da personalidade que justifica essa primazia hodierna da autodeterminação pessoal.[812]

Ora, na medida em que o nome constitui direito da personalidade, não fazia muito sentido que toda modificação precisasse ser justificada. Sendo direito da personalidade, não parecia razoável exigir que o sujeito tivesse que apresentar fortes razões jurídicas para alterar seu nome. A alteração pode ser justificada pela simples vontade de mudar, por questões exclusivas de foro íntimo.

Se o titular de direitos não tem apreço pelo seu nome ou tem interesse em alterar seu sobrenome, sem prejudicar terceiros sob o prisma comutativo ou distributivo, a mudança devia ser admissível, ainda que calcada apenas no foro íntimo. A questão atenta diretamente à dignidade da pessoa humana, já que o nome é a principal forma de chamamento, gera publicidade inata, e, dependendo de como formulado, tem o potencial de expor cotidianamente a pessoa a constrangimentos e desconfortos.

Toda vez que a justiça de primeiro ou de segundo grau negava a modificação de prenome, além de exacerbar a litigiosidade em prol de velhos paradigmas ultrapassados, criava maior dissonância entre aparência e realidade. E tornava o registro uma inverdade, na medida em que o titular, vencido no seu pleito de modificação de nome, continuaria adotando o prenome que melhor lhe aprouvesse, como pseudônimo, o que gerava inefetividade da jurisdição, tornando o registro civil inapto para o seu maior fim: espelhar a realidade da vida.

Além da questão da modificação do prenome, essa ênfase na natureza de direito da personalidade no nome também influenciou a evolução das regras de alteração do sobrenome, já fortemente marcadas pelos usos e costumes de cada época. Afinal, o sobrenome é vinculado aos laços familiares, e não há dúvidas de que os modelos de família sofreram radicais transformações desde o início do século passado. Essa influência pode ser claramente percebida tomando-se como exemplo a questão da alteração do sobrenome em virtude da dissolução da sociedade conjugal.

[811] Cite-se, por exemplo: PONTES DE MIRANDA, Francisco Cavalcanti. Op. cit. v. 1, p. 143; BRANDELLI, Leonardo. Op. cit. p. 45; MONTEIRO, Washington de Barros. **Curso de direito civil**. v. 1. 40. ed. São Paulo: Saraiva, 2005. p. 106; VENOSA, Silvio de Salvo. **Direito civil**. v. 1, 8. ed. São Paulo: Atlas, 2008. pp. 214-215.

[812] Schreiber, Anderson. **Direitos da personalidade**. 3. ed. São Paulo: Atlas, 2014. p. 193.

Com efeito, antes da entrada em vigor do atual Código Civil, em matéria de casamento, vigorava o princípio da transitoriedade, ou seja, por ocasião da dissolução da sociedade conjugal ocorria, em regra, a supressão do sobrenome do ex-cônjuge. Com a entrada em vigor do atual Código Civil, passou-se a adotar o princípio da definitividade, também do sobrenome, inclusive no caso de dissolução. Desse modo, a regra passou a ser a da manutenção do sobrenome conjugal, cuja supressão passou a depender de vontade expressa do seu portador. Isso porque, assentada sua natureza de direito da personalidade pelo Código de 2002, entende-se que o nome passa a incorporar, de forma inata e permanente, a essência do titular, independentemente da origem ou forma de aquisição. Uma vez incorporado o nome, no caso por força de casamento (e mediante opção do nubente, já que tal aquisição não opera mais *ipso iures*), passa a *ser* e a *estar* na personalidade do cônjuge.[813]

Diante disso, a manutenção ou supressão do sobrenome conjugal em virtude do divórcio passou a estar condicionada à vontade do titular, por integrar sua personalidade. Para parte da doutrina, essa vontade seria indispensável em qualquer caso, enquanto para outros, a supressão compulsória seria restrita a hipóteses absolutamente excepcionais.[814] De toda forma, não restaram dúvidas de que, em princípio, a supressão deve ser voluntária, justamente por dizer respeito a um direito da personalidade do titular.

Percebe-se que, tanto em matéria de prenome quanto de sobrenome, a classificação como direito da personalidade conduziu a um fortalecimento da autodeterminação, o que foi derruindo o antigo dogma da imutabilidade do nome. Um grande marco nessa evolução se deu em 2018, com a decisão do STF na ADI n. 4.275/DF, sobre a alteração de nome e gênero das pessoas transgênero, trazendo novamente à tona a discussão sobre o direito de determinar o próprio nome como consectário da sua conexão com valores inatos à personalidade.

A jurisprudência, durante muito tempo, negou a alteração de nome e gênero à pessoa transgênero, salvo – mais recentemente – específicos casos em que tivesse sido realizada a cirurgia de transgenitalização. Essa orientação jurisprudencial foi

[813] KÜMPEL, Vitor Frederico; FERRARI, Carla Modina. Op. cit.

[814] Para os que entendem que a EC nº 66/10 derrogou o art. 1.578, *caput,* do Código Civil, não há mais cônjuge culpado, de sorte que a supressão do sobrenome familiar é de livre arbítrio do cônjuge que usa o sobrenome do outro, podendo conservá-lo (art. 1.578, § 2º) ou suprimi-lo a qualquer momento por renúncia (art. 1.578, § 1º). Vide Berenice Dias, Maria. **Manual de Direito das Famílias**. 10. ed. São Paulo: Revista dos Tribunais, 2015. pp. 120-121. A segunda tese é a que advoga a manutenção da dissolução culposa e vigência dos art. 1.571, § 2º, combinado com o art. 1.578, *caput.* De acordo com essa segunda posição, a regra geral é a da liberdade de opção por manutenção ou renúncia do nome de casado (art. 1.578, §§ 1º e 2º) e perda compulsória apenas em caso de condenação. Vide Gonçalves, Carlos Roberto. **Direito civil brasileiro**. v. 7. 7. ed. São Paulo: Saraiva, 2010. p. 261.

drasticamente alterada com o julgamento da aludida ADI n. 4.275/DF, no qual o STF deu interpretação conforme à Constituição Federal ao art. 58 da LRP, reconhecendo o direito da pessoa transgênero que desejar, independentemente de cirurgia de redesignação ou da realização de tratamentos hormonais ou patologizantes, a substituição de prenome e gênero diretamente no ofício do RCPN, independentemente de intervenção judicial.

Essa mudança se alinha à mencionada primazia da autodeterminação em detrimento da imutabilidade do nome, bem como à noção de que o gênero e o nome são direitos da personalidade. Sendo assim, devem poder ser alterados independentemente do sexo biológico, bastando que o titular de direitos não se conforme com o nome adotado. Sobre o Direito à autodeterminação do gênero, destaque-se os comentários de Rui Geraldo Camargo Viana:

> Tratando-se a sexualidade de manifestação subjetiva própria e privada do ser humano, ligada ao estado de sentimento, entendimento e percepção pessoal, de como intimamente se entende e quer se fazer entender perante a sociedade, não se pode desvincular a autodeterminação de gênero da própria personalidade. (...) Partindo dessa premissa, respeitadas opiniões contrárias, não há como negar o direito à autodeterminação de gênero, ou direito à identidade sexual, frente à análise de princípios e garantias constitucionais e de normas jurídicas integrantes de nosso sistema.[815]

Esse reconhecimento do direito à autodeterminação do gênero passa pela questão da autodeterminação do nome, até porque o prenome serve, no mais das vezes – e como um indicativo do gênero de seu titular, o que é muito pronunciado na cultura brasileira, em que são raros os nomes próprios comuns a dois gêneros.

De fato, "o direito a autodeterminação do gênero apenas é assegurado de forma concreta se atribuir-se o direito de identificar-se de acordo com sua identidade autopercebida"[816]. Afinal, conforme elucida com precisão Rui Geraldo Camargo Viana, "o direito à alteração/retificação de informações constantes do registro civil (nome e gênero) deve ser uma consequência do direito à autodeterminação de gênero, seja ou não por via cirúrgica. É o modo pelo qual a pessoa

[815] Camargo Viana, Rui Geraldo. Op. cit. p. 90.

[816] CARDOSO, Camila Caixeta; CARDOSO, Elisa Caixeta. **Alteração administrativa do prenome e gênero do transgênero**: o equilíbrio entre os interesses apresentados. **Revista Meritum**. Belo Horizonte. v. 16. n. 3. p. 28-42. 2021. p. 33-34.

irá materializar e externar civilmente o seu direito de identificação"[817]. Assim, intimamente relacionado ao direito à autodeterminação do gênero – embora não circunscrito à situação de alteração do gênero –, é possível identificar a crescente ascensão do direito à autodeterminação ou autopercepção do nome[818].

Em atenção à determinação do STF no julgamento mencionado, e tendo em vista essa necessária materialização do então reconhecido direito à autodeterminação do gênero e regulamentação de seus consectários registrais, o CNJ normatizou acerca do procedimento para a realização dessa averbação diretamente no ofício do RCPN onde o assento foi lavrado, por meio do Provimento nº 73/2018.

Ressalte-se que não é necessária que a mudança de nome, nesse caso, esteja ligada à exposição do ridículo. Muito embora a doutrina e a jurisprudência reflitam esse pensamento, relacionando a mudança de nome à exposição ao ridículo, tal aspecto é personalíssimo. Isso significa que o portador do nome originário possa até entender não estar sendo exposto ao ridículo por exteriorizar um sexo diferente do seu nome, porém, ainda assim, tem direito de alteração de nome, para que componha o substrato íntimo de sua personalidade.

A realidade ou verdade passa a ser um estado de espírito sendo a exteriorização consciente do titular motivo mais do que razoável para a alteração do prenome, independentemente de exposição ao ridículo e qualquer outro subterfúgio que se busque para referida tutela. E, mais uma vez, os cartórios de registro civil aparecem como importante instrumento para a efetivar esse direito de forma célere, segura e eficiente.

3. O prestígio à autodeterminação do nome na Lei nº 14.382 de 2022

Diante de tantas flexibilizações ao princípio da imutabilidade do nome, verificadas nas últimas décadas, não é de se surpreender que o legislador tenha optado por finalmente inverter a lógica e tornar a imutabilidade a exceção, e a autodeterminação, a regra.

Nesse sentido, adveio a Lei nº 14.382 de 2022, conversão da Medida Provisória nº 1.085/2021, que promoveu a desjudicialização procedimental de retificações do prenome e sobrenome na esfera extrajudicial, facilitando e ampliando as hipóteses de alteração administrativa por vontade do próprio titular do nome. Com esse mister, alterou substancialmente vários dispositivos da Lei nº 6.015/1973, principalmente aqueles relacionados ao direito ao nome, com o objetivo de desburocratizar os institutos e fomentar a sempre tão prestigiada via extrajudicial.

[817] Camargo Viana, Rui Geraldo. Op. cit. p. 95.

[818] A respeito desse direito e da sua ascensão em detrimento do princípio da imutabilidade, cf. KÜMPEL, Vitor Frederico; FERRARI, Carla Modina; VIANA, Giselle de Menezes. **Direito notarial e registral em síntese**. São Paulo: YK, 2023. p. 716.

A nova redação do art. 56 da Lei nº 6.015/1973 passou a permitir a alteração imotivada do prenome pela pessoa registrada, independentemente de autorização judicial, após ter atingido a maioridade civil, uma única vez. Ou seja, a pessoa passa a ser livre para decidir o seu nome, com base no princípio da autopercepção ou autodeterminação, independente de prazo e de alteração de gênero. Dessa forma, após ter atingido a maioridade civil, a pessoa registrada é livre para decidir o seu nome, com base no princípio da autopercepção, independente de prazo e de alteração de gênero. Ou seja, a redação dada pela lei nº 14.382/2022 retirou o prazo decadencial de um ano após a maioridade civil, desde que o pedido extrajudicial seja realizado após a maioridade e uma única vez, sendo que eventual desconstituição deve tramitar na via judicial.[819]

Demostrando sua preocupação com a segurança jurídica que deve pautar os registros públicos, o legislador determinou que, após a realização do procedimento de alteração imotivada de prenome, o Ofício de Registro Civil responsável pela modificação, a expensas do requerente, comunicará o ato oficialmente aos órgãos expedidores do documento de identidade, do CPF e do passaporte, bem como ao Tribunal Superior Eleitoral, preferencialmente por meio eletrônico.[820]

Ainda, sopesando a liberdade de alteração do próprio nome, de um lado, e a segurança jurídica dos registros públicos, de outro, ficou estabelecido que o nome anterior sempre deve constar na certidão atual, assim como a numeração dos documentos, para que seja mantida a identidade da pessoa, não sendo submetido a qualquer regra de sigilo.[821] Nesse aspecto, o procedimento se distingue daquele regulado pelo Provimento 73, em relação às pessoas transgênero.[822]

Da mesma forma que o prenome, o sobrenome pode ser alterado diretamente perante o registro civil, desde que mantenha a unidade familiar. O art. 57 da Lei nº 6.015/1973, com redação dada pela Lei nº 14.382/2022, arrola as situações taxativas de inclusão e exclusão de sobrenomes diretamente perante o oficial de registro civil, sem necessidade de apreciação judicial. Duas das situações arroladas dizem respeito aos sobrenomes familiares, seja pela inclusão ou pela exclusão.

A primeira hipótese, prevista no inciso I do referido artigo ("I - inclusão de sobrenomes familiares") configura verdadeira alteração imotivada, pois não se condiciona a qualquer motivação subjacente: nesse prisma, se aproxima da situação descrita pelo art. 56, ambas transparecendo o triunfo do princípio da

[819] Art. 56, § 1º, da Lei nº 6.015/1973, incluído pela Lei nº 14.382 de 2022.

[820] Art. 56, § 3º, da Lei nº 6.015/1973, incluído pela Lei nº 14.382 de 2022.

[821] Art. 56, § 2º, da Lei nº 6.015/1973, incluído pela Lei nº 14.382 de 2022.

[822] Nos termos do Provimento 73/2018: "Art. 5º A alteração de que trata o presente provimento tem natureza sigilosa, razão pela qual a informação a seu respeito não pode constar das certidões dos assentos, salvo por solicitação da pessoa requerente ou por determinação judicial, hipóteses em que a certidão deverá dispor sobre todo o conteúdo registral."

autopercepção em matéria de nome, em detrimento do anterior paradigma da imutabilidade.

Entendemos que, embora o dispositivo citado se refira tão somente à "inclusão" de sobrenomes, nada impede que tal inclusão seja acompanhada da exclusão de outro sobrenome familiar, se mantida a identidade com o tronco familiar. Nessa linha, pode-se aplicar por analogia a interpretação dada ao art. 1.565, § 1º, do Código Civil. Este, que trata do casamento, embora também se refira apenas à inclusão do sobrenome do outro nubente, é costumeiramente interpretado de modo a permitir ao nubente a exclusão parcial de seus sobrenomes familiares para incluir o sobrenome conjugal, desde que não haja prejuízo à própria ancestralidade, ou seja, desde que não haja perda de conexão com a família de origem.[823]

Outra questão resolvida pela Lei nº 14.382/2022 diz respeito à possibilidade de inclusão de sobrenomes de ascendentes não imediatos (como avós, bisavós etc.), quando não utilizados pelos genitores. A jurisprudência, por muito tempo, tendeu a negar essa possibilidade, exigindo uma continuidade da utilização do sobrenome na cadeia familiar como pressuposto para a sua inclusão. Não se reconhecia o direito de, por exemplo, incluir um sobrenome de outro ascendente a fim de dignificá-lo, salvo situações excepcionais e juridicamente justificadas. Contudo, prestigiando o direito à autodeterminação do nome, a Lei nº 14.382/2022 contemplou expressamente a possibilidade de inclusão dos sobrenomes dos ascendentes dos genitores, sendo que, na hipótese de acréscimo de sobrenome de ascendente que não conste das certidões apresentadas, deverão ser apresentadas as certidões necessárias para comprovar a linha ascendente (art. 55, *caput*, da Lei nº 6.015/1973).

A segunda hipótese mencionada está contida no inciso IV, que admite a alteração extrajudicial do sobrenome para "inclusão e exclusão de sobrenomes em razão de alteração das relações de filiação, inclusive para os descendentes, cônjuge ou companheiro da pessoa que teve seu estado alterado". Trata-se de alteração vinculada a um fato justificador prévio, que é a alteração das relações de filiação. Busca-se, assim, adequar o sobrenome registral às novas relações materiais subjacentes. É o que ocorre, por exemplo, com a inclusão do sobrenome paterno no assento do filho em razão de reconhecimento de paternidade.

A Lei nº 14.382/2022 também possibilitou a inclusão ou exclusão de sobrenome do cônjuge na constância do casamento diretamente perante o Oficial de Registro Civil das Pessoas Naturais, bastando requerimento e documentação comprobatória (art. 57, inciso II, da Lei nº 6.015/1973). Igualmente, é possível a exclusão de sobrenome do ex-cônjuge, após a dissolução da sociedade conjugal, por qualquer de suas causas (art. 57, inciso III, da Lei nº 6.015/1973).

[823] KÜMPEL, Vitor Frederico; FERRARI, Carla Modina. Op. cit. p. 691.

Demonstrando a importância do registro civil na assimilação jurídica da evolução dos modelos familiares, a questão da modificação do sobrenome em virtude da união estável foi expressamente enfrentada pela lei de 2022. A nova redação dada ao § 2º do art. 57 passou a estabelecer a possibilidade da inclusão de sobrenome do companheiro pela via extrajudicial, a qualquer tempo, bem como alteração de seus sobrenomes nas mesmas hipóteses previstas para as pessoas casadas. Por sua vez, houve a revogação do § 3º, que estabelecia a expressa concordância do companheiro e o lapso temporal de cinco anos ou existência de filhos. Ainda, a inclusão do §3º-A trouxe a possibilidade do retorno ao nome de solteiro ou de solteira do companheiro ou da companheira por meio da averbação da extinção de união estável em seu registro. Note-se que, para solicitar a referida modificação do sobrenome diretamente no Registro Civil, a união estável deve estar devidamente registrada, observados, para tal, os requisitos do novo art. 94-A da Lei nº 14.382/2022, também acrescido pela referida Lei nº 14.382/2022, e atualmente regulamentado pelo Provimento nº 141/2023 do CNJ.

Conclusões

Hoje, mais do que nunca, é possível afirmar que a regra se tornou a possibilidade de mudança, seja do prenome ou do sobrenome, ao passo que a imutabilidade virou a exceção[824]. E essa tendência se explica não apenas pela ênfase na natureza de direito da personalidade do nome, mas também em uma questão de ordem prática: o nome da pessoa natural, em boa parte dos casos, já não se mostrava mais suficiente para individualizá-la com segurança, de sorte que novos elementos passaram a ser agregados, como a numeração estabelecida pelo Cadastro de Pessoas Físicas (CPF), além de identificação por Registro Geral (RG), e outros dados que a modernidade vem incluindo no âmbito do direito.[825]

De fato, o Cadastro de Pessoas Físicas tem adquirido crescente importância na individualização da pessoa natural, tanto que, nos assentos de nascimento já vem incluído o número de CPF, por meio de convênio das Associações Estaduais de Registradores de Pessoa Natural com a Receita Federal. Os Ofícios informam à Receita Federal os dados do recém-nascido registrando e, por meio eletrônico, é fornecido imediatamente o número do Cadastro de Pessoas Físicas, gerado e repassado ao registrador, que o faz constar no assento e na referida certidão.[826]

Essa preferência sistemática pelo CPF para fins de identificação da pessoa natural culminou com a edição da Lei nº 14.534/2023, que entra em vigor em

[824] Schreiber, Anderson. Op. cit. pp. 192-193.

[825] Loureiro, Luiz Guilherme. **Registros Públicos**: Teoria e prática. 7 .ed. Salvador: Juspodivm, 2016, pp. 168-169.

[826] Loureiro, Luiz Guilherme. Op. cit. p. 169.

2024, determinando que o CPF será o único número de identificação dos cidadãos, para todas as relações do indivíduo com o Estado.[827]

Assim, essa mudança de paradigma em relação à mutabilidade do nome, em certo aspecto, foi possível à medida da disseminação do CPF como principal meio de identificar a pessoa natural, tendo assumido maior importância nessa identificação do que o próprio nome, tão sujeito aos riscos da homonímia. Não obstante, a regulamentação das condições e requisitos para a alteração do nome evidencia que se trata de uma mutabilidade controlada, balizada pela necessária proteção de terceiros e pelo interesse social, embora pautada, agora mais do que nunca, pelo princípio da autodeterminação.

[827] "Art. 1º Fica estabelecido o número de inscrição no Cadastro de Pessoas Físicas (CPF) como número único e suficiente para identificação do cidadão nos bancos de dados de serviços públicos."

REFERÊNCIAS

BERENICE DIAS, Maria. **Manual de direito das famílias**. 10. ed. São Paulo: Revista dos Tribunais, 2015.

BRANDELLI, Leonardo. **Nome civil da pessoa natural**. São Paulo: Saraiva, 2012.

CAMARGO VIANA, Rui Geraldo. **Novos direitos da personalidade: direito à identidade sexual**. *In*: Correia, Atalá; Capucho, Fábio Jun (Coord.). **Direitos da personalidade**: a contribuição de Silmara J. A. Chinellato. Barueri: Manole, 2019.

CARDOSO, Camila Caixeta; CARDOSO, Elisa Caixeta. **Alteração administrativa do prenome e gênero do transgênero**: o equilíbrio entre os interesses apresentados. **Revista Meritum**. Belo Horizonte. v. 16. n. 3. p. 28-42, 2021.

GONÇALVES, Carlos Roberto. **Direito civil brasileiro**. v. 7. 7. ed. São Paulo: Saraiva, 2010.

KÜMPEL, Vitor Frederico; FERRARI, Carla Modina; VIANA, Giselle de Menezes. **Direito notarial e registral em síntese**. São Paulo: YK, 2023.

KÜMPEL, Vitor Frederico; FERRARI, Carla Modina. **Tratado notarial e registral**. v. 2. 2. ed. São Paulo: YK, 2022.

LIMONGI FRANÇA, Rubens (Coord.). **Enciclopédia Saraiva do Direito**. v. 54, São Paulo: Saraiva, 1981.

LIMONGI FRANÇA, Rubens. **Do nome civil das pessoas naturais**. 3 .ed. São Paulo: Revista dos Tribunais, 1975.

LOUREIRO, Luiz Guilherme. **Registros públicos**: teoria e prática. 7 .ed. Salvador: Juspodivm, 2016.

MADERO, Marta. **Tabula Picta – Painting and Writing in Medieval Law**. (trad. Monique Dascha Inciarte e Roland David Valayre). Philadelphia: University of Pennsylvania, 2004.

MENEZES CORDEIRO, Antônio Manuel da Rocha. **Títulos nobiliárquicos e registro civil**: A inconstitucionalidade da reforma de 2007. **Revista da Ordem dos Advogados**. v. 69. 2009. Disponível em: https://portal.oa.pt/comunicacao/publicacoes/revista/ano-2009/ano-69-vol-iii/actualidade/antonio-menezes-cordeiro-titulos-nobiliarquicos-e-registo-civil-a-insconstitucionalidade-da-reforma-de-2007/. Acesso em: 05 mai. 2023.

MONTEIRO, Washington de Barros. **Curso de direito civil**. v. 1. 40. ed. São Paulo: Saraiva, 2005.

PECK, Harry Thurston (ed.). **Harper's dictionary of classical literature and antiquities**. New York: Harper & Brothers, 1898.

PONTES DE MIRANDA, Francisco Cavalcanti. **Tratado de direito privado**. v. 1. São Paulo: Revista dos Tribunais, 2012.

PONTES DE MIRANDA, Francisco Cavalcanti. **Tratado de direito privado**. v. 7. São Paulo: Revista dos Tribunais, 2012.

RAVIZZA, João. **Gramática latina**. 14. ed. Niterói: Escola Industrial Dom Bosco, 1948.

SCHREIBER, Anderson. **Direitos da personalidade**. 3. ed. São Paulo: Atlas, 2014.

VENOSA, Silvio de Salvo. **Direito civil**. v. 1. 8. ed. São Paulo: Atlas, 2008.

WIEACKER, Franz. **História do direito privado moderno**. (trad. António Manuel Botelho Hespanha). 2. ed. Lisboa: Calouste Gulbenkian, 1980.

38. TOMADA DE DECISÃO APOIADA: UM INSTRUMENTO DE CONCREÇÃO DE DIREITOS SUBJETIVOS

VIVIANE CRISTINA DE SOUZA LIMONGI

Agraciada com uma vaga para ser uma das orientandas do Eminente Professor Doutor Rui Geraldo Camargo Viana, durante o doutoramento perante a Faculdade de Direito da Universidade de São Paulo, com ele tive a feliz oportunidade de conviver e aprender, pelo que lhe agradeço mais esta oportunidade, bem como aos Eminentes Organizadores desta obra, a honra de integrar este livro em sua merecida homenagem.

Introdução

O presente artigo narra o trato jurídico-social destinado às pessoas com deficiência mental e intelectual, e apresenta seu insulamento social e jurídico imposto ao longo do tempo, pela declaração de incapacidade e constituição de curatela. Ao depois, fundamenta, em bases constitucionais e de direitos humanos, a criação de um novo instituto, tomada de decisão apoiada, fundado no reconhecimento eventual de vulnerabilidade para a prática dos atos da vida civil, sem que haja necessidade de substituição do agente por pessoa interposta e, consequentemente, a transposição dos direitos subjetivos a terceiros.

1. Contexto histórico-social

Desde o Direito Romano,[828] embora não houvesse sistematicamente a existência de uma teoria das incapacidades, prevalecia a ideia de que pessoas com *déficits* mentais, psicológicos ou intelectuais deveriam ser colocadas sob proteção, ficando a salvo do tráfego jurídico e comercial. A pretexto de promover a proteção contra elas mesmas, a legislação mantinha o direito das pessoas com deficiência mental e intelectual de manterem suas ocupações e gênero de vida comum, mas a gestão de seu patrimônio ficava a cargo de seus curadores, conforme o interesse da família.

Ainda no Direito Romano, a curatela era definida como *potestas*, verdadeiro poder fiduciário doméstico que era exercido pelo *paterfamilias* com relação à pessoa curatelada. Nas palavras de Max Kaser,[829] ela se consubstanciava proteção e dominação: "(...) domina e ao mesmo tempo protege". Assim, identificava-se a pessoa com *déficit* mental ou intelectual, destacando-a e, a pretexto de protegê-la, autorizava-se a dominação e substituição de sua subjetividade.

Mesmo com o desenvolvimento do conceito de pessoa humana — o que se deu por meio dos tomistas, que passaram a desenvolver uma visão metafísica acerca da pessoa, mediante análise do trato psicológico e moral da pessoa e da personalidade[830] —, o sistema jurídico mantinha, como princípio norteador de unidade[831] e, por isso, sistematizador, o princípio da autodeterminação,[832] que viria a encontrar seu limite de atuação no princípio de proteção da pessoa vulnerável que não estivesse em condições de conhecer e querer.

Assim, fatores biológicos e organicistas referentes à capacidade de entender e querer do agente sempre constituíram limites, seja no direito penal,[833] como limite da imputabilidade do Estado-Juiz, seja no direito civil, como limite para a prática de atos da vida civil. Com isso, para que a pessoa com deficiência mental ou inte-

[828] CÍCERO, Marcos Túlio. **Discussões tusculanas**. Trad. Bruno Fregni Bassetto. Coleção do Estudo Acadêmico. Uberlândia: EDUFU, 2014. Disponível em: http://books.scielo.org/id/72kk4. Acesso em: 21 abr. 2023.

[829] KASER, Max. **Direito privado romano**. Lisboa: Fundação Calouste Gulbenkian, 1999. p. 96.

[830] MORAES, Walter. **Concepção tomista de pessoa**. Um contributo para a teoria do direito da personalidade. **Revista de Direito Privado**. São Paulo: Ed. Revista dos Tribunais, 2000. Vol. 2. p. 187 – 204, abr-jun/2000, p. 187.

[831] Expressão utilizada por Canaris. Cf. CANARIS, Clau-Wilhelm. **Pensamento sistemático e conceito de sistema na ciência do direito**. 6. ed. Lisboa: Fundação Calouste Gulbenkian, 2019. p. 21.

[832] Canaris utiliza o termo "autodeterminação" como sinônimo de autonomia privada, pois se refere a princípios do Direito Civil.

[833] MARQUES, José Frederico. **Tratado de direito penal**. Ed. Revista, atualizada e amplamente reformulada por Antônio Cláudio Mariz de Oliveira, Guilherme de Souza Nucci e Sérgio Eduardo Mendonça de Alvarenga. Campinas: Bookseller, 1997. vol. II. p. 236.

lectual pudesse praticar atos da vida civil,[834] teria que fazê-los por meio de pessoa interposta — seu curador —, o que implicava verdadeira transposição da vontade e do interesse, aspectos fundantes do direito subjetivo, de uma pessoa a outra.

Apenas o pensamento racional deveria prevalecer como requisito de bom comportamento perante a comunidade, ou, ainda, como requisito de emanação de uma boa vontade.[835] A vontade racional era, logo, condição para concretização do direito subjetivo, pelo que uma vontade emanada por pessoa com deficiência mental ou intelectual, fora do imposto protótipo de racionalidade[836] e perfeição humanas que, por sinal, serviu de base normativa para a construção do Estado-Moderno, era rechaçada também pelo Código Civil[837] que fundou a teoria das incapacidades sobre o alicerce da pessoa racional, como confirma Karl Larenz. Racionalidade era sinônimo de bem e beneficência.

Como consequência, promoveu-se, ao longo da história, a racionalidade, em detrimento dos valores, humanidades, desejos, isto é, das subjetividades daquela pessoa que se pretendia proteger, colocando-a em verdadeira situação de insulamento, ou, até, de tirania pela sujeição de sua vontade à do curador, como explica Stefano Rodotà:[838]

> Realizava-se, assim, uma expropriação da subjetividade e uma negação da complexante autonomia do existir. Condenavam-se à marginalidade todas as decisões de conteúdo não patrimonial. Construir-se-ia, substancialmente, um paradigma fechado de normalidade jurídica.

Demais disso, as pessoas com deficiência mental e intelectual sempre carregaram consigo denominações estigmatizantes. “Loucos de todo o gênero”[839]

[834] E a extensão do conceito atos da vida civil supera a extensão menor relacionada a negócio jurídico. Sobre a diferenciação entre ato jurídico e negócio jurídico confira-se: RÁO, Vicente. **Ato jurídico**. São Paulo: Max Limonad Editor de Livros de Direito, 1961. MARTINS-COSTA, Judith. **Contratos. Conceito e evolução**. In: LOTUFO, Renan. NANNI, Giovanni Ettore. **Teoria geral dos contratos**. São Paulo: Atlas, 2011.

[835] KANT, Immanuel. **Fundamentação da Metafísica dos Costumes**. Tradução de Antônio Pinto de Carvalho. Lisboa: Companhia Editora Nacional, 2007. Disponível em: http://www.dhnet.org.br/direitos/anthist/marcos/hdh_kant_metafisica_costumes.pdf. Acesso em: 24 abr. 2023.

[836] GARDOU, Charles. **Handicaps, handicapés:** le regard interrogé. Toulouse: Érès, 1991. p. 20.

[837] LARENZ, Karl. **Tratado de derecho civil aleman**. Madri: Edersa, 1978. p. 45.

[838] RODOTÀ, Stefano. **La vita e le regole**. Tra diritto e non diritto. 4. ed. Milano: Feltrinelli, 2007. p. 27.

[839] CARVALHO, Francisco Pereira de Bulhões. **Incapacidade civil e restrições de direito**. Rio de Janeiro: Editor Borsoi, 1957. Tomo I. p. 245.

e "psicopatas"[840] foram termos utilizados durante o século XX. Passando sempre de largo sobre os conceitos médicos, as expressões jurídicas referenciadas foram objeto de críticas desde seu nascimento,[841] porquanto generalistas, estigmatizantes e deterministas, colocando as pessoas com deficiência em estados patológicos e jurídicos invencíveis e estáticos. Aliás, no tocante a este tema, é difícil imaginar hoje, por exemplo, que uma pessoa inserida no amplíssimo espectro autista (TEA) fosse considerada, há pouco mais de um século, como "louca de todo gênero" e, para efeitos jurídicos, absolutamente incapaz, atraindo obrigatoriamente a curatela como forma de pseudoconcretização de seus direitos subjetivos.

De todo modo, era esta a intenção do legislador da época: promover a generalização do conceito de deficiência mental/intelectual, colocando-o em categorias fechadas situadas em polos extremos — é ou não é louco; tudo ou nada[842] — para entregar a concreção de sua subjetividade e de sua personalidade jurídica a pessoas absolutamente perfeitas em seu entendimento e vontade.

No entanto, com o desenvolvimento do solidarismo,[843-844] personalismo ético[845] e demais mandamentos constitucionais, não mais se deveria admitir o deslocamento da subjetividade e de seus direitos fundamentais a pessoa interposta. Passou-se a demandar a implementação de um sistema gradativo de incapacidades e, consequentemente, excepcional na substituição da pessoa, o que surtiu efeito rapidamente no campo do biodireito, com o conceito de capacidade para consentir[846] em situações existenciais ligadas a aspectos de saúde.

Contudo, ainda era insuficiente. Era necessário outorgar às pessoas com deficiência mental e intelectual maior amplitude de atuação para os atos da vida civil, tanto patrimoniais, como existenciais, o que se demandava em nome da dignidade-liberdade da pessoa humana, substituta da dignidade-proteção. Esse

840 BRASIL. **Decreto n. 24.559, de 3 de julho de 1934**. Disponível em: https://www2.camara.leg.br/legin/fed/decret/1930-1939/decreto-24559-3-julho-1934-515889-publicacaooriginal-1-pe.html. Acesso em: 1 jan. 2022.

841 NINA RODRIGUES, Raymundo. **O alienado no Direito Civil Brasileiro**. Rio de Janeiro: Ed. Guanabara Waissman Koogan Ltda., 1932. p. 16.

842 PONTES DE MIRANDA, Francisco Cavalcanti. **Tratado de direito privado**. Atualizado por Judith Martins-Costa; Gustavo Haical e Jorge Cesa Ferreira da Silva. São Paulo: Editora Revista dos Tribunais, 2012. Tomo I.

843 PERLINGIERI, Pietro. **O direito civil na legalidade constitucional**. Rio de Janeiro: Ed. Renovar, 2008. p. 137.

844 ULLMANN, Reinholdo. BOHNEN, Aloysio. **O solidarismo**. São Leopoldo: UNISINOS, 1993. p. 41.

845 BOBBIO, Norberto. **El existencialismo**. 3. ed. México: Fondo de Cultura Económica, 1994. p. 67.

846 MARTINS-COSTA, Judith. Capacidade para consentir e esterilização de mulheres tornadas incapazes pelo uso de drogas: notas para a aproximação entre a técnica jurídica e a reflexão bioética. In: MARTINS-COSTA, Judith, MOLLER, Letícia Ludwig (Org.) **Bioética e Responsabilidade**. Rio de Janeiro: Forense, 2009, p. 305.

pleito veio a ter concretude com a promulgação da Convenção Internacional dos Direitos das Pessoas com Deficiência, internalizada no ordenamento brasileiro por meio do Decreto n. 6.949, de 25 de agosto de 2009, com *status* de norma constitucional, que passou a impor o reconhecimento pleno da capacidade civil à pessoa com deficiência mental e intelectual,[847] bem como instituiu, em seu artigo 12, a figura do apoio.

Como consequência da adesão ao conteúdo principiológico da Convenção Internacional, o Brasil legislou e promulgou, em 2015, o Estatuto da Pessoa com Deficiência[848] — outra denominação da Lei Brasileira de Inclusão — que, dentre outros direitos fundamentais, alterou os artigos 3º e 4º do Código Civil, referentes à incapacidade, bem como instituiu a tomada de decisão apoiada, tema deste artigo.

2. Giro axiológico do Código Civil

Com a nova redação dos artigos 3º e 4º do Código Civil, promoveu-se a abolição do critério cognitivo para aferição das incapacidades, substituindo-o pelo critério volitivo. Assim, para se analisar a incapacidade absoluta, restou o parâmetro etário e, para a incapacidade relativa, o volitivo — manifestação de vontade — que passou a unificar, de forma reflexa, as antigas hipóteses relacionadas à saúde mental e intelectual.

Houve a dissociação do conceito jurídico de capacidade do conceito jurídico de deficiência, restando a declaração judicial de incapacidade relativa — e, consequentemente, a constituição de curatela — à pessoa que, por causa transitória ou permanente, não pudesse exprimir sua vontade.

Hoje, segundo a nova disposição do Código Civil, a curatela, em tese, está destinada apenas àqueles que não puderem exprimir sua vontade, de modo que é a expressão da vontade o critério máximo para fixação desse instituto. *Mutatis mutandis,* expressando-se vontade — e o Código não diz, de forma proposital, que a vontade deve ser racional, pois, se dissesse, incidiria em uma verdadeira con-

[847] O presente artigo não abrange a crítica à nova teoria das incapacidades. A nosso ver, no tocante à pactuação de negócio jurídico patrimonial, a nova teoria das incapacidades retira salvaguardas importantes à preservação de direitos das pessoas com deficiência, promovendo uma emancipação insuficiente em certos aspectos. Cf. LIMONGI, Viviane Cristina de. **A capacidade civil e o Estatuto da Pessoa com Deficiência: reflexos patrimoniais do negócio jurídico firmado pela pessoa com deficiência mental.** São Paulo: Lumen Juris, 2018. MARTINS, Fernando Rodrigues. A emancipação insuficiente da pessoa com deficiência e o risco patrimonial ao novo emancipado na sociedade de consumo. **Revista do Direito do Consumidor.** Vol. 104/2016, p. 203 – 255, mar – abr/2016, DRT/2016/4625.

[848] Lei 13.146, de 6 de julho de 2015. Disponível em: http://www.planalto.gov.br/ccivil_03/_ato2015-2018/2015/lei/l13146.htm. Acesso em 25 abr. 2023.

tradição com o conteúdo do Estatuto —, há capacidade.[849] Por outro lado, sem manifestação de vontade, há incapacidade relativa e, por consequência, constituição de curatela, com a substituição da vontade do curatelado pela do curador[850].

Assim, a curatela permanece detendo o caráter de encargo, *munus*, isto é "[...] instituição, com o predomínio do aspecto do dever para o curador, cuja função se converte em um cargo público submetido à inspeção da autoridade[...]", como afirma Limongi França,[851] com a finalidade de proteger a pessoa,[852] dirigindo-lhe os interesses, mas agora, em tese, apenas para assisti-la na participação nos atos jurídicos.

No entanto, a curatela — como instituto por meio do qual a personalidade é acometida a terceiros,[853] outorgando ao curador o poder jurídico sobre a personalidade do curatelado — fica restrita a aspectos patrimoniais, e é eventual, não mais obrigatória, justamente para garantir ao curatelado o espaço para expressão de sua subjetividade.

Ademais, como instrumento de apoio — e aqui não se fala mais em substituição de vontade ou interesse, mas efetivamente apoio, aconselhamento — a tomada de decisão apoiada inaugura um novo espaço no Código Civil. Trata-se da possibilidade, sem discutir questões relacionadas a incapacidade, de pessoas expressarem vontade e, ao mesmo tempo, estarem eventualmente vulneradas sob o aspecto biopsicossocial e, em razão disso, demandarem apoio.

O mandamento de apoio, destinado a pessoas que eventualmente se encontram vulneradas em seu aspecto biopsicossocial, encontra fundamento, portanto, na Convenção Internacional, mas também no solidarismo, na eticidade e na dignidade humana, primados de nossa Constituição Federal.

[849] Mister registrar que somos partidários da posição de que, para negócios jurídicos, deve ser haver vontade qualificada e racional do declarante, como preconiza a teoria geral do negócio jurídico. Cf. BETTI, Emilio. **Teoria geral do negócio jurídico**. Coimbra: Coimbra Editora, 2003. Tomos I e III. AZEVEDO, Antônio Junqueira de. **Negócio jurídico**: existência, validade e eficácia. São Paulo: Saraiva, 1974. p. 21.

[850] Em tese, por questão de lógica, como não há mais incapacidade absoluta para questões relativas à vontade, a curatela instituída deveria se limitar à assistência, e não adentrar o campo da representação. Contudo, a prática jurídica mostra que a curatela com representação tem sido utilizada pelo Poder Judiciário, em detrimento do reconhecimento, pelo Superior Tribunal de Justiça, de que a incapacidade absoluta – a atrair a representação – só ocorre com o critério etário, não se referindo a pessoas com enfermidade ou deficiência mental. (Recurso Especial n. 1.927.423 / SP)

[851] FRANÇA, Rubens Limongi. **Manual de direito civil**. São Paulo: Editora Revista dos Tribunais, 1972. v. 2. Tomo I. Cap. III. p. 38.

[852] TRABUCCHI, Alberto. **Istituzioni di diritto civile**. 12. ed. Padova: Cedam: Casa Editrice Dott. Antonio Milani, 1960. p. 84 et seq.

[853] FRANÇA, Rubens Limongi. **Manual de direito civil**. São Paulo: Editora Revista dos Tribunais, 1972. v. 2. Tomo I. Cap. III. p. 9.

3. Tomada de decisão apoiada

3.1. Natureza jurídica

O apoio, como instrumento de concreção dos direitos subjetivos da pessoa com impedimento biopsicossocial, alçou, no ordenamento pátrio, voo próprio, autônomo e divergente dos adotados em outros países que a utilizam como espécie de curatela parcial e ainda autorizam espécie de substituição da pessoa.[854]

Assim, ao contrário da curatela que, como visto, constitui um encargo imposto ao curador para proteção dos interesses do curatelado, a tomada de decisão apoiada não constitui norma cogente, não é obrigatória e não se refere a proteção propriamente dita, pois reside no âmbito da autonomia privada ao apoiado.

Cabe somente a ele, apoiado, avaliar se, quando, como e durante quanto tempo perdurará a tomada de decisão apoiada, de modo que é forçoso concluir que o legislador não reconhece o destinatário da tomada de decisão apoiada como pessoa que necessite de proteção, por meio de representação ou assistência, pois, afinal, há capacidade.

Assim, a tomada de decisão apoiada pode ser requerida por pessoa que, em razão da existência de impedimento biopsicossocial, esteja enfrentando alguma vulnerabilidade. Trata-se da pessoa com impedimento de natureza física, mental, intelectual ou sensorial que, em interação com uma ou mais barreiras, tem obstruída sua participação plena e efetiva na sociedade em igualdade de condições com as demais pessoas.

Dessa forma, é o apoiado — pessoa com deficiência dotada que emite vontade — quem decide, *sponte propria, se* lhe convier, convocar apoiadores para auxiliá-lo no exercício de prévias e determinadas situações jurídicas subjetivas, de natureza patrimonial ou existencial, nos termos do que preconiza o artigo 1.783-A do Código Civil.

A escolha dos apoiados, a abrangência material e temporal do apoio, bem como a decisão se esse apoio vai ser encampado ou não no exercício dos atos jurídicos, são temas inerentes à autonomia privada do apoiado, de modo que é possível concluir que sua natureza jurídica é negocial. Demais disso, a convocação pelo apoiado e o aceite pelos apoiadores, constituem, ambos, atos humanos contrapostos dirigidos à constituição de uma relação jurídica que vincula esses sujeitos, como ensina Judith Martins-Costa,[855] do que se conclui que, de fato, a tomada de decisão apoiada, no Brasil, constitui negócio jurídico.

[854] Na Itália, a *amministrazione di sostegno,* sistema de apoio, está inserida no Título XII denominado "Das medidas de proteção das pessoas privadas em todo ou em parte em sua autonomia". Segundo o artigo 406, o instituto pode ser demandado também por familiares e Ministério Público, o que demonstra a possibilidade de interferência de terceiros na esfera do apoiado.

[855] MARTINS-COSTA, Judith. **Contratos. Conceito e evolução.** *In*: LOTUFO, Renan. NANNI, Giovanni Ettore. **Teoria geral dos contratos**. São Paulo: Atlas, 2011. p. 39.

Forma-se uma relação interna entre apoiado e apoiadores fundada na fidúcia, na confiança. E os apoiadores, impelidos por uma espécie de cláusula geral de apoio — termo cuja tessitura é semanticamente aberta, com a prescrição vaga, como ensina Judith Martins-Costa[856] — fornecem o apoio requerido, sempre com respeito aos deveres decorrentes da boa-fé, como o dever de informar e contribuir positivamente com o interesse alheio (do apoiado)[857].

Outrossim, avisar, relevar, esclarecer, ponderar, aconselhar, promovendo-se um juízo de valor acerca de um ato futuro do apoiado, mas sem interferência em seu modo de agir, mantendo-se a integridade de sua decisão, constituem a natureza da tomada de decisão apoiada.

Trata-se de norma não-cogente, inserida no núcleo decisional da pessoa apoiada. Portanto, não constitui encargo jurídico protetivo, com substituição de vontade, mas decorre verdadeiramente de ordenação espontânea do interesse do apoiado, numa espécie de uma autoformulação desses interesses patrimoniais **ou** existenciais, como lhe convier, conforme ensina Carlos Alberto da Mota Pinto.[858]

3.2. Aspectos subjetivos

Conquanto o artigo 1.783-A determine que a tomada de decisão apoiada seja requerida por pessoa com deficiência, definida no art. 2º do Estatuto da Pessoa com Deficiência, sugere-se que a tomada de decisão apoiada seja estendida a qualquer pessoa que, por questão biológica, psicológica *ou* social, enfrente barreiras na sua participação plena e efetiva na sociedade, independentemente de ser ou não o impedimento de longo prazo.

Essa proposta encontra fundamento, em primeiro lugar, na afirmação de que a tomada de decisão apoiada constitui instrumento de direitos humanos[859] e concreção dos direitos subjetivos da pessoa humana. Assim, não há como negar que esse instrumento, estampado em convenção internacional, pode se espraiar para toda e qualquer pessoa que, no caso concreto, sofra alguma espécie de limitação e enfrente barreiras para o exercício de seus direitos.

Nesse sentido, por exemplo, pessoas que enfrentam impedimentos de curto prazo, de natureza física, mental, intelectual ou sensorial, ou, mesmo, pessoas vul-

[856] MARTINS-COSTA, Judith. **A boa-fé no direito privado. Critérios para sua aplicação**. 2. ed. São Paulo: Saraiva Educação, 2018. p. 145.

[857] MARTINS-COSTA, Judith. **A boa-fé no direito privado. Critérios para sua aplicação**. p. 594.

[858] MOTA PINTO, Carlos Alberto da Mota. **Teoria geral do direito civil**. 4. ed. rev. e atual. por António Pinto Monteiro e Paulo Mota Pinto. Coimbra: Coimbra Editora, 2005. p. 102.

[859] PALACIOS, Agustina. **Um nuevo modelo de derechos humanos de la discapacidad?** Algunas reflexiones – ligeras brisas – frente al necesario impulso de una nueva ola del modelo social. *In*: **Revista Revista Latinoamericana en Discapacidad, Sociedad y Derechos Humanos**. v. 4. n. 2. p. 12-42. 2020.

neradas por questões exclusivamente sociais podem e devem requerer a tomada de decisão apoiada, pois sua natureza se mostra útil e dinâmica em prol do exercício de direitos. Desse modo, limitar a tomada de decisão apoiada apenas às pessoas inscritas no artigo 2º do Estatuto da Pessoa com Deficiência, sem espraiar seu raio de atuação, limita também o acesso dessas pessoas a direitos humanos.

Ainda sob o aspecto subjetivo passivo, é necessário destacar que, ao contrário da curatela que pressupõe a nomeação de curador por vocação familiar, a tomada de decisão apoiada possui espectro amplo, bastando que os apoiados e apoiador comprovadamente mantenham vínculos e gozem de confiança recíproca. Esse ponto comprova que a tomada de decisão apoiada, em sua natureza, não constitui instrumento protetivo do direito de família, mas, efetivamente, instrumento de apoio ao exercício da personalidade jurídica, sem interferência *a priori* de familiares.

Por fim, sugere-se que número de apoiadores seja aberto, para mais ou para menos, registrando-se que, na prática, o apoiado pode não possuir mais de uma pessoa com quem mantenha vínculo, ou, ao contrário, mais de duas pessoas que gozem de sua confiança.

3.3. Procedimento

No Brasil, ao contrário de países como Argentina,[860] a tomada de decisão apoiada constitui negócio jurídico cuja eficácia depende de homologação judicial, pois decorre de processo[861] judicial de jurisdição voluntária, por meio do qual o apoiado elege, pelo menos, duas pessoas idôneas com as quais mantenha vínculos e gozem de sua confiança.

Imagina-se que a exigência de processo judicial e a perícia multidisciplinar apontada no parágrafo segundo do artigo 1.783-A se justifiquem para que o juízo afira se a pessoa com deficiência realmente emite vontade e, portanto, não está elencada no artigo 4º, inciso III, do Código Civil. No entanto, com a devida vênia, essas exigências, consubstanciadas em juízo *a priori* de capacidade e, consequentemente de validade de negócio jurídico, parecem não se coadunar com a própria lógica da teoria do negócio jurídico que, por sua vez, faz apenas um controle *a posteriori* dos atos jurídicos praticados, nos termos dos artigos 166 e 171, ambos do Código Civil.

[860] O artigo 43 do Código Civil y Comercial de la Nación Argentina prevê a possibilidade de solicitação de medida de apoio judicial ou extrajudicial ao exercício da capacidade, para que haja facilitação na tomada de decisão sobre questões sobre sua pessoa, administração de bens e atos jurídicos em geral, com a função de promover autonomia e facilitar a comunicação, bem como a compreensão e manifestação de vontade da pessoa para exercício de seus direitos. Disponível em: http://www.saij.gob.ar/docs-f/codigo/Codigo_Civil_y_Comercial_de_la_Nacion.pdf. Acesso em 24 abr. 2023.

[861] Art. 1.783-A do Código Civil.

Demais disso, a exigência judicial apenas estende e posterga a eficácia de um negócio jurídico que, por sua própria natureza, deveria ser célere e respeitar o prazo de vigência acordado entre as partes, nos termos do parágrafo primeiro do artigo 1.783-A. Se há autonomia privada, a eficácia da tomada de decisão apoiada poderia ser produzida desde logo e não estar condicionada à homologação do juízo.

Ainda sobre procedimento, considerando-se que a tomada de decisão apoiada constitui uma relação interna entre apoiado e apoiadores, cabendo ao apoiado, exclusivamente e em nome de sua evidente autonomia privada, a decisão sobre se fará ou não uso do apoio concedido, não se compreende a exigência do artigo 5º do artigo 1.783-A, que pode constituir, na prática, novo estigma em torno da pessoa com deficiência que pratica ato jurídico. Além disso, se o apoio atende a pessoas com deficiência física e sensorial, não há motivos jurídicos relevantes para que haja essa confirmação por parte dos apoiadores.

Por fim, não é possível de conceber, com a devida vênia, a fungibilidade processual de um pedido de tomada de decisão apoiada para instituição de curatela. Isto porque são institutos essencialmente diferentes: a curatela, embora possa ser ajuizada pelo próprio curatelado (autocuratela, não prevista no Código de Processo Civil, mas tipificada no Estatuto da Pessoa com Deficiência), demanda a transposição de atos para um terceiro que, ainda que sob o manto da assistência, assina e responsabiliza-se em conjunto com o curatelado. É um encargo imposto pelo Poder Público e tem relação com a família.

Por outro lado, como visto, na tomada de decisão apoiada, mantém-se, em todas as hipóteses, a autonomia absoluta da pessoa apoiada. Constitui negócio jurídico fundado na autonomia e independe de aferição de capacidade do agente. Demais disso, a fungibilidade sugerida pelo Poder Judiciário poderia constituir decisão surpresa, prática vetada pelo artigo 9º do Código de Processo Civil.[862]

Assim, apenas sob o aspecto da natureza jurídica de cada um dos institutos, não existe a possibilidade de promover a fungibilidade dos pedidos, especialmente se se considerar que a fungibilidade do pedido de tomada de decisão apoiada para a curatela iria agravar a autonomia da pessoa apoiada, o que não se admite em um Estado Democrático de Direito que possui a dignidade-liberdade como pedra fundamental. Não é da alçada do Poder Judiciário essa interferência na autonomia da pessoa.

E é justamente por isso que a fungibilidade também não se justifica sob o aspecto processual, na face da legitimidade ativa. As hipóteses de legitimidade da curatela são as previstas no artigo 1.774 e seguintes do Código Civil e se referem a entes da família, ao passo que a parte legitimada para propor a tomada de

[862] Lei 13.105, de 16 de março de 2015. Disponível em: https://www.planalto.gov.br/ccivil_03/_ato2015-2018/2015/lei/l13105.htm. Acesso em 24 abr. 2023.

decisão apoiada é capaz e se limita ao próprio apoiado, sem interferência de terceiros, como dispõe o *caput* do artigo 1.783-A do Estatuto.

Assim, seja sob o aspecto material, seja sob o processual, não se justifica a fungibilidade dos institutos.

Conclusões

Divisa-se, do quanto brevemente exposto, que a tomada de decisão apoiada, como instrumento que dá concretude aos direitos subjetivos das pessoas sem a transposição de seu direito subjetivo a pessoa interposta, constitui importante ferramenta no desenvolvimento da personalidade jurídica, uma vez que possui alicerce nos direitos humanos.

Finalmente, o direito civil passa a reconhecer a existência de pessoas que, a despeito de possuírem capacidade civil, podem se mostrar vulneráveis e demandar, em razão disso, apoio ao exercício de seus direitos subjetivos. Nem sempre a pessoa é racional, como presumiu a teoria das incapacidades por décadas. Talvez o protótipo de racionalidade formal, como requisito para a prática de todos os atos da vida civil, seja mais uma quimera, do que verdadeiramente uma realidade. As pessoas tomam também suas decisões baseadas em emoções, sentimentos, desejos, sem que isso seja demérito ou defeito orgânico. Trata-se da natureza humana, estampada na necessidade de praticar atos civis todos os dias, em que a vulnerabilidade pode estar presente.

Portanto, é nesse contexto que a tomada de decisão apoiada ingressa no ordenamento pátrio, com a missão de concretizar as situações jurídicas subjetivas patrimoniais e existenciais da pessoa que necessitar, por alguma vulnerabilidade, de apoio, auxílio, no exercício de sua personalidade, com a garantia de que elementos, como seus valores, suas impressões de vida, seus desejos, suas vontades e suas inclinações espirituais, serão considerados. Afinal, ser quem se quer ser, expondo suas subjetividades, talvez seja a grande missão da pessoa em sociedade e o expoente da dignidade da pessoa humana no Estado Plural e Democrático de Direito.

REFERÊNCIAS

ARGENTINA. **Código Civil y Comercial de la Nación.** Disponível em: http://www.saij.gob.ar/docs-f/codigo/Codigo_Civil_y_Comercial_de_la_Nacion.pdf.

AZEVEDO, Antônio Junqueira de. **Negócio jurídico**: existência, validade e eficácia. São Paulo: Saraiva, 1974.

BETTI, Emilio. **Teoria geral do negócio jurídico**. Coimbra: Coimbra Editora, 2003. Tomos I e III.

BOBBIO, Norberto. **El existencialismo**. 3. ed. México: Fondo de Cultura Económica, 1994.

BRASIL. **Decreto n. 24.559, de 3 de julho de 1934**. Disponível em: https://www2.camara.leg.br/legin/fed/decret/1930-1939/decreto-24559-3-julho-1934-515889-publicacaooriginal-1-pe.html.

BRASIL. **Lei 3.071, de 1º de janeiro de 1916.** Disponível em: https://www.planalto.gov.br/ccivil_03/leis/l3071.htm.

BRASIL. **Decreto n. 24.559, de 3 de julho de 1934**. Disponível em: https://www2.camara.leg.br/legin/fed/decret/1930-1939/decreto-24559-3-julho-1934-515889-publicacaooriginal-1-pe.html.

BRASIL. **Lei 10.406, de 10 de janeiro de 2002.** Disponível em: https://www.planalto.gov.br/ccivil_03/leis/2002/l10406compilada.htm.

BRASIL. **Lei 13.105, de 16 de março de 2015.** Disponível em: https://www.planalto.gov.br/ccivil_03/_ato2015-2018/2015/lei/l13105.htm.

BRASIL. **Lei 13.146, de 6 de julho de 2015**. Disponível em: http://www.planalto.gov.br/ccivil_03/_ato2015-2018/2015/lei/l13146.htm.

CANARIS, Clau-Wilhelm. **Pensamento sistemático e conceito de sistema na ciência do direito**. 6. Ed. Lisboa: Fundação Calouste Gulbenkian, 2019.

CARVALHO, Francisco Pereira de Bulhões. **Incapacidade civil e restrições de direito**. Rio de Janeiro: Editor Borsoi, 1957. Tomo I.

CÍCERO, Marcos Túlio. **Discussões tusculanas**. Trad. Bruno Fregni Bassetto. Coleção do Estudo Acadêmico. Uberlândia: EDUFU, 2014. Disponível em: http://books.scielo.org/id/72kk4.

FRANÇA, Rubens Limongi. **Manual de direito civil**. São Paulo: Editora Revista dos Tribunais, 1972. v. 2. Tomo I.

GARDOU, Charles. **Handicaps, handicapés**: le regard interrogé. Toulouse: Érès, 1991.

ITÁLIA. Código Civil Italiano. Disponível em: https://www.brocardi.it/codice-civile/.

KANT, Immanuel. **Fundamentação da Metafísica dos Costumes**. Tradução de Antônio Pinto de Carvalho. Lisboa: Companhia Editora Nacional, 2007. Disponível em: http://www.dhnet.org.br/direitos/anthist/marcos/hdh_kant_metafisica_costumes.pdf.

KASER, Max. **Direito privado romano**. Lisboa: Fundação Calouste Gulbenkian, 1999.

LARENZ, Karl. **Tratado de derecho civil aleman**. Madri: Edersa, 1978.

LIMONGI, Viviane Cristina de. **A capacidade civil e o Estatuto da Pessoa com Deficiência: reflexos patrimoniais do negócio jurídico firmado pela pessoa com deficiência mental**. São Paulo: Lumen Juris, 2018.

MARQUES, José Frederico. **Tratado de direito penal**. Ed. Revista, atualizada e amplamente reformulada por Antônio Cláudio Mariz de Oliveira, Guilherme de Souza Nucci e Sérgio Eduardo Mendonça de Alvarenga. Campinas: Bookseller, 1997. vol. II.

MARTINS, Fernando Rodrigues. A emancipação insuficiente da pessoa com deficiência e o risco patrimonial ao novo emancipado na sociedade de consumo. **Revista do Direito do Consumidor**. vol. 104/2016. p. 203 – 255, mar – abr/2016. DRT/2016/4625.

MARTINS-COSTA, Judith. **Contratos. Conceito e evolução.** *In*: LOTUFO, Renan. NANNI, Giovanni Ettore. **Teoria geral dos contratos.** São Paulo: Atlas, 2011.

______. Capacidade para consentir e esterilização de mulheres tornadas incapazes pelo uso de drogas: notas para a aproximação entre a técnica jurídica e a reflexão bioética. In: MARTINS-COSTA, Judith, MOLLER, Letícia Ludwig (Org.) **Bioética e Responsabilidade**. Rio de Janeiro: Forense, 2009.

______. **A boa-fé no direito privado. Critérios para sua aplicação**. 2. ed. São Paulo: Saraiva Educação, 2018.

MORAES, Walter. Concepção tomista de pessoa. Um contributo para a teoria do direito da personalidade. **Revista de Direito Privado**. São Paulo: Ed. Revista dos Tribunais, 2000. vol. 2. p. 187 – 204. abr-jun/2000.

MOTA PINTO, Carlos Alberto da Mota. **Teoria geral do direito civil**. 4. ed. revista e atualizada por António Pinto Monteiro e Paulo Mota Pinto. Coimbra: Coimbra Editora, 2005.

NINA RODRIGUES, Raymundo. **O alienado no direito civil brasileiro**. Rio de Janeiro: Ed. Guanabara Waissman Koogan Ltda., 1932.

PERLINGIERI, Pietro. **O direito civil na legalidade constitucional**. Rio de Janeiro: Ed. Renovar, 2008.

PALACIOS, Agustina. Um nuevo modelo de derechos humanos de la discapacidad? Algunas reflexiones – ligeras brisas – frente al necesario impulso de una nueva ola del modelo social. *In*: **Revista Revista Latinoamericana en Discapacidad, Sociedad y Derechos Humanos**. v. 4. n. 2. p. 12-42. 2020.

PONTES DE MIRANDA, Francisco Cavalcanti. **Tratado de direito privado**. Atualizado por Judith Martins-Costa; Gustavo Haical e Jorge Cesa Ferreira da Silva. São Paulo: Editora Revista dos Tribunais, 2012. Tomo I.

RÁO, Vicente. **Ato jurídico**. São Paulo: Max Limonad Editor de Livros de Direito, 1961.

RODOTÀ, Stefano. **La vita e le regole**. Tra diritto e non diritto. 4. ed. Milano: Feltrinelli, 2007.

TRABUCCHI, Alberto. **Istituzioni di diritto civile**. 12. ed. Padova: Cedam: Casa Editrice Dott. Antonio Milani, 1960.

ULLMANN, Reinholdo. BOHNEN, Aloysio. **O solidarismo**. São Leopoldo: UNISINOS, 1993.

39. A PESSOA TRANSGÊNERA E O REGISTRO CIVIL

WALLACE PAIVA MARTINS JUNIOR

Introdução

No início da década de 70 do século 20, decisão do Juiz de Direito da Vara de Registros Públicos da Capital em São Paulo deferiu pedido de retificação de assento de nascimento de pessoa em razão do que, anos mais tarde, se veria encartado na compreensão dos direitos à diversidade sexual. Esse fato foi resgatado mais de cinquenta anos após em estudo doutrinário em que um dos autores era aquele Magistrado sentenciante: o Professor Doutor Rui Geraldo Camargo Viana. Sua Excelência assinalou que a "a evolução jurídica do tema é notável e consentânea com os direitos fundamentais da pessoa humana, indo ao encontro dos ditames da Lei Magna brasileira", mas, registrou que, na época, houve "alvoroço" com "repercussão tão negativa que redundou na remoção do magistrado sentenciante para a Vara Distrital de Santana. O Tribunal de Justiça do Estado de São Paulo, conservador, anulou a sentença alegando tratar-se de assunto da vara de família".[863]

Objeto deste ensaio em homenagem ao eminente Professor é focalizar a modificação da cultura jurídica brasileira em torno da alteração do registro civil da pessoa transexual, inclusive e especialmente no que concerne ao nome e ao gênero e que alcançou sua consolidação com decisão do Supremo Tribunal Federal, à

[863] VIANA, Rui Geraldo Camargo; VIANA, Renata Honório Ferreira Camargo. **Alteração de nome**. *In*: **Registrando o Direito**. edição n. 22. Associação dos Registradores de Pessoas Naturais do Estado de São Paulo. mai./jun. 2021. pp. 17-26.

luz dos direitos de personalidade consagrados no Código Civil, cimentados na Constituição de 1988 edificada sobre o princípio fundamental de dignidade da pessoa humana, e que rompeu decisivamente com a tradição de discriminação e preconceito que inspirava o direito nacional.

1. A dignidade da pessoa humana

Como já abordado em outro estudo,[864] a Constituição de 1988 tem, entre seus muitos predicados, predisposição à inclusão ao elencar dentre os objetivos fundamentais da república e da federação a promoção do bem de todos sem preconceitos de origem, raça, sexo, cor, idade e quaisquer outras formas de discriminação (art. 3º, IV). Essa cláusula universalista é apanágio da igualdade (art. 5º) e do compromisso com a dignidade da pessoa humana (art. 1º, III). Corolário é a consagração e a proteção de direitos subjetivos basilares ao ser humano (felicidade, personalidade, vida privada, imagem, liberdade, propriedade etc.) que se operacionaliza não só por limites à atuação estatal e de outrem, senão também por mandados de satisfação das necessidades (individuais ou coletivamente fruíveis) como deveres subjetivos públicos impostos ao Estado, à sociedade e aos indivíduos, e que são dotados das características de exigibilidade e oponibilidade. Na Constituição, o ser humano é colocado em posição central. E o bem geral em seu texto sublimado é tonificado pelo pronome indefinido que identifica seus beneficiários, indicativo de seu caráter refratário a distinções de qualquer natureza, difundindo seu raio de incidência também às minorias, aos marginalizados e aos vulneráveis, na mais séria e fecunda das proposições de ruptura e compensação com estruturas pretéritas de discriminação, exclusão, preconceito, violência, indiferença e omissão.

A caracterização do Direito como estrutura ou mecanismo de dominação ou pacificação depende do referencial teórico adotado e, sem embargo, a pacificação segundo os valores dirigentes constitui dominação. À vista da multiplicidade de interesses do tecido social, uns são amparados pelo ordenamento jurídico, enquanto para outros há proibição ou indiferença, o Direito também pode ser concebido como instrumento de manutenção da discriminação[865]. De qualquer sorte, ele assumiu nas democracias capitalistas ocidentais, a partir da segunda metade do Século 20, feição humanista calcada em valores absolutos, em que se procura, na realização de ideias como igualdade, projetar esquemas baseados na conciliação (ou composição) da pluralidade de variegados matizes,

[864] MARTINS JUNIOR, Wallace Paiva. **A tutela dos direitos à diversidade sexual**. *In*: **Direito e diversidade**. v. 2. São Paulo: Associação Paulista do Ministério Público, 2020. pp. 18-23. Organização Fabíola Sucasas Negrão Covas, Bruno Orsini Simone, Daniela Romanelli da Silva.

[865] CARVALHO, Rubens Miranda de. **Discriminação, racismo e ações afirmativas no Brasil**. Santos: Editora Espaço do Autor, 2004. p. 127.

inclusive como fórmula de contenção de conflitos, sobretudo porque os atores sociais ocupam diferentes papeis em suas variegadas situações. A preocupação do Direito com os segmentos sociais ou econômicos marginalizados, periféricos ou vulneráveis – e que constituem a maioria da população que ou não tem direitos ou tem direitos pela metade ou menos ainda – é o sinal distintivo da evolução do sistema jurídico ocidental, e repousa, entre outros, em princípios como dignidade da pessoa humana, isonomia, ética.

Ao acolher a Constituição de 1988 a dignidade da pessoa humana como princípio fundamental, ela assume relevância singular no ordenamento jurídico brasileiro como pedra angular na produção e interpretação de atos ou negócios jurídicos de direito público ou privado, decisões judiciais e normas jurídicas. Legítimo afirmar que esse princípio ocupava a cimeira da Constituição. Segundo a doutrina, "dignidade humana identifica (1) o valor intrínseco de todos os seres humanos, assim como (2) a autonomia de cada indivíduo, (3) limitada por algumas restrições legítimas impostas a ela em nome de valores sociais ou interesses estatais (valor comunitário)",[866] consistindo em um valor espiritual e moral inerente à pessoa, que se manifesta singularmente na autodeterminação consciente e responsável da própria vida e que traz consigo a pretensão ao respeito por parte das demais pessoas, constituindo-se um mínimo invulnerável que todo estatuto jurídico deve assegurar, de modo que, somente excepcionalmente, possam ser feitas limitações ao exercício dos direitos fundamentais, mas sempre sem menosprezar a necessária estima que merecem todas as pessoas enquanto seres humanos e a busca ao Direito à Felicidade".[867]

A dignidade da pessoa humana constitui o núcleo básico dos direitos fundamentais, sendo limite negativo a ações contrárias estatais ou privadas. Tem estreita afinidade com os princípios de igualdade e liberdade. O inciso IV do art. 3º da Constituição – e que dela decorre - contém um interdito à discriminação, determinante de equiparação e de punição por sua violação: a fórmula normativa em foco proíbe "distinções de qualquer natureza e qualquer forma de discriminação, que são suficientemente abrangentes para recolher também aqueles fatores que têm servido de base para desequiparações e preconceitos".[868] Dignidade da pessoa humana, liberdade e igualdade se imbricam num círculo virtuoso. Sua consagração é de vital importância para a busca de direitos gerais de natureza administrativa, civil, previdenciária, trabalhista, tributária etc.

[866] BARROSO, Luís Roberto. **Curso de direito constitucional contemporâneo: os conceitos fundamentais e a construção do novo modelo**. 7. ed. São Paulo: Saraiva Educação, 2018. Livro digital (E-pub).

[867] MORAES, Alexandre de. **Direito constitucional**. 36. ed. São Paulo: Atlas, 2020. (E-book)

[868] SILVA, José Afonso da. **Comentário contextual à Constituição**. 2. ed. São Paulo: Malheiros, 2006. p. 48.

2. Os direitos da personalidade

Os direitos da personalidade têm íntima ligação com o princípio da dignidade da pessoa humana, emergindo como mais uma emanação do processo de constitucionalização do Direito Civil. De fato, transcorridos mais de trinta anos da promulgação da Constituição brasileira de 1988 não é ocioso afirmar que ela projetou mudanças significativas em todas as áreas do direito nacional com o projeto de sociedade e de Estado nela arquitetado.

A concepção civilista então dominante - influenciada pelos sistemas jurídicos francês e alemão que contribuíram para a formação do Código Civil de 1916 - foi superada pela penetração de uma nova conformação às relações e situações jurídicas regidas pela legislação civil, e cuja marca distintiva é a superação do tom individualista, absoluto, egoístico, discriminatório e patriarcal que lhe timbrava no âmbito da pessoa, da propriedade e da família, por exemplo.

A evolução que o Direito Civil experimentou no sistema jurídico romano-germânico na segunda metade do século 20 foi impulsionada sobretudo pela percolação de normas públicas de direito privado e, com maior carga no direito brasileiro, pela constitucionalização[869] de seus institutos e normas. Com efeito, as normas civis receberam intensas doses de publicização em variegados graus, inspiradas pela influência contundente e decisiva do princípio da dignidade da pessoa humana que, segundo a doutrina, "promove uma *despatrimonialização* e uma *repersonalização* do direito civil, com ênfase em valores existenciais e do espírito, bem como no reconhecimento e desenvolvimento dos direitos da personalidade, tanto em sua dimensão física como psíquica",[870] o que também pode ser concebido como uma tendência à humanização do Direito Civil.

Essa tendência é manifestada no Código Civil de 2002, que se distinguiu da omissão do *codex* de 1916, cunhando o conceito basilar de seu art. 11 que veicula como regra a intransmissibilidade e a irrenunciabilidade dos direitos da personalidade e o impedimento à limitação voluntária ao seu exercício. Encartam-se nessa tutela os significativos direitos ao próprio corpo, ao nome, à honra, à imagem, à privacidade, em relação exemplificativa. Daí porque resume a doutrina

[869] Ricardo Marcondes Martins observa sobre a constitucionalização do Direito Privado que a "imposição da ponderação aos particulares exige que estes, nas relações privadas, atentem para todos os princípios constitucionais incidentes. A consagração dos princípios formais especiais no âmbito privado importou numa relativa publicização do direito privado", tida como relativa pela redução da liberdade e aumento do peso dos princípios que lhe são opostos, de tal maneira que "o direito privado vai até onde, na ponderação, subsistir a liberdade individual" (MARTINS, Ricardo Marcondes. **Abuso de direito e a constitucionalização do direito privado**. São Paulo: Malheiros, 2010. pp. 115-116).

[870] BARROSO, Luís Roberto. **Curso de direito constitucional contemporâneo**: os conceitos fundamentais e a construção do novo modelo.

que os direitos da personalidade "têm por objeto os modos de ser, físicos ou morais do indivíduo. O que se busca proteger com tais direitos são os atributos específicos da personalidade, sendo esta a qualidade do ente considerado *pessoa*. Em síntese, pode-se afirmar que *os direitos da personalidade são aqueles inerentes à pessoa e à sua dignidade*".[871]

3. O nome e seu regime jurídico básico

A proteção do nome é alvo específico dos arts. 16 a 19 do Código Civil. É enunciado como direito conatural a toda a pessoa o nome, compreendendo em sua extensão o prenome e o sobrenome (art. 16). A tutela no Código Civil explicitamente engloba (a) a proibição do uso do nome da pessoa em publicações ou representações que a exponham ao desprezo público, ainda quando não haja intenção difamatória (art. 17), (b) a necessidade de consentimento para uso do nome alheio em propaganda comercial (art. 18), e (c) a extensão da proteção ao pseudônimo adotado em atividades lícitas (art. 19). O nome, diz a literatura, se transformou em "espaço de autonomia existencial", e seu regime jurídico "abrange três aspectos: a) o direito de ter um nome, que é, na verdade, um poder-dever, já que, por força do caráter compulsório do registro de nascimento, ninguém pode deixar de ostentar um nome como signo que o identifica no meio social; b) o direito de interferir no próprio nome, que é a faculdade de obter a alteração do próprio nome nas hipóteses em que a lei assim autoriza; e, por fim, c) o direito de impedir o uso indevido do próprio nome por terceiros".[872]

Para além dessas regras, a Lei n. 6.015/73 (Lei dos Registros Públicos) também é instrumento protetivo desse aspecto da personalidade (art. 55). Embora o art. 58 proclame a definitividade do nome, a legislação em foco e a obra incessante da doutrina e da jurisprudência conduzem à noção de imutabilidade relativa do nome, como a alteração imotivada (art. 56), a transexualidade, o erro evidente ou de grafia, a inclusão de apelidos notórios (art. 58), a proteção à testemunha ou ao colaborador processual (arts. 57, § 7º, e 58, parágrafo único), à exposição ao ridículo, a inclusão posterior ao reconhecimento da filiação, a adoção do sobrenome de padrasto ou madrasta etc. A Lei n. 6.515/77, por exemplo, já contemplava regras para alteração ou manutenção do nome da mulher no divórcio e na separação conjugal (arts. 17, 18, e 25), e a própria Lei de Registros Públicos continha a adição do nome do companheiro na redação dada pelas Leis n. 6.216/75 e n. 14.382/22.

[871] TARTUCE, Flávio. **Manual de direito civil**: volume único. 11. ed. Rio de Janeiro: Forense; Método, 2021 (E-book).

[872] SCHREIBER, Anderson; TARTUCE, Flávio; SIMÃO, José Fernando. MELO, Marco Aurélio Bezerra de; DELGADO, Mário Luiz. **Código civil comentado: doutrina e jurisprudência**. 3. ed. Rio de Janeiro: Forense, 2021. (E-book).

4. A alteração do registro civil pela identidade de gênero

Ponto luminoso de influência da dignidade da pessoa humana foi a admissibilidade da alteração do prenome e do sexo no registro civil, afirmada pelo Supremo Tribunal Federal (sem prejuízo do reconhecimento de outros direitos paralelos como o uso do nome social[873]) na senda de decisões significativas no complexo dos direitos à diversidade sexual, como o reconhecimento da união homoafetiva como entidade familiar[874] e a não recepção das expressões "pederastia ou outro" e "homossexual ou não" contidas no do art. 235 do Código Penal Militar[875] etc.

Como já registrei em estudo anterior, "as transformações operadas no direito brasileiro desde a Constituição de 1988 se projetaram no domínio da diversidade sexual tanto pelo direito à liberdade de orientação sexual quanto pelo de identidade de gênero",[876] sendo, portanto, escorreito assinalar que a Constituição vigente acolhe e valoriza os direitos à diversidade sexual.

Nessa perspectiva, a decisão da Suprema Corte brasileira assenta que "a pessoa transgênero que comprove sua identidade de gênero dissonante daquela que lhe foi designada ao nascer por autoidentificação firmada em declaração escrita desta sua vontade dispõe do direito fundamental subjetivo à alteração do prenome e da classificação de gênero no registro civil pela via administrativa ou judicial, independentemente de procedimento cirúrgico e laudos de terceiros, por se tratar de tema relativo ao direito fundamental ao livre desenvolvimento da personalidade".[877]

Tratava-se de ação direta de inconstitucionalidade movida pela Procuradora-Geral da República julgada procedente para dar interpretação conforme a Constituição e o Pacto de São José da Costa Rica ao art. 58 da Lei 6.015/73, de modo a reconhecer aos transgêneros que assim o desejarem, independentemente da cirurgia de transgenitalização, ou da realização de tratamentos hormonais ou patologizantes, o direito à substituição de prenome e sexo diretamente no registro civil.

No julgamento foram colacionadas normas do direito comparado que não erigem o procedimento cirúrgico à posição de condicionante à retificação do registro civil, como o *Gender Recognition Act* (de 2004), da Grã-Bretanha, a Lei n.

[873] YARYD, Anna Trotta. **Uso do Nome Social: Avanços e Desafios.** *In*: **Direito e diversidade**. v. 2. São Paulo: APMP, 2020. Organização de Fabíola Sucasas Negrão Covas, Bruno Orsini Simone, Daniela Romanelli da Silva (livro eletrônico).

[874] STF, ADI 4.277/DF, Tribunal Pleno, Rel. Min. Ayres Britto, 05/05/2011, DJe 14/10/2011.

[875] STF, ADPF 291/DF, Tribunal Pleno, Rel. Min. Roberto Barroso, 28/10/2015, DJe 11/05/2016.

[876] MARTINS JUNIOR, Wallace Paiva. **A tutela dos direitos à diversidade sexual**, *In*: **Direito e diversidade**. v. 2. São Paulo: APMP, 2020. Organização de Fabíola Sucasas Negrão Covas, Bruno Orsini Simone, Daniela Romanelli da Silva (livro eletrônico).

[877] STF, ADI 4.275/DF, Tribunal Pleno, 01/03/2018, DJe 07/03/2019.

03, de 15 de março de 2007, da Espanha, a Lei n. 07, de 15 de março de 2011, de Portugal, a Lei n. 26.743, de 23 de maio de 2012, da Argentina, e acentuado que a *Transsexuellengesetz* (Lei dos Transexuais, de 1981) da Alemanha teve pronunciada a inconstitucionalidade, pelo Tribunal Constitucional Federal, no que respeita à exigência de prévia submissão a cirurgia de mudança de sexo, com base nos direitos fundamentais à autodeterminação sexual, à integridade física e à privacidade.

Posteriormente, esse entendimento foi reafirmado em sede de repercussão geral (Tema 761),[878] quando a Suprema Corte brasileira fixou a seguinte tese:

> i) O transgênero tem direito fundamental subjetivo à alteração de seu prenome e de sua classificação de gênero no registro civil, não se exigindo, para tanto, nada além da manifestação da vontade do indivíduo, o qual poderá exercer tal faculdade tanto pela via judicial como diretamente pela via administrativa.
> ii) Essa alteração deve ser averbada à margem no assento de nascimento, sendo vedada a inclusão do termo 'transexual'.
> iii) Nas certidões do registro não constará nenhuma observação sobre a origem do ato, sendo vedada a expedição de certidão de inteiro teor, salvo a requerimento do próprio interessado ou por determinação judicial.
> iv) Efetuando-se o procedimento pela via judicial, caberá ao magistrado determinar, de ofício ou a requerimento do interessado, a expedição de mandados específicos para a alteração dos demais registros nos órgãos públicos ou privados pertinentes, os quais deverão preservar o sigilo sobre a origem dos atos.

O direito brasileiro, apegado em visão incrementada de ortodoxia na interpretação do art. 58 da Lei de Registros Públicos, obstava a retificação do registro civil de transexuais arraigada na concepção taxativa da permissão de alteração ou no caráter delituoso da cirurgia de mudança de sexo, colocando à margem da autêntica cidadania pessoas que tinham identidade de gênero diferente da biológica, e que as levava ao escárnio nas relações sociais, como se fosse um mecanismo indutor de reajuste de identidade. Efetivamente, essa concepção anacrônica não mantinha sintonia com a Constituição de 1988 nem com o Prin-

[878] STF, RE 670.422/RS. Tribunal Pleno, Rel. Min. Dias Toffoli, 15/08/2018, DJe 10/03/2020.

cípio 3 de Yogyakarta,[879] documento que condensa princípios sobre a aplicação da legislação internacional de direitos humanos em relação à orientação sexual e identidade de gênero.

A consagração do direito à retificação, com a dispensa da comprovação de realização de procedimento cirúrgico morfologicamente transformador, também é assente no Superior Tribunal de Justiça, especialmente ao pôr em acento que a alteração de prenome de transexuais é forma de garantir seu bem-estar e uma vida digna, além de regularizar uma situação de fato, e reflete a autodeterminação da pessoa, razão pela qual "condicionar a alteração do gênero no assentamento civil e, por consequência, a proteção da dignidade do transexual, à realização de uma intervenção cirúrgica é limitar a autonomia da vontade e o direito de o transexual se autodeterminar".[880]

Aliás, e esse registro é deveras fecundo, o próprio Superior Tribunal de Justiça contabilizava decisão precedente a do Supremo Tribunal Federal,[881] com sensível evolução ao exonerar o procedimento cirúrgico nessa temática. Assen-

[879] Toda pessoa tem o direito de ser reconhecida, em qualquer lugar, como pessoa perante a lei. As pessoas de orientações sexuais e identidades de gênero diversas devem gozar de capacidade jurídica em todos os aspectos da vida. A orientação sexual e identidade de gênero autodefinidas por cada pessoa constituem parte essencial de sua personalidade e um dos aspectos mais básicos de sua autodeterminação, dignidade e liberdade. Nenhuma pessoa deverá ser forçada a se submeter a procedimentos médicos, inclusive cirurgia de mudança de sexo, esterilização ou terapia hormonal, como requisito para o reconhecimento legal de sua identidade de gênero. Nenhum status, como casamento ou status parental, pode ser invocado para evitar o reconhecimento legal da identidade de gênero de uma pessoa. Nenhuma pessoa deve ser submetida a pressões para esconder, reprimir ou negar sua orientação sexual ou identidade de gênero. Os Estados deverão: a) Garantir que todas as pessoas tenham capacidade jurídica em assuntos cíveis, sem discriminação por motivo de orientação sexual ou identidade de gênero, assim como a oportunidade de exercer esta capacidade, inclusive direitos iguais para celebrar contratos, administrar, ter a posse, adquirir (inclusive por meio de herança), gerenciar, desfrutar e dispor de propriedade; b) Tomar todas as medidas legislativas, administrativas e de outros tipos que sejam necessárias para respeitar plenamente e reconhecer legalmente a identidade de gênero autodefinida por cada pessoa; c) Tomar todas as medidas legislativas, administrativas e de outros tipos que sejam necessárias para que existam procedimentos pelos quais todos os documentos de identidade emitidos pelo Estado que indiquem o sexo/gênero da pessoa – incluindo certificados de nascimento, passaportes, registros eleitorais e outros documentos – reflitam a profunda identidade de gênero autodefinida por cada pessoa. d) Assegurar que esses procedimentos sejam eficientes, justos e não-discriminatórios e que respeitem a dignidade e privacidade das pessoas; e) Garantir que mudanças em documentos de identidade sejam reconhecidas em todas as situações em que a identificação ou desagregação das pessoas por gênero seja exigida por lei ou por políticas públicas; f) Implementar programas focalizados para apoiar socialmente todas as pessoas que vivem uma situação de transição ou mudança de gênero.

[880] STJ, REsp 1.860.649/SP, 3ª Turma, Rel. Min. Ricardo Villas Bôas Cueva, 12/05/2020, DJe 18/05/2020.

[881] STJ, REsp 1.626.739/RS, 4ª Turma, Rel. Min. Luis Felipe Salomão, 09/05/2017, DJe 01/08/2017.

tou essa decisão que na hipótese de mudança do nome de pessoas transexuais, a "mera alteração do prenome não alcança o escopo protetivo encartado na norma jurídica infralegal, além de descurar da imperiosa exigência de concretização do princípio constitucional da dignidade da pessoa humana, que traduz a máxima antiutilitarista segundo a qual cada ser humano deve ser compreendido como um fim em si mesmo e não como um meio para a realização de finalidades alheias ou de metas coletivas", pois a mudança do prenome configura alteração de gênero, "a manutenção do sexo constante no registro civil preservará a incongruência entre os dados assentados e a identidade de gênero da pessoa, a qual continuará suscetível a toda sorte de constrangimentos na vida civil, configurando-se flagrante atentado a direito existencial inerente à personalidade". Desta maneira, "a segurança jurídica pretendida com a individualização da pessoa perante a família e a sociedade – *ratio essendi* do registro público, norteado pelos princípios da publicidade e da veracidade registral - deve ser compatibilizada com o princípio fundamental da dignidade da pessoa humana, que constitui vetor interpretativo de toda a ordem jurídico-constitucional".

Baseado nessas premissas, o tribunal imprimiu novo sentido ao seu entendimento, timbrando que se "ao apreciar casos de transexuais submetidos a cirurgias de transgenitalização, já vinha permitindo a alteração do nome e do sexo/gênero no registro civil", a "jurisprudência deve evoluir para alcançar também os transexuais não operados, conferindo-se, assim, a máxima efetividade ao princípio constitucional da promoção da dignidade da pessoa humana, cláusula geral de tutela dos direitos existenciais inerentes à personalidade, a qual, hodiernamente, é concebida como valor fundamental do ordenamento jurídico, o que implica o dever inarredável de respeito às diferenças".

Conclusões

O transcurso de cinquenta anos demonstra que a escoteira decisão do Professor Rui Geraldo Camargo Viana foi ressuscitada como valioso precedente em significativos marcos na história jurídica e forense do direito brasileiro referente aos direitos à diversidade sexual e, especificamente, ao empoderamento do nome e do gênero das pessoas transexuais no registro civil.

Rompendo com a tradição da discriminação e do preconceito que maculava o sistema jurídico nacional, a Constituição de 1988 inseriu em prol de tantas minorias marginalizadas (como os transexuais) a diretriz da afirmação da condição de cidadãos merecedores da tutela estatal na defesa e promoção de seus direitos, e orientou relevantes decisões do Superior Tribunal de Justiça e do Supremo Tribunal Federal na sua concretização.

REFERÊNCIAS

BARROSO, Luís Roberto Barroso. **Curso de direito constitucional contemporâneo: os conceitos fundamentais e a construção do novo modelo**. 7. ed., São Paulo: Saraiva Educação, 2018. Livro digital (E-pub).

CARVALHO, Rubens Miranda de. **Discriminação, racismo e ações afirmativas no Brasil**. Santos: Editora Espaço do Autor, 2004.

MARTINS, Ricardo Marcondes. **Abuso de direito e a constitucionalização do direito privado**. São Paulo: Malheiros, 2010.

MARTINS JUNIOR, Wallace Paiva. A tutela dos direitos à diversidade sexual. *In*: Direito e diversidade. v. 2. São Paulo: Associação Paulista do Ministério Público, 2020. Organização: Fabíola Sucasas Negrão Covas, Bruno Orsini Simone, Daniela Romanelli da Silva.

MORAES, Alexandre de. **Direito constitucional**. 36. ed. São Paulo: Atlas, 2020. (E-book)

SCHREIBER, Anderson; TARTUCE, Flávio; SIMÃO, José Fernando; MELO, Marco Aurélio Bezerra de,; DELGADO, Mário Luiz. **Código Civil comentado: doutrina e jurisprudência**. 3. ed. Rio de Janeiro: Forense, 2021. (E-book)

SILVA, José Afonso da. **Comentário contextual à Constituição**. 2. ed. São Paulo: Malheiros, 2006.

TARTUCE, Flávio. **Manual de Direito Civil**: volume único. 11. ed. Rio de Janeiro, Forense; MÉTODO, 2021. (E-book)

VIANA, Rui Geraldo Camargo; VIANA, Renata Honório Ferreira Camargo. Alteração de nome. *In*: **Registrando o direito**. edição n. 22. Associação dos Registradores de Pessoas Naturais do Estado de São Paulo. mai./jun. 2021.

YARYD, Anna Trotta. Uso do Nome Social: Avanços e Desafios. *In*: **Direito e diversidade**. v. 2. São Paulo: APMP, 2020. Organização: Fabíola Sucasas Negrão Covas, Bruno Orsini Simone, Daniela Romanelli da Silva. (Livro eletrônico)

40. TUTELA INIBITÓRIA E RESSARCITÓRIA NA DEFESA DOS DIREITOS DA PERSONALIDADE

WASHINGTON CARLOS DE ALMEIDA

Introdução

Os direitos da personalidade são aqueles direitos que protegem a essência do ser humano, ou seja, que dizem respeito aos atributos da pessoa, enquanto sujeito de direitos e que deve ter tutelada a sua dignidade.

Conforme lecionam Pablo Stolze Gagliano e Rodolfo Pamplona Filho, a previsão legal dos direitos da personalidade dignifica o homem.[882]

Os direitos da personalidade tutelam os atributos físicos, psíquicos e morais do ser humano, açambarcando o direito ao próprio corpo ou vivo morto, o direito à integridade física e psíquica, à integridade moral, à proteção da honra e da imagem do indivíduo.

São direitos que têm por características serem essencialmente extrapatrimoniais, absolutos, indisponíveis e imprescritíveis, além de intransmissíveis e irrenunciáveis, conforme se depreende do disposto no art. 11 do Código Civil,[883] que estabelece:

[882] GAGLIANO, Pablo Stolze; PAMPLONA FILHO, Rodolfo. **Novo curso de direito civil**. 5. ed. v. I. Parte Geral. São Paulo: Saraiva, 2004. p. 143.

[883] BRASIL. Lei nº 10.406, de 10 de janeiro de 2002. **Institui o Código Civil**. Diário Oficial da União: seção 1, Brasília, DF, ano 139, n. 8, p. 1-74, 11 jan. 2002.

> Art. 11. Com exceção dos casos previstos em lei, os direitos da personalidade são intransmissíveis e irrenunciáveis, não podendo o seu exercício sofrer limitação voluntária.

Ademais, os direitos da personalidade são vitalícios, por serem inatos e permanentes, ou seja, surgem com o nascimento da pessoa com vida e extinguem se somente com a morte de seu titular. A tutela dos direitos da personalidade, nos termos do artigo 12 do Código Civil[884] deve ser integral:

> Art. 12. Pode-se exigir que cesse a ameaça, ou a lesão, a direito da personalidade, e reclamar perdas e danos, sem prejuízo de outras sanções previstas em lei.
> Parágrafo único. Em se tratando de morto, terá legitimação para requerer a medida prevista neste artigo o cônjuge sobrevivente, ou qualquer parente em linha reta, ou colateral até o quarto grau.

Conforme se verifica do artigo supratranscrito, a tutela dos direitos da personalidade pode ser inibitória, no sentido de se reclamar que cesse a ameaça ou a lesão a direito da personalidade ou se remova o ilícito, ou, ainda, pode ser ressarcitória, no caso em que se reclama indenização por perdas e danos.

A propósito, Cristiano Chaves de Farias e Nelson Rosenvald esclarecem as formas de tutela dos direitos da personalidade:

> Para tanto, afirma o art. 12 do Diploma Substantivo que a tutela (proteção) jurídica dos direitos da personalidade, em sede civil (sem prejuízo da tutela penal), consubstanciar-se-á por meio de medidas repressivas – da chamada tutela clássica da personalidade – e, por igual, de medidas preventivas – a chamada tutela específica (que pode ser individual ou coletiva, reguladas, respectivamente, pelos arts. 497 do Código de Processo Civil e 84 do Código de Defesa do Consumidor). [...] Vale dizer, além da tutela preventiva e da tutela ressarcitória dos direitos da personalidade, sobreleva a pontuar a possibilidade de tutela reintegratória, na forma específica, cujo objeto é recons-

[884] Idem.

> tituir naturalmente a situação anterior ao ilícito já consumado, sem que o ofendido necessite se utilizar do mecanismo de reparação.[885]

Conforme de denota do conceito acima transcrito, a par da tutela preventiva e da tutela ressarcitória, os direitos da personalidade podem ser objeto de uma tutela reintegratória específica que busca reconstituir o *status quo ante* da vítima do dano à personalidade.

Cumpre sublinhar, outrossim, que o direito personalíssimo somente pode ser defendido por seu titular, seja em juízo ou fora dele, exceto em se tratando de pessoa incapaz ou de defesa de pessoa falecida, vez que a defesa dos direitos da personalidade não se extingue com a morte, podendo a ação reparatória ser proposta pelo cônjuge sobrevivente, por qualquer parente em linha reta e, ainda, por parentes na linha colateral até o quarto grau. Como leciona Roberto Senise Lisboa, tratando-se de direito personalíssimo *post mortem* ou *ad eternum*, a sua defesa incumbirá aos respectivos herdeiros do *de cujus*, como se fosse direito próprio.[886]

Importante destacar, ainda, que a Convenção Interamericana de Direitos Humanos (Pacto de San Jose da Costa Rica), objeto do Decreto nº 678, de 06/11/1992[887], determina que os Estados signatários se comprometam a respeitar e garantir os direitos da personalidade.[888]

Analisaremos, a seguir, as formas de tutela inibitória, de remoção do ilícito e ressarcitória, em se tratando de violação dos direitos da personalidade.

1. A tutela inibitória dos direitos da personalidade e a tutela de remoção do ilícito

A tutela inibitória dos direitos da personalidade tem lugar quando o titular pretende exigir que cesse a ameaça, ou a lesão, a direito da personalidade (primeira parte do *caput* do art. 12 do Código Civil), estando prevista no art. 497 do Código de Processo Civil[889], *verbis*:

[885] FARIAS, Cristiano Chaves de; ROSENVALD, Nelson. **Curso de direito civil**: parte geral e LINDB. v. 1. 15. ed. Salvador: JusPodivm, 2017. pp. 212-214.
[886] SENISE LISBOA, Roberto. **Manual de direito civil**. v. I. Teoria geral do direito civil. 5. ed. reform. São Paulo: Saraiva, 2009. p. 175.
[887] BRASIL. Decreto nº 678, De 6 De Novembro De 1992. **Promulga a Convenção Americana sobre Direitos Humanos (Pacto de São José da Costa Rica)**, de 22 de novembro de 1969. Disponível em: https://www.planalto.gov.br/ccivil_03/decreto/d0678.htm. Acesso em: 13 abr. 2023.
[888] GAGLIANO, Pablo Stolze; PAMPLONA FILHO, Rodolfo. **Novo curso de direito civil**. v. I. Parte geral. 5. ed. São Paulo: Saraiva, 2004. p. 188.
[889] BRASIL. Lei nº 13.105, de 16 de março de 2015. **Código de Processo Civil**. Disponível em: http://www.planalto.gov.br/ccivil_03/_Ato2015-2018/2015/Lei/L13105.htm. Acesso em: 02 abr. 2023.

> Art. 497. Na ação que tenha por objeto a prestação de fazer ou de não fazer, o juiz, se procedente o pedido, concederá a tutela específica ou determinará providências que assegurem a obtenção de tutela pelo resultado prático equivalente.
> Parágrafo único. Para a concessão da tutela específica destinada a inibir a prática, a reiteração ou a continuação de um ilícito, ou a sua remoção, é irrelevante a demonstração da ocorrência de dano ou da existência de culpa ou dolo.

Conforme lecionamos em nosso livro "Direito das Obrigações" a tutela dos direitos da personalidade consiste numa tutela de obrigação de não fazer inibitória ou para remoção do ilícito, podendo o juiz fixar as denominadas *astreintes*, que constituem a solução encontrada para fazer valer o cumprimento de uma decisão judicial, pois age por meio de um instrumento coercitivo pecuniário. Fixa-se um valor estipulado por dia de atraso com o objetivo do cumprimento da determinação legal.[890]

Conforme leciona Elisabete Aloia Amaro:[891]

> A tutela judicial dos direitos de personalidade compreende a invalidação de atos jurídicos que os ofendam, a indenização dos danos a eles causados, bem como, a tutela inibitória.

Continua a autora explanando que a tutela inibitória foi instituída

> [...] para contornar os efeitos da crise do processo de conhecimento (condenatório). A opção por perdas e danos (tutela ressarcitória) nem sempre atende os interesses imediatos dos titulares do direito subjetivo, pelo que a demora na solução do pedido poderá aumentar o dano, inviabilizando a possibilidade de satisfação integral do lesado. Daí a necessidade de interditar, bloquear a expectativa de concretização de

[890] ALMEIDA, Washington Carlos de. **Direito das Obrigações**. 8. ed. Curitiba: Ed. Thoth, 2022. p. 112.
[891] ALOIA AMARO, Elisabete. **Responsabilidade civil por ofensa aos direitos da personalidade**. *In*: **Responsabilidade civil: estudos em homenagem ao professor Rui Geraldo Camargo Viana** / coordenação Rosa Maria de Andrade Nery, Rogério Donnini. São Paulo: Editora Revista dos Tribunais, 2009.

> dano iminente ou paralisar a sua continuidade, para que o dano não se perpetue e torne-se ainda maior.

A tutela inibitória é a tutela destinada a impedir a prática de ato contrário ao direito, no caso em estudo, a violação do direito de personalidade de outrem. Referida tutela, conforme lecionam Luiz Guilherme Marinoni, Sérgio Cruz Arenhart e Daniel Mitidiero, não tem o objetivo de simplesmente impedir a prática de dano, mas tem o escopo de evitar a prática de ato contrário ao direito. Explicam referidos autores que o direito de ação engloba o direito de pedir a tutela capaz de impedir a violação do direito, sem que seja necessária qualquer alusão a uma ameaça de dano.[892]

Portanto, a tutela inibitória é sempre destinada a impedir a prática de um ato que consista na violação de um direito. Referida tutela inibitória pode objetivar que se evite a repetição de um ato contrário ao direito, ou, ainda, a continuação da prática de uma atividade contrária ao direito ou ilícita, ou seja, removendo o ilícito e/ou reconstituindo a situação anterior ao ato ilícito ofensivo a direito de personalidade.

Quando se trata de ordenar uma obrigação de não fazer, ou seja, um pedido para que se cesse uma determinada violação a direito de personalidade, imperioso a fixação de multa pecuniária, a ser fixada equitativamente pelo Juiz, para que a medida seja capaz de obstaculizar a prática de referido ato ilícito e tenha eficácia.

No que concerne a tutela de remoção do ilícito, da mesma forma que a tutela inibitória acima mencionada, não se preocupa com a demonstração do dano ou da culpa.

Marinoni, Arenhart e Mitidiero enfatizam que:

> Para concessão da tutela de remoção do ilícito são necessários dois requisitos: (i) ação contrária ao direito; e (ii) efeitos ilícitos, derivados da ação praticada, que estejam em ato no momento da propositura da ação judicial.
>
> A ação voltada à obtenção da tutela de remoção do ilícito também é, no ordenamento atual, estruturada a partir das regras dos arts. 536 e 537 do CPC e 84 do CDC, conforme o direito a ser tutelado seja, respectivamente, individual ou transindividual ou do consumidor. A essas técnicas, soma-se a necessi-

[892] MARINONI, Luiz Guilherme; ARENHART, Sergio Cruz; MITIDIERO, Daniel. **Novo curso de Processo Civil**. 3. ed. rev. e ampl. São Paulo: Ed. Revista dos Tribunais, 2017. v. 2. p. 888.

> dade de tutela provisória, que também é viabilizada no direito nacional, de forma ampla, a partir do art. 294 do CPC.[893]

A tutela de remoção do ilícito, além da pena de multa, permite também outras medidas coercitivas, como por exemplo, a remoção de conteúdos de redes sociais e sítios eletrônicos, a busca e apreensão de produtos ou escritos, dentre outras. Elimar Szaniawski assevera:

> A vítima terá por escopo obter, por parte do Judiciário, a cessação da execução da violação. A interdição da perturbação dar-se-á através de tutela inibitória, que além de fazer cessar o atentado atual e contínuo, removendo os efeitos danosos que são produzidos e que se protraem no tempo, possui natureza preventiva contra a possível prática de novos atentados pelo mesmo autor. As ações típicas destinadas para tutelar preventivamente a vítima de atos atentatórios ao seu direito de personalidade, consiste na ação inibitória antecipada, na ação de preceito cominatório, da tutela antecipada e das medidas cautelares típicas, como a busca e apreensão e o sequestro, e das medidas cautelares atípicas".[894]

2. A tutela ressarcitória dos direitos da personalidade

A tutela dos direitos da personalidade pode também ser ressarcitória, vale dizer, poderá ter por escopo a obtenção de uma justa e adequada indenização por ofensa a direitos da personalidade, fundamentando-se na responsabilidade civil extracontratual, prevista no art. 186 do Código Civil[895], objetivando a indenização da vítima de ato lesivo a direito personalíssimo.

O ressarcimento do dano tem caráter mais repressivo e preventivo em relação ao agente causador do que, propriamente, de reparação do ilícito sofrido pela vítima.

A tutela ressarcitória objetiva reparar todos os danos sofridos pela pessoa que teve seus direitos personalíssimos violados. Ensinam Davi Amaral Hibner e Gilberto Fachetti Silvestre:

[893] Op. Cit. pp. 894 e 895.

[894] SZANIAWSKI, Elimar. **Direitos da personalidade e sua tutela**. 2. ed. São Paulo: Editora RT, 2005. p. 205.

[895] BRASIL. Lei nº 10.406, de 10 de janeiro de 2002. **Institui o Código Civil**. Diário Oficial da União: seção 1, Brasília, DF. ano 139. n. 8. p. 1-74. 11 jan. 2002.

> A tutela ressarcitória tem por objetivo a reparação ou a compensação do dano causado pelo ato ofensivo aos direitos da personalidade, abrangendo: (i) a tutela indenizatória, que visa à reparação de danos patrimoniais (danos emergentes e lucros cessantes), para que a vítima retorne *o status quo ante*, e (ii) a tutela compensatória, consistente no pagamento de uma quantia pecuniária que constituiu um lenitivo pelo prejuízo de ordem extrapatrimonial.[896]

No caso de ressarcimento por danos extrapatrimoniais (danos morais) o valor da indenização não deve se restringir à ideia de mera compensação à vítima pela ofensa impingida, devendo ser analisado a extensão do dano, a situação patrimonial e a imagem do lesado, a situação patrimonial do ofensor, bem como sua conduta. Isto porque em caso de ofensa aos direitos extrapatrimoniais, a lesão incide sobre o próprio direito do ofendido, e não diretamente sobre o patrimônio da vítima.

Conforme lecionamos em nossa obra "Direito das obrigações",[897] os atos ilícitos são atos dolosos, voluntários, como, por exemplo, o roubo, o furto e a injúria. Esse tipo de ato não cria direitos, mas deveres, e é obrigado a reparar as perdas e danos decorrentes de comportamento de seu autor. O ato ilícito constitui um ato voluntário de conduta.

O ato ilícito decorre do comportamento e, no momento no qual um ato ilícito foi praticado, está-se diante de uma conduta e não diante de uma manifestação de vontade, porém, embora sendo fruto de uma conduta, nem por isso o ato ilícito dispensa uma nítida colaboração da vontade. Existe a regra geral, instituída em nosso direito, de que os atos ilícitos devem ser indenizados (art. 927 do Código Civil). O art. 186 do Código Civil[898] preconiza que, quando alguém, por ação ou omissão voluntária (dolo), negligência ou imprudência (culpa), viola direito, ou causa danos a outrem, comete ato ilícito. Aquele que, por ação ou omissão voluntária, negligência ou imprudência, violar direito e causar dano a outrem, ainda que exclusivamente moral, comete ato ilícito.

[896] HIBNER, David Amaral; SILVESTRE, Gilberto Falchetti. **A tutela dos direitos da personalidade no Brasil e na Itália: questões materiais e processuais**. Anais do II Congresso de Processo Civil Internacional, Vitória, 2017. Disponível em: https://periodicos.ufes.br/processocivilinternacional/issue/view/860. Acesso em: 04 abr. 2023.

[897] Op. Cit. pp. 49-50.

[898] BRASIL. Lei nº 10.406, de 10 de janeiro de 2002. **Institui o Código Civil**. Diário Oficial da União: seção 1, Brasília, DF. ano 139. n. 8. p. 1-74. 11 jan. 2002.

Analisando o preceito do art. 186 do Código Civil, constata-se a presença de alguns pressupostos à configuração e ao surgimento de deveres para o agente que o pratica, visto que há a obrigatoriedade de reparação. Nesse sentido, o ato ilícito pode decorrer tanto de uma ação como de uma omissão do agente, sendo que em qualquer caso advém sempre de uma atitude nociva, quer ativa, que consiste num ato doloso ou imprudente, quer passiva, que se caracteriza pela negligência. Já o ato ilícito por omissão voluntária só acontece quando o agente, tendo o dever de agir, deixa de fazê-lo. Pode acontecer que, tendo havido um ato ilícito, tenha ocorrido dano sem que um seja a causa do outro; por isso, é necessário que entre o comportamento do agente e o dano causado se comprove relação de causalidade.

No nosso ordenamento jurídico, quem comete ato ilícito tem a obrigação de reparar o dano causado à vítima, pois é ato que não condiz com a norma jurídica e que transgride o direito subjetivo individual. O ato ilícito gera efeito jurídico, e é imposto pela lei. A sua desarmonia com a lei acarreta a violação de direito de outrem.

Os elementos que caracterizam o ilícito são, em primeiro lugar, a ação ou omissão voluntária, causada pelo agente; em segundo lugar, temos a ocorrência de um dano, que deverá ser certo, podendo ser material ou moral, pois a existência do dano é necessária para que haja pretensão de uma reparação; por fim, temos a relação de causalidade entre o dano e o comportamento do agente, pois não haverá responsabilidade civil se não houver uma relação direta de causa e efeito entre o dano e a conduta ilícita do agente.

No caso de ofensa a direitos da personalidade, a tutela ressarcitória ocorre *in re ipsa*, vale dizer, os danos são presumidos e independem de prova. Nestes casos, basta que o autor prove a prática do ato ilícito, que o dano está configurado, não sendo necessário comprovar a violação dos direitos da personalidade, que seria uma lesão à sua imagem, honra subjetiva ou privacidade.

A indenização não obedece a parâmetros de valores prefixados, como ocorre em vários países, que criam tabelas precificando os valores máximos e mínimos de indenização (como é previsto hoje na esfera trabalhista, após a Reforma Trabalhista), mas pauta-se pela norma insculpida no art. 944 do Código Civil, que estabelece que a indenização se mede pela extensão do dano.

O direito à indenização está previsto no art. 5º, X, da Constituição Federal,[899] emergindo sempre que coexistirem os elementos essenciais da responsabilidade extracontratual: ação ou omissão voluntária, dolosa ou culposa, dano e relação de causalidade.

[899] "Art. 5º Todos são iguais perante a lei, sem distinção de qualquer natureza, garantindo-se aos brasileiros e aos estrangeiros residentes no País a inviolabilidade do direito à vida, à liberdade, à igualdade, à segurança e à propriedade, nos termos seguintes: (...) X - são invioláveis a intimidade, a vida privada, a honra e a imagem das pessoas, assegurado o direito a indenização pelo dano material ou moral decorrente de sua violação; (...)"

A expressão dano moral tecnicamente qualifica o prejuízo extrapatrimonial, possuindo um sentido mais amplo e genérico, pois representa a lesão aos valores morais e bens não patrimoniais, reconhecidos pela sociedade, tutelados pelo Estado e protegido pelo ordenamento jurídico.

A responsabilização do agente causador do dano extrapatrimonial consubstanciado na ofensa a direitos da personalidade opera-se por força do simples fato da violação (*danum in re ipsa*). Verificado o evento danoso, surge a necessidade da reparação, não havendo que se cogitar da prova do prejuízo, se presentes os pressupostos legais para que haja a responsabilidade civil (nexo de causalidade e culpa).

A quantificação do dano moral deve atender a critérios como a extensão do dano, a condição do causador do dano e a da vítima, bem como atentar para o aspecto pedagógico da indenização, isto é, deve ser tal que sirva de advertência para que o causador do dano e seus congêneres se abstenham de praticar tais atos.

Conclusões

Os direitos da personalidade são aqueles direitos que tutelam a essência do ser humano, ou seja, são direitos da pessoa de defender tudo aquilo que lhe é próprio, como seu próprio corpo, sua psique, sua honra, sua moral etc.

Tais direitos caracterizam-se por serem essencialmente extrapatrimoniais, absolutos, indisponíveis, imprescritíveis e irrenunciáveis, consoante se depreende do disposto no Código Civil em seu artigo 11.

O artigo 12 do mesmo diploma legal prevê que o titular pode exigir que cesse a ameaça, ou a lesão, a direito da personalidade, bem como a possibilidade de reclamar pelas perdas e danos eventualmente sofridos. Em se tratando de pessoa falecida será legitimado a requerer qualquer medida prevista no artigo 12 o cônjuge sobrevivente ou qualquer parente em linha reta ou colateral até o quarto grau.

Portanto, para defesa dos direitos da personalidade temos tanto a tutela preventiva (regulada pelo art. 497 do Código de Processo Civil e 84 da Lei 8.078/90), como a tutela ressarcitória dos direitos da personalidade (objetivando indenização por perdas e danos, incluindo danos morais), podendo ainda a defesa de referidos direitos personalíssimos ser objeto de uma tutela reintegratória, específica, que busca reconstituir o *status quo ante* da vítima do dano, mesmo sem utilização de mecanismos de reparação.

A tutela inibitória ocorre quando o titular pretende exigir que cesse a ameaça ou lesão a direito da personalidade. Consiste, assim, numa obrigação de não fazer inibitória ou para remoção do ilícito, que permite, além da fixação das denominadas *astreintes*, também a adoção pelo Juiz de outras medidas coercitivas, como a remoção de conteúdos de redes sociais e sites, busca e apreensão de produtos ou escritos que afrontem direitos de personalidade, dentre outras.

Além da tutela inibitória os direitos da personalidade podem ter tutela ressarcitória, a qual tem por escopo a obtenção de uma justa e adequada indenização pela ofensa a direitos da personalidade, verificando-se neste caso os pressupostos da responsabilidade civil.

No caso de ofensa a direitos da personalidade a tutela ressarcitória ocorre *in re ipsa*, ou seja, os danos são presumidos e independem de prova.

O valor da indenização deve levar em conta o grau da ofensa impingida à vítima, a extensão do dano e a situação patrimonial e a imagem tanto da vítima, como do causador do dano. Deve-se, ainda, atentar ao aspecto pedagógico da indenização, que deve servir de advertência ao causador do dano.

REFERÊNCIAS

ALMEIDA, Washington Carlos de. **Direito das obrigações**. 8. ed. Curitiba: Ed. Thoth, 2022.

ALOIA AMARO, Elisabete. **Responsabilidade civil por ofensa aos direitos da personalidade**. *In*: **Responsabilidade civil: estudos em homenagem ao professor Rui Geraldo Camargo Viana** / coordenação Rosa Maria de Andrade Nery, Rogério Donnini. São Paulo: Editora Revista dos Tribunais, 2009.

BITTAR, Carlos Alberto. **Os direitos da personalidade**. 3. ed. Rio de Janeiro: Forense Universitária, 1999.

BRASIL. [Constituição (1988)]. **Constituição da República Federativa do Brasil**. Brasília, DF: Senado Federal, 2016. 496 p. Disponível em: https://www2.senado.leg.br/bdsf/bitstream/handle/id/518231/CF88_Livro_EC91_2016.pdf. Acesso em: 02 abr. 2023.

BRASIL. Lei nº 10.406, de 10 de janeiro de 2002. **Institui o Código Civil**. Diário Oficial da União: seção 1. Brasília, DF. ano 139. n. 8. p. 1-74. 11 jan. 2002.

BRASIL. Lei n° 13.105, de 16 de março de 2015. **Código de Processo Civil**. Disponível em: http://www.planalto.gov.br/ccivil_03/_Ato2015-2018/2015/Lei/L13105.htm. Acesso em: 02 abr. 2023.

BRASIL. Decreto nº 678, de 6 de novembro de 1992. **Promulga a Convenção Americana sobre Direitos Humanos (Pacto de São José da Costa Rica)**, de 22 de novembro de 1969. Disponível em: https://www.planalto.gov.br/ccivil_03/decreto/d0678.htm. Acesso em: 13 abr.2023.

DINIZ, Maria Helena. **Curso de direito civil brasileiro**. v. 1. Teoria geral do direito civil. 38. ed. São Paulo: Saraiva Educação, 2021.

GAGLIANO, Pablo Stolze; PAMPLONA FILHO, Rodolfo. **Novo curso de direito civil**. v. I. Parte Geral. 5. ed. São Paulo: Saraiva, 2004.

HIBNER, David Amaral; SILVESTRE, Gilberto Falchetti. **A tutela dos direitos da personalidade no Brasil e na Itália: questões materiais e processuais**. Anais do II Congresso de Processo Civil Internacional. Vitória, 2017. Disponível em https://periodicos.ufes.br/processocivilinternacional/issue/view/860. Acesso em: 04 abr. 2023.

MARINONI, Luiz Guilherme; ARENHART, Sergio Cruz; MITIDIERO, Daniel. **Novo curso de processo civil**. v. 2. 3. ed. rev. e ampl. São Paulo: Revista dos Tribunais, 2017.

SENISE LISBOA, Roberto. **Manual de direito civil**. v. 1. Teoria geral do direito civil. 5. ed. reform. São Paulo: Saraiva, 2009.

SZANIAWSKI, Elimar. **Direitos da personalidade e sua tutela**. 2. ed. São Paulo: Editora RT, 2005.